漢文學의 原理

한 문 학 원 리

이옥준(李沃俊) 편저(編著)

明文堂

▲ 거연한간(居延漢簡)의 책서(冊書)

▲ 사서오경(四書五經) 유가(儒家)의 기본적 경전의 총칭

◀ 화상석(畵像石)에 그려진 창힐상(蒼頡像) 창힐은 새와 짐승의 발자국을 본떠서 처음으로 문자를 만들었다고 한다.

▶ 갑골문자대판(甲骨文字大版) 귀갑(龜甲)이나 짐승의 뼈에 문자를 새겨놓은 것을 갑골문자라고 한다.

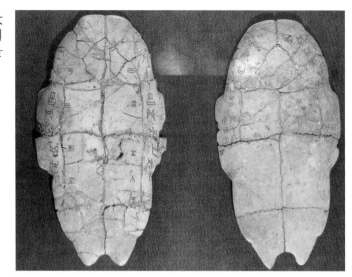

▼ 갑골문자(甲骨文字)

▲ 한대(漢代)의 붓과 벼루

▼ 서주(西周)의 갑골문자

▼ 시황제의 각석문자(刻石文字)

▲ 역산(嶧山)의 각석(刻石)

▲ 문구(文具) 왼쪽은 명대(明代)의 문구이며, 오른쪽 두 개는 청대(淸代)의 것

◀ 강학도(講學圖) 화상석(畵像石) 경서(經書) 강의를 그린 것으로 생각된다.

▼ 고대의 죽간(竹簡)들 종이가 없었던 옛날에 는 이런 죽간에 글을 썼었다.

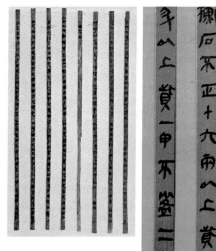

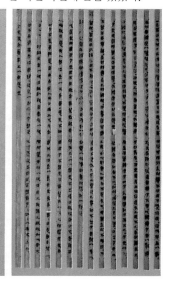

漢文學의 原理
한 문 학 원 리

이옥준(李沃俊) 편저(編著)

明文堂

머리말

    이 책은 한문을 처음으로 대하는 초보에서부터 일반인들까지 학습에 보탬이 되도록 기초부분에서부터 한문 부수의 원리, 한문의 6서 구조, 문장의 구조, 한문의 품사, 잘못 읽기 쉬운 한자, 자의(字義)의 차이점까지 누구나 쉽게 학습할 수 있도록 체계적으로 집필하고자 노력하였다.

    한문의 필요성과 중요성은 누구나 알고 있는 사실이다.

    한문은 우리글이 아니기 때문에 어려운 학문으로 알고 있으나 결코 어려운 학문만은 아니다.

    왜냐하면 마음먹기에 달렸기 때문이다. 모든 인간 세상살이가 다 그러하듯이 쉽다고 생각하면 쉽고 어렵다고 생각하면 어렵기 때문이다. 쉽다고 생각하고 체계적으로 학습하면 흥미로운 학문이라는 것을 알 수 있다.

    필자 자신도 수많은 시간과 세월 동안 한문을 대할 때마다 많은 문제에 봉착했고, 고민해오면서 어떻게 학습하면 효율적으로 학습할 수 있을까 많은 생각을 하다가 오늘에 이르렀다.

    그러하다면 한문학을 어떻게 학습해야 될 것인가.

    필자의 경험으로 볼 때 누구를 가르치겠다는 마음자세로 임한다면 많은 효과가 있을 것이며 학습 요령은 다음 몇 가지로 요약해본다.

    1. 짧은 시간에 모두 학습해야 한다는 생각을 버린다.

    2. 한자를 많이 익힌다.

3. 모르는 한자가 생기면 귀찮다 생각하지 말고 확인하고 넘어간다.

4. 자해(字解) 설명이 자세히 된 옥편(玉篇)을 선택한다.

5. 한문의 기본이 되는 부수의 원리를 익힌다.

6. 문법용어 및 문법이론을 철저히 분서한다.

7. 부사·조사·허사(虛詞) 부분을 신경 써서 익힌다.

8. 기타

어느 한 부분 중요하지 않은 것이 없다. 위의 방법을 참조한다면 학습하는 데 보탬이 되리라 믿는다.

필자 자신도 한문학에 대하여 부족한 점이 많지만 좋은 책을 집필하려고 무단히 노력하였으며, 우리 인간이 어찌 완벽할 수 있겠는가. 부족한 것이 있으면 학습하고 학습하여 오면서 집필했다. 부족한 부분이 있어도 많은 이해를 바라면서 좋은 책을 집필하기 위하여 다른 학자들이 밝힌 한문학 서적을 참조하였다.

참고 서적으로는 권장영 편저《한자(한문) 교육자의 필론》도서출판 한교, 심재동 저《알기쉬운 한문해석법》운주사 출판, 오진우 편저 이종찬 옮김《한문 문법의 분석과 이해》계명대학교 출판부, 기타 책 등을 참조하였다.

부족한 점이 많은 필자가 최선을 다하여 집필하였으며 어려운 출판계의 여건 속에서도 이 책의 출판을 위하여 흔쾌히 승낙하여 주신 명문당 김동구 사장님께 깊은 감사를 드리며 편집과 교정을 담당하신 직원 여러분에게도 감사 드린다.

끝으로 이 책 한권으로 모든 한문학 문제가 어찌 해결될 수 있겠냐만은 노력을 많이 하여 깊고 넓은 지식을 얻어 한문학에 자신을 갖기 바란다.

2009년 8월

편저자 삼가 씀

차 례

제 1 장

한자漢字·한문漢文 학습의 필요성

우리나라는 예로부터 중국과 빈번한 왕래와 교류가 있어 왔다. 우리 조상들은 자연히 중국으로부터 여러 가지 문화와 문명을 받아들이게 되었는데 그 가운데 가장 큰 것이 문자, 즉 한자(漢字)였다.

우리 조상들이 한자를 받아들여 문자 생활을 하는 동안, 어느덧 한문은 우리의 어문으로 정착하게 되었으며, 한글을 만든 뒤에도 여전히 문자 생활의 중요한 수단으로 사용되었다. 그리하여 우리 조상들은 문자 생활의 대부분을 한문에 의존하게 되었으며 우리의 국어 또한 한문을 배경으로 성장해 왔다.

한문을 통하여 중국으로부터 많은 사상과 문화와 문명을 받아들여 우리의 생활을 풍부하게 만들었다.

1. 한자漢字의 기원과 발달

학문으로 전하는 바에 의하면 중국 전설시대의 임금인 황제(黃帝) 때의 사관(史官)이었던 창힐(蒼詰)이라는 사람이 새의 발자국을 보고 한자를 만들었다 한다.

그러나 그것은 전설에 불과한 것이고, 이러한 거창한 학문을 한두 사람의 노력으로 이룰 수 있는 것이 아니라 생각한다. 한자는 5천년을 헤아리는 긴 세월에 걸쳐 중국민족에 의하여 발달을 거듭하여 오늘에 이른 것이다.

현재 알려진 가장 오래된 한자의 형태는 약 3500년 전 황하 유역에서 발전하였다. 초기에는 3천자 정도이던 것이 한(漢)나라 때에는 1만자 정도, 당(唐)·

송(宋)시대에는 3만자 정도, 청(淸)나라 때에는 4~5만 자를 헤아릴 정도로 불어났다.

2. 우리나라의 전래

한자가 우리나라에 언제 들어왔는지는 그 확실한 연대를 추정하기는 어려우나 상고시대부터 중국 민족의 빈번한 이동에 따라 그들과 접촉이 많았고, 우리 민족의 북방에서는 이미 한자·한문을 받아들였을 것으로 추측되며, 위만조선(衛滿朝鮮)이나 한사군(漢四郡)시대에는 이미 우리 민족에 널리 보급되었을 것으로 알려졌다.

삼국시대에 들어와 가장 가까웠던 고구려에서는 건국 초기부터 한자를 사용하였으며, 백제·신라에 널리 보급되었을 것으로 본다.

《삼국사기》에 의하면 고구려는 소수림왕(2년 : 372) 때 태학(太學)을 세워 한자·한문 교육에 힘썼으며, 《천자문(千字文)》과 《논어(論語)》를 일본에 전해주었다는 것으로 보아서 삼국시대에는 한자·한문이 어느 곳에서나 널리 보급되었다.

그후 고려·조선시대에 이르러서는 한문학의 황금시대를 이루어 많은 학자들을 배출하였고, 세종대왕에 의하여 한글이 창제되기까지의 모든 기록이 한자에 의하여 문서 및 역사가 기록되었으며, 한글 제정 이후에도 한문은 끊임없이 사용되어 왔으며, 오늘날 우리가 한문을 공부하는 것도 이처럼 긴 세월에 걸쳐 이룩된 우리 문자·문화의 유산을 정확하게 이해하기 위해서이다.

3. 한자에 대하여 논한다

1) 한자의 3대 요소

한자는 모양(形)·소리(音)·뜻(義)의 3대 요소를 함께 갖추고 있다. 한자 공부를 할 때에는 이 3대 요소를 잘 이해하여야 한다. 3대 요소를 구체적으로 설명하겠다.

㉠ 한자의 모양(字形 : 자형)

한자가 각각 지니고 있는 자체의 글자 모양으로 시각적으로 구분되는 요소이다. 이는 두 부분으로 '나눌 수 있는 글자'와 '나눌 수 없는 글자'가 있는데 사물의 모양을 본뜬 그림이 차차 발전하여 글자가 된 상형자는 뒤의 것에 속하고 그외 것은 대체로 앞의 것에 속한다.

그리고 갑골문자·주문(대전)·소전·예서·행서의 글자 형태로 시대 흐름에 따라서 변천되었다.

ⓛ 한자의 소리(字音 : 자음)

한자를 읽는 음을 가리키는데 한자도 1자 1음이 원칙이기는 하나, 우리나라의 한글과는 달리 어떤 한자는 1자 2음, 1자 3음, 그 이상의 것도 있다.

ⓒ 한자의 뜻(字義 : 자의)

한자의 뜻을 우리말로 새긴 것을 훈(訓)이라고도 한다. 문화가 발달하고 사회가 복잡해지면서 한자의 뜻도 차차 복잡하게 그 뜻이 갈라져 나가 한자 1자에 뜻의 갈래가 10여 가지 있는 글자도 생겨났다.

2) 한자 자체의 변천

	음	뜻	고 문	전 서	예서	해서	행서	초서
上	상	위			上	上	上	
日	일	해			日	日	日	
水	수	물			水	水	水	
馬	마	말			馬	馬	馬	

제 2 장

한자의 육서六書 구조 및 유래

1. 상형문자象形文字

사물의 구체적인 모양을 본뜬다.

- ☁ → 日(날 일)
- ☽ → 月(달 월)
- ⛰ → 山(메 산)
- 〰 → 川(내 천)

한자는 여러 가지 과정을 거쳐서 만들어졌으며 그 중에서도 기본적인 것은 사물의 모양을 본떠서 글자를 만들었고, 이러한 원리를 상형(象形)이라 하고 이렇게 만들어진 글자를 상형자(象形字)라고 한다.

1) 순상형(純象形)

사물의 형태를 있는 그대로 묘사(描寫)한 문자를 뜻한다.

① 천지자연 : 日, 月, 山, 川, 火, 水, 雨 등
② 인 체 : 人, 身, 己, 子, 女, 首, 耳 등
③ 동 물 : 牛, 馬, 魚, 貝, 虎, 犬, 角, 鳥 등
④ 식 물 : 木, 米, 禾, 竹 등
⑤ 건 물 : 門, 閉, 戶, 窓 등
⑥ 기 타 : 車, 曲, 弓, 斗, 絲, 因, 井 등

2) 합체상형(合體象形)

두 개의 사물을 합하여 묘사한 문자를 의미한다.

　① 果, 立, 面, 生, 石, 由, 衣, 出 등

3) 변체상형(變體象形)

　交, 烏 등

4) 전의상형(轉意象形)

묘사된 사물 그 자체가 문자의 뜻이 되는 것이 아니고, 그 사물과 관계되는 다른 뜻으로 발전 사용되는 문자를 의미한다.

　① 천지자연 : 永, 云
　② 인　　체 : 大, 要
　③ 동　　물 : 易, 兆
　④ 식　　물 : 向, 卯
　⑤ 기　　타 : 求, 豆, 方 등

2. 지사문자指事文字

추상적인 뜻을 점이나 선으로 표시한 문자를 말한다.

● 二 → 上(위 상) : 기준선(一) 위에 점(·)을 찍었다. 위치나 동작, 마음 속의 생각이나 뜻을 보이지 않는 개념의 경우는 대상이 없으므로 다른 원리로 만들어야 한다. 이러한 글자들 중의 어떤 것들은 선과 점으로 뜻을 표시하여 글자를 만들었다. 이러한 원리로 만들어진 글자를 지사문자라 한다.

① 순지사(純指事)
가장 원시적이고 단순한 지사문자

　一, 二, 三, 四, 五, 六, ……, 十, 上, 中, 下 등

② 합체지사(合體指事)

　　두 가지 이상이 결합하여 기호화된 지사문자

　　　父, 母, 天, 未, 本, 土, 日, 甘, 久, 非 등

③ 변체지사(變體指事)

　　어느 부분이 변형되어 기호화된 지사문자

　　　兔, 夕, 寸, 不 등

④ 불일치지사(不一致指事)

　　기호화된 개념으로 그 자체가 문자의 뜻이 되는 것이 아니고 다른 뜻으로
발전하여 사용되는 지사문자

　　　工, 方, 尺, 未, 辛, 凡, 壬 등

3. 회의문자會意文字

- 두 글자의 뜻을 합쳐 새 글자를 만든 글자이다.
- 十 + ﾛ = 古 [예 고] : 세월이 오래 쌓인(十) 때의 일을 입(ﾛ)으로 말하다.
  옛날 한자에는 이미 만들어진 글자가 모여서 새롭게 만들어진 글자가 있
  다. 이때 새로운 글자의 뜻은 각 글자의 뜻을 합친 뜻을 가지는 경우가 있
  는데 이러한 원리를 회의(會義)라 하고, 이렇게 만들어진 글자를 회의문자
  (會義文字)라 한다.

1) 이체회의(異體會意)

각각 다른 두 개 이상의 기성문자를 결합하여 하나의 새로운 뜻을 나타낸 회
의문자

① 성문회의(成文會意)

　　기성한자의 획을 줄이지 않고 그대로 결합하여 만든 문자

　　　加, 各, 改, 見, 計, 坤, 協, 好 등

② 성문회의(省文會意)

　　기성한자 중 어느 부분의 획을 줄이거나 변형시켜 결합한 문자

　　　京→高, 慶→鹿, 勞→營, 商→章 등

2) 동체회의(同體會意)

같은 형태의 기성문자를 두 개 이상 결합하여 하나의 새로운 뜻을 나타낸 회의문자

① 병문회의(並文會意) : 같은 형태의 기성한자를 옆으로 나란히 결합하여 만든 글자

    朋, 林, 比, 弱, 競, 世 등

② 첩문회의(疊文會意) : 같은 기성문자 두 개를 아래, 위로 결합시킨 문자

    多, 炎, 昌 등

③ 병첩문회의(並疊文會意) : 같은 기성문자 두 개를 옆으로 나란히 결합시킨 그 위에 하나를 더 겹쳐서 결합한 문자

    品, 森, 晶 등

4. 형성문자形聲文字

- 뜻 부분과 음 부분 글자의 결합
- 이미 만들어진 글자를 모아서 새로운 글자를 만들 때 음을 나타내는 부분이 구분되어 합쳐지는 경우가 있다. 예를 들면 집 주(宙)는 옥(玉)에서 뜻을, '구(求)'에서 음을 취한 것이다. 이러한 원리를 형성(形聲)이라 하고, 이렇게 만들어진 글자를 형성문자(形聲文字)라고 한다.

    ㄱ) 자형(字形)의 형성
    ㄴ) 자음(字音)의 형성
    ㄷ) 자의(字意)의 형성

① 좌형우성(左形右聲) : 왼쪽이 뜻을 나타낸 의부(意部), 오른쪽이 음을 나타낸 음부(音部)인 문자

    課, 校, 起, 記, 洞, 銅 등

② 우형좌성(右形左聲) : 오른쪽이 뜻을 나타낸 의부(意部), 왼쪽이 음을 나타낸 음부(音部)의 문자

    功, 攻, 救, 君, 期, 放, 如, 頭 등

③ 상형하성(上形下聲) : 위쪽이 뜻을 나타낸 의부(意部), 아래쪽이 음을 나타낸 음부(音部)인 문자

　字, 整, 房, 苦, 界, 空 등

④ 하형상성(下形上聲) : 아래쪽이 뜻을 나타낸 의부(意部), 위쪽이 음을 나타낸 음부(音部)인 문자

　努, 怒, 烈, 悲, 貨, 基, 常 등

⑤ 외형내성(外形內聲) : 바깥쪽이 뜻을 나타낸 의부(意部), 안쪽이 음을 나타낸 음부(音部)인 문자

　固, 句, 圓, 園 등

⑥ 내형외성(內形外聲) : 안쪽이 뜻을 나타낸 의부(意部), 바깥쪽이 음을 나타낸 음부(音部)인 문자

　問, 閉, 聞 등

5. 전주문자 轉注文字

본래의 뜻이 바뀌어 다른 뜻으로 쓰이는 글자를 말한다.

① 변의전주(變意轉注) : 본래의 뜻이 확대되어 비슷한 다른 뜻으로 유용되는 용자법(用字法)인 전주문자

　道　걸어다닐 도　　　　　長　나이가 많은 사람 장
　　　정신적인 길 도　　　　　　우두머리라는 뜻 장

　天　하늘이란 뜻-天地
　　　자연이란 뜻-天然

② 변양전주(變兩轉注) : 변의 전주가 같으나 뜻과 음 둘 다 함께 바뀌는 전주문자

　惡　악할 악-惡心, 惡用　　樂　풍류 악-音樂
　　　미워할 오-憎惡, 惡寒　　　　즐길 락-娛樂
　　　　　　　　　　　　　　　　　좋아할 요-樂山, 樂水

6. 가차문자假借文字

이미 있는 글자의 뜻에 관계없이 뜻의 일부나 음을 빌어 다른 뜻으로 쓰이는 글자이다.

① 본자유(本字有)의 가차 : 본자가 있으나 가차로 된 문자

　　가차 : 壹, 貳, 參, 肆 등

　　본자 : 一, 三, 四, 五, 六 등

② 본자무(本字無)의 가차 : 본래는 없었거나 다른 뜻으로 변한 가차문자

　　來 : 본시 '맥(麥)'이라는 뜻이었는데, 온다는 뜻으로만 쓰여 보리 맥(麥)
　　　　자가 새로 생김.

　　豆 : 본시 제사 때 제물을 담는 '그릇'의 뜻이 지금은 '콩'이라 가차되어
　　　　쓰임.

③ 자형(字形)에 의한 가차 : 모양이 비슷한 것을 가차로 쓰는 문자

　　弗 : 한자 '불(弗)'자는 '$(달러)'라는 기호의 형태와 비슷하여 뜻과는 관
　　　　계없이 가차로 쓰인다.

④ 자형(字音)에 의한 가차 : 뜻과는 아무런 관계없이 음만을 빌려 쓰는 가차
문자

　　亞細亞(Asia), 巴里(Paris) 등 국명, 지명, 인명에 가차로 쓰인다.

부수명部首名

1. 부수란 무엇인가

부수란 자전(字典)이나 사전(辭典)에서 글자를 찾는 데 기준이 되는 부분을 말한다. 부수는 본래 같은 부분이나 비슷한 부분을 가진 한자를 한곳에 모아놓고 질서있게 배열하기 위하여 채택한 기본자(基本字)이므로, 한자의 짜임과 뗄래야 뗄 수 없는 관계이다.

한자의 글자모양을 살펴보면 부수는 항상 한 글자의 형태 안에서 일정한 위치를 차지하고 있으며, 이러한 부수의 위치는 한자를 기억하고 습득하는 데 필요한 학습요소가 될 수 있으며 부수의 위치를 크게 구분하면 9가지로 나눈다.

1) 왼쪽 부분을 차지하는 부수 : 변

① 亻(人)(사람 인) —— 仁, 信, 仙, 代, 仕 ……
② 彳(두인변, 중인변) —— 往, 待, 得 ……
③ 扌(手)(손 수) —— 持, 指, 扶, 技 ……

2) 오른쪽 부분을 차지하는 부수 : 방

① 攵(攴)(칠 복) —— 收, 放, 敎, 效 ……
② 欠(하품 흠) —— 次, 欲, 歌 ……
③ 頁(머리 혈) —— 頭, 順, 頂 ……

3) 윗부분에 놓여 있는 부수 : 머리

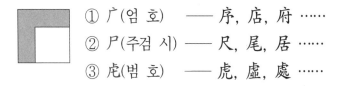

① 宀(갓머리)　　— 宇, 安, 家 ……
② ++(艸)(풀 초)　— 花, 落, 草 ……
③ 竹(대 죽)　　　— 笑, 答, 筆 ……

4) 아랫부분에 놓인 부수 : 발

① 皿(그릇 명)　　— 盛, 盃, 盆 ……
② 儿(어진사람 인)— 光, 元, 兄 ……
③ 灬(火)(불 화)　— 烏, 無, 然 ……

5) 위와 안쪽을 싸는 부수 : 엄

① 广(엄 호)　— 序, 店, 府 ……
② 尸(주검 시)— 尺, 尾, 居 ……
③ 虍(범 호)　— 虎, 虛, 處 ……

6) 왼쪽과 밑을 싸는 부수 : 받침

① 辶(辵)(쉬엄쉬엄갈 착)— 近, 道, 迎 ……
② 廴(민책받침)　　　　— 延, 建, 廷 ……

7) 둘레를 감싸는 부수 : 몸

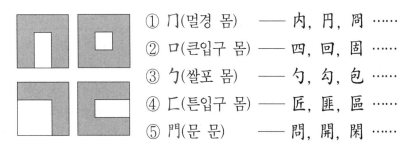

① 冂(멀경 몸)　— 內, 円, 同 ……
② 口(큰입구 몸)— 四, 回, 固 ……
③ 勹(쌀포 몸)　— 勺, 勾, 包 ……
④ 匚(튼입구 몸)— 匠, 匪, 區 ……
⑤ 門(문 문)　　— 問, 開, 閑 ……

8) 한 글자가 그대로 부수인 것 : 제부수

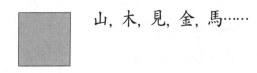 山, 木, 見, 金, 馬……

9) 위치가 다양한 부수

① 心(忄) 마음 심
- 中(중) : 愛, 慶, 憂 ……
- 下(하) : 志, 忠, 思 ……
- 左(좌) : 性, 快, 悟 ……

② 口(입 구)
- 上(상) : 品, 單, 兄 ……
- 中(중) : 哀, 喪 ……
- 下(하) : 古, 名 ……
- 左(좌) : 味, 呼, 吹 ……
- 內(내) : 包, 句, 同 ……

이와 같이 한자의 형태 속에 위치한 부수의 특징에 따라 몇가지 유형으로 구분하였으나 이밖에도 특성을 가진 부수가 있다.

10) 부수가 쓰이는 위치에 따라 모양이 변하는 것

부수는 독립적으로 쓸 때 그 본래의 모양을 유지하나, 다른 글자와 어울려 하나의 새로운 글자를 이룰 경우 그 사용되는 위치에 따라서 모양이 변한다.

부 수	부수의 원형	예	
ㄴ	乙(새 을)	九(아홉 구)	亂(어지러울 란)
亻	人(사람 인)	仁(어질 인)	休(쉴 휴)
刂	刀(칼 도)	切(끊을 절)	利(이로울 리)
巛	川(내 천)	州(고을 주)	巡(순행할 순)
忄	心(마음 심)	快(쾌할 쾌)	悅(기쁠 열)
扌	手(손 수)	指(손가락 지)	拾(주울 습)

부 수	부수의 원형	예	
氵	水(물 수)	江(강 강)	洋(바다 양)
犭	犬(개 견)	猛(사나울 맹)	猫(고양이 묘)
王	玉(구슬 옥)	球(공 구)	環(고리 환)
礻	示(보일 시)	社(모일 사)	禮(예도 례)
衤	衣(옷 의)	衽(옷섶 임)	衿(옷깃 금)
灬	火(불 화)	烹(삶을 팽)	熟(익을 숙)
月	肉(고기 육)	育(기를 육)	肥(살찔 비)
艹	艸(풀 초)	花(꽃 화)	蘭(난초 란)
竹	竹(대나무 죽)	節(마디 절)	筆(붓 필)
阝	邑(고을 읍)	邦(나라 방)	郡(고을 군)
阝	阜(언덕 부)	防(막을 방)	降(내릴 강)
辶·辶	辵(쉬엄쉬엄갈 착)	近(가까울 근)	道(길 도)
卩	卩(병부 절)	危(위태할 위)	卷(책 권)
攵	攴(칠 복)	功(공 공)	改(고칠 개)
旡	无(없을 무)	旣(이미 기)	
歹	歺(뼈앙상할 알)	死(죽을 사)	殃(재앙 앙)
爫	爪(손톱 조)	爭(다툴 쟁)	爲(할 위)
牛	牛(소 우)	牝(암컷 빈)	物(만물 물)
罒	网(그물 망)	罟(그물 고)	罪(허물 죄)
羊	羊(양 양)	美(아름다울 미)	羔(새끼양 고)
襾	襾(덮을 아)	西(서녘 서)	要(종요로울 요)
耂	老(늙을 로)	者(놈 자)	考(생각할 고)

[주의할 부수]

글자에 따라 형태가 달라지는 한자는 부수일 때의 획수와 부수 아닐 때(본 글자)의 획수가 달라지는 경우가 있다. 예를 들면, '氵(삼수 변)'이 본 글자일 때에는 '水'이므로 4획이 되지만, 변형일 때에는 '氵'가 되어 3획으로 센다. 따라서, 글자의 총획수는 부수의 본 글자에 구애됨이 없이 글자 형태 그대로 세므로 '부수 획수+나머지 획수'와 달라지게 된다. '淸'은 '水(4획)+靑(8획)'의 12획이 되지만, 총획수는 글자의 형태 그대로 세어 '氵(3획)+靑(8획)'의 11획이 된다.

2. 부수자部首字의 그림 설명

부수자	변	그림 설명	해 설
_1_ 획			
一	한 일		가로 그은 한 획으로써 '하나'의 뜻을 나타낸다. 다른 부수 글자와는 달리, 이 부수에 딸린 글자의 뜻이나 음에 직접적으로 작용하는 일은 거의 없다.
|	뚫을 곤		위에서 밑으로 그어 물러섬을, 또는 밑에서 위로 그어 나아감을 나타내어 위아래의 통함을 뜻하게 만든 글자.
丶	오른쪽 점 주(점)		어구(語句)가 끊어지는 자리에 찍는 표시라는 설(說), 상형(象形)으로서 등불의 불꽃을 본뜬 글자라는 설 등이 있다.
丿	삐침 **별** (삐침)		위 오른쪽에서 왼쪽 아래로 굽게 삐침 모양으로 당기는 모양을 나타낸 자로 위 왼쪽에서 오른쪽 아래로 굽게 삐치는 것은 '파임'이라 한다.
乙	새 을		새의 굽은 앞가슴 모양, 또는 추운 이른 봄철에 초목이 곧게 나오지 못하고 구부러져 있음을 본뜬 글자. 그래서 '구부러지다'의 뜻을 나타낸다.
亅	갈고리 궐		위쪽은 뾰족하고, 아래쪽은 꼬부라진 갈고리 모양. 부수로 쓰이는 이외에 독자적으로 거의 쓰이지 않는 글자.
_2_ 획			
二	두 이		위쪽의 일(一)은 하늘, 아래의 일은 땅의 뜻으로 해석하지만 두 손가락, 또는 두 선을 그어 '둘', '거듭' 등을 가리키는 자.

부수자	변	그림 설명	해　　설
亠	돼지해머리(머리부분 두)	𠆢 亠	가로선 위에 꼭지점(·)을 찍어 '머리' 부분이나 '위'를 나타낸다.
人 (亻)	사람 **인**	𠆢 𠄐	사람이 팔을 뻗고 서 있는 모습이나 다리를 내딛고 서 있는 모습을 옆에서 본 모양으로 똑바로 서 있는 것은 다른 동물에서는 볼 수 없는 사람만이 가지는 특성이며, 변으로 쓰일 때는 '亻'으로 된다.
儿	어진사람인 **발**		사람이 두 다리로 걸어가는 모양을 본떠서 만든 글자.
入	들 **입**		뾰족한 윗부분이 어떤 구멍 속으로 들어갈 때 갈라진 아랫부분도 뒤따라서 들어가는 모양을 본뜬 자.
八	여덟 **팔**		사물이 둘로 나뉘어져서, 즉 쪼개졌다는 의미인데 서로 등지고 있는 모양을 본뜬 자.
冂	멀경몸		멀리 둘러싸고 있는 나라의 경계, 또는 성곽을 본뜬 자로써 경계 밖의 먼 곳을 나타내고 '멀다'의 뜻으로 쓰인다.
冖	민갓머리		사방으로 천이 늘어져 있는 덮어씌운 물건의 모양. 단독 글자로는 '덮어가릴 멱'자이나, 한자의 부수 명칭은 민갓머리라 하고 갓머리(宀)와 구분된다.
冫	이수변		얼음의 결 또는 고드름 모양을 본뜬 자로 단독 한자로는 얼 빙(冰)과 동자. 부수로는 '이수변' 또는 '두점변'이라고도 불리는 한자.
几	안석 **궤**		위는 평평하고 발이 붙어 있는 귀족들이 앉는 의자의 모양을 본뜬 자. 제향 때 희생(犧牲)을 얹는 기구를 말함.

부수자	변	그림 설명	해　설
凵	위튼입구몸	∪ ∪	물건을 담을 수 있도록 '위가 터진 그릇'의 모양을 본뜬 자.
刀(刂)	칼 도		날이 구부러져 굽은 날의 모양을 본뜬 자로 변으로 쓰이는 일은 없고 방으로는 드물게 사용한다. 자르다, 베다의 뜻으로 쓰인다. 선칼 도(刂)는 칼 도(刀)의 별체. 독립적으로 쓰이는 일이 없고 다른 글자와 어울려 방(旁)으로 쓰일 때의 자체. 이를 칼 도와 구분하여 '선칼 도'라 부른다.
力	힘 력		힘쓸 때 팔이나 어깻죽지에 생기는 근육이나 힘살의 모양을 본뜬 자로 '힘'이란 뜻을 나타낸다.
勹	쌀 포		사람이 몸을 구부려 두 팔로 무엇을 에워싸 품고 있는 모양을 본떠 '싸다'의 뜻이 된 자.
匕	비수 비		끝이 뾰족한 숟가락을 본떠 숟가락이나 고기를 베는 '비수' 모양을 본뜬 자.
匚	튼입구몸 (상자 방)	∟	물건을 넣어두는 네모진 상자를 옆에서 바라본 모양을 본뜬 글자.
匸	감출혜몸 (터진에운담)		'一'은 윗부분을 가리어 덮고 있음을, 'ㄴ'은 물건을 숨겨 감추는 곳을 각각 나타낸다. 이어서 '감추다'의 뜻이 된다.
十	열 십		'丨'은 남북, '一'은 동서, 곧 동서남북과 중앙이 모두 갖추어져 있다는 뜻. 수(數)에서 갖추어진 것은 '10'이기에 '열'을 뜻한다.
卜	점 복		점을 치는 집의 깃발이 날리는 것을 보고 본뜬 자. 또는 옛날에는 점을 칠 때 거북 등을 구워서 거북등에 나타나는 금으로써 점을 쳤기 때문에 '점', '점치다'의 뜻을 가진다.

부수자	변	그림 설명	해 설
卩 (㔾)	병부 **절** (마디 절)		구부러진 '무릎마디'의 모양을 보고 만든 자로 마디 절(節)의 옛자, 또는 병부(兵符)를 반으로 나눈 것을 본뜬 것. 병부(兵符) 신표(信標)의 뜻을 가진다. '병부'는 발병부(發兵符)로써 왕의 병권을 맡은 지방관 사이에 미리 나눠 가지던 신표(信標).
厂	민엄호 (굴바위 엄)		언덕 윗부분이 툭 튀어나와 그 밑에서 사람이 살 수 있는 모양을 본뜬 자. '덮거나' '가리다'의 뜻으로 쓰인다.
厶	마늘 모		팔꿈치를 구부려 물건을 자기 쪽으로 감싸는 것을 나타내며 '나' 또는 '사사롭다'의 뜻이 된다.
又	또 우		오른손 모양을 본뜬 자. 오른손은 자주 쓰인다 하여 '또' '다시'의 뜻으로 쓰인다.

3 획

부수자	변	그림 설명	해 설
口	입 구(작은입 구)		사람의 '입' 모양을 본뜬 자. 그 기능에서 '먹다' '말하다'의 뜻으로도 쓰인다.
囗	큰입구몸		성벽 등으로 사방을 '에워싼' 모양을 나타낸 자. 에울 위(圍)의 본자.
土	흙 토		'二'의 위의 '一'은 지표(地表)를, 아래의 '一'은 지중(地中)을 본떴고, 'ㅣ'은 땅에서 새싹이 터 지표를 뚫고 자라는 식물을 뜻한다. 그래서 식물을 생육(生育)하는 '흙'을 뜻한다.
士	선비 사		하나(一)를 들으면 열(十)을 아는 사람이란 데서 '선비'의 뜻이 된 자.
夂 夊 夅	뒤져올 치		'ㄅ'은 사람의 두 정강이를 본뜬 것이며 'ㄟ'은 앞으로 나아가도록 뒤에서 밀고 있음을 나타낸다. 그래서 뒤에서 사람을 밀어 천천

부수자	변	그림 설명	해 설
			히 걸어가는 모습을 보고 남보다 뒤처져서 오다의 뜻이 된 자
夂	천천히 걸을쇠발		두 다리를 끌면서 '천천히 걸어감'을 가리키는 자.
夕	저녁 석		달 월(月)자에서 1획을 뺀 자형으로 달이 반쯤 보이는 모양을 본뜬 자. 해질 때 '저녁' '황혼'이란 뜻을 나타낸 글자.
大	큰 대		큰 사람이 양팔과 양다리를 벌리고 서 있는 모습을 보고 본뜬 자로 '크다'의 뜻을 나타낸 자.
女	계집 녀		여자가 두 손을 모으고 옆으로 꿇어앉아 있는 모습을 본뜬 자.
子	아들 자		어린아이의 머리와 손발 모양을 보고 본뜬 자.
宀	갓머리		지붕이 덮어 씌워져 있는 모양을 보고 본뜬 자로써 방이 있는 깊숙한 집을 뜻한다.
寸	마디 촌		又＋一＝寸. '又'는 '手'로 손, '一'은 손목에서 조금 떨어진 맥박이 뛰는 곳을 가리킨다. 손목(又)에서 맥박(·)이 뛰는 사이를 나타내어 '한치의 길이'를 가리킨다.
小	작을 소		점(·) 셋으로 물건의 '작은' 모양을 나타내고, 미세한 것을 또다시 나누었으니 '작다'란 뜻이 된다.
尢	절름발이 왕		한쪽 정강이가 굽은 사람(大→尢)의 모양을 본떠 절름발이를 뜻한다. '尢'자가 부수로 쓰일 때는 尣, 允, 兀 세 자형으로 변하기도 한다.
尸	주검시엄		사람이 배를 깔고 누운 모습. 사람의 머리가 엎어져 있고 등이 굽어져 있으며 죽어서 굳어진 모양이라 하는 데서 '주검'이란 뜻을 나타낸다.

부수자	변	그림 설명	해　　설
屮	왼손 **좌** (싹날 철)	屮 屮 ᘉ	초목의 떡잎이 땅속에서 올라오는 모양을 본뜬 자.
山	메 산	山 山 𡶖	위는 산의 모양을 본뜨고 밑의 '一'은 땅을 나타낸다.
巛 (川)	개미허리 (내 천)	巛 巛 𡿨	도랑을 파서 '물을 흐르게' 하는 모양. 그래서 널리 '내'의 뜻으로 쓰인다.
工	장인 공	I 丅 工	목공일 할 때 목수가 못을 피물체에 박는 모양을 보고 본뜬 자로 무엇을 만들다의 뜻이 된 자.
己	몸 기	ㄹ ㄹ 己	사람의 척추마디 모양을 나타내어 몸 또는 자기(自己)를 뜻한다. 또는 사람이 무릎을 꿇고 앉아 있는 모습을 본뜬 자.
巾	수건 건	巾 巾 𢆷	수건을 몸에 걸친 모양을 본뜬 자로 원뜻은 행주, 헝겊조각이고 이것이 발전하여 '수건' 등의 뜻을 나타내게 되었다.
干	방패 간	干 干 𢆸	방패를 창이나 화살로 뚫음을 가리켜 '범하다' '방어하다'의 뜻으로 나타내며 방패를 본뜬 자.
幺	작을 요	幺 幺 𢆶	어린아이가 갓 태어날 때의 모양을 본뜬 자로 '작다' '어리다'의 뜻을 나타낸다.
广	엄호 (집 엄)	广 广 𢉠	언덕이나 바위를 지붕삼아 지은 '바위집' 또는 '돌집'의 모양을 본뜬 자.
廴	민책받침 (길게 걸 을 인)	廴 廴 𢌿	조금씩 걷는다는 뜻의 '彳'에서 내리 그은 획을 더 늘린 것이다. 그래서 '길게 늘리다'는 뜻이다. 글자는 '끌 인'자인데 이를 부수 명칭으로는 '책받침(辶)'에 대하여 점(丶) 하나를 없애서 민책받침이라 이른다.

부수자	변	그림 설명	해 설
廾	스물입발 (바칠 공)		왼손과 오른손을 모아 떠받들고 있는 형상에서 두 손으로 '바친다'는 데서 한자로 쓰일 때는 '바칠 공'자이고 부수로 쓰일 때는 밑스물 입이라 부른다.
弋	주살 익		줄 달린 화살의 모양을 본뜬 자.
弓	활 궁		'활'의 모양을 본뜬 자.
彐 (彑 彐)	튼가로왈		돼지머리의 모양을 본뜬 그림이 발전한 글자로써 한자로는 '돼지머리 해'인데 그 자형이 '日'자의 왼쪽 내리 긋는 획이 없는 것과 비슷하기에 부수 명칭으로는 '튼가로왈'이라 부른다.
彡	터럭삼(삐친 석 삼)		선비의 수염을 보고 만든 자로써 부수 명칭으로는 '三'의 변형이라 하여 삐친석 삼이라 한다.
彳	두인변 (중인변)		넓적다리, 정강이와 발 사이 부분을 그려서 처음 걷기 시작함을 나타낸다. 글자 모양이 '彳' 'ㅣ(인변)'에 삐침이 하나 거듭되어 있다는 데서 중인변 또는 두인변이라고도 한다.
心 (忄, 忝)	심방변 (마음 심)		사람 심장 모양을 본뜬 그림이 발전하여 만들어진 자이다. [주의할 점] ① 忄는 '心'이 변으로 쓰일 때의 자형. 이를 부수 명칭으로 '심방변'이라고 이른다. ② 忝는 '心'이 '발'로 쓰일 때의 자형. '恭'을 心部에서 찾아야 하는 것이 그 예이다.

부수자	변	그림 설명	해 설
扌 (手)	재방변 (손 수)		두 손을 모으고 기도하는 모양을 보고 만든 자. '扌'은 독립자로 쓰지 못하고 변으로 쓰인다. '手'자는 변으로 쓰일 때는 '扌'로 쓴다.
氵 (水)	삼수변 (물 수)		물이 흐르는 모양을 보고 만든 자. 水가 4획으로 변으로 사용할 때는 氵(삼수변)으로 쓰고 3획이며, '氺'자는 한자의 구성에서 '발'로 쓰일 때의 모양.
犭 (犬)	개사슴록 변		개가 다리를 들고 짖어대는 모양을 본뜬 자. 한자의 구성에서 변으로 쓰일 때의 犬의 자형. 이를 '개사슴록변'이라 한다.
阝 (邑)	우부방(右) (고을 읍)		일정한 경계 □ 안에 사람(巴←卩=마디절)들이 모여 사는 '고을', 또는 '읍'을 뜻한다. '阝'은 '邑'이 한자의 구성에서 방으로 쓰일 때의 자형으로 이를 '우부방'이라 부른다.
阝 (阜) 8획 참조	좌부변(左) (언덕 부)		돌이 없는 토산(土山)을 본뜬 자. 언덕, 높고 큰 토지, 대륙(大陸) 등을 뜻하며, 또는 '크다' '번성하다' 등의 뜻으로 쓰인다. 阝은 '阜'가 한자의 구성에서 변으로 쓰일 때의 자형.
4 획			
心 (忄)	마음 심		3획 심방변 참조.
戈	창 과		'弋'은 주살, '丿'은 가로로 덧붙인 날, 날이 옆에 달려 있는 주살. 곧 찌르거나, 잡아당기게 되어 있는 병기. 곧 '창'을 뜻한다.

제3장 부수명部首名・**35**

부수자	변	그림 설명	해　설
戶	지게 호 (문 호)		마루나 밖에서 방으로 드나드는, 돌쩌귀를 달아 여닫게 되어 있는 외짝 문. 또는 지게를 보고 만든 자. 그래서 한 집, 한 집을 의미한다.
手	손 수		3획 재방변 참조.
支	지탱할 지		十＋又＝支. ‘十’은 ‘↑’로 ‘竹’의 반(半)임을 나타내고, ‘又’는 손으로 가진다는 뜻. 그래서 ‘支’는 대나무(竹)의 한쪽 가지를 나누어 손으로 쥐고 있다는 데서 ‘나누다’ ‘가르다’ ‘지탱하다’의 뜻이 된 자.
攴 (攵)	칠 복(등 글월문)		손(又)에 회초리(卜＝상형)를 들고 ‘똑똑 두드리다’ 또는 ‘치다’의 뜻으로 된 자. 칠복 자를 변으로 사용할 때는 ‘攵’, 한자의 부수 명칭으로 ‘등글월문’이라 하며 변으로만 사용된다.
文	글월 문		사람의 몸에 그린 무늬 모양을 보고 본뜬 자. 그 무늬가 발전하여 ‘무늬’란 뜻을 나타낸다.
斗	말 두		자루가 달린 용량(容量)을 되는 말을 본뜬 자.
斤	날 근 (도끼 근)		날이 선 자루 달린 도끼로 그 밑에 놓인 물건을 자르려는 형상이다. 그래서 ‘도끼’ ‘자귀’ 등의 뜻을 나타낸다. 주로 방(旁)으로 쓰이는데 흔히 ‘날근방’이라 한다.
方	모 방		두 척의 조각배를 나란히 붙인 모양으로 ‘나란히 하다’의 뜻을 가진 자.
无	없을 무 (旡 : 이미 기방)		一＋大. 전신(全身)을 그린 사람의 머리 위에 ‘一’의 부호를 더하여 머리를 보이지 않게 하여 ‘없다’는 의미. 흔히 旡 이 부수를 ‘이미기방’이라고 한다.

부수자	변	그림 설명	해　설
日	날 일		태양의 모양을 그린 그림이 발전한 자.
曰	가로 왈		입(口)에서 입김이 입밖으로 나옴(ㄴ)을 가리킨 자. 곧 마음속에 있는 사람의 생각을 말로써 나타낸다는 생각에서 '가로되' '말하다' 등의 뜻을 나타낸다.
月	달 월		초승달의 모양을 본뜬 자. ※ **주석** : 고기 육자와는 다르다. 　　月(달월)은 二자가 왼쪽에만 붙고, 　　月(肉, 육달육)은 二자가 양쪽에 붙는다.
木	나무 목		나무줄기와 뿌리가 있는 서 있는 나무를 본뜬 자.
欠	하품 흠		입을 벌리고 '하품하는' 모양을 본뜬 자.
止	그칠 지		사람이 멈추어 선 발목 아래의 모양을 본떠 '머무르다' '그치다'의 뜻을 나타낸 자.
歹	죽을 사		살을 발라낸 뼈의 모양을 본뜬 자. 그 잔악한 모양, 그리고 죽음을 눈앞에 두고 침대에 누워 있는 모습에서 '못쓰다' '죽다'의 뜻을 나타낸다.
殳	칠 수 (갖은등 글월문)		몽둥이(几)를 손(又)에 들고 '친다'는 뜻. 몽둥이라는 데서 '날 없는 창'을 뜻하고, 이 글자의 모양이 攴(攵)과 비슷하기에 '갖은등글월문'이란 명칭을 가지게 되었다.
毋	말 무		女+一→毋. '一'은 숫자의 一이 아니고 침범하지 못하게 '막아 잠그다'는 뜻으로 여자에게 남자가 함부로 범하지 못할 곳이 있는데 이를 막다, '지키다'의 뜻. 그러므로 '말라' '없다'의 뜻이 된 자.

부수자	변	그림 설명	해 설
比	견줄 비		두 사람이 나란히 서 있는 모양을 본떠 '견주어보다'의 뜻이 된 자.
毛	터럭 모		짐승의 꼬리털이나 새의 깃털을 본뜬 자.
氏	성씨 씨 (각시 씨)		나무나 초목의 뻗어 나가던 뿌리가 지상에 솟아나와 퍼진 모양을 보고 계속하여 번창하다의 의미로 죽지 않고 번성한다, 성씨(姓氏)의 뜻을 나타낸다.
气	기운기엄		물에서 수증기가, 또는 구름이 하늘로 피어 오르는 모양을 보고 본뜬 자.
水	물 수		3획 삼수변 참조
火 (灬)	불 화 (연화발)		불이 활활 타오르는 모양을 보고 본뜬 자로 한자의 구성으로 '발'이 될 때에는 灬로 변천하는데 이를 '불화발'이라 한다.
爪 (爫)	손톱 조		손으로 아래쪽에 있는 것을 잡아 '긁어당기는' 모양을 본뜬 자. 爫는 爪가 부수로서 한자의 머리로 쓰일 때의 자형. 이를 '손톱조머리'라 한다.
父	아비 부		회초리를 들고 아이들을 가르치고, 이끌어 가는 '아버지'를 뜻한 자
爻	점괘 효 (사귈 효)		점을 칠 때 산가지가 나타내는 '수효' 또는 그 모양에서 '사귀다'의 뜻을 나타낸 자.
爿	조각널 장 (장수장 변)		통나무를 세로로 두 쪽으로 쪼갠 것 중 왼쪽 것의 모양을 본떠 '조각널'을 뜻한 자. 부수 명칭은 장수 장(將)의 변과 같은 데서 '장수장변'이라 한다.

부수자	변	그림 설명	해　설
片	조각 **편**		통나무를 세로로 두 쪽으로 쪼갠 것 중 오른쪽 것의 모양을 본떠 '조각' 또는 '쪼개다'의 뜻이 된 자.
牙	어금니 **아**		어금니의 모양을 본뜬 자.
牛 (牛)	소 **우**		머리와 두 뿔이 솟고, 꼬리를 늘어뜨리고 있는 '소'의 모양을 본뜬 자. 牛는 '牛'가 한자의 구성에서 변으로 쓰일 때의 자형. '소우변'이라 부른다.
犬	개 **견**		3획 개사슴록변 참조
王	구슬 **옥**		가로 그은 세 획은 3개의 옥돌, 세로 그은 한 획은 옥줄을 꿴 끈. 합하여 패옥을 상형한 자.
示 (示)	보일 **시**		제물을 차려 놓은 제단 모양을 본떠 차린 음식을 신에게 '보임'을 나타낸 자로 '示'를 변으로 쓸 때 '礻'자로 쓴다.
罒	그물 **망**		6획 참조
耂	늙을로엄		늙어서 허리가 굽고, 머리가 세어 모양이 변함을 뜻한다. '老'자가 한자의 구성에서 머리로 쓰일 때의 자형.
艹	초두머리		봄이 되어 땅에서 초목 등이 돋아 나오는 모양에서 본떠 '풀, 싹'의 뜻이 된 자.
辶	책받침(쉬엄쉬엄 갈 착)		彳＋止=辵. '彳'는 가다, '止'는 '서다' '멎다'로 합하여 '나가 쉬다' '쉬다 가다'의 뜻을 나타낸다. '辵'이 한자의 구성에서 부수로 쓰일 때의 자형. 일상적인 필기체는 辶로 쓰이는데 이는 '辶'의 변형이다.

부수자	변	그림 설명	해 설
5 획			
玄	검을 현		어떤 사물의 물체가 연기와 안개에 가려져 '검게 보이거나' '아득하게' 보인다는 뜻.
玉	구슬 옥		구슬 3개(三)를 꿴(ㅣ) 모양을 본뜬 자. 후에 王과의 혼동을 피하기 위하여 'ㆍ'를 덧붙임.
瓜	오이 과		덩굴(冂)에 달린 고부랑한 '오이' 모양을 본뜬 자.
瓦	기와 와		기와 지붕의 기와가 나란히 놓여 있는 모양을 본뜬 자.
甘	달 감		입안(ㅂ→ㅁ)의 혀끝(一)으로 단맛을 가려냄을 가리킨 자.
生	날 생		땅으로부터 초목이 돋아나오는 모양을 본뜬 자.
用	쓸 용		卜+中→用. '卜'은 점, '中'은 맞다. 옛날에는 점을 쳐서 맞으면 반드시 시행했으므로 '卜'과 '中'을 합하여 '쓰다'의 뜻을 나타낸다.
田	밭 전		밭과 논 사이에 사방으로 난 경계선의 둑 모양을 본떠 밭과 논을 뜻한 자.
疋	발 소 (짝 필)		무릎 아래의 다리를 본뜬 자. 곧 윗부분의 원형은 장딴지, 아랫부분의 止는 몸의 무게를 받치는 발바닥을 본떴다. 이 글자의 기본은 '足'의 뜻으로 '발소'자라 한다. '匹'과 통용되기 때문에 부수로는 '짝 필'로 통칭되고 있다. 한자 구성에서 변으로 쓰이는 자체는 疋이다.

부수자	변	그림 설명	해 설
疒	병질엄 (병들어 기댈 녁) (병질 안)		앓는 사람이 물건에 기댄 모양을 본뜬 자. '厂'은 기대는 물건, 한자로는 '병들어 기댈 녁'이고 부수 명칭은 '병질엄'이다. '疒'은 병과 관계됨을 뜻한다.
旡	이미기 **방**		4획 참조
癶	필발머리		두발(ㅋ,ㅌ)을 벌리고 걸어가려는 모양에서 '걷다' '가다'의 뜻이 된 자.
白	흰 **백**		저녁의 어스레한 물색(物色)을 희다고 본 데서 '희다'의 뜻을 나타낸다.
皮	가죽 **피**		짐승의 가죽을 손(又)으로 벗겨내는(巾) 모양을 본떠 털 있는 '날가죽'을 본뜬 자.
皿	그릇 **명**		위는 넓고 받침이 있는 쟁반 모양을 본떠 '그릇'을 의미한다.
目	눈 목(누운눈목)		사람의 눈 모양을 본떠 '눈' 또는 '보다'의 뜻이 된 자. 처음에는 가로로 썼으나 나중에는 세로로 고쳐 썼다. '罒'은 글자의 머리에 있을 때 부수 자형.
矛	창 **모**		뾰족한 쇠를 긴 자루 끝에 박은 '세모난' 창의 모양을 본뜬 자.
矢	화살 **시**		화살의 모양을 본뜬 자.
石	돌 **석**		'厂'는 언덕, 'ㅁ'는 돌멩이를 본떴다. 합하여 언덕 아래에 굴러떨어진 돌멩이 모양을 본뜬 자.
示 (礻)	보일 **시**		4획 참조

부수자	변	그림 설명	해　설
内	짐승발자 국 유		구부러져(冂) 둥그렇게(厶) 난 '짐승의 발자 국' 모양을 본뜬 자.
禾	벼 화		木+丿=禾. '木'은 줄기, '丿'는 이삭이 늘어 져 있는 모양. 좋은 곡식, 곧 잘 익은 벼의 고개가 늘어져 있는 모양을 본뜬 자.
穴	구멍 혈		'宀'는 집, '八'은 좌우로 가르다. 합하여 움 을 파서 그 속에서 살 혈거주택(穴居住宅) 을 보인 데서 '널리구멍'을 뜻한다. 한자의 구성상 '穴' 머리를 쓴 글자는 흔히 '심원하 다' '엿보다' 등의 뜻을 가진다.
立	설 립		땅(一)에 바로 서 있는 사람 모양을 본뜬 자. '立'을 부수로 쓰는 글자는 대체로 '머무르 다' '기다리다' 등의 뜻으로 쓰인다.

6 획

竹 (⺮)	대 죽(대 죽머리)		대나무의 모양을 본뜬 자.
米	쌀 미		곡식의 알맹이, 즉 낟알을 뜻한다. 네 개의 점은 낟알을 본뜨고 '十'은 낟알이 따로따로 있음을 나타낸다.
糸	실 사		'가는 실'을 감은 실타래 모양을 본뜬 자로 본뜻은 가는 실. 絲의 속자로 쓰인다. 이 부 수에 속하는 글자는 '실'과 관계가 있다.
缶	장군 부		배가 불룩하고 아가리가 좁은 나무로 만든 농사 지을 때 쓰는 장군의 모양을 본뜬 자.
网	그물 망		'그물의 벼리(冂=경계 경)'와 그물코 '㸚' 모 양을 본뜬 자. 網과 같이 '그물'을 뜻한다.

부수자	변	그림 설명	해 설
(罒, 罓, 罒)			罒, 罓, 罒의 부수들은 '网'의 부수로 쓰일 때의 자형이다. '目'(눈 목)이 부수로 쓰일 때의 자형과 같으므로 주의해야 한다.
羊 (⺷)	양 양		'양의 두 뿔과 네 발 및 꼬리 등의 모양을 본뜬 자. '⺷'은 羊의 한자 구성에서 머리로 쓰일 때의 부수.
羽	깃 우		새의 긴 '깃', 또는 날개 모양을 본뜬 자.
老	늙을 로		허리 굽은(匕) 늙은이(耂=毛+人)가 지팡이를 짚고 있는 모양을 본뜬 자.
而	말이을 이		코밑 수염을 본뜬 자. 일설에는 턱수염보고 만든 자로 수염 사이에서 말이 나온다고 하여 문장을 이을 때의 어조사로 쓰인다.
耒	가래 뢰 (쟁기 뢰)		丰은 풀이 어수선하게 우거진 모양. '木'과 합하여 우거진 풀을 나무로 만든 연장으로 '갈아 넘긴다'는 뜻으로 시골에서 소가 끄는 '쟁기'라는 뜻을 나타낸다.
耳	귀 이		사람의 귀를 본뜬 글자. 또는 而, 己, 矣와 같이 조사로 쓴다. 한자의 구성에서는 귀에 관한 것, 헤아리는 일, 알다, 자손에 관한 것 등의 뜻을 나타낸다.
聿	오직 율		'붓'을 잡고 손을 놀려서 글자 획(一)을 쓴 자를 가리키는 자.
肉 (月)	고기 육 (육달월)		돼지고기 및 쇠고기덩어리를 본뜬 자. '='은 힘줄을 나타낸다. '月'은 '肉'이 한자의 구성에서 변으로 쓰일 때의 자형. 이를 '月(달)'과 구별하기 위하여 '육달월'이라 하고, 육달

부수자	변	그림 설명	해 설
			월은 '二'가 양쪽 다 붙고, 달월은 '二'가 왼쪽만 붙는다. 많은 주의가 필요하다.
臣	신하 신		신하가 임금 앞에서 꿇어앉아 있는 모습을 본뜬 자. 임금을 섬기는 사람, 신하라는 뜻을 나타낸다.
自	스스로 자		사람의 코를 본뜬 자. 코를 가리키며 자기를 나타낸 데서 '스스로' '……부터'를 뜻하며 근원을 나타낸다.
至	이를 지		새가 날아서 땅에 내려앉음을 나타낸 자로써 그리하여 '널리 이르다' '미치다'의 뜻으로 쓴다.
臼	절구 구 (확 구)		절구통 속에 곡식을 넣고 손으로 방아를 찧는 모양을 본뜬 자.
舌	혀 설		입(口) 안에서 방패(干) 같은 구실을 하는 '혀'를 나타낸 자, 또는 입 안에서 천(千)가지 말을 하는 혀를 의미한다.
舛	어그러질 천		사람과 사람이 서로 등지고 있는 모습을 보고 만든 자로 서로 반대가 된다는 뜻을 나타내며 '배반하다' '어긋나다'의 뜻을 나타낸다.
舟	배 주		통나무를 파서 만든 쪽배의 모양을 본뜬 자.
艮	괘이름 간		눈(目)을 굴리고 상체를 돌리는(匕) 데에도 한도가 있다 하여 '그치다'의 뜻이 된 자.
色	빛 색		人+卩→色. 卩는 節의 본자. 사람의 심장이 얼굴빛에 나타남이 부절(符節)을 맞춤과 같이 맞으므로 '人'과 卩를 합하여 안색(顔色)이라는 뜻을 나타내며, 나아가서는 널리 빛깔, 모양, 색정(色情) 등의 뜻을 나타낸다.

부수자	변	그림 설명	해　설
艸 (艹)	풀 초(초 두머리)		'屮'는 초목이 땅에서 처음 돋아나오는 모양 을 본뜬 글자. 이것을 둘 합하여 풀이라는 뜻을 나타낸다. '艹'는 한자 구성에서 머리로 쓰일 때는 초 두머리라 한다.
虍	범호엄		얼룩덜룩한 줄무늬가 있는 호랑이 짐승 가 죽의 모양을 본뜬 자.
虫	벌레 훼 (벌레충변)		뱀이 도사리고 있는 모양을 본뜬 자로 널리 '벌레'의 뜻으로 쓰인다.
血	피 혈		그릇(皿)에 담긴 피(丿)를 뜻한 자.
行	다닐 행		사람들이 걸어다니는(彳·亍), '네거리'의 모 양을 본뜬 자로 그 길을 '다닌다'는 뜻으로 쓰인다.
衣 (衤)	옷 의		'亠'는 덮어 가리는 모양. '以'는 모든 사람. 합 하여 사람의 윗몸을 가리는 옷이라는 뜻을 나 타낸다. '衤'는 '衣'가 한자의 구성에서 변으로 쓰일 때의 자형. 이것을 '옷의변'이라 한다.
襾 (西)	덮을 아		위에서 덮다. 아래에서 받친(凵) 데에다 다 시 뚜껑(一)으로 '덮는다'는 뜻으로 된 자.
7 획			
見	볼 견		사람(儿)이 눈(目)으로 사물을 '바라본다'는 뜻으로 된 자.
角	뿔 각		짐승의 뿔을 본뜬 자.
言	말씀 언		원래는 '言' 口+辛→言. 생각은 그대로 입으 로 나타내므로 '口'를 쓴다. '辛'은 음부(音 符). 합하여 '말하다', 또 '말'이라는 뜻을 나 타낸다.

부수자	변	그림 설명	해 설
谷	골 곡		'ㅁ'는 샘물이 솟아나오는 구멍, 'ㅅ'는 샘물이 절반쯤 솟아난다는 뜻. 합하여 샘물이 솟아나 산과 산 사이를 지나 바다에 흘러 들어가기까지의 사이, 곧 '골짜기'를 뜻한다.
豆	콩 두		굽이 높은 제기(祭器)의 모양을 본뜬 자. 위의 'ㅡ'은 뚜껑, 'ㅁ'는 물건을 담는 부분, 아래의 'ㅛ'는 그 굽을 가리킨다. 뒤에 荅과 통하여 '콩'의 뜻으로 쓰인다.
豕	돼지 시 (돝 시)		돼지가 꼬리를 들고 있는 모양을 본뜬 자.
豸	갖은돼지 시변		맹수가 발을 모으고 등을 세우면서 덤벼들려는 모양을 본뜬 자.
貝	조개 패		조개 모양을 본뜬 자. 조개를 화폐로 사용했던 데서 '돈'이나 '재물'의 뜻으로 쓰인다.
赤	붉을 적		크게 불타는 데서 붉은 빛깔을 나타내고 불이 타서 밝게 드러낸다는 뜻을 나타낸다.
走	달릴 주		사람이 두 팔을 흔들면서 달린다는 뜻을 나타낸다.
足 (⻊)	발 족		무릎을 본뜬 'ㅁ'와 정강이에서부터 발목까지를 본뜬 '止'를 합하여 무릎부터 아래, 곧 '발'을 나타낸다. 한자 구성에서는 발 또는 발의 움직임에 관한 것을 나타내는 의부(意符)로 쓰인다.
身	몸 신		아이를 임신한 여자의 볼록한 몸 모양을 보고 본뜬 자. 몸 또는 '아이를 배다'의 뜻이 된 자.
車	수레 거		'수레'를 옆에서 본(원형은 ⟷) 모양을 본뜬 자로 바퀴의 뜻으로 쓰인다.

부수자	변	그림 설명	해 설
辛	매울 신		죄(辛=죄 건)를 범한(一) 사람의 이마에 바늘로 자자(刺字)했던 데서 '혹독하다, 괴롭다'의 뜻이 된 자.
辰	별신		조개가 껍데기를 벌리고 발(속살)을 내놓은 모양을 본뜬 자로 '별'의 뜻이 된 자.
辵	갖은책받침 (쉬엄쉬엄 갈 착)		彳+止=辵. '彳'는 가다, '止'는 서다(멎다). 합하여 '가다 쉬다, 쉬다 가다'의 뜻을 나타낸다. 辶는 '辵'이 한자 구성에서 부수로 쓰일 때의 자체이고 일상적인 필기체는 '辶'으로 쓰이는데 이는 '辶'의 변형이다.
邑 (阝)	고을 읍 (우부방)		3획 우부방변 참조
酉	닭 유		술병 모양을 본뜬 자. '술 주(酒)'의 옛자. 12지에서는 '닭'의 뜻으로 쓰인다.
釆	분별할 변		짐승의 발톱이 갈라져 있는 모양을 본뜬 글자로 '나누다, 나누이다'가 원뜻이고 바뀌어 '분별하다'의 뜻으로 쓰인다.
里	마을 리		밭도 있고, 논도 있고 흙도 있어서 사람이 살만 한 곳. 곧 마을, 촌락이라는 뜻을 나타낸다.
8 획			
金	쇠 금		흙에 덮여 있는 광석을 나타내어 '금' '황금'을 뜻하는 자.
長	길 장		수염과 머리카락이 긴 노인이 지팡이를 짚고 있는 모양에서 '길다, 키, 우두머리'의 뜻을 나타낸다.

부수자	변	그림 설명	해　　설
門	문 문		두짝 문의 모양을 본뜬 자.
阜 (阝)	언덕 부 (좌부변)		돌이 없는 토산(土山)을 본뜬 자. 언덕, 또는 높고 큰 토지, 대륙 등을 뜻하며, 나아가서는 '크다, 번성하다' 등의 뜻으로 쓰인다. 阝는 '阜'가 한자 구성에서 변으로 쓰일 때의 자형. 좌부변.
隶	미칠 이		뛰는 짐승의 꼬리를 손으로 잡기 위해서 뒤에서 쫓아간다는 데서 '미치다'의 뜻을 나타낸다.
隹	새 추		꽁지가 몽당하게 짧은 '새'의 모양을 본떠 꽁지 짧은 새를 통털어 일컬은 자. 꽁지가 긴 새의 총칭으로는 '鳥'를 쓴다.
雨	비 우		구름이 하늘을 덮고 구름에서 빗방울이 떨어지는 모양을 본떠 '비' 또는 '비오다'의 뜻이 된 자.
靑	푸를 청		'生'은 싹이 돋아나다, '井'은 우물의 맑은 물. 싹도 우물물도 맑은 푸른빛인 데서 '푸름'을 나타낸 자.
非	아닐 비		새가 날아 내릴 때 날개를 좌우로 흔드는 모양인데 양쪽 두 날개가 좌우에서 서로 등지고 있기 때문에 '어긋나다'의 뜻을 나타내고 이내 부정의 뜻인 '아니다'의 뜻으로 발전한 글자.
9 획			
面	낯 면		사람머리(而=首)의 앞쪽 윤곽(口)을 나타내어 '얼굴'을 뜻하는 자.
革	가죽 혁		짐승의 날가죽에서 털을 뽑고 있는 모양을 본떠 털만 뽑아낸 '가죽'을 뜻하는 자.

부수자	변	그림 설명	해 설
韋	다룸가죽 위		성곽 주위를 군인이 순찰할 때 남긴 발자국 모양을 본뜬 자.
韭	부추 구		땅(一) 위에 잎과 줄기가 여러 갈래(非)로 뻗어 나온 '부추'의 모양을 본뜬 자.
音	소리 음		言의 '口' 속에 '一'이 들어 있다. '一'은 말이 입밖으로 나올 때 성대를 울려 가락이 있는 소리를 냄을 나타낸다. 소리를 가리킨 자.
頁	머리 혈		털(巛)난 머리(首) 모양을 본뜬 자. 머리는 몸의 맨 위에 있으므로 '우두머리'로 쓰인다.
風	바람 풍		공기가 널리 퍼져 움직임을 따라 동물(식물)이 깨어나 움직인다는 뜻에서 '바람'이라는 뜻을 나타낸다.
飛	날 비		새가 하늘을 날 때 양쪽 날개를 쭉 펴고 있는 모양을 본뜬 글자.
食 (飠)	밥 식 (먹을 식)		人+皀→食. '人'은 모이다. '皀'는 곡식의 좋은 향기, 그리하여 곡물이 모인 곳, 곧 쌀, 밥을 뜻한다. '飠'은 명조체 활자에서 '食'이 변으로 쓰일 때의 자형.
首	머리 수		'百'은 사람의 머리 모양, '巛'은 머리털의 모양. 곧 머리털이 나 있는 머리 모양을 본뜬 자로 '머리'의 뜻을 나타낸다.
香	향기 향		회의문자(會意文字)로 黍+甘→香으로 된 자. '黍'는 기장. '甘'(달 감)은 달다는 뜻. 그래서 기장을 맛있게 익혔을 때 나는 냄새. 곧 '향기' '향기롭다'를 뜻하도록 만든 글자.
10 획			
馬	말 마		'말'의 머리, 갈기와 꼬리(馬), 네 굽(灬) 등의. 모양을 본뜬 자.

부수자	변	그림 설명	해 설
骨	뼈 **골**		살(月=肉)을 발라(冎,=살발라낸 과) ‘뼈’를 뜻하여 만든 자.
高	높을 **고**		성(冋, 성곽 경) 위에 치솟은 망루(古) 모양을 본떠 ‘높다’의 뜻을 나타낸 자.
髟	터럭발머리(머리 늘어질 **표**)		‘镸’은 ‘長’의 옛자. ‘彡’는 털(毛)의 뜻. 그리하여 ‘머리털이 길다’의 뜻을 나타낸다. 한자의 부수 명칭으로는 ‘髮’의 부수이기에 ‘터럭발’이라 한다.
鬥	싸울 **투**		두 사람이 손에 병장기 따위의 물건을 들고 서로 싸운다는 ‘다툰다’는 뜻으로 쓰인다.
鬯	울창주 **창**		‘凵’는 물건을 담는 그릇, ※는 곡식의 낟알 ‘匕’는 숟가락, 곡식의 낟알이 그릇에 담겨 고여 액체가 된 것을 숟가락으로 뜬다는 뜻이 되어 ‘술’을 나타낸다.
鬲	다리굽은 솥 **력**		다리가 세 개 있는 솥의 모양을 본뜬 자.
鬼	귀신 **귀**		죽은 사람의 영혼이 사람을 해치는 ‘귀신’을 뜻한 자.
11 획			
魚	물고기 **어**		물고기 모양을 본뜬 자.
鳥	새 **조**		꽁지가 긴 ‘새’의 모양을 본뜬 자.
鹵	소금밭 **로**	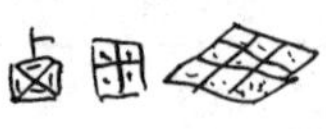	‘❖’, 바다를 막아 소금밭을 만들어 그곳에서 만드는 ‘소금’을 보고 만든 자.
鹿	사슴 **록**	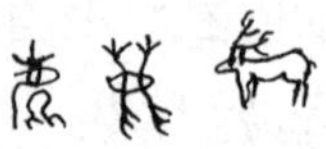	사슴의 뿔 및 머리, 몸통, 네 발 모양을 본뜬 자.

부수자	변	그림 설명	해 설
麥	보리 맥		보리 모양을 보고 본뜬 자. 보리는 다른 곡식과 달리 가을에 파종하여 초여름에 거두어들인다는 데서 이 두자를 합하여 '보리'라는 뜻을 나타낸다.
麻	삼 마		'朮'는 삼의 껍질을 벗긴 것. 이것을 둘 합한 것은 삼의 껍질을 가늘게 삼은 것. 그런 작업을 집(广)에서 하기 때문에 '삼' '삼실'을 뜻한다.
12 획			
黃	누를 황		좋은 밭은 황토색이기 때문에 '누르다'는 뜻을 나타낸다.
黍	기장 서		禾(벼 화)+众(雨의 약체)→黍. 곡식 중에서도 가장 찰기가 많은 것이 기장이기에 '禾'에 물을 뜻하는 '雨'의 약체를 더하여 '기장'이라는 뜻을 나타낸다.
黑	검을 흑		불이 활활 타올라서 굴뚝으로 연기가 나가면서 시꺼멓게 그을러진다는 데서 '검다'의 뜻을 나타낸다.
黹	바느질할 치		바늘에 펜 실로써 수놓은 모양을 본뜬 자로 헝겊(천)에 '수를 놓는다'하여 '바느질하다' 또는 '바느질한 옷감'의 뜻을 가진다.
13 획			
黽	맹꽁이 맹		큰 두 눈에 배가 볼록 나온 개구리과의 맹꽁이 모양을 본뜬 자.
鼎	솥 정		발이 셋, 귀가 두 개 달린 솥의 모양을 본뜬 자.
鼓	북 고		장식이 달린 악기를 오른손으로 친다는 뜻으로 '북'을 나타낸다.

부수자	변	그림 설명	해 설
鼠	쥐 서		쥐의 이빨, 배, 네발, 꼬리 등의 모양을 본뜬 자.
14 획			
鼻	코 비		'自'는 코의 모양을 그린 것, '畀'는 '비(卑)'로 음을 나타낸다. '自'에는 '호흡시켜 준다'는 뜻을 가지고 있다.
齊	가지런할 제		벼나 보리, 곡식을 베어 그 끝이 가지런히 놓여 있는 모양을 본뜬 자로 '가지런하다'라는 뜻을 나타낸다.
15 획			
齒	이 치		잇몸에 '이'가 아래위로 나란히 박힌(止) 모양을 나타낸 자.
16 획			
龍	용 룡		머리를 치켜세우고(立) 몸뚱이를 꿈틀거리며 하늘로 솟아오르는 '용'의 모습을 본뜬 자.
龜	거북 귀		거북이 등 밑으로 머리와 꼬리를 내놓고 네발로 기어가는 모습을 본뜬 자.
17 획			
龠	피리 약		피리의 여러 구멍 속에서 많은 소리가 한데 뭉쳐 조화됨을 뜻함.

3. 찾기 어려운 한자

획	음	한 자	부 수	부수 명칭
1 획	남녘 병 언덕 구 인간 세 소 축 붉을 단 마칠 료 나 여 어조사 호 탈 승	丙 丘 世 丑 丹 了 予 乎 乘	一 一 一 一 丶 亅 亅 丿 丿	한 일 한 일 한 일 한 일 점 주 갈고리 궐 갈고리 궐 삐침 별 삐침 별
2 획	들 입 안 내 어조사 혜 함께 공 갖출 구 이길 극 그 기 겸할 겸 여섯 륙 버금 아 다섯 오 어조사 우 이를 운 올 래 이제 금 미칠 급 돌아올 반 남녘 남 낮출 비	入 内 兮 共 具 克 其 兼 六 亞 五 于 云 來 今 及 叛 南 卑	入 入 八 八 八 八 八 八 八 二 二 二 二 人 人 又 又 十 十	들 입 들 입 여덟 팔 여덟 팔 여덟 팔 여덟 팔 여덟 팔 여덟 팔 여덟 팔 두 이 두 이 두 이 두 이 사람 인 사람 인 또 우 또 우 열 십 열 십

획	음	한 자	부 수	부수 명칭
	오를 승	升	十	열 십
	낮 오	午	十	열 십
	북녘 북	北	匕	비수 비
	앞 전	前	刀	칼 도
	마를 건	乾	乙	새 을
	빛 광	光	儿	어진사람 인
	책 권	卷	卩(㔾)	병부 절
	망할 망	亡	亠	돼지해머리
	면할 면	免	儿	어진사람 인
	말 물	勿	勹	쌀포몸
3 획	각각 각	各	口	입 구
	열 개	問	口	입 구
	옛 고	古	口	입 구
	인할 인	因	口	입 구
	관리 리	吏	口	입 구
	목숨 명	命	口	입 구
	한가지 동	同	口	입 구
	장사 상	商	口	입 구
	맛볼 상	賞	口	입 구
	초상 상	喪	口	입 구
	슬플 애	哀	口	입 구
	넉 사	四	口	큰입구
	평평할 평	平	干	방패 간
	다행 행	幸	干	방패 간
	줄기 간	幹	干	방패 간
	해 년	年	干	방패 간
	천간 임	壬	士	선비 사
	잡을 집	執	土	흙 토
	클 거	巨	工	장인 공
	오랑캐 이	夷	大	큰 대

획	음	한 자	부 수	부수 명칭
	받들 봉	奉	大	큰 대
	계약 계	契	大	큰 대
	법 식	式	弋	주살 익
	밤 야	夜	夕	저녁 석
	갈 거	去	厶	마늘 모
	몇 기	幾	幺	작을 요
	누구 숙	孰	子	아들 자
	끝 계	季	子	아들 자
	희롱할 롱	弄	廾	스물입발
4 획	굽을 곡	曲	日	가로 왈
	다시 갱	更	日	가로 왈
	쉴 게	憩	心	마음 심
	공순할 공	恭	心	마음 심
	사랑 애	愛	心	마음 심
	근심할 우	憂	心	마음 심
	구할 구	求	水	물 수
	길 영	永	水	물 수
	걸음 보	步	止	그칠 지
	바를 정	正	止	그칠 지
	호반 무	武	止	그칠 지
	돌아올 귀	歸	止	그칠 지
	죽을 사	死	歹	죽을 사
	과실 과	果	木	나무 목
	버릴 기	棄	木	나무 목
	가지 조	條	木	나무 목
	붉을 주	朱	木	나무 목
	능할 능	能	肉=月	육달월 육
	종아리 각	脚	肉=月	육달월 육
	밝을 랑	朗	月	달 월
	바라볼 망	望	月	달 월

획	음	한 자	부 수	부수 명칭
	매양 매 백성 민 재주 재 이을 승 모을 회	每 民 才 承 會	毋 氏 手 手(扌) 曰	말 무 성 씨 손 수 손 수 날 일
5 획	빌 공 날짐승 금(새 금) 비율 율 곡식 곡 곧을 직 서로 상 심할 심 말미암을 유 납 신	空 禽 率 穀 直 相 甚 由 申	穴 内 玄 禾 目 目 甘 田 田	구멍 혈 짐승발자국 유 검을 현 벼 화 눈 목 눈 목 달 감 밭 전 밭 전
6 획	속 리 아름다울 미 옛 구 무리 군	裏 美 舊 群	衣 羊=羊 臼=臼 羊=羊	옷 의 양 양 절구 구 양 양
7 획	귀할 귀 군사 군 변할 변 의지할 뢰	貴 軍 變 賴	貝 車 言 貝	조개 패 수레 거 말씀 언 조개 패

4. 한자를 쓰는 순서

1) 필순(筆順)

한자를 쓰는 순서란, 하나의 글자를 이루고자 할 때 그 글자를 이루어 가는 차례를 말한다. 한자는 다른 문자에 비하여 점과 획수가 많으며, 이들 점과 획이 다양하게 교차(交叉)하여 하나의 글자를 이루어 가므로, 한자를 처음 대하는 경우 매우 어렵고 복잡한 느낌을 가지게 된다.

예를 들면, '木'은 가로획과 세로획이 교차되고[十] 나서, 삐침과 파임이 서로 맞서는[木] 자형을 보이고 있는데, 이러한 한자 형태는 '한글'이나 '알파벳'에서는 볼 수 없는 구성 형태이다.

이러한 다양하고 복잡한 점과 획은 한자의 모양과 뜻을 명확하게 구별지어 주는 요소이며, 한자를 이해하고 익히는 데에도 중요한 학습 자료가 된다.

한자를 처음 대하는 학생은, 학년 초에 아래에 제시한 몇 가지 필순의 통례(通例)를 완전히 익혀두어야 하며, 이들 순서에 따라 쓰게 되면 빠르고 맵시 있는 글자를 이루는 데 큰 어려움이 없을 것이다.

① 기본 순서

㉠ 왼쪽에서 오른쪽으로 쓴다.

   예 川(천) → ﾉ ﾉﾉ 川

       外(외) → ﾉ ｸ ﾀ ﾀﾘ 外

㉡ 위에서 아래로 쓴다.

   예 三(삼) → 一 二 三

       工(공) → 一 丁 工

기본 필순은 한자를 써 나가는 대원칙이라 할 수 있으며, 다음의 필순도 이에 따라 응용한 것에 불과한 것이다.

② 응용순서 (1)

㉠ 가로획과 세로획이 교차될 때, 가로획을 먼저 쓴다.

예 支(지) → 一 十 支 支

寺(사) → 一 十 土 圡 寺 寺

ⓒ 삐침과 파임이 만날 때, 삐침을 먼저 쓴다.

예 人(인) → 丿 人

文(문) → 丶 二 𠂇 文

ⓒ 좌(左)와 우(右)가 대칭될 때, 가운데를 먼저 쓴다.

예 小(소) → 亅 小 小

水(수) → 亅 氵 氺 水

ⓔ 안과 바깥쪽이 있을 때, 바깥쪽을 먼저 쓴다.

예 固(고) → 丨 冂 冃 冋 冏 固 固 固

③ **응용순서 (2)**

㉠ 꿰뚫는 획은 나중에 쓴다.

예 中(중) → 丨 口 口 中

母(모) → 乚 𠃌 𠃌 𠃌 母

ⓒ 오른쪽 위의 두 점은 나중에 쓴다.

예 犬(견) → 一 ナ 大 犬

代(대) → 丿 亻 仁 代 代

ⓒ 받침은 두 가지가 있다. '起'는 받침을 먼저 쓰고, '建'은 받침을 뒤에 쓴다.

예 起(기) → 一 十 土 丰 走 走 起 起 起

建(건) → ㇇ ㇕ 聿 聿 聿 聿 建 建 建

위의 응용 필순은 기본 필순을 따르되, 그때그때 응용한 것이므로 다른 경우도 있을 수 있다.

2) 자획(字劃)

붓을 한 번 대서 쓴 것(점과 선)을 획이라 하고, 선을 그을 때에는 왼쪽에서 오른쪽으로, 위에서 아래로 그어야 한다. 또, 한 자(字)의 획의 수를 획수라 한다. 예를 들면, '日'의 획은 'ㅣ ㄇ ㄫ 日'이므로 획수는 4획이 된다. 자획 명칭은 다음과 같다.

㉠ 점(點)

　ノ : 왼점　　　　　　丶 : 오른점　　　ﾉ : 왼점 치킴　　　丶 : 오른점 삐침

㉡ 직선(直線)

　一 : 가로긋기　　　ㅣ : 내리긋기　　→ : 평갈고리　　　亅 : 왼갈고리

　丨 : 오른갈고리

㉢ 곡선(曲線)

　ノ : 삐침　　　　　　ㇾ : 치킴　　　　乀 : 파임　　　　　〜 : 받침

　) : 굽은갈고리　　　乚 : 지게다리　　乀 : 누운지게다리　乚 : 새가슴

5. 자전字典 활용법

1) 자전(字典 = 玉篇)이란

대체로 사전이란 글자를 찾아보는 '자전'과 어휘(語彙)를 찾아보는 '사전'으로 나눌 수 있다. 고사나 성어 사전도 있으나, 그것들은 초학자에게는 좀 전문적이고, 또 어휘를 알기 위해 찾는 사전에 대부분 수록되어 있다. 자전이란, 한자의 글자 하나하나에 대한 음·뜻·사성(四聲) 등을 설명하여 일정한 순서로 모아 놓은 책이다. 이를 옥편(玉篇)이라고도 한다.

2) 자전의 배열 순서

위에서 본 바와 같이, 한자를 일정한 순서로 모아 풀이해 놓은 책이 자전인데, 이 일정한 순서란 다음의 기준에 따르는 것이다.

첫째, 부수별로 한자를 나누어 놓았다. 수많은 한자를 214자나 되는 부수 중 어느 부수엔가 속해 있도록 나누어 배열하였다.

둘째, 부수별로 나눈 한자를 획수에 따라 또 나누어 놓았다. 같은 부수에 속한 한자를 다시 부수의 획수를 뺀 나머지 획수를 세어 0에서부터 1, 2, 3, …… 획의 차례로 배열하였다.

3) 자전에서 한자를 찾는 방법

① 부수 색인(部首索引)

우리나라 자전에서 가장 많이 사용되고 있는 부수 색인은 획수로 분류된 부수에 의거하여 크게 나눈 다음, 다시 그 부수 안에서 획수(劃數)에 따라 배열하고 있다. 이 방법을 이용하려면, 먼저 부수가 몇 획인가를 알아야 한다.

예 八 入 儿 亻 亠 二　二劃　亅 乙 丿 丶 丨 一　一劃　部首索引

卩 卜 十 匸 匚 匕 勹 力 刂 凵 几 冫 冖 冂

② 총획 색인(總劃索引)

찾고자 하는 자(字)를 부수에서 찾지 못할 경우, 글자의 총획(總劃)을 세어서 이를 찾는 방법이다. 한자 자전을 다루는 데 익숙하지 못한 사람은 총획 색인에서 찾고자 하는 한자의 획수를 세어서 찾는다.

③ 음 색인(音索引)

이는 부수 색인이나 총획 색인을 통하여 한자를 찾을 수 없을 때에 이용하는 방법이다. 이 방법은, 한글의 자모순(字母順)으로 찾고자 하는 한자를 찾아나가는 방법이므로, 글자의 음만 알고 있으면 찾기에 매우 편리하다.

④ 한자의 음과 뜻 찾기

예(例)를 들어, '呼'자가 어떠한 음과 뜻을 가지고 있는가 하는 것을 찾는다고 할 때, 이 '呼'자를 찾아 음과 뜻을 알아내고, '呼'자와 결합한 한자어를 찾아내기 위해서는 다음과 같은 순서를 밟아야 한다.

㉮ '呼'자는 부수에 나타나 있지 않으므로, 먼저 부수 색인에서 '口'를 찾는다.

㉯ 부수 색인에 '口(입구)'가 3획에 들어 있음을 확인하고, '口' 아래에 적혀 있는 자전의 면수(面數)에 따라 '口'부를 찾는다(이때, 부수에서 도저히 '呼'의 부수를 찾기 힘들면 총획수를 세어 8획에서 찾는다).

㉰ '呼'자가 '口'를 제외한 5획[乎]으로 되어 있으므로, 다시 '口'부의 5획을 찾아 차례로 한자를 더듬어 나가면 '呼'자를 찾게 된다.

㉱ 한자의 음과 뜻풀이

㉲ 한자어의 풀이

⑩ 〔呼〕㉠ 숨 내쉴 호(外息). ㉡ 부를 호(喚也). ㉢ 부르짖을 호(號也).
㉣ 슬퍼할 호(歎辭)

〔呼名〕 이름을 부름.　　　〔呼出〕 불러서 나오게 함.

⑤ 자전의 효용

자전을 이용함에 있어서 부수 색인 이용법은 한자의 짜임을 어느 정도 알고
있는 사람에게는 좋은 역할을 하지만, 전혀 한자의 구성을 모르는 사람에게는
부수를 알기까지 상당한 시간이 걸릴 때가 있다.

총획 색인을 이용하면 한자의 총획수와 필순을 익히는 데 좋으나, 획수를 정
확히 세지 못하면 하나의 한자를 찾는 데 많은 시간이 걸린다.

또, 자음 색인을 이용하면 한자의 음만 알고 있어도 찾기에 편리하나, 한자
습득을 위한 체계적인 이해력을 길러 주지는 못한다.

4) 한자의 획수

작명학(作名學)에서는 일반적인 획수가 아닌 원자(原字)의 부수(획수)를 사
용한다.

일반적인 한자 부수	원자(原字) 의 부수	작명 부수수 (作名部首數)	일반적인 한자 부수	원자(原字) 의 부수	작명 부수수 (作名部首數)
氵	水	4	阝(右)	邑	7
忄	心	4	阝(左)	阜	8
犭	犬	4	一		1
扌	手	4	二		2
王	玉	5	三		3
礻	示	5	四		4
歹	歺	5	五		5
衤	衣	6	六		6
月	肉	6	七		7
罒	网	6	八		8
艹	艸	6	九		9
辶	辵	7	十		10

제 4 장

기둥이 되는 파자破字

파자(破字)의 글자 그대로의 뜻은 깨뜨릴 파, 쪼갤 파이므로 한자어를 쪼개거나 깨뜨린 자(字)로 한자어의 자를 분합하여 한자어의 뜻과 의미가 완성되는 것으로 한자어를 이해하는 데 많은 도움이 될 것으로 믿는다.

획수	파자(破字)	결자(結字)	파자(破字)	결자(結字)
1	丿 멀리 삐칠 예	延 미칠 연	ㄴ 늘어질 근	乳 젖 유
2	丁 장정 정	可 옳을 가	丂=丂 교묘할 교	考 상고할 고 兮 어조사 혜
	ㅂ 얽힐 구	叫 부르짖을 규	乃=孕 아이 밸 잉	秀 빼어날 수
3	乞 빌 걸	乾 하늘 건	弋 주살(말뚝) 익	代 대신 대, 세대 대
	攵 밟을 쇠	麥 보리 맥	亐=亐 물괼 우	汚 더러울 오
	ㅌ=爪 손톱 조	印 도장 인	勺 국자(구기) 작	酌 따를 작
	乇 맡길 탁	宅 집 택	干 범할 간 방패 간	旱 가물 한 汗 땀 한
4	开 빗장(형틀) 견 평평할 견	開 열 개 硏 갈 연	夬 자를 쾌	決 터질 결 缺 이지러질 결
	毌 꿰뚫을 관	貫 꿸 관 衰 쇠할 쇠	斤 무거울 근 도끼 근	丘 언덕 구 近 가까울 근
	勻 고를 균	均 고를 균	气 기운 기	氣 기운 기
	丰 어지러울 개 수목경계 봉	邦 나라 방 害 해칠 해	屯 모을 둔 싹틀 둔	鈍 무딜 둔 純 생사 순

62 • 한문학의 원리

획수	파자(破字)	결자(結字)	파자(破字)	결자(結字)
4	壬 우뚝설 정·임	望 바랄 망	殳 없어질 몰	沒 빠질 몰
	旡 숨막힐 기	旣 이미 기	艮 다스릴 복	報 갚을 보
	牙 어금니 아	邪 간사 사	予 취할 여	序 차례 서
	升 오를 승 되 승	飛 날 비 昇 오를 승	卬 높일 앙 벼슬 앙	仰 우러를 앙 迎 맞이할 영
	夭 예쁠(일찍) 요	笑 웃음 소	辡 볼만할 전	展 펼 전
	尤 머뭇거릴 유	沈 빠질 침 枕 베개 침	亢 높을 항	抗 막을 항 航 배 항
	歺=歺 물 흐를 혈	列 줄 렬		
5	壬 싹틀 임	南 남녘 남	尼 가까이할 니	泥 진흙 니
	卯 토끼 묘	柳 버들 류	犮 뺄 발	拔 뽑을 발
	丣 문열고 닫을 류	留 머무를 류 貿 바꿀 무	乍 잠깐 사 동작 작	詐 속일 사 作 만들 작
	丹=骨 뼈 골	別 다를 별	斥 물리칠 척	訴 소송 소
	朮 삽주뿌리 출	述 지을 술 術 꾀 술	疋 발 소 말 필	旋 돌 선 疑 의심 의
	聿 큰손 섭	肅 엄숙할 숙	丞 받들 승	承 이을 승
	疋=正 바를 정	是 이(옳을) 시	布=布 천(베) 포	飾 꾸밀 식
	㕣 산속 늪 연	沿 물 따를 연	夗 누워 뒹굴 원	怨 원망 원
	冉=冓 쌓을 구	再 다시 재	宁 모을 저	貯 쌓을 저
6	圭 서옥 규 양토 규	佳 아름다울 가 街 거리 가	巩 품을 공 안을(쪼일) 공	恐 두려울 공 築 쌓을 축
	耒 쟁기 뢰	耕 밭갈 경	幺 적을 요	幾 기미 기
	关 말 궐 움켜쥘 궐	卷 책 권 勝 이길 승	㫃 군기 언 깃발 언	旅 군사 려 族 겨레 족
	聿 붓 률	律 법 률	舛 어그러질 천	舞 춤출 무
	阪 내릴 강	降 내릴 강 항복할 항	辰 물흐를 파 흐를 비	脈 맥 맥 派 물갈래 파

획수	파자(破字)	결자(結字)	파자(破字)	결자(結字)
6	屰 거스릴 역	朔 초하루 삭	亘 펼 신	宣 베풀 선
	关=笑 웃음 소	送 보낼 송	朿 가시랭이 치	刺 찌를 자
	攸 아득할(곳) 유 쑥쑥 뻗을 유	修 닦을 수 悠 멀 유 條 가지 조	延 걸을 천	延 끌 연 미칠 연
	划 끊을 재	哉 어조사 재	耑=未 나뭇가지 미	制 지을 제
7	夅 내릴 강	降 내릴 강	巠 물줄기 경	經 다스릴 경
	鹿 사슴 록	慶 경사 경	冎 비뚤어질 과	骨 뼈 골
	季 인도할 교	敎 가르칠 교	㐭 고소할 흡	既 이미 기
	庻=庶 여럿 서	度 법도 도	次 군침 연	盜 도둑 도
	豸 짐승 치	貌 모양 모	呆 지킬 보	保 보호할 보
	夆 뽀쪽할 봉	逢 만날 봉	宀 손바을 빈	賓 손 빈
	釆 분별할 채 캘 채	番 차례 번	孚 종자씨 부 기를 부	浮 뜰 부 乳 젖 유
	甹 끌 빙	聘 부를 빙	冏 밝힐 경	商 장사 상
	兌 곧을 태	說 말씀 설	呈 평평할 정	聖 성인 성
	夋 갈 준 뛰어날 준	酸 신맛 산 俊 준걸 준	肯=歬 배 앞부분 전	前 앞 전
	卽 곧 즉	節 마디 절	甫 클 보	浦 물가 포
	矦=疌 과녁 후	侯 과녁 후 候 물을 후 喉 목구멍 후	皃 모양 모	貌 모양 모
8	臤 귀 세울 간	敢 감히 감	隶=庚 단단할 경	康 편안할 강
	臤 굳을 간	堅 굳을 견	帛 비단 백	錦 비단 금
	岡 뫼 강 굳셀 강	剛 굳셀 강	帚 비 추 아내 부	歸 돌아갈 귀 婦 부인 부 掃 쓸 소
	沓 거듭, 유창할 답	踏 밟을 답	尙 높을 상	堂 집 당
	彔=크 근본 록	綠 푸를 록	戾 죄 려	淚 눈물 루
	坴 흙덩이 륙	陸 육지 륙	夌 넘을 릉	陵 언덕 릉

획수	파자(破字)	결자(結字)	파자(破字)	결자(結字)
8	朮 삼 파	麻 삼 마	禺 짐승 우	萬 일만 만 愚 어리석을 우
	兔 토끼 토	逸 달아날 일	幷 합칠 병	屛 병풍 병
	笵 본보기 범	範 법 범 모범 범	厞=尾 꼬리 미	屬 붙을 속 부탁할 촉
	咅 세울 부 가를 부	培 북돋울 배 部 거느릴 부	伯=佰 잠자리들 숙	宿 묵을 숙
	竝 가지런히 병	普 두루 보	府 곳간 부	腐 썩을 부
	畀 즐 비	鼻 코 비	垂 드리울 수	睡 졸 수
	臙 연못(장사) 언 두려울 연	肅 엄숙 숙	戔 잘(짜를) 잔 상할 잔	錢 돈 전, 賤 천할 천, 殘 해칠 잔
	罙 깊을 심	深 깊을 심	厓 벼랑 애	涯 물가 애
	卸 행할 정	御 어거할 어	狀 개고기 연	然 그럴(불사를) 연
	甬 손쓸 용	庸 쓸 용	㒭=泉 샘 천	原 근원 원
	侌 어둘 음	陰 그늘 음	冞 숨막힐 기	潛 잠길 잠
	叀 실패(물레) 전 삼갈 전	專 오로지 전 惠 은혜 혜	卓=坎 우물구덩이 이 간	韓 나라 한
	忝 욕될 첨	添 더할 첨		
9	叚 빌 가	假 거짓 가	壴 북 주	鼓 북 고
	曷 마를 갈 어지러울 갈	渴 목마를 갈 謁 아뢸 알	咼 입 비틀어질 쾌	過 허물 과 지날 과
	亟 꼭대기 극 용마루 극	極 다할 극	豙 무리 대	遂 이를 수 隊 무리 대
	爰 당길 원	暖 따뜻할 난 緩 느릴 완	㕯 어지럽힐 노	惱 괴로울 뇌
	耑 끝 단	端 끝 단	某 아무 모	媒 중매 매
	柬 가릴 간 고를 간	蘭 난초 란	兪 실을 유 그러할 유	輸 보낼 수 愈 더욱 유
	敄 힘쓸 무	務 힘쓸 무	畐 찰 복	福 복 복, 幅 폭 폭
	复 거듭 복	復 다시 복(부)	斿 펄럭일 유	遊 놀 유

획수	파자(破字)	결자(結字)	파자(破字)	결자(結字)
9	昜 높이 해뜰 양 양지 양	揚 오를 양 場 장소 장	韋 군복 위 에워쌀 위	偉 훌륭할 위 韓 나라 한
	酋 의심 유	猶 원숭이(머뭇거릴) 유	県 목 매어 달 교	縣 고을 현 懸 매달 현
	𦘔=𦘩 다할 진	盡 다할 진	爯=唱 부를 칭	稱 부를 칭
	扁 작을 편	篇 책 편, 編 짤 편	奐 클 환	換 바꿀 환
10	冓 쌓아올릴 구	講 가르칠 강	倝 기둥 간	幹 줄기 간
	盍 덮을 합	蓋 덮을 개	奚 새벽 해	鷄 닭 계
	𣪊 단단한 껍질 각	穀 곡식 곡	欮 숨찰 궐	厥 짧을(그) 궐
	丵 무성할 복	對 대답할 대 대할 대	髟 머리털 늘어질 표	髮 털 발
	舀 절구 요	稻 벼 도	𢼸 자잘할 미	微 작을 미
	旁 곁 방	傍 곁 방 의지할 방	舁 마주들 여	輿 가마 여 興 일 흥
	𤰇 갖출 비	備 갖출 비	蚤 벼룩 조	騷 시끄러울 소
	㤅 가득찰 애	愛 사랑 애	䍃 질그릇 요	搖 흔들 요 遙 멀 요
	袁 옷깃 원	遠 멀 원	烝 삶을 증	蒸 찔 증
	荅 얹을 탑	塔 탑 탑	鬥 싸울 투(각)	鬪 싸울 투
	斲 쪼갤 착 눕힐 착	鬪 싸울 투	隺 높이 있는 새집 학	鶴 학 학 確 굳을 확
	𡨄 틈 하	塞 변방 새 막을 색		
11	桀 빼어난 모양 걸	傑 뛰어날 걸	竟 끝날 경	境 지경 경
	頃 잠깐 경	傾 기울 경	离 떨어질 리	離 떠날 리
	𢇇 북에 실뀔 관 잇닿을 관	關 빗장 관 聯 잇달 련	𦰩 진흙 근 어려울 난	難 어려울 난 嘆 탄식할 탄
	啚 곡식 비 농토 분할 비	圖 그림 도	婁 겹칠 루	樓 다락 루 數 셀 수

획수	파자(破字)	결자(結字)	파자(破字)	결자(結字)
11	㒼 평평할 만	滿 찰 만	曼 늘어질 만	慢 게으를 만
	莔 어두울 몽	夢 꿈 몽	募 상처입을 상	傷 상처 상
	殸 소리 성	聲 소리 성	壽 장수 수	壽 장수 수
	埶 잡을 예 심을 예	勢 기세 세 熱 더울 열	寅 행할 언 범 인	演 펼 연
	羕 모양 양	樣 모양 양	䢊 꽉 맞붙을 여	與 더불어 여
	鹵 염밭 로	鹽 소금 염	敖 돌아다닐 오	傲 거만할 오
	尉 편안할 위	慰 위로할 위	啇 실과 꼭지 적	適 맞을 적
	斬 조금 참 벨(없을) 참	斬 조금 참 慙 부끄러울 참	悤 모을 총	總 거느릴 총 모두 총
	桼 옻나무 칠	漆 옻나무진 칠	彗 날카로울 혜	慧 총명할 혜
	奞 날개칠 순	奮 떨칠 분	䙴 오를 선	遷 옮길 천
12	絜 깨끗할 결	潔 깨끗할 결	喬 높을 교	橋 다리 교
	悳 행실 덕 기울일 덕	德 덕 덕 聽 들을 청	裔 얽힐 란 어지러울 란	亂 어지러울 란 辭 말 사
	厤 세월(셀) 역	歷 지낼 력 역사 력	粦 잇닿을 린	憐 불쌍할 련 隣 이웃 린
	賁 클 분	墳 무덤 분	巽 손괘 손	選 뽑을 선
	堯 높을(멀) 요	燒 불 붙을 소 曉 새벽 효	舜 빠를 순 나팔꽃 순	瞬 눈 깜박일 순
	尌 세울 수	樹 나무 수	隋 따를 수	隨 따를 수
	曾 더할(일찍) 증	僧 중 승	犀 코뿔소 서	遲 더딜 지
	寢 어두울 몽	寢 잠잘 침	敝 옷 해질 폐	幣 폐백 폐 蔽 덮을 폐
	兟 나아갈 신	贊 도울 찬 찬성할 찬		
13	賈 장사 고	價 가치 가	學 배울 학	覺 깨달을 각 學 배울 학
	狠 정성스러울 간	懇 간절할 간	僉 여럿 첨	儉 검소할 검 險 험할 험

획수	파자(破字)	결자(結字)	파자(破字)	결자(結字)
13	詹 살필 첨	擔 멜 담	蜀 큰닭 촉	獨 홀로 독 燭 촛불 촉
	溥 펼(넓을) 부	薄 엷을 박 簿 장부 부	辟 물리칠 벽	壁 벽 벽 避 피할 피
	睪 엿볼(바꿀) 역	譯 통변할 역 擇 가릴 택	嗇 인색할 색	墻 담 장
	喿 많을 소(조)	燥 마를 조	廌 외뿔양 치	薦 천거할 천
	𢧵 클 질	鐵 쇠 철	睘 둥글 경	環 고리 환 還 돌아올 환
14	䜌 이을 계	繼 이을 계	監 볼 감	覽 볼 람
	厭 누를 염	壓 누를 압	㥯 근심 숨을 은	隱 숨을 은
	臧 감출 장	藏 곳집 장	耤 기록 적	籍 문서 적
	翟 뛰어오를 적 두드릴(꿩깃) 적	濯 씻을 탁	蒦 잴 약 돌볼 약	護 보호할 호 穫 거둘 확
	㬎 미묘할 현	濕 축축할 습		
15	厲 타이를 려	勵 힘쓸 려	𦥛 낭떠러지 면	邊 가 변
	嘼 산짐승 휴	獸 짐승 수		
16	褱 쌓을 회	壞 무너질 괴	穌 쉴(잠들) 소	蘇 깨어날 소
	𥤙 좌우 물을 심	尋 찾을 심		
17	襄 도울 양	讓 겸손(사양) 양		
18	雚 황새 관 저울추 관	觀 볼 관 權 저울추 권	瞿 놀랄 구	懼 두려울 구

제 5 장

한자어漢字語의 분류

한자어(漢字語)란 무엇인가?

우리 인간이 사람으로 태어나서 옷을 입고, 모자를 쓰고, 안경을 착용하면서 어떠한 형태로 변모하듯이 한자어도 한자어로 태어나서 각각의 뜻을 지니고 있는 한자를 두자 또는 세자씩 모아서 보다 구체적인 뜻을 가지는 형태로 짜인 말을 이른다.

예를 들어 '家'자를 중심으로 하여 그 앞이나 뒤에 다른 한자를 결합시켜 보다 좀더 구체적인 뜻을 지니는 말을 만들 수가 있다. 이를테면 '家'자 뒤에 '和'를 결합시키면 '家和(가화 : 집이 화목함)'이라는 '家'보다 더 구체적인 뜻을 지니는 말이 되는 것을 이른다.

1. 단순어單純語

한자는 회의(會意)에 의하거나 사물의 모습을 그대로 본떠서 의미를 전달하는 표의문자(表意文字) 이므로 한 글자가 낱낱이 하나의 의미체(意味體)를 나타내는 단순어가 된다.

人(인 : 사람)   子(자 : 아들)

身(신 : 몸)   牛(우 : 소)

木(목 : 나무)   米(미 : 쌀)

門(문 : 문)   車(차 : 수레)

2. 파생어派生語

단순어(單純語)에 접사(接辭)가 붙어서 뜻을 확대하거나 구체화 시키는 경우이다. 접사에는 접두사(接頭辭), 접미사(接尾辭) 등이 있는데, 어떤 말의 어간(語幹)이나 어근(語根), 어미(語尾)에 붙어서 한 말을 구체적으로 구성하는 것이다. 단 어근에 종속적(從屬的)으로 결합되어 있는 것이 합성어(合成語)와 다른 점이다.

1) 접두사(接頭辭)

어떤 말의 머리에 놓여서 어의(語意)와 어조(語調)를 뚜렷이 해주는 것.

예　㉠ 봄이 왔다.
　　　 ㉡ 꽃이 핀다.
　　　 ㉢ 한문 공부는 아주 쉽다.

위와 같이 '봄' '꽃' '한' 등과 같은 것을 의미한다.

2) 종미사(終尾辭)

어떤 말의 뒤에 놓여서 뜻을 더해주거나 자격 등을 결정지어 준다.

예　㉠ 李氏(이씨)
　　　 ㉡ 敎職員(교직원)
　　　 ㉢ 大統領(대통령)

우리말의 '사부님' '우리들' '도자기가 깨졌다'에서 '님·들·깨졌다' 등과 같은 것을 의미한다.

3. 합성어合成語, 複合語

합성어(合成語)란 둘 이상의 글자나 단어가 합쳐져서 하나로 되어 한 단위의 의미체를 형성하는 것을 성어(成語)라고 하며, 성분관계별로 보면 다음과 같이 분류한다.

1) 주·술 관계(主述關係 : □∥□)

● 주어(主語)와 서술어(敍述語)의 관계로 짜인 형태

주 어	서 술 어
~은, ~는, ~이, ~가 무엇이(가) 무엇이(가)	~다 어찌한다. 어떠하다.

주어는 행동의 주체가 되며 서술어는 행위, 동작, 상태, 존재 등을 나타낸다. 해석할 때에는 주어, 서술어 순서로 새긴다.

예　㉠ 家∥和(집이 화목하다.)
　　　㉡ 春∥來(봄이 오다.)
　　　㉢ 月∥明(달이 밝다.)

도움말　주·술 관계가 도치(倒置)되면 수식관계로 변화된다.
　　　山∥高(산이 높다.) ── 高山(높은 산)
　　　夜∥深(밤이 깊다.) ── 深夜(깊은 밤)

2) 주·술·목 관계(主述目關係 : □∥□∣□)

주어, 서술어, 목적어의 관계로 짜인 형태로{~을(를) ~하다}, 목적어는 ~을(를) 새기며 행동의 대상이 된다. 어순은 서술어가 목적어 앞에 있으므로 우리말과 반대이다. 해석할 때에는 주어, 목적어, 서술어 순서로 새긴다.

예　㉠ 吾∥省∣身 　(내가 몸을 살펴본다.)
　　　㉡ 男兒∥讀∣書(남아가 책을 읽는다.)
　　　㉢ 我∥受∣賞 　(나는 상을 받았다.)

3) 주·술·보 관계(主述補關係 : □∥□／□)

주어, 서술어, 보어의 관계로 짜인 형태로 '무엇이(가) ~어떠하다. 무엇에(서)

~어찌하다, ~이(가) ~함, ~에 ~함' 관계로 이루어진다. 보어는 서술어를 도
와서 뜻을 완전하게 해준다. 주·술·목 관계와 같이 우리말 어순과 다르며 해
석할 때에는 주어, 보어, 서술어 순서로 새긴다.

> **예** ㉠ 學者 ‖ 爲 / 君子(배우는 자는 군자가 된다.)
> ㉡ 我 ‖ 有 / 信　　(나는 믿음이 있다.)
> ㉢ 春 ‖ 發 / 花　　(봄에 꽃이 피었다.)

4) 주·술·목·보 관계(主述目補關係 : □‖□丨□ / □)

주어, 술어, 목적어, 보어의 관계로 짜인 형태로 '무엇이 ‖ ~어찌하다 丨 무엇을
/ ~에 ~이(가) ~을(를) ~에게 ~다' 관계로 이루어진다.

보어는 목적어를 도와서 서술어와 목적어의 관계를 확실하게 해준다.

해석할 때에는 주어, 보어, 목적어, 서술어 순서로 새긴다.

> **예** ㉠ 我 ‖ 讀 丨 書 / 於家(나는 집에서 책을 읽는다.)
> ㉡ 弟 ‖ 投 丨 金 / 於水(동생이 물에 금을 던진다.)

4. 수식관계 修飾關係 : □　□

[잔소리] 잔소리는 듣기 싫어도 중요한 부분에서 하는 것이니 듣고 학습을
열심히 할 것을 당부한다.

수식관계를 학습하기 전에 익혀두어야 할 것이 있다.

(1) 수식(修飾)

　① 다른 한자어를 겉모양을 꾸며 주는 것

　② 체언(體言), 용언(用言)에 종속(從屬)하여 그 뜻을 더 자세히 설명하
　　는 일

(2) 수식어(修飾語)

　체언 또는 용언을 수식 한정하는 말. 체언을 수식하는 관형어와 용언을 수
식하는 부사어로 나눈다.

(3) 관형사(冠形詞)

어떤 체언 위에서 그 체언이 지닌 뜻을 꾸미는 품사. 매김씨라 하고 약자로 관사(冠詞)라 한다.

(4) 관형어(冠形語)

체언의 뜻을 수식하기 위하여 그 위에 덧쓰이는 말. 매김말.

(5) 관형격(冠形格)

체언을 꾸미는 자리. 매김자리라 한다.

(6) 관형격조사(冠形格助詞)

체언 아래에 붙어 그 주어를 꾸미는 관형사 구실을 하게 하는 격조사. '의' 하나임. '매김자리토씨'라 한다.

(7) 관형절(冠形節)

관형사처럼 쓰이는 어절(語節). 매김자리라 한다.

(8) 관형사형(冠形詞形)

관형사처럼 체언을 꾸미는 용언의 활용형. 관형형, 매김꼴이라 한다.

(9) 체언(體言)

사물의 실체를 가리키는 언어라는 뜻으로 명사, 대명사, 수사의 세 품사로 문장에서 조사의 도움을 받아서 주체(主體)가 되는 구실을 하는 단어. ⑪용언

(10) 용언(用言)

문장 주체(主體)를 서술하는 기능을 띤 단어로 어미(語尾)가 활용하는 말. 곧 동사·형용사의 총칭. ⑪체언

(11) 부사(副詞)

품사의 하나로 주로 동사·형용사, 또는 다른 부사 앞에 놓여서 그 뜻을 한정하는 품사. 더욱, 아주, 썩 따위로 매김씨라 한다.

(12) 부사어(副詞語)

　　부사의 구실을 하는 단어나 관용어.

　　수식어+피수식어의 관계로 이루어진 짜임이다.

　　수식이란→ 무엇이 무엇을 꾸미는 것을 뜻하고

　　피수식어란→ 꾸밈을 받는 쪽을 의미한다. 다시 말하면 피수식어를 여자의
　　　　　　　　얼굴이라 한다면, 그 여자 얼굴을 예쁘게 화장하여 아름답게
　　　　　　　　꾸미는 것을 수식어라 한다. 해석하는 순서는 우리말과 같이
　　　　　　　　피수식어, 수식어 순서로 한다.

① 관형어(수식어)+체언(피수식어)

② 부사어(수식어)+용언(피수식어)

구체적으로 설명한다면,

A 관형어(관사)+체언(명사, 대명사, 수사)의 관계

관형어가 체언을 수식하는 관계를 이른다.

관형어	체언
무엇의 어떠한	무엇 무엇

　'~한~' '~하는~' '~의~'(~한~, ~하게 ~하다) 수식관계로 이루어진 한
자어이다.

예　㉠ 善(착하다)　　行(행동)　⇒ 착한 행동

　　㉡ 綠(푸르다)　　山(산)　　⇒ 푸른 산

　　㉢ 老(늙은)　　　松(소나무) ⇒ 늙은 소나무(노송)

　　㉣ 個(낱낱)　　　性(성질)　⇒ 낱낱의 성질

B 부사어+용언(동사·형용사)

용언이란 동사와 형용사를 말하며, 그러한 용언을 꾸미는 성분을 부사어라

한다. 이 경우는 한정을 짓는 관계로 '~하게 ~함, ~이다'로 해석한다.

예 동 사 ＝ 必 勝(필승) : 반드시 이긴다.

相 逢(상봉) : 서로 만나다.

형용사 ＝ 晚 學(만학) : 늦게 배우다.

徐 行(서행) : 천천히 가다.

5. 병렬관계立列關係

병렬이란 나란히 늘어섬, 잇달아 벌어 섬이란 뜻으로 유사관계, 대립관계, 결합관계, 첩어관계로 분류할 수 있다.

1) 유사관계(類似關係) □ ＝ □

글자는 다르지만 비슷한 뜻이거나 같은 뜻을 지닌 한자어끼리 모여서 이루어지는 경우이다. 즉 훈(訓)이 같고 음(音)은 다른 것끼리 결합되는 것이다. 해석할 때에는 두 자의 뜻이 약간 차이가 있는 경우는 앞글자를 먼저 새기고 난 다음에 뒷 글자를 해석한다.

예 ㉠ 溫 暖(온난) : 따뜻하다.
㉡ 過 誤(과오) : 그릇되다.
㉢ 星 辰(성신) : 별
㉣ 雨 露(우로) : 비와 이슬
㉤ 報 道(보도) : 알리어 말하다.
㉥ 守 護(수호) : 지키고 보호하다.

㉠~㉢의 한자는 '동의어＋동의어'의 짜임이고, ㉣~㉥의 한자어는 유사어＋유사어의 짜임이다.

명사의 결합, 동사의 결합, 형용사의 결합을 보면 다음과 같다.

㉮ 명사(名詞)의 결합

學 = 子(학자) : 선비

家 = 屋(가옥) : 집

羊 = 畵(양화) : 서양화

㉯ 동사(動詞)의 결합

執 = 行(집행) : 실제로 일을 잡아서 행함

支 = 出(지출) : 어떤 목적을 위해 돈을 치르는 일

停 = 止(정지) : 멈추다

㉰ 형용사의 결합

味 = 覺(미각) : 혀의 미신경의 달고, 시고, 짜고, 쓰고, 매운 맛을 느껴
아는 감각

靜 = 修(정수) : 고요한 마음으로 학덕을 닦음

歡 = 送(환송) : 기쁘게 보냄

2) 대립관계(對立關係) □ ↔ □

서로 상대(相對) 또는 정반대(正反對)의 뜻을 지닌 한자어끼리 모여서 이루어지는 한자어의 경우이다. '~와(과)~, ~고~'로 새기며 앞글자를 먼저 새기고 난 다음에 뒤의 글자를 해석한다.

예 ㉠ 前 後(전후) : 앞과 뒤

㉡ 强 弱(강약) : 굳세고 여리다

㉢ 寒 暑(한서) : 추위와 더위

㉣ 耳 目(이목) : 귀와 눈

㉤ 牛 羊(우양) : 소와 양

㉥ 山 川(산천) : 산과 내

㉠~㉢의 한자어는 반대어+반대어의 짜임이고, ㉣~㉥의 한자어는 상대어+상대어의 짜임이며 명사, 동사와 형용사의 결합을 보면 다음과 같다.

㉮ 명사(名詞)의 결합

天 ←→ 地(천지)　　　山 ←→ 海(산해)

男 ←→ 女(남녀)　　　上 ←→ 下(상하)

㉯ 동사(動詞)의 결합

出 ←→ 納(출납)　　　入 ←→ 出(입출)

往 ←→ 來(왕래)

㉰ 형용사(形容詞)의 결합

哀 ←→ 歡(애환)　　　大 ←→ 小(대소)

鮮 ←→ 美(선미)

3) 결합관계(結合關係) □ + □

어의(語意)가 다른 두개의 글자가 결합하여 전혀 새로운 뜻을 나타내는 성어 (成語)를 이룬다.

예　光 + 陰(광음) : 세월

春 + 秋(춘추) : 역사, 나이

秋 + 夕(추석) : 한가위

寸 + 陰(촌음) : 순간

4) 첩어관계(疊語關係) □ □

의성어나 의태어와 같이 같은 글자가 겹쳐서 뜻을 더욱 강조시켜 주는 합성 어(合成語)이다.

│참고사항

① 의성어(擬聲語)란 무엇인가.

사람의 음성을 흉내낸 말. 곧 째깍째깍, 윙윙 등. 흉내말, 소리흉내말.

② 의성부사(擬聲副詞)란 무엇인가.

사람의 소리를 본뜬 말로 같은 소리가 되풀이 되는 성질이 있는 부사.

철썩철썩, 졸졸, 으르렁으르렁, 탕탕 등.

③ 의태어(擬態語)란 무엇인가.

하는 모양이나 짓을 흉내낸 말소리. 곧 나풀나풀, 훨훨 따위. 꼴흉내말.

④ 의태부사(擬態副詞)란 무엇인가.

사람의 모양이나 태도를 흉내내는 부사.

㉮ 의성어(擬聲語)

王王(왕왕) : 개 짖는 소리　　　活活(활활) : 콸콸 흐르는 소리

喔喔(악악) : 닭 우는 소리　　　嘻嘻(히히) : 웃는 소리

㉯ 의태어(擬態語)

落落(낙락) : 크고 우뚝한 모양새　深深(심심) : 아주 깊은 모양새

紛紛(분분) : 어수선한 모양새　　平平(평평) : 반반한 모양새

㉰ 이중첩어(二重疊語)

三三五五(삼삼오오) : 네댓 명씩 짝을 짓다.

家家戶戶(가가호호) : 집집마다.

참고사항

• 병렬관계(並列關係) : 유사, 대립, 대등, 결합, 첩어관계 등을 말하는 것으로 이들의 관계는 반드시 같은 품사(品詞)끼리만 결합된다.

주술, 수식, 병렬관계는 사류(詞類)가 우리말과 같다. 우리말과 어순이 반대인 것은 오직 술목(述目)관계와 술보(述補)관계뿐이다. 술목관계와 술보관계는 구분하지 아니하고 하나로 묶어서 동빈구조(動賓構造)라고도 하는데 이것은 매우 적절치 못하다고 생각한다. 왜냐하면 문장에서 목적어와 보어의 역할은 서로 상이하므로 반드시 정확하게 파악되어져야만이 해석상의 오류를 범하지 않기 때문이다.

• **한자어(漢字語) 구조의 가변성(可變性)**

愛人(애인) : 사랑하는 사람(수식관계)

愛人(애인) : 남을 사랑하다(술목관계)

위와 같이 문장에서 어휘의 역할에 따라 다르게 해석될 수가 있으므로 문맥을 잘 파악하는 것이 중요하다.

제 6 장

한자어의 품사品詞

한문을 연구하다보면 읽고, 쓰고, 해석하고, 때로는 문장(文章)을 짓기도 하는데 이때는 문장의 구조 및 품사, 기타를 이해해야 한다.

한문은 실체류(實體類), 허사류(虛辭類)와 독립사(獨立辭)로 구분할 수 있다.

실체사(實體辭, 實辭)는 실질적인 의미를 지니고 단독으로 문장의 성분이 될 수 있고, 허사(虛辭)는 실사의 술어가 된다.

한문법(漢文法)에서 허사의 기능에 따라 품사(品詞)의 직능(職能)도 달라진다. 이들 품사를 정리하면 다음과 같다.

- 실사(實辭) : 명사, 대명사, 수량사, 동사, 형용사
- 허사(虛辭) : 부사, 개사, 접속사, 조사, 종미사, 감탄사(독립어)

1) 실사와 허사의 성분

실사
① 명사
② 대명사　주어, 서술어, 목적어, 보어, 수식어 성분으로 쓰인다.
③ 수량사
④ 동사 : 서술어 성분으로 쓰인다.
⑤ 형용사 : 서술어, 수식어 성분으로 쓰인다.

허사
⑥ 부사
⑦ 조사　수식어 성분으로 쓰인다.
⑧ 개사 : 전치사, 후치사로 다른 말과의 관계를 이어준다.

⑨ 접속사 : 자(字)와 자, 구(句)와 구, 절(節)과 절을 연결한다.
⑩ 종미사 : 문장의 종결을 나타낸다.
⑪ 감탄사(독립어) : 독립되어 감탄이나 탄식을 나타낸다.

2) 실체어(實體語) 용법

① 실체어란 국문법에서 체언(體語)을 가리키는 것이며, 사람의 동작, 행위, 존재, 변화, 성질, 상태, 수량, 시간, 장소 등의 개념을 나타내는 것이고, 한 문장에서 핵심이 되는 의미와 기능에 따라서 실사와 허사로 나누어진다.
한마디로 실체어란 명사, 대명사, 수량사를 합하여 실체어라 한다.
② 체언(體言)이란 무엇인가
체언이란 사람의 실체를 가리키는 언어라는 뜻으로 명사, 대명사, 두 품사로 문장에서 조사의 도움을 받아서 주체가 되는 구실을 하는 것. ⑪ 용언(用言)

1. 명사名詞

모든 사람이나 물체 및 시간, 장소, 명칭을 나타내는 단어(單語)를 말한다. 명사+토씨(조사) 〈주격, 목적격, 관형격, 처소격 등〉가 붙어서 주격(主格)을 비롯하여 각종의 격(格) 구실을 한다. 즉 이름씨라고도 한다.

1) 고유명사(固有名詞)

인명·지명 및 사물의 특정한 한 개만의 이름을 나타내어 같은 종류에 속하는 다른 것과 구분되는 명칭, 즉 홀이름씨라 한다.

山名, 川名, 孔子, 中國, 釜山······

○ 漢工投石(한강투석) : 한강에 돌을 던지다.
○ 李舜臣於朝鮮第一忠臣也(이순신어조선제일충신야) :
이순신 장군은 조선의 제일가는 충신이다.

2) 보통명사(普通名詞, 一般名詞)

사물, 물체 이름을 나타내는 것으로 특정한 것이 아니고 일반적 개념을 표시하는 것으로 물질명사(物質名詞)라고도 한다.

石, 大海, 水, 花, 人, 馬, 日, 月, 年 …… 등

○ 日就月將(일취월장) : 날로 날로 나아감
○ 山高水長(산고수장) : 산은 높고 물은 깊다.
○ 春花秋實(춘화추실) : 봄은 꽃, 가을은 열매

3) 추상명사(抽象名詞, 固無形名詞)

보통명사의 한 갈래로 형태를 갖추지 못한 추상적인 사물을 나타내는 명사. 무형명사. ㉺구상명사(具象名詞)

丙子胡亂, 三·一運動, 四·一九, 秋夕, 立春, 忠, 仁, 信, 智 …… 등

○ 仁者惻隱之心也(인자측은지심야) : 인이란 것은 동정하는 마음이다.
○ 禮者謙讓之心也(예자겸양지심야) : 예란 것은 겸손하고 양보하는 마음이다.

4) 수량명사(數量名詞, 數詞＝數名詞)

숫자를 나타낸다.

一, 二, 三, 百, 千, 萬, 一斗, 六月, 第一, 一番 …… 등

○ 百聞而不如一見(백문이불여일견) :
   백 번 듣는 것이 한 번 보는 것만 못하다.
○ 金岡山於天下第一名山也(금강산어천하제일명산야) :
   금강산은 천하 제일의 명산이다.
○ 百千萬億劫(백천만억겁) : 백천만억겁의 유구한 세월

5) 의존명사(依存名詞, 不完全名詞)

반드시 수식어를 필요로 하는 명사이다.

○ 所(~곳, ~바(것))
   獲罪於天無所禱也(획죄어천무소도야) :

하늘에 죄를 지으면 빌 곳이 없다.

幼而不學老無所知(유이불학노무소지) :

어려서 배우지 않으면 늙어서 아는 바가(것이) 없다.

○ 者(~사람, ~것)

仁者無敵(인자무적) : 어진 사람은 적이 없다.

人取可食者食之(인취가식자식지) :

사람들은 먹을 수 있는 것을 취해서 그것을 먹는다.

● **명사의 활용**

명사가 어떤 사건과 물체의 이름을 나타내는 실체사(實體詞)가 되고 있지만 한문의 구성에서 반드시 이것이 실체로만 쓰이는 것이 아니다. 전용(轉用)되어 용언(用言), 상용(相用)으로도 활용된다. 즉 체언(體言), 용언(用言), 상언(相言)에 모두 적용되어 문장의 주어, 관형어(冠形語), 객어(客語), 보어(補語), 설명어(說明語), 독립어(獨立語) 등에 모두 쓰이고, 이와 반대로 형용어(形容語)나 동사(動詞)로 변하여 명사화되어 전성명사가 되는 경우가 있다.

① 주어(主語)

한 문장 가운데서 주체(主體)가 되는 말

○ 雪嶽山世界之名勝也(설악산세계지명승야) : 설악산은 세계 명승지이다.

○ 光復節解放紀念日也(광복절해방기념일야) : 광복절은 해방 기념일이다.

○ 心定者言寡(심정자언과) : 마음이 안정된 사람은 말이 적다.

② 관형어(冠形語)

체언의 뜻을 수식하기 위하여 그 위에 덧쓰이는 말.

○ 東海之獨島者我國領土也(동해지독도자아국령토야) :

동해의 독도는 우리나라의 영토이다.

○ 李周炯下士陸軍之勇軍人也(이주형하사륙군지용군인야) :

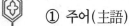

이주형 하사는 육군의 용맹스러운 군인이다.

○ 夫天地之間物各有主(부천지지간물각유주) :

무릇 천지 사이에 <u>사물</u>은 각기 주인이 있다.

③ 객어(客語, 目的語)

한 문장에서 동작의 대상이 되는 사물을 가리키는 말. 부림말이라 한다.

  ○ 爾愛其<u>犬</u> 我愛其<u>惜</u>(이애기견 아애기석) :
    너는 그 <u>개</u>를 아끼느냐? 나는 그 개를 아낀다.

  ○ 臣事<u>君</u>以忠 君使<u>臣</u>以禮(신사군이충 군사신이례) :
    신하는 <u>임금</u>을 섬김에 충성으로 하고, 임금은 신하를 부림에 예로 한다.

  ○ 百濟攻<u>新羅</u>(백제공신라) : 백제가 <u>신라</u>를 공격하다.

④ 보어(補語, 보충어)

주어나 술어만으로는 뜻이 완전하지 못한 문장에서 그 불안한 곳을 보충하여
뜻을 완전하게 하는 구실을 하는 수식어. 기움말.

  ○ 三百六十五日謂之<u>一歲</u>(삼백육십오일위지일세) :
    삼백육십오일을 <u>일년</u>이라 한다.

  ○ 其色如<u>金</u>其香如<u>蘭</u>(기색여금기향여란) :
    그 빛이 <u>금빛</u>과 같고, 그 향기가 <u>난초</u>와 같다.

⑤ 설명어(說明語)

사람, 사물의 실체를 설명하는 형식의 문장.

  ○ 古之學者必有<u>師</u>(고지학자필유사) : 옛날을 배우는 자는 반드시 <u>스승</u>이 있다.

  ○ 吾師<u>道</u>也(오사도야) : 나는 <u>도</u>를 스승으로 삼는다.

  ○ 陽<u>春</u>方來(양춘방래) : 따뜻한 <u>봄</u>이 바야흐로 온다.

⑥ 독립어(獨立語)

타어(他語)의 수식어나 동어(同語)가 없어도 단독어(單獨語)로 문장을 구성
하는 단어.

  ○ <u>由</u>, 誨汝知之道乎(유, 회여지지도호) :
    <u>유야</u>, 너에게 아는 방법을 가르쳐 주겠다.

  ○ <u>李君</u>, 奚不爲進學之(이군, 해불위진학지) :
    <u>이군</u>, 어찌하여 진학하지 않느냐?

6) 전성명사(轉成名詞 : 명사의 특수용법)

전성명사란, 본래의 명사가 품사의 기능이 바뀌어져 다른 품사의 역할을 하는 것을 말하며, 명사의 기본적인 용법은 주어(主語), 목적어(目的語), 관형어(冠形語)로 쓰이나 형용어(形容語), 수량사(數量詞), 대명사(代名詞)의 수식(修飾)을 받을 수 있으며 일반적으로 부어(副語)의 수식을 받지 않는다.

그러나 한문에서 명사는 일정한 언어 습관에 따라 활용될 수 있으며, 즉 일반동사, 사역동사, 형용사, 직접 부사어로 쓰이기도 한다.

이러한 용법을 명사의 특수용법, 명사의 활용이라 한다.

● 명사가 일반동사(一般動詞)로 쓰이는 경우

한문에서 사람이나 사물을 나타내는 일부명사가 때로는 일반동사로 활용되어 문장의 술어로 전성(轉成)되어 쓰이기도 한다.

㉠ 사람, 사물을 나타내는 명사가 일반동사로 쓰이는 경우

  예문 ❶ 明師軍於松都(명사군어송도) :

      명나라 군대는 송도에 주둔하였다.

  해설 • 주어＋서술어＋전치사＋보어의 구조로 구성

    • 明師‖軍 / 於松都
      주어 서술어

    • 軍(군사 군)은 본뜻은 '군대', '군사'로 명사인데, 동사로 활용되어 '주둔하다', '주둔하여 지키다'로 전성(轉成)된 것.

      ※ 軍(군사 군)의 자해편을 자세히 보면

        ⓐ 군사, 군대

        ⓑ 군사, 병사, 전투

        ⓒ 진치다, 주둔하다, 주둔하여 지키다로 해석할 수 있다.

      ※ 師(스승 사)의 자해편을 보면 '스승', '선생'으로 알고 있으나 '군대'라 해석할 수 있다.

      ※ 於(어조사 어)에 대하여 보면 '어(於)'는 전치사로 쓰이면서 뒤에 오는 실체어(명사류)를 보어 역할을 하도록 구성되어 있으며 영어에서 볼 때 at, to 등과 쓰임이 대체로 유사하다. 보어

가 '주둔하다', '주둔하였다'라 하는 장소, 처소(處所)를 나타내기 때문에 '~에'로 해석된다.

❷ **假丹檝者, 非能水也, 而絶江河**(가단즙자, 비능수야, 이절강하)

－《순자(荀子)》권학(勸學)

배를 이용하는 이는 <u>헤엄칠</u> 수 없어도 양자강과 황하를 건널 수 있다.

<u>해설</u>
- 假(가) : 힘을 빌리다.
- 檝(즙) : 노 집(本字 楫)

  ※ 배를 움직이는 기구를 '노'라 하는데, 길이가 긴 것을 櫂(노 도), 길이가 짧은 것을 楫(동자 : 檝 노 집[즙])이라 한다.
- 絶(절) : ⓐ 끊다, 실을 자르다, 분리하다. ⓑ 건너다. ⓒ 지나치다.
- 水(물 수) : ⓐ 물 ⓑ 홍수 ⓒ 헤엄치다, 수영하다.
- 能(능) : 능원동사(能願動詞)

  '而'의 용법 다음에 자세히 설명하겠지만, 대략 설명한다면 접속사로서 語와 語, 句와 句, 節과 節을 연접시켜 주는 역할을 하며, 문장의 내용에 따라 순접(順接)과 역접(逆接)으로 구분된다. 순접으로 쓰일 때는 '~하고(그리고)~, ~하여서(그래서)~' 정도로 해석되는데 문법상 해석이 생략될 경우도 있으며 영어에서는 'and' 정도의 역할을 한다.

❸ **晡時門壞, 元濟於城上請罪, 進城梯而下之**(포시문괴, 원제어성상청죄, 진성제이하지)－《자치통감(資治通鑑)》당기(唐紀) 56

신시에 성문이 불에 타 부서짐에 오원제가 성 위에서 죄를 청하자, 이진성이 <u>계단을 가설하여</u> 그로 하여금 내려오게 하였다.

<u>해설</u>
- 晡(포) : 신시(申時), 오후 3시에서 5시까지.
- 元濟(원제) : 당나라에 반기를 든 장군인 오원제로 회서(淮西) 절도사 오소양(吳少陽)의 아들
- 進城(진성) : 이진성(李進城)으로 이소(李愬)의 부장(部長)
- 梯(제) : 사다리 제. ⓐ 사다리 ⓑ 층계 ⓒ 기대다, 의지하다. ⓓ 계단을 가설하다.

- 而(이) : 앞뒤의 두 동사를 연결하여 시간의 전후관계에 있는 두 동작 행위를 나타낸다.

❹ 但三月草已芽, 八月苗未枯, 採掇易辨識耳(단삼월초이아, 팔월 묘미고, 채철이변식이) : ―《몽계필담(夢溪筆談)》권26 약의(藥議) 단지 3월이면 초목이 이미 <u>싹트고</u> 8월에도 가지와 잎이 아직 시들 지 않으니 약초를 따는 사람들이 쉽게 식별할 따름이다.

(해설) • 掇(철) : 따다, 줍다
  • 芽(아) : 싹 아. ⓐ 싹 ⓑ 싹트다. ⓒ 조짐이 보이다, 발아하다.
                       ⓓ 처음, 시초
  '싹'이라는 명사인데, 동사로 쓰여 '싹트다', '발아하다'로 풀이된다. 앞에서 부사 '已'가 수식하고 있다.

❺ 宦官懼其毀己, 皆共目之(환관구기훼기, 개공목지) : ―《후한서 (後漢書)》장형열전(張衡列傳) 환관들은 그(장형)가 〔황제 앞에서〕 자기들의 죄상을 폭로할까봐 두려워하여, 모두 함께 그를 <u>주시하였다.</u>

(해설) • 宦官(환관) : 궁정에서 황제와 그 권속을 시중드는 내시.
  • 毀(훼) : '비방하는 뜻'인데 여기서는 '폭로하다' '들추어내다' '질책
                     하다'는 뜻으로 쓰였다.
  • 目(목) : 명사인데 동사로 쓰여 '주시하다' '눈을 부릅뜨고 노려보
                     다'로 풀이된다. 앞에 부사 '共'이 수식하고 있고, 뒤에
                     전치사 '之'가 그 목적어로 쓰였다.

❻ 左右欲刃相如, 相如張目叱之, 左右皆靡(좌우욕인상여, 상여장 목질지, 좌우개미) :
                   ―《사기(史記)》염파인상여열전(廉頗藺相如列傳)
좌우의 시종들이 상여를 <u>살해하려고</u> 하자, 상여가 눈동자를 부릅뜨 고 노려보며 그들을 크게 꾸짖으니, 좌우의 시종들이 놀라 모두 뒤 로 물러났다.

(해설) • 相如(상여) : 조(趙)나라 재상

- 叱(질) : 호통치다, 크게 꾸짖다.
- 靡(미) : 참패하여 뒤로 물러서다.
- 刃(칼날 인) : ⓐ 병기의 총칭 ⓑ 칼 ⓒ 칼날 ⓓ 죽이다, 살해하다.
  인(刃)의 본뜻이 병기의 날카로운 끝부분 '칼날'로 명사인데, 동
  사로 활용되어 '살해하다, 죽이다'로 풀이된다. 앞에 조동사 '욕
  (欲)'이 그것과 결합되어 있고, 뒤에 명사 '상여(相如)'가 목적어
  로 쓰였다.

❼ 吾不能以春風風人, 吾不能以夏雨雨人, 吾窮必矣!(오불능이춘
풍풍인, 오불능이하우우인, 오궁필의) :
나는 봄바람으로 사람들에게 <u>불어 어루만질</u> 수 없고, 나는 여름비
로 사람들을 <u>축축이 젖게 할</u> 수 없으니, 나는 필연적으로 곤궁해지
게 되어 있음이여!

- 吾(오) : 춘추시대 제(齊)나라의 재상인 관중(管仲)의 자칭
- 풍(風)과 우(雨)는 명사인데, 여기서 동사로 활용되어 '바람이 불
  어 스치다', '축축이 적시다'로 풀이된다. 앞의 이춘풍(以春風)과
  이하우(以夏雨)의 風과 雨는 그대로 명사로서 주어+전치사+목
  적어로 부사어가 되고 뒤의 '인(人)'은 목적어로 쓰였다.

❽ 如日今日當一切不事事, 守前所爲而已, 則非某之所 敢知(여
일금일당일체불사사, 수전소위이이, 즉비모지소 감지) :
                    －왕안석(王安石)《답사마간의서(荅司馬諫議書)》
만약 지금 어떤 일이든 일체 <u>해서는</u> 안되고, 종전에 해오던 대로 좇
아 해야 할 뿐이라고 말씀하신다면, 아무개나 감히 가르침을 받을
바가 아닙니다.

'사(事)'는 '일'로 명사인데, 동사로 쓰여 '하다'는 뜻으로 풀이된다.
앞에 부정부사인 '불(不)'이 부사어로 수식하고 있고, 뒤의 '사(事)'
는 명사로 그것의 목적어이다.

❾ 乃丹書帛曰, 陳勝王 置人所罾魚腹中(내단서백왈, 진승왕 치인
소증어복중) : －《사기(史記)》진섭세가(陳涉世家)

이에 [진승과 오광(吳廣)이] 주사로 비단 위에 '진승왕(陳勝王－진 승이 왕이 된다)'이라고 쓰고, 그것을 다른 사람이 잡은 물고기 배 속에 집어넣어 두었다.

- 해설
  - 丹(단) : 주사(朱砂). 서예 글씨나 그림을 그리는 붉은색 물감으로 사용하는 것
  - 帛(백) : 비단 제품의 총칭.
  - 罾(어망 증)
    ※ 어망 : 귀를 잡고 들어올리는 어망과 통발.
    '증'자는 어망이라는 명사인데, 동사로 활용되어 '물고기를 잡다', '건지다'로 풀이된다. 앞에 놓인 '소(所)'가 그것[罾]과 결합하여 명사구(名詞句)를 이루어 '어(魚)'의 관형어로 쓰였다. 한문에서 조사 '소(所)'는 자주 그 뒤의 동사와 결합하여 명사구를 이루므로, 대체로 조사 '소'자 뒤의 명사는 종종 모두 동사로 변한다.

⑩ 然則又何以兵爲?(연즉우하이병위) : －《순자(荀子)》 의병(議兵)
이미 그렇게 되었으니 또 무엇 때문에 군대를 필요로 하는가?

- 해설
  - 爲(위) : 의문어기사로 중국의 '이(呢, ne)'에 해당된다.
  - 兵(병) : '군대'로 명사인데, 동사로 쓰여 '군대를 필요로 하다', '군대를 설치하다'로 풀이된다. 앞의 '하이(何以)'는 전목구조인 '이하(以何)' 도치로 부사어로 쓰였다.

ⓛ 방향명사(方向名詞)가 일반동사로 쓰이는 경우

방향명사도 한문에서 일반동사로 활용하는데 上, 下, 左, 右, 東, 西, 南, 北, 中, 前, 後, 內, 外 등 방향을 나타내는 것으로 언어는 이 방향명사가 의도하는 데로 해석되며, 방향명사를 방위(方位 : 方所)명사라 한다.

- 예문 ❶ 明師遂東(명사수동) :
  진나라 군대가 마침내 동쪽으로 향해 갔다.
  - 해설
    - 遂(수) : 이를 수. ⓐ 이루다. ⓑ 성취하다. ⓒ 따르다, 순응하다. ⓓ 드디어, 마침내 ⓔ 길, 도로

- 東(동) : 방향명사가 동사로 쓰여 '동쪽으로 향해 가다'의 뜻으로 풀이된다. 부사어 수(遂)는 동사 앞에 놓일 수 있으므로 부사가 동사를 수식(修飾)하여 부사어로 쓰였다.

❷ 奚以之九萬里而南爲?(해이지구만리이남위) :
　　　　　　　　　　　　　　　　　　　　　-《장자(莊子)》소요유(逍遙遊)
무엇 때문에 구만 리 하늘 높이까지 날아올라 갔다가 <u>남쪽으로 향해 날아가는가?</u>

(해설)
- 奚以(해이) : 어찌하여, 무엇 때문에
- 之(지) : 가다, 이르다.
- 南(남) : ⓐ 남녘, 남쪽　ⓑ 남쪽으로 향하다, 남쪽으로 가다.
　　　　　　ⓒ 남쪽 나라

　　남(南)은 방향명사가 동사로 활용되어 '남쪽으로 향해 가다'로 풀이된다. 앞의 '이(而)'는 접속사로 선후관계를 나타내는 두 동작 행위를 연결하고 있다.

❸ 衛鞅 復見孝公, 公與語, 不知鄰之前於度也(위앙 부견효공 공여어 부지슬지전어도야) : -《사기(史記)》상군열전(商君列傳)
상앙이 다시 효공을 보려 옴에, 효공이 그와 이야기를 하는데 자기도 모르는 사이에 두 무릎이 상앙의 자리 <u>앞으로 옮겨갔다.</u>

(해설)
- 衛鞅(위앙) : 상앙(商鞅)으로 일찍이 진(秦)나라 효공을 보좌하여 법률과 제도를 바꾸어 진나라를 부강하게 만들었다.
- 鄰(무릎 슬) : 슬(膝)과 같은 자.
- 前(전) : 앞 전, 자를 전.
　　ⓐ 앞 ⓑ 앞서다. ⓒ 나아가다. ⓓ 인도하다 등
　　전(前)은 방향명사가 동사로 활용되어 '앞으로 향해 옮겨가다'로 풀이된다. 뒤에 '장소'를 나타내는 '전목구조'인 '어도(於度)'가 보어로 쓰인다.

❹ 項王至陰陵, 迷失道, 問一田父, 田父紿曰, <u>左左</u>. 乃陷大澤中(항왕지음릉 미실도 문일전보 전보태왈 좌좌 내함대택중) :

항왕이 〔패전한 군대를 이끌고〕 음릉에 이르러 길을 잃어 한 경작하는 노인에게 물으니, 경작하는 노인이 속여 말하기를 '<u>왼쪽으로 가시오</u>'라고 하였다. <u>왼쪽으로 향해 가다</u>가 곧 큰 늪에 빠져 버렸다.

해설
- 陰陵(음릉) : 지명으로, 지금의 안휘성(安徽省) 정원현(定遠縣) 서북
- 田父(전보) : 경작하는 노인
- 紿(태) : 속이다.
- 左(좌) : ⓐ 왼, 왼쪽, 왼편 ⓑ <u>왼쪽으로 향하다</u>. ⓒ 그르다, 어긋나다

  좌(左)는 방향명사가 동사로 쓰여 '<u>왼쪽으로 향해 가다</u>'로 풀이된다.

❺ 黃帝曰, 日中必彗 操刀必割(황제왈 일중필위 조도필할) :
황제가 말하기를, '태양이 운행하여 하늘 중앙에 이르렀을 때 반드시 햇빛에 쪼이고, 칼을 손에 잡고 있을 때 반드시 잘라야 한다.'고 했다.

해설
- 黃帝(황제) : 전설상의 고대 제왕
- 彗(위) : 말리다. 햇빛에 쬐어 건조시키다.
- 中(중) : 방위명사가 동사로 쓰여, '운행하여 하늘 중앙에 이르다.'로 풀이된다.
- ※ 명사가 문장 속에서 동사로 쓰인 여부를 식별하는 방법
  문장의 앞뒤 의미와 전체 문장의 뜻을 통해 살펴야 한다. 그것이 문장 속에서 차지하는 지위. 그것의 앞뒤에 어떠한 품사의 단어가 그것과 결합되어 있는지, 그것이 어떤 문법관계를 이루는지 등에 주의해야 한다.

● **명사가 동사로 활용되는 기본 문법**

① 명사 뒤에 대명사(代名詞)가 있으면 동사로 쓰인다.

예문 宦官懼其毀己, 皆共<u>目</u>之(환관구기훼기 개공목지)

환관들은 그[장형]가 황제 앞에서 자기들의 죄상을 폭로할까봐 두려워하여, 모두 함께 그를 '주시하였다.'

(해설) • 宦官(환관) : 궁정에서 황제와 그 권속을 시중 드는 내시
• 毁(훼) : '비방하다'는 뜻인데, 여기서는 '폭로하다', '들추어내다'는 뜻으로 쓰였다.

② 명사 뒤에 같은 명사나 다른 명사가 연이어 놓이고 그 문장에 술어 동사가 없으면 그 중의 한 명사는 종종 동사로 쓰인다.

(예문) ❶ 左右欲刃相如, 相如張目叱之, 左右皆靡(좌우욕인상여 상여 장목질지 좌우개미)

진왕 좌우의 시종들이 상여를 살해하려고 하자, 상여가 눈동자를 부릅뜨고 노려보며, 그들을 크게 꾸짖으니, 좌우의 시종들이 놀라 모두 뒤로 물러났다.

(해설) • 相如(상여) : 조나라의 재상
• 叱(질) : 크게 꾸짖다, 호통치다.
• 靡(미) : 참패하여 뒤로 물러나다.
• 刃(인) : 본뜻은 병기의 날카로운 끝부분, 곧 '칼날'로 명사인데, 동사로 활용되어 '살해하다', '죽이다'로 풀이된다.
앞에 조동사 '욕(欲)'이 결합되어 있고, 뒤에 명사 '상여(相如)'가 그것의 목적어로 쓰였다.

❷ 吾不能以春風風人, 吾人能以夏雨雨人, 吾窮必矣(오불능이 춘풍풍인 오인능이하우우인 오궁필의)

나는 봄바람으로 사람들에게 불어 어루만질 수 없고, 나는 여름비로 사람들을 축축이 젖게 할 수 없으니, 나는 필연적으로 곤란해지게 되어 있음이여.

(해설) • 吾(오) : 춘추시대 제(齊)나라의 재상인 관중(管仲)의 자칭.
• 풍(風)과 우(雨)는 명사인데, 여기서는 동사로 활용되어 '바람이 불어 스치다', '축축히 적시다'로 해석된다.

❸ 如日今日當一切不事事, 守前所爲而已, 則非某之所敢知(여
   일금일당일체불사사 수전소위이이 즉비모지소감지)
   만약, 지금 어떤 일이든 일체 해서는 안되고, 종전에 해오던 대
   로 좇아 해야 할 뿐이라고 말씀하신다면, 아무개나 감히 가르침
   을 받을 바가 아닙니다.

   (해설) 事(사)는 '일'로 명사인데, 동사로 쓰여 '하다'는 뜻으로 풀이된
   다. 앞에 부정부사인 '불(不)'의 부사어로 수식하고, 뒤의 '사
   (事)'는 명사로 그것의 목적어이다.

③ 명사 앞에 동사가 있으면 이 명사는 종종 동사로 쓰여진다.

   (예문) 假舟檝者, 非能水也, 而絕江河(가주즙자 비능수야 이절강하)
   배를 이용하는 이는 헤엄칠 수 없어도 양자강과 황하를 건널 수 있다.

   (해설) • 假(가) : 도움을 빌리다. 힘을 빌리다.
   • 絕(절) : 횡단하다. 건너다.
   • 檝(즙/집) : '노'인데, 여기에서는 '배'를 가리킨다.
   • '수(水)'는 명사인데 동사로 활용되어 '헤엄치다', '수영하다'는 뜻으
     로 해석된다. 앞의 조동사는 '능(能)'이 그것과 결합되어 있다.

④ 명사 앞에 부사, 특히 부정부사가 있으면 이 명사는 동사로 쓰인다.

   (예문) ❶ 但三月草已芽, 八月苗未枯, 採掇易辨識耳(단삼월초이아 팔
   월묘미고 채철이변식이)
   단지, 3월이면 초목이 이미 싹트고, 8월에도 가지와 잎이 아직
   시들지 않으니 약초를 따는 사람들이 쉽게 식별한다.

   (해설) • 掇(철) : 따다, 줍다.
   • 芽(아) : '아'는 명사인데, 동사로 쓰여 '싹트다', '발아하다'로
     해석한다. 앞의 부사 '이(已)'가 수식한다.

   ❷ 如日今日當一切不事事, 守前所爲而已 則非某之所敢知
   (여일금일당일체불사사 수전소위이이 즉비모지소감지)
   만약, 지금 어떤 일이든 일체 해서는 안되고, 종전에 해오던 대
   로 좇아 해야 할 뿐이라고 말씀하신다면, 아무개나 감히 가르침

을 받을 바가 아닙니다.

(해설) 事(사)는 '일'로 명사인데 동사로 쓰여 '하다'는 뜻으로 해석된다. 앞의 부정부사인 '불(不)'이 부사어로 수식하고, 뒤의 '사'는 명사로 그것의 목적어이다.

❸ 秦師遂東(진사수동)

진나라 군대가 마침내 <u>동쪽으로 향해 갔다</u>.

(해설) 동(東)은 방위(방향) 명사가 동사로 쓰여 '동쪽으로 향해 가다'는 뜻으로 해석된다. 앞에 부사 '수(遂)'가 수식하여 부사어로 쓰였다.

⑤ 명사 앞 또는 위에 '전목구조'가 있으면, 이 명사는 반드시 동사로 쓰인다.

(예문) ❶ 晉師軍於廬柳(진사군어여류)

진나라 군대는 여류에 <u>주둔하였다</u>.

(해설) • 師(사) : 군대
• 廬柳(여류) : 옛 지명
• 군(軍)은 본뜻이 '군대'로 명사인데, 여기에서는 동사로 활용되어 '주둔하다', '주둔하여 지키다'로 해석된다.
  뒤에 장소를 나타내는 '전목구조(介賓結構)'인 '어여류(於廬柳)'가 보어로 쓰인다.

❷ 然則又何以兵爲(연즉우하이병위)

이미 그렇게 되었으니 또 무엇 때문에 <u>군대를 필요로 하는가</u>?

(해설) • 爲(위) : 의문어기사
• '병(兵)'은 '군대'로 명사인데 동사로 쓰여, '군대를 필요로 하다' '군대를 설치하다'로 해석된다. 앞의 '하이(何以)'는 '전목구조'인 '이하(以何)'의 도치로 부사어로 쓰였다.

❸ 衛鞅復見孝公, 公與語, 不知膝之<u>前</u>於席也(위앙부견효공 공여어 부지슬지전어석야)

상앙이 다시 효공을 보러 옴에, 효공이 그와 이야기를 하는데

자기도 모르는 사이에 두 무릎이 상앙의 자리 <u>앞으로 옮겨갔다.</u>

해설 ・ 衛鞅(위앙) : 사람 이름

・ 郯(슬) : 슬(膝)과 같다.

・ 席(석) : 좌석, 자리

・ 전(前)은 방위명사가 동사로 활용되어 '앞으로 향해 옮기다'로 해석된다. 뒤에 장소를 나타내는 '전목구조'인 '어석(於席)'이 보어로 쓰였다.

⑥ 접속사 '이(而)'는 자주 앞뒤 양단의 동사를 연결하는데, 만약 '이'의 한쪽은 동사이고, 다른 한쪽은 명사이면, 이 명사는 종종 동사로 활용된다.

예문 ❶ 晡時門壞, 元濟於城上請罪, 進城梯而下之(포시문괴 원제어 성상청죄 진성제이하지)

신시에 성문이 불에 타 부서지니 오원제가 성 위에서 죄를 청하자, 이진성이 <u>계단을 가설하여</u> 그로 하여금 내려오게 하였다.)

해설 ・ 晡(포) : 신시(申時), 오후 3시에서 5시까지

・ 元齊(원제) : 오소양의 아들

・ 進城(진성) : 이소(李愬)의 부장

・ '제(梯)'는 명사인데, 동사로 쓰여 '계단을 가설하다'는 뜻으로 해석된다. 뒤에 있는 접속사 '이(而)'가 앞뒤의 두 동사를 연결하여, 시간의 선후관계에 있는 두 동작 행위를 나타낸다.

❷ 奚以之九萬里而南爲?(해이지구만리이남위)

무엇 때문에 구만 리 하늘 높이까지 날아올라 갔다가 <u>남쪽으로 향해 날아가는가?</u>

해설 ・ 奚以(해이) : 어찌하여, 무엇 때문에

・ 之(지) : 가다, 이르다.

・ '남(南)'은 방위명사가 동사로 활용되어 '남쪽으로 향해 날아가다'로 해석된다. 앞에 접속사 '이(而)'가 놓여 선후관계를 나타내는 두 동작 행위를 연결하고 있다.

⑦ 명사 앞에 조사 '소(所)'자가 있으면, 이 명사는 동사로 쓰인다.

> **예문** 乃丹書帛曰, '陳勝王' 置人所罾魚腹中(내단서백왈 진승왕 치인 소증어복중)
>
> 이에 [진승과 오광(吳廣)은] 주사로 비단 위에 '진승왕(陳勝王-진승이 왕이 된다)'이라고 쓰고, 그것을 다른 사람이 잡은 물고기 배 속에 집어넣어 두었다.

> **해설**
> - 丹(단) : 주사(朱砂)
> - 帛(백) : 비단 제품의 총칭
> - '증(罾)'은 본뜻이 '나무 막대기나 대나무 장대로 받침대를 삼아 만든 어망'으로 명사인데, 동사로 활용되어 '물고기를 잡다', '건지다'로 해석된다.
>   앞에 놓인 조사 '소(所)'는 자주 그 뒤의 동사와 결합하여, 명사구를 이루므로, 대체로 조사 '소'자 뒤의 명사는 종종 모두 동사로 변한다.

• 명사가 사역동사(使役動詞)로 쓰이는 경우

어떤 작업을 시킴을 당하여서 하는 일로써, 명령하여 무엇을 하게 하는 뜻을 지닌 것으로 동작, 행위의 대상(목적어)으로 하여금 어떠한 동작, 또는 변화를 일으키도록 하는 동사를 사역동사라 한다.

> **예문** ❶ 朝鮮王使李滉造爲憲令(조선왕사이황조위헌령)
>
> 조선 왕이 이황으로 하여금 국가의 중요한 법령을 만들게 하였다.

> **해설**
> - 李滉(이황) : 조선 중기 때 학자
> - 造爲(조위) : 제정하다.
> - 憲令(헌령) : 법령
> - 使(사)는 사역동사로 '이황(李滉)'의 동작 행위를 하도록 한다.

❷ **令女居其上**(영녀거기상)

그 여자아이로 하여금 침상 위에 앉도록 하였다.

(해설)
- 令(영) : 사역동사로 '여(女)'로 하여금 '거(居)'의 동작 행위를 하도록 한다.
- 사역동사로 이루어진 문형은 모두 겸어식(兼語式)이어서 더러 순차술어[遞謂] 문형이라고 부른다. 이는 바로 앞의 '동목구조(動賓結構)'와 뒤의 '주술구조(主謂結構)'가 같이 겹쳐져 있는 문형으로, 동목구조의 목적어가 '주술구조'의 주어를 겸하고 있는, 곧 '주어+술어+겸어+술어+목적어' 또는 '주어+술어+겸어+술어'의 문형이다.

㉠ 사람, 사물을 나타내는 명사가 사역동사로 쓰이는 경우

한문에서는 사람, 사물을 나타내는 명사가 사역동사로 쓰일 수 있다. 바로 이처럼 사역동사로 쓰인 명사를 목적어 앞에 놓아 목적어(동작행위의 대상)로 하여금 이 명사가 나타내는 사물이 되게 한다.

(예문) ❶ **公若曰, 爾欲吳王我乎?**(공약왈 이욕오왕아호)

공약이 말하기를 '당신께서는 나를 오나라 왕처럼 되게 하려고 하십니까?'라고 했다.

(해설)
- 오왕아(吳王我)는 동사+목적어 구조
- 오왕(吳王)은 명사가 사역동사로 변한 것이며, 아(我)는 목적어이다.
- 욕(欲)은 조동사
- 乎(어조사 호) : 종결사로서 문장의 끝에 놓여 의문, 반문, 영탄, 추측을 나타내는데 의문사와 연계되기도 하고, 단독으로 쓰이기도 한다. 의문이나 반문을 나타낼 경우에는 '~는가?', '~ㄹ까?' 정도로 해석된다.

❷ **異時倘得脫穎而出, 先生之恩, 生死而肉骨也**(이시당득탈영이출 선생지은 생사이육골야)

[이리가 동곽 선생에게 말하기를] 훗날 만약 두각을 나타낼 기

회를 잡을 수 있다면, 선생의 은덕은 죽은 사람을 다시 살아나게 하고, 백골에 <u>살이 붙도록 하</u>는 것입니다.

해설
- 脫穎而出(탈영이출) : 송곳을 주머니 안에 넣으면, 뾰족한 끝이 드러나기 마련이라는 뜻.
- 육(肉)은 사역동사. 골(骨)은 목적어 '백골에 살이 붙게 하다'는 뜻.
- 육골(肉骨) 앞에 놓인 이(而)는 접속사로 병렬의 두 '동목구조'를 연결하고 있다.

ⓒ 명사가 의동(意動 : 承認) 동사로 쓰이는 경우

인정하다, 승인하다, 수긍(首肯)하다는 뜻을 지니는 동사로, 목적어(目的語)가 나타내는 사람 및 사물을 '……이라고 여기다'라는 의미를 나타내는 동사로 以, 爲, 以爲 등이 있다.

예문
<u>市人皆以嬴嬰爲小人, 而以公子爲長者能于士也</u>(시인개이영위소인 이이공자위장자능우사야)

－《사기(史記)》 위공자열전(魏公子列傳)

도시에 사는 사람들은 모두가 후영을 소인<u>이라고 여기</u>고, 공자<u>가</u> 덕망이 있는 사람으로 인재들에게 겸손하게 대할 수 <u>있다고 여겼습니다.</u>

해설
- 嬴(영) : 문지기(侯嬴 : 후영)
- 公子(공자) : 위나라 공자인 신릉군(信陵君)
- 長者(장자) : 인품과 덕망이 있는 사람.
- 以~爲 : ~이 ~라고 여기다. ~로 간주하다. ~를 ~로 여기다.
- 以(以爲) : 여기다, 간주하다(認爲), ~로 생각하다(當)
- 爲 : ~이다(是). ~이 되다(作)로 동사이다.

ⓒ 방위(方位 : 方向)명사가 사역동사로 쓰이는 경우

한문에서는 일반 사람, 사물을 나타내는 명사가 사역동사로 쓰일 수 있을 뿐만 아니라, 방위(방향) 명사도 사역동사로 쓰일 수 있다. 사역동사로 쓰인 방위

명사가 목적어 앞에 놓여 목적어(동작 행위의 대상)가 나타내는 사람, 또는 사물로 하여금 이 방위명사가 나타내는 방향에 따라 행동하도록 한다.

예문 ① 令尹南轅反斾(영윤남원반패)

초나라 영윤 손숙오가 수레의 끌채를 <u>남쪽으로 향하도록 돌려놓고</u>, 군대의 깃발도 되돌려 세웠다.

해설 南轅(남원) : 동목구조 '남(南)'은 방위명사가 사역동사로 쓰인 것이고, '원(轅)'은 목적어인데 '수레의 끌채를 남쪽으로 향해 돌려놓다'는 뜻이다.

② 我疆我理, 南東其畝(아강아리 남동기묘)

나는 전답의 큰 경계를 계획하고, 도랑을 정비하여 그 이랑을 <u>남쪽 또는 동쪽을 향하도록</u> 하였다.

해설 • 疆(강) : 큰 경계
• 理(리) : 도랑을 정비하다.
• 南東其畝(남동기묘)는 '동목구조'이다. '남동(南東)'은 방위명사가 사역동사로 쓰인 것이고, '기묘(其畝)'는 목적어인데 '그 이랑을 남쪽 또는 동쪽으로 향하도록 하다'는 뜻이다.

• 명사가 부사어(副詞語)로 쓰이는 경우

한문 문장(文章)에서는 명사가 자주 직접 술어 앞에 놓여 부사어가 된다. 그리고 어떤 학자든 부사어 전치사 명사 구성에서 명사 앞에 전치사가 생략되었다고 하기도 한다.

전치사란 문법상 명사, 대명사 앞에 놓여 다른 품사와의 관계를 연결하는 것으로 어(於), 우(于) 등이 있는데 개사편에서 학습한다.

㉠ 사람, 사물을 나타내는 명사가 부사어로 쓰이는 경우

비유(比喩) 표시

부사어로 쓰인 명사가 나타내는 사람, 사물의 행동이나 특징으로 동사가 나타내는 행동 및 행위를 표현한다. '(마치)……와 같이(처럼)'〔像→樣〕로 해석

할 수 있다.

예문 ❶ 熊人立而啼(웅인입이제)
곰이 <u>사람처럼</u> 일어서서 울부짖었다.
해설 • 熊(곰 웅) : 곰
• 人立(인립) : 부사+동사구조
• 인(人)은 명사가 부사어로 쓰여 동사 '입(立)'을 수식하는데 '사람처럼 일어서다'는 뜻이다.

❷ 全琫準首難, 豪傑蜂起(전봉준수난 호걸봉기)
전봉준이 앞장서서 반란을 일으키자, 호걸들이 <u>벌떼처럼</u> 일어났다.
해설 • 首難(수난) : 앞장서서 반란을 일으키다.
• 蜂起(봉기) : 부사+동사 구조이다.
• 봉(蜂)은 명사가 부사어로 쓰여 술어 '기(起)'를 수식하는데 '벌떼처럼 일어나다'는 뜻이다.

❸ 天下雲集而響應, 贏糧而景從(천하운집이향응 영량이영종)
천하의 백성들이 <u>구름처럼</u> 신속하게 모이고, <u>메아리처럼</u> 호응하여, 양식을 짊어진 채 <u>그림자처럼</u> 따랐다.
해설 • 贏(영) : 등에 짊어지다. 어깨에 매다.
• 景(영) : 그림자. 영(影)과 같다.
• 운집, 향응, 영종은 모두 부동구조. 운(雲), 향(響), 영(景)은 모두 명사가 부사어로 쓰여 제각기 술어 '집(集), 응(應), 종(從)'을 수식하는데 '구름처럼 모이다, 메아리처럼 호응하다, 그림자처럼 따르다'는 뜻이다.

사람 또는 사물을 대하는 태도 표시

동사의 목적어가 부사어로 변하여 그 부사어(명사=목적어)가 나타내는 사람, 사물로 간주하는 것. '…을 …으로 간주하다'〔파(把)~당주(當做)〕로 해석한다.

예문 ❶ 彼秦者, 棄禮義而上首功之國也, 權使其士, 虜使其民(피진자 기례의이상수공지국야 권사기사 노사기민)

저 진나라는 예의를 버리고 전공을 숭상하는 국가로 권모술수로써 지식인을 대하고 그 백성들을 <u>노예처럼</u> 부렸다.

해설 • 權(권) : 권모술수

• 虜使其民(노사기민) : 노(虜) 사(使)는 부동구조

• 虜(노) : 노예가 명사인데 부사로 변하여 술어 사(使)를 수식하여 '백성들을 노예처럼 부렸다'는 의미로 해석된 것이다.

❷ 君爲我呼入, 吾得兄事之(군위아호입 오득형사지)

〔패공(沛公)이 장량(張良)에게 말하기를〕"그대가 나를 대신하여 〔項伯을〕 불러들여온다면, 나는 <u>형을 대하는 예절로</u> 그를 섬기겠습니다."

해설 • 事(사) : 섬기다. 받들다.

• 형사지(兄事之) : '사(事)'는 부동구조. '형(兄)'은 명사가 부사어로 변하고 쓰여 술어 '사'를 수식하는데 '형을 대하는 태도로 그를 섬긴다'는 뜻.

❸ 齊將田忌善而客待之(제장전기선이객대지)

제나라 장군 전기는 〔손빈이〕 매우 재능이 있다고 여겨 그를 <u>손님처럼</u> 접대하였다.

해설 • 之(지) : 손빈(孫臏)을 청한다.

• 客待之(객대지) : '객대(客待)'는 부동구조. '객(客)'은 명사가 부사어로 변하여 술어 '대(待)'를 수식하여 '그를 손님처럼 접대하다'는 뜻.

❹ 周有天下, 裂土田而瓜分之(주유천하 열사전이과분지)

주나라가 천하를 차지한 뒤 토지를 <u>오이처럼</u> 나누어 분할했다.

해설 • 瓜分之(과분지) : '과분(瓜分)'은 부동구조.

• 과(瓜)는 명사가 부사어로 변하여 술어 분(分)을 수식하여 '토지를 오이처럼 분할'한다는 뜻.

장소·도구 및 방식 표시

명사가 부사어로 쓰여 동작 행위의 장소 및 사용된 도구와 방식을 설명한다.

예문 ❶ 夫山居而谷汲者, 腰臘而相遺以水(부산거이곡급자, 누랍이상유이수)

대저 산에 거주하면서 (산아래 깊은) 계곡에서 물을 긷는 사람들은 새해나 절기가 되면 물을 가지고 서로 선물로 보낸다.

해설 • 腰(누) : 초(楚)나라 사람들이 2월에 음식을 주관하는 신에게 제사를 지내는 절기.

• 臘(납) : 음력 12월에 모든 신에게 제사를 지내는 절기.

• 遺(유) : 증정하다, 보내다.

• 山居(산거) 谷汲(곡급) : 부동구조. '산(山), 곡(谷)'은 모두 명사가 부사어로 쓰여 술어 거(居), 급(汲)을 수식하는데, 장소를 나타내어 '산에 거주하다', '계곡에서 물을 긷다'는 뜻.

❷ 高祖以亭長爲縣送徒驪山 徒多道亡(고조이정장위현송도여산도다도망)

고조가 정장의 신분으로 고을 관청을 대신하여 노역자들을 여산으로 이송하였는데 노역자들 대부분이 도중에서 도망쳐 버렸다.

해설 • 驪山(여산) : 진시황의 무덤이 있는 지금의 섬서성 임동현 동남쪽.

• 道亡(도망) : 부동구조. 도(道)는 명사가 부사어로 쓰여 술어 망(亡)을 수식하는데 '도중에서 도망가다'는 뜻.

❸ 布囊其口(포낭기구)

베로 그의 입을 막았다.

해설 • 囊(낭) : 본뜻은 '주머니'인데 동사로 쓰여 '가리다' '막다'.

• 布囊(포낭) : 부동구조. '포(布)'는 명사가 부사어로 쓰여 술어 '낭(囊)'을 수식하는데 '도구'를 나타내어 '베로 막다'는 뜻.

ⓛ 방향명사가 부사어로 쓰이는 경우

방향명사가 부사어로 쓰여 동작의 방향이나 동작 행위의 발생 장소를 나타낸다.

예문 ❶ 二十九年, 始皇東游(이십구년 시황동유)
〔진시황〕 29년에 시황제가 동쪽으로 순시하였다.

해설 東游(동유) : 부동구조. '동(東)'은 방향명사가 부사어로 쓰여 술어 '유(游)'를 수식하는데 '동쪽으로 순시하러 가다'는 뜻.

❷ 扶蘇以數諫故, 上使外將兵(부소이삭간고 상사외장병)
부소가 여러 차례 〔황제에게〕 간한 연고 때문에, 황제가 곧 그로 하여금 외지로 병사를 거느리고 가게 하였다.

해설 • 扶蘇(부소) : 진시황의 장자(長子).
• 數(삭) : 여러 차례, 자주
• 諫(간) : 신하가 황제에게 충고하여 잘못을 지적해 주는 것.
• 將(장) : 통솔하다, 거느리다.
• 外將兵(외장병) : '외(外)'는 방향명사가 부사어로 쓰여, 술어 '장(將)'을 수식하는데 '외지에서 병사를 거느리다'는 뜻.

ⓒ 시간명사가 부사어로 쓰이는 경우

시간명사는 중국어의 시간명사와 마찬가지로 문장 안에서 자주 부사어로 쓰여 시간의 수식을 나타내는데, 이 점에 대해서는 많이 논의하지 않아도 된다. 논의가 필요한 몇 가지만 설명하고자 한다.

(1) 한문에서 시간명사가 부사어로 쓰일 때, 종종 접속사 '이(而)' 또는 '이(以)'로써 그것을 술어 중심사와 연접시킨다. 이것은 중국어에 없는 경우이다.

예문 ❶ 〔馮諼〕 長驅到齊. 晨而求見(풍훤 장구도제 신이구견)
〔맹상군(孟嘗君)의 식객인 풍훤이〕 줄곧 수레를 타고 달려서 제나라에 도착하여, 이른 아침에 〔맹상군을〕 만나 뵙기를 청하

였다.

(해설) 以(이) : 접속사

❷ 朝而往, 暮而歸(조이왕 모이귀) – 구양수(歐陽修)
아침에 가고 저녁에 돌아온다.

(해설) 而(이) : 접속사

❸ 魏惠王兵數 破於齊·秦國內空 日以削(위혜왕병삭 파어제·
진국내공 일이삭)
위나라 혜왕의 군대가 여러 차례 제나라와 진나라에 의해 격파
되어, 나라 안이 텅 비고 나날이 깎여 갔다.

(해설) 以(이) : 접속사

한문에서 '歲, 月, 日 등의 시간 명사는 부사어로 쓰일 때, 나타내는 의미가
그것들의 평소 의미와 약간 다른 바가 있어 이미 단순한 시간수식이 아니다.

① 歲, 月, 日이 행동성을 지닌 동사 앞에 놓여, 행동의 빈도와 일상적임을
나타내어 '해마다(매년)', '달마다(매달)', '날마다(매일)'의 의미를 지닌다.

(예문) ❶ 良庖歲更刀, 割也, 族庖月更刀, 折也(양포세갱도 할야 족포
월갱도 절야)
좋은 백정은 해마다 칼을 바꾸는데 칼로 고기를 발라내기 때문
이고, 보통 백정은 달마다 칼을 바꾸는데 칼로 뼈를 절단하기
때문이다.

(해설) • 庖(포) : 포정(庖丁), 백정, 주방장.
• 割(할) : 고기를 발라내다.
• 折(절) : 뼈를 절단하다.

❷ 日飮食得無衰乎?(일음식득무쇠호)
날마다 먹고 마시는 것이 아마도 감소하지 아니하겠습니까?

(해설) 衰(쇠) : 감퇴하다, 감소하다.

❸ 君子博學, 而日參省乎己, 則知明而行無過矣(군자박학 이일
참성호기 즉지명이행무과의)

군자가 널리 배우고 날마다 자신[자신의 학습]에 대해 점검하고
반성하면, 지혜가 분명해지고 행동에도 과실이 없게 됩니다.

(해설) • 參(참) : 점검하다. 일설에는 삼(參)으로 읽어 '삼(三)'과 같은
것으로 보고 '여러 차례의 뜻'으로 풀이하기로 한다.
• 省(성) : 성찰하다. 반성하다.
• 知(지) : 지(智)와 같다.

② '일(日)'은 동사 또는 형용사 앞에 놓여 상황의 점진적인 변화 발전을 나
타내어 '하루하루', '날로날로', '나날이'의 뜻으로 풀이된다.

(예문) ❶ 於是與亮情好日密(어시여량정호일밀)
그리하여 [유비와] 제갈량의 정의가 날로 돈독해졌다.

❷ 而鄕鄰之生日蹙(이향린지생일축) – 유종원(柳宗元)
그러나 내 고향의 이웃들의 생계는 나날이 곤궁해졌다.

③ '日'자가 문장 첫머리 주어의 앞에 놓여, 과거로 거슬러 올라가는 데 쓰여
져 '지난날'로 풀이된다.

(예문) ❶ 日起請夫環, 執政弗義, 弗敢復也(일기청부환 집정불의 불감
부야)
지난날 내가 [집정자에게] 저 옥가락지를 청하였는데, 집정자가
합당하지 않다고 여겨 감히 다시 [청]하지 못했다.

❷ 晉郤缺言於趙宣子曰, 日衛不睦, 故取其地, 今日睦矣, 可
以歸之(진극결언어조선자왈 왈위불목 고취기지 금일목의 가이
귀지)
진나라 [대부] 극결이 조선자에게 말하기를, "지난날 위나라와
우리 진나라가 화목하지 못하고 그 때문에 위나라의 땅을 침공
하여 점령하였다. 오늘날 이미 화해하였으므로 그 땅을 위나라

에 돌려 줄 수 있다."고 했다.

④ '시(時)'자가 주어 또는 동사 앞에 쓰여 '제때에', '시간에 맞추어', '당시에' 등의 뜻을 나타낸다.

예문 ❶ 秋水時至, 百川灌河(추수시지 백천관하)
가을의 홍수가 제때에 몰려와 온갖 하천의 물이 황하로 흘러 들어온다.

❷ 謹食之, 時而獻焉(근식지 시이헌언)－유종원(柳宗元)
조심스럽게 그것을 기르다가, 때가 되면 그것을 바친다.

❸ 時操軍衆, 已有疾疫(시조군중 이유질역)
당시에 조조의 군대는 많은 사람들이 이미 역병에 감염되었다.

2. 대명사代名詞

대명사(代名詞)라 하면 명사를 대신하는 것으로 사람, 사건, 모든 물체, 방향, 처소 등의 명칭(名稱)을 대신해서 가리키는 것을 말한다.

1) 인칭대명사(人稱代名詞)

사람을 대신하여 나타낸다.

(1) 제1인칭대명사(第一人稱代名詞)

我, 予, 吾, 余, 己, 台 夫, 小生, 小子, 朕 등……

예문 ❶ 如是我聞(여시아문) : 이와 같이 나는 들었다.
❷ 吾鼻三尺(오비삼척) : 내 코가 석자다.
❸ 王悲予志(왕비여지) : 왕은 내 뜻을 슬퍼한다.
❹ 問余何事栖碧山(문여하사서벽산) : 어찌하여 벽산에 깃들어 사느냐고 나에게 물었다.

❺ 己所不欲勿施於人(기소불욕물시어인) : 자기가 하고자 아니하는 바를 남에게 시키지 말라.

❻ 朕爲始皇帝(짐위시황제) : 짐(나)은 시황제이다.

(2) 제2인칭대명사(第二人稱代名詞)

자기와 대화하는 상대편의 이름 대신으로 쓰는 명칭

女, 汝, 而, 爾, 若, 乃, 君, 子, 先生, 公, 他, 吾, 被, 賢, 迺 등……

예문 ❶ 往之女家(왕지여가) : 너의 집에 가거라.

❷ 當爲汝說(당위여설) : 마땅히 너희에게 말하겠다.

❸ 而忘越人之殺而父邪(이망월인지살이부야) 너는 월나라 사람이 너의 아버지를 죽인 것을 잊겠느냐.

❹ 吾翁卽若翁(오옹즉약옹) : 내 아버지가 너희들 아버지이다.

❺ 余嘉乃勳(여가내훈) : 나는 그대의 공을 높이 여긴다.

❻ 子誠韓國人(자성한국인) : 자네는 한국 사람이로다.

❼ 爾爲爾我爲我(이위이아위아) : 너는 너요 나는 나다.

(3) 제3인칭대명사(第三人稱代名詞)

대화를 나누는 두 사람 외에 사람이나 물건을 지적할 때 등의 명칭을 대신해서 가리키는 것을 말한다.

彼, 比, 他, 其, 夫, 渠, 或, 之, 乙, 蒙 등

예문 ❶ 知彼知己(지피지기) : 그(적)를 알고 나를 안다.

❷ 比乃吾女中王妃也(비내오녀중왕비야) : 이 아이는 내 딸 중에서 왕비가 될 것이다.

❸ 爲他人說(위타인설) : 남을 위해서 말해주라.

❹ 其意常敵也(기의상적야) : 그의 마음은 항상 적을 죽이는 일에 있다.

❺ 夫豈不知(부기부지) : 저 사람은 어찌 알지 못하는가.

❻ 於我善者我亦善之(어아선자아역선지) : 나에게 착하게 하는 자에게 나 또한 그에게 착하게 한다.

❼ 渠會永無緣(거회영무연) : 그와의 만남은 영원히 없을 것이다.

2) 지시대명사(指示代名詞)

말하는 사람의 위치에서 사물이나 사실을 가리키는 것을 의미한다.

(1) 근칭(近稱)

말하는 쪽에서 볼 때 가까이 있는 사물, 방향, 장소 등을 가리키는 것으로 여기, 이에, 여기, 이것, 이 등.

是, 此, 斯, 玆, 則, 然, 之, 諸, 當, 只, 本, 焉, 咨, 將, 逌, 這, 今 등

예문 ❶ 是乃藝術也(시내예술야) : 이것이 곧 예술이다.

❷ 此讐若除 雖死無憾(차수약제 수사무감) : 만약 이 원수를 몰아낸다면 비록 죽어도 여한이 없다.

❸ 有美金於斯(유미금어사) : 아름다운 금이 여기에 있다.

❹ 惟玆臣庶 汝其於予治(유자신서 여기어여치) : 이런 신하와 백성을 위하여 그대가 나를 대신하여 나라를 다스려 주오.

(2) 중칭(中稱)

그리 멀지 않은 곳에 있는 사람, 사물, 곳, 쪽 등을 가리키는 것으로 거기, 그분, 그이 등.

其, 之, 厥, 爾, 夫當 등

예문 ❶ 不知其數(부지기수) : 그 수효를 헤아릴 수 없다.

❷ 吾有老父 身死無之養也(오유로부 신사무지양야) : 나에게는 늙은 아버지가 계시는데 내가 죽으면 그를 보살펴 드릴 수가 없다.

❸ 農夫餓死 枕厥種子(농부아사 침궐종자) : 농부는 늙어 죽어도 그 씨앗을 베고 죽는다.

(3) 원칭(遠稱)

멀리 떨어져 있는 사물, 방향, 처소 등을 나타내는 것으로 곳, 저이, 저것, 저기 등 🖲근칭(近稱)

　彼, 夫, 厥 등

> 예문 ❶ 登彼東山兮(등피동산혜) : 저기 동산에 오름이여!
> ❷ 彼何爲者(피하위자) : 저들은 무엇을 하는 자들인가?
> ❸ 非夫之爲慟而誰爲(비부지위통이수위) : 저 사람이 슬프지 아니하고 누가 슬프겠는가?

3) 의문대명사(疑問代名詞 : 물음대이름씨)

알지 못하는 사물이나 사실에 대하여 의문이나 부정·감탄의 뜻을 나타내는 것으로 誰(누구), 孰(누구, 무엇), 何(누구, 무엇, 어디, 왜), 安(어디, 어찌), 惡(어디), 奚(무엇, 어찌, 어디), 或(혹, 혹은), 他, 誰, 唯, 曷, 胡, 焉(어찌 反語나 의문을 뜻한다) 등.

> 예문 ❶ 後世誰稱 大丈夫(후세수칭 대장부) : 후세에 누가 대장부라 칭하겠는가?
> ❷ 是可忍 孰不可忍也(시가인 숙불가인야) : 이것을 참을 수 있다면 무엇을 참지 못하겠는가?
> ❸ 春風何處無好山(춘풍하처무호산) : 봄바람에 어느 곳인들 좋은 산이 없겠느냐.
> ❹ 親求安在(친구안재) : 친구는 어디에 있는가?
> ❺ 君子去仁 惡乎成名(군자거인 오호성명) : 군자가 인을 버리면 어디에서 명성을 얻겠는가?
> ❻ 或謂孔子曰 子奚不爲政(혹위공자왈 자해불위정) : 어떤 이가 공자에게 말하기를 그대는 어찌하여 정치를 하지 않습니까?
> ❼ 懷哉懷哉! 曷月予還歸哉(회재회재 갈월여환귀재) : 그립구나! 그립구나! 어느 달에 내가 집으로 돌아가겠는가?

❽ 數千百之衆 國胡以饒之(수천백지중 국호이궤지) : 수백만 명의 사람을 국가에서는 <u>무엇</u>을 가지고 그들을 먹일 것인가?

❾ 且焉置土石(차언치토석) : 하물며 흙과 돌을 <u>어느 곳</u>에 두겠는가?

❿ 奚以知其然也(해이지기연야) : <u>무엇</u>에 근거하여 그것이 그와 같다는 것을 아는가?

4) 전성대명사(轉成代名詞)

전성대명사란 품사〔대명사〕의 기능이 바뀌어져서 다른 품사의 역할을 하는 것을 말한다.

(1) 제1인칭 '오(吾)'·'아(我)'의 활용

㉠ 오(吾)·아(我)가 제3인칭으로 활용되는 경우

오·아는 제1인칭이나 제3인칭으로 전성(轉成)되는데 '기(其)'의 뜻으로 해석된다. '그(사람)(他)', '그(사람)의(他的)'로 풀이한다.

<u>예문</u> ❶ 玉東終身不仕 以快吾志(옥동종신불사 이쾌오지)

옥동은 죽을 때까지 벼슬을 하지 않아서 <u>그의</u> 마음을 즐겁게 하였다.

<u>해설</u> • 吾(오) : 나, 나 자신으로 제1인칭대명사가 3인칭 <u>그의</u>로 해석되는 것을 전성대명사라 한다.

• 아(我)는 <u>그의</u> 뜻으로 옥동(玉東)을 가리킨다.

❷ 然民雖有聖知 弗敢我謀 勇力弗敢我殺 雖衆不敢勝其主(연민수유성지 불감아모 용력불감아살 수중불감승기주)

그러나 백성들이 비록 빼어난 지혜가 있다고 치더라도 감히 <u>그</u>를 도모할 수 없고, 용맹스러운 힘이 있다 하더라도 감히 그를 살해할 수 없으며, 비록 사람의 수가 없다고 하더라도 감히 <u>그들의</u> 군주를 업신여길 수는 없다.

<u>해설</u> 아(我)는 '그'의 뜻으로 '기주(其主)'를 가리킨다.

ⓛ '오(吾)'자가 동사로 활용되는 경우

예문 且也相與吾之耳矣 庸詎知所謂吾之乎(차야상여오지이의 용거
지소위오지호)

하물며 〔세상 사람들은 자신의 현 형체를 보고〕 모두 그 형체를
<u>자신이라고</u> 여길 것인데, 우리가 소위 <u>자신이라고 여기는 형체
가</u> 진실로 자신인지 어찌 알겠는가?

해설 · 相與(상여) : 다같이, 함께.
· 庸詎(용거) : 어찌, 어떻게.

(2) 제2인칭 '이(爾)' '여(汝)'의 활용

제1인칭 '이(爾)', '여(汝)'가 동사로 활용되는 경우 '예절 바르지 않음을 나타
내는 뜻'으로 해석된다.

예문 ❶ 〔游雅〕 嘗衆辱奇 或爾汝之(상중욕기 혹이여지)

〔유아는〕 일찍이 뭇사람의 면전에서 진기에서 모욕을 주었는데
어떤 때는 그를 <u>너라고</u> 불렀다.

해설 · 爾汝(이여) : 동사+목적어 구조
· '이여(爾汝)'는 대명사가 동사로 쓰이고, '지(之)'는 목적어로
해석되고 '그를 너라고 호칭하다'는 뜻이다.

❷ 見公卿不爲禮 皆汝之(견공경불위례 개여지)

공경을 만나 예의를 지키지 않고 모두 그들을 '너'라고 불렀다.

해설 여지(汝之)는 동+목구조. '여(汝)'는 대명사가 동사로 쓰이고
'지(之)'는 대명사로 공경을 대신 칭하여 목적어로 쓰였는데 '그
들을 너로 호칭하다'는 뜻이다.

(3) 제3인칭 '기(其)', '지(之)'의 활용

㉮ 제3인칭 '기', '지'가 제1인칭으로 활용되어 '나', '나의' 뜻으로 풀이되는
경우

예문 ❶ 頻年以來, 不聞嘉謀, 豈吾開延不勤之咎邪? 自今以後, 諸

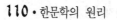

掾屬·治中·別駕, 常以 月旦言其失, 吾將覽焉(빈년이래
불문가모 기오개연불근지구사 자금이후 제연속 치중 별가 상이
월단언기실 오장람언)

여러해 계속해서 훌륭한 계책을 듣지 못한 것은 아마도 내가 마
음을 열고 널리 의견을 끌어들이는 데 부지런하지 못한 허물이
로다. 지금 이후로 모든 관속·치중·별가들은 항상 매월 초하
루에 나의 과실을 써내면 내가 장차 그것을 볼 것이다.

해설 • 月旦(월단) : 매월 초하루.
    • '기(其)'는 '나'의 뜻으로 조조를 가리킨다.

❷ 蔣氏大戚 汪然出涕曰 君將哀而生之乎?(장씨대척 왕연출체
왈 군장애이생지호)

장씨가 크게 슬퍼하여 홍건히 눈물을 흘리며 말하기를, "그대
는 장차 나를 가엾게 여기고 살아가게 하시려고 합니까."라고
하였다.

해설 지(之)는 '나'의 뜻으로 뱀잡은 사람의 자칭이다.

㉯ 제3인칭 '기(其)', '지(之)'가 제2인칭으로 활용되어 '너(당신)', '너(당신)의'
뜻으로 풀이되는 경우

예문 ❶ 天子發政於天下之百姓, 言曰 聞善而不善, 皆以告其上(천자
발정어천하지백성 언왈 문선이불선 개이고기상)

천자가 천하의 백성에게 정령을 선포하였는데, 그 정령에 〔너희
들은〕 좋은 의견과 좋지 않은 의견을 듣거든 모두 너희들의 상
사에게 고하라고 되어 있었다.

해설 • 而(이)는 '…와'의 뜻이다.
    • 기(其)는 '너희들의'의 뜻으로 백성을 대신 가리킨다.

❷ 我與子分國, 子不吾與, 吾將殺子, 直兵將推之, 曲兵將勾之
(아여자분국 자불오여 오장살자 직병장추지 곡병장구지)

나는 너와 나라를 나누려는데 네가 나를 지지하지 않는다면 나

는 장차 너를 죽일 것이다. 곧은 무기로 <u>너</u>를 찔러 죽이고, 굽은 무기로 <u>너</u>를 갈고리질해 죽일 것이다.

(해설) '지(之)'는 '너'의 뜻으로 해석.

3. 수량사數量詞, 數名詞

수량사(數量詞)는 수사(數詞)와 양사(量詞) 등으로 나눈다.

수사는 수(數)를 나타내는 단어이다.

수사는 대체로 기수(基數), 서수(序數), 분수(分數), 어림수(約數), 배수(倍數), 물음수(問數), 허수(虛數) 등으로 나눈다. 수량사를 수명사(數名詞) 또는 수사(數詞)라고도 한다.

양사는 계량의 단위인 까닭에 단위사(單位詞)라고도 부른다. 양사는 물량사(物量詞)와 동량사(動量詞) 두 종류로 나눈다.

1) 기수(基數)

기수는 기본 숫자를 나타낸다. 예를 들면 一, 二, 三, 四, 五, 六, 七, 八, 九, 十, 百, 千, 萬, 億 등과 같은 것이다.

① 기수사가 직접명사의 앞에 놓여 명사와 결합하고 중간에 양사를 쓰지 않는 경우

> (예문) ❶ 復投一弟子河中, 凡投三弟子(부투일제자하중 범투삼제자)
> 다시 <u>한</u> 제자를 황하에 던지니 모두 <u>세</u> 제자를 던져넣었다.)
> ❷ 一屠晚歸, 擔中肉盡, 止有剩骨, 途中兩狼, 綴行甚遠(일도만귀 담중육진 지유잉골 도중량랑 철행심원)
> <u>한</u> 백정이 밤에 돌아오는데 짐 안에 고기는 다하고, 단지 남은 뼈만 있었다. 길에서 이리 <u>두</u> 마리를 만났는데 매우 멀리서부터 바짝 뒤따라왔다.

② 기수사가 또 자주 단독으로 명사 뒤에 놓이고 종종 양사를 쓰지 않는 경우

❶ 吏二, 縛一人詣王(이이 박일인예임)
관리 두 사람이 한 사람을 결박하여 왕에게로 나아갔다.

❷ 時充國年七十 上老之(시충국년칠십 상로지)
당시에 나라에서는 나이가 칠십이 되어 그가 늙었다고 했다.

③ 정수(整數)와 우수리(零數) 사이에 종종 '유(有)'자를 덧붙이는 경우

❶ 割地而朝者三十有六國(할지이조자삼십유륙국)
영토를 할양하고 조공한 것이 모두 서른여섯개 나라이다.

❷ 卽去大梁百有二十里耳(즉거대량백유이십리이)
곧 대량으로부터 떨어진 거리가 백이십리일 따름이다.

❸ 鄒忌修八尺有餘(추기수팔척유여)
추기는 키가 8척여이다.

2) 서수(序數)

서수는 순서를 나타내는 숫자로 예를 들면, 제일(第一), 제이(第二), 제삼(第三) 등과 같은 것이고, 중국어에서 서수를 표시하려면 기수 앞에 제(第)자를 덧붙이는 것 이외에 첫번째 수는 그것과 상당하는 숫자 예를 들면, 태상(太上), 장(長) 등으로 대신할 수 있고, 순서에 따라 차(次), 기차(其次), 차지(次之), 차자(次者) 등으로 제이, 제삼, 제사 등을 나타내기도 한다.

① 숫자 앞에 '제(第)'자를 덧붙이는 경우

❶ 蕭何功第一, 曹次之(소하공제일 조차지)
소하의 공이 제일이요, 조삼이 그 다음이다.

❷ 此印者纔畢, 則第二板已具(차인자재필, 즉제이판이구)
이 판의 인쇄가 막 완료되면 제이판은 이미 다 배열되어 있다.

② 年, 月, 日처럼 숫자만 적고 제(第)자를 덧붙이지 않는 경우

❶ 十年春 齊師伐我(십년춘 제사벌아)
십년 봄에 제나라의 군대가 우리나라를 쳐들어왔다.

❷ 趙惠文王十六<u>年</u>, 廉頗爲趙將代齊大破之(조혜문왕십륙년, 염파위조장대제대파지)

조나라 혜문왕 십륙년에 염파가 조나라의 대장이 되어 제나라를 공격해서 그 나라를 대파시켰다.

❸ 八<u>月</u>剝棗, 十月獲稻(팔월박조 시월획도)

(제)팔월에 대추를 떨고, (제)시월에 벼를 거둔다.

③ 태대상(太大上), 장(長) 등으로 제일/첫째, '차(次)·기차(其次)'·'차지(次之)'·'차자(次者)' 등으로 제이/둘째, 제삼/셋째, 제사/넷째를 나타내는 경우

예문 ❶ <u>太上</u>貴德, <u>其次</u>務施報(태상귀덕 기차무시보)

<u>최상</u>으로 도덕을 숭상하고, <u>그 다음</u>으로는 은덕을 베풀고 보답하는 것에 힘쓴다.

해설 • 太上(태상) : 최상, 제일.
• 施(시) : 은덕을 베풀고.

❷ 奮<u>長子</u>建 <u>次子</u>甲, <u>次子</u>乙, <u>次子</u>慶, 皆以馴行孝謹, 官至二千石(분장자건 차자갑 차자을 차자경 개이순행효근 관지이천재)

분의 <u>맏</u>아들은 이름이 건이고, <u>둘째</u> 아들은 갑이고, <u>셋째</u> 아들은 을이고, <u>넷째</u> 아들은 경인데, 모두 행실이 온순하고, 효성스러우며 공경함으로써 관직이 이천석에 이르렀다.

❸ 王當歃血定從, <u>次者</u>吾 <u>次者</u>遂(왕당삽혈정종 차자오 차자수)

대왕께서 우선 마땅히 가축의 피를 입술에 발라 합종의 맹약을 결정하셔야 하고, 그 <u>다음</u>에는 우리 주인의 차례이고, 그 <u>다음</u>에는 저 모수의 차례입니다.

해설 歃血(삽혈) : 가축의 피를 입술에 바르는 것이다. 고대에 맹약을 맺을 때 피를 입술에 발라서 성실히 신의를 지킬 것을 표시하였다.

④ 갑(甲)자와 관(冠)자로 제일을 나타내는 경우

예문 ❶ 淙周以田農而<u>甲</u>一州(종주이전농이갑일주)

종주는 경작하는 농부로서 한 고을에서 <u>제일가는</u> 부호가 되었다.

❷ 大明奇秀, 甲天下山(대명기수 갑천하산)

대명산은 빼어나고 기발하고 수려하여 천하에 제일가는 명산
이다.

❸ 當是時, 楚兵冠諸侯(당시시 초병관제후)

이때에 초나라의 군대는 제후 중에서 으뜸이었다.

(해설) • 甲一州(갑일주) : 한 고을에서 제일
• 甲天下山(갑천하산) : 천하의 산 중에서 제일이고
• 冠諸侯(관제후) : 제후 중에서 제일
• 갑(甲)과 관(冠)은 본래 명사인데 동사로 쓰였다.

3) 분수(分數)

분수는 자모 분배 비례를 나타내는 수로, 수학의 분수와 의미와 같다. 예를
들면 '삼분지일(三分之一), 십분지륙(十分之六)' 등과 같은 것이다.

① 분모와 분자 사이에 분(分)자가 있고, 또 명사와 지(之)자가 있는 경우
• 분모+分+명사+之+분자

(예문) ❶ 法一月之日, 二十九日八十一分日之四十三(법일월지일 이십
구일팔십일분일지사십삼)

역법에 따르면 한 달의 일수는 29일 81분의 43일이다.

(해설) 分(분) : 전체 사물이나 숫자를 약간의 부분으로 나누는 것.

❷ 冬至, 日在斗二十一度四分度之一(동지 일재두이십일도사분
도지일)

동지에 태양은 북두성의 21도 4분의 1도 지점에 있다.

(해설) 四分度之一(사분도지일) : 4는 분모이고, 1은 분자이다.
중간에 분(分)자가 있고, 명사와 지(之)가 있다.

② 분모와 분자수 사이에 분(分)자가 없고, 명사와 지(之)가 있는 경우
• 분모+명사+之+분자

(예문) ❶ 先王之制, 大都不過參國之一, 中, 五之一, 小, 九之一(선
왕지제 대도불과 삼국지일 중 오지일 소 구지일)

선왕의 제도에 따르면, 큰 도시는 수도의 3분의 1을 초과하지

않고, 중등 도시는 수도의 5분의 1을 초과하지 않고, 작은 도시는 9분의 1을 초과하지 않는다.

> (해설) 參國之一(삼국지일) : 3은 분모, 1은 분자. 중간에 명사와 之는 있지만 分자는 없는데 수도를 셋으로 나눈 것의 한 부분.

③ 분모와 분자 사이에 分자와 之자가 있고, 명사가 없는 경우
  • 분모+分+之+분자

> (예문) ❶ 秦地天下三分之一(진지천하삼분지일)
> 진나라의 영토는 3분의 1이다.
>
> ❷ 若復數年, 則損三分之二也(약부수년 즉손삼분지이야)
> 만약 또 몇 년이 지나면 손해는 3분의 2이다.

④ 분모와 분자 사이에 分자와 명사가 없고, 단지 之자만 있는 경우
  • 분모+之+분자

> (예문) ❶ 今行父雖未獲一若人, 去一凶矣, 於舜之功, 二十之一也(금행보수미획일약인 거일흉의 어순지공 이십지일야)
> 지금 행보는 비록 한 사람의 훌륭한 인물도 얻지 못했지만 한 사람의 악인을 제거하였습니다. 순임금의 공로에 비겨 20분의 1입니다.

⑤ 분모와 분자 사이에 分자가 없고 명사와 之자도 없는 경우
  • 분모+분자

> (예문) ❶ 藉弟令毋斬, 而戍死者固十六七(자제령무참 이수사자고십륙칠)
> 설령 목이 베이지 않는다면 변경을 지키다가 죽은 이가 본래 10분의 6이나 7은 될 것이다.

> (해설) • 戍(수) : 변경을 수비하다.
> • 固(고) : 본디, 본래.
> • 十六七(십륙칠) : 10분의 6 또는 7인데 십(十)은 분모이고, 육칠(六七)은 분자로 어림수이다.

❷ 會大寒, 士卒墮指者什二三(회대한, 사졸타지자십이삼)

때마침 혹한을 만나, 사병들 중에 손가락이 얼어 떨어져 나간 이가 <u>10분의 2나 3</u>이었다.

해설
- 什(십) : 십(十)과 같다.
- 什二三(십이삼) : 10분의 2 또는 3인데 什은 분모이고 '二, 三'은 분자로 역시 어림수이다.

4) 배수(倍數)

배수는 동등하게 증가하는 것을 나타내는 숫자로 한문에서는 종종 숫자 하나만으로 몇 배를 표시하고, 한 배를 표시할 경우에는 '배(倍)'자만 쓴다.

예문 ❶ 商賈大者積貯倍息(상고대자적저배식)

상인 중에서 대상들은 상품을 사재서 <u>갑절</u>로 하였다.

해설 倍息(배식) : 이식을 갑절이 되게 하는 것.

❷ 利不百, 不變法, 功不十, 不易器(이불백 불변법 공불십 불역기)

이익이 <u>백 배</u>가 되지 않으면 옛 법제를 바꾸지 않고, 효용이 <u>열 배</u>가 안 되면 옛 기물을 바꿀 수 없습니다.

5) 어림수(約數)

약수(約數)는 대략을 나타내는 숫자로 '대개', '대략'의 뜻을 지니고, 실제수와 큰 차이가 없는 것이다.

① 두 개의 가까운 숫자를 나란히 써서 어림수를 나타내는 경우

예문 ❶ 用其二三十萬 爲河伯娶婦(용기이삼십만 위하백취부)

그 중의 <u>이삼십만</u>으로 황하의 신에게 아내를 맞이해 주었다.

❷ 死者十三四(사자십삼사)

죽은 이가 <u>10중 3, 4</u>였다.

❸ 未幾, 敵兵果舁炮至 蓋五六百人也(미기 적병과여포지 개오륙백인야)

얼마 지나지 않아 적군은 과연 대포를 들고 왔는데 대략 <u>오륙백</u>

명이었다.

② 수(數), 허(許), 소(所), 여(餘) 등의 끝자를 써서 어림수를 나타내는 경우

예문 ❶ 每一字皆有數印(매일자개유수인)

매 한 글자마다 모두 여러 활자 모양이 있다.

❷ 山有石壁二十許文(산유석벽이십허문)

산에는 이십여 길이 되는 석벽이 있다.

❸ 十八日所而病愈(십팔일소이병유)

십팔여 일이 지나자 병이 치유되었다.

6) 물음수(問數)

문수(問數)는 물음을 나타내는 숫자이고 통상 기(幾) 기하(幾何) 기허(幾許) 등을 써서 나타낸다.

예문 ❶ 自明及晦, 所行幾里?(자명급회 소행기리)

새벽부터 밤까지 하루의 운행 거리는 몇 리인가?

해설 • 晦(회) : 밤, 야간.

• 幾(기) : 몇, 얼마.

❷ 太后曰 敬諾, 年幾何矣?(태후왈 경낙 연기하의)

조태후가 말하기를, "좋습니다. 나이가 얼마입니까?"라고 하였다.

7) 수사(數詞)의 용법

① 수사가 주어와 목적어로 쓰이는 경우

예문 ❶ 〔帝〕命夸蛾氏二子負二山, 一厝朔東, 一厝雍南(〔제〕명과아 씨이자부이산 일조삭동 일조옹남)

〔천제가〕 과아씨 두 아들에게 명해 두 산을 짊어지고, 하나는 삭방의 동쪽에, 하나는 옹주의 남쪽에 두도록 했다.

❷ 私土子人者, 百不有一(사토자인자 백불유일)

토지를 사유물처럼 여기고, 백성을 자식처럼 아끼는 이가 백에 하나도 없습니다.

해설 百(백) : 수사가 주어로 쓰이고, 일(一) 수사가 목적어로 쓰인다.

❸ 拔劍斬木, 木遂分爲兩(발검참목 목수분위량)

칼을 뽑아 나무를 베니 나무는 마침내 나뉘어 <u>두 동강</u>으로 되었다.

해설 • 한문에서 수사가 주어와 목적어로 쓰이는 경우, 일반적으로 앞의 명사, 곧 소위 '선행사가 출현하는 것이 보통이므로 단지 수만 있고, 명사는 쓰지 않는다.

• 兩(양) : 수사가 목적어로 사용됨.

② 수사가 직접 술어로 쓰이는 경우

중국어에서는 수사가 단독으로 술어로 쓰일 수 없지만 한문에서는 수사가 단독으로 술어로 쓰일 수 있다.

예문 ❶ 隼<u>一</u>, 犬, 羊, 狐, 兎, 麋, 鹿共<u>三十</u>(준일 견 양 호 토 미 록 공삼십)

송골매 <u>한 마리</u>이고 개, 양, 여우, 토끼, 고라니, 사슴 모두 합쳐 <u>삼십 마리</u>이다.

❷ 蓋一歲之犯死者<u>二</u>焉(개일세지범사자이언)

대체로 한 해에 죽음의 위협에 시달리는 것이 <u>두 차례</u>입니다.

③ 수사가 동사 술어로 활용되는 경우

한문에서는 수사가 직접 술어로 쓰일 수 있다.

예문 ❶ 身土不<u>二</u>(신토불이)

몸과 땅은 <u>둘</u>이 아니다.

❷ 夫金鼓旗者, 所以<u>一</u>人之耳目也(부금고기자 소이일인지이목야)

대체로 징, 북, 새털로 장식한 깃발, 기는 사람의 이목을 <u>통일시키는</u> 데 쓰이는 도구이다.

해설 • 一人之耳目(일인지이목) : 동목구조.

• 一(일) : 수사가 동사로 활용되어 '통일하다'의 뜻.

• 耳目(이목) : 목적어로 사람의 보고 듣는 것을 하나로 만든다.

'통일시키다'의 뜻.

❸ 女也不爽, 士貳其行, 士也罔極, 二三其德(여야불상 사이기
행 사야강극 이삼기덕)
여자는 아무 잘못이 없는데, 남자는 자기 행동을 바꾼다. 남자는
일정한 표준이 없어, 여러 차례 자기의 덕을 바꾼다.

(해설) • 貳其行(이기행)·二三其德(이삼기덕) : 동목구조.
• 이(貳)와 이삼(二三)은 모두 수사가 동사로 쓰이고, 기행(其
行), 기덕(其德)은 목적어인데 '그 행동을 두 차례 변하게 하
다', '그 덕을 여러 차례 변하게 하다'는 뜻.

④ 한문의 수사가 통상 관형어와 부사어로 쓰이는 경우

(예문) ❶ 帝感其誠, 命夸蛾氏二子負二山(제감기성 명과아씨이자부이
산)
천제가 그의 정성에 감동하여 과아씨의 두 아들에게 명해 두 산
을 짊어지게 했다.

(해설) • 二子(이자) : 두 아들
• 二山(이산) : 두 산. 수사가 관형어로 쓰임.

❷ 李公卽發民鑿十二渠, 引河水灌民田(이공즉발민착십이거 인
하수관민전)
이공은 곧 백성을 동원하여 열두 개의 수로를 뚫고, 장하의 강
물을 끌어와 백성의 농지에 물을 대었다.

(해설) 十二渠(십이거) : '열두 개의 수로'로 수사가 관형사로 쓰였다.

❸ 三顧臣於草廬之中(삼고신어초려지중)
세 차례 초가집으로 신을 찾아보러 오셨습니다.

(해설) • 三顧(삼고) : 세 차례 찾아보러 오다. 수사가 부사어로 쓰임.
• 수사가 관형어와 부사어로 쓰일 때 종종 직접 명사, 또는 동
사 앞에 놓이고, 양사를 쓰지 않는다.

8) 물량사(物量詞)
물량사는 사람 또는 사물의 단위를 나타내는 단어이다.

예를 들면 장(丈), 척(尺), 촌(寸), 석(石), 두(斗), 승(升), 근(斤), 양(兩), 이(里), 묘(畝 : 무), 쌍(雙), 척(隻), 매(枚), 개(個), 개(介), 권(卷), 호(壺), 단(簞), 전(廛), 승(乘), 사(駟), 곡(斛), 부(釜), 종(鍾), 균(鈞), 일(鎰), 인(仞), 붕(朋) 등과 같은 것이다.

> **예문** ❶ 太行·王屋二山 方七百里, 高萬仞(태행 왕옥 이산 방칠백리 고만인)
> 태행과 왕옥의 두 산은 사방이 칠백리이고, 높이가 수만길이다.
> **해설** 仞(인)은 고자(古子). 여덟자(八尺) 또는 일곱자(七尺)를 부르던 양사이다.
> ❷ 於是爲長安君約車百乘, 質於齊(어시위장안군약거백승 질어제)
> 그리하여 장안군에게 백 대의 수레를 마련해 주면서 제나라에 가서 인질이 되게 했다.
> ❸ 皆賜玉五雙, 馬三匹(개사옥 오쌍 마삼필)
> 모두 옥 다섯 쌍과 말 세 필을 하사하였다.
> ❹ 負服矢五十箇(부복시오십개)
> 화살 오십 개를 담은 화살통을 등에 짊어지고 있다.
> **해설** 箇(개), 個(개) : 양사이다.

9) 동량사(動量詞)

동량사는 동작의 단위를 나타내는 단위이다.

예를 들면 차(次)·회(回)·도(度)·편(遍)·장(場)·진(陣)·번(番) 등이 있다. 한문에서 동사의 횟수, 시간을 나나태는 방법을 논의함에 있어 주의해야 할 점은 동작행위가 '두차례(兩·次) 또는 두번째(第二次)' 발생하였음을 나타낼 때 동사 앞에 재(再)·이(二)를 쓰지 않는다.

> **예문** ❶ 人情一日下再食則飢 終歲不制衣則寒(인정일일하재식즉기 종세부제의즉한)
> 인지상정에 하루에 두 차례 먹지 못하면 굶주리게 되고, 1년 내내 옷을 만들지 않으면 춥게 마련이다.

❷ 五歲而再潤(오세이재윤)

다섯 해 가운데는 두 차례 윤달이 있다.

❸ 一鼓作氣, 再而衰, 三而竭(일고작기 재이쇠 삼이갈)

첫번째 북을 치면 사기가 진작되고, 두번째 북을 치면 〔사기
가〕 쇠하고, 세번째 북을 치면 〔사기가〕 다 빠져 버립니다.

10) 수량사(數量詞)의 용법

일반적으로 물량사(物量詞)는 문장의 주사(主詞), 목적어, 술어와 관형어(冠
形語)로 쓰일 수 있고, 동량사(動量詞)는 부사어와 보어로 쓰일 수 있다.

① 수량사가 주어와 목적어로 쓰이는 경우

한문에서 수량사가 주어와 목적어로 쓰이는 경우는 드물고 일반적으로 선행
사 명사가 있어야 한다.

예문 ❶ 大貝四寸八分以上, 二枚爲一朋(대패사촌팔분이상 이매위일
붕)

큰 조개껍질 네치 여덟푼 이상의 것으로 두 잎이 한 쌍이다.

해설 • 二枚(이매), 一朋(일붕) : 수량사로 각각 주어와 목적어가 되
어 '두 잎의 조개껍질, 한 쌍의 조개껍질'을 가리킨다.

• 패(貝)는 선행 명사로 앞 문장에 있다.

② 수량사(數量詞)가 술어로 쓰이는 경우

수량사가 술어로 쓰이는 경우는 드물다.

예문 ❶ 罷大小錢, 改作貨布, 長二寸五分廣一寸(파대소전 개작화포
장이촌오분광일촌)

크고 작은 동전을 폐지하고 화포로 바꾸어 만들었는데, 길이는
두치 다섯푼이고 너비는 한치였다.

해설 貨布(화포) : 옛날의 화폐 명칭.

❷ 太行王屋二山 方七百里, 高萬仞(태행왕옥이산 방칠백리 고만
인)

태행과 왕옥의 두 산은 사방이 칠백리이고 높이가 수만 길이다.

❸ 牛車千兩, 大器柒者千枚(우거천량 대기칠자천장)

소 수레가 <u>천량</u>이고, 목기에 옻칠을 한 것이 <u>천</u> 매였다.

4. 동사動詞

동사란 사람과 사물의 동작, 존재, 또는 변화를 나타내는 단어로 문장에서 서술어(敍述語) 역할을 한다. 동사는 한 문장에서 서술어(술어)로 쓰여 대부분 목적어를 가질 수 있고, 부사의 수식과 제한을 받을 수 있다. 그러나 한문에서 때로는 자동사가 목적어를 가질 수 있고, 타동사가 가진 목적어가 결코 일반적인 지배관계가 아닌 경우도 있으며, 때로는 동사가 부사어로 쓰이거나 명사로 쓰인 경우도 있는데 자동사, 타동사, 조동사(보조사)로 구분된다.

1) 자동사(自動詞)

한 문장에서 서술어 역할을 하면서 목적어를 필요로 하지 않는 경우, 그러므로 자동사 다음에 오는 체언(名詞類)은 보어가 된다. 대체로 '있다, 없다'라는 말은 자동사이다.

有, 無, 來, 出, 至, 在, 吹, 開, 發, 去, 將, 見, 故 등

예문 ❶ <u>有</u>備<u>無</u>患(유비무환) : 준비가 <u>있으면</u>(있다) 근심이 <u>없다</u>.
❷ 仁者<u>無</u>敵(인자무적) : 어진 사람은 적이 <u>없다</u>.
❸ 淸風徐<u>來</u>(청풍서래) : 맑은 바람이 서서히 불어<u>온다</u>.
❹ 月<u>出</u>於東山之上(월출어동산지상) : 달이 동산 위에 <u>뜬다</u>.

2) 타동사(他動詞)

한 문장에서 서술어 역할을 하면서 목적을 꼭 필요로 하는 경우, 즉 동작의 작용이 주어에게만 미치지 않고 다른 사물에 영향을 미치도록 하거나 대상이 되는 목적어가 있어야 반드시 움직임을 나타낼 수 있는 동사.

한문에서 목적어는 '……을, ……를'으로만 해석된다.

讀, 登, 咋, 老, 白, 生, 是, 若, 子, 爲, 惟 등

예문 ❶ 結草報恩(결초보은) : 풀을 <u>맺어</u> 은혜를 <u>갚다</u>.

❷ 修身齊家(수신제가) : 몸을 <u>닦고</u> 집안을 <u>구제한다</u>.

❸ 見善從之(견선종지) : 선을 <u>보면</u> 그것을 <u>따른다</u>.

❹ 男兒須讀五車書(남아수독오거서) : 사나이는 모름지기 다섯 수
레의 책을 <u>읽어야 한다</u>.

❺ 此之謂大丈夫(차지위대장부) : 이것을 대장부라 <u>이른다</u>.

3) 유무동사(有無動詞)

'……있다, 존재하다. ……이 없다, ……아니다'라는 긍정과 부정의 뜻을 지닌
동사를 말한다.

(1) 유동사(有動詞) : 有, 存, 在 등

㉠ 有(있을 유) : ①있다 ②존재하다 ③가지고 있다 ④많다. 넉넉하다 ⑤
보유하다

예문 ❶ 庖有肥肉, 廐有肥馬(포유비육 구유비마)
푸주간에 살찐 고기가 <u>있다</u>. 마구간에는 살찐 말이 <u>있다</u>.

❷ 有道之士(유도지사)
도덕이 <u>있는</u> 사람

❸ 有道則見(유도즉현)
도리가 행하여지는 세상이 되면 비로소 세상에 나타나 <u>활동한다</u>.

㉡ 存 : 있다, 존재하다.

예문 ❶ 人性則存 德行則也(인성즉존 덕행즉야)
인성이 착<u>하면</u> 덕행이 좋다.

❷ 存身之道(존신지도)
몸을 편하게 <u>보존해야</u> 한다.

❸ 存本取利(존본취리)

돈이나 곡식을 꾸어주고, 밑천은 그대로 둔 채 그 변리만을 받
는다.

ⓒ 在 : ……이 있다. 일정한 곳을 차지하고 있다 등

예문 ❶ 一日之計在於晨, 一年之計在於春 一生之計在於幼(일일지
계재어신 일년지계재어춘 일생지계재어유)

하루의 계획은 새벽에 세우고, 1년의 계획은 봄에 세우고, 일생
의 계획은 어릴 때 세운다.

❷ 在德不在險(재덕부재험)

덕이 있으면 험난함이 없다.

❸ 父在觀其行(부재관기행)

부모가 살아계실 때 관광여행을 시켜 드려야 한다.

(2) 무동사(無動詞) : '……없다, ……아니다'라는 부정의 뜻을 지닌 동사

無, 不, 否, 毛, 弗, 非, 未, 勿, 亡, 毋, 无, 奇 등이 있다.

ⓐ 無(없을 무) : ① 말라(금지하는 말) ② 없다 ③ 아니다 등의 뜻을 나타낸다.

예문 ❶ 無我(무아) : 나를 세우지 말라.

❷ 敬愼無怠(경신무태) : 삼가하며 존경하고 태만함이 없도록 하라.

❸ 無信不立(무신불립) : 신용이 없으면 성공할 수 없다.

❹ 慈悲無敵(자비무적) : 자비는 적이 없다.

ⓑ 不(아니 불, 부) : 부정의 뜻을 나타낸다.

예문 ❶ 不誠無物(불성무물) : 성실하지 못하면 재물이 없다.

❷ 不忘忠敬(불망충경) : 충실하고 공경하는 마음을 잊지 말라.

❸ 無忍不達(무인부달) : 참을성이 없으면 무엇이든지 달성할 수가
없다.

❹ 無汗不成(무한불성) : 땀을 흘리지 않고는 무엇이든지 이루지 못한다.

ⓒ 좀(아닐 부, 막힐 비) : 아니다. 부정(否定), 부동의(不同意)의 뜻을 나타낸다.

> 예문 ❶ 其本亂而末治者否矣(기본란이말치자부의)－大學(대학)
> 그 근본이 어지러우면서 그 말단이 다스려질 수 없는 것이다.
> ❷ 如此則動心否乎(여차즉동심부호)
> 만일 이와 같다면 마음을 움직이는 것이 아닌가.

ⓓ 非(아닐 비) : ① 아니다(부정의 조사) ② 등지다 ③ 배반하다

> 예문 ❶ 非禮勿視, 非禮勿聽(비례물시 비례물청)
> 예가 아니면 보지 말고, 예가 아니면 듣지 말라.
> ❷ 非無安居也 我無安心也 非無足財也 我無足心也(비무안거야 아무안심야 비무족재야 아무족심야)
> 편안한 거처가 없는 것이 아니요, 나에게 편안한 마음이 없는 것이다. 충분한 재물이 없는 것이 아니요, 나에게 만족하는 마음이 없는 것이다.
> ❸ 非高亦非遠 都只在人心(비고역비원 도지재인심)
> 높은 것이 아니요, 또한 멀지도 않은 것이다. 모두가 [도무지, 다만] 사람의 마음에 있는 것이다.

(3) 조동사(助動詞, 補助動詞)

동사 앞에 놓여서 동사의 기능과 행위를 돕는 가능, 부정, 금지, 사역, 욕망 등을 나타내는 보조사 역할을 한다. 조동사는 동사 다음에 해석되어지므로 언제나 가장 뒤에 새겨진다.

※ 부사와 다른점

부사는 동사, 형용사, 다른 부사를 수식(꾸며 주는 기능)하는 역할이며, 조동사는 오직 동사만 보조해 주는 역할이다.

① 가능(可能) : 可, 能, 足, 得(가히[능히] ~할 수 있다.)

예문 ❶ 豈可他求哉(기가타구재)
어찌 <u>가히</u> 다른 데서 구할 수 있겠는가?
❷ 未必子孫 能盡守(미필자손 능진수)
반드시 자손이 <u>능히</u> 모두 지키지는 못할 것이다.
❸ 不足爲外人道也(부족위외인도야)
외부 사람에게 <u>감히</u> 말할 만하지 못하다.
❹ 惡足取乎(오족취호)
어찌 취할 <u>수 있겠는가?</u>

② 부정(否定) : 不, 弗, 非, 匪, 未(~하지 않다, ~하지 못하다)

예문 ❶ 不遠遊 遊必有方(불원유 유필유방)
멀리 가서 놀<u>지 말며</u> 놀 때에는 반드시 가는 곳을 알려라.
❷ 事雖小 不作不成(사수소 부작불성)
일이 비록 작더라도 하지 <u>아니하면</u> 이루지 <u>못한다.</u>
❸ 小善爲无益而弗爲也(소선위무익이불위야)
작은 선행은 이익이 적다고 해서 행하지 <u>아니하다.</u>
❹ 福雖未至 禍自遠矣(복수미지 화자원의)
복은 비록 이르지 <u>아니하나</u> 화는 저절로 멀어진다.
❺ 尺璧非寶 寸陰是競(척벽비보 촌음시경)
큰 구슬이 보배가 <u>아니요</u> 짧은 시간을 아껴라.

③ 금지(禁止) : 勿, 莫(~하지 마라)

예문 ❶ 勿以恃勇而輕敵(물이시용이경적)
용맹을 믿고서 적을 가벼이 여기<u>지 말라.</u>
❷ 勿以善小而不爲(물이선소이불위)
착한 것이 적다고 하<u>지 말라.</u>

❸ 莫作是說(막작시설)

그런 말을 하지 말라.

④ 사역(使役) : 使令(~로 하여금, ~하게 하다)

[예문] ❶ 使杞子逢孫, 楊孫戍之(사기자봉손 양손수지)

기자, 봉손, 양손으로 하여금 그것을 지키게 했다.

❷ 令人無不孝之心(영인무불효지심)

사람으로 하여금 불효하는 마음을 없게 하다.

⑤ 피동(被動) : 爲 ~所, 見, 被(~하게 하다, ~당하다, ~하는 바가 되다)

[예문] ❶ 茅屋爲秋風所破歌(모옥위추풍소파가)

띠 지붕이 가을 바람에 날리고 노래하는 바가 되다.

❷ 見賢思齊(견현사제)

현명한 사람을 보면 그와 같아질 것을 생각하게 된다.

❸ 忠而被謗(충이피방)

충성스러웠지만 비방을 당한다.

⑥ 욕망(慾望) : 谷, 請(~하고자 한다)

[예문] ❶ 欲使人人易習(욕사인인이습)

사람들로 하여금 쉽게 익히고자 한다.

❷ 請允許我(청윤허아)

바라건대 나의 생각을 승인해 주세요.

4) 전성동사(轉成動詞 : 動詞의 特殊用法)

동사는 문장에서 술어로 쓰여 대부분 목적어를 가질 수 있고, 부사의 수식과 제한을 받을 수 있다. 그러나 한문에서 때로는 자동사가 목적어를 가질 수 있고, 타동사가 가진 목적어가 일반적인 지배관계가 아닌 경우도 있으며, 때로는 동사가 부사어로 쓰이거나 명사로 쓰이는 경우도 있다. 이러한 것들을 전성동사라 한다. 즉 명사, 형용사, 부사 등이 전성되어 동사로 쓰인다.

예를 들어 行, 走, 生, 死, 伐, 征, 戰, 憂, 使, 令, 有, 無, 是, 謂, 爲 등

(1) 동사가 사역동사(使役動詞)로 쓰이는 경우

동사가 사역동사로 쓰이는 것은 바로 이런 동사가 목적어 앞에 놓여 목적어가 나타내는 사람, 또는 사물에 이 동사가 나타내는 동작 행위가 일어나도록 하는 것이다.

① 자동사(自動詞)가 사역동사로 쓰이는 경우

예문 ❶ 項伯殺人, 臣活之(항백살인 신활지)

항백이 사람을 죽였는데, 신이 그를 <u>살려냈습니다</u>.

해설 • 之(지) : 항백(項伯)을 대신한다.

• 活之(활지) : 동목구조. 활(活)은 자동사인데 사역동사로 쓰이고, 지(之)는 목적어인데 항백을 '살아나게 하다, 살려내다'는 뜻이다.

❷ 卒廷見相如, 禮畢而歸之(졸정견상여 예필이귀지)

마침내 조정에서 상여를 접견하고, 접견의 예가 끝나자 그를 조(趙)나라로 <u>돌아가게</u> 했다.

해설 귀지(歸之)는 동목구조로, 귀(歸)는 자동사가 사역동사로 쓰이고, 지(之)는 목적어인데 '그로 하여금 조나라로 돌아가게 하다'는 뜻이다.

❸ 共粉飾之, 如嫁女床席, 令女居其上, 浮之河中(공분식지 여가녀상석 영녀거기상 부지하중)

함께 장식하고 꾸미는 것이 마치 딸을 시집보낼 때 침상에 까는 자리와 같은데, 그 여자로 하여금 그 위에 앉게 한 뒤, 그것을 향해 가운데로 <u>뜨게 하였다</u>.

해설 • 之(지) : 침상에 까는 자리를 가리킨다.

• 浮之(부지) : 동목구조. 부(浮)는 자동사가 사역동사로 쓰이고, 지(之)는 목적어인데 '그것으로 하여금 뜨게 하다'는 뜻이다.

❹ 明月別枝驚鵲, 淸風夜鳴蟬(명월별지경작 청풍야명선)

밝은 달이 비치어 비스듬한 나뭇가지 위의 까치를 <u>놀라게 하고</u>, 시원한 바람이 불어 한밤중의 매미를 <u>노래부르게 한다</u>.

(해설)
- 別枝(별지) : 비스듬한 나뭇가지
- 경작(驚鵲), 명선(鳴蟬)은 동목구조. 경작, 명선의 주어와 술어 도치로 보아서는 안된다. 경(驚), 명(鳴)은 자동사가 사역동사로 쓰이고, 작(鵲), 선(蟬)은 모두 목적어이며, 주어는 각각 '명월(明月)과 청풍(淸風)'인데 '밝은 달이 비치어 까치를 놀라게 하고, 시원한 바람이 불어 매미를 노래부르게 하다'는 뜻이다.
※ 대체로 자동사 뒤에 목적어가 수반되는 경우
  곧 그것 뒤에 명사 또는 대명사가 있으면 이 자동사는 반드시 사역동사로 쓰인다.

❺ 操軍方連般艦, 首毛相接, 可燒而走〔 〕也(조군방련반함 수모 상접 가소이주〔 〕야)

조조의 군대는 바야흐로 전함을 연결시켜, 수미가 서로 이어져 있으니 불로 태워 〔그들을〕 <u>도망가게</u> 할 수 있다.

(해설) 주(走)는 자동사가 사역동사로 쓰이고, 그 뒤에 조조의 군대 〔操軍〕를 가리키는 대명사 목적어인 '지(之)'가 생략되었는데, '그들로 하여금 도망하게 하다'는 뜻이다.
※ 한문에서 자동사가 사역동사로 쓰이는 경우에도 이따금 목적어가 생략되는 현상이 있는데, 이는 앞뒤 문장의 뜻을 통하여 완전히 분별할 수 있다.

② 타동사(他動詞)가 사역동사(使役動詞)로 쓰이는 경우

사역동사로 쓰이는 타동사가 나타내는 동작은 결코 목적어가 대표하는 사람과 사물이 받는 것이 아니라, 주어가 대표하는 사람과 사물에 동작행위가 일어나도록 하는 것이다.

(예문) ❶ <u>飮</u>余馬於咸池, 總余鸞於扶桑(음여마어함지 총여비어부상)

함지에서 나의 말에게 <u>물을 먹이고</u>, 부상에 나의 봉황을 매어

둔다.

• 總(총) : 매다(繫), 묶다(桎)
 • 咸池(함지) : 신화에 나오는 물 이름으로, 태양이 목욕하는 곳
  이라고 전해진다.
 • 轡(비) : 원래는 말의 재갈과 고삐인데, 여기서는 봉황을 가리
  킨다.
 • 扶桑(부상) : 태양이 떠오르는 곳.
 • 飮余馬(음여마) : 동목구조. 음(飮)은 타동사가 사역동사로
  쓰인 것이고, '마(馬)'는 목적어인데 '말로 하여금 마시게 하
  다'는 뜻이다.

❷ 序八州而朝同列(서팔주이조동렬)
 〔진나라〕 팔주를 통할하고, 동등한 대열로 하여금 내조하게
 했다.

• 序(서) : 통괄하다.
 • 同列(동렬) : 동등한 지위의 국가.
 • 朝同列(조동렬) : 동목구조. '조(朝)'는 타동사가 사역동사로
  쓰인 것이고, 동렬(同列)은 목적어인데 '동등한 대열로 하여
  금 내조하게 하다'는 뜻이다.

❸ 聖王在上, 而民不凍飢者, 非能耕而食之 織而衣之也, 爲開
 其資財之道也(성왕재상 이민부동기자 비능경이사지직이의지야
 위개기자재지도야)
 성왕이 윗자리에 계시지만, 백성들이 춥고 배고프지 않은 것은
 경작해서 그들에게 먹이고, 몸소 베를 짜서 그들에게 입힌 것이
 아니라, 그들이 재원을 조달할 길을 열어 주었기 때문이다.

食之(사지) : '동목구조'. '사(食)'는 타동사가 사역동사로 쓰인
 것이고, '지(之)'는 목적어로 '민(民)'을 대신하는데 "그들로 하여
 금 먹게 한다", '그들을 먹이다'라는 뜻이다.
 식(食)자는 밥 식, 밥 사, 사람이름 이 등으로 동자이음인데 여

기에서는 '사'로 읽는다.

❹ 沛公旦日從百餘騎 來見項王, 至鴻門(패공단일종백여기 내견 항왕 지홍문)

패공이 다음날 아침에 백여 기마병을 뒤따르게 하고, 항왕을 만나러 가서 홍문에 이르렀다.

• 騎(기) : 기병, 기마병
   • 從百餘騎(종백여기) : 동목구조. '종(從)'은 타동사가 사역동사로 쓰인 것이고, '백여홍(百餘鴻)'은 목적어인데, '백여 기마병으로 하여금 그를 뒤따르게 하다'는 뜻이다.

❺ 穰歲之秋, 疏客必食[ ](양세지추 소객필사[ ])

풍년이 든 때는 소원한 과객이라도 반드시 [그들로 하여금] 먹게 해준다.

• 穰(양) : 농작물이 풍성하게 무르익다.
   • '食(사)'는 타동사가 사역동사로 쓰인 것이고, 뒤에 '소객(疏客)'을 가리키는 목적어 '지(之)'가 생략되었는데 '그들로 하여금 먹게 하다'는 뜻이다.

③ 동사가 부사어(副詞語)로 쓰이는 경우

부사어란, 품사의 하나로 주로 동사, 형용사, 또는 다른 부사 앞에 놓여서 그 뜻을 한정하는 품사로서 '더욱, 아주, 썩, 따위' 어찌씨라 한다.

동사가 부사어로 쓰이면 또한 부사의 성질을 갖추게 된다. 일반적으로 자동사와 단음절어가 다수를 차지하는데, 동사 술어 앞에 쓰여 동작 행위 방식 상태 등을 나타낸다.

❶ 鄰人京城氏之孀妻有遺男始齔, 跳往助之(인인경성씨지상처유 유남시츤 도왕조지)

이웃인 경성씨 과부에게 유복자가 있어 이를 갈 무렵인데, 뛰어가서 그들을 도와주러 갔다.

• 京城(경성) : 성씨   • 齔(츤) : 이를 갈다.

- 孀妻(상처) : 과부   • 遺男(유남) : 유복자
- 跳往(도왕) : '부동구조'이다. '도(跳)'는 동사가 부사어로 쓰여 동사 '왕(往)'을 수식하는데 '뛰어가다'는 뜻이다.

❷ <u>爭割地而賂秦</u>(쟁할지이뢰진)
〔제후들은〕 다투어 땅을 할양하여 진나라에 바쳤다.

(해설) 爭割(쟁할) : 부동구조. '쟁(爭)'은 동사가 부사어로 쓰여 동사 '할(割)'을 수식하는데 '다투어 할양하다'는 뜻이다.

❸ 操軍吏士出營<u>立觀</u>, 指言蓋降(조군리사출영립관 지언개항)
조조 군대의 관리와 병사들이 다 군영에서 나와 <u>서서</u> 보고는 손가락으로 가리키며 황개(黃蓋)가 〔이끄는 군대가〕 투항해 왔다고 말했다.

(해설) 立觀(입관) : 부동구조. '입(立)'은 동사가 부사어로 쓰여 동사 '관(觀)'을 수식하는데 '서서 보다'는 뜻이다.

❹ 國無一年之信者, 家無經月之畜, 而後宮之中<u>坐食</u>者萬有餘人(국무일년지신자 가무경월지축 이후궁지중좌식자만유여인)
나라에는 1년의 비축 곡물이 없고, 개인 집에는 한 달 지낼 저축이 없는데도, 후궁 안에는 <u>앉아서</u> 공짜밥을 먹는 이가 만여 명을 넘는다.

(해설) 坐食(좌식) : 부동구조. '좌(坐)'는 동사가 부사어로 쓰여 동사 '식(食)'을 수식하는데 '앉아서 공짜밥을 먹다'는 뜻이다.

한문에서 동사가 부사어로 쓰이는 경우에 종종 접속사 '이(而)' 또는 '이(以)'가 놓여 그것을 동사 술어와 연결시켜 주기도 한다.

(예문) ❶ 夜<u>縋而出</u>(야추이출)
밤에 줄에 <u>매달려 내려와서</u> 나갔다.

(해설) 추(縋)는 줄로 사람이나 물건을 매달아 아래로 내려가게 하다의 뜻. 동사가 부사어로 쓰여 '출(出)'을 수식한다.

'이(而)'자로 서로 연결되어 있는데 '성 위에서 줄에 매달려 내려와서 성을 나갔다'는 뜻이다.

② 豕人立而啼(시인립이제)

돼지가 사람처럼 <u>서서</u> 울었다

(해설) 입(立)은 동사가 부사어로 쓰여 동사 '제(啼)'를 수식한다. 중간에 '이(而)'자로 서로 연결되어 있는데 '서서 울다'는 뜻이다.

③ 黔無驢 有好事者, 船載以入(검무려 유호사자 반재이입)

검 땅에는 당나귀가 없었는데, 일 꾸미기 좋아하는 이가 [그것을] 배에 <u>싣고</u> [그곳으로] 들여왔다.

(해설)
• 黔(검) : 성(省)의 이름.
• 驢(여) : 당나귀
• 載(재)는 동사가 부사어로 쓰여 동사 '입(入)'을 수식한다. 중간에 '이(以)'자로 서로 연결되어 있는데 '[배에] 싣고 돌아오다'라는 뜻이다.

④ 동사가 명사로 쓰이는 경우

동사가 명사화되어 한 문장 속에서 사람 또는 사물을 나타내는 뜻으로 쓰인다.

(예문) **①** 夫大國, 難測也 懼有伏焉(부대국 난측야 구유복언)

대체로 대국은 예측하기 어려우니 <u>복병</u>이 있을까 <u>두렵습니다</u>.

(해설) 복(伏)은 '복병'이다. 동사가 명사로 쓰여, '복'이라는 이 동작과 관련된 사람을 나타낸다.

② 夫易, 彰往而察來(부역 창왕이찰래)

[사람들로 하여금] <u>과거</u>를 밝혀 <u>미래</u>를 미루어 살필 수 있도록 한다.

(해설)
• 彰(창) : 명백하다, 분명하다.
• 察(찰) : 미루어 알다, 살펴 알다.

- 往(왕)은 '지나간 일'이고, '내(來)는 미래의 일'이다. 동사가 명사로 쓰였다.

❸ 范睢大供具盡請諸侯使, 與坐堂食<u>飲</u>甚設(범수대공구진청제후 사 여좌당식음심설)

범수가 크게 연석을 베풀고 각국 제후의 사절을 다 초청하여 그들과 같이 대청 위에 앉아 있는데 <u>음식</u>이 매우 풍성하였다.

(해설) • 食(식) : 먹는 것

• 飮(음) : 마시다, 것이다. 동사가 명사로 쓰여 '食', '飮'의 동작과 관련된 물건을 나타낸다.

❹ 又私自送往迎<u>來</u>, 吊<u>死</u>問疾(우사자송왕영래 조사문질)

〔농민들은〕 또 개인적으로 스스로 <u>가는 사람</u>을 보내고 <u>오는 사람</u>을 맞이하여, <u>죽은 사람</u>에게 제사 지내고 병자에게 안부를 묻는다.

(해설) 왕(往), 내(來)는 왕래하는 손님이고, '사(死)'는 죽은 사람이다. 동사가 명사로 쓰여 '왕(往), 내(來), 사(死)'의 동작 행위와 관련 있는 사람을 나타낸다.

❺ 殫其地之<u>出</u> 竭其廬之<u>入</u>(탄기지지출 갈기려지입)

그들의 땅의 <u>소출</u>을 다 바치고, 그들 집안의 <u>수입</u>을 다 썼다.

(해설) • 殫(탄) : 다하다.

• 廬(여) : 가옥인데 여기서는 집안의 뜻.

• 出(출)은 '소출'이고, 入(입)은 '수입'이다. 동사가 명사로 쓰여 '생산한 물건'과 '거두어들인 재산'을 나타낸다.

❻ 男女同姓 其<u>生</u>不蕃(남녀동성 기생불번)

〔옛날에는〕 남녀가 같은 성끼리 결혼하면, 그들의 <u>자손</u>은 번성하지 않는다고 여겼다.

(해설) • 蕃(번) : 번성하다. 번(繁)과 같다.

• 生(생)은 본래 '출산하다', '생산하다'란 뜻의 동사인데, 여기서는 '자손'을 가리키는 명사로 활용되었다.

위의 예문 ③, ⑥의 동사는 주어로 쓰이고, 예문 ①, ②, ④의 동사는 목적어로 쓰였으며, 예문 ⑤, ⑥의 동사는 관형어의 중심사로 쓰이고, 예문 ⑤의 동사는 또 목적어이다.

(5) 조동사(助動詞 : 補助動詞)의 활용

일반동사는 단독으로 술어가 될 수 있고, 목적어를 가질 수 있지만, 조동사는 그럴 수가 없다. 즉 홀로 쓰이지 못하고 본동사(本動詞)의 앞에 놓여 그의 말 뜻을 도와주는 동사를 조동사라 한다.

한문의 見, 被, 爲, 所 등

예문 ❶ 信而見疑忠而被謗, 能無怨乎?(신이견의충이피체 능무원호) 신의가 있는데도 의심을 받고, 충성을 다하였는데 비방을 <u>받았으니</u>, 원망하지 않을 수 있겠는가?)

❷ 錯卒以被戮(조졸이피륙) 조조는 마침내 이 때문에 죽임을 <u>당했다</u>.

해설 • 錯(조) : 조조
• 戮(육) : 죽이다.

❸ 靈公少侈, 民不附, 故爲弑易(영공소치 민불부 고위시역) 〔진나라〕 영공은 젊어서 사치하여 백성들이 복종하지 않아 그 때문에 시해되어 교체<u>되었다</u>.

해설 • 靈公(영공) : 진나라 임금
• 侈(치) : 사치하다.
• 弑(시) : 신하가 임금을 죽이고, 아랫사람이 윗사람을 죽이는 것을 가리키는 말.

위에서 서술한 각 예문의 견(見), 피(被), 위(爲), 소(所)는 모두 중국어의 피(被)로 대체할 수 있다. 그러나 중국어의 '피'는 이미 조동사가 아니고 전치사로 쓴다. 중국에서는 전치사가 '피' 뒤에는 주체를 나타내는 명사가 대명사로 출현하기 때문이다.

5. 형용사形容詞

사람, 사물의 성질을 나타내는 것으로 형용, 성질, 모양, 크기, 색깔, 상태가 어떠한가를 설명해 주는 품사로써 실사(實詞)를 수식(꾸밈말)하고, 서술어(敍述語 : 풀이말)와 관형어(冠形語 : 매김말)로 쓰이는 것을 형용사라 한다.

도움말

① 관형어(冠形語) : 체언의 뜻을 수식하기 위하여 그 위에 덧 쓰이는 말(매김말). 명사를 수식하는 하는 것은 관형어라고 하고, 동사를 수식하는 것을 부사라 한다.

② 관형사(冠形詞) : 어떤 체언 위에서 그 체언이 지닌 뜻을 꾸미는 품사(매김씨). (약)관사(冠詞)

③ 체언(體言) : 사물의 실체를 가리키는 언어라는 뜻으로 명사·대명사·수사의 세 품사로 문장에서 조사의 도움을 받아서 주체가 되는 구실을 하는 단어.

④ 조사(助詞) : 명사나 부사 따위의 아래에 붙어서 다른 말과의 관계나 그 말의 뜻을 도와주는 품사. 관계사(關係詞), 토씨라 한다.

⑤ 서술어(敍述語) : 문장 성분의 하나로 주어에 대하여 동작·형태·존재 따위를 나타내는 말. 설명어(說明語).

1) 서술형용사(敍述形容詞)

실사(명사)를 직접 꾸며주는 서술어 역할을 한다.

예문 山高水長(산고수장) : 산은 높고, 물은 길다.

2) 수식형용사(修飾形容詞)

명사 앞에서 명사를 꾸며주는 수식어 역할을 한다.

예문 ❶ 青山綠水(청산녹수) : 푸른 산, 푸른 물.
　　　❷ 明月深夜(명월심야) : 밝은 달, 깊은 밤.

형용사를 구문상(構文上)에서 분류하면 관형사(冠形詞)와 서술어(敍述語)가 있어서 관형어(冠形語)는 실체어(實體詞) 앞에서, 서술어는 뒤에서 각각 작용하고 있다는 것을 알 수 있다.

3) 전성형용사(轉成形容詞)

형용사는 사람과 사물의 성질이나 상태를 나타내는 품사로 예를 들면 원(遠), 청(淸), 탁(濁), 단(短), 장(長), 언(焉), 연(然), 여(如), 가(可), 고(固), 백(白), 비(非), 시(是), 안(安), 용(庸), 유(有), 지(至), 호(胡) 등과 같은 것이다.

형용사는 문장 속에서 주로 술어(述語), 관형어(冠形語), 부사어(副詞語)와 보어(補語)가 되고 어떤 것은 주어와 목적어가 될 수 있는데, 모두 정도부사(程度副詞)의 수식을 받을 수 있다.

한문에서는 일반적인 언어 습관에 따라 형용사도 융통성 있게 쓰이는데, 예를 들면 형용사가 동사 또는 명사 등으로 쓰인다.

참고사항

※ 수식(修飾) : ① 겉모양을 꾸며 주는 것.

② 체언(體言), 용언(用言)에 종속하여 그 뜻을 더 자세히 설명하는 일.

※ 보어(補語) : 주어와 술어만으로는 뜻이 완전하지 못한 문장에 있어서 그 불완전한 곳을 보충하여 뜻을 완전하게 하는 구실을 하는 수식어. 기움말, 보충어.

(1) 형용사가 일반동사로 쓰이는 경우

예문 ❶ 白頭之山, 其上多柘木(백두지산 기상다자목)
백두산은 그 위에 산뽕나무가 많다.

해설 ・ 柘木(자목) : 산뽕나무

・ 多柘木(다자목) : 동목구조. '다(多)'는 형용사가 동사로 쓰이고, '자목(柘木)'은 목적어인데 '산뽕나무가 많다'로 해석되었다.

❷ 谿谷少人民, 雪落何霏霏(계곡소인민 설락하비비)
계곡에는 사람이 적은데 눈은 얼마나 펄펄 내리는지 !

(해설) • 谿＝溪(계)와 같다.

- 霏霏(비비) : 눈이 펄펄 내리는 모양.

- 少人民(소인민) : 동목구조. '소(少)'는 형용사가 동사로 쓰이고 '인민(人民)'은 목적어인데 '사람이 적다'로 해석할 수 있다.

❸ 美姬, 永淑, 人之所美也(미희 영숙 인지소미야)

미희와 영숙은 사람들이 <u>찬미하는</u> 여인들이다.

(해설) 소미(所美)에서 '미(美)'는 형용사가 동사로 쓰여 '찬미하다'로 해석하는데 조사 '소(所)'와 결합하여 명사구를 이루어 '찬미하는 사람'의 뜻이다. 한문에서 조사 '소'는 통상 뒤의 동사 또는 '동목구조'와 결합하여 명사구를 이루므로 대개 조사 '소' 뒤의 명사나 형용사는 종종 모두 동사로 변하게 된다.

❹ 楚左尹項伯者, 素善留侯張良(초좌윤항백자 소선류후장량)

초나라 좌윤인 항백은 평소에 유후인 장량과 <u>친하였다</u>.

(해설) 선(善)은 형용사가 동사로 쓰이고, '유후장량(留侯張良)'은 목적어인데 '유후인 장량과 친하다'는 뜻이다.

❺ 苟富貴, 無相忘(구부귀 무상망)

만약 〔누구라도〕 <u>부유하고 존귀해지면</u> 서로 잊지 말라!

(2) 형용사가 사역동사(使役動詞)로 쓰이는 경우

형용사가 사역동사로 쓰이는 것은 곧 형용사가 목적어를 가진 뒤에 목적어가 나타내는 사람, 또는 사물로 하여금 이 형용사가 나타내는 성질이나 상태를 가지도록 하는 것을 가리킨다.

○ 사역동사란

주어가 직접 실제적 동작을 하지 않고 남에게 그 동작을 하게 하는 형식적 동작을 나타내는 동사. 목적어 아래에서만 쓰이는 것이 특색이다.

(예문) **❶** <u>高</u>余冠之岌岌兮, <u>長</u>余佩之陸離(고여관지급급혜 장여패지

류리)

나의 갓을 우뚝 <u>높이 솟게 하고</u>, 나의 패옥을 <u>길게 드리우게</u> 한다.

해설 • 岌岌(급급) : 본뜻은 산이 높고 험한 것인데, 여기서는 '갓이 우뚝 높이 솟은 것'을 가리킨다.
- 陸離(육리) : 길게 드리워진 모양.
- 高余冠(고여관) · 長余佩(장여패) : 동목구조. '고(高)', '장(長)'은 모두 형용사가 사역동사(使役動詞)로 쓰이고, '여관(余冠)', '여패(余佩)'는 각각 '고'와 '장'의 목적어인데 '나의 것을 더 높게 하다', '나의 패옥을 더 길게 하다'는 뜻이다.

❷ **故明主<u>峭其法</u>而<u>嚴其刑</u>也**(고명주초기법이엄기형야)

따라서 현명한 군주는 그 나라의 법률을 <u>엄격하게 하고</u>, 그 나라의 형벌을 <u>엄하게</u> 한다.

해설 • 峭(초) : 준엄하다, 엄결하다.
- 峭其法(초기법), 嚴其形(엄기형) : 동목구조. '초(峭)', '엄(嚴)'은 모두 형용사가 사역동사로 쓰이고, '기법(其法), 기형(其形)'은 각각 초와 엄의 목적어인데 '그 나라 법을 엄격하게 하다.' '그 나라의 형벌을 엄하게 하다'는 뜻이다.

❸ **明主不濫<u>富貴其臣</u>**(명주불람부귀기신)

현명한 군주는 함부로 그의 신하를 <u>부유하고 존귀하게</u> 만들지 않는다.

해설 富貴其臣(부귀기신) : 동목구조. '부귀(富貴)'는 형용사가 사역동사로 쓰이고, '기신(其臣)'은 목적어인데 '그의 신하로 하여금 부유하고 존귀하게 하다'는 뜻이다.

❹ **夫定國之術, 在於<u>强兵足食</u>**(부정국지술 재어강병족식)

대체로 국가를 안정시키는 방책은, 병력을 <u>강하게 하고</u> 식량을 <u>충분하게</u> 하는 데 있다.

해설 强兵足食(강병족식) : 두 개의 병렬 '동목구조'이다. '강(强)'·'족(足)'은 모두 형용사가 사역동사로 쓰이고, '병(兵)'·'식(食)'은 각각 '강'·'족'의 목적어인데, '병력(군대)을 강하게 하다', '식량을 충분하게 하다'는 뜻이다.

❺ 春風又綠江南岸 明月何時照我還(춘풍우록강남안 명월하시조아환)

봄바람이 또 강남 언덕의 풀에 불어 푸르게 하는데, 밝은 달은 어느 때 내가 배타고 돌아가는 것을 비출 것인고?

(해설) 綠江南岸(녹강남안) : 동목구조. '녹(綠)'은 형용사가 사역동사로 쓰이고 '강남안(江南岸)'은 목적어인데 '강남의 언덕을 푸르게 하다'는 뜻이다.

❻ 彊本而節用, 則天下能貧〔 〕(강본이절용 즉천하능빈〔 〕)

농업을 강화하고 비용을 절약하면 하늘은 〔사람들을〕 빈궁하게 할 수 없다.

(해설) • 本(본) : 농업 생산을 가리킨다.
• 빈(貧) : 여기에서는 형용사가 사역동사로 쓰이고, 그 뒤의 목적어인 대명사 '지(之)'가 생략되어 사람들을 가리키는데 〔그들로 하여금〕 '빈궁하게 하다'는 뜻이다.

(3) 형용사가 의동동사로 쓰이는 경우

형용사가 목적어를 가진 뒤에 주어가 목적어가 표시하는 사람, 사물이 이 형용사가 표시하는 성질이나 상태를 지니는 것으로 간주함을 나타내는 것이다.

(예문) ❶ 甘其食 美其服 安其居 樂其俗(감기식 미기복 안기거 낙기속)

그들의 음식을 달다고 여기고, 그들의 옷을 아름답다 여기고, 그들의 거처를 편안하다고 여기고, 그들의 풍속을 즐겁다고 여겼다.

(해설) 감(甘), 미(美), 안(安), 낙(樂)의 형용사가 의동동사로 쓰이고, 식(食), 복(服), 거(居), 속(俗)은 목적어로 쓰였다.

❷ 時充國年七十, 上老之(시충국년칠십 상로지)

당시에 조충국은 나이가 칠십이 되어 임금은 그가 늙었다고 여졌다.

해설 老之(노지) : 동목구조. '노(老)'는 형용사가 의동동사로 쓰이고, '지(之)'는 목적어로 조충국을 가리키는데, '그가 늙었다고 여기다'는 뜻이다.

❸ 若夫賢貞信之行者, 必將貴不欺之士(약부현정신지행자 필장귀불기지사)

충절을 지키고 신의가 있는 행위를 훌륭하다고 여기는 이의 경우에 있어서는, 반드시 장차 속이지 않는 인재를 귀하게 여길 것이다.

해설 賢(현)·貴(귀)의 형용사가 의동동사로 쓰이고, 불기지사(不欺之士)는 각각 현(賢)과 귀(貴)의 목적어이다.

④ 成然之(성연지)

성씨는 그것이 옳다고 하였다.

해설 • 然(연) : 옳다.
• 然之(연지) : 동목구조. '연(然)'은 형용사가 의동동사로 쓰이는 대명사로, 연의 목적어인데 '그것이 옳다', '그의 의견이 옳다고 여기다'는 뜻이다. 형용사가 의동동사로 쓰이는 경우에는 일반적으로 목적어를 가진다. 그러나 가끔 목적어가 생략되는 때도 있는데 생략된 목적어는 보통 명사 '지(之)'로 대신하기도 한다.

❺ 又安敢毒[ ]邪(우안감독[ ]야)

[내가] 또 어찌 감히 [이 임무가] 고달프다고 여기겠습니까?

해설 毒(독) : 고달프다, 고통스럽다.
독(毒)은 형용사가 의동동사로 쓰이고, 뒤에 목적어인 명사 '之'가 생략되어 '뱀을 잡는 임무'를 가리키는데 [그것이] '고달프다고 여기다'는 뜻이다.

(4) 형용사가 명사로 쓰이는 경우

형용사가 문장 속에서 분명히 사람 또는 사물을 나타내는 특징과 의의를 갖추어 그것을 명사로 간주하여 사용하는 것을 말한다.

예문 ❶ 吾與汝畢力平<u>險</u>(오여여필력평험)

나와 너희들이 전력을 다하여 <u>험준한 산</u>을 깎아 평평하게 한다.

해설 험(險)은 형용사로 '험준하다'는 뜻인데 여기서는 명사로 쓰여 목적어가 되었다.

❷ 小學而<u>大</u>遺, 吾未見明也(소학이대유 오미견명야)

작은 것은 [스승을 좇아] 배우면서 <u>큰 것</u>은 [배우지 않고] 내버리니, 나는 그들이 [사리에] 밝음을 알지 못하겠다.

해설 소(少)·대(大)는 형용사가 명사로 쓰여 작은 것(小), 큰 것(大)의 뜻인데 문장의 주어가 되었다.

❸ 猛獸食顓民 鷙鳥攫<u>老弱</u>(맹수식전민 지조확로약)

맹수들이 선량한 백성들을 잡아먹고, 사나운 새들이 <u>노인과 약한 사람</u>을 잡아채어갔다.

해설 노(老)와 약(弱)은 형용사가 명사로 쓰여 '노인'과 '약한 사람', 즉 '노약자'의 뜻인데 확(攫)의 목적어가 되었다.

(5) 형용사의 형태

주로 형용사 뒤에 여(如), 약(若), 연(然), 이(爾), 언(焉) 등의 접미사가 붙어 '~하는 모양'의 뜻으로 해석한다. 이런 접미사를 가지는 형용사는 문장 속에서 주로 술어로 쓰인다.

예문 ❶ 天下晏<u>如</u>(천하안여) : 천하가 <u>태평하다</u>.

해설 晏(안) : 안락하다, 평정하다.

❷ 桑之未落, 其葉沃<u>若</u>(상지미락 기엽옥약)

뽕잎이 아직 떨어지지 않아서 그 잎이 <u>윤기가 난다</u>.

해설 沃若(옥약) : 윤기가 나고 기름지다.

❸ 屋舍儼<u>然</u>(옥사엄연) : 집들이 가지런한 모양.

해설 儼然(엄연) : 가지런한 모양.

④ **盤盤焉, 囷囷焉**(반반언 균균언)

구불구불하고 빙글빙글 돈다.

형용사의 접미사가 되는 '여(如), 약(若), 연(然), 언(焉)' 등은 단지 형용사의 접사를 이루어 문법상의 조어작용을 하며, 결코 어떤 구체적인 뜻을 나타내지 않고 단지 형용사의 한 표시일 뿐이다.

* 접두사(接頭辭) : 어떤 말의 머리에 붙어서 그 뜻을 강조하거나 어떤 뜻을 더하는 말. 접두어(接頭語) ㉑접요사, 접미사
* 접미사(接尾 辭) : 어떤 말의 뒤에 덧붙어서 그 의미를 강조하거나 더하는 말. ㉑접두사, 접요사

● 허사(虛詞)의 용법

허사는 어떠한 실제 의미가 없거나 뜻이 그다지 실재적이지 않고 문장구성면에서 일반적으로 독립할 수 없으며 반드시 실사에 붙어서 일정한 문법 작용을 하는 것이다.

6. 부사副詞

동사, 형용사 또는 다른 부사를 한정하거나 꾸며주는 역할을 하는 품사로 의문(疑問), 반어(反語)부사, 시제(時制)부사, 가정(假定)부사, 한정(限定)부사, 정도(程度)부사, 강조(强調)부사 등이 있다.

1) 의문(疑問), 반어부사(反語副詞)

의문, 반어부사는 의문, 반어, 추측, 명령, 청유, 긍정, 요행 등을 표현하며 주로 부사어로 쓰여 동사를 수식한다.

예를 들면, 약(若), 거(渠), 하(何), 호(胡), 기(豈), 이(台), 일(一), 수(誰), 영(寧), 장(將), 해(奚), 용(庸), 오(惡), 숙(孰), 갈(曷), 해(害), 여(如), 언(焉), 하

(遏) 등이 있다.

(1) 의문부사(疑問副詞)

예문 ❶ 何以附耳相語(하이부이상어) : 왜 귀에 대고 말하는가?

❷ 安得虎子(안득호자) : 어찌 범의 새끼를 얻을 수 있겠는가?

❸ 害澣害否(해한해부) : 어느 것은 빨고, 어느 것은 빨지 않을까?

❹ 或者不可乎(혹자불가호) : 혹시나 옳지 못한 것 같습니다.

❺ 其後烏得昌(기후오득창) : 그의 후손이 어떻게 번창하겠는가?

❻ 以五十步 笑百步 則何如(이오십보 소백보 즉하여)
50보로써 백보를 웃은즉 어찌하겠습니까?

(2) 반어부사(反語副詞)

'어찌 ……하리오?(하겠습니까?)'의 형식으로 구성되어 있는데 기(豈), 기(其), 언(焉), 거(詎), 오(烏), 오(惡), 호(胡), 영(寧), 독(獨), 용(庸)…… 등이 있다.

예문 ❶ 此天所置 庸何殺乎(차천소치 용하살호)
이는 하늘이 배치한 사람이거늘 어찌 죽을 수 있겠는가?

❷ 夫胡可以及化(부호가이급화)
〔그대는〕 어찌 상대편을 감화시킬 수 있겠는가?

❸ 趙王豈以一璧之故欺秦邪?(조왕기이일벽지고기진야)
조나라 왕이 설마(어찌) 일개 벽옥의 연고 때문에 진나라를 속이겠는가?

❹ 沛公不先破關中兵, 公巨能入乎?(패공불선파관중병 공거능입호)
패공이 관중의 군대를 먼저 격파하지 않았더라면 공께서 설마(어찌) 들어올 수 있었겠소?

❺ 民以此爲敎, 則粟焉得無少, 而兵焉能無弱也?(민이차위교 즉속언득무소 이병언능무약야)
백성이 이것(농사와 전쟁에 종사하지 않는 것)으로 교육을 받았

으니, 양식이 <u>어찌</u> 감소하지 않을 수 있고, 병력이 <u>어찌</u> 약화되지 않을 수 있겠는가?

2) 시간부사(時間副詞)

동작, 행위의 시간을 나타내는 것으로 과거, 현재, 미래를 논하며 일찍, 자주, 항상, 애당초, 곧, 지금…… 등으로 시간부사는 주로, 부사어로 쓰여 동사를 수식한다. 한문에서 자주 쓰이는 시간 부사로는 다음과 같은 것이 있다.

초(初), 시(始), 본(本), 이(已), 기(旣), 업(業), 기이(旣已), 업이(業已), 상(嘗), 증(曾), 방(方), 정(正), 정(鼎), 적(適), 보(甫), 장(將), 차(且), 행(行), 욕(欲), 종(終), 경(竟), 졸(卒), 홀(迄), 누(屢), 수(數), 급(急), 질(疾), 속(速), 거(遽), 장(長), 구(久), 영(永), 상(常), 항(恒), 잠(暫), 점(漸) 등이 있다.

(1) 과거부사(過去副詞)

기(旣), 이(已), 상(嘗), 증(曾)…… 등

예문 ❶ 我<u>旣</u>於人無惡(아기어인무악)
　　내가 <u>이미(먼저)</u> 남에게 악하게 아니한다.

❷ 吾心<u>已</u>許之(오심이허지)
　　내 마음으로 <u>이미</u> 그것을 허락했다.

❸ 以<u>嘗</u>保此能統一三國(이상보차능통일삼국)
　　<u>일찍이</u> 이곳을 보존함으로써 삼국을 통일할 수 있었다.

❹ 未<u>曾</u>有(미증유)
　　<u>일찍이</u> 있지 않았다.

❺ 項王范增疑沛公之有天下<u>業已</u>講解(항왕범증의패공지유천하업이강해)
　　항왕과 범증은 패공이 천하를 차지하려는 야심이 있다고 의심했으나 <u>이미</u> 화해를 했다.

(2) 현재부사 : 정(正, 定), 시(時), 방(方), 즉(卽), 금(今) …… 등

예문 ❶ 汝<u>今</u>諦聽(여금체청)

너희는 <u>이제</u> 자세히 들으라.

❷ 定唯弟子有能學也(정유제자유능학야)

〔그것이〕 <u>바로(꼭)</u> 제자들이 능히 배울 수 있을 것이다.

❸ 正如人唾天(정여인타천)

<u>바로</u> 사람이 하늘에 침을 뱉는 것과 같다.

❹ 吾<u>時</u>雖能記憶(오시수능기억)

나는 <u>그때(당시)</u>를 능히 기억할 수 있었다.

❺ 在大衆中, <u>卽</u>從座起(재대중중 즉종좌기)

대중 가운데 있다가 <u>곧(즉시)</u> 자리에서 일어나다.

(3) **미래부사**(未來副詞) : 장(將), 차(且), 행(行), 욕(欲), 수(垂), 행장(行將), 차(次) …… 등

예문 ❶ <u>將</u>乘船入韓國(장승선입한국)

<u>장차</u> 배를 타고 한국에 들어가련다.

❷ 年<u>且</u>六十(연차륙십)

나이가 <u>머지않아</u> 60이 된다.

❸ 敢問其<u>次</u>(감문기차)

감히 그 <u>다음</u>을 묻겠습니다.

❹ 君之病在肌膚, 不治<u>將</u>益深(군지병재기부 불치장익심)

그대의 병이 근육과 피부에까지 이르렀기 때문에 치료하지 않으면 <u>장차</u> 더욱 심해질 것입니다.

❺ 不者, 若屬皆<u>且</u>爲所虜(부자 약촉개차위소로)

만약 그렇게 하지 않으면 너희 무리들은 <u>장차</u> 포로가 될 <u>것</u>이다.

❻ 桑者閑閑兮, <u>行</u>與子還兮(상자한한혜 행여자환혜)

뽕따는 이들이 한가롭구려. <u>장차</u> 그대와 함께 돌아가리라.

해설 行(행) : '장차 ……하게 될 것이다'는 뜻이다.

❼ 山雨<u>欲</u>來風滿樓(산우욕래풍만루)

(산비가 <u>장차</u> 내리려 하니 바람이 누각에 가득 분다)

해설 欲(욕) : '장차 ……하려고 하다'의 뜻.

(4) 가정부사(假定副詞)

실제와는 상관없이 임시로 어떤 행위를 설명하기 위하여 사실과 행위 등의 결과를 예견하는 것을 표현하는 부사를 가정부사라 한다.

약(若), 여(如), 수(雖), 성(誠), 영(令), 가(假), 즉(卽), 상(想), 범(凡), 공(恐) 등

> **예문** ❶ 若不學無所望(약불학무소망)
> 만일 배우지 않는다면 바랄 것이 없다.
>
> ❷ 泰山雖高 是亦山(태산수고 시역산)
> 태산이 비록 높다 하지만 이 또한 산이다.
>
> ❸ 苟有過人必知之(구유과인필지지)
> 만약 허물이 있으면 남이 반드시 그것을 알게 된다.

(5) 한정부사(限定副詞)

어떤 행위, 자격, 수량 등을 한정하여 표현하는 것을 한정부사라 한다.

단(但), 지(只), 직(直), 도(徒), 독(獨), 유(惟), 유(唯), 유(維)…… 등

> **예문** ❶ 空山不見人 但聞人語響(공산불견인 단문인어향)
> 산속에 사람은 보이지 않고 다만 말소리만 들린다.
>
> ❷ 雖殺之無益 只益禍耳(수살지무익 지익화이)
> 비록 그를 죽인다 해도 이로움은 없고 단지 재앙만 더할 뿐이다.
>
> ❸ 直不百步耳 是亦走也(직불백보이 시역주야)
> 다만, 백보가 아닐 뿐이지 이 또한 달아난 것이다.
>
> ❹ 高山安可仰 徒此揖清芬(고산안가앙 도차읍청분)
> 높은 산을 어찌 우러러볼까. 한갓(헛되이) 맑은 공기에 감사할 뿐이다.
>
> ❺ 獨有一物, 常獨露(독유일물 상독로)
> 오직 한 물건(진리)만 있을 뿐, 언제나 오로지(단지) 이슬과 같다.
>
> ❻ 將恐將懼 維予與予(장공장구 유여여여)
> 두렵고 무서운데 오직 나와 너만 있구나.

(6) 정도부사(程度副詞)

사물의 가치, 성질, 행위 등의 고저·강약 정도를 나타낸 것을 정도부사라 한다.

심(甚), 지(至), 극(極), 최(最), 능(能), 장(將), 일(一), 개(皆), 범(汎)…… 등

예문 ❶ 遇客甚謹 爲酒甚美(우객심근 위주심미)
손님을 매우 정성스럽게 대접하고 술맛은 매우 좋다.

❷ 水至淸則無魚(수지청즉무어)
물이 지극히 맑으니 고기가 없다.

❸ 極大極微(극대극미)
지극히 크고 지극히 작다.

❹ 萬物之中唯人最貴(만물지중유인최귀)
만물 중에 오직 사람이 가장 귀하다.

(7) 강조부사(强調副詞)

사물이나 행위의 특히 강조되는 부분을 부각시켜 주는 역할을 하는 것.

역(亦) 유(猶) 필(必) 차(且) 황(況) 고(固) 감(敢) 야(也) 요(了) 단(但) 이(以) 의(宜) 누(嘍) 이(已) 사(巳) 유(惟) 지(只) 언(焉) 수(須) 당(當) 등

예문 ❶ 學而時習之 不亦說乎(학이시습지 불역열호)
배우고 때로 익히면 또한 즐겁지 아니한가?

❷ 今君雖終 言猶在耳(금군수종 언유재이)
이제 군은 떠났어도 그의 말은 아직도 귀에 살아 있다.

❸ 必也正名乎(필야정명호)
반드시 명분을 바로잡을 것입니까?

❹ 死馬且買之 況生者乎(사마차매지 황생자호)
죽은 말도 또한 사는데 하물며 산 말을 사지 않겠느냐!

3) 표수부사(表數副詞, 數量副詞)

표수부사(수량부사)는 동작행위의 수량과 횟수를 나타내는 부사이다. 수량부

사는 주로 부사어로 쓰여 동사를 수식하지만 한문에서는 직접 수량사를 수식하는 것도 있다. 수량을 나타내는 부사로는 주로 범(凡) 도(都) 공(共) 약(約) 가(可) 태(殆) 기(幾) 솔(率) 대솔(大率) 누(屢) 누(婁) 삭(數) 극(亟) 빈(頻) 역(歷) 첩(輒) 매(每) 비(比) 비비(比比) 연(連) 부(復) 등이 있다.

(1) 총괄표시 : 범(凡), 도(都), 공(共)

예문 ❶ 由是先主遂詣亮 凡三在乃見(유시선주수예량 범삼재내견)
이로 말미암아, 선주께서는 드디어 제갈량을 만나러 갔는데 <u>모두</u> 세번을 찾아가서야 비로소 만날 수 있었다.

❷ 試問閑愁都幾許?(시문한수도기허)
시험삼아 묻노니 한심한 수심이 <u>모두</u> 얼마이던고?

❸ 身兼妻子都三口 鶴與琴書共一般(신겸처자도삼구 학여금서공일반)
자신과 처자식까지 <u>도합</u> 세 식구이고, 학과 거문고와 책 <u>모두</u> 한 배 가득하다.

(2) 대략표시 : 약(約), 가(可), 태(殆), 기(幾), 솔(率), 대솔(大率)······ 등

예문 ❶ 約以十數(약이십수)
대략 십여 마리로 보였다.

❷ 潭中魚可百許頭(담중어가백허두)
못(물이 깊이 괸 곳) 속의 물고기는 <u>대략</u> 백 마리쯤이다.

❸ 南山李公者 年且九十(남산이공자 연차구십)
남산의 이공은 나이가 <u>거의</u> 90세가 되어간다.

❹ 衆殆百萬, 四方大震(중태백만 사방대진)
사람수가 <u>거의</u> 백만에 가까워 사방이 크게 진동하였다.

❺ 而溺死者幾半(이익사자기반)
물에 빠져 죽은 이가 <u>거의</u> 절반에 가까웠다.

❻ 歲卒戶二百(세졸호이백)
매년 <u>대략</u> 2백 가구쯤이었다.

(3) 빈도(중복) 표시

누(屢), 누(婁), 누(累), 수(數), 극(亟), 빈(頻), 역(歷), 첩(輒), 동(動), 비(比), 비비(比比), 연(連), 중(重), 복(復) …… 등

예문 ❶ 官軍加討 屢爲所敗(관군가토 누위소패)

관군이 공격하였으나 매번 패하였다.

❷ 婁蒙嘉瑞(누몽가서)

여러 차례 상서로운 징조를 받았다.

해설 • 蒙(몽) : 받다.

• 嘉瑞(가서) : 상서로운 징조, 좋은 조짐.

• 누(婁)는 누(屢)의 고자(古字)로 '누차, 여러 차례'이다.

❸ 大將軍李宗文奇其才 累召不應(대장군이종문기기재 누소불응)

대장군 이종문이 그의 재주를 기특하게 여겨 여러 차례 불렀으나 응하지 않았다.

❹ 愛共叔段欲立之 亟請於武公 公勿許(애공숙단욕립지 극청어무공 공물허)

공숙단을 사랑하여 그를 태자에 세우고자 하여 여러 차례 무공에게 간청했으나, 공은 허락하지 않았다.

❺ 是時地數震 災頻降(시시지수진 재빈강)

이때에 땅이 여러 차례 흔들려 갈라지고, 많은 재앙이 자주 닥쳐왔다.

❻ 郡縣比比地動(군현비비지동)

각 현에 연이어 지진이 발생했다.

해설 比比(비비) : 연이어, 빈번히

4) 부정부사(否定副詞)

부정부사란 부정의 뜻을 나타내는 부사이다. 주로 부사어로 쓰여 동사를 수식한다. 이러한 종류의 부사는 또 서술의 부정과 명령의 부정으로 나눌

수 있다.

(1) 서술의 부정 : 불(不), 불(弗), 미(未), 막(莫), 비(非), 무(無), 무(毋), 망(亡), 물(勿), 미(靡), 멸(蔑), 망(罔), 미(微)…… 등

예문 ❶ 英姬於于東海, 溺而<u>不</u>返, 故爲精衛(영희어우동해 익이불반 고위정위)

영희는 동해로 놀러나갔다가 익사하여 돌아오지 <u>못하고</u>, 그로 인해 정위가 되었다.

해설 精衛(정위) : 까마귀 모양의 전설상의 새.

❷ 小惠<u>未</u>徧 民<u>弗</u>從也(소혜미편 민불종야)

작은 은혜는 두루 미칠 수 <u>없으니</u>, 백성들이 따르지 <u>않을</u> 것이다.

❸ <u>莫</u>如以吾所長, 攻敵所短(막여이오소장 공적소단)

우리의 장점으로 적의 단점을 공격하는 것만 <u>못하다</u>.

❹ 稼穡<u>匪</u>解(가색비해)

곡식을 심고 거두어들일 때 게을리하지 <u>않는다</u>.

❺ 芝蘭生於深林, <u>非</u>以無人<u>而不</u>芳(지란생어심림 비이무인이불방)

지초와 난초는 비록 깊은 숲속에서 살아도, 거기에 사람이 없다고 해서 향기롭지 <u>않은</u> 것은 <u>아니다</u>.

해설 芝(지), 蘭(난) : 지초(芝草), 난초(蘭草)로 둘 다 향초 이름.

❻ 狐曰, 子<u>无</u>敢食我也(호왈 자무감식아야)

여우가 말하기를, "그대(호랑이)는 감히 나를 잡아먹을 수 <u>없다</u>."고 하였다.

해설 무(无)는 무(無)의 약자로 '不'의 뜻이다. 즉 없다=亡, 無(无)

❼ 君子于役, 如之何<u>勿</u>思?(군자우역 여지하물사)

낭군께서 부역에 나가 계신데, 어찌 그립지 <u>않겠는가</u>?

❽ 古布衣之俠, <u>靡</u>得而聞已(고포의지협 미득이문이)

옛날 평민 출신의 협객은 지금은 들어 볼 수가 <u>없다</u>.

⑨ 罔敢而于酒(망감이우주)

감히 술에 빠지지 않는다.

⑩ 微獨韓(미독한)

단지 한나라뿐만 아니다.

(2) 명령 또는 금지의 부정 : 물(勿), 무(毋), 무(無), 막(莫)

[예문] ❶ 苟富貴, 無相忘!(구부귀 무상망)

만일 부유하고 귀하게 되더라도, 서로를 잊지 말라.

❷ 時時爲安慰 久久莫相忘(시시위안위 구구막상망)

그대께서 항상 편안하시고 영원히 나를 잊지 말기를.

[해설] 막(莫)은 '……하지 말라(不要)'의 뜻이다.

7. 조사助詞

조사는 다른 단어·구 또는 문장 위에 붙어서 어떤 문법적인 의미를 나타내거나 어기 또는 음절을 나타내는 허사이다.

조사는 구조조사, 어기조사, 어음조사의 세 종류로 나눌 수 있다.

1) 구조조사〔結構助詞〕

구조조사는 단어 또는 구의 뒤에 붙어서 일정한 부가의미를 나타내는 조사이다.

지(之), 자(者), 소(所) 등이 있다.

(1) 구조조사-지(之)

(가) 관형어(冠形語)의 표지

구조 조사 '之'는 관형어와 그것이 수식하는 중심사 사이에 붙어서 수식구조〔偏正結構〕를 이루는 관형어의 표지로 쓰여진다.

• 관형어(冠形語) : 체언의 뜻을 수식하기 위하여 그 위에 덧쓰이는 말.
• 체언(體言) : 사물의 실체를 가리키는 언어라는 뜻으로 명사, 대명사, 수사의 세 품사로 문장에서 조사의 도움을 받아서 주체가 되는 구실을 하는 단어이다.

① 종속관계(從屬關係) 표시

관형어와 수식을 받는 중심사(명사, 대명사) 사이에 종속관계가 있다. 관형어는 중심사에 대하여 소유자이고, 관형어에 대하여 종속되는 것이다.

예문 ❶ 以子之矛, 陷子之盾, 何如?(이자지모 함자지순 하여)
당신의 창으로 당신의 방패를 찌르면 어떻게 되겠습니까?

❷ 太后之色少解(태후지색소해)
태후의 안색이 조금 풀렸다.

② 동일관계 표시

관형어가 수식을 받는 중심사가 나타내는 내용을 설명하는 데 쓰인다.

예문 ❶ 操蛇之神聞之(조사지신문지)
손에 뱀을 잡고 있는 산신이 이것을 들었다.

해설 操蛇之神(조사지신) : 산신(山神)으로 손에 뱀을 잡고 있다.

❷ 卒定變法之令(졸정변법지령)
마침내 법제를 바꾸는 법령을 제정하였다.

❸ 宰相以爲安邊之長策(재상이위안변지장책)
재상은 변경을 안정시키는 좋은 방책으로 여겼다.

③ 일반적 수식관계 표시

관형어가 수식을 받는 중심사의 성질이나 형상, 수량, 시간, 장소, 범위 등을 설명하는 데 쓰인다.

예문 ❶ 今媼尊長安君之位, 封之以膏腴之地(금온존장안군지위 봉지이고유지지)
지금 노부인께서는 장안군의 지위를 높이시고, 그에게 비옥한 땅을 봉해주셨습니다.

❷ 智能之士 思得明君(지능지사 사득명군)

지혜와 재능이 있는 선비는 현명한 군주를 만나기 바란다.

❸ 永哲曰, 今日之事何如(영철왈 금일지사하여)

영철이 말하기를, "오늘의 일은 어떻습니까?"라고 한다.

❹ 且北方之人, 不習水戰(차북방지인 불습수전)

게다가 북방의 사람들은 수상 전투에 익숙하지 않다.

❺ 於是集謝莊少年之精技擊者(어시집사장소년지정기격자)

그래서 사장은 소년 중에서 무술에 정통한 사람을 소집하였다.

(나) 보어의 표지(positive)

구조조사 '之'자는 보어와 중심사 사이에 놓여 보어의 표지로 쓰인다.

예문 ❶ 君過矣, 不若長安君之甚也(군과의 불약장안군지심야)

당신은 틀렸소. 장안군을 매우 사랑하는 것만 못하오.

❷ 則吾斯役下幸, 未若復吾 賦不幸之甚(즉오사역하행 미약복오
부불행지심)

그러한즉 나의 이 일이 불행하지만 나의 납세를 회복하는 것이
매우 불행한 것과 같지 않다.

(다) 목적어 전치의 표지

구조조사 '之'는 앞으로 도치된 목적어의 뒤와 동사·술어, 또는 전치사의 앞
에 놓여 목적어 전치의 표지로 쓰인다.

예문 ❶ 宋何罪之有?(송하죄지유)

송나라는 무슨 죄가 있습니까?

해설 구조조사 '之'자가 동사술어 '有'자와 앞으로 도치된 목적어 '罪'
사이에 놓여 목적어의 전치를 표명한다.

❷ 華卽榮矣 實之不知(화즉영의 실지부지)

꽃은 매우 번성하지만 과실이 어떻게 될지는 모른다.

해설 구조조사 '之'자가 동사, 술어 '知'자와 앞에 도치된 목적어 '實'

사이에 놓여 목적어의 전치를 표명한다.

※ 한문에는 목적어 전치 표지의 조사는 之, 是, 焉, 於, 云 등이 있다.

(2) 구조조사 – 자(者)

者는 단독으로 쓰이지 않고 반드시 다른 단어, 구의 뒤에 붙어서 명사구를 이룬다.

구조조사 '者'가 형용사, 동사, 동목구, 명사 뒤에 붙어 명사구를 이루어 사람이나 사물을 대신한다.

'~하는 사람', '~하는 물건' '~하는 일' 등의 뜻을 지닌다. 이러한 명사구는 주로 문장의 주어 및 목적어와 관형어의 중심사로 쓰인다.

① 구조조사 '者'자가 형용사 또는 형용사구의 뒤에 붙는 경우 : 형용사(형용사구)+者

예문 ❶ 故知者作法 而愚者制焉(고지자작법 이우자제언)

따라서 지혜로운 <u>사람</u>은 법을 만들고, 어리석은 <u>사람</u>은 그것에 의해 제재를 받는다.

해설 • 구조조사 者는 형용사 知와 愚의 뒤에 놓여 사람을 대신 칭한다.

• 者(자) : '지혜로운 사람', '어리석은 사람'의 뜻이 되어 주어로 사용됨.

❷ 嶢嶢者易缺 皦皦者易汚(요요자이결 교교자이오)

높다란 <u>것</u>은 이지러지기 쉽고, 새하얀 <u>것</u>은 더럽혀지기 쉽다.

해설 구조조사 者가 형용사 요요(嶢嶢)와 교교(皦皦)의 뒤에 붙어 명사구를 이루어 사물을 대신 칭하고 '높다란 것', '새하얀 것' 주어로 사용되었다.

❸ 故糟糠不飽者 不務粱肉(고조강불포자 불무량육)

따라서 지게미와 쌀겨조차도 배불리 먹지 못한 <u>사람</u>은 쌀밥과 고기를 힘써 구하지 않았다.

해설 구조조사 '者'자가 형용사구인 불포(不飽)의 뒤에 놓여 사람을 대신 칭하고 주어로 쓰였다.

② 구조조사 '者'자가 동사 또는 동목구조의 뒤에 놓이는 경우 : 동사(동목구)
   +者

예문 ❶ 卜者知其指意(복자지기지의)
점치는 <u>사람</u>은 그들의 의도를 안다.

해설 구조조사 '者'자가 동사 '卜'의 뒤에 놓여 명사구를 이루어 사람
을 대신 칭하고 '점치는 사람'의 뜻이 되어 주어로 쓰였다.

❷ 宋人有耕者(송인유경자)
송나라 사람 중에 경작하는 <u>이</u>가 있었다.

해설 구조조사 '者'자가 동사 耕의 뒤에 놓여 명사구를 이루어 사람을
대신 칭하고 '경작하는 사람'의 뜻이 되었고, 동사 有의 목적어
로 쓰였다.

❸ 奪項王天下者 必沛公也(탈항왕천하자 필패공야)
항왕으로부터 천하를 탈취할 <u>사람</u>은 반드시 패공일 것이다.

해설 구조조사 '者'자가 동목구인 탈항왕천하(奪項王天下)의 뒤에 놓
여 명사구를 이루어 사람을 대신 칭하고 '항왕으로부터 천하를
탈취할 사람'의 뜻이 되었고 주어로 쓰였다.

③ 구조조사 '者'자가 명사의 뒤에 놓인 경우 : 명사+者

예문 先生旣墨<u>者</u>, 摩頂放踵, 思一利天下, 又何吝一軀 以啖我而
全微命乎?(선생기묵자 마정방종 사일리천하 우하린일구 이담아
이전미명호)
선생은 이미 <u>묵가의 학설을 신봉하는 사람</u>으로 정수리부터 마멸시
켜 발꿈치까지 이르도록 분골쇄신하여 한결같이 천하를 이롭게 하
려고 하면서, 또 어찌 자기 자신의 한 몸을 나에게 주어 먹게 하여
나의 이 미미한 생명을 보존하도록 하는 것을 아까워하는가?

해설 • 啖(담) : 먹는다는 뜻. 여기서는 사역동사로 쓰여 '……으로
하여금 먹게 하다'는 뜻.

• 구조조사 '者'자가 명사 묵(墨)의 뒤에 놓여 명사구를 이루어
사람을 대신 칭하고 '묵가의 학설을 신봉하는 사람'의 뜻이

되었고 술어로 쓰였다.

　구조조사 '者'자가 수사의 뒤에 놓여 대신 칭하는 작용을 하여 '……몇 사람', '……몇 가지 일', '……몇 개의 물건' 등의 뜻을 나타낸다.

　　예문 ❶ 此二者, 世之常用也(차이자 세지상용야)
　　　　이 두 가지 방법은 세인들이 항상 쓰는 것이다.
　　해설 구조조사 '者'자가 수사 '二'의 뒤에 놓여 명사구를 이루고 A와 B의 두 가지 방법을 대신 칭하고 주어로 쓰였다.

　　　❷ 春耕, 夏耘, 秋收, 冬藏 四者天失時故五穀不絶, 而百姓有食也(춘경 하운 추수 동장 사자천실시고오곡부절 이백성유식야)
　　　　봄에 씨 뿌리고, 여름에 김매며, 가을에 추수하고, 겨울에 저장하는 이 네가지 농사가 시기를 놓치지 아니하니, 따라서 오곡이 끊어지지도 않고 백성에게는 여분의 식량이 있다.
　　해설 구조조사 '者'자가 수사 '四'의 뒤에 놓여 명사구를 이루고 춘경(春耕), 하운(夏耘), 추수(秋收), 동장(冬藏)의 네 가지 농사를 대신 칭하고 주어로 쓰였다.

　　　❸ 此數者, 用兵之患也(차수자 용병지환야)
　　　　이 몇 가지는 전쟁의 재해이다.
　　해설 구조조사 '者'자가 數의 뒤에 놓여 명사구를 이루고 '몇가지' 조건을 대신 칭하고 주어로 쓰였다.

　구조조사 '者'자가 때로는 문장의 끝에 놓여 통상 앞의 동사인 似, 若, 如 등과 결합하여 '似(若, 如)……者'의 격식을 이룬다.
　때로는 또 단독으로 者자 하나만 쓰기도 한다.
　者는 때로는 추측을 나타내기도 하며 '似……者', '似如……者' 격식을 이루며 '마치 ……인 듯하다' '마치 …인 것 같다'는 뜻으로 해석되기도 한다.

　　예문 ❶ 於是公子立自責 似若無所容者(어시공자립자분 사약무소용자)

그래서 공자가 즉시 스스로를 책망하여 마치 몸을 둘 데가 없는 것 같았다.

❷ 言之, 貌若甚戚者(언지 모약심척자)
말하는 데 그의 표정이 마치 매우 슬픈 것 같았다.

❸ 然往來視之, 覺無異能者(연왕래시지 각무이능자)
그러나 [호랑이가] 오가면서 그것(당나귀)을 보고 [그것이] 특이한 재능이 없는 것 같음을 느꼈다.

(3) 구조조사 : ……소(所)

구조조사 '所'자는 단독으로 쓰일 수 없고, 반드시 다른 언어 또는 구의 앞에 놓여서 명사구를 이룬다. 이와 같이 所자의 결합으로 이루어진 명사구를 소자결구(所字結構)라고도 한다.

구조조사 '所'자가 보통동사 또는 동목구의 앞에 붙지만 때로는 형용사 또는 형용사구 앞에 붙어서 명사구를 이루고, 동작 행위의 대상을 지시하거나 대신 칭하는 작용을 하는데 '……하는 사람', '……하는 일', '……하는 것' 등의 뜻을 나타낸다. 소자구조는 주어·목적어·관형어의 중심사가 될 수 있다. 때로는 전치사 앞에 놓일 수도 있다.

① 구조조사 '所'자가 동사 또는 동목구의 앞에 놓이는 경우 : 所+동사(동목구)

예문 ❶ 得原失信, 何以庇之 所亡滋多(득원실신 하이비지 소망자다)
[진(晉)나라 왕이 말하기를] "원나라를 얻더라도 [군대의] 신의를 잃어버리면 무엇을 가지고 그들(백성)을 비호할 수 있겠는가? 잃은 것이 더 많다."라고 하였다.

해설 구조조사 '所'자가 타동사 亡 앞에 놓여(쓰여) 명사구를 이루고 '잃어버린'의 뜻으로 주어로 쓰였다.

❷ 粟者, 民之所種, 生於地而不乏(속자 민지소종 생어지이불핍)
양식은 백성들이 씨뿌린 것으로, 땅에서 자라 결핍되지 않는다.

해설 구조조사 '所'자가 동사 '種'의 앞에 놓여 명사구를 이루어 '씨뿌린 것'의 뜻으로 중심사로 쓰여 관형어 '民'의 수식을 받는다. 관형어와 중심사의 사이에 구조조사 '之'의 표지가 있다.

② 구조조사 '所'자가 형용사나 형용사구 앞에 놓이는 경우 : 所+형용사(형용사구)

예문 ❶ 莫如以吾所長, 攻敵所短(막여이오소장 공적소단)

우리들의 뛰어난 점으로 적들의 부족한 점을 공격하는 것만 못하다.

해설 구조조사 所자가 각각 형용사 長과 短의 앞에 놓여 명사구를 이루고 뛰어난 점(장점), 부족한 점(단점)을 가리켜 대체한다.

❷ 殺所不足 而爭所有餘 不可謂智(살소부족 이쟁소유여 불가위지)

부족한 것(백성)을 죽이고, 남아도는 것(토지)을 쟁탈하는 것은 지혜롭다고 할 수 없다.

해설 구조조사 所가 각각 형용사구인 부족(不足)과 유여(有餘)의 앞에 놓여 '부족한 백성'과 '남아도는 토지'를 가리켜 대체한다.

❸ 珍淑, 英玉, 人之所美也(진숙 영옥 인지소미야)

진숙과 영옥은 사람들이 아름답다고 여기는 여인이다.

해설 구조조사 所가 형용사 美의 앞에 놓여 명사구를 이루고 '아름답다고 여기는 사람'을 가리켜 대체한다.

③ 구조조사 '所'자가 전치사 앞에 놓이는 경우 : 所+전치사+동사(동목구)

구조조사 所자는 전치사 앞에 놓여 '소이(所以)……?', '소위(所爲)……?', '소여(所與)……?', '소종(所從)……?' 등의 표현을 이르고, 그것이 전치사 및 전치사 뒤의 동사 또는 동목구와 결합하여 이룬 구도 명사절 성질을 띠고 전치사가 소개하는 대상을 가리켜 대체하는 작용을 하여 동작행위가 의지하여 실현하는 도구, 수단 방법 동작 행위가 발생하는 장소 원인 동작 행위와 관계있는 사람, 사물 등을 나타낸다.

예문 ❶ 彼兵者, 所以禁暴除害也, 非乎奪也(피병자 소이금폭제해야 비호탈야)

저 군대는 포악을 금지하고 재해를 없애는 데 사용되는 것이지 (근거지를) 쟁탈하는 데 사용되는 것이 아니다.

(해설) 구조조사 所자가 전치사 以의 앞에 놓여 포악을 금지하고 재해를 없애는 도구를 가리켜 대체한다.

❷ 聖人之*所以*爲聖 愚人之*所以*愚 其皆出於此乎(성인지소이위성 우인지소이우 기개출어차호)
성스러운 사람이 성스럽게 되는 <u>까닭</u>과 우매한 사람이 우매하게 되는 <u>까닭</u>은 아마도 모두 여기에서 나왔을 것이다.

(해설) 구조조사 所자가 전치사 以의 앞에 놓여 성스러운 사람이 되고 우매한 사람이 되는 원인을 가리켜 대신한다.

❸ 是吾劍之*所*從墜(시오검지소종추)
이곳이 나의 칼이 여기로부터 떨어진 곳이다.

(해설) 구조조사 所자가 전치사 從의 앞에 놓여 칼이 떨어져 내려간 장소를 가리켜 대신한다.

※ 어떤 때는 다음과 같은 구조로 이루어지기도 한다.
① 구조조사 所+전치사+동사+(동목구)+之+명사(또는 者)

(예문) ❶ 此非*所以*跨海內 制諸侯*之*術也(차비소이과해내 제제후지술야)
이것은 온 천하 위에 걸터앉고 제후를 제압하는 <u>방법</u>이 아닙니다.

(해설) • 구조조사 所자가 온 천하 위에 걸터앉고 제후를 제압하기 위해 쓰는 방법을 지시한다.
• 所자는 지시작용만 있고 대체작용은 하지 않는다.

❷ <u>*所*爲見將軍*者*</u> 欲以助趙也(소위견장군자 욕이조조야)
장군을 만나 뵙는 <u>까닭</u>은 조나라를 돕고자 함입니다.

(해설) 구조조사 所자는 원인을 가리키고, 者자는 원인을 대신하고 결과를 나타낸다.

2) 발어사(發語詞) 또는 어기조사(語氣助詞)

발어사(어기조사)는 문장의 첫머리나 가운데에 쓰여서, 아래 문장을 위해 기세를 조정하거나 어기를 강조하고 완만하게 하는 작용을 한다. 어기사(語氣詞)는 보통 문장의 끝에 놓여서 문장에 대한 표명 작용을 하는데, 즉 문장이 서술문인지, 의문문인지, 기타의 유형인가를 판명한다.

　(1) 문장의 첫머리에 놓이는 경우 : 부(夫), 유(惟), 개(蓋)

　　예문 ❶ <u>夫</u>戰, 勇氣也(부전 용기야)
　　　　 대체로 전쟁은 용기입니다.
　　　 ❷ <u>夫</u>古今異俗 新舊異質(부고금이속 신구이질)
　　　　 <u>대체로</u> 고대와 현대(지금)는 사회의 풍속이 다르고, 새것과 옛것
　　　　 은 질의 차이가 있다.
　　　 ❸ 攝提貞于孟陬兮, <u>惟</u>庚寅吾以降(섭제정우맹추혜 유경인오이강)
　　　　 태세가 마침 호랑이해에 있는 정월, 경인일에 나는 태어났다네.
　　　 해설 • 攝提(섭제) : 세차(歲次)의 이름.
　　　　 • 貞(정) : 바로, 마침.
　　　　 • 降(강) : 태어나다, 출생하다.
　　　　 어기조사 유(惟)자는 문장의 첫머리에 쓰여 정중한 성명의 뜻을
　　　　 지닌다.
　　　 ❹ <u>蓋</u>儒者所爭, 尤在名實, 名實已明, 而天下之理得矣(개유자
　　　　 소쟁 우재명실 명실이명 이천하지리득의)
　　　　 왜냐하면 본디 지식인이 다투는 것은 더욱이 명분과 실제가 부합
　　　　 하느냐에 있는데, 명분과 실제가 분명해지면 천하의 사리가 터득
　　　　 됩니다.
　　　 해설 개(蓋)는 어기조사로서 문장의 처음이나 한 다락의 첫머리에 쓰
　　　　 여 근본을 캐고 근원을 따지거나 이유를 설명하는 뜻을 지니고,
　　　　 아래 글에서 의론할 수 있도록 기세를 조정해 준다.

　(2) 문장의 중간에 놓이는 경우 : 지(之), 기(其)
　어기조사 '之'자가 문장의 주어와 술어(述語) 사이에 놓여서 어떤 어기(語
氣)를 나타내어 어기를 가중시키고 강조하거나 완화시키는 등의 작용을 한다.

　　예문 ❶ 豈余身<u>之</u>憚殃兮 恐皇輿<u>之</u>敗績(기여신지탄앙혜 공황여지
　　　　 패적)

어찌 내 몸이 재앙을 만날까봐 꺼려하겠는가? 아름다운 황제의 수레가 전복될까봐 두려워한다.

(해설) 皇興(황여) : 황제의 수레.

❷ 攻齊荊之事誠不利, 一國以爲利, 何愚者之衆?(공제형지사성 불리 일국이위리 하우자지중)

제나라와 초[荊]나라를 공격하는 일은 본래 불리한데도, 온 나라 사람들이 다 유리하다고 여기니 어리석은 사람이 이렇게 많은가?

(해설) 之자가 '하우자중(何愚者衆)'이라는 의문문의 중간에 놓여 감탄을 나타내고 감탄의 어기를 가중시킨다.

❸ 定公問於顔淵曰 東野畢之善馭乎(정공문어안연왈 동야필지선어호)

정공이 안연에게 물어서 말하기를, "동야필은 수레를 잘 몰 수 있습니까?"라고 했다.

(해설) '之'자가 '동야필어(東野畢馭)'라는 의문문의 중간에 쓰여 의문의 어기를 가중시킨다.

❹ 由是觀之, 譽之足以殺人矣(유시관지 예지족이살인의)

이를 통하여 보건대 명예가 충분히 사람을 죽일 수 있도다.

(해설) '之'자가 '예족이살인(譽足以殺人)'이라는 감탄문 속에 쓰여 감탄의 어기를 가중시킨다.

❺ 醫之好治不病以爲功(의지호치불병이위공)

의사들은 병들지 않은 사람들을 고치기 좋아하고, 그것을 그들 스스로의 공이라 여긴다.

(해설) '之'자가 '의호치불병(醫好治不病)'이라는 서술문 중간에 쓰여 어기가 아직 끝나지 않았음을 나타내고, 진일보한 서술을 기다리도록 한다.

어기조사 '其'자가 문장 가운데 놓여 감탄이나 기타 어기를 표시하지만 아무런 실제적인 의미가 없다.

(예문) ❶ 我來自東, 零雨其蒙(아래자동 영우기몽)

내가 동쪽에서 돌아올 때 가랑비가 끊임없이 부슬부슬 내렸다.

❷ 北風其涼, 雨雪其雱(북풍기량 우설기방)
북풍은 얼마나 쌀쌀하고, 눈은 얼마나 펑펑 쏟아지는지!

❸ 以德爲怨, 秦下其然(이덕위원 진하기연)
은덕을 원한으로 갚는 것이니, 진나라는 그렇게 하지 않을 것이다.

3) 어음조사(語音助詞) : 원(爰), 왈(曰), 율(聿), 재(載), 월(越), 언(言), 서
(逝), 식(式)

어음조사는 문장의 처음, 중간, 말미에 쓰여, 한 음절의 작용을 나타내는 조사
이다. 이 조사는 실질적인 의미가 없다.

(1) 문장 첫머리에 놓이는 경우

예문 ❶ 日爲改歲 入此室處(일위개세 입차실처)
막 해가 바뀌려 하고 있으니 이 방안으로 들어와 살아라.

❷ 越翼日戊午, 乃社于新邑(월익일무오 내사우신읍)
다음날 무오일에는 신읍으로 제사 지내러 간다.

❸ 兄及弟矣 式相好矣 無相猶矣!(형급제의 식상호의 무상유의)
형과 아우들이여, 서로 사이좋게 지내고, 서로 속이지 말기를 바
란다.

(2) 문장 중간에 놓이는 경우 : 운(云), 언(言), 왈(曰), 원(爰), 우(于)

예문 ❶ 道之云遠, 曷云能來(도지운원 갈운능래)
길이 먼데 [밖에서 복역중인 낭군은] 언제면 돌아올까?

❷ 駕言出遊, 以寫我憂(가언출유 이사아우)
수레 타고 나가놀 때 내 마음속의 근심 풀어볼까 한다.

❸ 我東曰歸, 我心西悲(아동왈귀 아심서비)
나는 동쪽에서 돌아가려고 하며, 내 마음은 벌써 서쪽에 있는 고
향을 그리워하네.

④ 爰居爰處, 爰笑爰語(원거원처 원소원어)

함께 거주하고, 함께 웃고 이야기하네.

(3) 문장어미(語尾), 동사와 시간 부사의 어미에 놓이는 경우 : 之

예문 ① 公李鼓之(공이고지)

이공께서 북을 울려 공격하려고 하였다.

② 由此觀之 王之蔽甚矣(유차관지 왕지폐심의)

이를 통하여 보건대 대왕께서는 속고 계심이 너무 심하시구려.

③ 悵恨久之(창한구지)

오랫동안 원망하고 한을 품었다.

8. 개사介詞

실사(實詞 : 體言名詞類)와 실사 사이에 끼어(주로 명사의 앞과 뒤에 놓인다) 다른 단어와의 관계를 맺어주는 품사로서 전치사(前置詞)·후치사·시간전치사·장소전치사·원인전치사·방식전치사·인사전치사 등으로 나눌 수 있고, 전치사는 전치사, 목적어(目的語) 관계를 이루며, 문장의 부사어(副詞語)와 보어(補語)로 충당된다.

자주 쓰이는 것으로는 어(於), 이(以), 위(爲), 여(與), 자(自), 유(由), 인(因), 급(及), 비(比), 재(在) 등이 있다.

1) 전치사(前置詞)

체언(명사나 대명사 : 주어가 될 수 있는 낱말)의 앞에 붙어서 기타 품사(설명어)와의 관계를 나타낸다.

(1) 처소, 시발, 대상, 비교, 피동의 관계 : 어(於), 우(于), 호(乎) …… 등

① 어(於) : (~에서, ~보다) (~까지, ~와 같이) (~에 대하여) 등

예문 ① 子路宿於南門(자로숙어남문)

나는 남문에서 밤을 지냈다.(처소)

② 我於是日哭則不歌(아어시일곡즉불가)

나는 이날 곡을 하고부터는 노래는 부르지 않았다.(시발)

③ 繁啓蕃長於春夏 畜積收藏於秋冬(번계번장어춘하 축적수장어추동)

(각종 식물은) 봄, 여름에 싹이 트고 번성하게 자라며, 가을에 수확하고 겨울에는 저장한다.(처소)

해설 • 啓(계) : 발생하다, 싹이 트다.

• 蕃(번) : 번식하다.

• 畜(축) : 저장하다.(蓄)

• 於(어) : ~에, ~에서

④ 苛政猛於虎也(가정맹어호야)

가혹한 세금은 범보다 무섭다.(비교)

⑤ 當仁不讓於師(당인불양어사)

인(仁)에 대하여는 스승에게도 사양하지 마라.(대상)

⑥ 後則制於人(후즉제어인)

뒤에 한다면 남에게 제압을 당한다.(피동)

② 우(于) : ~에서, ~까지, ~보다, ~위하여 등

예문 ① 以疾免卒于家(이질면졸우가)

병 때문에 면직되어 집에서 죽었다.

② 三歲之習至于八十(삼세지습지우팔십)

세살 버릇이 여든까지 간다.

③ 人無于水鑑 當于民鑑(인무우수감 당우민감)

사람은 자신을 물에 비춰서는 안되며, 마땅히 백성들에게 비추어야 한다.

③ 호(乎) : ~보다, ~로부터, ~대하여 등

예문 ① 莫大乎尊親(막대호존친)

어버이를 섬기는 것<u>보</u>다 큰 것이 없다.

❷ 德隆<u>乎</u>三皇 功羨<u>於</u>五帝(덕륭호삼황 공선어오제)

덕은 삼황<u>에게서</u> 융성했고, 공은 오제<u>에게서</u> 본받을 만하다.

❸ 吾嘗疑<u>乎</u>是(오상의호시)

나는 일찍이 이 말에 <u>대해서</u> 의심했다.

④ 원인 수단 의지 자격 신분의 관계 : 以(~로써, ~와 같이, ~의하여, ~때문에, ~하여금 등)

예문 ❶ 交友<u>以</u>信(교우이신)

신의<u>로써</u> 벗을 사귄다.

❷ 能<u>以</u>足音辨(능이족음변)

발소리에 <u>의하여</u> 능히 사람을 분별할 수 있었다.

❸ 一言<u>以</u>蔽曰 思無邪(일언이폐왈 사무사)

'생각에 사악함이 없다'라고 한마디<u>로</u> 말할 수 있다.

❹ <u>以</u>此不和(이차불화)

이것으로 <u>인하여(하여금)</u> 화목하지 않게 되었다.

⑤ 자(自) : ~로부터, ~에서, 말미암아 : 시간, 장소, 착안점 등을 나타낸다.

예문 ❶ <u>自</u>初至終(자초지종)

처음<u>부터</u> 끝까지

❷ 吾<u>自</u>日本反韓國(오자일본반한국)

나는 일본<u>에서</u> 한국으로 돌아왔다.

❸ <u>自</u>古至今所<u>由</u>來遠矣(자고지금소유래원의)

<u>예로부터</u> 지금까지 유래하는 바가 길도다.

⑥ 유(由) : ~로부터, ~을 통하여 ~로 말미암아 등

예문 ❶ <u>由</u>堯舜至於湯 五百餘歲(유요순지어탕 오백여세)

요와 순<u>으로부터</u> 탕에 이르기까지는 500여 년이다.

❷ 國家之敗 <u>由</u>官邪也(국가지패 유관사야)

국가의 쇠약은 관리의 사악함에서 비롯된다.

❸ 由是而生(유시이생)

이것으로 말미암아 생겨났다.

⑦ 종(從) : ~로부터, ~으로서, ~와

예문 ❶ 生從何處來(생종하처래)

태어남은 어느 곳으로부터 오는 것인가?

❷ 自天而降乎 從地而出乎(자천이강호 종지이출호)

하늘에서 내려왔는가, 땅에서 솟아났는가?

❸ 夜引兵從他道還(야인병종타도환)

밤에 병사를 이끌고 다른 길을 통해서 돌아왔다.

2) 후치사(後置詞)

체언(體言, 실사)의 뒤에 붙어서 소속을 나타내거나 뜻을 강조하는 것으로써 관계사(關係詞)라고도 한다.

• 관계사[助詞] : 명사나 부사 따위의 뒤(아래)에 붙어서 다른 말과의 관계나 그 말의 뜻을 도와주는 품사(조사, 토씨)

① 주격(~은, ~는, ~이, ~가, ~에게)

주격조사(主格助詞)는 주어(主語)에 붙어서 그 주어가 글월의 임자가 되게 하는 격조사(~이, ~가, ~께서, ~께옵서 등)

참고사항

• 체언(體言) : 사물의 실체를 가리키는 언어라는 뜻으로 명사, 대명사, 수사의 세가지 품사로 문장에서 조사(助詞)의 도움을 받아서 주제가 되는 구실을 하는 단어

• 용언(用言) : 문장 주체를 서술하는 기능을 띤(가진) 단어로 어미가 활용하는 말. 곧 동사, 형용사의 총칭

예문 ❶ 鳥之將死 其鳴也哀(조지장사 기명야애)

새가 죽으려 할 때 그 소리가 슬프다.

❷ 皮<u>之</u>不存 毛將安傅(피지부존 모장안부)

　가죽<u>이</u> 없으니 털은 어디에 붙일 것인가?

② 관형격(冠形格) : ~의, ~하는

관형격 : 체언(體言)을 꾸미는 자리. 매김자리라 한다.

참고사항

- 관형격조사(冠形格助詞) : 체언 아래에 붙어 그 주어를 꾸미는 관형사 구실을 하게 하는 격조사. '의' 하나임. 매김자리토씨라고도 한다.
- 관형사(冠形詞) : 어떤 체언(體言) 위에서 그 체언이 지닌 뜻을 꾸미는 품사. 매김씨(약자) 관사라 한다.
- 관형사형(冠形詞形) : 관형사처럼 체언을 꾸미는 용언의 활용형·관형형·매김꼴.
- 관형어(冠形語) : 체언의 뜻을 수식하기 위하여 그 위에 덧쓰는 말. 매김말.
- 관형절(冠形節) : 관형사처럼 쓰이는 어절(語節). 매김마디라 한다.

예문 ❶ 無足<u>之</u>言 飛于千里(무족지언 비우천리)

　발 없<u>는</u> 말이 천리까지 간다.

❷ 是誰<u>之</u>過與(시수지과여)

　이것은 누구<u>의</u> 과실인가?

❸ 心<u>之</u>官則思(심지관즉사)

　마음<u>의</u> 기관은, 즉 생각하는 곳이다.

❹ 父母<u>之</u>恩(부모지은)

　부모<u>의</u> 은혜

③ 목적격 : ~을, ~를

참고사항

- 목적격(目的格) : 명사나 대명사가 타동사의 목적어로 될 때의 격. 객격(客格), 부림자리, 빈격.
- 목적어(目的語) : 문장에서 동작의 대상이 되는 사물을 가리키는 말. 객어

(客語), 부림말.

- 목적격조사(目的格助詞) : 주어 아래에 붙어서 그것이 타동사의 대상이 됨을 보이는 격조사(格助詞)로서 '를', '을'이 있음. 부림자리토씨.

  예문 ❶ 曉月之觀 豈自昏候(효월지관 기자혼후)
  새벽달을 보려고 어찌 황혼녘부터 기다리리오.
  ❷ 學而時習之 不亦説乎(학이시습지 불역열호)
  배우고 때로 그것을 익히면 또한 즐겁지 아니한가?

3) 시간 전치사(時間前置詞)

시간전치사는 시간을 나타내는 단어를 중심사에 소개하는 데 쓰여진다. 시간전치사로는 어(於), 이(以), 위(爲), 자(自), 유(由), 인(因), 급(及), 비(比), 지(至), 승(乘), 태(迨), 재(在), 급지(及至) 등이 있다.

至(지) : ~(때)에, ~(때)에 이르러.

比(비) : ~(때)에는, ~(때)에 (이르러)

乘(승) : ~틈타서

迨(태) : ~(때)에, ~틈타서.

當(당) : ~(때)에, 바로 ~(때)에.

方(방) : 마침 ~때에, 마침 ~즈음에.

會(회) : 마침 ~때에, 마침 ~때를 만나.

예문 ❶ 李舜臣以仁祖千五百四十五年正月生於牙山(이순신이인조천오백사십오년정월생어아산)
오백사십오년정월생어아산)
이순신은 인조 1545년 정월에 아산에서 출생했다.
해설 以(이) : ~에의 뜻이다.
❷ 爲其來也 臣請縛一人 過王而行(위기래야 신청박일인 과왕이행)
행)
그가 올 때에 신은 한 사람을 묶어서, 왕의 면전을 지나 걸어오도록 청하옵니다.
해설 爲(위) : ~에의 뜻.

❸ 自比, 冀之南, 漢之陰, 無隴斷焉(자비 기지남 한지음 무롱단언)

이때부터 기주의 남쪽과 한수의 남쪽에는 〔다시는〕 큰 산이 가로막힘이 없었다.

<u>해설</u> • 隴(농) : 구릉의 뜻인데 '큰 산'을 가리킨다.

• 斷(단) : 단절되다. 가로막혀 끊어지다.

• 自(자) : ~(로)부터의 뜻.

❹ 從是以後 不敢復言 爲河伯娶婦(종시이후 불감부언 위하백취부)

이로부터 이후로(아무도) 감히 다시는 황하의 신에게 아내를 취해 주자고 말하지 못하였다.

<u>해설</u> • 從(종) : ~(로)부터

• 由(유) : ~(로)부터

• 因(인) : ~을 틈타서

❺ 及反 市罷 遂不得屨(급반 시파 수부득구)

시장으로 되돌아왔을 때에 시장은 이미 파해서 결국 신발을 사지 못했다.

<u>해설</u> 及(급) : ~(때)에는, ~(때)에 '이르러'의 뜻.

❻ 至其時西門豹往會之河上(지기시서문표왕회지하상)

그 때에 이르러 서문표 강가로 가서 그들과 만났다.

❼ 及至文·武 各當時而立法, 因事而制禮(급지문 무 당시이립법 인사이제례)

문왕과 무왕 때에 각자 시간의 변화에 근거하여 법률을 세우고 사건의 발전에 따라 제도를 제정하였다.

<u>해설</u> 當(당), 因(인) : ~에 근거하여, ~에 따라서.

4) 장소 전치사(場所前置詞)

장소 전치사는 장소를 나타내는 단어를 중심사에 소개하는 데 쓰여진다. 자주 쓰이는 전치사로는 어(於), 호(乎), 이(以), 자(自), 유(由), 종(從), 도(道), 재(在), 즉(卽), 향(嚮) 등이 있다.

예문 ❶ 朝發軔於蒼梧兮, 夕至乎縣圃(조발인어창오혜 석지호현포)

〔나의 수레가〕 아침에 창오에서 출발하여 저녁에 현포에 다다랐다.

해설 • 發軔(발인) : 수레가 움직이기 시작하다.

• 軔(인) : 수레바퀴가 구르는 것을 저지하는 굄목.

• 於(어) : ~에서, ~로부터

• 乎(호) : ~에, ~까지.

❷ 千里之行始於足下(천리지행시어족하)

천리의 여정도 발 아래로부터 시작한다.

해설 於(어) : ~로부터

❸ 白日依山盡 黃河入海流(백일의산진 황하입해류)

태양은 산을 따라 다하여 가고, 황하는 바다로 들어가 흐른다.

5) 원인 전치사(原因前置詞)

원인 전치사는 원인을 나타내는 단어를 중심사에 소개하는 것이다.

자주 쓰이는 것으로는 이(以), 유(維), 위(爲), 유(由), 인(因), 용(用), 좌(坐), 어(於) 등이 있다.

예문 ❶ 而吾以捕蛇獨在(이오이포사독재)

그러나 나는 뱀을 잡기 때문에 혼자서 살아남아 있다.

해설 以(이) : ~ 때문에, ~로 말미암아.

❷ 維子之故, 使我不能餐兮(유자지고, 사아불능찬혜)

당신의 연고 때문에 나를 밥도 먹지 못하게 하네.

해설 維(유) : ~때문에. ~로 인하여.

❸ 后辛之菹醢兮, 殷宗用而不長(후신지저해혜 은종용이부장)

주왕이 죽어서 육장을 담으니 은나라 종실이 이 때문에 오래 갈 수 없었다.

해설 • 菹醢(저해) : 사람을 죽여 갈아서 육장(肉醬)을 담는 것을 말한다.

- 用(용) : ~ 때문에, ~로 인하여

❹ 古者大臣有坐不廉而廢者(고자대신유좌불렴이폐자)

  옛날에 대신 중에 청렴하지 않음으로 말미암아 파직당한 이가
  있었다.

(해설) • 廉(염) : 청렴하다. 탐욕하지 않다.
- 廢(폐) : 쫓겨나다. 면직하다.
- 坐(좌) : ~로 말미암아. ~인하여.

6) 방식 전치사(方式前置詞)

방식 전치사는 방식이나 도구를 나타내는 단어를 중심사에 소개하는 데 쓰여
지는데 자주 보이는 것으로는 이(以), 어(於), 인(因), 자(藉) 등이 있다.

(예문) ❶ 或曰, 以子之矛, 陷子之盾, 何如 其人弗能應也(혹왈 이자지
  모 함자지순 하여 기인불능응야)

  어떤 사람이 말하기를, "당신의 창으로 당신의 방패를 찌르면
  어떠하겠습니까?"라고 하니 그 사람은 대답을 하지 못하였다.

(해설) 以(이) : ~(으)로써, ~을 가지고

❷ 投我以木桃, 報之以瓊瑤(투아이목도 보지이경요)

  나에게 복숭아를 보내옴에 그녀에게 아름다운 패옥으로 보답
  했다.

❸ 先鎬欲害沛公 賴張良樊噲得免(선호욕해패공 뇌장량번쾌득
  면)

  선호는 패공을 죽이고자 하였으나, 장량과 번쾌의 구원 덕분에
  면할 수 있었다.

(해설) 賴(뇌) : ~에 의(지)하여, ~덕분에

❹ 明王之治天下也 緣法而治按功而賞(명왕지치천하야 연법이치
  안공이상)

  현명한 임금이 나라를 다스릴 때는, 법에 따라 정사를 다스리고
  공로에 따라 상을 줍니다.

(해설) 緣(연)·按(안) : ~에 따라, ~에 의거하여

❺ 隨畜牧而轉移 逐水草遷徙(수축목이전이 축수초천사)
가축의 방목을 따라 이동하고 물과 풀을 좇아 옮겨 다닌다.

해설 隨(수)·逐(축) : ~에 따라, ~을 좇아

7) 인사 전치사(人事前置詞)

인사 전치사는 관계있는 사람이나 사건을 나타내는 단어를 중심사에 소개하는 데 쓰여진다.

어(於), 호(乎), 위(爲), 여(與) 등이 있다.

예문 ❶ 諸葛亮謂劉備曰, 事急矣 請奉命求救於孫將軍(제갈량위유비왈 사급의 청봉명구구어손장군)
제갈량이 유비에게 이르기를, "일이 매우 급하니 바라건대 〔신이 당신의〕 명령을 받아 손장군에게 구원을 요청하러 가도록 해 주십시오."라고 했다.

해설 於(어) : ~에게의 뜻으로, 사람을 소개한다.

❷ 是孔丘斥逐於魯君 曾不用於世也(시공구척축어노군 회불용어세야)
이것이 공자가 노나라의 국왕에 의해 쫓겨나서, 끝내 세상 사람들에 의해 쓰여지지 않은 까닭이다.

해설 於(어) : ~에 의해(서)

❸ 誰爲大王爲計者(수위대왕위계자)
누가 대왕을 위해 이 계책을 내었는가?

해설 爲(위) : ~을 위하여, ~을 대신하여, ~에게

❹ 英浩死 其印爲子羣從所失(영호사 기인위자군종소실)
영호가 죽은 뒤에 그가 만든 활자는 나의 여러 동생이나 조카들에 의해 없어졌다.

해설 爲(위) : ~에 의해서. ~의 뜻으로 사람을 소개하는데 '피동'을 나타낸다.

❺ 公與之乘(공여지승)
장공은 그와 함께 전차에 탔다.

해설 與(여) : ~와(함께, 같이)의 뜻으로 사람을 소개한다.

한문에서는 전치사와 그 뒤의 목적어가 이룬 '전목구조'는 절대 다수 부사어로 쓰여 동사를 수식하고, 소수만이 보어로 쓰여 동사와 형용사를 수식하거나 보충한다. 보어로 쓰인 전목구조라 하더라도 때로는 부사어로 쓰일 수 있다.

한문에서 보어로 쓰이는 '전목구조'의 전치사로는 단지 '어(於), 호(乎), 이(以), 자(自), 유(由)' 등의 몇 개만 있다.

9. 접속사接續詞

접속사는 독립된 뜻을 갖지 못하는 허사(虛詞)로써 문법적 기능만 가지며, 단어와 단어, 구(句)와 구, 절(節)과 절, 문장(文章)과 문장을 연결시켜주는 단어이다.

접속사는 따로 고정되어 있는 것이 아니고 문장 내에서 그 역할에 따라 접속사로 쓰이고, 부사와 전치사, 다른 품사로도 활용된다는 것을 유의해야 한다.

접속사는 대체로 연합(聯合)관계와 주종(偏正)관계를 나타내는 접속사로 나눌 수 있다. 연합관계의 접속사는 병렬, 점층, 선택, 연접 접속사로 나눌 수 있고, 주종관계를 나타내는 접속사는 또 전환, 양보, 가정, 인과, 주종 접속사 등의 몇 부류로 나눌 수 있다.

1) 병렬 접속사(并列接續詞)

병렬 접속사는 대등한 병렬관계를 나타내는 단어, 구, 문장을 연결하는 데 쓰이는 접속사이다.

여(與), 급(及), 이(而), 이(以), 기(曁) 등

예문 ❶ 楚人有鬻矛與盾者(초인유육모여순자)
초나라 사람 중에 창과 방패를 파는 이가 있었다.

해설 • 鬻(육) : 팔다.

- 矛(모) : 창
- 盾(순) : 방패
- 與(여) : ……와(과)의 뜻이다.

❷ 七月食鬱及薁, 八月烹葵及菽(칠월식울급욱 팔월팽규급숙)

칠월에는 돌배와 머루를 따먹고, 팔월에는 아욱과 콩을 먹는다.

(해설) • 鬱(울) : 식물 이름. 자두의 일종으로 과실은 날것으로 먹을
  수 있다.
- 薁(욱) : 식물 이름.
- 烹(팽) : 삶아 먹다.
- 葵(규) : 채소 이름.
- 及(급) : ……와(과) '및'의 뜻.

❸ 聞善而不善 皆以告其上(문선이불선 개이고기상)

좋은 말과 좋지 않은 말을 들으면 모두 너의 상사에게 고해야
한다.

(해설) '而(이)'는 '……와(과)'의 뜻이다.

❹ 今申不害術而公孫鞅爲法(금신불해술이공손앙위법)

지금 신불해는 술치를 말하고, 공손앙은 법치를 주장한다.

(해설) • 申不害(신불해), 公孫鞅(공손앙) : 둘 다 중국 고대의 법가·
  사상가
- 而(이) : 전후 두 개의 병렬관계에 있는 절(分句)을 연결시킨다.

❺ 夫大雷電以風(부대뢰전이풍)

하늘은 천둥번개와 바람을 크게 치고 내리게 한다.

(해설) • '以(이)'는 '……와(과)'의 뜻이다.
- 병렬 접속사는 주로 단어와 단어, 구와 구를 연결하는 데 쓰
  이고, 문장과 문장을 연결하는 경우는 비교적 적다. 그리고
  명사, 대명사, 명사구를 연결한다.

2) 점층 접속사(連層接續詞)

점층 접속사는 점층관계를 나타내는 단어, 구, 문장을 연결하는 데 쓰이는 접

속사이다. '차(且), 이(而), 이(以), 신(矧), 황(況), 이황(而況), 황어(況於)' 등이 있다.

어떤 점층 접속사는 종종 앞의 부사 '상(尙), 상차(尙且), 유차(猶且)' 등과 서로 연관되어 있다.

예문 ❶ 本荒而用侈, 則天下能使之富(본황이용치 즉천하능사지부)
농업이 황폐하고 또 씀씀이가 사치스러우면 하늘은 그로 하여금 부유하게 해줄 수 없다.

해설 • 本(본) : 농업
• 侈(치) : 크다, 사치하다.
• 而(이) : 또(한) '게다가'의 뜻.

❷ 夫夷以近, 則遊者衆, 險以遠 則至者少(부이이근 즉유자중 험이원 즉지자소)
평탄하고 또 가까우면 유람하는 사람이 많고, 험준하고 또 멀면 유람하는 사람이 적다.

해설 • 夷(이) : 평탄하다.
• 以(이) : 또(한) '게다가'의 뜻.

❸ 三軍旣惑且疑, 則者侯之難至矣(삼군기혹차의 즉자후지난지의)
삼군이 혼란스럽기도 하고, 또 서로 의심도 품으면, 제후들의 난리가 몰려오게 됩니다.

해설 旣(기)……且(차)…… : '……도 하고 ……도 하다'는 뜻이다. 한문에 나란히 놓인 두 술어 앞에 각각 부사 '기(旣)'와 접속사 '차(且)'를 써서 관련을 맺음으로써 점층관계를 나타낸다.

❹ 臣以爲布衣之交 尙不相欺, 況大國乎(신이위포의지교 상불상기 황대국호)
신이 생각하기로 평민들의 교제에도 또한 서로 속이지 않거늘, 하물며 대국에 있어서랴?

해설 尙(상)…, 況(황)…… : '또 ……한데, 하물며……하랴'의 뜻. 앞절의 부사 '상(尙)'을 써서, 뒷절을 위해 기세를 조성한 뒤에 접속사 '황(況)'을 써서 서로 연관시키고 반어를 만들어 한 단계 진전한 뜻을 나타낸다.

❺ 民無内憂, <u>而又</u>無外懼, 國焉用城(민무내우 이우무외구 국언용성)

백성들에게 내우가 없고, <u>또한</u> 외환이 없다면, 나라 안에 어찌 성을 쌓을 필요가 있겠는가?

(해설) • 城(성) : 축성하다(명사가 동사로 쓰였다)

• 而又(이우) : 또한.

• 예문의 앞절에는 부사를 쓰지 않았지만, 거기에 부사 '기(旣)'가 숨어 있다고 보아도 무방하다.

대체로 '……도 하고, ……도 하다' '또한 ……한데, 하물며 ……에랴', '……뿐만 아니라, 또한 ……하다' 등으로 옮기고 이해할 수 있으면, 한 단계 진전함을 나타내는 뜻을 지닌다.

3) 선택 접속사(選擇接續詞)

선택관계를 나타내는 단어, 구, 문장을 연결하는 접속사이다. 그것은 연접한 성분이 의미상 양자 중에서 임의로 하나를 선택하거나 양자 중에 반드시 하나는 있음을 나타낸다.

약(若), 여(如), 혹(或), 억(抑), 의(意), 차(且), 영(寧) 장(將)……, 여기(與其) 숙약(孰若)……, 여기(與其)……, 불여(不如)……, 숙여(孰與) 등이 있다.

(예문) ❶ 時有軍役<u>若</u>水旱, 民不困乏(시유군역약수한 민불곤핍)

그때 전쟁 <u>또는</u> 홍수, 가뭄이 있었더라도 백성들은 궁핍하게 되지 않았을 것이다.

(해설) 若(약) : 또는 '혹은'의 뜻

❷ 官之命, 宣以材耶, <u>抑</u>以姓乎(관지명 선이재야 억이성호)

관리의 임용은 마땅히 재능에 따라야 하는가, <u>아니면</u> 성씨에 따라야 하는가?

(해설) 抑(억) : 아니면, 또한의 뜻

❸ 不識世無明君乎 <u>意</u>先生之道固不通乎(불식세무명군호 의선

생지도고불통호)

세상에 현명한 군주가 없는지, <u>아니면</u> 선생의 학설 주장이 본래
통하지 않는 것인지 알지 못하겠습니다.

(해설) 意(의) : 아니면, 또한

❹ 豈吾相不當侯邪 <u>且</u>固命也(기오상부당후야 차고명야)

어찌 나의 관상이 마땅히 제후로 봉해질 수 없는 것인가? <u>아니</u>
<u>면</u> 본래 운명인 것인가?

(해설) 且(차) : 아니면, 또한

❺ <u>與其</u>生而無義, 固<u>不如</u>烹(여기생이무의 고불여팽)

살아서 의롭지 않<u>기보다는</u> 말라서 죽<u>느니만</u> 못하다.

(해설) • 烹(팽) : 죽다.

 • 與其(여기)……, 不如(불여) : '……하기보다는 ……하느니만
   못하다'는 뜻이다.

❻ 從天而頌之 <u>孰與</u>制天命而用之(종천이송지 숙여제천명이용
지)

천명에 순종하여 그것을 칭송하는 것이 <u>어찌</u> 천명을 장악하여
그것을 이용하는 것과 같으랴?

(해설) 孰與(숙여) : 어찌 ……만 하겠는가?

4) 순승 접속사(順承接續詞)

연접관계를 나타내는 구나 문장을 연결하는 데 쓰여지는 접속사이다. 그것은
시간·조건·목적·상태 등의 관계를 나타내는 데 쓰여진다.

이(而), 즉(卽), 즉(則), 내(乃), 수(遂), 어시(於是), 연후(然後), 이후(而後),
차부(且夫) …… 등이 있다.

(예문) ❶ 天地設<u>而</u>民生之(천지설이민생지)

천지가 형성되고 난 <u>뒤</u>에 인류가 출현하였다.

(해설) 而(이) : … 한 뒤에, 연후에의 뜻. 앞뒤의 시간의 선후를 나타내
      는 두 항목을 연결한다.

❷ 玉在山<u>而</u>草木潤, 淵生珠<u>而</u>崖不枯(옥재산이초목윤 연생주이애

불고)

옥이 산에 있으면 풀과 나무가 윤이 나고, 못에 진주가 자라나면 절벽도 메말라 보이지 않는다.

(해설) 而(이) : ……하면 ……하다. 연결되는 앞항은 조건이고, 뒷항은 결과이다.

❸ 水至淸則無魚, 人至察則無徒(수지청즉무어 인지찰즉무도)

물이 깨끗하면(맑으면) 물고기가 없고, 사람이 지극히 살피면 따르는 무리가 없다.

(해설) 則(즉) : ……하면 ……하다.

❹ 世異則事異(세이즉사이)

세상이 다르면 일도 달라진다.

❺ 由是先主遂詣亮(유시선주수예량)

이로 말미암아 선주께서는 드디어 제갈량을 방문하였다.

(해설) 遂(수) : 드디어, 그 결과로써. 윗글의 말뜻을 이어받는다.

5) 전환 접속사(轉換接續詞)

전환관계를 나타내는 구 또는 문장을 연결하는 접속사이다. 이 접속사는 통상 구절(正句)에 쓰여 반전(反轉)과 타전(他轉)을 나타낸다.

연(然), 이(而), 고(顧), 즉(則), 단(但), 내(乃), 연이(然而) 등이 있다.

(예문) ❶ 公幹有逸氣, 但未遒耳(공간유일기 단미주이)

공간의 시는 탈속적인 기개는 있지만 그러나 힘차지는 못하다.

(해설) • 公幹(공간) : 사람 이름
   • 遒(주) : 강건하여 힘이 있다, 힘차다.
   • 但(단) : 그러나

❷ 不見善良 乃見狂且(불견선량 내견광차)

착한 사람은 만나지 못하고 도리어 미치광이를 만났네.

6) 양보 접속사(讓步接續詞)

양보 접속사는 양보관계를 나타내는 문장을 연결하는 데 쓰이는 접속사이다.

이러한 접속사는 모두 양보절 내에 쓰여 가정적인(곧 아직 이루어지지 않은 사실의) 양보나 사실(곧 이미 이루어진 사실)을 확인하는 양보를 한 뒤에 주절(正句)의 내용을 강조한다. 양보를 한 뒤에 주절(正句)의 내용을 강조한다. 양보를 나타내는 접속사에는 수(雖) 종(縱) 유(惟) 자(自) 즉(卽) 종령(縱令) 지(只) 정사(正使) 등이 있다.

　※　自(자) : 설사 ……하더라도
　　　惟(유) : 설사 ……하더라도
　　　縱令(종령) : 설령 ……하더라도
　　　只使(지사) : 설령 ……하더라도
　　　正使(정사) : 설사 ……하더라도

예문 ❶ 縱吾不往, 子寧不來(종오불왕 자녕불래)
　　　비록 저는 못간다 하더라도 님은 어찌 오시지 않는지요?
　　❷ 卽捕得三兩頭, 又劣弱不中於款(즉포득삼량두 우열약부중어관)
　　　비록 두세 마리를 잡더라도 또 열등하여 규칙에 들어맞지 않습니다.
　해설 卽(즉) : 비록 ……하더라도의 뜻으로 해석된다.

7) 가정 접속사(假定接續詞)

　가정부사는 가정관계를 나타내는 단어 또는 문장을 연결하는 데 쓰이는 접속사이다. 이 접속사는 통상 가정절 내에 쓰여 그것이 포함된 절이 가정조건이다. 뒷절이 가정조건하에 상황 또는 결과로 정면의 뜻이 있는 곳임을 나타낸다.
　양보 접속사와 마찬가지로 이미 이루어진 사실의 가정과 아직 이루어지지 않은 사실의 가정이 있다.
　가정 접속사에는 여(如) 이(而) 약(若) 구(苟) 금(今) 향(向) 사(使) 영(令) 즉(卽) 당(儻) 설(設) 자(自) 위(爲) 자사(藉使) 가령(假令) 설사(設使) 단사(但使) 당사(當使) 자제령(藉第令) 등이 있다.

　※ 如(여), 而(이), 若(약), 苟(구) : 만약, 만일의 뜻

使(사) : 가령, 만일

卽(즉) : 가령, 만일

設(설) : 설령, 만약

爲(위) : 만약

假令(가령) : 가령, 만약

設使(설사) : 설령

令(금) : 만약, 가령

當使(당사) : 만일, 가령

예문 ① 苟富貴, 無相忘(구부귀 무상망)

만일 부유하고 귀하게 되더라도 서로를 잊지 말자!

② 儻急難有用, 敢效微軀(당급난유용 감효미구)

만일 (당신께서) 위급하고 곤란하여 사람을 필요로 할 경우라면 감히 미천한 몸을 바칠까 합니다.

③ 自非亭年夜分, 不見曦月(자비정년야분 불견희월)

만약 정오와 한밤중이 아니면 해와 달을 볼 수 없다.

해설 • 自(자) : 만일, 만약의 뜻. 통상 비(非)와 결합하여 쓰인다.

• 夜分(야분) : 한밤중.

• 曦(희) : 여기서는 해를 가리킨다.

④ 爲悅其言, 因任其身, 則烏得無失乎?(위열기언 인임기신 즉오득무실호)

만약 그의 말을 기뻐하여 그를 관리에 임명한다면 어찌 실패가 없을 수 있겠는가?

⑤ 設使國家無有孤, 不知當幾人稱王！(설사국가무유고 부지당기인칭왕)

설령 국가에 과인이 없다면, 마땅히 몇 사람이 황제를 칭하고 몇 사람의 왕을 칭할지 알지 못하는도다.

가정 접속사는 일반적으로 모두 문장 첫머리에 쓰이는데, 어떤 것은 주어와 술어 사이에 쓰이기도 하며 다음 부사는 '만일(假如) 가령(假使), 만약(如果),

설령(要是)' 등으로 해석할 수 있다.

8) 인과 접속사(因果接續詞)

인과 접속사는 인과관계를 나타내는 문장을 연결하는 접속사로써 어떤 때에는 원인절에 쓰여서 원인을 나타내고, 어떤 때에는 결과절에 쓰여서 결과를 나타내며, 어떤 때에는 양쪽에 다 사용된다. 어떤 것은 원인절이 앞에 있고 결과절이 뒤에 있어서 선원인 후결과로 되어 있고, 어떤 것은 결과절이 앞에 있고 원인절이 뒤에 있어서 선결과 후원인으로 되어 있다.

선원인 후결과이든 선결과 후원인이든 간에 중점은 모두 뒷절에 있다. 자주 쓰이는 인과 접속사로는 이(以) 유(由) 위(爲) 고(故) 개(蓋) 이고(以故) 시고(是故) 시이(是以) 유시(由是) 등이 있다.

> ※ 以(이) : …… 때문에.
> 蓋(개) : 왜냐하면, 때문에
> 以故(이고) : 그로 인하여, 따라서
> 是故(시고) : 까닭으로
> 是以(시이) : 이런 까닭으로, 따라서
> 由是(유시) : 그로 말미암아, 따라서

예문 ❶ <u>由</u>所殺蛇白帝子, 殺者赤帝子, <u>故</u>上赤(유소살사백제자 살자적제자 고상적)

피살된 뱀은 백제의 아들이고, 죽인 이는 '적제'의 아들이었기 때문에 따라서 적색을 숭상하였다.

> **해설** • 由(유) : '…… 때문에, ……로 말미암아'의 뜻으로 '원인'을 나타낸다.
> • 故(고) : '따라서'의 뜻으로 결과를 나타낸다.
> • 上(상) : 숭상하다.
> • 上赤(상적) : 적색을 숭상하다.

❷ <u>爲</u>其老, 彊忍下取屨(위기로 강인하취구)

그가 늙었기 때문에 애써 참고 내려가 신발을 주워 왔다.

> **해설** 爲(위) : …… 때문에. 원인을 나타낸다.

9) 주종 접속사(主從接續詞)

주종 접속사는 주종관계를 나타내는 단어나 구를 연결하는 접속사이다. 두 가지 상황이 있다. 하나는 부사어와 중심사를 연결하는 것으로, 다시 말하면 부사어와 술어 중심사의 사이에 놓이는 접속사이다. 중심사가 주이고, 부사어가 종이다.

둘째는 기점과 기점 이외의 단어를 연결하는 것으로 시간과 시간, 지점과 지점, 수와 수의 사이에 놓이는 접속사이다. 기점이 주이고, 기점 이외의 단어가 종이다. 자주 쓰는 주종 접속사는 이(而) 이(以) 이(已) 유(有) 등이 있다.

예문 ① 周炯呱呱而泣(주형고고이읍)

주형이가 태어났을 때 응앙응앙 울었다.

해설 • 呱呱(고고) : 어린 아기가 우는 소리.

• 而(이) : 부사어 고고(呱呱)와 중심사 읍(泣)을 연결했다.

② 吾恂恂而起, 視其缶, 而吾蛇尚存, 則弛然而臥(오순순이기 시기부 이오사상존 즉이연이와)

나는 조심스럽게 일어나 그 장군[缶]을 보았는데, 뱀이 그때까지 있었으나 태연히 누웠다.

해설 而(이) : 각각 부사어 순순(恂恂)·이연(弛然)과 중심사 '기(起)' '와(臥)'를 연결하였다.

③ 船載以入(선재이입)

배에 싣고 들여왔다.

해설 以(이) : 부사어

선재(船載)와 중심사 입(入)을 연결하여 동작행위의 방식과 도구를 나타낸다.

④ 朝而往, 暮而歸(조이왕 모이귀)

아침에 나가고, 저녁에 돌아오다.

해설 이(而)는 각각 부사어, 조(朝)·모(暮)와 중심사 '왕(往), 귀(歸)'를 연결하여 동작행위가 일어난 시간을 나타낸다.

❺ 民年七十以上 若不滿有罪 當刑者皆免之(민년칠십이상 약불만유죄 당형자개면지)

　백성 중에 나이가 70세 이상이거나 또는 10세 미만으로, 죄를 지어 마땅히 처벌받아야 하는 경우는 모두 사면되었다.

（해설）　• 若(약) : 또는. 선택 접속사
　　　• 以(이) : 기점과 기점 이외의 단어를 연결
　　　• 七十(칠십) : 기점을 나타낸다.
　　　• 上(상) : 기점 이외의 것을 나타낸다.

❻ 故自四五萬而往者, 彊勝(고자사오만이왕자 강승)

　그러므로 4, 5만명 이상이 있는 경우는 강성하고 승리할 수 있다.

（해설）　이(而)는 이(以)와 비슷하고, 그 기능은 '이(以)'와 같다.

❼ 臣密今年四十有四(신밀금년사십유사)

　신 밀은 올해 나이가 사십하고 네 살입니다.

（해설）　유(有)는 또(又)의 뜻이다. 기점과 기점 이외의 단어를 연결한다. 사십(四十)은 기점을 나타내는 단어이고 '사(四)'는 기점 이외의 단어를 나타낸다.

10. 종미사終尾詞

　모든 문장의 끝에서 끝맺음하는 허사(虛詞)로서 여러 형태를 나타내는 품사이며, 거기에는 알맞은 조사(助詞)가 붙어 있다.
　그리고 표명 작용도 하고 어떤 문장인지를 판명하기도 한다.
　야(也), 이(已), 의(矣), 언(焉), 이(耳), 이(爾), 이(而), 자(者), 야(也), 야(邪), 혜(兮) 등이 있다.

1) 서술 종미사(敍述終尾詞)

　서술이란 주어에 대하여 동작, 형태, 존재 등을 나타내는 것을 설명하는 것이다.

서술 종미사란 상황을 설명하고 사실을 서술하는 데 쓰이며 의문, 명령, 영탄, 감탄 등을 표시한다.

서술을 나타내는 종미사로는 야(也), 이(已), 의(矣), 언(焉), 이(耳), 이(爾), 이이(而已), 고(故), 고(固), 야이의(也已矣) 등이 있다.

서술 종미사는 긍정, 완성, 제한 등의 어미(語尾)를 나타내는 것으로 나눌 수 있다.

(1) 긍정 표시 : 也矣, 焉, 耳, 已, 也已, 也已矣 등이 있다.

① 판단 또는 해석 표시

예문 ❶ 成圭者, 木浦人也, 字涉(성규자 목포인야 자섭)
　　성규는 목포 사람으로, 자가 섭이다.

❷ 閔泳煥公 朝鮮文人也(민영환공 조선문인야)
　　민영환공은 조선의 문인이다.

❸ 入其境, 其田疇穢, 都邑露, 是貪主已(입기경 기전주예 도읍로 시탐주이)
　　그 나라의 경내에 들어갔는데, 그 나라의 논밭이 황폐하고, 성읍이 퇴락했다면 이것은 탐욕스러운 군주라는 것이다.

❹ 如古之無聖人 人之類滅久矣(여고지무성인 인지류멸구의)
　　옛적에 성인이 없었던들 인류가 멸망한 지 오래되었을 것이다.

❺ 信者人之大寶也(신자인지대보야)
　　믿음이라는 것은 사람의 큰 보배이다.

❻ 今日病矣 余助畝長矣(금일병의 여조무장의)
　　오늘은 몸이 불편하였으나 나는 벼모가 성장하도록 도와주었다.

❼ 一戰而天下定矣 不可失也(일전이천하정의 불가실야)
　　한번 싸움으로 천하를 평정할 수 있으니 (이 기회를) 놓쳐서는 아니된다.

❽ 雖我之死 有子存焉(수아지사 유자존언)
　　비록 나는 죽더라도 아들은 살아있어야 한다(된다).―강조 표시

⑨ 晏子可謂知禮<u>也已</u>(안자가위지례야이)

안자는 예를 안다고 말할 수 있다(있구나).

⑩ 此必妄人<u>也已矣</u>(차필망인야이의)

이 사람은 반드시 망령된 사람이다.

② 사실 확인

예문 ❶ 天於民無厚<u>也</u>, 君於民無厚<u>也</u>(천어민무후야 군어민무후야)

하늘이 백성에게 은덕이 없고, 임금도 백성에게 은덕이 없다.

❷ 雖我之死, 有子存<u>焉</u>(수아지사 유자존언)

비록 내가 죽더라도 아들이 남아 있습니다.

❸ 惑而不從師, 其爲惑<u>也</u>, 終不解<u>矣</u>(혹이부종사 기위혹야 종불해의)

의혹이 있는데도 스승을 좇아 묻지 않으면, 그 의혹되는 점이 끝내 풀리지 않게 된다.

(2) 완성 표시 : 의(矣)

① 이미 실현된 일 또는 이미 이루어진 상황 표시

예문 ❶ 車已行<u>矣</u>(차이행의)

차는 이미 떠나 버렸다.

❷ 使人索玉均, 已逃日本<u>矣</u>(사인색옥균 이도일본의)

사람을 파견하여 옥균을 찾았으나, 이미 일본으로 달아나 버렸다.

❸ 有朴氏者, 專其利三世<u>矣</u>(유박씨자 전기리삼세의)

박씨라는 자가 있었는데 그〔뱀을 잡아 납세의 면제를 받는〕이 점을 독점한 것이 삼대가 되었다.

② 곧 실현될 일 또는 곧 출현할 상황 표시

예문 ❶ 吾屬今爲之<u>矣</u>(오속금위지의)

우리 무리들은 곧 그에 의해 포로가 될 것이다.

❷ 明國君臣且若兵<u>矣</u>(명국군신차약병의)

명나라의 임금과 신하는 장차 전쟁 때문에 괴로움을 당하게 될 <u>것이다.</u>

(3) 한정(限定) : ~로 뿐이다, ~로 따름이다.

이(耳), 이(已), 이(爾), 이이(而已), 이이의(而已矣) 등

예문 ❶ 特與嬰兒戲耳(특여영아희이)
　　　다만 어린아이에게 농담한 것에 <u>불과하다.</u>

❷ 雖然止是耳矣(수연지시이의)
　　비록 그러하나 이에 그칠 <u>뿐이다.</u>

❸ 旣可得而知已(기가득이지이)
　　이미 얻어서 알 <u>뿐이다.</u>

❹ 夫子之道 忠恕而已矣(부자지도 충서이이의)
　　공부자[孔子]의 도는 충(忠)과 서(恕)일 <u>뿐이다.</u>

❺ 不知老之 將至云爾(부지로지 장지운이)
　　늙음이 장차 닥쳐오는 것을 알지 못한다고 말할 <u>뿐이다.</u>

❻ 非爲之國也 爲趙焉爾(비위지국야 위조언이)
　　여섯 나라를 위한 것이 아니요, 조나라를 위해서였을 <u>따름이다.</u>

❼ 持之爲訓 有附焉爾(지지위훈 유부언이)
　　그것을 견지하여 교훈으로 삼아서 덧붙이는 것일 <u>뿐이다.</u>

도움말 대체로 범위 부사인 기(旣), 지(只), 유(唯), 독(獨), 특(特) 등과 서로 호응관계를 이루면서 쓰인다.

2) 정돈 종미사(停頓終尾詞)

정(停, 머무를 정), 돈(頓, 꾸벅거릴 돈), 즉 정돈으로 '잠시 쉬는 것'이라는 뜻으로 문장의 중간에 쓰여 말뜻이 아직 끝나지 않고 잠시 쉬는 것을 나타내는 품사(品詞)이다.

문장의 주어, 복문, 복문 중의 앞절, 시간사 등의 뒤에 쓰이며, 자(者), 야(也), 언(焉), 야(邪), 의(矣), 혜(兮) 등이 있다.

(1) 주어 뒤에 쓰이는 경우

예문 ❶ 韓非<u>者</u>, 韓之諸公子也(한비자 한지제공자야)
한비는 한나라의 귀족 자제이다.

❷ 兵<u>者</u>, 國之大事也(병자 국지대사야)
전쟁은 국가의 대사이다.

❸ 北山愚公<u>者</u>, 年且九十(북산우공자 연차구십)
북산의 우공은 나이가 거의 90세가 되어간다.

❹ 公孫鞅之法<u>也</u> 重輕罪(공손앙지법야 중경죄)
공손앙의 법규는 가벼운 죄를 가중시키는 것이다.

(2) 복문의 앞절에 쓰여 잠시 쉬는 경우

예문 ❶ 永基有二子, 不殺<u>者</u>, 爲吳國患(영기유이자 불살자 위오국환)
영기는 두 아들이 있는데 죽지 않으면, 장차 오나라의 화근이
될 것이다.

❷ 英祖王之從政<u>也</u>, 擇能而使之(영조왕지종정야 택능이사지)
영조 왕은 정치에 종사(통치)함에 있어 유능한 사람을 가려 그
를 임용하였다.

도움말 '자(者)'는 복문의 앞절 끝에 놓여 '제시하고 잠시 쉬는 것'을 나타내
고, '야(也)'는 복문의 앞절에 쓰여 '잠시 쉬고 지연시키는 것'을 나타
낸다.

(3) 시간사나 기타 부사어 뒤에 쓰여 잠시 쉬고 지연시키는 표시

예문 ❶ 古<u>者</u>吾以汝爲達(고자오이여위달)
옛날에 나는 네가 통달했다고 여겼다.

❷ 古<u>者</u>丈夫不耕, 草木之實足食也(고자장부불경 초목지실족식
야)
옛날에는 비록 남자가 경작하지 않아도 초목의 과실은 먹기에
충분하였다.

❸ 古也墓而不墳(고야묘이불분)

고대에는 무덤을 만드는 데 봉분을 쌓아올리지 않았다.

❹ 今人主之於言也, 悅其辯而不求其當焉(금인주지어언야 열기변이불구기당언)

지금 군주는 언론에 대해서 그 웅변만을 기뻐하고 그 합당함을 추구하지 않는다.

❺ 於是焉河伯欣然自喜(어시언하백흔연자희)

이에 황하의 신은 흔쾌하게 스스로 기뻐하였다.

❻ 禍兮福之所倚, 福兮禍之所伏(화혜복지소의 복혜화지소복)

화는 복이 기대는 곳이고, 복은 화가 잠복해 있는 곳이다.

3) 의문 종미사(疑問終尾詞)

어떤 문제에 대하여 의심이 있어 묻고, 대답을 기다리는 것들을 나타내는 것으로 호(乎), 여(與 : 歟), 야(邪 : 耶) 등이 있다.

(1) 시비 의문문(是非疑問文)

어떤 일을 한 문장에서 말한 뒤, 다른 사람이 긍정 또는 부정의 대답을 기다리는 것이다.

시비 의문문을 나타내는 종미사에는 주로 호(乎), 여(與 : 歟), 야(邪 : 耶) 등이 있다.

예문 ❶ 壯士 能復飲乎(장사 능부음호)

장사로다! 다시 마실 수 있을까?

❷ 子非德仁大夫歟(자비덕인대부여)

그대는 덕인 대부가 아닙니까?

❸ 治亂天邪(치난천야)

태평함과 혼란함은 하늘이 만드는 것인가?

❹ 此何鳥哉(차하조재)

이것은 무슨 새입니까?

(2) 선택 의문문(選擇疑問文)

어떤 문제에 대하여 몇 개의 의문을 제기하여, 다른 사람으로 하여금 그 중에 하나를 선택하여 대답을 하도록 하는 것이다.

선택 의문문을 나타내는 의문 종미사는 주로 호(乎), 여(與 : 歟), 야(邪 : 耶), 야(也), 위(爲) 등이 있다.

예문 ❶ 政不節與 使民疾與(정부절여 사민질여)

"정치가 무절제한 것 때문입니까? 백성들로 하여금 고통을 받게 한 때문입니까?"라고 했다.

❷ 汝知乎 不知耶(여지호 부지야)

그대는 그것을 아는가? 모르는가?

❸ 奚以之九萬里而南爲(해이지구만리이남위)

무엇 때문에 구만리 하늘 높이까지 날라 올라갔다가 남쪽으로 향해 날아가는가?

❹ 天之亡我, 我何渡爲(천지망아 아하도위)

하늘이 나를 망하게 하려 하는데, 내가 어떻게 강을 건너겠는가?

해설 • 爲(위) : 반어 종미사

• 何(하) : 어떻게, 어찌의 뜻.

❺ 然則, 又何以兵爲(연즉 우하이병위)

이렇게 된 바에는 또 무엇 때문에 군대를 필요로 하겠는가?

해설 • 兵(병) : 군대. 명사가 동사로 쓰여 군대를 필요로 하다.

• 何以(하이) : 이하(以何)로 무엇 때문에. 전목구조라 부사로 쓰임.

❻ 君長有齊, 奚以薛築城爲(군장유제 해이설축성위)

군께서는 제나라를 차지하고 있으니 무엇 때문에 설 땅에 성을 쌓으려고 하십니까?

해설 • 奚以(해이) : 하이(何以)와 같이 '무엇 때문에'의 뜻.

• 薛(설) : 지명, 동사로 쓰임. '설 땅에 성을 쌓다.'

4) 반문 종미사(反問終尾詞)

어떤 일이나 문제에 대해 본래 의문은 없고 잘 알고 있으면서 일부러 물어보는 것을 나타내는 것으로 대답은 요구하지 않고, 어떤 문제에 대해서 부정 또는 긍정을 나타내는 것이다.

자주 쓰이는 것으로는 재(哉) 호(乎) 야(邪) 등이 있고, 반어 종미사의 부사어로 쓰이는 것은 기(豈) 기(其) 독(獨) 등이 있고, 반어 종미사를 나타내는 것으로는 영(寧) 언(焉) 안(安) 오(惡) 오(烏)와 서로 호응한다.

예문 ❶ 燕雀安知鴻鷺之志哉(연작안지홍로지지재)
작은 제비와 참새가 어찌 기러기와 백로의 뜻을 알겠는가?

❷ 王侯將相寧有種乎(왕후장상녕유종호)
왕후장상(국왕, 제후, 장군, 재상)이 어찌(태어나서부터) 씨가 있었겠는가?

❸ 且帝寧能爲石人邪(차제녕능위석인야)
게다가 황제가 어찌 돌로 만든 우상이 될 수 있겠는가?

❹ 求劍若此, 不亦惑乎(구검약차 불역혹호)
칼을 찾는 것이 이와 같다면 또한 너무 어리석지 않은가?

해설 • 不亦(불역)……乎(호) : 또한 ……이 아닌가?
 • 不也(불야)……嗎(마) : 또한 ……이 아닌가?

❺ 此不爲遠者小 而近者大乎(차불위원자소 이근자대호)
이는 먼 것은 작고, 가까운 것은 크다고 여기는 게 아닌가?

해설 • 不爲(불위)~乎(호) : ~으로 여기는 게 아닌가?
 • 반문 종미사 '위(爲)'는 또 자주 하(何) 하이(何以) 해이(奚以) 등과 서로 호응하여 '하(何)~위(爲)', '하이(何以)~위(爲)', '해이(奚以)~위(爲)' 등의 반어 문형을 이룬다.

5) 예측 종미사(豫測終尾詞)

어떤 사건이나 문제에 대하여 반신반의하여 추측하는 말이다. 서술어와 의문 종미사 사이에 놓여 있어 상대방에게 대답이나 확인을 요구하지는 않는다.

예측 종미사에는 호(乎) 여(與, 歟) 야(邪, 耶) 등이 있으며, 이들과 자주 어울려 쓰이는 예측 종미사로는 기(其) 태(殆) 무내(無乃) 득무(得無) 등이 있다.

> **예문** ❶ 聖人之所以爲聖, 愚人之所爲愚其出於此乎(성인지소이위성 우인지소위우기출어차호)
>
> 성인이 성스럽게 되는 까닭과 어리석은 이가 어리석게 되는 까 닭은 아마도 모두 여기에서 나오지 않았겠는가?
>
> ❷ 得非諸侯之盛强, 末大不掉之咎歟(득비제후지성강 말대부도 지구여)
>
> 아마도 제후의 힘이 강성하여 마치 나무의 지엽이 너무 무성해 서 나무의 근간을 압도하고 꼬리가 너무 길어서 흔들 수 없게 된 것이 잘못이 아니겠는가!
>
> **해설** 득죄(得罪)는 대체로, 대개(大概), 아마도(恐怕), '혹시 ~이 아 닐까(莫非)' 등에 해당된다.

6) 명령 종미사(命令終尾詞)

명령 종미사는 청유, 명령, 금지 등을 나타내는 데 쓰이는 단어이다. 야(也), 의(矣), 호(乎), 내(來) 등이 있는데 자주 쓰이는 명령 종미 부사인 원(願), 청 (請), 유(惟), 기(其) 등과 호응한다.

> **예문** ❶ 寡人非此二姬, 食不甘味願斬也(과인비차이희 식불감미원참 야)
>
> 과인은 이 두 계집(애첩)이 없으면 음식을 먹어도 맛있는 줄 모 를 것이니, 제발 죽이지 않기를 바라오.

해설 寡(과) : 나. 임금이 자기 자신을 일컫는 겸칭.

❷ 君無疑矣(군무의의)

임금께서는 다시 의심하지 마소서!

❸ 子其行乎(자기행호)

그대는 바로 떠나가소서!

❹ 雖然 若必有以也嘗, 以語我來(수연 약필유이야상 이어아래)

비록 이와 같지만, 당신은 반드시 무슨 까닭이 있을 것이다. 시험삼아 그것을 나에게 알려주시오.

11. 감탄사感歎詞 = 독립사獨立辭

사물에 대한 느낌, 놀람, 슬픔, 희열, 감동 등을 나타내는 품사이며, 감탄하는 사람의 놀라움, 찬탄, 애통, 격분 등의 강렬한 감정을 나타내는 것으로 자주 쓰이는 것은 다음과 같다.

기(其), 우(于), 우(吁), 아(呵), 호(呼), 획(嚄), 희(噫), 억(抑), 우(嚘), 오(惡), 아(啞), 차호(嗟乎), 오호(於呼), 오호(嗚呼), 차자호(嗟兹乎) 등이 있다.

1) 놀라움 표시

예문 ❶ 惡 賜, 是何言也(오 사 시하언야)

아! 사(자공)야, 이것이 무슨 말이냐?

해설 惡(오) : 아, 야(呀, 呵)

❷ 啞 是非君人者之言也(아 시비군인자지언야)

아! 이것은 백성을 다스리는 사람이 해야 할 말이 아니로다!

해설 • 啞(아) : 아(呀), 야

• 君人者(군인자) : 백성을 다스리는 사람.

❸ 永哲曰, 吁君何見之晚也(영철왈 우군하견지만야)

영철이 말하기를, "아, 그대의 식견은 얼마나 낙후되었는지!"라고 했다.

❹ 周炯下車, 泣曰, 嘆, 大姊, 何藏之深也(주형하거 읍왈 획 대자 하장지심야)

주형이가 수레에서 내려 울면서 말하기를 "아이쿠 큰누님, 어째서 깊이 숨었느냐!"라고 했다.

2) 찬탄 표시 : 譆, 嘻, 於

예문 ❶ 譆 善哉, 技盍至此也(희 선재 기합지차야)

아하! 훌륭하도다. 기술이 이런 경지에까지 이르렀는고!

해설 譆(희) : 놀라움 표시, 아하(哈), 야(啊)와 같다.

❷ 客曰, 夥頤涉之爲王沈沈者(객왈 과이섭지위왕침침자)

객이 말하기를 "아아! 진섭이 황제가 됨에 〔궁실이〕 크고 깊숙함이여!"라 했다.

해설 • 夥頤(과이) : 아아(嘻, 譆)

• 沈沈(침침) : 크고 깊숙한 모양

❸ 於 鯀哉(오 곤재)

아! 곤아.

해설 於(오) : 아!

3) 애통 표시

예문 ❶ 嗚呼 国恥民辱 乃至於此(오호 국치민욕 내지어차)

아아! 나라의 수치요. 백성의 욕됨이 이 지경에 이르렀구나.

해설 嗚呼(오호) : 아아(噫嘻 : 희희)와 같은 뜻.

❷ 於乎, 小子未知臧否(오호 소자미지장부)

아아! 젊은이들은 선과 악을 알지 못하는구나.

해설 於乎(오호) : 아아(嗚呼)와 같은 뜻.

❸ 嘻 子毋讀書遊説, 安得此辱乎(희 자무독서유세 안득차욕호)

아! 그대가 책을 읽고 유세(遊說)하지 않았다면 어찌 이런 모욕을 당하겠는가?

(해설) 嘻(희) : 아! 아이고(哎咳)의 뜻.

❹ 陳涉太息曰, <u>嗟乎</u> 燕雀安知鴻鵠之志哉(진섭태식왈 차호 연작안지홍곡지지재)

　　진섭이 크게 탄식하며 말하기를 "<u>아이쿠</u>, 작은 제비와 참새가 어찌 기러기와 고니의 뜻을 알겠는가?"라고 했다.

(해설) 嗟乎(차호) : 아이쿠(哎呀)의 뜻.

❺ <u>嗟兹乎</u> 我窮必矣(차자호 아궁필의)

　　<u>아이쿠</u>! 나는 필연적으로 곤궁해지게 되어 있음이여!

(해설) 嗟兹乎(차자호) : 아이쿠의 뜻.

❻ <u>嗟呼子呼</u> 楚國亡之日至矣(차호자호 초국망지일지의)

　　<u>아이쿠</u>! 초나라가 멸망할 때가 되었구나.

(해설) 嗟呼子呼(차호자호) : 아이쿠(哎呀/哎呀呀)

4) 격분·분개 표시

(예문) ❶ 英美怒曰, <u>呼</u> 役夫(영미노왈 호 역부)

　　영미가 노하여 말하였다. "<u>홍</u>, 비열한 놈!"

(해설) • 呼(호) : 홍, 피(呸)의 뜻.
　　　• 役夫(역부) : 잡부.

❷ <u>嘻</u> 諸生闒茸無行 多言而不用(희 제생탑용무행 다언이불용)

　　<u>허</u>! 모든 유생들은 비천하고 품행이 없고 말고 많고 쓸 데가 없다.

(해설) • 嘻(희) : 허(咳)의 뜻.
　　　• 闒茸(탑용) : 비천하다.
　　　• 無行(무행) : 품행이 없다.

❸ <u>叱嗟</u>, 而母婢也(질차 이모비야)

　　<u>홍</u>! 너의 어머니는 시녀일 뿐이다.

(해설) • 叱嗟(질차) : 홍(呸)의 뜻.
　　　• 而(이) : 너, 당신.
　　　• 婢(비) : 시녀.

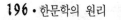

12. 응답사應答詞

응답사는 부름과 승낙을 나타내는 일종의 소리이다.

1) 부름 표시 : 嘻, 嗟, 吁

예문 ❶ 從者曰 嘻 速駕(종자왈 희 속가)

수행하는 사람이 말하기를, "어이, 빨리 수레를 묶어라."고 했다.

해설 嘻(희) : 어이, 야, 여보세요.

❷ 金海公左奉食, 右執飮曰 嗟 來食(김해공좌봉식 우집음왈 차
내식)

김해공이 왼손으로 밥을 받들고, 오른손으로 음료를 들고 말하
기를 "야! 먹자."라고 했다.

해설 嗟(차) : 어이, 야, 여보세요(喂)

❸ 先生曰, 吁 子來前(선생왈 우 자래전)

선생님께서 말씀하시기를 "어이! 자네는 앞으로 나오게!"라고
했다.

2) 응답 표시 : 唯, 諾

예문 ❶ 又南曰, 唯唯若是者三(우남왈 유유약시자삼)

우남이 말하기를, "예예."하며 이와 같이 말하기를 세 번 반복하
였다.

해설 唯(유) : 예, 응(嗯)

❷ 海公曰, 諾恣君之所使(해공왈 낙자군지소사)

해공이 말하기를, "예, 당신이 파견한 바에 맡깁시다!"라고 했다.

해설 諾(낙) : 예, 응(嗯)

한문장漢文章의 구조

한자는 낱낱의 글자가 독립된 뜻을 가지는 고립어(孤立語 : 뜻글자)이므로 한 글자 자체로서 하나의 단어가 된다. 두자, 세자씩 또 그 이상이 모여서 구체적인 뜻을 지니는 형태로 짜여지는 것을 한문학의 구조라 한다.

한자와 한자어의 일정한 짜임 법칙에 맞추어 조직화된 한문장(漢文章)에 대하여 어떠한 구조와 성분으로 되어 있는지를 연구한다.

단문(單文), 복합문(複合文), 생략문(省略文)으로 나눈다.

문장을 구성하는 성분을 분석하면 다음과 같다.

① 주요성분—주어(主語), 서술어(敍述語), 목적어(目的語), 보어(補語) 등

② 부속성분—관형어(冠形語), 부사어(副詞語), 접속어(接續語) 등

③ 접속성분—접속어(接續語) 등

④ 독립성분—고립어(孤立語)로 구분하고 자세한 것은 한자어의 품사에서 논한다.

1. 문장을 구성하는 성분의 해설

1) 주어(主語)

한 문장 가운데 주체가 되는 말. 임자말로 고유명사, 보통명사, 의존명사 (예 : 것, 데, 바, 체, 원 등 자립명사)가 있으며 이름씨라고 한다.

2) 서술어(敍述語)

문장 성분의 하나로 주어에 대하여 동작, 형태, 존재 따위를 나타내는 말로 설명어(說明語), 서술어라 한다.

3) 목적어(目的語)

명사나 대명사가 타동사의 목적이 될 때 목적어라 한다.

- **목적격**

   명사나 대명사가 타동사의 목적어로 될 때의 격. 객격(客格), 부림자리. 빈격(賓格)이라 한다.

- **목적격조사**(目的格助詞)

   주어 아래에 붙어 그것이 타동사의 대상이 됨을 보이는 격조사(格助詞)로서 '……을, ……를'이 있음. 부림자리토씨라 한다.

4) 보어(補語)

주어와 술어만으로는 뜻이 완전하지 못한 문장에 있어서 그 불완전한 곳을 보충하여 뜻을 완전하게 하는 구실을 하는 수식어. 기움말, 보충어라 한다.

5) 관형어(冠形語)

체언의 뜻을 수식하기 위하여 그 위에 덧쓰이는 말. 매김말이라 한다.
   ① 체언(體言)
      사물의 실체를 가리키는 언어라는 뜻으로 명사, 대명사, 수량사(수사) 세 품사로 문장에서 조사의 도움을 받아서 주체가 되는 구실을 하는 단어. ㉻용언(用言)
   ② 용언(用言)
      문장 자체를 서술하는 기능을 띤 단어로 어미가 활용하는 말.
      예를 들어 동사, 형용사의 총칭

보조용언이라는 것이 있다. 주용언 아래에 붙어 그 용언을 돕는 용언. 보조동사, 보조형용사 등이 있다. 기타는 학습하기 바란다.

③ 관형사(冠形詞)

어떤 체언 위에서 그 체언이 지닌 뜻을 꾸미는 품사. 매김씨, 관사(冠詞)라 한다.

④ 관형격(冠形格)

체언을 꾸미는 자리. 매김자리라 한다.

⑤ 관형격조사(冠形格助詞)

체언 아래에 붙어 그 주어를 꾸미는 관형사 구실을 하게 하는 격조사(格助詞). '의' 하나임. 매김자리토씨라 한다.

⑥ 관형절(冠形節)

관형사처럼 쓰이는 어절(語節). 매김마디라 한다.

6) 부사어(副詞語)

① 부사(副詞)

품사의 하나. 주로 동사 형용사 또는 다른 부사 앞에 놓여 그 뜻을 한정하는 품사. 예를 들어 '더욱' '아주' '썩' 따위. 어찌씨라 한다.

② 부사어(副詞語)

부사의 구실을 하는 관용어나 단어

③ 부사격 조사(副詞格助詞)

체언 아래에 붙어서 그와 함께 마치 부사 모양으로 용언을 꾸미는 격조사

④ 부사절(副詞節)

부사 구실을 하는 절.

7) 접속사(接續詞)

단어나 문장을 잇는 구실을 하는 말들의 품사의 하나로 교착어(膠着語)라고도 하고 이음씨(conjunction)라 한다.

① 접속조사(接續助詞)

조사의 분류의 하나. 체언과 체언을 연결하여 접속시키는 구실을 한다.

② 접속형(接續形)

연결어미로 끝나는 활용형. 접속관계에 따라 대립형, 종속형으로 나눈다.

8) 독립사(獨立詞)

문장의 구성에 직접 관계 없이 독립적으로 쓰이는 성분을 말한다.

> **예문** ❶ 參乎, 吾道一以貫之(삼호 오도일이관지)
> ❷ (呼稱) 嗟乎([호칭] 차호)
> ❸ 僞善者之多也(感嘆)(위선자지다야 [감탄])

문장이 간단하고 복잡하더라도 위 여덟 가지 성분 이외는 없다고 보아도 된다. 이 성분들이 상호간에 관계를 가지면서 문장을 이루는 것으로 위 여덟 가지를 파악할 수 있다면 한문 독해력은 만족하다고 본다.

2. 단문單文

하나의 한문장(漢文章)에서
　① 주어(主語)+술어(述語)
　② 주어(主語)+술어(述語)+목적어(目的語)
　③ 주어(主語)+술어(述語)+보어(補語)
　④ 주어(主語)+술어(述語)+목적어(目的語)+보어(補語)의 관계가 한 번
　　만 성립된 경우를 단문이라고 한다.
이것을 다시 기본구조와 확장구조로 나눈다.

1) 기본구조(基本構造)

한 문장(文章)을 구성하는 요소가 주어(主語), 서술어(敍述語 : 述語), 목적어(目的語), 보어(補語) 등 주요성분으로 이루어진 문장을 기본구조라 하는데 여기에 각종 수식어가 붙어 확장구조(擴張構造)로 분류한다.

※ 한문 구조의 이해를 돕기 위하여 다음 기호를 사용한다.

   ‖ : 주(主), 술(述) 관계

   ／ : 술(述), 보(補) 관계

   ｜ : 술(述), 목(目) 관계

   └↑ : 수식(修飾) 관계

(1) 주(主), 술(述) 구조 : 주어＋서술어(□‖□)

① 주어＋서술어(동사) : ～이 ～하다.

   예문 ❶ 춘(春)‖내(來) : 봄이 오다.

      ❷ 일(日)‖출(出) : 해가 뜬다.

      ❸ 풍(風)‖내(來) : 바람이 불어온다.

      ❹ 가(家)‖화(和) : 집이 화목하다.

      ❺ 화(花)‖발(發 : 開) : 꽃이 피다.

② 주어＋서술어(형용사) : ～이 어떠하다.

   예문 ❶ 월(月)‖명(明) : 달이 밝다.

      ❷ 월(月)‖백(白) : 달이 하얗다.

      ❸ 수(水)‖청(淸) : 물이 맑다.

③ 주어＋서술어(명사) : ～은 ～이다.

   예문 ❶ 공자(孔子)‖성인야(聖人也) : 공자는 성인이다.

      ❷ 인(人)‖노(老) : 사람이 늙다.

      ❸ 이옥동(李玉東)‖화가야(畫家也) : 이옥동은 화가이다.

      ❹ 여(汝)‖학생야(學生也) : 너는 학생이다.

한문 문장은 우리말과 다르게 조사나 어미의 활용이 없고 기본적으로 엄격한 '어순(語順)'에 의하여 각 성분의 구실과 역할을 나타낸다. 즉 문장의 내용이 각 성분(成分)의 배열에 의해서 표현하고자 하는 형식이 결정지어지는 것이다.

참고사항 주술(主述)구조의 해석 순서는 '주어＋술어'의 순서로 이루어진다. 서술어가 명사(體言)인 경우 문미(文尾)에 단성 종결사 '야(也)'를 붙인다. 그러므로 문의(文意)가 단정적으로 표현된다.

(2) 주술목구조(主述目構造) : 주어 + 서술어 + 목적어(□‖□ㅣ□)

• 기본구조(基本構造)

<u>무엇이</u>　　<u>어찌하다</u>　　<u>무엇을(를)</u>
　주어　　서술어(술어)　　　목적어

① 주어, 서술어와 목적어로 짜인 형태로 '무엇을, 어찌한다'의 관계로 이루어
　지며, 수식어가 첨가되어 주술목 확장구조가 된 목적어는 행동의 대상을
　나타내는 것으로 '~을(를)'로 새긴다.

② 어순(語順)은 서술어가 목적어 앞에 놓인다(우리말과 반대임).
　해설할 때에는 주어 + 목적어 + 서술어 순서로 이루어진다.

　예문　❶ 男兒 ‖ 讀 ㅣ 書(남아독서) : 남아가 독서를 한다.
　　　　　　주어　　서술어 목적어

　　　　❷ 吾 ‖ 省 ㅣ 身(오성신) : 나는 자신을 반성한다.

　　　　❸ 吾 ‖ 受 ㅣ 賞(오수상) : 나는 상을 받았다.

　　　　❹ 　　協 ㅣ 力(협력) : 힘을 합하다.

　　　　❺ 吾 ‖ 植 ㅣ 木(오식목) : 나는 나무를 심는다.

(3) 주술보구조(主述補構造) : 주어 + 서술어 + 보어(□‖□／□)

① 주어 + 서술어 + 보어로 짜인 상태로 '무엇이(가), 어떠하다' '무엇에(서) 어
　찌하다'의 관계로 이루어진다.

② '~이(가), ~에, 함으로'로 새기며 술목관계와 같이 우리의 어순(보어 + 서
　술어)과 다르다.

③ 보어는 서술어를 도와서 뜻을 완전하게 해준다.

④ 해석할 때는 주어 + 보어 + 서술어 순서로 이루어진다.

　예문　❶ 學者 ‖ 爲 ／ 君子(학자위군자) : 배우는 자는 군자가 된다.
　　　　　　주어　　서술어　　보어

❷ 父子 ‖ 有 / 親(부자유친) : 부자간에는 친함이 있다.

❸　　　　有 / 信(유신) : 믿음이 있다.

❹　　　　登 / 山(등산) : 산에 오르다.

참고사항　보어를 동반하는 서술어

유(有) : 있다, 무(無)·망(罔)·막(莫) : 없다, 역(易) : 쉽다, 난(難) : 어렵
다, 비(非)·불(不) : 아니다, 시(是) : 이다, 위(爲) : 되다. 삼다. ~이다 등은
대개 보어를 동반한다. 즉 서술어＋보어 짜임의 구문(句文)이 되는 것이다.

예문　❶ 有罪(유죄) : 죄가 있다.

❷ 無情(무정) : 정이 없다.

❸ 奇怪罔測(기괴망측) : 기괴함이 헤아릴 수가 없다.

❹ 亦莫不寧(역막불녕) : 또한 편안하지 아니함이 없다.

❺ 我是靑年(아시청년) : 나는 청년이다.

❻ 少年易老學難成(소년이로학난성) : 소년은 늙기 쉽고 학문은
　　　　　　　　　　　　　　　　　　이루기가 어렵다.

❼ 轉禍爲福(전화위복) : 화가 바뀌어 복이 되다.

(4) 주술목보(主述目補) 구조 : 주어＋서술어＋목적어＋보어(□‖□|□/□)

① 주어, 서술어, 목적어, 그리고 보어로 짜인 상태로 보어는 목적어를 보충
하여 서술어와 목적어 관계를 명확하게 해주며
무엇이‖~어찌하다|무엇을/ ~에(라고) 한다(~다)의 관계로 이루어
진다.

② ~이(가) ~을(를) ~에게(라고) ~하다(~다)로 새기며

③ 해석할 때는 주어＋보어＋목적어＋서술어 순서로 이루어진다.

예문　❶ 弟 ‖投|金 / 於水(제투금어수) : 동생이 물에 금을 던진다.

❷ 昔人‖稱|開城 / 松都(석인칭개성송도) : 옛사람들은 송도를
　　　　　　　　　　　　　　　　　개성이라고 불렀다.

❸ 我 ‖讀|書 / 於家(아독성어가) : 나는 집에서 책을 읽는다.

참고사항 자동사(自動詞) : 있다, 없다, 쉽다, 어렵다 뒤에는 전치사가 붙지 않는 것이 원칙이다.

예문 ❶ 上∥有 / 木(상유목) : 위에는 나무가 있다.

❷ 我∥無 / 錢(아무전) : 나는 돈이 없다.

❸ 雲∥爲 / 雨(운위우) : 구름이 비가 된다.

2) 확장구조(擴張構造)

기본구조에 부속성분인 수식어(冠形語, 副詞語)가 첨가되어 이루어진 문장을 확장구조라 한다. 이것 역시 네 가지로 나뉘게 된다. 한문장(漢文章)은 기본구조에서 학습한 네 가지 구조의 원칙을 벗어나지 않는다. 다만 네 가지 구조관계에서 수식어가 붙는 데 따라 문장이 길어지고 복잡해 보일 뿐이다.

수식어는 주어, 술어, 목적어, 부사어, 어디에나 붙을 수 있다.

(1) 주술(主述) 확장구조

관형어(冠形語)＋주어(主語)＋부사어(副詞語)＋서술어(敍述語)

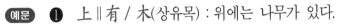

예문 ❶ 陽 春∥方 來(양춘방래) : 따뜻한 봄이 바야흐로 왔다.
　　　　관　주　부　술

❷ 清 風∥徐 來(청풍서래) : 맑은 바람이 느릿느릿 불어온다.
　　　　관　주　부　술

❸ 退溪 栗谷∥東方之 聖人也(퇴계율곡 동방지성인야) : 퇴계
　　　　주　　　　관　　술　　　와 율곡은 동방의 성인이다.
　　　　　　　　　술

❹ 大 器 晩 成(대기만성) : 큰 그릇은 늦게 찬다(크게 될 인물은
　　관　주　부　술　　　　　　　　늦게 이루어진다는 뜻).

제7장　한문장漢文章의 구조・**205**

※ 중요한 부분이므로 다시 설명한다면 다음과 같다.

- 주어의 확장

  綠 水 ‖ 深(녹수심) : 푸른 물이 깊다.
    관 주   술

- 서술어의 확장

  水 ‖ 益 深(수익심) : 물이 더욱 깊다.
   주   부 술

- 주어와 서술어의 확장

  綠 水 ‖ 益 深(녹수익심) : 푸른 물이 더욱 깊다.
   관 주   부 술
    주   술

(2) 주술목(主述目) 확장구조

    (관형어 + 주어 + 부사어 + 서술어 + 관형어 + 목적어)
    (□ □ ‖ □ □ | □ □)

참고사항   앞에서 설명했지만 수식어는 주어, 술어, 목적어, 보어, 부사어 어디에나 붙을 수 있기 때문에 문장의 구조가 복잡해지나 핵심은 '주어+서술어+목적어'이므로 복잡하게 생각할 필요가 없다. 수식어는 아주 중요한 부분이므로 학습하면 해석하는 데 어려움이 없으므로 전진하기 바란다.

예문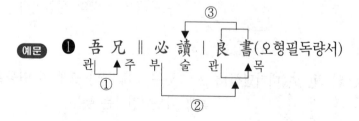
❶ 吾 兄 ‖ 必 讀 | 良 書(오형필독량서)

나의 형님은 반드시 좋은 책을 읽는다.
　　주　　　부　　목　　술

해석하는 순서는 ① ② ③으로 한다.

❷ 男兒 ‖ 須 讀 | 五車 書(남아수독오거서)
　　주　　　부 술　관　　목

남아는 모름지기 다섯 수레의 책을 읽어야 한다.

❸ 吾 ‖ 日 三省 | 吾 身(오일삼성오신)
　　주　　부 부 술　　관 목
　　①　　② ⑤ ⑥　　③ ④

나는 하루에 나 자신을 세 가지로 반성한다.

해석하는 순서는 ① ② ③ ④ ⑤ ⑥이다.

(3) 주술보(主述補) 확장구조

관형어 + 주어 + 부사 + 서술어 + 관형어 + 보어
(□□ ‖ □□ / □□)

예문 ❶ 遠 親 ‖ 不 如 / 近 隣(원친불여근린)

먼 친척은 가까운 이웃만 못하다.

❷ 春 花 ‖ 滿 發 / 於 前 庭(춘화만발어전정)

봄꽃이 앞뜰에 활짝 피었다.

❸ 師 ‖ 只 在 / 此 山 中(사지재차산중)

스승님은 단지 이 산속에 계신다.

❹ 至 樂 ‖ 莫 如 / 讀 書(지락막여독서)

지극한 즐거움은 독서 만한 것이 없다.

❺ 人 ‖ 皆 有 ㅣ 善 性(인개유선성)

사람은 모두 착한 성품이 있다.

❻ 莫大之 禍 ‖ 起 / 於須臾之 不忍(막대지화 기어수유지불인)

더 큰 것이 없는 〔가장 큰〕 재앙은 잠깐의 참지 못함에서 일
어난다.

(4) 주(主), 술(述), 목(目), 보(補) 확장구조

(관형어 + 주어 + 부사어 + 서술어 + 관형어 + 목적어 + 보어)
(□□ ‖ □□ ㅣ □□ / □□)

예문 ❶ 先 王 ‖ 親 教 ㅣ 農 事 / 於 庶 民

(선왕친교농사어서민) : 선왕이 뭇 백성에게 농사일을 몸소 가
르쳤다.

❷ 男 兒 ‖ 須 讀 ㅣ 五 車 書 / 於 一 生

(남아수독오거서어일생) : 사나이는 모름지기 일생동안 다섯 수
레의 책을 읽어야 한다.

❸ 仁 者 遺 善 名 于 後 世

(인자유선명우후세) : 어진 사람이 뒷세상에 좋은 이름을 남긴다.

참고사항 전치사(前置詞)는 언제나 보어 앞에 놓이는 것이 원칙이며 목적어
가 없는 문장에서는 생략될 수도 있다. 그러나 목적어가 있는 문장에서는

반드시 보어 앞에 그 보어의 성격에 맞는 전치사가 놓이게 된다. 전치사가 들어있는 문장 해석은 주어＋보어＋목적어＋술어의 순서가 원칙이다.

※ 예문 ① ②번을 참조하기 바란다.

3. 복합문複合文

복합문이란, 절(節)이나 구(句)가 중복되어 이루어진 문장을 말한다. 즉 기본 구조에 다시 구나 절을 두 번 이상 가지고 있는 문장으로, 대개 주어를 가지고 있는 문장을 절이라 하고, 주어가 없는 문장을 구(句)라고 한다.

1) 병렬 복합문(竝列複合文 : 對等複合文)

병렬문이란 중문(重文)이라고도 하는데, 이는 두 개 이상의 단문(單文)이 대등한 절로 이루어진 문장을 말한다.

春來(봄이 온다) 花發(꽃이 핀다) → 春來花發(봄이 오고, 꽃이 핀다)

위의 문장은 '춘래(春來－봄이 온다)'라는 주술구조의 단문과 '화발(花發－꽃이 핀다)'이라는 주술구조의 문장이 대등한 자격으로 이루어져 있는데, 이러한 문장을 곧 병렬문(竝列文)이라 하고 '～하고, ～하다'로 해석된다. 그러나 만약 '봄이 오면 꽃이 핀다(春來則花發)'로 연결되면 이것은 병렬문(竝列文)이 아닌 주종(主從)에 속하게 된다. 두 개의 절이 인과(因果)관계로 맺어져 앞의 행위가 (조건절) 뒤의 행위(주절)를 꾸미기 때문이다.

예문
❶ 富‖潤∣家, 德‖潤∣身(부윤가 덕윤신)
　부는 집을 윤택하게 하고, 덕은 몸을 윤택하게 한다.

❷ 仁者‖樂∣山, 知者‖樂∣水(인자요산 지자요수)
　어진 사람은 산을 좋아하고, 지혜로운 사람은 물을 좋아한다.

❸ 爾‖愛∣其羊, 我‖愛∣其禮(이애기양 아애기례)
　너는 그 양을 애석히 여기는가? 나는 그 예를 애석히 여긴다.

❹ 新沐者必彈冠, 新浴者必振衣(신목자필탄관 신욕자필진의)

새로 머리를 감은 사람은 반드시 관을 털고, 새로 몸을 씻은 사람은 반드시 옷을 턴다.

❺ 順天者存 逆天者亡(순천자존 역천자망)

천명을 따르는 사람은 남고, 하늘을 거역하는 자는 망한다.

2) 주종 복합문(主從複合文)

둘 이상의 절(節)이 주종관계로 이루어지며 '~은 ~이다', '~하면 ~한다'의 뜻이다.

종절(從節)이 주절(主節) 전체를 꾸미는 형식의 문장이다.

예문 ❶ 人‖不學, 人‖不知｜道(인불학 인부지도)
    주   술   주   술   목
   조건절   주절

사람은 배우지 않으면, 도를 얻지 못한다.

❷ 春‖若不耕, 秋無所望(춘약불경 추무소망)
   조건절   주절

봄에 농사를 짓지 않으면, 가을에 추수할 것이 없다.

❸ 爲/公則天下‖卽治(위공즉천하즉치)
     조건절   주절

공무(公務)를 집행하는 데 사심(私心)없이 집행하면 천하가 곧 다스려진다.

❹ 君子有德, 容貌如愚(군자유덕 용모여우)
   조건절   주절

군자에게 덕이 있으면 용모는 어리석은 자와 같이 된다.

❺ 忍一時之忿, 免百日之憂(인일시지분 면백일지우)
   조건절   주절

한때의 분노를 참지 못하면, 백일의 근심을 면할 수 없다.

3) 종속 복합문(從屬複合文)

둘 이상의 절(節)이 주어부가 서술어부에 종속적으로 내포(內包)된 문장이다. 종속성분(從屬成分)은 한 문장에 있어서 다른 부분을 수식하거나 한정하는 부속성분 역할을 말하며, '~것은, ~같다(한다)'의 뜻이다.

예문

❶ 臣∥事│君猶子事父也(신사군유자사부야)
  신하가 임금을 섬기는 것은 자식이 어버이를 섬기는 것과 같다.
  해설 子∥事│父也 : 서술어 부속 보어절임

❷ 世俗之人∥皆喜人之同乎己(세속지인개희인지동호기)
  세상 사람들은 모두가 다른 사람이 자기와 같은 것을 좋아한다.
  해설 人之∥同乎/己 : 서술어 부속 목적어절임

❸ 先帝知 臣謹愼(선제지 신근신)
  　　　목적　　주술
  선제께서는 신이 부지런하고 삼감을 아셨습니다.
  해설 신근신(臣謹愼)이 주술구조의 단문. 지(知)의 목적어로 문장의 성분으로 쓰임

❹ 百姓之謂我仁君也宜乎(백성지위아인군야의호)
  백성이 나를 <u>어진 군주</u>라고 함은 마땅하다.

4) 혼합 복합문(混合複合文)

서로 다른 구조를 이룬 둘 이상의 복합문(複合文)이 혼합되어 이루어진 문장으로 대개 병렬(竝列 : 對等)과 주종문장(主從文章)이 많다.

예문

❶ 蟲魚之物∥化生者∥最多, 而亦多生 / 於水濕之地
　관　　　　　　　　　　부술　접부부술
　　　　주
　(주어)　　　(서술절)　　　　(서술구)

(충어지물화생자최다 이역다생어수습지지)

벌레, 물고기 같은 동물들은 변화하여 생기는 것이 많고, 또한
물이 있고 축축한 곳에 많이 산다.

❷ <u>溫│故而知│新</u>, <u>可以爲 / 師矣</u>(온고이지신 가이위사의)
　　　병렬복합문　　　　　　인과관계복합문

옛것을 익히고 새것을 아니, 가히 스승이라 할 수 있다.

❸ <u>公之神‖在 / 天下者</u>, <u>如水之‖在 / 地中</u>
　　　　관형절　　　　　　　　　　보어절

(공지신재천하자 여수지재지중)

공의로운 신령이 천하에 있는 것은 물이 땅속에 있는 것과 같다.

4. 생략문省略文

문장에 복합문(複合文)이 있는 반면에 또한 생략문(省略文)이 있다. 복합문은
문장 내에 문장이 이중(二重)으로 이루어진 것을 말하는데, 반대로 생략문은 당
연히 있어야 할 문(文)의 성분이 생략되는 것을 말한다. 이것은 어느 나라 말에
도 있는 것이지만, 특히 한문의 경우가 더 많은 것 같다. 물론 그 생략은 앞 문
장의 말을 이어받는 경우, 독자가 알아볼 수 있는 말을 할 때에 생략된다.

1) 위어(謂語)의 생략

예문 ❶ 一<u>鼓</u>作氣, 再[　]而衰, 三[　]而傳
(일고작기 재[　]이쇠 삼[　]이전)
첫번째 <u>북을 치면</u> 사기가 진작되고, 두번째 <u>북을 치면</u> 사기가
쇠퇴하고, 세번째 <u>북을 치면</u> 사기가 빠져 버립니다.

해설 예문의 두 곳 [　]에는 모두 앞글을 받아서 술어 고(鼓)가 생략됨.

❷ 爲客治飯, 而自[　]藜藿(위객치반 이자[　]려곽)
손님에게는 좋은 식사를 지어 주고, 자기를 위해서는 채소 음식
만 만들었다.

해설 • 앞글을 받아서 술어 치(治)가 생략됨.
　　　 • 治(치) : 만들다, 끓이다.

212 • 한문학의 원리

- 藜藿(여곽) : 명주잎과 뽕잎. 거친 야채로 만든 좋지 않은 음식을 가리킨다.

❸ 然民雖有聖知, 弗敢我謀, [　]勇力弗敢我殺, 雖衆不敢勝其主(연민수유성지 불감아모 [　]용력불감아살 수중불감승기주)
백성들이 비록 **빼어난 지혜를 가졌다** 하더라도 감히 그를 도모하지 못한다. **용감한 힘을 가졌다** 하더라도 감히 그를 죽이지 못하며, 비록 수가 많더라도 감히 그들의 군주를 얕보지 못한다.

해설
- 앞글을 받아서 유(有)가 생략됨.
- 我(아) : 제1인칭이 제3인칭으로 활용되어 '그'의 뜻.
- 勝(승) : 얕보다. 업신여기다.

2) 주어(主語)의 생략

주어는 문장마다 당연히 있는 것이지만, 윗 문장의 주어를 이어받을 경우 생략된다.

예문 ❶ 明浩曰, 小大獄 雖不能察 必以情 [　]對曰, [　]忠之屬也
(명호왈 소대옥 수불능찰 필이정 [　]대왈 [　]충지속야)
명호가 말하기를, "작고 큰 소송사건은 자세히 살필 수는 없지만, 반드시 진실 여부를 판단하여야 한다."라고 하자, [영철이] 대답하여 말하기를, "[이것은] 직무에 충실해야 한다."라고 했다.

해설
- '대왈(對曰)'의 앞에 대화이므로 주어[A란 사람 이름]가 생략되었고, '충지속야(忠之屬也)'의 앞에 주어 '차(此, 是)'가 생략되었다.
- 小大獄 雖不能察 必以情(소대옥 수불능찰 필이정)을 대신 가리키는데 '이것'의 뜻이다.

❷ 明浩曰, 今日之事何如? 良曰, [　]甚急!
(명호왈 금일지사하여 양왈 [　]심급)
명호가 말하기를, "오늘의 일은 어떠합니까?"하고 묻자, 양(良)

이 말하기를, "오늘의 일은 매우 위급하다."고 했다.

(해설) '심급(甚急)'의 앞에 대화이므로 주어 '금일지사(今日之事)'가
생략되었다.

3) 개사(介詞, 전치사)의 생략

- **以(이)의 생략**

(예문) ❶ 故以知王天下者屛刑, [   ]力征諸侯者退德
(고이지왕천하자병형 [   ]역정제후자퇴덕)
지혜로 나라를 통치하는 왕은 백성의 형벌을 폐지하고, 힘으로
남의 나라를 차지하는 왕은 덕이 없다.

(해설) • '역(力)' 앞에 전치사 '이(以)'가 생략되었다. '……로(써)',
'……에 의해서'의 뜻으로 도구 또는 방식을 소개한다.
- 屛(병) : 없애다. 폐지하다.
- 退(퇴) : 물리치다. 배척하다.
- 退德(퇴덕) : 덕이 없다.

❷ 死馬且買[   ]百萬圓, 況生馬乎?
(사마차매[   ]백만원 황생마호)
죽은 말도 백만 원에 사는데, 하물며 산 말에 있어서랴?

(해설) '백만 원' 앞에 전치사 이(以)가 생략되었는데, '……로(써)'의 뜻
으로 사물을 소개한다.

- **於(어)의 생략**

(예문) ❶ 英國軍[   ]完島西(영국군[   ]완도서)
영국 군대는 완도 서쪽에 주둔했다.

(해설) 완도의 앞에 전치사 '어(於)'가 생략되었는데, '……에(서)'의 뜻
으로 장소를 소개한다.

❷ 太祖王問用兵[ ]李將軍(태조왕문용병[ ]이장군)

조선의 태조왕은 이장군에게 전쟁하는 방법을 물었다.

해설 이장군(李將軍) 앞에 어(於)가 생략되었는데, '……에게의' 뜻으로 대상을 소개한다.

❸ 天下苦[ ]日本軍久矣(천하고[ ]일본군구의)

천하의 백성들은 일본 군대에 의해서 고난을 받은 지 매우 오래되었다.

해설 일본군(日本軍)의 앞에 전치사 '어(於)'가 생략되었는데, '……에 의하여'의 뜻으로 주동자를 소개한다.

● **自(자)의 생략**

예문 ❶ 唐太宗[ ]楚歸漢(당태종[ ]초귀한)

당태종은 초나라에서 도망하여 한나라로 귀의했다.

해설 초(楚)의 앞에 전치사 '자(自)'가 생략되었는데, '……로부터, ……에서'의 뜻으로 장소를 소개한다.

❷ 雪嶽青山相對出, 孤帆一片[ ]束草港邊來

(설악청산상대출 고범일편[ ]속초항변래)

설악의 푸른 산은 서로 마주보고 솟아 있는데, 한조각 외로운 배가 속초항으로 입항하는구나.

해설 속초항(束草港)의 앞에 전치사 '자(自)'가 생략되었는데, '……로부터, ……에서'의 뜻으로 장소를 소개한다.

제 8 장

문장의 표현 형식

문장의 표현 형식이란, 말하는 사람이 듣는 사람을 전제로 하여 표현하는 형식으로 문장 안에서 성분 배열이나 어순에 좌우되는 것이 아니고, 특별한 문법적 기능이나 문장 끝에 놓이는 허자(虛字)의 활용에 의하여 표현되는 형식으로 긍정형·부정형·금지형·의문형·반어형·사역형·피동형·가정형·억양형·비교형·한정형·선택형·누가형·추량형·도치형·감탄형 등으로 나눌 수 있다.

1. 긍정형 肯定形, 平敍形

말하는 이가 문장의 내용을 평범하게 진술하는 형식으로 어떤 판단 내지 평가의 타당성을 그렇다고 인정, 또는 승인하는 형(形)이다. 즉 부정, 의문, 감탄, 명령문 등에 대해 사물을 객관적으로 서술하는 것을 주로 하여 특별한 수사법을 쓰지 않는 것을 의미하며, 단정(斷定)을 나타내는 경우와 한정(限定)을 나타내는 경우, 또는 종결사가 생략되는 경우가 있다.

> **예문** ❶ 雖有嘉肴弗食 不知其旨(수유가효불식 부지기지)
> 성신의 좋은 말씀이 있어도 배우지 않으면 그 뜻을 모른다.
> ❷ 寧人負我 無我負人(영인부아 무아부인)
> 본인이 남에게 베푼 은혜를 남이 잊더라도, 나는 남에게 입은 은혜를 잊으면 안된다.
> ❸ 李先生善談笑(이선생선담소)
> 이선생은 우스갯소리를 잘한다.

(1) 단정(斷定)을 나타내는 종결사 : ~이다.

也, 矣, 焉, 也已, 也已矣 등이 있으며, 서술종결사가 놓이면 문장의 뜻이 단정·강조된다.

- 孝百行之本也(효백행지본야)
  효는 백행의 근본이다.
- 三人行 必有我師焉(삼인행 필유아사언)
  세 사람이 길을 가면 그 속에 반드시 나의 스승이 있다.

참고사항 '也'는 단정, '已'는 일의 발전변화, '矣'는 감탄을 복합적으로 나타내는데 여기서 중점은 '矣'자에 있다.

(2) 한정(限定)을 나타내는 종결사 : ~ㄹ 뿐이다. ~ㄹ 따름이다.

已, 已矣, 耳, 耳矣, 爾, 唯, 徒, 維, 惟, 但, 只, 而已, 而已矣 등이 있다.

- 皆在我耳(개재아이)
  모두 나에게 있을 뿐이다.
- 無他 但手熟爾(무타 단수숙이)
  다른 것은 없고, 단지 손에 익숙할 뿐이다.

(3) 종결사가 생략되는 경우

대개 긍정문 끝에 일반 서술 종결사가 놓이면 문장의 뜻이 단정 강조되는데 그렇지 않은 경우도 있다.

- 三歲之習 至于八十(삼세지습 지우팔십)
  세 살 버릇이 여든까지 간다.
- 知彼知己 百戰不殆(지피지기 백전불태)
  적을 알고 나를 알면 백 번 싸워도 패하지 않는다(이긴다).

2. 부정형否定形

부정형이란 사물의 동작이나 상태, 혹은 사물을 부정하는 뜻으로 나타내는 문형(文形)으로서 반드시 부정사(否定詞)가 수반되며 단순부정, 전체부정, 이중부정, 조건부정 등으로 나눈다.

(1) 단순부정(單純否定) : ~이 아니다, ~아니하다, ~못하다, ~없다

부정사 不, 弗, 非, 匪, 未, 無 등이 쓰이며 드물게 금지사(禁止詞)인 毋, 勿, 莫이 사용되는 경우도 있다.

① 불(不), 불(弗)은 의미상 일반적인 부정을 나타내며, 불(不)은 동사와 형용사를, 불(弗)은 주로 동사를 부정한다.
- 一日之狗 不知畏虎(일일지구 부지외호)
  하룻강아지 범 무서운 줄 모른다.
- 仁者不憂(인자불우)
  어진 사람은 근심하지 않는다.
- 小信未孚 神弗福也(소신미부 신불복야)
  작은 신의라도 성실하지 않으면 신은 복을 주지 아니한다.

② 미(未)는 주로 일이 아직 실현되지 않았음을 나타낸다. '아직 ~하지 않다'는 뜻을 가진다.
- 未聞好學者也(미문호학자야)
  공부[배우기]를 좋아한다는 사람을 아직도 들어보지 못했다.
- 知其一, 未知其二(지기일 미지기이)
  그 하나는 알면서도 그 둘은 아직 알지 못한다.

③ 비(非)는 주로 판단문에 사용되며 주어와 술어의 관계를 부정하거나, 어떤 사실에 대한 부정을 표시한다. '~이 아니다'의 뜻을 가진다.
- 子非魚 安知魚之樂(자비어 안지어지락)
  그대는 물고기가 아니면서 어떻게 물고기의 즐거움을 알겠는가.
- 我非生而知之者(아비생이지지자)
  나는 태어나서부터 아는 사람이 아니다.

④ 무(無)는 동사로 사용될 경우 대체로 '~이 없다'의 뜻을 가진다.
- 聖人無敵(성인무적)
  성인은 적이 없다.

- 仁者無敵(인자무적)

  인자한 사람은 적이 없다.

⑤ 막(莫)은 대명사의 성격을 포함한 부정사로 '~하는 사람이 아무도 없다', '~하는 것이 아무것도 없다'의 뜻을 가진다. 때로는 금지명령형에 사용되어 '물(勿)'과 같이 금지의 뜻으로 해석된다.

- 莫楯之堅, 莫能陷也(막순지견 막능함야)

  나의 방패는 견고하여 아무것으로 뚫을 수가 없다.

⑥ 금지명령 부정표시

  毋, 勿, 莫 등으로 금지나 동의하지 않는다는 뜻을 나타낸다.

  '~하지 말라'로 해석한다.

- 莫爲殺人(막위살인)

  살인하지 말라.

- 子絶四 毋意 毋必 毋固 毋我(자절사 무의 무필 무고 무아)

  공자께서 네 가지를 절제하셨으니 사사로운 뜻이 없으며, 기필하는 마음이 없고, 집착하는 마음이 없고, 나를 내세움이 없으셨다.

(2) 부분부정(部分否定) : '반드시(항상) ~것은 아니다.' 문장 내용 중 일부분을 부정하는 경우로 '부정사+부사'의 구조로 이루어진다.

- 知者不必有德(지자불필유덕)

  지혜로운 사람이 반드시 덕이 있는 것은 아니다.

- 仁者必有德 勇者不必有仁(인자필유덕 용자불필유인)

  어진 사람은 반드시 덕이 있으며, 용기가 있는 사람이 반드시 어진 것은 아니다.

(3) 전체부정(全體否定) : '반드시(항상) ~이 아니다(못한다)'. 한 문장의 내용을 모두 부정하는 경우로서 '부정+부정'의 구조로 이루어진다.

- 家貧常不得穀一(가빈상부득곡일)

  집이 가난하여 항상 곡식을 얻지 못했다.

- 取斂之君必不仁矣(취렴지군필불인의)

거두어들이는 군왕은 <u>반드시</u> 어질지 <u>못하다</u>[아니하다].

(4) **이중부정**(二重否定) : '~아닌 것이 아니다(꼭 그렇다)'.

부정사를 두 번 사용하여 강한 긍정의 뜻을 나타낸다. 단순부정보다 매우 강조하는 것으로서 '非不 無不, 無非, 非無, 莫不, 莫非, 不~不' 등이 있다.

- 城<u>非不</u>高 池<u>非不</u>深(성비불고 지비불심)
  성이 높지 <u>않음이 아니고</u> 못이 깊지 <u>않음이 아니다</u>.
- 吾矛之利於物<u>無不</u>陷也(오모지리어물무불함야)
  내 창의 날카로움은 어떤 물건이든지 뚫지 <u>못함이 없다</u>.
- <u>無非</u>事者(무비사자)
  일이 <u>아닌 것이 없다</u>[모두가 일이다].
- <u>莫非</u>王土(막비왕토)
  왕의 영토가 <u>아닌 것이 없다</u>.
- <u>無</u>遠<u>不</u>至(무원부지)
  먼 곳이라도 가지 <u>않는 곳이 없다</u>.

(5) **조건부정**(條件否定) : '~이 아니면 ~이 아니다.' 부정사가 이중으로 쓰인 문장에서 가정문(假定文)인 경우 이중부정이 아니고 조건부정이 된다.

- 人<u>不</u>學 <u>不</u>知道(인불학 부지도)
  사람이 배우지 <u>아니하면</u> 인간의 도리를 알지 <u>못한다</u>.
- <u>不</u>忍<u>不</u>戒 小事成大(불인불계 소사성대)
  참지 못하고 경계하지 아니하면 작은 일도 크게 된다.

참고사항　부정문에서 부정조동사(否定助動詞)와의 관계에 따라 여러 형태의 부정문으로부터 혹은 반문(反問)이나 조건부정문이 될 때가 있으므로 그 차이를 이해하여야 해설할 때 실수를 하지 않는다.

┌ 不常有(부분부정) : 항상 있는 것이 아니다. 있을 때도 있고 없을 때도　　　　　　　　　　　　　　있다.
└ 常不有(전체부정) : 항상 있지 않다(언제나 있다)

```
┌ 不必成(부분부정) : 반드시 되는 것은 아니다. 있을 때도 있다.
└ 必不成(전체부정) : 반드시 되지 않는다. 절대로 안된다.

┌ 不俱生(부분부정) : 삶을 함께하지 않는다. 한쪽은 살아남는다.
└ 俱不生(전체부정) : 살지 않는 것을 함께한다. 함께 죽는다.

┌ 不終來(부분부정) : 마침내 오지 않게 되었다. 오는 것을 그쳤다.
└ 終不來(전체부정) : 끝내 오지 않았다. 처음부터 끝까지 오지 않았다.

┌ 不皆同(부분부정) : 다 같은 것은 아니다. 다른 것도 있다.
└ 皆不同(전체부정) : 다 같지 않다. 다 다르다.

┌ 不旣然(反問) : 그렇지 않겠는가?
└ 旣不然(단순부정) : 이미 그러하지 않다.

┌ 不其多(反問) : 많지 않겠는가?
└ 其不多(단순부정) : 많지 않다.
```

3. 금지형 禁止形·命令形

금지사(否定詞, 補助詞)를 사용하여 주어의 행위를 제한시키는 문형(文形)으로서, 莫, 無, 毋, 勿, 不 등의 금지사를 사용하여 '~를 하지 말라'는 금지(명령)의 뜻을 나타낸다.

> 예문 ❶ 莫道人短 莫說己之長(막도인단 막설이지장)
>   남의 단점을 이끌어내지 말고, 자기의 장점을 말하지 말라.
>
> ❷ 無欲速 無見小利(무욕속 무견소리)
>   빨리 하지 말고, 작은 이익에 얽매이지 말라.
>
> ❸ 毋友不如己者 過則勿憚改(무우불여기자 과즉물탄개)
>   자기만 못한 사람과 벗하지 말고, 허물이 있으면 교정하기를 꺼리지 말라.

> 참고사항   명령문에 부정사가 들어가면 금지형이 된다. 그리고 명령문 중에서 금지적으로 지시하는 뜻의 문형이 절대적인 비중을 차지하므로 금지

형으로 분류하고 있지만 실은 명령문의 일종이다. 명령이나 금지에서 대개 주어는 생략되지만 만약 주어가 나타날 때는 2인칭대명사(女, 汝, 而, 爾, 若, 乃, 君, 子, 先生)가 사용되거나 호칭 명사(사람이름)로 사용되므로 구어체(口語體) 문장이 된다.

- **부정형**(否定形)**과 명령·금지형의 차이**

① 부정형

忠臣∥不事∣二君(충신불사이군)

충신은 두 임금을 섬기지 않는다.

② 금지형(주어 생략)

莫事∣二君(막사이군)

두 임금을 섬기지 말라.

③ 명령형(주어 생략)

及∣時當勉勵(급시당면려)

때가 이르렀을 때 마땅히 힘쓰라.

4. 의문형疑問形

의문형이란, 의문의 뜻을 나타내는 구형(句形)으로 다음과 같이 여섯 가지로 나누어 볼 수 있다.

(1) **의문사인 誰, 孰, 何, 安, 惡, 胡, 奚, 曷, 焉을 사용할 경우**

① 수(誰)는 사람을 가리키는 의문대명사로서 주어나 목적어, 또는 관형어로 사용된다.

- 子行三軍則誰與(자행삼군즉수여)

선생님께서 삼군을 통솔하신다면 누구와 함께하시겠습니까?

② 숙(孰)은 일반적으로 선택을 표시하며 사람이나 사물을 가리키나 때로는 선택을 표시하지 않는 '수(誰)'와 똑같은 뜻으로 쓰이는 경우도 있다. 그리고 '숙(孰)'은 일반적으로 주어로 쓰이며 우리말로는 '누구' '어느 것'의

뜻을 가진다.

- 禮與食孰重(예여식숙중)

  예와 먹는 것은 어느 것이 중요한가?

- 孰爲夫子(숙위부자)

  누가 선생이란 말인가?

③ 하(何)는 사물을 가리키며 목적, 관형어, 부사어로 쓰인다. 목적어로 쓰일
때는 우리말로 '무엇', 관형어로 쓰일 때에는 '어느' '어떤' '무슨', 그리고
부사어로 동사를 수식할 때에는 '어찌하여, 어떻게'의 뜻을 갖는다.

- 客何好(객하호)

  손님께서는 무엇을 좋아하십니까?

- 是何人也(시하인야)

  이 사람은 어떤 사람인가?

- 先生坐. 何至於此?(선생좌 하지어차)

  선생께서는 앉으십시오. 어찌하여 이곳에 이르셨습니까?

④ 안(安)과 오(惡)가 목적어로 쓰일 때에는 장소를 가리키며 우리말로는 '어
디'의 뜻을 가지고, 부사어로 쓰일 때에는 '어찌, 어떻게'의 뜻을 가진다.

- 沛公安在?(패공안재)

  패공이 어디에 있는가?

- 君子去仁, 惡乎成名?(군자거인 오호성명)

  군자가 인을 떠나서 어떻게 이름을 이를 수 있겠는가?

⑤ 胡, 奚, 曷이 목적어로 쓰일 경우는 '하(何)'자와 같이 '무엇'의 뜻을 가지
고, 부사로 쓰일 경우에도 '어찌', '어떻게'의 뜻을 가진다.

- 天曷不降威?(천갈불강위)

  하늘이 어찌하여 위엄을 내리시지 않을까?

- 胡爲至今不朝也?(호위지금부조야)

  어찌하여 지금까지 내조(來朝)하지 않는가?

(2) 의문어기사인 '호(乎)', '여(與 : 歟)'를 사용하는 경우

① 호(乎)는 긍정과 부정을 묻는 의문형뿐만 아니라, 선택식 의문형에서도 쓰

인다. 그리고 의문대명사나 부정사 및 '기(豈)'자와 호응하여 반문을 나타내고, '기(其)'와 호응하여 추측의 뜻을 나타낸다.

- 事齊乎? 事楚乎(사제호 사초호)

  제나라를 섬길까요? 초나라를 섬길까요?

- 其何傷於日月乎?(기하상어일월호)

  어찌 그 해와 달에 손상이 있겠는가?

② 여(與, 歟)는 순수한 의문을 나타내지 않고 추측을 요하는 의문형에 쓰인다.

- 管仲非仁者與?(관중비인자여)

  관중은 인자한 사람이 아니겠는가?

(3) 의문사＋타사(他詞)를 사용한 경우

하이(何以), 하위(何爲), 호위(胡爲), 하유(何由), 여하(如何), 하여(何如), 하고(何故), 여(如)~하(何) 등이 사용된다.

- 子貢問曰, 貧而無諂, 富而無驕 何如?(자공문왈 빈이무첨 부이무교 하여)

  자공이 물어 가로되, 가난하더라도 남에게 아첨하지 않고 부자이면서도 교만함이 없는 것이 어떻습니까?

- 願比死者, 一洒之, 如之何則可?(원비사자 일쇄지 여지하즉가)

  원컨대 죽은 자를 위하여 한 번 설욕하고자 하는데 어떻게 하면 좋겠습니까?

- 王曰, 何以利吾國 大夫曰 何以利吾家(왕왈 하이리오국 대부왈 하이리오가)

  왕께서 어떻게 하면 내 나라를 이롭게 할까라고 말하시면 대부들도 어떻게 하면 내 가문을 이롭게 할까라고 말할 것이다.

- 胡爲遑遑欲何之?(호위황황욕하지)

  어찌하여 거두르면서 어디로 가려고 하는가?

이 외에도 약하(若何), 하약(何若), 내하(奈何) 등은 한자의 순서를 바꿀 수 있고 그 사이에 목적어를 삽입할 수 있다. 반면에 하여(何如), 하약(何若), 해약

(奚若) 등은 목적어를 중간에 삽입할 수 없다.

(4) 의문부사와 의문어기사를 사용한 경우

문장의 앞에 의문부사를 두고, 문장 끝에 의문어기사를 두었을 때 의문의 어기를 강화하는 역할을 한다.

- 是誰之過與?(시수지과여)
  이것이 누구의 잘못이냐?
- 天下何處無月耶?(천하하처무월야)
  천하에 어느 곳에 달이 없겠는가?

5. 반어형反語形

반어형이란, 말하는 사람이 어떤 사실에 대해 이미 확실하게 알고 있으면서도 어세(語勢)를 강조하기 위해 의문형을 빌어 반문하는 뜻을 나타내는 구형이다.

① 의문부사 何, 曷, 胡, 安, 惡, 寧, 豈 등이나 의문대명사 誰, 孰 등을 사용하는 경우
- 百姓足, 君孰與不足?(백성족 군숙여부족)
  백성들이 풍족하면, 임금이 누구와 부족하게 지내겠습니까?
- 吾何愛一牛?(오하애일우)
  내가 어찌 한 마리의 소를 아끼겠습니까?

② 의문어기사 哉, 乎, 歟, 耶, 邪, 也 등을 사용하는 경우
- 此非以賤爲本邪?(차비이천위본야)
  이것이 천한 것을 근본으로 삼는 것이 아니겠는가?
- 學而時習之, 不亦説乎?(학이시습지 불역열호)
  배워서 때때로 익힌다면 또한 기쁘지 아니한가?

③ 의문부사 豈, 安, 何 등과 의문어기사 乎, 哉, 耶 등을 함께 사용하는 경우
- 燕雀安知鴻鵠之志哉?(연작안지홍곡지지재)
  제비와 참새가 어찌 기러기와 고니의 뜻을 알 수 있겠는가?

- 天之所以與, 我者, 豈偶然哉?(천지소이여 아자 기우연재)

  하늘이 나에게 부여한 바의 것이 어찌 우연함이 있겠는가?

④ 의문부사 豈, 安 등과 일반부사 敢, 能, 必이나 한정부사 獨, 唯, 徒 등을 사용하는 경우

- 公豈敢入乎?(공기감입호)

  공께서 어찌 감히 들어왔겠습니까?

6. 사역형使役形

사역형이란, 주동자(主動者)가 객체(客體)로 하여금 어떤 동작을 하게 하는 뜻을 나타내는 구형이다.

① 사역조동사인 使, 令, 遣, 敎를 사용하는 경우

- 天帝使我長百獸(천제사아장백수)

  천제가 나로 하여금 백수의 우두머리가 되게 하였다.

- 五色令人目盲, 五音令人耳聾(오색령인목맹 오음령인이롱)

  오색은 사람으로 하여금 눈을 멀게 하고, 오음은 사람으로 하여금 귀를 멀게 한다.

- 遣從者懷璧間行先歸(견종자회벽간행선귀)

  하인으로 하여금 구슬을 품고서 사잇길로 걸어서 먼저 돌아가게 하였다.

- 俾余從敎以治(비여종교이치)

  나로 하여금 가르침에 따라 다스리게 하였다.

② 동사인 '令, 勸, 召, 助, 屬'을 사용하여 의미상 사역의 뜻을 가지게 하는 경우

- 初令齊大夫田和, 爲諸侯(초령제대부전화 위제후)

  처음으로 제나라 대부인 전화에게 명령하여 제후가 되게 하였다.

- 太公曰, 義士也, 扶而去之(태공왈 의사야 부이거지)

  태공이, "의로운 선비로다."라고 말하고서는 그를 부축하여 떠나게 하였다.

● 予助苗長(여조묘장)

　　나는 싹이 자라도록 도왔다.

③ 사역의 뜻을 갖는 동사를 사용하지 않으면서 내용상 사역의 뜻을 지니는
　경우도 있다.

● 管仲相桓公, 覇諸侯(관중상환공 패제후)

　　관중은 제환공을 보좌하여 제후들을 제패하게 하였다.

7. 피동형被動形

피동형이란, 문장의 주어가 다른 주동자에 의하여 어떤 동작을 받게 되는 뜻
을 나타내는 구형이다.

① 피동을 나타내는 爲, 見, 被 등을 사용하여 피동형을 만드는 경우

● 信而見疑 忠而被謗(신이견의 충이피방)

　　신의가 있으나 의심을 받고, 충성스럽지만 비방을 당한다.

● 卒爲天下笑(졸위천하소)

　　마침내 천하의 웃음거리가 되었다.

● 國一日被攻 雖欲事秦 不可得也(국일일피공 수욕사진 불가득야)

　　나라가 어느 날 침공을 당하면 비록 진나라를 섬기고자 해도 할 수가 없
　　습니다.

② 동사 앞에 피동의 뜻을 나타내는 '見, 爲' 등이 오고, 동사 뒤에 행위의 주
　동자를 나타내는 개사구조를 사용하여 피동형을 만드는 경우 : 이 개사구
　조에 사용되는 한자는 '於, 乎, 于'가 있다.

● 有備則制人, 無備則制於人(유비즉제인 무비즉제어인)

　　준비가 있으면 남을 제압하고, 준비가 없으면 남에게 제압을 당한다.

● 不信乎朋友, 不獲乎上矣(불신호붕우 불획호상의)

　　친구에게 믿음을 얻지 못하면, 윗사람에게도 신임을 얻지 못한다.

③ 피동사(見, 爲)와 전치사(於, 乎, 于)를 사용하는 경우

● 吾嘗三仕, 三見逐於君(오상삼사 삼견축어군)

　　나는 일찍이 세 번 벼슬했다가 세 번 임금에게 쫓겨났다.

④ '爲~所~'의 형태를 사용하는 경우

이때 '爲'자 다음의 주동자가 생략되는 경우도 있다.

- 太祖爲飛矢所中(태조위비시소중)

    태조가 날아오는 화살에 맞았다.

⑤ 피동의 구형을 취하지 않아도 의미상 피동의 뜻을 갖는 경우가 있다.

- 仁則榮, 不仁則辱(인즉영 불인즉욕)

    어질면 영예롭고, 어질지 못하면 욕되게 된다.

8. 가정형假定形

어떤 조건이나 행위를 가정하여 그 결과를 예상하거나 의지를 나타내는 구형이다.

① 부사 '若, 如' 등이 접속될 경우 : 앞의 절이 '만약'의 뜻을 가지고, 뒤의 절에는 '則'이 오는 경우가 많다.

- 王若隱其無罪而就死地, 則牛羊何擇焉?(왕약은기무죄이취사지 즉우양하택언)

    왕께서 만약 그 소가 죄 없이 사지에 가는 것을 측은하게 여기신다면 소와 양에 무슨 구별이 있겠습니까?

② 苟를 사용하는 경우

- 苟無恒心, 放辟邪侈, 無不爲已(구무항심 방벽사치 무불위이)

    만약 일정불변의 마음이 없다면, 방탕·편벽·사악·사치함을 하지 않음이 없다.

③ 雖나 縱을 사용하여 '비록 ~일지라도' '설령~한다 하더라도'의 뜻을 가지는 경우

- 心誠求之, 雖不中不遠(심성구지 수부중불원)

    마음속으로 정성껏 이것을 추구하면 비록 적중하지 않더라도 크게 벗어나지는 않을 것이다.

④ 사역형에 사용되는 '使, 令'자가 복합사를 이루어 '若使, 設使, 假令, 設令, 縱令' 등으로 사용되는 경우

- 若使湯武不遇桀紂, 未必王也(약사탕무불우걸주 미필왕야)

  만약에 탕왕과 무왕이 걸왕과 주왕을 만나지 않았더라면 왕도정치를 하지는 못했을 것이다.

⑤ 微를 사용하여 '만약 ~이 없다면', '설령 ~이 없다 하더라도'의 뜻을 가지는 경우

- 微太子言, 臣願謁之(미태자언 신원알지)

  만약 태자의 말씀이 없었더라면 신이 그것을 말씀드리려고 했습니다.

9. 억양형 抑揚形

억양형이란, 서술하고자 하는 것을 잠시 놓아 두었다가 먼저 정도가 낮은 것부터 서술한 다음, 나중에 그것을 강조하는 표현 형태의 구형이다.

① '況(而況)~乎'를 사용하는 경우

- 天子不召師, 而況諸侯乎?(천자불소사 이황제후호)

  천자도 오로지 함부로 부르지 못하는데, 하물며 제후에게 있어서랴?

② '~且(猶)~況~乎'를 사용하는 경우

- 蔓草猶不可除, 況君之寵弟乎?(만초유불가제 황군지총제호)

  뻗어나간 풀도 오히려 제거할 수 없는데, 하물며 임금의 총애 받는 동생이야 더할 나위가 있겠습니까?

③ '~且(猶)~安 ~(哉)'를 사용하는 경우

- 樊噲曰, 臣死且不避, 扈酒安足辭?(번쾌왈 신사차불피 호주안족사)

  번쾌가 말하기를, "신은 죽음까지도 피하지 아니하는데 한잔 술을 어찌 사양하겠습니까?"라고 하였다.

10. 비교형 比較形

비교형이란, 어느 하나를 다른 것과 비교하여 그 상태나 성질의 정도나 우열을 나타내는 구형이다.

① 所欲有甚於生者, 故不爲苟得也(소욕유심어생자 고불위구득야)

원하는 바가 사는 것보다 중요한 것이 있기 때문에 구차하게 얻으려고 하지 않는다.

② 莫+형용사+전치사(於, 乎, 于)+B의 경우

우리말로 'B보다 더한 것은 없다'의 뜻을 나타낸다.

• 孝子之至, 莫大乎尊親(효자지지 막대호존친)

　효자의 지극함은 어버이를 존경하는 것보다 더 큰 것이 없다.

③ 莫+형용사+焉의 경우

焉과 대명사로서 부정사인 '莫'과 연용하여 비교의 최상급을 표시하게 된다.

• 過而能改, 善莫大焉(과이능개 선막대언)

　허물이 있어도 고칠 수 있다면 선이 이보다 더 큰 것은 없다.

④ 不如, 如若+명사의 경우

우리말로 '~만 못하다'의 뜻을 가진다.

• 百聞不如一見(백문불여일견)

　백 번 듣는 것보다 한 번 보는 것이 낫다.

11. 한정형限定形

한정형이란, 사물이나 행위의 범위나 장소를 한정하는 뜻을 나타내는 구형이다.

① 부사인 유(唯), 유(惟), 단(但), 지(只), 독(獨), 특(特). 직(直), 지(祇), 도(徒) 등이 사용되는 경우

사물의 정도나 분량 가운데 하나 내지 두 개만을 한정하는 뜻을 표하는 것으로 그 위치는 일반부사와 마찬가지로 수식하는 동사 앞에 둔다.

'유(唯)'와 '유(惟)'는 '오직'의 뜻이고, '단(但)'과 '지(只)'는 '다만'의 뜻이다. '유(唯)'와 비슷한 의미이면서 어의(語意)가 약간 가볍다. '특(特)'보다는 어의가 가볍다.

'특(特)'은 '유(猶)'과 같은 뜻으로 유일무이의 뜻을 나타낸다.

'지(祇), 도(徒)'는 '한갓'의 뜻이고, '직(直)'은 '단(但)'과 어의가 비슷하다.

• 空山不見人, 但聞人語響(공산불견인 단문인어향)

　빈 산에는 사람이 보이지 않고, 다만 사람의 말소리만 들린다.

- 直不百步耳, 是亦走也(직불백보이 시역주야)

  다만 백 보를 달아나지 않았을 뿐이지, 이도 역시 달아난 것이다.

- 只在此山中 雲深不知處(지재차산중 운심부지처)

  다만 이 산속에 있지마는, 구름이 깊어서 있는 곳을 알 수가 없다.

- 今獨臣有船(금독신유선)

  지금 신에게만 배가 있습니다.

② 구말어기사인 耳, 已, 爾, 而已, 也已, 耳矣, 而已矣 등을 사용하는 경우

- 孟嘗君 特鷄鳴狗盜之雄耳(맹상군 특계명구도지웅이)

  맹상군은 다만 닭 우는 소리를 내고, 좀도둑질이나 하는 영웅일 뿐이다.

- 過人之於國也, 盡心焉耳矣(과인지어국야 진심언이의)

  과인은 나라에 대해서 마음을 다했을 뿐이었습니다.

- 昭帝立時, 年五歲爾(소제립시 연오세이)

  소제가 즉위할 때에 나이가 다섯 살이었을 뿐이다.

12. 선택형選擇形

선택형이란, 두 가지를 비교해서 그 중에 나은 것을 선택하겠다는 뜻을 나타내는 구형이다. 따라서 비교형과 다분히 관계가 있는 구형이라고 할 수 있다.

① 與(與其)+A, 不若(不如)+B의 경우

비교할 만한 사물을 두 개 나열하고, A에 '與'를 두고, B에 '불약(不若)'을 두어 'A하는 것은 B하는 것만 못하다'의 뜻을 갖는다.

- 與其生而無義, 固不如烹(여기생이무의 고불여팽)

  살아서 의롭지 못한 것은 진실로 삶아 죽는 것만 못하다.

② 與(與其)+A, 孰若+B의 경우

비교 선택의 뜻을 표시하는 구문으로 항상 B, 즉 후자에 비중이 가해진다. '숙약(孰若)' 대신에 '숙여(孰與)' '숙여(孰如)' '하여(何與)' 등이 사용되기도 한다.

- 與其譽於前, 孰若毀於其後(여기예어전 숙약훼어기후)

  앞에서 칭찬 받는 것이 그의 배후에서 비난이 없는 것만 하겠습니까?

③ 與+A, 寧+B의 경우

'A하느니, 차라리 B하겠다'의 뜻을 가진다.

- 與其害其民 寧我獨死(여기해기민 영아독사)

  백성들을 해치느니, 차라리 나 혼자 죽겠다.

④ 寧爲+A, 不(無)+B의 경우

'차라리 A하는 것이 낫지, B하지 않겠다'의 뜻을 가진다.

- 寧爲刑罰所加, 不爲陳君所短(영위형벌소가 불위진군소단)

  차라리 형벌을 받을지언정 진군에게 비난을 받지 않겠다.

⑤ 與其+A・孰若+B의 경우

A보다는 B가 낫다.

- 與其生辱 孰若死快(여기생욕 숙약사쾌)

  욕되게 살기보다는 쾌히 죽는 것이 좋다.

13. 누가형累加形

누가형이란, 한층 정도나 깊이를 더하는 내용을 서술하는 형태의 구형이다.

① 不(非)+한정부사(徒, 獨, 特, 唯, 只)를 사용하는 경우

'다만 ~할 뿐만 아니라, ~하기도 한다'의 뜻을 나타내는 구형이다.

- 非徒危己也, 又且危父矣(비도위기야 우차위부의)

  다만 자기를 위험하게 할 뿐만 아니라, 또한 아버지를 위험하게 한다.

- 非獨羊也, 治民亦猶是也(비독양야 치민역유시야)

  단지 양의 경우에만 그러하겠는가. 백성을 다스리는 것도 이와 같다고
  하겠다.

② 의문사(豈, 安)+한정부사(止, 唯, 徒, 特, 只)를 사용하는 경우

'어찌 다만 ~할 뿐이겠는가'의 뜻을 나타내는 구형이다.

- 所盜者, 豈獨其國耶(소도자 기독기국야)

  탈취한 것이 어찌 다만 그 나라뿐이겠는가?

- 豈止奈一時, 榮一鄕哉(기지내일시 영일향재)

  어찌 한때의 자랑거리가 되고, 한 마을을 영광되게 할 뿐이겠는가?

14. 추량형推量形

추량형이란, 추측의 뜻을 갖는 문장으로 蓋, 大率, 庶幾, 或, 恐, 率 등의 부사가 사용된다.

- 蓋上世嘗有不葬其親者?(개상세상유부장기친자)
  아마 상고시대에는 일찍이 그 어버이를 장사 지내지 않은 자가 있었을 것이다.
- 吾王庶幾無疾病與?(오왕서기무질병여)
  우리 왕께서 행여 질병은 없으신가?
- 或生而知之, 或學而知之, 或困而知之(혹생이지지 혹학이지지 혹곤이지지)
  혹은 태어나자 알기도 하고, 혹은 배워서 알기도 하고, 혹은 고생을 해서 알기도 한다.
- 吾方致力中原, 過爾優逸, 恐不堪事(오방치력중원 과이우일 공불감사)
  내가 바야흐로 중원을 치는 데 힘을 쏟고 있는데, 지나치게 편안하면 일을 감당하지 못할까 염려됩니다.

15. 도치형倒置形

어떤 문장의 구본구조 순서를 뒤바꿈으로써 효과를 극대화하려는 문형(文形)으로 주어와 술어의 도치, 술어와 목적어의 도치, 전치사와 목적어의 도치 세 종류로 나누어 볼 수 있다.

（도움말） 기본구조란
① 주어＋술어
② 주어＋술어＋목적어
③ 주어＋술어＋보어
④ 주어＋술어＋목적어＋보어로 짜여 있는데 순서를 바꿈으로써 말을 강조하려는 문형을 도치형이라 한다.

1) 주어와 술어의 도치

술어를 주어의 앞으로 바꾸어 놓은 것으로, 이런 종류의 술어는 비교적 간단하고 목적어를 동반하지 않는 것이 보통이다.

(1) 술어의 의미를 강조하기 위하여 술어가 주어의 앞에 놓이는 경우

① 술어가 질문하는 뜻을 갖는 경우

예문 ❶ 誰與 言者?(수여 언자)
누구입니까? 말하는 사람이.

해설 • 與(여) : 歟(여)와 같다.
• '言者'는 주어이고 '誰'는 술어인데, 정상적인 어순으로는 言者誰與라는 것을 알 수 있다.

❷ 子耶, 言伐吾者?(자야 언벌오자)
"자네인가? 나를 죽이라고 말한 사람이!"

해설 • 言伐吾者가 주어이고, '子'가 술어이다.
• 耶(야) : 어세를 돕는 어조사
• 정상적인 어순으로는 言伐吾者子耶로 된다.

❸ 美英曰 "白雪粉粉何所似?"(미영왈 백설분분하소사)
미영이가 말하기를, "흰 눈이 펑펑 쏟아지는 것이 무엇과 같습니까?"라고 했다.

해설 • 何所…는 所…(者)(爲)何의 압축도치이다.
• 所似(者)가 주어이고, '何'가 의문대명사로 술어이다.
• 정상적인 어순으로는 所似[者]何로 된다.

② 술어가 찬탄, 애석해하는 의미를 갖는 경우

예문 ❶ 美哉花!(미재화)
아름답도다! 이 꽃이!

해설 花가 주어이고, '美'가 술어인데, 정상적인 어순으로는 花美哉로 된다.

❷ 仁夫鷺仙畵伯(인부로선화백)

어진 사람이로다! 노선 화백은.

(해설) • 鷺仙畵伯이 주어이고, 仁이 술어이다.

• 夫(부)는 句末(구말), 句中(구중)에 놓여 감탄을 나타낸다. 정
  상적인 어순으로는 鷺仙畵伯仁夫로 된다.

❸ 惜乎! 子不遇時(석호 자불우시)

애석하도다! 그대가 때를 만나지 못함이!

(해설) • 子(자) : 사람·남자에 대한 통칭

• 子不遇時가 주어이고 惜이 술어인데, 정상적인 어순으로는 子
  不遇時惜乎로 된다.

❹ 美矣 我戀人!(미의 아연인)

아름답도다! 내 연인이여!

(해설) • 美(미) : 아름답다. 예쁘다.

• 矣(의) : 句 가운데서 다른 조사 뒤에 쓰이며 영탄(찬탄)의 뜻
  을 나타내는 말.

• 戀人(연인) : 주어이고 美가 술어인데, 정상적인 어순으로는
  '我戀人美矣'로 된다.

③ 술어가 질책·불만스러운 의미를 갖는 경우

(예문) ❶ 甚矣! 汝之不惠!(심의 여지불혜)

심하도다! 당신이 지혜롭지 못함이.

(해설) 汝之不惠가 주어이고, '甚'이 술어인데, 어순으로 말하면 '汝之不
惠甚矣'로 된다.

❷ 久矣, 宋國之爲患也!(구의 송국지위환야)

오래되었도다! 송나라가 걱정거리가 된 것이.

(해설) '宋國之爲患也'가 주어이고 久가 술어인데, 정상적인 어순으로
말하면, '宋國之爲患也久矣'로 된다.

❸ 嘻, 亦太甚矣, 仁兄之言也!(희 역태심의 인형지언야)

아, 또 너무 지나치십니다. 인형의 말씀이.

(해설) '仁兄之言'이 주어이고 '甚'이 술어인데, 정상적인 어순으로 말하

면 '仁兄之言也亦太甚矣'로 된다.

④ 술어가 간구하거나 명령하는 의미를 갖는 경우

(예문) ❶ 勖哉李君(욱재이군)

노력해라! 이군.

(해설) • 勖(욱) : 힘쓰다. 노력하다.

• 李君이 주어이고 '勖'이 술어인데, 정상적인 어순으로 말하자면 '李君勖哉'로 된다.

❷ 來, 李英鎬學生!(내 이영호학생)

앞으로 나오너라. 이영호 학생!

(해설) 李英鎬學生이 주어이고 '來'가 술어인데, 정상적인 어순으로 말하자면 李英鎬學生來로 된다.

2) 술어와 목적어의 도치

한문에서 술어 뒤의 목적어는 여러 가지 원인으로 인하여 술어의 앞에 놓이게 되는데 이를 '목적어 전치(賓語前置)'라고 한다.

(도움말) 목적어가 술어 앞에 놓이는 경우는 일정한 규칙이 있다.

① 부정문 속의 목적어가 대명사이면 술어 앞에 놓인다.

② 의문사 속의 목적어가 대명사이면 술어 앞에 놓인다.

③ 술어 앞에 조사 '之' '是' 등이 있는 문장은 반드시 앞에 놓인다.

(1) 부정형에서 대명사 목적어가 도치되는 경우

① 부정부사 : 不, 未, 弗, 無 등이 있는 부정문

한문에서 不, 未, 弗, 無 등의 부정부사가 있는 부정문에서 목적어가 대명사(代名詞)이면, 이 목적어는 일반적으로 동사(술어) 앞에 놓인다.

(예문) ❶ 子不我思, 豈無也人?(자불아사 기무야인)

그대가 나를 사모하지 않으니, 어찌 다른 사람이 없겠는가.

(해설) 不我思에서 '思'는 술어이고, '我'는 대명사인 목적어가 도치된 것이다. 정상적인 어순으로는 '子不思我'로 된다.

❷ 弗敢我謀, 勇力弗敢我殺(불감아모 용력불감아살)

감히 <u>나의</u> 임금을 살해하려고 계책을 세울 수 없고, 용기가 있고 힘이 있다 하여도 감히 <u>나의</u> 임금을 살해할 수 없다.

(해설) • 弗敢我謀에서 我는 목적어가 도치된 것이고 謀는 술어이며, 정상적 어순으로 '弗敢謀我'로 된다.

• 我(아) : 나. 나 자신. 나의 임금. 나의 나라. 우리.

• 弗敢我殺에서 '我'는 목적어이고 '殺'은 술어이다. 정상적인 어순으로는 '弗敢殺我'로 된다.

② 무지(無知) 대명사 '莫'이 주어로 쓰인 부정형의 경우

한문에서 무지 대명사 '莫'이 주어로 쓰인 부정형(문)에서 목적어가 만약 대명사라면 곧 이러한 목적어는 일반적으로 술어(동사) 앞에 놓는다.

(예문) ❶ 莫余毒也己!(막여독야이)

<u>우리들을</u> 해칠 사람은 아무도 없다.

(해설) • 毒(독) : 해치다.

• '莫余毒'에서 '毒'은 술어이고 '余'는 대명사인 목적어가 도치된 것으로 '우리들'의 뜻이다. 정상적 어순으로는 '莫毒余'이다.

❷ 己矣哉! 國無人莫我知兮(이의재 국무인막아지혜)

끝났도다. 나라 안에 사람이 없어 <u>나를</u> 알아주는 이가 아무도 없다.

(해설) 莫我知에서 '知'는 술어이고, 대명사인 목적어가 도치된 것이며, 정상적 어순으로는 莫知我이다.

(2) 의문사에서 대명사 목적어가 도치되는 경우

한문의 의문문에서 의문 대명사가 목적어로 쓰이면 일반적으로 모두 술어(동사) 앞에 놓인다.

(예문) ❶ 寡人有子, 未知其誰立焉?(과인유자 미지기수립언)

과인은 여러 아들이 있는데 그들 중에 <u>누구를</u> 후계자로 세워야 할지 아직 모르겠다.

(해설) 誰立에서 '立'는 술어이고, '誰'는 의문대명사 목적어로 쓰여 도

치된 것이다. 정상적인 어순으로는 立誰이다.

❷ **皮之不存, 毛將安傅?**(피지부존 모장안부)

피부가 존재하지 않으면 털이 장차 어디에 붙어 있겠는가?

(해설) '安傅'에서 '傅'는 술어이고, '安'은 의문 대명사가 목적어로 쓰여 도치된 것이다.

(3) 구조조사 之, 是, 焉, 斯 등이 있는 문장에서 동사 목적어가 반드시 도치 되는 경우

한문에서 동사 술어 앞에 之, 是, 焉, 斯 등이 있는 문장은 목적어가 반드시 동사(술어) 앞에 놓인다.

(예문) ❶ **君亡之下恤 而群臣是憂, 惠之至也**(군망지하휼 이군신시우 혜지 지야)

군주가 <u>자신의 명령</u>을 근심하지 않고 <u>뭇신하들</u>을 걱정하니 은혜 롭기가 지극한 경지에 이르렀다.

(해설) • 恤(휼) : 근심하다.

• 亡之不恤과 群臣是憂는 정상적 어순으로 한다면 不恤亡과 憂 群臣이다.

• 목적어 '亡'과 '群臣'을 강조하기 위하여 술어(동사) '恤'과 '憂' 의 앞으로 놓이고 아울러 조사 '之'와 '是'를 부가하여 표지로 삼았다.

❷ **明何罪之有**(명하죄지유)

명나라가 <u>무슨 죄</u>가 있습니까?

(해설) '何罪之有'는 정상적 어순으로는 '有何罪'이다. 목적어 '何罪'를 강조하기 위하여 그것을 술어 '有'의 앞으로 놓여, 아울러 조사 '之'를 부가하여 표지로 삼았다.

3) 전치사와 목적어의 도치

전치사와 목적어로 이루어진 구조를 전목구조라 한다. 전치사와 목적어(전목 구조), 즉 전치사 구조[介詞結構]는 문장에서 부사어 및 보어의 성분으로 쓸

수도 있다.

전치사와 목적어의 도치는 다음과 같다.

(1) 의문사에서 전치사의 목적어가 도치되는 경우

한문 의문문에서 의문 대명사가 전치사의 목적으로 쓰이는 경우는 전치사 앞에 놓인다.

> **예문 ❶** 問何以戰?(문하이전)
> 무엇을 가지고 싸우겠습니까?
>
> **해설** '何以'의 '何'는 의문 대명사가 전치사 '以'의 목적어로 쓰여 '以'의 앞에 놓였다.
>
> **❷** 水奚自至?(수해자지)
> 물은 어디에서 흘러오는가?
>
> **해설** '奚自'의 '奚'는 의문 대명사가 전치사 '自'의 목적어로 쓰여 '自'의 앞에 놓였다.

(2) 구조조사 '之' '是' 등이 있는 문장에서 전치사의 목적어가 도치되는 경우

> **예문 ❶** 我明國之爲, 豈爲一人行也?(아명국지위 기위일인행야)
> 우리들이 명나라를 위하여 온 것이지, 어찌 명나라의 한 사람을 위하여 왔겠는가?
>
> **해설** • '明國'은 전치사 '爲'의 목적어인데, 그것을 강조하기 위하여 '爲'의 앞에 놓였고 아울러 조사 '之'를 표지(標識)로 삼았다.
> • 표지란, 어떤 사물을 표하기 위한 기록. 표(表)라고도 한다.
>
> **❷** 豈不穀是爲, 先兄之好是斷?(기불곡시위 선형지호시단)
> 어찌 나를 위한 것인가? 돌아가신 형님의 우호관계를 과시하기 위한 것이 아닌가?
>
> **해설** 不穀是爲는 정상적인 어순으로 하면 '爲不穀'이다. 전치사 '爲'의 목적어인 '不穀'을 강조하기 위하여 그것을 앞에 놓고 조사 '是'을 부가하여 표지로 삼았다.

(3) 방위 명사와 시간 명사가 전치사의 목적어로 쓰여 도치되는 경우

예문 ❶ 哲鎬北向坐, 英淑西向坐(철호북향좌 영숙서향좌)

철호는 북쪽을 향해 앉고, 영숙은 서쪽을 향해 앉았다.

해설 •'北과 西'과 모두 방위명사로, 전치사 '向'의 목적어로 쓰여 앞에 놓였다.

•向(향) : 전치사.

(4) 전치사 '以'의 목적어를 강조하여 도치하는 경우

전치사 '以'가 ~로(써)(用), ~을(把), ~을 가지고(拿) 등으로 쓰이는 경우에 그것의 목적어가 종종 '以'자 앞에 놓일 수 있다.

예문 ❶ 「子」李順英女史以母,　金成石先生以爲父(자이순영여사이모 김성석선생이위부)

「아들」은 이순영 여사를 어머니로 모시고, 김성석 선생을 아버지로 모셨다.

해설 정상적인 어순으로는 以李順英女史와 以金成石先生이다. 이순영 여사와 김성석 선생이 전치사 '以' 목적어로 쓰여 앞에 놓였다.

❷ 珍島以爲險, 木浦以爲池(진도이위험 목포이위지)

진도를 요새(要塞)로 삼고, 목포를 해자(垓字)로 삼는다.

해설 •要塞(요새) : 국방을 위해 건설한 제반 방비 시설

•垓字(해자) : 논, 밭, 국경 등의 경계선

•珍島와 木浦는 전치사 '以'의 목적어로 쓰여 앞에 놓였다.

•정상적 어순으로는 以珍島爲險, 以木浦爲池이다.

4) 전목구조〔介賓結構〕의 위치

한문의 전목구조의 위치에 대하여

(1) 전목구조는 술어의 앞에 놓여 부사어가 될 수 있고, 술어의 뒤에 놓여 보어가 될 수도 있다.

(2) 원인 방식 인사 방면을 소개하는 전목구조는 부사어나 보어가 될 수 있

는데 방식 원인을 소개하는 경우는 보어가 되는 경우는 적고, 인사 소개를 하는 경우는 보어로 되는 경우가 많다.

(3) 시간과 장소를 소개하는 전목구조가 부사어로 되는 경우가 비교적 많고, 보어로 되는 경우는 적다.

(4) 방식, 시간, 처소, 원인, 비교, 피동 등을 표시하는 전목구조가 보어로 되는 경우는 중국어로 옮길 때, 위의 것들을 술어의 앞으로 옮겨서 부사어로 바꾸어야 한다.

여기서는 주로 보어로 되는 '전목구조'를 논(論)하고자 한다.

(1) 전치사 '以'로 이루어진 전목구조

예문 ❶ 何不口之以食?(하불구지이식)

어찌하여 입으로 밥을 먹지 않습니까?

해설 • 口之以食은 방식을 나타내는 전목구조가(以食) 보어로 변한 것이다.

• 以(이) : 전치사. 食(식) : 목적어.

❷ 金英鎬氏, 祭以亥首(김영호씨 제이해수)

김영호씨가 돼지머리로 제사를 지냈다.

해설 • 방식을 나타내는 전목구조(以亥首) 보어로 변한 것

• 以(이) : 전치사. 亥首(해수) : 목적어

• 亥首(해수) : 돼지머리.

(2) 전치사 '於, 乎'로 이루어진 전목구조

예문 ❶ 我倦於事, 憒於憂!(아권어사 궤어우)

나는 일 때문에 피곤하고, 근심이 많기 때문에 마음이 심란스럽다.

해설 • 倦(권) : 피곤하다. 피로하다.

• 憒(궤) : 심란하다. 마음이 어수선하다.

• 원인을 소개하는 전목구조인데

由於事情繁多而疲倦(일이 번다하기 때문에 지친다.)

由於慮多而心緒昏亂(근심이 많기 때문에 마음이 혼란스럽

다.)로 옮겨야 한다.

(3) 전치사 '自·由'로 이루어진 전목구조

예문 ❶ 我來自西, 零雨其濛(아래자서 영우기몽)

　　　내가 서쪽에서 돌아올 때, 가랑비가 끊임없이 부슬부슬 왔다.

❷ 大田之迹, 見自金山(대전지적 견자금산)

　　　대전으로 통하는 길은 금산으로부터 출현하였다.

해설 •迹(적) : 족적, 발자취

　　•見(견, 현) : ①볼 견 ②나타날 현 ③見은 現과 같다.

도움말 예문 ①, ②는 장소를 나타내는 전목구조인데

　　　從西邊的西山歸來

　　　從大田騫開始出現으로 옮겨야 한다.

이상에서 보어로 되는 전목구조를 중국어로 옮길 때 모두 부사어로
변하였다.

5) 관형어와 명사의 도치

중국어에서 관형어는 일반적으로 모두 명사(실사)의 앞에 위치하여 실사를
수식하는 기능을 한다. 그러나 한문에서는 관용어를 강조하거나 말을 더욱 유
창하게 하기 위하여 수량사·형용사가 관형어로 쓰이는 경우는 중심사(실사)
뒤에 놓일 수 있는데 관형어의 후치(定語後置)라고도 부른다.

도움말 전치사가 실사 앞에 놓이면 前置라 하고, 뒤에 놓이면 後置라 한다.

(1) 수량 또는 수량사 관형어 후치(後置)

예문 ❶ 吏皆送奉王錢千(이개송봉왕전천)

　　　관리들은 다 천량의 돈을 왕에게 바쳤다.

해설 •錢(전) : 돈. 화폐. 실사로 중심사

　　•千(천) : 수사로 관형어의 후치

　　•錢千(전천) : 천량돈(千枚錢)으로 옮길 수 있다.

❷ 不稼不穡, 胡取禾三百纏兮?(불가불색 호취화삼백전혜)

씨를 뿌리지도 않고, 추수(거두어들이다)를 않거늘, 어째서 3백
단의 벼를 취하겠는가(얻겠는가).

<blockquote>
해설 • 禾(벼) : 실사로 중심사

• 三百纏(삼백전) : 수사로 관형어의 후치

• 禾三百纏은 3백 단의 벼(三百捆禾)로 옮길 수 있다.
</blockquote>

(2) 형용사 관형어의 후치

<blockquote>
예문 ❶ 帶長鋏之陸離兮, 冠切雲之崔嵬(대장협지륙리혜 관절운지최외)

기다란 긴 칼을 차고, 우뚝 솟은 절운관을 썼다.
</blockquote>

<blockquote>
해설 • 長鋏(장협) : 긴 칼

• 陸離(육리) : 길게 드리워진 모양. 긴 모양

• 切雲(절운) : 모자 이름, 절운관

• 崔嵬(최외) : 높고 큰 모양

• 長鋏之陸離의 '陸離'는 형용사 후치 관형어로 '기다란 긴 칼
(長長的劍)'로,

切雲之崔嵬의 '崔嵬'는 형용사 후치 관형어로 '우뚝 솟은 절
운관(高高的切雲冠)'으로 옮겨질 수 있다.
</blockquote>

<blockquote>
❷ 復爲羽聲慷慨(부위우성강개)

다시 강개격앙한 우성의 곡조로 변하였다.
</blockquote>

<blockquote>
해설 • 羽聲(우성) : 고대 음악의 곡조 이름

羽聲慷慨의 '慷慨'는 형용사 후치 관형어로 '강개격앙한 우성
의 곡조(慷慨的羽聲)'로 옮겨질 수 있다.
</blockquote>

16. 감탄형感歎形

말하는 이의 본능적인 놀람이나 느낌을 표시하는 것으로 문장의 처음이나 끝,
중간, 아무데나 놓일 수 있다. 감동사, 간투사(間投詞), 느낌씨라 한다.

다시 말하면 용언의 느낌을 나타내는 종결어미. 곧 ~구나, ~는구나, ~도다,
~어라 등을 나타내는 느낌씨이다.

1) 감탄사(感歎詞)

감탄형은 사람들의 놀라움, 찬탄, 애통, 격분 등의 강렬한 감정을 나타내는 일종의 본뜬 소리이다.

(1) 놀라움 표시 : 惡, 啞, 吁, 嚄, 嘻, 嗟玆乎, 噫, 吁, 嚱 등

예문 ❶ 惡! 周炯君, 是何言也!(오 주형군 시하언야)
아! 주형군 이것이 무슨 말이냐!

해설 惡(오)는 아, 야(呀, 啊)의 뜻이다.

❷ 啞! 是非會長者之言也!(아 시비회장자지언야)
아! 이것은 직원을 다스리는 사람이 해야 할 말이 아니다!

해설 •啞(아) : 아, 야(呀)의 뜻이다.
•會長者 : 회사의 직원을 이끌어가는 사람

❸ 嘻! 亦太甚矣, 先生之言也!(희 역태심의 선생지언야)
아! 또한 너무 지나칩니다. 선생의 말씀은!

해설 嘻(희) : 아, 야(呀)의 뜻이다.

❹ 噫吁嚱! 危乎高哉!(희우희 위호고재)
아이쿠! 험준하고도 높도다.

해설 •噫吁嚱(희우희) : 감탄사로 깜짝 놀라는 것을 표시한 것. 아이쿠(咳呀呀)로 쓸 수도 있다.
•危(위) : 험준하고 높다.

(2) 찬탄 표시 : 譆, 嘻, 夥, 頤, 於 등

예문 ❶ 譆! 善哉! 技盍至此也!(희 선재 기합지차야)
아하! 훌륭하도다! 기술이 어찌 이런 경지에까지 이르렀는고!

해설 譆(희) : 감탄사로 '놀라움' '찬탄'을 표시하는데 '아하'(哈) '야'(啊)의 뜻이다.

❷ 於! 周炯哉!(오 주형재)
아! 주형아!

於(오) : 감탄사로 '아'(哬)의 뜻이다.

　　어조사 어늑于

　　탄식할 오. 탄식하다. 감탄하는 소리늑烏

　　여기서는 감탄사 '오'로 읽는다.

(3) 애통 표시 : 於乎, 嗚呼, 噫, 嗟玆乎, 嗟呼子呼 등

　예문 ❶ 於乎! 哀哉永哲者, 百歲而不覺也(오호 애재영철자 백세이불각야)

　　아이고! 슬프도다. 영철이는 백세가 되어도 깨닫지 못함이여!

　해설 '於乎(오호)'는 아이고(哎哎呀)의 뜻이다.

　❷ 嗚呼! 孰知賦斂之毒有甚是蛇者乎!(오호 숙지부렴지독유심시사자호)－柳完元　捕蛇者說

　　아이고! (백성들에게) 세금을 수탈하는 악독함이 이 독사보다 더 심한 것이 있을 줄 누가 알았겠는가!

　해설 嗚呼(오호) : 아이고(哎)의 뜻이다.

　❸ 嗟玆乎! 我窮必矣!(차자호 아궁필의)

　　아이쿠! 나는 필연적으로 곤궁해지게 되어 있음이라!

　해설 嗟玆乎(차자호) : 아이쿠(哎呼)의 뜻이다.

　❹ 嗟呼子呼! 唐國亡之日至矣!(차호자호 당국망지일지의)

　　아이쿠! 당나라가 멸망할 때가 이르렀음이여!

　해설 嗟呼子呼(차호자호) : 아이쿠 아이쿠(哎呀哎呀)의 뜻이다.

(4) 격분·분개 표시 : 呼, 嘻, 叱嗟 등

　예문 ❶ 英美怒曰 "呼! 役夫!"(영미노왈 호역부)

　　영미가 노하여 말하였다. "흥, 비열한 놈!"

　해설 ・呼(호) : 흥, 피(呸)의 뜻이다.

　　・役夫(역부) : 잡역부에 대한 칭호

　❷ 嘻! 諸生闒茸無行(희 제생탑용무행)

　　허! 모든 유학생은 비천하고 품행이 좋지 못하다.

해설 •嘻(희) : 허(咳)의 뜻이다.

•闒茸(탑용) : 비천하다.

•無行(무행) : 품행이 없다.

❸ 大仁勃然怒曰, 叱嗟而母婢也!(대인발연노왈 질차이모비야)

대인이 발끈 노하여 말하기를, "흥, 너의 어머니는 하녀일 뿐이다 !"라고 했다.

해설 •叱嗟(질차) : 흥, 피(呸)의 뜻이다.

•而(이) : 너. 당신.

•婢(비) : 시녀, 하녀, 신분이 낮은 여자.

2) 응답사(應答詞)

응답사는 부름과 승낙을 나타내는 일종의 소리이다.

(1) 부름 표시 : 嘻, 嗟, 吁 등

예문 ❶ 從者曰, 嘻! 速駕!(종자왈 희 속가)

수행하는 사람이 말하기를, "어이 ! 빨리 수레에 오르라."고 했다.

해설 •嘻(희) : 어이. 여보세요(喂)의 뜻이다.

•駕(가) : 탈것. 거마. 타다. 탈것에 오르다.

❷ 英鎬左奉食曰, 嗟來食!(영호좌봉사왈 차래식)

영호가 왼손으로 밥을 들고 말하기를, "야, 먹자."라고 했다.

❸ 先生曰, 吁子來前(선생왈 우자래전)

선생께서 말씀하시기를, "어이, 자네는 앞으로 나오게."라고 했다.

(2) 응답 표시 : 唯, 諾… 등

예문 周炯曰, "唯唯" 若是者三(주형왈 유유 약시자삼)

주형이가 말하기를 "예, 예."하며 3번 반복하여 대답했다.

해설 唯(유) : 예, 응(嗯)의 뜻이다.

제9장

뜻이 반대되는 한자 및 한자어

ㄱ 부

한글	한자	음(音)	자 해	한자어
가 감	加 減	더할 가 덜 감	보태어 많게 하다. 수량을 적게 하다.	가산 加算 감산 減算
가 부	可 否	옳을 가 아닐 부	규격·도리 및 사리에 맞는 것 …아니다. 부정의 뜻을 나타낸다.	가결 可決 부결 否決
가 진	假 眞	거짓 가 참 진	거짓 및 가짜로 된 것 참. 거짓이 아니다. 진짜	가상 假象 진실 眞實
각 합	各 合	각각 각 합할 합	제각기 및 따로따로를 의미한다. 여럿이 모여서 합치다.	각자 各自 합자 合字
간 만	干 滿	방패 간 찰 만	법·규칙 등을 위반하다. 범하다. 차다. 가득하다.	간조 干潮 만조 滿潮
간 지	幹 支	줄기 간 가를 지	나무 및 풀의 줄기, 즉 뼈대 쪼개져 나가다. 흩어지다.	간선 幹線 지선 支線
간 직	間(閒) 直	사이 간 곧을 직	틈·틈새가 있다. 굴곡이나 요철이 없이 굽지 않다.	간접 間接 직접 直接
감 고	甘 苦	달 감 쓸 고	달다. 맛이 좋다. 단맛이 있다. …이 쓰다. 쓴맛	감미 甘味 고미 苦味
강 약	强 弱	굳셀 강 약할 약	힘차고, 튼튼하고, 굳세다. 기력·체력·능력 등이 약하다.	강국 强國 약국 弱國
개 폐	開 閉	열 개 닫을 폐	막힌 것을 열다. 문을 잠그다.	개춘 開春 폐구 閉口

한글	한자	음(音)	자 해	한자어
건 곤	乾 坤	하늘 건 땅 곤	하늘. 우주의 넓은 공간 땅. 대지(大地)	건강 乾剛 곤도 坤道
경 연	硬 軟(輭)	굳을 경 연할 연	단단하고, 굳세다. 연하고, 보들보들하다.	경골 硬骨 연미 輭媚
경 중	輕 重	가벼울 경 무거울 중	가볍다. 무게가 적다 무겁다. 무게가 나가다.	경량 輕量 중량 重量
경 흉	慶 凶	경사 경 흉할 흉	경사스럽다. 축하하다. 흉하다. 운수가 나쁘다.	경복 慶福 흉기 凶器
고 금	古 今	옛 고 이제 금	옛날. 지나간 오래 전 이제. 바로 이때	고인 古人 금인 今人
고 락	苦 樂	쓸 고 즐길 락	쓰다. 쓴맛 즐거움을 느끼다.	고구 苦口 낙경 樂境
고 신	古 新	옛 고 새 신	옛날. 지나간 오래 전 새로운 것. 처음으로. 새롭게 다시.	고서 古書 신서 新書
고 저	高 低	높을 고 낮을 저	높다. 공간으로 높다. 낮다. 높이가 낮다.	고가 高價 저가 低價
고 현	古 現	옛 고 나타날 현	옛날. 지난 오래 전. 나타나다. 나타내다.	고대 古代 현대 現代
곡 직	曲 直	굽을 곡 곧을 직	휘다. 곧지 아니하다. 곧다. 굽지 아니하다.	곡선 曲線 직선 直線
공 사	公 私	공변될 공 사사 사	사사롭지 아니하다. 공적인 것 개인. 자기 개인	공공 公共 사사 私事
공 실	空 實	빌 공 열매 실	비다. 속에 든 것이 없다. 열매. 가득 차다.	공포 空包 실포 實包
과 고	過 故	지날 과 옛 고	지나다. 지나치다. 이미 지나간 때	과실 過失 고의 故意
관 민	官 民	벼슬 관 백성 민	관청. 공무를 집행하는 곳 벼슬이 없는 시민. 백성	관권 官權 민권 民權

한글	한자	음(音)	자　해	한자어
광 암	光 暗	빛 광 어두울 암	빛. 광선. 빛나다. 어둡다. 주위가 보이지 아니하는 상태	광명 光明 암흑 暗黑
귀 천	貴 賤	귀할 귀 천할 천	귀하다. 신분이 높다. 값이 비싸다. 천하다. 값이 싸다.	귀격 貴格 천격 賤格
근 원	近 遠	가까울 근 멀 원	가깝다. 거리가 멀지 아니한 곳 멀다. 아득하다.	근경 近景 원경 遠景
긍 부	肯 否	옳게 여길 긍 아닐 부	옳게 여기다. 가(可)라 하다. …이 아니다. 부정의 뜻을 나타낸다.	긍정 肯定 부정 否定
기 미	旣 未	이미 기 아닐 미	이미. 벌써. 이전에 아니다=不, 弗, 非. 못하다. 부정사	기득 旣得 미득 未得
길 흉	吉 凶	길할 길 흉할 흉	운이 좋다. 일이 상서롭다. 흉하다. 운수가 나쁘다.	길사 吉事 흉사 凶事

ㄴ 부

한글	한자	음(音)	자　해	한자어
낙 양	落 揚	떨어질 락(낙) 오를 양	떨어지다. 나뭇잎이 떨어지다. 위로 오르다. 나타나다.	낙명 落名 양명 揚名
난 이	難 易	어려울 난 쉬울 이	어렵다. 어려워하다. 어려운 사정 고치다. 새롭게 하다. 새로워지다.	난행 難行 이행 易行
남 녀	男 女	사내 남 계집 녀	장부. 사내. 아들 계집. 여자. 딸	남자 男子 여자 女子
남 북	南 北	남녘 남 북녘 북	남녘. 남쪽으로 향하다. 북쪽	남가 南家 북가 北家
내 외	內 外	안 내 밖 외	안. 속. 안쪽으로 들다. 들이다. 범위 밖에. 바깥. 문밖	내각 內角 외각 外角
냉 온	冷 溫	찰 랭 따뜻할 온	차다. 춥고 서늘하다. 따뜻하다. 따뜻한 것.	냉수 冷水 온수 溫水
노 소	老 少	늙은이 로 적을 소	늙은이. 나이를 많이 먹다. 적다. 많지 아니하다.	노장 老壯 소장 少壯

한글	한자	음(音)	자 해	한자어
노유	老幼	늙은이 로 어릴 유	늙은이. 나이를 많이 먹다. 어리다. 나이가 어리다.	노년 老年 유년 幼年
녹홍	綠紅	초록빛 록 붉을 홍	초록빛 붉은 빛, 붉은 꽃	녹창 綠窓 홍루 紅樓
농담	濃淡	짙을 농 묽을 담	짙다. 빛이 짙다. 연하다. 빛이 연하다.	농색 濃色 담색 淡色

ㄷ 부

한글	한자	음(音)	자 해	한자어
다소	多少	많을 다 적을 소	많이. 많다. 적다. 많지 아니하다.	다량 多量 소량 少量
단복	單複	홑 단 겹옷 복	하나. 짝을 이루지 않는 것 겹치다. 거듭되다.	단식 單式 복식 複式
대소	大小	큰 대 작을 소	높다. 크다. 작다. 적다. 지위가 낮다.	대공 大功 소공 小功
대자	代自	대신할 대 스스로 자	대신하다. 스스로. 몸소. 자기	대필 代筆 자필 自筆
대차	貸借	빌릴 대 빌릴 차	바치다. 베풀다. 빌려주다. 빌리다.	대임 貸賃 차임 借賃
동서	東西	동녘 동 서녘 서	동쪽. 동쪽으로 가다. 서쪽. 오행(五行)에서 금(金)	동방 東方 서방 西方
동식	動植	움직일 동 심을 식	움직이다. 고정되지 아니하다. 심다. 일정한 곳에 근거를 두게 하다.	동물 動物 식물 植物
동이	同異	한가지 동 다를 이	서로 같다. 하나로 합하다. 다르다. 같지 아니하다.	동성 同性 이성 異性
동하	冬夏	겨울 동 여름 하	겨울을 나다. 만물이 얼어붙을 때 여름을 지내다. 방위로는 남쪽.	동기 冬期 하기 夏期
둔예	鈍銳	무딜 둔 날카로울 예	무디다. 둔하다. 날카롭다. 쇠붙이 등이 예리하다.	둔감 鈍感 예감 銳感

한글	한자	음(훕)	자 해	한자어
득 실	得 失	얻을 득 잃을 실	손에 넣다. 차지하다. 잃어버리다. 없어지다.	득세 得勢 실세 失勢
등 락	騰 落	오를 등 떨어질 락	오르다. 높은 곳으로 가다. 떨어지다. 나뭇잎이 떨어지다.	등세 騰勢 낙세 落勢
등 하	登 下	오를 등 아래 하	오르다. 높은 지위에 오르다. 아래, 머리의 반대쪽	등교 登校 하교 下校

ㅁ 부

만 조	晩 早	저물 만 새벽 조	늦다. 해가 저물다. 새벽. 이른 아침	만산 晩産 조산 早産
만 초	晩 初	저물 만 처음 초	늦다. 해가 저물다. 처음. 시작	만년 晩年 초년 初年
말 수	末 首	끝 말 머리 수	끝. 서 있는 물건의 꼭대기 머리. 앞. 먼저.	말석 末席 수석 首席
말 초	末 初	끝 말 처음 초	끝. 서 있는 물건의 꼭대기 처음. 시작	말기 末期 초기 初期
망 삭	望 朔	바랄 망 초하루 삭	바라다. 기대하다. 원하다. 처음. 시초. 시작되다.	망전 望奠 삭전 朔奠
매 매	賣 買	팔 매 살 매	팔다. 값을 받고 물건을 주다. 사다. 값을 치르고 넘겨받다.	매가 賣價 매가 買價
명 암	明 暗	밝을 명 어두울 암	밝다. 빛이 밝다. 어둡다. 주위가 보이지 않는 상태	명시 明示 암시 暗示
목 석	木 石	나무 목 돌 석	나무. 서 있는 나무 돌.	목각 木刻 석각 石刻
문 구	文 口	글월 문 입 구	서적. 책 입. 음식물을 먹고, 말을 하는 기관	문서 文書 구두 口頭
문 답	問 答	물을 문 대답할 답	무엇을 밝히거나 알아낼 목적으로 대답을 청하다. 대답하다. 따르고 응하다.	문제 問題 답안 答案

한글	한자	음(音)	자　해	한자어
문 무	文 武	글월 문 굳셀 무	서적. 책. 힘차고 튼튼하다.	문도 文道 무도 武道
문 자	文 自	글월 문 스스로 자	서책. 책 스스로. 몸소. 자기	문화 文化 자연 自然
물 심	物 心	만물 물 마음 심	만물. 천지(天地) 사이에 존재하는 물건 마음. 생각. 감정 등 정신활동의 총체	물계 物界 심계 心界
미 결	未 決	아닐 미 결단할 결	아니다. 못하다. 아직…하지 못하다. 정(定)하다. 결단하다.	미결 未決 기결 旣決
미 추	美 醜	아름다울 미 추할 추	아름답다. 좋다. 추하다. 징그럽다. 더럽다.	미남 美男 추남 醜男
민 둔	敏 鈍	재빠를 민 무딜 둔	재빠르다. 민첩하다. 무디다. 둔하다.	민감 敏感 둔감 鈍感

ㅂ 부

박 박	博 薄	넓을 박 엷을 박	넓다. 견문이 넓다. 크다. 두껍지 않다.	박학 博學 박학 薄學
반 전	半 全	반 반 온전할 전	반. 똑같이 둘로 나눈 것의 한 부분 온전하다. 비뚤어지거나 어그러지지 아니하다.	반음 半音 전음 全音
반 정	反 正	되돌릴 반 바를 정	되돌리다. 돌려주다. 바르다. 비뚤어지거나 어그러지지 아 니하다.	반비 反比 정비 正比
반 차	返 借	돌아올 반 빌릴 차	돌아오다. 되돌아오다. 빌리다. 빌려주다.	반제 返濟 차용 借用
반 친	反 親	되돌릴 반 친할 친	되돌리다. 돌려주다. 친하다. 사랑하다.	반일 反日 친일 親日
발 정	發 停	일어날 발 머무를 정	가다. 떠나다. 일어나다. 머무르다. 정해지다.	발차 發車 정차 停車

한글	한자	음(音)	자 해	한자어
발 진	發 鎭	일어날 발 진압할 진	가다. 떠나다. 일어나다. 진압하다. 적을 억눌러 조용하게 하다.	발화 發火 진화 鎭火
발 착	發 着	일어날 발 붙을 착	가다. 떠나다. 일어나다. 붙다. 입다. 신을 신다.	발선 發船 착선 着船
방 정	彷 定	거닐 방 정할 정	거닐다. 어정거리다. 정하다. 결정하다.	방황 彷徨 정착 定着
배 급	排 給	밀칠 배 넉넉할 급	밀치다. 밀어젖히다. 넉넉하다. 더하다.	배수 排水 급수 給水
배 약	倍 約	곱 배 묶을 약	곱. 갑절 묶다. 나발짓다.	배수 倍數 약수 約數
백 현	白 玄	흰 백 검을 현	흰 빛. 빛깔이 희다. 검다. 검은 빛	백미 白米 현미 玄米
별 동	別 同	나눌 별 한가지 동	나누다. 가르다. 한가지. 서로 같다.	별거 別居 동거 同居
본 지	本 支	밑 본 가를 지	기초. 근본 가르다. 갈리다.	본사 本事 지사 支事
부 모	父 母	아비 부 어미 모	아비. 아버지. 남자의 미칭 어머니. 자기를 낳아준 여자	부친 父親 모친 母親
부 주	副 主	버금 부 주인 주	버금. 다음. 보좌하다. 주인. 한 가정을 도맡아 꾸려나가는 사람	부식 副食 주식 主食
분 본	分 本	나눌 분 밑 본	나누다. 몇 개로 나누다. 기초. 근본	분교 分校 본교 本校
빈 부	貧 富	가난할 빈 부자 부	가난. 빈곤하다. 재물이 많고 넉넉하다.	빈자 貧者 부자 富者

ㅅ 부

사 생	死 生	죽을 사 날 생	죽다. 생명이 끊어지다. 태어나다. 출생하다.	사망 死亡 출생 出生

한글	한자	음(音)	자 해	한자어
사 활	死 活	죽을 사 살 활	죽다. 생명이 끊어지다. 살다. 생명을 가지고 존재하다.	사수 死水 활수 活水
상 벌	賞 罰	상줄 상 죄 벌	상을 주다. 공이 있는 사람에게 재화 를 주다. 벌. 형벌. 가벼운 죄	상금 賞金 벌금 罰金
상 하	上 下	위 상 아래 하	위. 높은 쪽 아래. 낮은 쪽	상급 上級 하급 下級
생 화	生 火	날 생 불 화	태어나다. 불. 타는 것.	생식 生食 화식 火食
선 악	善 惡	착할 선 악할 악	착하다. 언행이 바르고 어질다. 악하다. 모질고 사납다.	선의 善意 악의 惡意
선 후	先 後	먼저 선 뒤 후	먼저. 처음. 나아가다. 뒤. 향하고 있는 반대쪽이나 곳	선발 先發 후발 後發
설 필	舌 筆	혀 설 붓 필	혀 붓. 쓰다. 적다.	설화 舌禍 필화 筆禍
성 범	聖 凡	성스러울 성 무릇 범	성인. 지식과 덕행이 아주 뛰어나고 사회에 통하지 않는 데가 없는 사람 대강. 개요. 보통	성인 聖人 범인 凡人
성 패	成 敗	이룰 성 깨뜨릴 패	이루다. 뜻한 바를 이루다. 깨뜨리다. 부수다.	성공 成功 실패 失敗
소 밀	疏 密	트일 소 빽빽할 밀	트다. 통하다. 빽빽하다. 촘촘하다.	소림 疏林 밀림 密林
속 아	俗 雅	풍속 속 바를 아	풍속. 풍습 바르다. 우아하다. 고상하다.	속담 俗談 아담 雅談
손 리	損 利	덜 손 날카로울 리	덜다. 줄이다. 감소하다. 득. 이득. 탐하다.	손실 損失 이득 利得
손 익	損 益	덜 손 더할 익	덜다. 줄이다. 감소하다. 더하다. 불리다. 보태다.	손우 損友 익우 益友

한글	한자	음(音)	자 해	한자어
송 수	送受	보낼 송 받을 수	보내다. 사람을 떠나보내다. 받다. 주거나 보내는 것을 받다.	송신 送信 수신 受信
수 륙	水陸	물 수 뭍 륙	강. 내. 호수 등을 두루 이르는 말 육지. 큰 언덕	수군 水軍 육군 陸軍
순 역	順逆	순할 순 거스를 역	순하다. 온순하다. 거스르지 아니하다. 거스르다. 배반하다.	순천 順天 역천 逆天
순 혼	純混	생사 순 섞을 혼	순수하다. 온전하다. 섞다. 섞이다. 합하다.	순혈 純血 혼혈 混血
승 패	勝敗	이길 승 깨뜨릴 패	이기다. 승리를 거두어 멸망시키다. 깨뜨리다. 부수다. 무너지다.	승세 勝勢 패세 敗勢
승 하	乘下	탈 승 아래 하	타다. 오르다. 아래. 낮은 곳. 밑바닥	승차 乘車 하차 下車
시 부	是否	옳을 시 아닐 부	옳다. 바르다. 아니다. 부정하다.	시인 是認 부인 否認
시 종	始終	처음 시 끝날 종	처음. 최초에. 시작하다. 끝나다. 끝. 종말	시무 始務 종무 終務
시 청	視聽	볼 시 들을 청	보다. 우러러보다. 듣다. 자세히 듣다.	시력 視力 청력 聽力
신 고	新古	새 신 옛 고	새로운. 처음으로 옛날. 지난 오래 전	신품 新品 고물 古物
신 구	新舊	새 신 옛 구	새로운. 처음으로 오래되다. 오래다.	신택 新宅 구택 舊宅
실 가	實假	열매 실 거짓 가	열매. 가득 차다. 가짜. 거짓으로 된 것	실명 實名 가명 假名
실 허	實虛	열매 실 빌 허	열매. 가득 차다. 비다. 없다. 존재하지 아니하다.	실상 實像 허상 虛像

한글	한자	음(音)	자 해	한자어

ㅇ 부

한글	한자	음(音)	자 해	한자어
옥	玉	구슬 옥	옥. 빛이 곱고 모양이 아름다워 귀히 여기는 돌의 총칭	옥토 玉土
박	薄	엷을 박	땅이 박하다. 천하다. 지위가 낮다.	박토 薄土
완	緩	느릴 완	느리다. 느슨하다.	완행 緩行
급	急	급할 급	급하다. 바쁘다. 사정·형편이 지체할 겨를이 없다.	급행 急行
요	凹	오목할 요	오목하다. 가운데가 쑥 들어가다.	요면 凹面
철	凸	볼록할 철	가운데가 볼록하게 튀어나오다. 볼록하다.	철면 凸面
우	優	넉넉할 우	넉넉하다. 많다.	우등 優等
열	劣	못할 렬	못하다. 어느 정도에 미치지 못하다.	열등 劣等
유	流	흐를 류	흐르다. 물이 낮은 데로 흐르다.	유동 流動
고	固	굳을 고	굳다. 단단하다. 반드시	고정 固定
유	有	있을 유	있다. 존재하다.	유고 有故
무	無	없을 무	…이 없다.	무고 無故
육	陸	뭍 륙	뭍. 육지. 큰 언덕	육수 陸水
해	海	바다 해	바다. 바닷물. 육지의 끝	해수 海水
음	陰	응달 음	응달. 산의 북쪽의 땅. 땅. 추동(秋冬). 밤. 달. 비. 신하. 자(子). 처. 깊숙하다 등	음성 陰性
양	陽	볕 양	양지(陽地). 양. 남성적 원기. 하늘. 봄. 여름. 낮. 태양. 부(父) 등	양성 陽性
이	移	옮길 이	옮기다. 딴 데로 가다. 다른 데로 보내다.	이동 移動
고	固	굳을 고	굳다. 단단하다. 틀림없다.	고정 固定
이	離	베풀 리 (떠나갈 리)	떼어놓다. 가르다. 끊다.	이혼 離婚
결	結	맺을 결	맺다. 매듭짓다. 열매를 맺다.	결혼 結婚

한글	한자	음(音)	자　　해	한자어
이	理	다스릴 리	다스리다. 통하다. 사람이 순행(順行)하는 도리.	이론 理論
실	實	열매 실	열매. 초목의 열매. 참. 참됨	실천 實踐
익	益	더할 익	더하다. 보태다. 불리다.	익충 益蟲
해	害	해칠 해	해치다. 해롭게 하다.	해충 害蟲
인	人	사람 인	사람. 인간. 만물의 영장으로서 인류	인위 人爲
자	自	스스로 자	스스로. 몸소. 자기	자연 自然
일	一	한 일	하나. 한번	일방 一方
타	他	다를 타	다른. 딴. 그 밖의	타방 他方
일	一	한 일	하나. 한번	일부 一部
전	全	온전할 전	온전하다. 갖추다.	전부 全部
임	臨	임할 림	임하다. 내려다보다.	임시 臨時
경	經	날 경	다스리다. 떳떳하다.	경상 經常
입	入	들 입	들다. 들이다.	입경 入京
출	出	날 출	나타나다. 나가다.	출경 出京
입	立	설 립	서다. 멈추어 서다.	입체 立體
평	平	평평할 평	평평하다. 바닥이 고르고 판판하다.	평면 平面

ㅈ 부

한글	한자	음(音)	자　　해	한자어
자	子	아들 자	아들. 사내자식	자법 子法
모	母	어미 모	어미. 자기를 낳아준 여자	모법 母法
자	慈	사랑 자	사랑. 인정. 동정. 측은한 마음	자친 慈親
엄	嚴	엄할 엄	엄하다. 엄격하다.	엄친 嚴親
자	雌	암컷 자	암컷. 짐승의 암컷. 여자.	자성 雌性
웅	雄	수컷 웅	수컷. 짐승류의 수컷. 어른. 우두머리	웅성 雄性
자	自	스스로 자	스스로. 몸소. 자기	자가 自家
타	他	다를 타	다른. 딴. 그 밖의. 관계가 없는	타가 他家
작	昨	어제 작	어제. 앞서	작일 昨日
금	今	이제 금	이제. 바로 이때	금일 今日

한글	한자	음(音)	자　해	한자어
작래	昨來	어제 작 올 래	어제. 앞서. 옛날 오다. 이르다.	작일 昨日 내일 來日
잠현	潛顯	자맥질할 잠 나타날 현	자맥질하다. 땅속을 흐르다. 잠기다. 나타나다. 드러나다.	잠재 潛在 현재 顯在
장단	長短	길 장 짧을 단	길다. 짧지 않다. 짧다. 길지 않다.	장검 長劍 단검 短劍
적서	嫡庶	정실 적 여러 서	정실(正室), 본처(本妻) 여러 가지. 갖가지	적자 嫡子 서자 庶子
적아	敵我	원수 적 나 아	원수. 맞서다. 나. 나 자신. 자기에게 속해 있는 것을 나타내는 말.	적군 敵軍 아군 我軍
적흑	赤黑	붉을 적 검을 흑	붉은 빛 검은 빛	적자 赤字 흑자 黑字
전평	戰平	싸울 전 평평할 평	싸우다. 전쟁을 하다. 평평하다. 바닥이고 고르고 판판하다.	전쟁 戰爭 평화 平和
전후	前後	앞 전 뒤 후	앞. 위치상으로 본 앞쪽이나 곳 뒤. 향하고 있는 반대의	전진 前進 후진 後進
정동	靜動	고요할 정 움직일 동	고요하다. 움직이지 아니하다. 움직이다. 고정되지 아니하고 흔들리거나 자리를 옮기다.	정적 靜的 동적 動的
정오	淨汚	깨끗할 정 더러울 오	깨끗하다. 때묻지 아니하다. 더럽다. 깨끗하지 아니하다.	정수 淨水 오수 汚水
정오	正誤	바를 정 그릇할 오	바르다. 공평하다. 도리에 어긋나다. 실수하다. 오해하다.	정해 正解 오해 誤解
조석	朝夕	아침 조 저녁 석	아침. 처음. 시작의 때 저녁. 해질 무렵	조양 朝陽 석양 夕陽
조하	弔賀	조상할 조 하례 하	문안하다. 위문하다. 하례하다. 축사로 경축하다.	조객 弔客 하객 賀客

한글	한자	음(音)	자 해	한자어
종 개	終 開	끝날 종 열 개	끝나다. 다 되다. 그치다. 열다. 열리다.	종전 終戰 개전 開戰
종 횡	縱 橫	늘어질 종 가로 횡	늘어지다. 느슨해지다. 세로. 남과 북 가로. 동 및 서	종행 縱行 횡행 橫行
좌 우	左 右	왼 좌 오른쪽 우	왼쪽. 왼편. 왼쪽으로 가다. 오른쪽. 오른쪽으로 가다.	좌경 左傾 우경 右傾
주 객	主 客	주인 주 손 객	주인. 한 가정을 책임지고 꾸려나가는 사람. 찾아오거나 찾아가는 사람	주관 主觀 객관 客觀
주 야	晝 夜	낮 주 밤 야	낮. 해가 떠서 지기 전까지. 밤.	주간 晝間 야간 夜間
즉 숙	卽 宿	곧 즉 묵을 숙	곧. 가깝다. 묵다. 하루 밤을 숙박하다.	즉제 卽題 숙제 宿題
증 감	增 減	불을 증 덜 감	분다. 늘다. 더하다. 줄다. 가볍게 하다. 빼다.	증급 增給 감급 減給
지 둔	知 鈍	알 지 무딜 둔	알다. 인정하다. 인지하다. 무디다. 둔하다.	지자 知者 둔자 鈍者
직 반	直 反	곧을 직 되돌릴 반	곧다. 굽지 아니하다. 되돌리다. 돌려주다.	직사 直射 반사 反射
진 퇴	進 退	나아갈 진 물러날 퇴	나아가다. 앞에 나가다. 물러나다. 뒤로 물러나다.	진화 進化 퇴화 退化
징 권	懲 勸	혼날 징 권할 권	혼나다. 혼나서 잘못을 뉘우치거나 고 치다. 권하다. 권장하다.	징악 懲惡 권선 勸善
징 납	徵 納	부를 징 바칠 납	부르다. 구하다. 요구하다. 바치다. 헌납하다.	징수 徵收 납입 納入

ㅊ 부

| 차
보 | 車
步 | 수레 거, 차
걸음 보 | 수레. 수레의 바퀴
걷다. 천천히 걷다. | 차도 車道
보도 步道 |

한글	한자	음(音)	자 해	한자어
착 리	着 離	붙을 착 떼놓을 리	붙다. 입다. 옷을 입다. 떼어놓다. 떨어지다.	착륙 着陸 이륙 離陸
착 준	着 竣	붙을 착 마칠 준	붙다. 입다. 옷을 입다. 마치다. 끝나다.	착공 着工 준공 竣工
찬 반	贊 反	도울 찬 되돌릴 반	돕다. 조력하다. 반대하다. 되돌리다.	찬탁 贊託 반탁 反託
철 개	撤 開	거둘 철 열 개	거두다. 치우다. 그만두다. 열다. 열리다. 막힌 것을 열다.	철시 撤市 개시 開市
첨 광	尖 廣	뾰죽할 첨 넓을 광	뾰죽하다. 끝이 날카롭다. 넓다. 면적이 크다.	첨수 尖袖 광수 廣袖
첩 우	捷 迂	이길 첩 멀 우	이기다. 승전. 지름길을 택하다. 멀다. 길이 멀다. 빙 돌아 멀다.	첩경 捷徑 우로 迂路
청 백	靑 白	푸를 청 흰 백	푸르다. 푸른 빛. 청옥(靑玉) 흰 빛. 빛깔이 희다.	청룡 靑龍 백호 白虎
청 탁	淸 濁	맑을 청 흐릴 탁	맑다. 물이 맑다. 구름이나 안개가 끼지 아니하여 깨끗하다. 흐리다. 물이 맑지 아니하다.	청수 淸水 탁수 濁水
초 만	初 晩	처음 초 저물 만	처음. 시작 저물다. 해가 저물다. 늦다.	초년 初年 만년 晩年
초 육	草 肉	풀 초 고기 육	풀. 초원(草原). 잡초 고기. 고깃덩이. 동물의 살	초식 草食 육식 肉食
촌 도	村 都	마을 촌 도읍 도	마을. 시골 도읍. 서울	촌락 村落 도시 都市
축 확	縮 擴	다스릴 축 넓힐 확	다스리다. 곧게 하다. 옳다. 넓히다. 규모·세력 등을 넓히다.	축소 縮小 확대 擴大
측 정	側 正	곁 측 바를 정	곁. 가까이. 옆. 한쪽으로 치우친 곳 바르다. 잘못되거나 그릇된 것을 올바르게 고치다.	측면 側面 정면 正面

한글	한자	음(音)	자　해	한자어
치 란	治 亂	다스릴 치 어지러울 란	다스리다. 정사. 정치 어지럽다. 질서없이 뒤얽히다.	치국 治國 난국 亂國

ㅌ 부

한글	한자	음(音)	자　해	한자어
타 본	他 本	다를 타 밑 본	다른. 딴. 그 밖의. 관계가 없는. 밑. 뿌리. 바탕.	타교 他校 본교 本校
퇴 출	退 出	물러날 퇴 날 출	물러나다. 뒤로 물러나다. 나타나다. 나가다.	퇴근 退勤 출근 出勤

ㅍ 부

한글	한자	음(音)	자　해	한자어
파 소	派 召	물갈래 파 부를 소	물갈래. 강물이 갈려서 흘러내리는 가 닥 부르다. 오라고 부르다.	파견 派遣 소환 召還
표 리	表 裏	겉 표 속 리	겉. 거죽. 겉면. 나타나다. 속. 안. 옷의 안	표면 表面 이면 裏面
풍 흉	豊 凶	풍년 풍 흉할 흉	풍년. 가을 농사가 잘 되다. 흉하다. 운수가 나쁘다.	풍년 豊年 흉년 凶年
피 가	被 加	이불 피 더할 가	겉. 표면. 이불. 입다. 더하다. 더 보태어 많게 하다.	피해 被害 가해 加害
피 원	被 原	이불 피 근원 원	겉. 표면. 근원. 일의 발단이나 시초	피고 被告 원고 原告
필 개	畢 開	마칠 필 열 개	마치다. 끝내다. 죄다. 모두 열다. 열리다.	필혼 畢婚 개혼 開婚

ㅎ 부

한글	한자	음(音)	자　해	한자어
한 난	寒 暖	찰 한 따뜻할 난	차다. 춥다. 온도가 따뜻하다.	한류 寒流 난류 暖流
한 양	漢 洋	한수 한 바다 양	은하수. 사나이(남자를 낮추어 이르는 말) 바다. 대양(大洋). 가득 차서 넘치다.	한의 漢醫 양의 洋醫

한글	한자	음(音)	자　해	한자어
형 민	刑 民	형벌 형 백성 민	신체에 가하는 벌. 형벌. 죽이다. 백성. 뭇사람	형사 刑事 민사 民事
호 악	好 惡	좋을 호 악할 악	좋다. 옳다. 마땅하다. 악하다. 모질고 사납다.	호감 好感 악감 惡感
화 강	和 強	화할 화 굳셀 강	화하다. 서로 응하다. 합치다. 굳세다. 튼튼하다.	화간 和姦 강간 強姦
화 노	和 怒	화할 화 노할 노	화하다. 알맞다. 합치다. 노하다. 화가 나다.	화기 和氣 노기 怒氣
화 소	華 素	꽃 화 흴 소	꽃. 꽃이 피다. 희다. 하얗다.	화복 華服 소복 素服
후 박	厚 薄	두터울 후 엷을 박	두껍다. 두텁다. 두껍지 않다.	후덕 厚德 박덕 薄德
흑 백	黑 白	검을 흑 흰 백	검은빛. 빛깔이 검다. 흰빛. 빛깔이 희다.	흑색 黑色 백색 白色
희 비	喜 悲	기쁠 희 슬플 비	기쁘다. 즐겁다. 슬프다. 서럽다.	희보 喜報 비보 悲報

제 10 장

잘못 읽기 쉬운 한자

- **가렴**=苛斂≠가검
- **각별**=恪別≠격별
- **간주**=看做≠간고
- **간특**=姦慝≠간약
- **간헐**=間歇≠간흘
- **감쇄**=減殺≠감살
- **감자**=甘蔗≠감서
- **강지**=降旨≠항지
- **개괄**=概括≠개활
- **개전**=改悛≠개준
- **개찬**=改竄≠개서
- **갱도**=坑道≠항도
- **갹출**=醵出≠거출
- **거마**=車馬≠차마
- **경질**=更迭≠갱질
- **경칩**=驚蟄≠경첩
- **고황**=膏肓≠고맹
- **골몰**=汩沒≠일몰
- **괄목**=刮目≠활목
- **괴리**=乖離≠승리
- **교란**=攪亂≠각란
- **교사**=教唆≠교준

- **교쾌**=狡獪≠교회
- **구두**=句讀≠구독
- **구애**=拘碍≠구득
- **구휼**=救恤≠구혈
- **궤변**=詭辯≠위변
- **귀감**=龜鑑≠구감
- **균열**=龜裂≠귀열
- **금실**=琴瑟≠금슬
- **끽연**=喫煙≠긱연
- **나약**=懦弱≠난약
- **나인**=內人≠내인
- **나포**=拿捕≠합포
- **낙인**=烙印≠각인
- **날인**=捺印≠나인
- **낭자**=狼藉≠낭적
- **녹비**=鹿皮≠녹피
- **녹용**=鹿茸≠녹이
- **뇌물**=賂物≠각물
- **누설**=漏泄≠누세
- **눌변**=訥辯≠납변
- **늠연**=凜然≠품연
- **다과**=茶菓≠차과

- **단란**=團欒≠단락
- **담천**=曇天≠운천
- **답지**=遝至≠환지
- **당착**=撞着≠동착
- **대치**=對峙≠대시
- **도야**=陶冶≠도치
- **독직**=瀆職≠속직
- **동면**=冬眠≠동민
- **둔주**=遁走≠돈주
- **만강**=滿腔≠만공
- **매도**=罵倒≠마도
- **매진**=邁進≠만진
- **맥진**=驀進≠막진
- **맹아**=萌芽≠명아
- **명징**=明澄≠명증
- **모과**=木瓜≠목과
- **목탁**=木鐸≠목택
- **몽매**=蒙昧≠몽미
- **묘연**=杳然≠모연
- **무론**=毋論≠모론
- **무인**=拇印≠모인
- **미흡**=未洽≠미합

- **박멸**=撲滅≠복멸
- **박탈**=剝奪≠약탈
- **반박**=反駁≠반효
- **반포**=頒布≠분포
- **발랄**=潑剌≠발자
- **발췌**=拔萃≠발취
- **발탁**=拔擢≠발요
- **방조**=幫助≠봉조
- **배알**=拜謁≠배갈
- **번전**=反田≠반전
- **병참**=兵站≠병첨
- **보수**=報酬≠보주
- **보시**=布施≠포시
- **보전**=補塡≠보진
- **부연**=敷衍≠부행
- **분비**=分泌≠분필
- **불후**=不朽≠불휴
- **비등**=沸騰≠불등
- **비색**=否塞≠부색
- **비유**=譬喩≠벽유
- **빈삭**=頻數≠빈수
- **빙자**=憑藉≠빙적
- **사주**=使嗾≠사족
- **사치**=奢侈≠사다
- **삭막**=索莫≠색막
- **살포**=撒布≠산포
- **삼매**=三昧≠삼미
- **상쇄**=相殺≠상살
- **상재**=上梓≠상자
- **생략**=省略≠성략
- **서거**=逝去≠절거

- **서식**=棲息≠처식
- **선영**=先塋≠선형
- **섬광**=閃光≠염광
- **성수**=星宿≠성숙
- **세척**=洗滌≠세조
- **소급**=遡及≠삭급
- **소생**=甦生≠갱생
- **소요**=騷擾≠소우
- **속죄**=贖罪≠독죄
- **쇄도**=殺到≠살도
- **수면**=睡眠≠수민
- **수효**=數爻≠수차
- **시기**=猜忌≠청기
- **시사**=示唆≠시준
- **시호**=諡號≠익호
- **신랄**=辛辣≠신극
- **신속**=迅速≠빈속
- **악착**=齷齪≠악족
- **알력**=軋轢≠알륵
- **알선**=斡旋≠간선
- **알현**=謁見≠알견
- **애로**=隘路≠익로
- **야금**=冶金≠치금
- **야기**=惹起≠약기
- **약탈**=掠奪≠경탈
- **여과**=濾過≠노과
- **영수**=領袖≠영유
- **영어**=囹圄≠영오
- **오류**=誤謬≠오묘
- **오열**=嗚咽≠명인
- **오토**=於兔≠어토

- **오한**=惡寒≠악한
- **와전**=訛傳≠화전
- **와중**=渦中≠과중
- **왜곡**=歪曲≠부곡
- **요격**=邀擊≠격격
- **요업**=窯業≠질업
- **요철**=凹凸≠요돌
- **용훼**=容喙≠용탁
- **유세**=遊說≠유설
- **음미**=吟味≠금미
- **응결**=凝結≠의결
- **의연**=義捐≠의손
- **이사**=移徙≠이도
- **이씨**=食氏≠식씨
- **이환**=罹患≠나환
- **익사**=溺死≠약사
- **인멸**=湮滅≠연멸
- **일괄**=一括≠일활
- **일척**=一擲≠일정
- **잉여**=剩餘≠승여
- **자긍**=自矜≠자금
- **자반**=佐飯≠좌반
- **작작**=綽綽≠탁탁
- **잠언**=箴言≠함언
- **저주**=咀呪≠조주
- **저지**=沮止≠조지
- **전파**=傳播≠전번
- **절단**=截斷≠재단
- **점정**=點睛≠점청
- **접문**=接吻≠접물
- **정곡**=正鵠≠정고

- **조예**=造詣≠조지
- **조치**=措置≠차치
- **주저**=躊躇≠수저
- **주차**=駐箚≠주찰
- **준곤**=屯困≠둔곤
- **준동**=蠢動≠춘동
- **준설**=浚渫≠준첩
- **즐비**=櫛比≠절비
- **증오**=憎惡≠증악
- **지탱**=支撑≠지탕
- **진지**=眞摯≠진집
- **질곡**=桎梏≠질호
- **질책**=叱責≠힐책
- **짐작**=斟酌≠심작
- **집물**=什物≠십물
- **집요**=執拗≠집유
- **참신**=斬新≠점신
- **참치**=參差≠참차
- **참회**=懺悔≠섬회
- **창달**=暢達≠장달
- **창맹**=蒼氓≠창민
- **창일**=漲溢≠장익
- **척살**=刺殺≠자살
- **천명**=闡明≠선명
- **천식**=喘息≠서식
- **철주**=掣肘≠제주
- **철퇴**=鐵槌≠철추
- **첨단**=尖端≠열단
- **첨부**=貼付≠첨부
- **체념**=諦念≠제념
- **체문**=帖文≠첩문
- **체읍**=涕泣≠제읍
- **촌탁**=忖度≠촌도
- **총애**=寵愛≠용애
- **촬영**=撮影≠최영
- **추도**=追悼≠추탁
- **추호**=秋毫≠추모
- **충심**=衷心≠애심
- **치열**=熾烈≠직열
- **침술**=鍼術≠함술
- **칩거**=蟄居≠집거
- **탁본**=拓本≠척본
- **탁지**=度支≠도지
- **탄로**=綻露≠정로
- **탄핵**=彈劾≠탄해
- **탐닉**=耽溺≠탐익
- **터득**=攄得≠여득
- **통곡**=慟哭≠동곡
- **통찰**=洞察≠동찰
- **퇴고**=推敲≠추고
- **퇴적**=堆積≠추적
- **투안**=偸安≠유안
- **틈입**=闖入≠난입
- **파견**=派遣≠파유
- **파탄**=破綻≠파정
- **패관**=稗官≠비관
- **패권**=覇權≠파권
- **패배**=敗北≠패북
- **팽창**=膨脹≠팽장
- **평탄**=平坦≠평단
- **폐색**=閉塞≠폐새
- **포상**=褒賞≠보상
- **포착**=捕捉≠포촉
- **폭주**=輻輳≠복주
- **표지**=標識≠표식
- **푼전**=分錢≠분전
- **풍미**=風靡≠풍비
- **피립**=跛立≠파립
- **할인**=割引≠활인
- **합천**=陜川≠협천
- **항문**=肛門≠홍문
- **항장**=降將≠강장
- **해로**=偕老≠개로
- **해서**=楷書≠개서
- **해이**=解弛≠해야
- **해학**=諧謔≠개학
- **향락**=享樂≠형락
- **현란**=絢爛≠순란
- **혐오**=嫌惡≠겸악
- **형극**=荊棘≠형자
- **홀연**=忽然≠총연
- **화판**=花瓣≠화변
- **확연**=廓然≠곽연
- **황홀**=恍惚≠광홀
- **회뢰**=賄賂≠유락
- **획수**=劃數≠화수
- **효시**=嚆矢≠고시
- **후각**=嗅覺≠취각
- **휘하**=麾下≠마하
- **휼병**=恤兵≠혈병
- **흔쾌**=欣快≠근쾌
- **흡사**=恰似≠합사
- **힐난**=詰難≠길난

제11장

모양이 닮은 한자

- 可(옳을 **가**)　　→ 可望(가망)
- 司(맡을 **사**)　　→ 司法(사법)
- 刻(새길 **각**)　　→ 刻苦(각고)
- 劾(캐물을 **핵**)　→ 彈劾(탄핵)
- 殼(껍질 **각**)　　→ 貝殼(패각)
- 毅(굳셀 **의**)　　→ 毅然(의연)
- 穀(곡식 **곡**)　　→ 穀食(곡식)
- 縠(명주 **곡**)　　→ 細縠(세곡)
- 干(간여할 **간**)　→ 干涉(간섭)
- 于(어조사 **우**)　→ 于今(우금)
- 彊(강할 **강**)　　→ 自彊(자강)
- 疆(지경 **강**)　　→ 疆土(강토)
- 綱(벼리 **강**)　　→ 綱領(강령)
- 網(그물 **망**)　　→ 魚網(어망)
- 決(정할 **결**)　　→ 決意(결의)
- 訣(이별할 **결**)　→ 訣別(결별)
- 袂(소매 **몌**)　　→ 袂別(몌별)
- 抉(긁을 **결**)　　→ 剔抉(척결)
- 階(섬돌 **계**)　　→ 階層(계층)
- 偕(함께 **해**)　　→ 偕老(해로)
- 諧(고를 **해**)　　→ 諧謔(해학)
- 楷(해서 **해**)　　→ 楷書(해서)
- 孤(외로울 **고**)　→ 孤獨(고독)
- 狐(여우 **호**)　　→ 狐狸(호리)
- 弧(나무활 **호**)　→ 括弧(괄호)
- 戈(창 **과**)　　　→ 干戈(간과)
- 戎(병장기 **융**)　→ 戎馬(융마)
- 戒(징계할 **계**)　→ 戒律(계율)
- 郊(성밖 **교**)　　→ 郊外(교외)
- 效(본받을 **효**)　→ 效能(효능)
- 灸(뜸 **구**)　　　→ 鍼灸(침구)
- 炙(고기구울 **자**)→ 膾炙(회자)
- 几(안석 **궤**)　　→ 几席(궤석)
- 凡(무릇 **범**)　　→ 凡例(범례)
- 斤(근 **근**)　　　→ 斤量(근량)
- 斥(물리칠 **척**)　→ 排斥(배척)
- 兢(조심할 **긍**)　→ 兢兢(긍긍)
- 競(다툴 **경**)　　→ 競走(경주)
- 己(몸 **기**)　　　→ 克己(극기)
- 已(이미 **이**)　　→ 已往(이왕)
- 巳(뱀 **사**)　　　→ 巳時(사시)

• 怒(성낼 **노**)	→ 憤怒(분노)	• 島(섬 **도**)	→ 島嶼(도서)
• 恕(용서할 **서**)	→ 容恕(용서)	• 鳥(새 **조**)	→ 鳥類(조류)
		• 烏(까마귀 **오**)	→ 烏鷺(오로)
• 弩(쇠뇌 **노**)	→ 弩砲(노포)	• 徒(무리 **도**)	→ 徒黨(도당)
• 帑(처자 **노**)	→ 妻帑(처노)	• 徙(옮길 **사**)	→ 移徙(이사)
• 駑(둔할 **노**)	→ 駑馬(노마)	• 從(좇을 **종**)	→ 從事(종사)
• 吶(떠들 **납**)	→ 吶喊(납함)	• 讀(읽을 **독**)	→ 讀書(독서)
• 訥(말더듬을 **눌**)	→ 訥辯(눌변)	• 櫝(함 **독**)	→ 筆櫝(필독)
• 能(능할 **능**)	→ 能率(능률)	• 瀆(더럽힐 **독**)	→ 媟瀆(설독)
• 熊(곰 **웅**)	→ 熊膽(웅담)	• 瀆(도랑 **독**)	→ 瀆職(독직)
• 態(모양 **태**)	→ 態度(태도)	• 牘(서찰 **독**)	→ 牘箋(독전)
• 茶(차 **다**)	→ 茶禮(다례)	• 犢(송아지 **독**)	→ 牲犢(생독)
• 荼(씀바귀 **도**)	→ 荼薺(도제)	• 騰(오를 **등**)	→ 騰貴(등귀)
• 旦(아침 **단**)	→ 元旦(원단)	• 謄(베낄 **등**)	→ 謄寫(등사)
• 且(또 **차**)	→ 且置(차치)	• 絡(이을 **락**)	→ 連絡(연락)
• 端(바를 **단**)	→ 端正(단정)	• 給(줄 **급**)	→ 給付(급부)
• 瑞(상서 **서**)	→ 瑞雪(서설)	• 剌(어그러질 **랄**)	→ 潑剌(발랄)
• 喘(숨찰 **천**)	→ 喘息(천식)	• 刺(찌를 **자**)	→ 刺戟(자극)
• 撻(매질할 **달**)	→ 鞭撻(편달)	• 斂(거둘 **렴**)	→ 收斂(수렴)
• 橽(박달나무 **달**)	→ 檀과 같음	• 劍(칼 **검**)	→ 劍光(검광)
• 膽(쓸개 **담**)	→ 膽力(담력)	• 盧(검을 **로**)	→ 的盧(적로)
• 瞻(볼 **첨**)	→ 瞻望(첨망)	• 慮(생각할 **려**)	→ 思慮(사려)
• 憺(편안할 **담**)	→ 慘憺(참담)	• 綠(초록빛 **록**)	→ 綠林(녹림)
• 擔(멜 **담**)	→ 負擔(부담)	• 緣(말미암을 **연**)	→ 因緣(인연)
• 檐(처마 **첨**)	→ 檐階(첨계)	• 瓏(옥소리 **롱**)	→ 玲瓏(영롱)
• 澹(조용할 **담**)	→ 澹靜(담정)	• 瀧(비올 **롱**)	→ 瀧瀧(농롱)
• 垈(터 **대**)	→ 垈地(대지)	• 朧(흐릴 **롱**)	→ 朦朧(몽롱)
• 岱(대산 **대**)	→ 岱山(대산)	• 瞭(맑을 **료**)	→ 明瞭(명료)
• 大(클 **대**)	→ 大小(대소)	• 曒(밝을 **료**)	→ 曒天(요천)
• 犬(개 **견**)	→ 犬馬(견마)	• 僚(벼슬아치 **료**)	→ 幕僚(막료)
• 太(콩 **태**)	→ 太白(태백)		

•壘(진 루)	→ 孤壘(고루)		•間(사이 간)	→ 間隔(간격)
•疊(겹쳐질 첩)	→ 疊疊(첩첩)		•閏(윤달 윤)	→ 閏年(윤년)
•栗(밤나무 율)	→ 栗木(율목)		•閨(협문 규)	→ 閨秀(규수)
•粟(조 속)	→ 米粟(미속)		•閒(틈 한)	→ 閒人(한인)
•罹(걸릴 리)	→ 罹災(이재)		•閑(한가할 한)	→ 閑居(한거)
•羅(비단 라)	→ 羅緞(나단)		•味(맛 미)	→ 味覺(미각)
•漫(질펀할 만)	→ 浪漫(낭만)		•昧(어두울 매)	→ 三昧(삼매)
•慢(게으를 만)	→ 慢性(만성)		•密(빽빽할 밀)	→ 密集(밀집)
•饅(만두 만)	→ 饅頭(만두)		•蜜(꿀 밀)	→ 蜜蜂(밀봉)
•鏝(흙손 만)	→ 泥鏝(이만)		•薄(엷을 박)	→ 薄氷(박빙)
•末(끝 말)	→ 末期(말기)		•簿(장부 부)	→ 簿記(부기)
•未(아닐 미)	→ 未明(미명)		•班(나눌 반)	→ 班常(반상)
•盲(눈멀 맹)	→ 色盲(색맹)		•斑(얼룩질 반)	→ 斑點(반점)
•肓(명치끝 황)	→ 膏肓(고황)		•頒(나눌 반)	→ 頒布(반포)
•免(벗어날 면)	→ 免疫(면역)		•頌(기릴 송)	→ 頌歌(송가)
•兎(토끼 토)	→ 烏兎(오토)		•鉢(바리때 발)	→ 托鉢(탁발)
•眠(잠잘 면)	→ 安眠(안면)		•針(바늘 침)	→ 指針(지침)
•眼(눈 안)	→ 眼鏡(안경)		•撥(다스릴 발)	→ 反撥(반발)
•皿(그릇 명)	→ 器皿(기명)		•潑(뿌릴 발)	→ 潑墨(발묵)
•血(피 혈)	→ 血液(혈액)		•坊(동네 방)	→ 坊間(방간)
•母(어미 모)	→ 母系(모계)		•妨(헤살놓을 방)	→ 妨害(방해)
•毋(말 무)	→ 毋論(무론)		•彷(배회할 방)	→ 彷徨(방황)
•睦(화목할 목)	→ 親睦(친목)		•肪(살찔 방)	→ 脂肪(지방)
•陸(뭍 륙)	→ 大陸(대륙)		•防(막을 방)	→ 防衛(방위)
•苗(싹 묘)	→ 苗圃(묘포)		•俳(광대 배)	→ 俳優(배우)
•笛(피리 적)	→ 鼓笛(고적)		•徘(머뭇거릴 배)	→ 徘徊(배회)
•戊(천간 무)	→ 戊己(무기)		•排(물리칠 배)	→ 排除(배제)
•戍(지킬 수)	→ 衛戍(위수)		•伯(맏 백)	→ 伯父(백부)
•戌(지지 술)	→ 戊戌(무술)		•佰(어른 백)	→ 仟佰(천백)
•問(물을 문)	→ 問安(문안)		•柏(잣 백)	→ 冬柏(동백)

└•拍(칠 **박**) → 拍手(박수)

┌•辯(말 잘할 **변**) → 雄辯(웅변)
•辨(분별할 **변**) → 辨理(변리)
•辦(힘쓸 **판**) → 買辦(매판)
•瓣(꽃잎 **판**) → 花瓣(화판)
└•辮(땋을 **변**) → 辮髮(변발)

┌•僕(종 **복**) → 公僕(공복)
•撲(칠 **박**) → 撲殺(박살)
•幞(건 **복**) → 幞頭(복두)
└•樸(순박할 **박**) → 質樸(질박)

┌•抔(움큼 **부**) → 抔土(부토)
•坏(언덕 **배**) → 坏土(배토)
└•杯(잔 **배**) → 乾杯(건배)

┌•墳(무덤 **분**) → 墳墓(분묘)
•憤(분할 **분**) → 憤怒(분노)
└•噴(뿜을 **분**) → 噴水(분수)

┌•崩(무너질 **붕**) → 崩壞(붕괴)
└•萌(싹틀 **맹**) → 萌芽(맹아)

┌•毘(도울 **비**) → 茶毘(다비)
└•昆(많을 **곤**) → 昆蟲(곤충)

┌•牝(암컷 **빈**) → 牝鷄(빈계)
•牡(수컷 **모**) → 牡牛(모우)
└•牧(목장 **목**) → 牧歌(목가)

┌•貧(가난할 **빈**) → 貧困(빈곤)
└•貪(탐할 **탐**) → 貪慾(탐욕)

┌•沙(물가 **사**) → 沙工(사공)
└•砂(모래 **사**) → 砂漠(사막)

┌•唆(부추길 **사**) → 敎唆(교사)
•悛(고칠 **전**) → 改悛(개전)
•俊(준걸 **준**) → 俊傑(준걸)

└•竣(마칠 **준**) → 竣工(준공)

┌•士(선비 **사**) → 名士(명사)
└•土(흙 **토**) → 沃土(옥토)

┌•些(적을 **사**) → 些少(사소)
└•砦(진터 **채**) → 城砦(성채)

┌•史(사기 **사**) → 歷史(역사)
└•吏(벼슬아치 **리**) → 官吏(관리)

┌•社(두레 **사**) → 社交(사교)
•祀(제사 **사**) → 祭祀(제사)
•祠(사당 **사**) → 祠堂(사당)

┌•塞(요새 **새**) → 要塞(요새)
•寒(찰 **한**) → 酷寒(혹한)
•寨(나무우리 **채**) → 木寨(목채)

┌•牲(희생 **생**) → 犧牲(희생)
•性(성품 **성**) → 性格(성격)

┌•暑(더울 **서**) → 避暑(피서)
•署(맡을 **서**) → 署理(서리)

┌•晳(밝을 **석**) → 明晳(명석)
└•哲(밝을 **철**) → 哲理(철리)

•楔(문설주 **설**) → 楔形文字 (설형문자)

•禊(계제사 **계**) → 禊事(계사)
•蕭(쓸쓸할 **소**) → 蕭瑟(소슬)
•簫(퉁소 **소**) → 簫鼓(소고)
•逍(거닐 **소**) → 逍遙(소요)
•趙(조나라 **조**·성 **조**)

•竦(두려워할 **송**) → 竦然(송연)
•悚(두려워할 **송**) → 悚懼(송구)

┌•帥(장수 **수**) → 將帥(장수)
└•師(스승 **사**) → 出師(출사)

・侍(모실 **시**)	→ 侍女(시녀)	・汪(넓을 **왕**)	→ 汪洋(왕양)
・待(기다릴 **대**)	→ 待望(대망)	・欲(탐낼 **욕**)	→ 欲求(욕구)
・恃(믿을 **시**)	→ 恃賴(시뢰)	・慾(거염 **욕**)	→ 慾望(욕망)
・失(잃을 **실**)	→ 得失(득실)	・又(또 **우**) → 天命不又(천명불우)	
・矢(화살 **시**)	→ 弓矢(궁시)	・叉(깍지낄 **차**)	→ 交叉(교차)
・雅(맑을 **아**)	→ 典雅(전아)	・園(동산 **원**)	→ 園藝(원예)
・稚(어릴 **치**)	→ 幼稚(유치)	・圓(둥글 **원**)	→ 圓柱(원주)
・斡(주장할 **알**)	→ 斡旋(알선)	・衛(모실 **위**)	→ 護衛(호위)
・幹(몸 **간**)	→ 幹部(간부)	・衙(마을 **아**)	→ 官衙(관아)
・押(누를 **압**)	→ 押送(압송)	・唯(오직 **유**)	→ 唯一(유일)
・狎(친밀할 **압**)	→ 狎近(압근)	・惟(생각할 **유**)	→ 思惟(사유)
・億(억 **억**)	→ 億萬(억만)	・維(지탱할 **유**)	→ 維持(유지)
・臆(가슴 **억**)	→ 臆測(억측)	・帷(휘장 **유**)	→ 帷幕(유막)
・憶(생각할 **억**)	→ 記憶(기억)	・幼(어릴 **유**)	→ 幼年(유년)
・冶(불릴 **야**)	→ 冶金(야금)	・幻(변할 **환**)	→ 幻影(환영)
・治(다스릴 **치**)	→ 治安(치안)	・遺(남을 **유**)	→ 遺言(유언)
・揚(날릴 **양**)	→ 讚揚(찬양)	・遣(보낼 **견**)	→ 派遣(파견)
・楊(버들 **양**)	→ 楊柳(양류)	・飮(마실 **음**)	→ 飮食(음식)
・壤(고운흙 **양**)	→ 擊壤(격양)	・飯(밥 **반**)	→ 朝飯(조반)
・壞(무너뜨릴 **괴**)	→ 破壞(파괴)	・泣(울 **읍**)	→ 涕泣(체읍)
・與(더불어 **여**)	→ 與黨(여당)	・拉(끌고갈 **랍**)	→ 拉致(납치)
・興(일 **흥**)	→ 興趣(흥취)	・凝(엉길 **응**)	→ 凝固(응고)
・輿(수레 **여**)	→ 輿論(여론)	・擬(비길 **의**)	→ 模擬(모의)
・捐(버릴 **연**)	→ 義捐(의연)	・宜(마땅할 **의**)	→ 便宜(편의)
・損(덜 **손**)	→ 缺損(결손)	・宣(베풀 **선**)	→ 宣傳(선전)
・延(끌 **연**)	→ 遷延(천연)	・人(사람 **인**)	→ 人間(인간)
・廷(조정 **정**)	→ 朝廷(조정)	・八(여덟 **팔**)	→ 八十(팔십)
・旺(왕성할 **왕**)	→ 旺盛(왕성)	・入(들 **입**)	→ 入口(입구)
・枉(굽을 **왕**)	→ 枉臨(왕림)	・日(날 **일**)	→ 日月(일월)
・狂(미칠 **광**)	→ 狂犬(광견)	・曰(말할 **왈**)→曰可曰否(왈가왈부)	

┌ •佚(숨을 **일**)	→ 佚民(일민)	
└ •泆(넘칠 **일**)	→ 泆湯(일탕)	
┌ •溢(찰 **일**)	→ 漲溢(창일)	
└ •隘(막을 **애**)	→ 隘路(애로)	
┌ •姿(모양 **자**)	→ 姿勢(자세)	
└ •恣(방자할 **자**)	→ 恣意(자의)	
┌ •藉(깔 **자**)	→ 憑藉(빙자)	
└ •籍(문서 **적**)	→ 國籍(국적)	
┌ •潛(숨을 **잠**)	→ 潛跡(잠적)	
└ •僭(참람할 **참**)	→ 僭稱(참칭)	
┌ •裁(마를 **재**)	→ 裁斷(재단)	
└ •栽(심을 **재**)	→ 栽培(재배)	
┌ •載(실을 **재**)	→ 記載(기재)	
└ •戴(받을 **대**)	→ 推戴(추대)	
┌ •低(낮을 **저**)	→ 高低(고저)	
│ •坻(모래톱 **지**)	→ 涯坻(애지)	
└ •抵(부닥뜨릴 **저**)	→ 抵抗(저항)	
┌ •咀(씹을 **저**)	→ 咀嚼(저작)	
│ •沮(그칠 **저**)	→ 沮害(저해)	
│ •怚(교만할 **저**)	→ 肆怚(사저)	
└ •狙(노릴 **저**)	→ 狙擊(저격)	
┌ •切(끊을 **절**)	→ 切斷(절단)	
└ •功(공 **공**)	→ 功勞(공로)	
┌ •折(꺾을 **절**)	→ 骨折(골절)	
│ •析(쪼갤 **석**)	→ 分析(분석)	
└ •祈(빌 **기**)	→ 祈禱(기도)	
┌ •齊(같을 **제**)	→ 齊唱(제창)	
└ •齋(재계 **재**)	→ 齋戒(재계)	
┌ •傳(전할 **전**)	→ 傳達(전달)	
└ •傅(스승 **부**)	→ 師傅(사부)	

┌ •亭(정자 **정**)	→ 亭閣(정각)	
└ •亮(밝을 **량**)	→ 亮然(양연)	
┌ •提(끌 **제**)	→ 提供(제공)	
│ •堤(막을 **제**)	→ 堤防(제방)	
└ •湜(맑을 **식**)	→ 淸湜(청식)	
┌ •刁(조두 **조**)	→ 刁斗(조두)	
│ •刀(칼 **도**)	→ 刀圭(도규)	
└ •刃(날 **인**)	→ 白刃(백인)	
┌ •爪(손톱 **조**)	→ 爪牙(조아)	
└ •瓜(오이 **과**)	→ 瓜田(과전)	
┌ •猝(창졸 **졸**)	→ 猝富(졸부)	
└ •捽(잡을 **졸**)	→ 捽搏(졸박)	
┌ •住(머무를 **주**)	→ 住宅(주택)	
└ •往(갈 **왕**)	→ 往來(왕래)	
┌ •冑(투구 **주**)	→ 甲冑(갑주)	
│ •胃(밥통 **위**)	→ 胃腸(위장)	
└ •冒(무릅쓸 **모**)	→ 冒險(모험)	
┌ •奏(아뢸 **주**)	→ 奏樂(주악)	
└ •秦(진나라 **진**)	→ 秦鏡(진경)	
┌ •准(승인할 **준**)	→ 批准(비준)	
└ •淮(물이름 **회**)	→ 淮水(회수)	
┌ •衆(무리 **중**)	→ 群衆(군중)	
└ •象(코끼리 **상**)	→ 巨象(거상)	
┌ •汁(국물 **즙**)	→ 墨汁(묵즙)	
│ •什(열사람 **십**)	→ 什長(십장)	
└ •什(세간 **집**)	→ 什器(집기)	
┌ •增(늘 **증**)	→ 增加(증가)	
│ •僧(중 **승**)	→ 僧侶(승려)	
└ •贈(줄 **증**)	→ 贈呈(증정)	
┌ •帙(책갑 **질**)	→ 卷帙(권질)	

•跌(넘어질 **질**)	→ 蹉跌(차질)	•霄(하늘 **소**)	→ 霄壤(소양)
•秩(차례 **질**)	→ 秩序(질서)	•肯(즐길 **긍**)	→ 肯定(긍정)
•捉(잡을 **착**)	→ 捕捉(포착)	•鞘(칼집 **초**)	→ 劍鞘(검초)
•促(재촉할 **촉**)	→ 督促(독촉)	•硝(초석 **초**)	→ 硝然(초연)
•斬(벨 **참**)	→ 斬首(참수)	•梢(나무끝 **초**)	→ 末梢(말초)
•漸(차차 **점**)	→ 漸次(점차)	•哨(파수볼 **초**)	→ 哨所(초소)
•塹(팔 **참**)	→ 塹壕(참호)	•悄(근심할 **초**)	→ 悄然(초연)
•暫(잠깐 **잠**)	→ 暫時(잠시)	•衷(마음 **충**)	→ 衷情(충정)
•嶄(가파를 **참**)	→ 嶄然(참연)	•喪(상사 **상**)	→ 喪服(상복)
•脊(등마루 **척**)	→ 脊髓(척수)	•憔(파리할 **초**)	→ 憔悴(초췌)
•背(등 **배**)	→ 背後(배후)	•樵(나무할 **초**)	→ 樵夫(초부)
•賤(천할 **천**)	→ 賤待(천대)	•礁(숨은 바윗돌 **초**)	→ 暗礁(암초)
•踐(밟을 **천**)	→ 實踐(실천)	•譙(문루 **초**)	→ 譙樓(초루)
•錢(돈 **전**)	→ 金錢(금전)	•襦(통치마 **촉**)	→ 袿襦(규촉)
•淺(얕을 **천**)	→ 淺薄(천박)	•觸(닿을 **촉**)	→ 觸覺(촉각)
•天(하늘 **천**)	→ 天地(천지)	•髑(해골 **촉**)	→ 髑髏(촉루)
•夭(일찍 죽을 **요**)	→ 夭折(요절)	•蠋(애벌레 **촉**)	→ 蛇蠋(사촉)
•撤(거둘 **철**)	→ 撤收(철수)	•躅(머뭇거릴 **촉**)	→ 躑躅(적촉)
•撒(놓을 **살**)	→ 撒水(살수)	•椎(쇠뭉치 **추**)	→ 脊椎(척추)
•徹(통할 **철**)	→ 透徹(투철)	•推(밀 **추**)	→ 推理(추리)
•澈(맑을 **철**)	→ 淸澈(청철)	•堆(언덕 **퇴**)	→ 堆肥(퇴비)
•轍(바퀴자국 **철**)	→ 前轍(전철)	•祝(빌 **축**)	→ 祝願(축원)
•貼(붙을 **첩**)	→ 貼付(첩부)	•柷(악기이름 **축**)	→ 柷敔(축어)
•帖(문서 **첩**)	→ 手帖(수첩)	•逐(쫓을 **축**)	→ 逐條(축조)
•沾(젖을 **첨**)	→ 沾濡(첨유)	•遂(이룰 **수**)	→ 遂行(수행)
•淸(맑을 **청**)	→ 淸潔(청결)	•沖(화할 **충**)	→ 沖和(충화)
•晴(갤 **청**)	→ 晴曇(청담)	•仲(버금 **중**)	→ 仲父(중부)
•睛(눈동자 **정**)	→ 點睛(점정)	•忡(근심할 **충**)	→ 忡怛(충달)
•肖(같을 **초**)	→ 肖像(초상)	•聚(모일 **취**)	→ 聚落(취락)
•宵(밤 **소**)	→ 春宵(춘소)	•娶(장가들 **취**)	→ 再娶(재취)

- 仄(기울 **측**) → 仄聞(측문)
- 仄(돈이름 **측**) → 赤仄(적측)
- 灰(재 **회**) → 灰色(회색)
- 側(곁 **측**) → 側近(측근)
- 測(잴 **측**) → 測量(측량)
- 惻(슬퍼할 **측**) → 惻隱(측은)
- 侵(침노할 **침**) → 侵略(침략)
- 浸(적실 **침**) → 浸水(침수)
- 托(맡길 **탁**) → 托生(탁생)
- 扞(막을 **한**) → 扞格(한격)
- 扶(도울 **부**) → 扶助(부조)
- 抄(초할 **초**) → 抄本(초본)
- 拆(갈라질 **탁**) → 拆字(탁자)
- 坼(터질 **탁**) → 坼榜(탁방)
- 柝(딱따기 **탁**) → 擊柝(격탁)
- 奪(빼앗을 **탈**) → 奪取(탈취)
- 奮(떨칠 **분**) → 奮發(분발)
- 搨(베낄 **탑**) → 搨本(탑본)
- 榻(자리 **탑**) → 榻牀(탑상)
- 特(유다를 **특**) → 特別(특별)
- 持(가질 **지**) → 持論(지론)
- 恃(믿을 **시**) → 恃寵(시총)
- 波(물결 **파**) → 波動(파동)
- 坡(고개 **파**) → 坡岸(파안)
- 跛(절룩발 **파**) → 跛行(파행)
- 破(깨질 **파**) → 破損(파손)
- 坂(비탈 **판**) → 坂路(판로)
- 板(널 **판**) → 板本(판본)
- 沛(늪 **패**) → 沛然(패연)
- 肺(허파 **폐**) → 肺炎(폐렴)

- 膨(부를 **팽**) → 膨脹(팽창)
- 澎(물소리 **팽**) → 澎湃(팽배)
- 扁(작을 **편**) → 扁舟(편주)
- 偏(치우칠 **편**) → 偏在(편재)
- 徧(두루 **편**) → 徧歷(편력)
- 編(엮을 **편**) → 編輯(편집)
- 騙(속일 **편**) → 騙取(편취)
- 坪(넓이단위 **평**) → 建坪(건평)
- 秤(저울 **칭**) → 天秤(천칭)
- 浦(개 **포**) → 浦灣(포만)
- 捕(잡을 **포**) → 捕獲(포획)
- 脯(포 **포**) → 魚脯(어포)
- 鋪(펼 **포**) → 鋪裝(포장)
- 哺(먹을 **포**) → 哺乳(포유)
- 楓(단풍나무 **풍**) → 丹楓(단풍)
- 諷(욀 **풍**) → 諷誦(풍송)
- 彼(저 **피**) → 彼此(피차)
- 披(헤칠 **피**) → 披露(피로)
- 被(입을 **피**) → 被服(피복)
- 乏(다할 **핍**) → 缺乏(결핍)
- 之(갈 **지**) → 之無(지무)
- 碬(클 **하**) → 碬命(하명)
- 假(거짓 **가**) → 假說(가설)
- 瑕(티 **하**) → 瑕疵(하자)
- 暇(겨를 **가**) → 休暇(휴가)
- 蝦(두꺼비 **하**) → 乾蝦(건하)
- 限(지경 **한**) → 期限(기한)
- 恨(한할 **한**) → 怨恨(원한)
- 盒(합 **합**) → 香盒(향합)
- 盆(동이 **분**) → 盆地(분지)

•杭(고을이름 **항**)	→ 杭州(항주)	•虹(무지개 **홍**)	→ 虹橋(홍교)
•抗(겨룰 **항**)	→ 抗拒(항거)	•訌(어지러울 **홍**)	→ 內訌(내홍)
•沆(넓을 **항**)	→ 沆茫(항망)	•肛(똥구멍 **항**)	→ 肛門(항문)
•坑(구덩이 **갱**)	→ 坑道(갱도)	•缸(항아리 **항**)	→ 魚缸(어항)
•項(목 **항**)	→ 項目(항목)	•濩(삶을 **확**)	→ 布濩(포확)
•頃(잠깐 **경**)	→ 頃刻(경각)	•穫(벨 **확**)	→ 收穫(수확)
•頑(완고할 **완**)	→ 頑固(완고)	•獲(얻을 **획**)	→ 捕獲(포획)
•頒(나눌 **반**)	→ 頒布(반포)	•候(철 **후**)	→ 氣候(기후)
•鄕(마을 **향**)	→ 鄕里(향리)	•侯(제후 **후**)	→ 君侯(군후)
•卿(벼슬 **경**)	→ 卿相(경상)	•徽(아름다울 **휘**)	→ 徽章(휘장)
•險(험할 **험**)	→ 險難(험난)	•徵(부를 **징**)	→ 徵兵(징병)
•憸(간사할 **험**)	→ 凶憸(흉험)	•仡(날랠 **흘**)	→ 仡然(흘연)
•儉(검소할 **검**)	→ 儉素(검소)	•吃(먹을 **흘**)	→ 吃水(흘수)
•絃(줄 **현**)	→ 絃樂(현악)	•屹(쭈뼛할 **흘**)	→ 屹立(흘립)
•弦(시위 **현**)	→ 弦月(현월)	•洽(두루 미칠 **흡**)	→ 洽足(흡족)
•呟(소리 **현**)	→ 呟喚(현환)	•恰(꼭 **흡**)	→ 恰似(흡사)
•眩(햇빛 **현**)	→ 眩曜(현요)	•吸(마실 **흡**)	→ 吸收(흡수)
•眩(아찔할 **현**)	→ 眩惑(현혹)	•汲(길을 **급**)	→ 汲路(급로)
•亨(형통할 **형**)	→ 亨通(형통)	•扱(걷어가질 **급**)	→ 取扱(취급)
•享(누릴 **향**)	→ 享樂(향락)	•衡(저울대 **형**)	→ 均衡(균형)
•昊(하늘 **호**)	→ 昊天(호천)	•衝(찌를 **충**)	→ 衝擊(충격)
•旱(가물 **한**)	→ 旱魃(한발)	•銜(재갈 **함**)	→ 名銜(명함)
•旻(하늘 **민**)	→ 旻天(민천)		
•浩(넓을 **호**)	→ 浩然(호연)		
•晧(밝을 **호**)	→ 晧旰(호간)		
•皓(깨끗할 **호**)	→ 皓齒(호치)		
•梏(수갑 **곡**)	→ 桎梏(질곡)		
•忽(문득 **홀**)	→ 忽然(홀연)		
•悤(바쁠 **총**)	→ 悤忙(총망)		
•紅(붉을 **홍**)	→ 紅色(홍색)		

제 12장

표기表記가 혼동되기 쉬운 한자

- 假想의 敵(○)
- 假相의 敵(×)
- 假像의 敵(×)
- 家政婦(○)
- 家庭婦(×)
- 各其(○)
- 各己(×)
- 講義(○)
- 講議(×)
- 喀血(○)
- 客血(×)
- 健實(○)
- 建實(×)
- 梗塞(○)
- 硬塞(×)
- 景品(○)
- 競品(×)
- 景品附(○)
- 景品付(×)
- 計算器(○)
- 計算機(×)

- 骨子(○)
- 骨字(×)
- 公公然히(○)
- 公共然히(×)
- 公共의 福祉(○)
- 公公의 福祉(×)
- 校舍(○)
- 敎舍(×)
- 交換敎授(○)
- 交驒敎授(×)
- 國際聯合(○)
- 國際連合(×)
- 器械體操(○)
- 機械體操(×)
- 器機(○)
- 機器(×)
- 氣象(○)
- 氣像(×)
- 奇蹟(○)
- 奇跡(×)
- 納付金(○)

- 納附金(×)
- 錄音器(○)
- 錄音機(×)
- 農機械(○)
- 農器械(×)
- 農器具(○)
- 農機具(×)
- 屢次(○)
- 累次(×)
- 鍛鍊(○)
- 鍛練(×)
- 段步(當)(○)
- 反步(當)(×)
- 待機發令(○)
- 待期發令(×)
- 東經(○)
- 東徑(×)
- 忙中閑(○)
- 忘中閑(×)
- 賣買(○)
- 買賣(×)

- 名義(○)
- 名儀(×)

- 母系(○)
- 母係(×)

- 摸索(○)
- 模索(×)

- 牧師(○)
- 牧士(×)

- 半徑(○)
- 半經(×)

- 妨害(○)
- 放害(×)

- 罰科金(○)
- 罰課金(×)

- 辨明(○)
- 辯明(×)

- 辨證法(○)
- 辯證法(×)

- 報道(○)
- 報導(×)

- 附加稅(○)
- 附課稅(×)

- 賦課金(○)
- 賦科金(×)

- 婦女子(○)
- 婦女者(×)

- 不當性(○)
- 否當性(×)

- 附錄(○)
- 付錄(×)

- 噴霧器(○)
- 噴霧機(×)

- 分泌腺(○)
- 分泌線(×)

- 司法府(○)
- 司法部(×)

- 死後藥方文(○)
- 事後藥方文(×)

- 産婆(○)
- 産姿(×)

- 賞與金(○)
- 償與金(×)

- 書齋(○)
- 書齊(×)

- 緒戰(○)
- 序戰(×)

- 旋回(○)
- 旋廻(×)

- (文章) 成分(○)
- 性分(×)

- (出身) 成分(○)
- 性分(×)

- (化學) 成分(○)
- 性分(×)

- 少尉(○)
- 小尉(×)

- 小荷物(○)
- 小貨物(×)

- 殺到(○)
- 殺倒(×)

- 收金員(○)
- 受金員(×)

- 收穫(○)
- 收獲(×)

- 宿直(○)
- 宿職(×)

- 醇化(○)
- 淳化(×)

- 時機尙早(○)
- 時期尙早(×)

- (김장) 時勢(○)
- 　　　市勢(×)

- 實受領額(○)
- 實收領額(×)

- 實績(○)
- 實積(×)

- 十戒(○)(불교)
- 十誡(×)

- 十誡命(○)(기독교)
- 十戒命(×)

- 樂師(○)
- 樂士(×)

- 漁撈(○)
- 漁勞(×)
- 魚撈(×)

- 魚市場(○)
- 漁市場(×)

- 漁業(○)
- 魚業(×)

- 業績(○)

└ • 業積(×)

┌ • 與否(○)
└ • 如否(×)

┌ • 逆轉勝(○)
└ • 逆戰勝(×)

┌ • 年齡(○)
└ • 年令(×)

┌ • 練習(○)
└ • 鍊習(×)

┌ • 嶺南(○)
└ • 領南(×)

┌ • 營養分(○)
└ • 榮養分(×)(일본식 오류)

┌ • 預金(○)
└ • 豫金(×)

┌ • 溫故知新(○)
└ • 溫古知新(×)

┌ • 矮小(○)
└ • 倭小(×)

┌ • 原綿(○)
└ • 原棉(×)

┌ • 月刊誌(紙)(○)
└ • 月間誌(紙)(×)

┌ • 遺跡地(○)
└ • 遺蹟地(×)

┌ • 遊休資本(○)
└ • 游休資本(×)

┌ • 肉薄戰(○)
└ • 肉迫戰(×)

┌ • 移徙(○)

└ • 移徒(×)

┌ • 理事長(○)
└ • 理士長(×)

┌ • 一律的(○)
└ • 一率的(×)

┌ • 一攫千金(○)
│ • 一種千金(×)
└ • 一獲千金(×)

┌ • (工事) 入札(○)
└ •   立札(×)

┌ • 刺戟(○)
└ • 刺戦(×)

┌ • (서울) 齋洞(○)
└ •   齊洞(×)

┌ • 栽培(○)
│ • 栽倍(×)
└ • 裁培(×)

┌ • 裁判(○)
└ • 栽判(×)

┌ • 沮止(○)
└ • 阻止(×)

┌ • 沮害(○)
└ • 阻害(×)

┌ • 戰歿(○)
└ • 戰沒(×)

┌ • 節氣(○)
└ • 節期(×)

┌ • 折花(○)
└ • 切花(×)(일본식)

┌ • 正札制(○)

└ • 定札制(×)

┌ • 祭祀(○)
└ • 祭祠(×)

┌ • 鐘路(○)
└ • 鍾路(×)

┌ • 綜合(○)
└ • 總合(×)(일본식)

┌ • 仲買商(○)
└ • 中買商(×)

┌ • 仲介人(○)
└ • 中介人(×)

┌ • 仲裁(○)
└ • 中裁(×)

┌ • 懲役(○)
└ • 徵役(×)

┌ • 千態萬象(○)
└ • 千態萬像(×)

┌ • 最高學府(○)
└ • 最高學部(×)

┌ • 趨勢(○)
└ • 推勢(×)

┌ • 推移(○)
└ • 趨移(×)

┌ • 浸蝕(○)
└ • 侵蝕(×)

┌ • 侵入者(○)
└ • 浸入者(×)

┌ • 浸透(○)
└ • 侵透(×)

┌ • 彈道彈(○)

└·彈導彈(×)

┌·頹廢(○)
└·退廢(×)

┌·販賣(○)
└·販買(×)

┌·閉鎖(○)
└·廢鎖(×)

┌·鋪裝道路(○)
└·鋪裝道路(×)

┌·必須科目(○)
└·必須課目(×)

┌·學科目(○)
└·學課目(×)

┌·割賦販賣(○)
└·割附販賣(×)

·行世(○)
·行勢(×)

┌·呼稱(○)

└·號稱(×)

┌·活潑(○)
└·活發(×)

┌·回數券(○)
└·回收券(×)

┌·訓練(○)
└·訓鍊(×)

제13 장

뜻이 혼동되기 쉬운 한자

- 家事(가사)＝집안일.
- 稼事(가사)＝농사일.
- 假想(가상)＝사실에 관계없는 가정적인 생각.
- 假象(가상)＝주관적으로는 인정할 수 있으나 객관적으로는 실재하지 않는 현상. 실재(實在)의 반대.
- 假像(가상)＝거짓 물상(物象).
- 假相(가상)＝헛된 현실 세계.
- 嘉尙(가상)＝착하고 귀엽게 여기어 칭찬함.
- 嘉賞(가상)＝칭찬하여 기림.
- 嘉祥(가상)＝경사로운 일.
- 加熱(가열)＝열도를 더함.
- 苛烈(가열)＝가혹하고 격렬함.
- 間隔(간격)＝물건과 물건의 거리. 사이. 틈.
- 間隙(간극)＝틈. 불화(不和).
- 姦夫(간부)＝간통한 남자.
- 姦婦(간부)＝간통한 여자.
- 奸婦(간부)＝간사스러운 여자.
- 監事(감사)＝단체의 서무를 맡아보는 사람.
- 監査(감사)＝감독하고 검사함.
- 感傷(감상)＝어떤 일이나 현상을 슬프게 느끼어 마음이 아픔.
- 感想(감상)＝마음속에 느끼어 일어나는 생각.

- 改正(개정)=틀린 데를 고침.
- 改定(개정)=고치어 다시 정함. **예** ☞ 법의 改定
- 改訂(개정)=잘못된 점을 고쳐 바로잡음. **예** ☞ 책의 改訂版

- 干潟地(간석지)=바닷물이 드나드는 개펄.
- 干拓地(간척지)=호수, 늪, 바다 따위를 막고 물을 빼어 만든 땅. 간석지를 개척한 땅.

- 決意(결의)=뜻을 굳힘.
- 決議(결의)=의안(議案)을 결정함.

- 古事(고사)=옛 일.
- 古史(고사)=옛 역사.

- 空論(공론)=헛된 의논.
- 公論(공론)=공평한 의논.

- 控所(공소)=쉬면서 기다리거나 준비하는 곳.
- 控訴(공소)=다시 심의를 청구하는 일.

- 公用(공용)=공무. 관용.
- 共用(공용)=공동 사용.

- 公正(공정)=공평하고 올바름.
- 公定(공정)=정부나 공론에 의해 정함. 또는 정한 규정.

- 公正價格(공정가격)=공평하고 정당한 가격.
- 公定價格(공정가격)=국가 또는 공공단체가 특정 상품에 대하여 결정한 가격.

- 過程(과정)=일이 되어 나가는 경로.
- 課程(과정)=과업의 정도. 학년의 수준에 속하는 과목.

- 寬大(관대)=마음이 너그럽고 큼.
- 寬待(관대)=너그럽게 대접함.

- 校正(교정)=틀린 글자를 고치는 일.
- 校訂(교정)=저서의 잘못된 곳을 바로 고치는 일. 특히 글자뿐만 아니라 문장 또는 지식의 오류를 고치는 일.

- 交換(교환)=서로 바꿈.
- 交驩(교환)=서로 사이좋게 즐김.

- 究明(구명)=원인이나 사리를 깊이 연구하여 따져 밝힘.
        예 ☞ 진리의 究明.
- 糾明(규명)=일의 사실을 따져 밝힘. 예 ☞ 진리의 糾明.

- 國政(국정)=나라의 정치.
- 國情(국정)=나라의 사정.

- 軍費(군비)=군사상의 비용.
- 軍備(군비)=전쟁을 위한 준비.

- 規定(규정)=작정한 규칙. 규칙으로 정함. 동사로 쓸 수 있는 말이다.
- 規程(규정)=행위의 준칙이 되는 것. 내부 조직 및 사무처리상의 표준 규칙.
        명사로만 쓰인다.

- 劇團(극단)=연극 단체.
- 劇壇(극단)=연극계.

- −器(−기)=동력 장치가 없는 도구, 기구 등에 붙는 말. 예 ☞ 洗面器
- −機(−기)=동력 장치로써 작업하게 하는 물건에 붙이는 말.
        예 ☞ 發動機, 飛行機

- 記念(기념)=기억하여 잊지 않음. 물건을 남겨 두어 후일의 회상으로 삼음.
        예 ☞ 한라산 등산 記念으로 산 엽서
- 紀念(기념)=사적(事蹟)을 전하여 잊지 않음.
        * 記念과 紀念에는 아직도 엇갈린 견해가 있다.

- 機能(기능)=기관(器官) 또는 기관(機關)의 능력이나 작용.
- 技能(기능)=사람의 기술에 관한 능력이나 재능.

- 技師(기사)=전문 지식을 가진 직책의 사람.
- 技士(기사)=기술 사무담당 6급 공무원의 한 관명.

- 基因(기인)=기본이 되는 원인.
- 起因(기인)=일이 일어나는 원인.

- 努力(노력)=힘을 다함.
- 勞力(노력)=힘을 들여 일을 함.

- 斷切(단절)=물리적인 작용에 의해서 끊어짐.
- 斷絶(단절)=관계를 끊음. 예 ☞ 國交斷絶.

- 大使官(대사관)=외교 사절의 관명.
- 大使館(대사관)=대사가 주재하고 있는 나라에서 공무를 보는 관저.
- 大形(대형)='大型'과 같은 뜻으로 쓸 수 없음. 자연물의 큰 형체에 씀.
  - 예 ☞ 大形動物
- 大型(대형)=가공품의 큰 형체에 씀. 예 ☞ 大型 케이크.
- 德分(덕분)=남이 베푼 고마움. 예 ☞ 네 덕분에 살아났네.
- 德澤(덕택)=남에게 미치는 덕. 예 ☞ 전축을 쓸 수 있게 된 것은 에디슨의 덕택이다.
- 亡失(망실)=물건을 잃어버려 없어짐.
- 忘失(망실)=생각을 잊어버림. 기억이 없어짐.
- 買受(매수)=물건을 사서 받음.
- 買收(매수)=물건을 사서 거두어들임. 남의 마음을 사서 제 편으로 삼음.
- 反復(반복)=한 가지 일을 되풀이함.
- 反覆(반복)=말을 이랬다저랬다 함. 생각을 엎치락뒤치락함.
- 紡績工場(방적공장)=섬유를 가공하여 실을 만드는 공장.
- 紡織工場(방직공장)=방적물을 이용하여 필로 된 천을 짜는 공장.
- 病院(병원)=질병을 진찰, 진료하는 곳으로서 일정수 이상의 환자를 수용할 수 있는 설비를 한 곳.
- 醫院(의원)=병원보다 규모가 작은 진찰·진료소.
- 補給(보급)=물품을 계속 공급함.
- 普及(보급)=널리 퍼뜨려 권장함.
- 俸給(봉급)=계속적인 노무에 대한 보수로 지급되는 일정한 금액. 봉급은 주급(週給)일 수도 있고, 순급(旬給) 또는 월급일 수도 있다. 또 연봉으로 따지는 수도 있다.
- 月給(월급)=봉급 중에서 다달이 받는 급료. 연봉을 적당히 등분하여 다달이 받는 것도 있고, 월급을 정하고 지급하는 것도 있다.
- 夫人(부인)=남의 아내에 대한 높임말로서, 특정인을 지칭할 때에 씀.
  - 예 ☞ 선생님의 夫人께서는 ……
- 婦人(부인)=결혼한 여자의 총칭이며 복수를 지칭하거나 보통으로 대하는 말로 씀.

└ • 令夫人(영부인)＝상대방 남자를 높이는 동시에, 그 사람의 아내까지 높여
　　　　　　말할 때에 씀.

┌ • 不淨(부정)＝깨끗하지 못함.
└ • 不貞(부정)＝여자가 정조를 지키지 못함.

┌ • 史書(사서)＝역사적 사실을 기록한 책.
│ • 四書(사서)＝논어, 맹자, 중용, 대학을 일컫는 말.
│ • 辭書(사서)＝사전.
└ • 司書(사서)＝서적을 맡아보는 직분.

┌ • 事實(사실)＝실지로 어느 때 어느 곳에서 있은 일.
│ • 史實(사실)＝역사에 실지로 있은 일.
└ • 寫實(사실)＝실제의 상태를 있는 그대로 그려냄.

┌ • 謝意(사의)＝고마운 뜻.
│ • 謝儀(사의)＝감사의 뜻으로 보내는 물품.
└ • 辭意(사의)＝사임하려는 뜻.

┌ • 事典(사전)＝여러 가지 사항을 모아, 그 하나하나에 해설을 붙인 책.
│ 　　　　　　例 ☞ 百科事典.
└ • 辭典(사전)＝언어를 모아서 일정한 순서로 나열하고 발음, 의의, 용법, 어원
　　　　　　등을 해설한 책. 例 ☞ 英語辭典

┌ • 四川(사천)＝중국 사천성(四川省)의 지명.
└ • 泗川(사천)＝경남 사천군(泗川郡)의 지명.

┌ • 山林(산림)＝산과 숲. 산에 있는 숲.
└ • 森林(삼림)＝수목이 울창한 수풀. 산림보다 규모가 작고 평지에도 있다.

┌ • 賞春(상춘)＝봄 경치를 구경하며 즐김.
└ • 常春(상춘)＝기후가 언제나 봄이라는 뜻.

┌ • 生長(생장)＝동식물이 태어나서 자라는 상태.
└ • 成長(성장)＝자라서 커지거나, 발전하는 현상 전반에 붙일 수 있는 말.

┌ • 性分(성분)＝본디부터 가지고 있는 고유한 특성·성질. ＊잘 쓰이지 않는 말.
└ • 成分(성분)＝한 물체를 이룬 바탕이 되는 물질. 문장을 이루는 각 부분. 사
　　　　　　상적으로 구분된 사회의 계층.

- 世上(세상)＝사람이 살고 있는 사회.
- 世相(세상)＝사회의 형편.

- 小形(소형)＝'소형(小型)'과 같은 뜻으로 쓸 수 없음. 자연물의 형체가 작은 것.
- 小型(소형)＝가공품의 작은 형체에 씀. ＊'型'은 '틀'이라는 뜻이다.

- 召喚(소환)＝관청이 특정 개인을 법에 따라 호출하는 것.
- 召還(소환)＝일을 끝마치기 전에 돌아오도록 부르는 것.

- 水源池(수원지)＝상수도용 물을 모아 두는 곳.
- 水源地(수원지)＝강이나 냇물의 흐름이 시작되는 곳.

- 時期(시기)＝정해진 때. 예 ☞ 씨앗을 뿌릴 時期다.
- 時機(시기)＝적당한 기회. 예 ☞ 時機가 오면 놓치지 말라.

- 市勢(시세)＝행정구역상의 '시'의 종합적인 상태. 수요과 공급과의 관계가
　　　　　　　원활한 정도. 물건과 화폐의 교환 비례.
- 時勢(시세)＝시장 가격. 그 때의 형세.

- 失期(실기)＝정해진 때를 어김.
- 失機(실기)＝기회를 놓침.

- 十戒(십계)＝불교에서 말하는 10가지 계율.
- 十誡命(십계명)＝구약 성서에 나오는 것으로 유대교와 크리스트교의 근본
　　　　　　　계율.

- 愛好(애호)＝사랑하여 즐김. 좋아함.
- 愛護(애호)＝사랑하고 보호함. 예 ☞ 새를 愛護합시다.

- 藥局(약국)＝약사가 양약을 조제, 판매하는 곳.
- 藥房(약방)＝양약을 팔기만 하는 가게.

- 年齡(연령)＝나이. 원래 '영(齡)'은 주령(週齡), 월령(月齡), 연령(年齡) 등
　　　　　　　으로 쓰이는 말이며, 어느 주기(周期)를 헤아리는 단위이다. 연
　　　　　　　령은 '1년을 1주기로 한 나이'이다.
- 年令(연령)＝'연령(年齡)'을 잘못 쓴 것이다. '영(令)'은 명령(命令), 법령(法
　　　　　　　令) 등, 어떤 '분부'를 나타내는 말이므로 '연(年)'에는 이것을 붙
　　　　　　　일 수 없다. '영(令)'은 '영(齡)'의 약자가 아니다.

- 練習(연습)＝되풀이하여 익힘.
- 演習(연습)＝연습(練習)과 같은 뜻으로 쓰이기도 하나, 특히 군사훈련에서

실전을 상정하고 하는 일인 경우에는 이 '연습(演習)'을 쓴다.

- 聯合(연합)＝두 가지 이상의 사물이 서로 합하는 일.
- 連合(연합)＝'연합(聯合)'의 일본식 표기.

- 于先(우선)＝시간적으로 무엇보다 먼저.
- 優先(우선)＝차례에서 다른 것보다 앞섬. 경쟁에서 남을 앞지름. ＊특히 주의를 요하는 한자어이다.

- 威容(위용)＝위엄에 찬 모습.
- 偉容(위용)＝훌륭하고 뛰어난 용모. 당당한 모양.

- 遺跡(유적)＝건물이나 사변(事變) 따위가 있었던 곳. 고고학적 유물이 있는 곳. 고인이 남긴 영지(領地).
- 遺蹟(유적)＝고인의 행적이나 역사적 기록의 자취.

- 留學(유학)＝외국에 머물면서 공부함.
- 遊學(유학)＝타향에 가서 공부함.

- 移動(이동)＝물체가 옮기어 움직이다. ＊물리적인 작용이 전제가 된다.
- 異動(이동)＝직책이나 부서가 행정상 달리 바뀌는 것. 예 ☞ 人事異動

- 異狀(이상)＝시각적(視覺的)으로 평소보다 다른 상태.
- 異常(이상)＝정상적인 것과 다른 상태나 현상. 예 ☞ 異常氣溫, 異常兒

- 以下(이하)＝어떤 수준이나 정도까지를 포함시킨 그 아래. ＊'이(以)'는 '가지고'의 뜻이며, 10 이하면 10까지도 포함된다.
- 未滿(미만)＝정한 수나 정도에 차지 못한 것. ＊10 미만이면 10이 차지하지 못한 1부터 9까지를 뜻한다.

- 子正(자정)＝0시. 24시간의 시작 시각.
- 밤 12時(시)＝0시. 24시간이 끝나는 시각.

- 炸裂(작렬)＝폭발물이 터져서 산산이 흩어짐.
- 灼熱(작열)＝불에 새빨갛게 닮. 몹시 더움을 형용함.

- 全力(전력)＝가지고 있는 모든 힘.
- 專力(전력)＝오로지 그 일에만 힘을 씀.

- 專貰(전세)＝동산(動産)을 일정한 기간 빌려줌.
- 傳貰(전세)＝부동산(不動産)을 일정한 기간 빌려줌.

- 切望(절망)=간절히 바람.
- 絶望(절망)=모든 기대를 저버리고 체념함.

- 節食(절식)=음식을 절약하여 먹음.
- 絶食(절식)=음식을 먹지 않음.

- 折衷(절충)=이것과 저것을 가려서 어느 편에도 치우치지 않음.
- 折衝(절충)=외교상의 담판.

- 切品(절품)=물건이 다 팔려서 없어짐. 품절.
- 絶品(절품)=대단히 잘된 좋은 물건.

- 定立(정립)=반론(反論)을 예상하고 세운 의견.
- 鼎立(정립)=삼자(三者)가 솥발과 같이 서로 대립함.

- 綜合(종합)=많은 것을 하나로 통합함.
- 總合(총합)='종합(綜合)'의 일본식 표기.

- 周年(주년)=돌이 돌아오는 해.
- 週年(주년)='주년(周年)'과 같은 뜻으로 쓰임. '주(周)'와 '주(週)'는 같은 글자이나 최근에는 이 두 글자를 구별하고 있다. 즉, '주(周)'는 '한바퀴'를 뜻하며, 주년(周年)은 연(年)을 '주기(周期)'로 한 것이다. '주(週)'는 7일을 1주기로 한 것에 쓰이므로 '연(年)'에는 붙이지 않고 있다.

- 主力(주력)=구성체의 주된 힘.
- 注力(주력)=힘을 들임.

- 主要(주요)=여럿 중에서 대표적인 것. *사전마다 '가장 소중하고 중요함'이라고 풀이된 말은 잘못이다. '매국노의 주요 인물'은 소중할 수 없다.
- 重要(중요)=없어서는 아니될 정도로 귀중함.

- 指向(지향)=목표로 정한 방향, 또는 그 방향으로 나감.
- 志向(지향)=뜻이 쏠리는 방향, 또는 그 방향으로 나감.

- 草創期(초창기)=사업을 일으켜 시작한 때.
- 初創期(초창기)=절을 처음 세운 때.

- 最小(최소)=크기가 가장 작은 것.
- 最少(최소)=분량이 가장 적은. 것. 나이가 가장 젊은 것.

- 充實(충실)=속이 올차서 단단하고 여묾. *내용이 성실하게 적혀 있음.
- 忠實(충실)=맡은 일을 열심히 하여 정성스러움.
- 打殺(타살)=때려서 죽임.
- 他殺(타살)=남에게 목숨을 빼앗김.
- 扁(편)=시문(詩文)이나 서적의 수효. 책자 속에서 성질이 다른 갈래를 구분하는 말. 예 ☞ 文法篇, 文章篇
- 編(편)=책을 엮는 일. 조직이나 섬유를 짜는 일. 책의 갈래를 구분하는 말. 예 ☞ 前編
- 偏在(편재)=어느 것에 한하여 치우쳐 있음. 예 ☞ 富의 偏在
- 遍在(편재)=널리 퍼져 있음. 예 ☞ 전국에 遍在한 소나무
- 表示(표시)=겉으로 나타내어 보임.
- 標示(표시)=목표물에 표를 하여 나타냄.
- 標識(표지)=어떤 목표물에 표를 함. *표시(標示)와 뜻이 같다.
- 下回(하회)=다음 차례. 윗사람이 아랫사람에게 내리는 회답.
- 下廻(하회)=표준보다 낮거나 적음.
- 學科(학과)=학술의 분과(分科).
- 學課(학과)=학문의 과정(課程). 학교의 과정.
- 學院(학원)=학교 설치 기준에 미달한 사립 교육 기관.
- 學園(학원)=교육 기관의 총칭.
- 行使(행사)=부려서 쓰는 행동. 예 ☞ 權利行使
- 行事(행사)=계획에 따라 여럿이 함께 일을 진행함.
- 混同(혼동)=뒤섞음.
- 混沌(혼돈)=사물의 구별이 확실하지 않은 상태.
- 嗅覺(후각)=냄새를 맡는 감각.
- 臭覺(취각)=이런 말은 없는데도 많이 오용되고 있다. 취(臭)는 후각을 통해서 얻어진 '냄새'이다. 예 ☞ 惡臭, 體臭

제14장

정자·속자·동자·통자 및 중국 간체

한자에는 정자(正字)·속자(俗字＝略字)·동자(同字) 및 통자(通字), 그리고 중국 간체자(簡體字)가 있다.

① 정자(正字) : 한자의 획을 줄이거나 간단히 쓰지 않은 글자

② 속자(俗字＝略字) : 한자의 획을 줄여서 간단히 쓰거나, 획이 많고 복잡한 자가 새로 만들어져 통용되는 글자 예 竝＝並, 佛＝仏

③ 동자(同字) : 훈(訓)과 음(音)이 정자와 같은 글자

④ 통자(通字＝通用字) : 정자와 같아서 일반에 두루 쓰이는 글자

⑤ 중국 간체자(簡體字) : 정자를 약자[속자]로 쓰기도 하지만 약자를 획을 더 줄여서 쓰는 글자

※ 표제어의 구성

仙　신선　선 ────→ 음(音)
　　↓
　대표 훈(訓)

부수	정자	대표음	속자	동자	통자	중국 간체	자 해
一 한 일	丈	어른 장	丈				어른(명사의 어근으로 쓰이는 외에 사람의 별호, 직함 등에 붙여 높이는 뜻을 나타내는 접미사).
	丘	언덕 구		㐀			언덕, 동산.
	丕	클 비		不			크다. 으뜸. 처음.
	世	대 세	丗				대(代).
	丢	갈 주	丟				가다, 떠나다.
ㅣ 뚫을 곤	丱	쌍상투 관			卝		쌍상투, 두가닥지게 묶은 머리.
丿 삐침	乘	탈 승	乗				타다. 탈것을 타다.
乙 새 을	乾	하늘 건	乹			干	하늘, 우주의 넓은 공간.
	亂	어지러울 란	乱			乱	어지럽다. 질서 없이 뒤얽히다.
二 두 이	亞	버금 아	亜			亚	흉하다.
亠 돼지해머리	京	서울 경		亰			서울. 수도.
	亭	정자 정	亭				정자(亭子).
人 인 변	令	영 령	令				명령. 명령하다.
	仞	길 인	仭				길(깊이, 높이를 재는 단위).
	佛	부처 불	仏				부처. 불타.
	似	같을 사		侣			같다. 같게 하다.
	佇	우두커니 저		竚			우두커니. 잠시 멈춰 서 있는 모양.
	來	올 래	来			来	오다. 이르다.
	佩	찰 패		珮			차다. 띠나 허리에 매달다.
	侮	업신여길 모	㑲				업신여기다. 넘보다.
	保	지킬 보		呆			지키다. 보전하다.
	個	낱 개	佀			个	낱.
	倦	게으를 권			勌		게으르다. 싫증나다.

부수	정자	대표음	속자	동자	통자	중국간체	자 해
人 인 변	倂	아우를 병	併			併	나란히 하다. 합하다.
	修	닦을 수			脩		닦다. 익히다. 배우고 연구하다.
	倏	갑자기 숙	**倏**				갑자기. 문득.
	倅	버금 쉬	倅				다음.
	假	거짓 가	仮				거짓. 가짜.
	僧	중 승	僧			僧	중. 불도를 닦는 사람.
	僞	거짓 위	偽			伪	거짓. 참이 아닌 것.
	僭	참람할 참	僣				참람하다. 행동이 분수에 지나치다.
	價	값 가	価			价	값. 가격. 대금.
	儉	검소할 검	俭			俭	검소하다.
	儔	교만할 건	**倦**				교만하다.
	儸	발가숭이 라			倮,躶		발가숭이. 털이나 깃이 없는 알몸뚱이.
儿 어진사람인	免	면할 면	免				면하다.
	兌	바꿀 태	兊			兑	바꾸다. 교환하다.
	兒	아이 아	児			儿	아이. 젖먹이.
	兗	바를 연	兖				바르다. 단정하다.
入 들 입	內	안 내	内				안. 속.
	兩	두 량	両			两	둘. 두번.
八 여덟 팔	典	법 전			興		법. 규정.
	兼	겸할 겸	兼				겸하다. 합치다.
	冀	바랄 기		**兾**			바라다. 하고자 하다.
冂 먼데 경	冉	나아갈 염			冄		나아가다. 세월이 흘러가다.
	册	책 책			冊		책. 문서.
	冏	빛날 경			囧		빛나다. 빛나는 모양.
	冒	무릅쓸 모	冐				무릅쓰다. 나아가다.

부수	정자	대표음	속자	동자	통자	중국 간체	자　해
冖 덮을 멱	冡	덮어쓸 몽			蒙		덮어쓰다. 뒤집어쓰다.
	冤	원통할 원	寃				원통하다.
冫 얼음 빙	准	승인할 준		準			승인하다. 허락하다.
	凄	쓸쓸할 처		淒			쓸쓸하다. 으스스하고 음산하다.
	溰	눈서리 흰모양 애		皚, 澑			눈서리의 희디흰 모양.
	滄	찰 창		滄			차다. 춥다. 차가운 모양.
	凜	찰 름	凛			凛	차다. 춥다.
几 안석 궤	凡	무릇 범	凢				무릇. 대강. 개요.
	凭	기댈 빙		憑			기대다. 의지하다.
	凳	걸상 등		橙			걸상.
凵 입벌릴 감	出	날 출	岀				나다. 태어나다.
	函	함 함	圅			函	함. 상자.
刀 칼 도	刀	칼날 인	刃,双				칼날. 칼.
	切	끊을 절	切				끊다. 베다. 자르다.
	刓	깎을 완		抏			깎다. 모난 곳을 깎아 둥글게 하다.
	刧	겁탈할 겁		劫			겁탈하다. 위협하거나 폭력을 써서 빼앗다.
	別	나눌 별	别				나누다. 가르다.
	刻	새길 각		刾			새기다. 아로새기다.
	剖	가를 고		圖			가르다. 쪼개다.
	刺	짜를 자		㓨			찌르다. 찔러 죽이다.
	剋	이길 극	尅				이기다. 승부를 겨루어 이기다.
	剃	머리깎을 체		鬀			머리를 깎다. 머리를 밀다.
	剝	벗길 박		剥			벗기다. 거죽을 벗기다.
	剕	발 벨 비		跰			발을 베다.
	剗	깎을 잔(전)		剷, 翦			깎다. 베다.

부수	정자	대표음	속자	동자	통자	중국간체	자해
刀 칼 도	剩	남을 잉	剩				남다. 나머지.
	割	나눌 할	割				나누다. 쪼개다.
	剷	깎을 산			剗		깎다. 베다.
	剿	죽일 초	剿, 勦				죽이다. 멸망시키다.
	剞	새김칼 궐		剧			조각칼.
	劄	찌를 잠	劄				찌르다.
	劃	그을 획		畫		划	긋다. 나누다. 구별하다.
	劍	칼 검	劒, 劔			剑	칼. 칼로 찔러 죽이다.
	劇	심할 극	**劇**	**劇**		剧	심하다. 보통의 정도보다 심하다.
	劉	죽일 류	刘			刘	사람을 죽이다. 죽이다.
	劑	약지을 제	剤			剂	약을 짓다.
	劓	엄쪽 질		質			어음.
力 힘 력	勉	힘쓸 면		勉			힘쓰다. 부지런히 일하다.
	勅	조서 칙		敕			조서. 천자의 명령을 적은 문서.
	勍	셀 경		倞			세다. 강하다.
	動	움직일 동				动	움직이다. 살아나다.
	勖	힘쓸 욱	勗				힘쓰다. 노력하다.
	勞	일할 로	労			劳	일하다. 노력하다.
	勢	기세 세	**勢**			势	기세. 위세. 위력.
	勦	노곤할 초		剿			노곤하다. 수고롭게 하다.
	勡	으를 표		剽			위협하다. 으르다.
	勰	뜻 맞을 협			協		뜻이 맞다. 생각이 같다.
	勳	공 훈	勲			勋	공. 공적.
	勵	힘쓸 려	励			励	힘쓰다. 권장하다.
	勸	권할 권	劝, 勧	勸		劝	권장하다. 권하다.
勹 쌀 포	勻	적을 균	匀				적다.
	匔	공경할 궁	匑				공경하다.

부수	정자	대표음	속자	동자	통자	중국 간체	자 해
匚 상자 방	匲	경대 렴		匳, 奩			경대. 거울을 넣어두는 상자.
	匲	잔 공		橲			잔. 자그마한 잔.
匸 감출 혜	區	지경 구	区			区	지역, 지경, 나누다.
十 열 십	十	열 십		拾			열. 열번.
	卉	풀 훼	卉				풀. 풀의 총칭.
	卑	낮을 비	卑, 卑				낮다. 높지 않다.
	卓	높을 탁		桌			높다. 뛰어나다.
	協	맞을 협	恊	叶		协	맞다. 화합하다.
卩 병부 절	卮	잔 치	巵				잔. 술잔.
	却	물리칠 각		卻			물리치다.
	卷	책 권	巻				책.
	卽	곧 즉	卽, 即				곧. 바로.
	卿	벼슬 경		卿, 卿			벼슬. 경.
厂 기슭 엄	厄	재앙 액		阨	戹		재앙. 불행. 어려움.
	厲	갈 려	厉			厉	칼과 창을 갈다. 갈다.
厶 사사 사	厹	세모창 구		厹			세모창. 기승부리다.
	參	간여할 참	叅, 参			参	간여하다. 관계하다.
又 또 우	及	미칠 급	及				미치다. 닿다.
	叔	아재비 숙	尗	村			아버지의 아우. 아재비.
	叟	늙은이 수		叜, 叜			늙은이. 나이 많은 사람.
口 입 구	叫	부르짖을 규	呌				부르짖다.
	叵	어려울 파		叵			어렵다. 불가능하다.
	叶	화합할 협		協			화합하다. 맞다.
	吉	길할 길	㐂				길하다. 운이 좋다.
	同	한가지 동		仝			한가지. 서로 같다.
	吪	움직일 와		咼			움직이다. 화하다. 변하다.
	吳	나라이름 오	呉, 吴			吴	나라이름. 떠들썩하다.
	呈	드릴 정	呈				드리다. 윗사람에게 바치다.
	呰	꾸짖을 자		呰			꾸짖다. 야단을 치다.

부수	정자	대표음	속자	동자	통자	중국 간체	자 해
口 입 구	呃	울 액		呝			울다. 새의 지저귀는 소리.
	咼	입비뚤어질 와		喎			입이 비뚤어지다.
	咿	선웃음칠 이		吚			선웃음치다. 억지로 웃다.
	品	물건 품	**品**				물건.
	哲	밝을 철		喆			밝다. 총명하다.
	喀	토할 객		呋			토하다. 뱉다.
	喃	재잘거릴 남		諵			재잘거리다. 수다스럽다.
	單	홑 단	単, 単			单	홑. 하나. 짝이 없다.
	喞	두런거릴 즉	喞			**唧**	두런거리다. 탄식하는 소리.
	嗁	울 제		啼			울다. 애도하다.
	嘗	맛볼 상	**嘗**			尝	맛보다.
	嘆	탄식할 탄			歎		탄식하다. 한숨쉬다.
	器	그릇 기	噐				그릇. 물건.
	嚏	재채기 체	**嚔**				재채기하다.
	嚥	삼킬 연		咽			삼키다. 마시다.
	嚴	엄할 엄	厳			严	엄하다. 엄격하다.
	嚚	들렐 효		**嚻**			왁자지껄하다.
	囑	부탁할 촉	嘱			嘱	부탁하다. 맡기다.
囗 큰입구 몸	因	인할 인	囙				말미암다. 인하다.
	回	돌 회		廻, 逥			돌다. 중심을 두고 빙빙 돌다.
	國	나라 국	**国**, 囯			国	국가. 나라.
	圈	우리 권	圏				감방. 한정된 일정한 구역이나 범위.
	圍	둘레 위	囲			围	둘레. 테두리. 두르다.
	圓	둥글 원	**圓**, 円			圆	원. 동그라미.
	團	둥글 단	団				둥글다.
	圖	그림 도	図, 圗			图	화가가 그리는 그림.
土 흙 토	坎	구덩이 감		**埳**			움푹 패인 곳. 구덩이.
	坑	구덩이 갱		阬			구덩이. 움푹하게 패인 곳.

부수	정자	대표음	속자	동자	통자	중국간체	자　해
土 흙 토	坏	언덕 배		坯			언덕. 나지막한 산.
	坌	뿌릴 분		坋			뿌리다. 가루.
	坐	앉을 좌		座			앉다. 앉아서.
	址	터 지		阯			터. 토대.
	坂	비탈 판		岅, 阪			비탈. 고개.
	坷	평탄하지 않을 가			軻		평탄하지 않다.
	坰	들 경		坰	冋		들판. 들.
	垂	드리울 수	埀				드리우다(물체가 위에서 아래로 처지다).
	坻	모래섬 지		坘, 埞			모래섬, 작은 섬
	坪	평평할 평		玶			땅이 평평하다.
	垡	일굴 벌		坺	伐		갈다. 일구다. 파 뒤집어엎다.
	垠	끝 은		圻			끝. 땅의 끝.
	垗	묏자리 조			兆		묏자리. 장지(葬地).
	垛	살받이 타		垜			살받이. 장벽.
	坲	바자울 날	埒				낮은 담. 둑. 제방.
	域	지경 역		惑			지경(地境). 땅의 경계.
	堰	방죽 언		隁, 隁			방죽. 둑. 보.
	堯	요임금 요	尭	垚		尧	요임금. 높다. 멀다.
	堶	돌팔매 타		砣, 碢			돌팔매. 돌팔매질.
	塞	변방 새		窼			변방. 국경지대.
	塑	토우 소		塐			토우(土偶). 흙으로 만든 신·사람의 형체.
	塍	밭두둑 승		睦			밭두둑. 둑.
	塔	탑 탑	墖	墖			탑.
	墍	매흙질할 기		塈			벽을 칠하다. 매흙질하다.
	墀	섬돌 위뜰 지		墀			섬돌 위뜰. 섬돌.

부수	정자	대표음	속자	동자	통자	중국 간체	자 해
土 흙 토	塹	구덩이 참		壍,壍			구덩이. 해자. 구덩이 등을 파헤치다.
	墨	먹 묵	墨				먹.
	增	불을 증	増			增	늘다. 더하다. 늘리다.
	墮	떨어질 타(휴)		墮,憧		堕	떨어지다. 떨어뜨리다.
	壈	평평하지 않 을 감			轗,坎		땅이 평평하지 않다.
	壅	막을 옹		壅			막다. 막아 통하지 않다.
	壓	누를 압	圧			压	누르다. 억압하다. 진압하다.
	壑	골 학		叡			산골짜기.
	壖	공지 연		堧			공지. 빈 땅.
	壘	진 루	塁			垒	진. 보루. 쌓다. 포개다.
	壞	무너질 괴	壊			坏	무너지다. 허물어져 내려앉 다.
士 선비 사	壯	씩씩할 장	壮			壮	씩씩하다. 행동이 굳세다.
	壻	사위 서		婿,壻			사나이. 젊은이.
	壹	한 일	壱				하나. 오로지. 오직. 한결같 이.
	壽	목숨 수	寿			寿	목숨. 수명.
夕 저녁 석	多	많을 다	夛				많다. 많이.
	夢	꿈 몽	梦	寢		梦	꿈. 잠자는 동안에 보이는 환상.
大 큰 대	夷	오랑캐 이		夸			오랑캐. 온화하다. 평평하다.
	奔	달릴 분	奔				달리다.
	奧	속 오	奥	奧			속. 깊숙한 안쪽.
	奬	권면할 장	奨			奖	권장하다. 권면하다.
女 계집 녀	好	좋을 호		好			좋다. 옳다.
	妙	묘할 묘		竗,玅			묘하다. 재주·솜씨가 약빠 르다.

부수	정자	대표음	속자	동자	통자	중국간체	자해
女 계집 녀	妖	아리따울 요		媄			아름답다.
	妘	성 운			邧		중국의 성씨.
	妊	아이 밸 임		姙,妭	任		아이를 배다.
	妸	여자의 자 아		婀			여자의 자(字).
	姉	손위 누이 자	姊				손위 누이.
	妬	강샘할 투		妒			강샘하다. 시새우다.
	姦	간사할 간		姧			간사하다. 간교하다.
	媧	예쁠 와	媧				예쁘다. 아름답다.
	姻	혼인 인		婣			혼인.
	姪	조카 질		妷			조카.
	娠	애 밸 신		娠			잉태하다.
	娟	예쁠 연	娟				예쁘다. 날씬하고 아름다운 모양.
	娛	즐거워할 오	娯			娱	즐겁다. 즐거워하다.
	婁	끌 루	娄				성기다. 드문드문하다.
	婦	며느리 부		媍		妇	며느리. 아들의 아내.
	斐	오락가락할 비		婔			오락가락하다.
	婚	혼인할 혼		婚			혼인하다.
	嫋	예쁠 뇨	嬝				예쁘다. 아름답다.
	媪	할미 온	媼				할머니. 늙은 여자.
	嫩	어릴 눈	嫰				어리다. 어리고 연약하다.
	嬺	유순할 예			嫠		유순하다. 순박하다.
	嫮	아름다울 호		嫭			아름답다. 예쁜 모양.
	嬋	고울 선		嬋	嬗		곱다. 예쁘다. 아름답다.
	嫻	우아할 한	嫺	嫻			우아하다. 익숙하게 되다.
	嬴	찰 영		嬴			차다. 가득 차다.
	嬭	젖 내		奶,姟			젖. 기르다. 양육하다.
	嬾	게으를 란		孄			게으르다.

부수	정자	대표음	속자	동자	통자	중국간체	자 해
女 계집 녀	嬿	아름다울 연		嬿			마음이 곱고 아름답다.
	孃	계집애 양	孃				계집애.
子 아들 자	存	있을 존		扗			있다. 존재하다. 노고를 위로하다.
	孜	힘쓸 자			孳		힘쓰다. 부지런히 힘쓰는 모양.
	學	배울 학	斈, 学			学	배우다. 가르침을 받다.
	孺	젖먹이 유	孺				젖먹이. 낳다.
	孼	서자 얼	孽	孼			서자. 꾸미다.
	孿	쌍둥이 산(련)		攣		孪	쌍둥이. 잇다.
宀 집 면	冗	쓸데없을 용		冘			쓸데없다. 남아돌다.
	守	지킬 수		𡨄			지키다. 보호하다.
	宇	집 우	㝢, 寓				집. 주거.
	宏	클 굉		弘			크다. 넓다.
	宜	마땅할 의		冝			마땅하다. 알맞다.
	定	정할 정	𡧢				정하다. 결정하다.
	宴	잔치 연			醼		잔치. 술잔치.
	害	해칠 해		㝵			해치다. 해롭게 하다.
	寇	도둑 구	宼	冦			도둑.
	富	부자 부	冨				재산이 넉넉하다.
	寧	편안할 녕	寍	甯, 甯		宁	편안하다. 몸과 마음이 편안하다.
	實	열매 실	实, 寔			实	열매. 초목의 열매.
	寢	잠잘 침	寑		寝	寝	잠자다. 잠들다.
	寬	너그러울 관	寛			宽	너그럽다. 도량이 넓다.
	寫	베낄 사	写, 冩			写	베끼다. 등초(謄鈔)하다.
	審	살필 심		宷			살피다. 잘 따지어 관찰하다.
	寶	보배 보	寳, 宝			宝	보배. 보물.

부수	정자	대표음	속자	동자	통자	중국 간체	자　해
寸 마디 촌	尉	벼슬 위		尉			벼슬. 벼슬이름.
	將	장차 장	将	將		将	장차. 막 …하려 하다.
	尋	찾을 심		尋		寻	찾아보거나 만나기 위하여 찾다.
	對	대답할 대	对	對		对	대답하다.
尢 절름발이 왕	尢	절름발이 왕		尣,兀			절름발이.
	尤	더욱 우		尢			더욱. 특히.
	尩	절름발이 왕		尪,尫			절름발이. 약하다. 여위다.
	尷	절뚝거릴 감	尲				절뚝거리다.
尸 주검 시	尻	꽁무니 고		尻			꽁무니.
	尿	오줌 뇨			溺		오줌, 소변.
	居	있을 거		凥,屈			있다. 살다. 거주하다.
	屆	이를 계	届				이르다. 다다르다.
	屍	주검 시			尸,死		주검. 송장.
	屛	병풍 병	屏			屏	병풍.
	屜	언치 체	屉				언치. 안장 밑에 까는 물건.
	屢	여러 루	屡				여러. 수효가 많은. 자주.
	層	층 층	层			层	층. 2층 이상으로 지은 집
	屬	이을 촉	属			属	잇다. 잇달다.
山 메 산	屺	민둥산 기		岯			민둥산.
	岎	산높을 분		岔			산이 높다. 산이 높은 모양.
	岡	언덕 강	崗,岡			冈	언덕. 구릉. 산등성이.
	岭	산 이름 령		岺			산이 깊다. 산이 깊숙하다.
	岷	산 이름 민		汶, 崏,嶺			산 이름. 강 이름.
	岪	산길 불		岫			산길. 산허리를 빙 두른 산길.
	岳	큰 산 악		嶽			큰 산.
	岸	언덕 안		屵			언덕. 물가의 낭떠러지.

부수	정자	대표음	속자	동자	통자	중국 간체	자　해
山 메 산	岞	산높을 작		岝			산이 높다. 산이 높은 모양.
	岹	산높을 초		岹			산이 높다. 산이 높은 모양.
	岤	산굴 혈			穴		산굴. 산에 있는 굴.
	岍	산 이름 견	岍		汧		산 이름.
	峎	산 이름 은		峎			산모롱이.
	島	섬 도				岛	사면이 바다에 둘러싸인 육지.
	峯	봉우리 봉		峰	峀		산봉우리.
	峨	높을 아		峩			높다. 구름 따위가 높이 떠 있다.
	峻	높을 준		陵			높다. 높고 크다.
	峭	가파를 초		削			가파르다. 높고 험하다.
	峽	골짜기 협	峡			峡	골짜기. 산골짜기.
	崑	산 이름 곤		崐			산 이름. 곤륜. 곤산.
	崛	우뚝 솟을 굴		崫			우뚝 솟다. 산이 홀로 우뚝 솟다.
	崩	무너질 붕		嵎			무너지다. 산 언덕 따위가 무너지다.
	崧	우뚝 솟을 숭		嵩			우뚝 솟다. 산이 우뚝 솟은 모양.
	崇	높을 숭		崈			높다. 높이가 높다.
	崖	벼랑 애		厓			벼랑. 낭떠러지.
	峴	산 높을 얼		嵲			산이 높다. 산이 높은 모양.
	嶘	험준할 잔		巉, 嶘			험준하다. 산이 가파른 모양.
	崝	가파를 쟁		嶸, 崢			험하다. 산이 높고 험한 모양.
	崒	험할 줄		崪			험하다. 산이 높고 험한 모양.
	嵲	산 높을 첩		嶪			산이 높다. 산이 높이 솟아 있는 모양.
	崿	낭떠러지 악		嶨			낭떠러지. 벼랑. 언덕.
	嵒	바위 암	岩	嵓	巖		바위.
	嵬	구불구불 외		巍			구불구불하다. 산이 구불구불 굽어져 있는 모양.

부수	정자	대표음	속자	동자	통자	중국간체	자해
山 뫼 산	嵏	산 이름 종		嵕			산 이름. 많이 모여 있는 산봉우리.
	崷	산 높을 추		酋			산이 높다.
嵇	산 이름 혜		嵆			산 이름.
	嵩	높을 숭		崈			높다. 높고 크다.
	嵬	높을 외		隗			높다. 산이 높고 험한 모양.
	嵿	산꼭대기 전	嵿				산꼭대기. 막히다.
	嵯	우뚝 솟을 차		嵳,嵳			우뚝 솟다. 산이 가파르다.
	嶇	험할 구				岖	험하다. 가파르다.
	巤	산모양 뢰(루)		嶘			산의 모양.
	嶁	봉우리 루				嵝	봉우리. 산꼭대기.
	嵷	산 홀로 우뚝할 종		嵷			산이 외롭게 서 있는 모양.
	嵾	울쑥불쑥할 참		嵾	參		산이 울쑥불쑥하다.
	嶄	높을 참		嶃		崭	높다. 높고 가파른 모양.
	嶁	가파를 건		嵼			가파르다.
	嶔	높고 험할 금		礉	厱	嵚	산이 높고 험하다.
	嵺	높을 료		嶚	嶛		높다. 산이 높은 모양.
	嶢	높을 요		嶤			높다. 산이 높은 모양.
	嶕	높을 초		蕉			높다. 산이 높고 험한 모양.
	嶱	산 험할 갈		嵑			산이 험하다. 산의 돌이 높고 험한 모양.
	嶭	높을 알		巕			높다. 산이 높고 험하다.
	嶪	높고 험할 업		嶫			높고 험하다. 산이 험준한 모양.
	嶬	산 높을 의		義			산이 높다. 산이 높은 모양.
	嶼	섬 서		嶼		屿	섬. 작은 섬.
	嶸	가파를 영		岭,嶸			가파르다. 험하다.
	嶽	큰 산 악		岳,獄			큰 산. 높은 산.
	嵤	높고 낮을 뢰		畾			높고 낮다. 산이 가파르고 울쑥불쑥한 모양.

부수	정자	대표음	속자	동자	통자	중국 간체	자 해
山 메 산	巀	산 이름 찰		嶻			산 이름. 산이 험하다.
	巃	가파를 롱		巄			가파르다. 산이 가파른 모양.
	巉	가파를 참		嶄			가파르다. 산·바위 따위가 높고 험하다.
	巍	높을 외		嵬, 䧄, 嵳			높다. 높고 큰 모양.
	巒	메 만	峦			峦	작은 산. 길게 뻗은 좁은 산.
	巓	산꼭대기 전				巅	산꼭대기. 산정(山頂).
	巑	높이 솟을 찬	巑				높이 솟다. 높이 뾰족하게 솟아 있는 모양.
	巖	바위 암	岩, 巌			嵓	바위. 험하다. 가파르다.
巛 내 천	巢	집 소	巣				집. 새의 보금자리.
巾 수건 건	帊	쓰개 파		帕			쓰개. 머리 위에 쓰는 쓰개.
	希	바랄 희		俙, 稀			바라다. 기대하다.
	帓	머리띠 말		帕			머리띠. 머리동이.
	帉	구의 저		褚			구의(柩衣).
	帚	비 추			箒		쓰는 비. 쓸다.
	帢	모자 갑			帇		모자.
	帬	치마 군		裙, 裠,幒			치마. 조끼. 배자.
	師	스승 사	师			师	스승. 선생.
	帶	띠 대				带	띠. 옷 위의 허리에 두르는 띠.
	帲	장막 병	軿		屏		장막. 위를 덮어 가리는 차일과 같은 것.
	帇	모자 흡		帢			모자. 비단으로 만든 모자.
	帽	모자 모	帽				모자. 사모. 두건.
	帿	과녁 후		帿			과녁. 활터에 세운 과녁판.
	幪	보 몽		幪			보. 옷보. 책보.
	幕	막 막		幙			막. 장막. 천막.

부수	정자	대표음	속자	동자	통자	중국 간체	자 해
巾 수건 건	幑	표기 휘		徽			표기. 표지를 한 기.
	幞	건 복		襆, 纀			건. 두건.
	幟	기 치		帳, 旘		帜	기. 표지.
	幦	수레 덮개 멱			幭, 幦		수레의 덮개.
	幩	재갈장식 분	幩				재갈장식.
	幧	머리띠 조		帩, 幓			머리띠.
	幫	도울 방		幇			돕다. 보좌하다.
	幬	휘장 주		幠			휘장. 커튼.
	幭	덮개 멸			幦		덮개. 덮어씌우는 것의 총칭.
干 방패 간	开	평평할 견	开				평평하다.
	幷	어우를 병	并				하나로 합하다. 어우르다.
	幸	다행 행		莕			다행. 행복. 좋은 운.
幺 작을 요	幼	어릴 유	纫				어리다. 나이가 어리다.
广 집 엄	府	곳집 부		庉			곳집. 문서나 재물을 보관하는 창고
	底	밑 저		底			밑. 사물의 바닥을 이루는 부분.
	度	법도 도	㥽				법도. 법제.
	座	자리 좌	坐				자리. 앉는 자리. 눕는 자리.
	庳	집 낮을 비		庫			집이 낮다. 용마루가 낮은 집.
	庶	여러 서		庻, 庻			여러. 갖가지. 여러 가지.
	厠	뒷간 측	厠				뒷간. 변소
	廀	숨길 수		庼			숨기다. 숨다.
	廌	해태 채		鷹	豸		해태.
	廈	큰 집 하	厦	庌			큰집.
	廏	마구간 구	廐, 厩				마구간.
	廑	작은 집 근		廗		厪	작은 집. 겨우. 조금.
	廣	넓을 광	広				넓다. 면적이 크다.

부수	정자	대표음	속자	동자	통자	중국 간체	자 해
广 집 엄	廟	사당 묘	庙			庙	사당. 조상의 신주를 모시는 곳.
	厮	하인 시	厮				하인. 종.
	廛	가게 전	厘				가게. 상점.
	廚	부엌 주	厨,厨				부엌. 취사장.
	廠	헛간 창	厰				헛간. 벽이 없는 집.
	廢	폐할 폐	废				폐하다. 그만두다. 그치다.
	廞	진열할 흠			歆		진열하다. 일으키다.
	廬	오두막 려	庐			庐	오두막집.
	廳	관청 청	廰			厅	관청. 관아.
廴 길게 걸을 인	廻	돌 회	廽	迴		回	돌다. 빙빙 돌다.
廾 두손으로 받들 공	弁	고깔 변		覍			고깔. 관.
弓 활 궁	弔	조상할 조	吊				조상하다. 영혼을 위로하다.
	弞	웃을 신		哂			웃음. 웃음을 띠다.
	弤	활 저			弴		활. 붉은 옻칠을 한 활.
	強	굳셀 강	强		彊		굳세다. 힘차고 튼튼하다.
	弴	활 돈			敦,弤		붉은 옻칠을 한 활. 활.
	弼	도울 필		弻			돕다. 상대편을 위하여 돕다.
	彈	탄알 탄	弹	弾		弹	탄알. 대포·총 따위로 쏘는 탄알.
	彊	굳셀 강			強		굳세다. 힘이 세다.
	彌	두루 미		弥		弥	두루. 널리.
	彎	굽을 만	弯			弯	굽다. 당기다. 화살을 활시위에 메다.
크 돼지머리 계	彙	무리 휘		彚		汇	무리. 모으다. 성하다.

부수	정자	대표음	속자	동자	통자	중국 간체	자 해
彑 돼지머리 계	彜	떳떳할 이	彜				떳떳하다. 법. 영구히 변하지 아니하는 도.
彡 터럭 삼	形	모양 형		形			형상. 나타나다.
	彦	선비 언	彦				선비. 재덕(才德)을 겸비한 남자.
	彬	빛날 빈		斌			빛나다. 재덕이 뛰어난 남자.
	影	그림자 영		㬐			그림자. 물체에 광선이 비치어 나타난 그림자.
	彲	이무기 리		螭			이무기. 용이 되려다 용이 되지 못하고 물속에 산다는 상상의 동물.
彳 조금 걸을 척	彿	비슷할 불			髴		비슷하다. 확연히 구별하기가 어렵다.
	往	갈 왕	徃				가다. 일정한 곳을 향하여 가다.
	徇	주창할 순		侚			주창하다. 주의·주장을 앞장서서 부르짖다.
	後	뒤 후			后	后	뒤. 향하고 있는 반대쪽이나 곳.
	很	패려궂을 흔		佷			패려궂다. 말을 듣지 아니하다.
	徑	지름길 경	径				지름길. 좁은 길.
	徒	무리 도		仗,埗			무리. 동아리. 걷다. 걸어다니다.
	徘	노닐 배		俳			노닐다. 어정거리다.
	從	좇을 종	従	㕘			좇다. 뒤를 밟아 따르다.
	微	작을 미	微				작다. 자질구레하다.
	徯	샛길 혜		蹊			샛길. 좁은 길. 기다리다. 바라며 기다리다.
	德	큰 덕	徳				덕. 공정하고 포용성 있는 마음.

부수	정자	대표음	속자	동자	통자	중국 간체	자해
彳 조금 걸을 척	徵	부를 징	徴			征	부르다. 사람을 불러들이다.
心 마음 심	忍	참을 인		忈			참다. 견디어내다.
	忲	사치할 태		忕, 懘			사치하다. 자세히 살피다.
	忔	기쁠 흘		忔			기쁘다. 기뻐하다.
	念	생각할 념		念			생각. 생각하다.
	忞	힘쓸 민		忟			힘쓰다. 노력하다.
	忱	정성 침		忱			정성. 참마음.
	忽	소홀히 할 홀		曶			소홀히 하다.
	怪	기이할 괴	恠				기이하다. 행동이 기이하다.
	急	급할 급		忣, 㤼			급하다. 서두르다. 바쁘다.
	怛	슬플 달		悬			슬프다. 슬퍼하다.
	恖	생각할 부		忡			생각하다. 기뻐하다.
	怫	발끈할 불		悲			발끈하다. 발끈 화를 내다.
	思	생각할 사		恖			생각하다. 사유 판단 등을 하다.
	怡	기쁠 이			㿝, 台		기쁘다. 기뻐하다. 기뻐서 화기가 돌다.
	恪	삼갈 각		愙, 㥣			삼가다. 삼감으로써 상대를 공경하다.
	恬	편안할 념		悟			편안하다. 마음의 평정을 얻다.
	恧	부끄러울 뉵		忸			부끄럽다. 부끄러워하다.
	息	숨쉴 식		怕			숨쉬다. 숨. 호흡하다.
	恁	생각할 임		恅, 您			생각하다. 이같이. 이 같은.
	恥	부끄러워할 치	耻				부끄러워하다. 부끄럽게 여기다.
	恤	구휼할 휼			卹		구휼하다. 어려운 처지에 놓인 사람에게 금품을 주다.
	恟	두려워할 흉		悩			두려워하다. 두려움으로 어수선하다.

부수	정자	대표음	속자	동자	통자	중국 간체	자 해
心 마음 심	誡	신칙할 계			誠		신칙(申飭)하다. 단단히 경 계하다.
	恡	아낄 린	恡	吝			아끼다. 인색하다.
	悉	다 실		悉			다. 모두. 남김없이.
	悁	성낼 연	悁				성내다. 화내다.
	悦	기쁠 열			兑, 說		기쁘다. 마음이 즐겁다.
	怱	바쁠 총	悤, 忩				바쁘다. 급하다.
	悸	두근거릴 계		悸			두근거리다. 가슴이 뛰다.
	悺	근심할 관		悺			근심하다. 걱정하다.
	惎	해칠 기		惎			해치다. 해롭게 하다.
	悳	덕 덕			德		덕. 선행. 선심.
	惇	도타울 돈	惇				인정이 도탑다. 진심. 참된 마음.
	悶	번민할 민		悶, 憫			번민하다. 어둡다.
	惡	악할 악	惡				악하다. 모질고 사납다.
	惟	생각할 유		惟			생각하다. 도모하다.
	情	뜻 정			情		뜻. 무엇무엇을 하리라고 생각하는 마음.
	悽	슬퍼할 처			恓		슬퍼하다. 구슬픈 생각이 들다.
	惠	은혜 혜	惠				은혜. 은덕. 베풀어 주는 사 랑.
	惛	어리석을 혼		惽, 怋			어리석다. 마음이 밝지 아 니하다.
	愆	허물 건		愆			허물. 죄. 과실.
	惱	괴로워할 뇌	恼				괴로워하다. 괴롭히다.
	愞	약할 나		懦			약하다. 두려워하다.
	愁	시름 수		愀			시름. 근심.
	愉	즐거울 유		愉			즐겁다. 즐거워하다.
	惷	어수선할 준		蠢			어수선하다. 어지러운 모양.

부수	정자	대표음	속자	동자	통자	중국간체	자 해
心 마음 심	惼	좁을 편		褊			좁다. 마음이 너그럽지 아니하다.
	悏	쾌할 협		愜			쾌하다. 마음이 상쾌하다.
	惶	두려워할 황			皇		두려워하다. 당황하다.
	愙	삼갈 각	愨				삼가다. 행동을 조심하다.
	愷	즐거울 개			凱, 豈	恺	즐겁다. 즐거워하다.
	惄	근심할 닉		愵			근심하다. 근심하는 모양.
	愻	따를 손	遜				따르다. 공손하게 순종하다.
	慍	성낼 온	愠				성내다. 발끈 화를 내다.
	慎	삼갈 신		愼		慎	삼가다. 조심하다.
	愿	삼갈 원			原		삼가다. 공손하다.
	慇	괴로워할 은		懃	殷		괴로워하다. 몹시 애태우다.
	慈	사랑 자	慈				사랑. 깊은 은애(恩愛).
	慌	어렴풋할 황		恍			어렴풋하다. 희미한 모양.
	慁	근심할 혼		惛			근심하다. 마음에 걸리다.
	慣	버릇 관			貫		버릇. 버릇처럼 익숙해진 것.
	憀	의뢰할 료	憭				의뢰하다. 의지하다.
	慢	게으를 만	慢				게으르다. 게으름을 피우다.
	慠	오만할 오		熬, 傲			오만하다. 건방지다.
	慾	욕심 욕			欲		욕심. 욕정.
	慰	위로할 위		尉	尉		위로하다.
	慘	참혹할 참	惨			惨	참혹하다. 무자비하다.
	慙	부끄러워할 참		慚			부끄러워하다.
	慸	가시 채		懘			가시. 마음에 걸리다.
	慼	근심할 척		慽	戚		근심하다. 근심.
	悤	바쁠 총	怱, 悤				바쁘다. 뜻을 얻지 못한 모양.
	慟	서럽게 울 통		憅	恫		서럽게 울다. 큰 소리로 울면서 슬퍼하다.

부수	정자	대표음	속자	동자	통자	중국 간체	자　해
心 마음 심	慓	날랠 표			剽		날래다. 재빠르다.
	憨	어리석을 감		憨			어리석다. 바보.
	憩	쉴 게	憇	愒			쉬다. 숨을 돌리다. 휴식하다.
	憍	교만할 교			驕		교만하다. 거만하다.
	懟	원망할 대		憝			원망하다. 미워하다.
	憐	불쌍히 여길 련		憫			불쌍히 여기다. 가엾게 생각하다.
	憫	근심할 민			閔, 恩		근심하다. 불쌍히 여기다.
	憋	약할 별		憋			약하다. 모질다. 나쁘다.
	憑	기댈 빙			馮	凭	기대다. 몸이나 물건을 무엇에 의지하다.
	慫	억지로 은	憖				억지로. 무리하게.
	憯	슬퍼할 참	憯	憯			슬퍼하다. 비통해하다.
	憪	놀랄 창			惝		놀라다. 멍한 모양.
	憚	꺼릴 탄		憚		惮	꺼리다. 삼가다.
	憪	즐길 한	憪	憪			즐기다. 안온하다.
	憓	사랑할 혜			惠		사랑하다. 따르다. 순종하다.
	懃	은근할 근			懃		은근하다. 친절한 모양.
	懋	힘쓸 무		柔			힘쓰다. 노력하다.
	應	당할 응	応, 応				당하다. 감당하다. 직접 겪다.
	懦	나약할 나		懧			나약하다. 무기력하다.
	懇	공경할 여		懊			공경하다. 공손히 섬기다.
	懕	편안할 염	憨		厭		편안하다.
	懘	가락 맞지 않을 체			滯		음악이 조화를 잃은 모양. 가락이 맞지 아니하다. 넘보다. 업신여기다.
	懘	넘볼 막		懘			넘보다. 업신여기다.
	懷	품을 회	怀, 懐			怀	품다. 품에 넣어 안거나 가지다.

부수	정자	대표음	속자	동자	통자	중국 간체	자 해
心 마음 심	懺	뉘우칠 참	懴			忏	뉘우치다. 저지른 잘못을 뉘우치고 고백하다.
	懼	두려워할 구	惧				두려워하다. 겁이 나다.
	懽	기뻐할 환		歡			기뻐하다. 기뻐서 좋아하다.
	戇	어리석을 당	戅				어리석다. 외고집인 성질.
戈 창 과	我	나 아		犾			나. 나 자신. 우리.
	戔	해칠 잔				戋	해치다. 나머지.
	或	혹 혹	戜	䢔			어쩌다가. 더러. 혹. 혹은.
	戛	창 알	戞				창. 긴 창.
	戟	창 극	戟	戟			갈래진 창.
	戰	싸울 전	戦, 战			战	싸우다. 전쟁을 하다.
	戲	놀 희	戱, 戯			戏	놀다. 재미있게 시간을 보내다.
	戵	창 구		鑺	瞿		창. 싸움터에서 쓰는 무기.
戶 지게 호	扆	병풍 의			衣		병풍. 칸막이.
手 손 수	扜	당길 우		扝			당기다. 잡아당기다.
	扠	집을 차		扨			집다. 집어들다.
	扡	끌 타	扯				끌다. 끌어당기다.
	扳	끌어당길 반			攀		끌어당기다. 오르려고 잡아당기다.
	承	받들 승	兺				받들다. 밑에서 받아올려 들다.
	扼	누를 액		搤			누르다. 내리눌러 꼼짝 못하게 하다.
	抍	들 증(승)		拯			들다. 들어올리다. 건져내다.
	拑	입 다물 겸			鉗, 箝		입을 다물다. 입을 다물고 말하지 아니하다.

부수	정자	대표음	속자	동자	통자	중국 간체	자　해
手 손 수	拏	붙잡을 나	拿				붙잡다. 손에 쥐다.
	拌	버릴 반		拚			버리다. 내버리다.
	拔	뺄 발	抜	抚			빼다. 뽑다. 잡아당기다.
	拜	절 배	拝				절. 절하다. 사의(謝意)를 표하다.
	拽	끌 예			拽		끌다. 배의 키.
	抈	퍼낼 요(유)		舀			퍼내다. 확에서 퍼내다. 물 따위를 퍼내다.
	拭	닦을 식		帜			닦다. 닦아서 깨끗하게 하다.
	拯	건질 증		抍			건지다. 구조하다. 돕다. 들어올리다.
	拶	핍박할 찰	拃				핍박하다. 괴롭히다.
	捆	두드릴 곤	捆				두드리다. 두드려 단단하게 하다.
	挱	만질 사		挲			만지다. 주무르다. 넓히다. 벌리다.
	捐	버릴 연	捐				소유하던 것을 버리다. 버리다.
	掔	끌 견		摼			끌다. 몰다. 단단하다. 튼튼하다.
	掛	걸 괘			卦		걸다. 걸어놓다.
	捻	비틀 넘		拈			비틀다. 비꼬다.
	捼	비빌 뇌		挼			비비다. 문지르다.
	掠	노략질할 략			剠		노략질하다. 탈취하다.
	掩	가릴 엄			揜		가리다. 보이지 아니하게 가리다.
	捥	팔 완			腕		팔.
	捽	잡을 졸	抁				잡다. 머리채를 잡다.
	掣	당길 철		挩			당기다. 끌어당기다.
	捭	칠 패		掆			치다. 두 손으로 치다.

부수	정자	대표음	속자	동자	통자	중국 간체	자 해
手 손 수	揭	들 게	揭				들다. 높이 들다.
	揲	셀 설		揲			세다. 수효를 손으로 짚어 세다. 맥을 짚다.
	揜	가릴 엄			掩		가리다. 가리어 덮다. 가리어 싸다.
	揅	팔뚝 완			腕, 捥		팔뚝. 쥐다. 손으로 잡다. 밟다.
	揫	모을 추		揪, 揂			모으다. 묶다. 다발을 짓다.
	摆	들 강		扛, 杠			들다. 메다. 지다.
	搹	쥘 격		扼, 搤			쥐다. 잡아 쥐다.
	搗	찧을 도		擣		捣	찧다. 통에 넣고 찧다.
	搬	옮길 반		擘			옮기다. 이사를 하다.
	搒	배 저을 방	挷				배를 젓다. 매질하다. 볼기를 치다.
	搜	찾을 수	搜	搜			찾다. 얻어 내려고 뒤지거나 살피다.
	搖	흔들릴 요	揺	撟		摇	흔들리다. 요동하다.
	搢	꽂을 진	揗				꽂다. 사이에 끼워넣다.
	摑	칠 괵	摑			掴	치다. 후려갈기다.
	摶	뭉칠 단		搏	抟		치다. 둥글게 하다.
	擘	탈취할 략	掠				탈취하다. 노략질하다.
	摝	흔들 록		摍			흔들다. 진동시키다.
	揊	쪼갤 벽			副		쪼개다. 베어 가르다.
	摒	제거할 병	拼		屛		제거하다. 치우다. 처리하다.
	攎	잡을 사		搓			잡다. 움켜쥐다. 손가락으로 잡다.
	摋	칠 살			殺		치다. 손바닥으로 후려갈기다.
	摍	뽑을 숙			縮		뽑다. 뽑아내다.
	揅	갈 연	揅		研		갈다. 문지르다.
	摏	찌를 용			春		찌르다. 치다. 두드리다.

부수	정자	대표음	속자	동자	통자	중국 간체	자 해
手 손 수	摴	노름 저		攄			노름. 도박.
	摲	벨 참		塹			베다. 베어내다. 풀을 베다.
	摠	모두 총	揔	捴, 總			모두. 지배하다.
	摽	칠 표		㩹			치다. 두드리다.
	撫	어루만질 무	抚	㕘		抚	어루만지다. 편안히 하다.
	撲	칠 박		攐		扑	치다. 때리다.
	撇	닦을 별		撆			닦다. 눈물 등을 닦다.
	撦	찢을 차		扯			찢다. 여러 조각으로 가르다.
	撱	길둥글 타			楕, 橢		길둥글다.
	撑	버틸 탱	撐, 撦				버티다. 지주(支柱). 버팀목.
	據	의거할 거	拠			据	의거하다. 일정한 사실에 근거하다.
	撿	단속할 검		檢			단속하다. 순찰하다.
	擊	칠 격	撃				치다. 두드리다.
	撽	도지개 경		檠			도지개. 틈이 가거나 뒤틀린 활을 바로잡는 틀.
	撟	칠 교			擊		치다. 때리다.
	擔	멜 담	担			担	메다. 맡다. 떠맡다.
	擘	엄지손가락 벽		擗	辟		엄지손가락. 쪼개다.
	擁	안을 옹		㨾		拥	안다. 끌어안다.
	操	잡을 조	撨				잡다. 쥐다. 가지다.
	擇	가릴 택	択			择	가리다. 고르다. 좋은 것을 가려 뽑다.
	擧	들 거	挙	舉, 舉		举	들다. 받들다.
	擡	들 대	抬				들다. 들어올리다.
	擣	찧을 도		搗, 捯, 搗			찧다. 빻다. 절구에 찧다.
	擪	누를 엽		撖			누르다. 손가락으로 누르다.
	擽	칠 력		攊			치다. 때리다. 스치다.

부수	정자	대표음	속자	동자	통자	중국간체	자 해
手 손 수	擸	가질 렵	擸				가지다. 정리하여 가지다.
	擴	넓힐 확	拡	擨		扩	넓히다. 규모 세력 등을 넓히다.
	攐	추어올릴 건			褰		추어올리다. 소매·옷자락 등을 추어올리다.
	攉	손 뒤집을 확		攉			손을 뒤집다. 이기다. 반죽하다.
	攝	당길 섭	摄			摄	당기다. 끌어당기다.
	攟	주울 군		捃, 攈			줍다.
	攢	모일 찬	攢			攒	모이다. 모으다.
	攬	잡을 람		擥		揽	잡다. 손에 쥐다.
攴 가를 지	攲	기울 기		攱			기울다. 기울어지다.
攴 칠 복	收	거둘 수	収				거두다. 거두어들이다.
	攽	나눌 반			頒		나누다. 나누어 주다.
	敂	두드릴 구		扣			두드리다. 때리다.
	效	본받을 효	効				본받다. 본받아 배우다.
	教	가르칠 교	教	敎			가르치다. 지식·기술·이치 등을 알려주어 깨닫게 하다.
	敍	차례 서	叙, 敘				차례. 순번. 서차(序次)
	敓	빼앗을 탈			奪		빼앗다. 억지로 빼앗다.
	敦	도타울 돈		憝			도탑다. 도탑게 하다.
	散	흩을 산		㪔			흩다. 흩뜨리다. 흩어지다.
	敬	공경할 경	敬			敬	공경하다. 훈계하다. 잡도리하다.
	敲	두드릴 고		敲,搞			두드리다. 가볍게 두드리다.
	敷	펼 부		尃,敷			펴다. 넓게 깔거나 벌리다.
	數	셀 수	數, 数	數		数	세다. 계산하다.
	敶	벌여놓을 진			陳		벌여놓다. 늘어놓다.
	整	가지런할 정	憗	整			가지런하다. 가지런해지다.

부수	정자	대표음	속자	동자	통자	중국 간체	자 해
攴 칠 복	斀	형벌 탁		劅			불알을 까는 형벌의 한 가지.
文 글월 문	斑	얼룩 반			斒		얼룩진 무늬. 얼룩.
	斒	얼룩얼룩할 반			斑		얼룩얼룩하다.
斗 말 두	斗	말 두	𣁬				말. 용량의 단위.
	斛	휘 곡		𣁮			10말[斗]의 용량.
	斝	술잔 가	斚				술잔. 옥으로 만든 술잔.
	斞	용량 단위 유		斔, 𣂆			용량의 단위.
	斟	술 따를 짐		𣂑, 𣂓			술을 따르다. 술잔을 서로 주고받다.
	㪺	뜰 구		𣂀			뜨다. 푸다. 퍼내다.
斤 도끼 근	斲	깎을 착	斵	斮			깎다. 깎아내다.
	斷	끊을 단	断, 𣃔			断	끊다. 절단하다. 그만두다.
	斸	괭이 촉	𣃖				괭이. 농기구의 한 가지. 베다. 찍다.
方 모 방	於	어조사 어	扵				어조사. ~에, ~에서, ~에게서.
	旃	기 전	旃	旜			기. 깃대가 구부정한 붉은 기.
	旋	돌 선	𢮊				돌다. 회전하다. 돌리다.
	旌	기 정		㫌, 旍, 𣃼			기. 천자(天子)가 사기를 고무할 때 쓰던 기.
	旒	깃발 류		旈			깃발. 무늬.
	旗	기 기		旂			기. 곰과 범을 그린 붉은 기.
	旖	깃발 펄럭이는 모양 의		旑			깃발이 나부끼는 모양.
	旛	기 번			幡		기. 청대(淸代)에 천자의 거둥 때 쓰던 기.
无 없을 무	无	없을 무		無	毋		없다. 불경을 외울 때의 발어사.
	旣	이미 기	既, 旣			既	이미. 다하다.

부수	정자	대표음	속자	동자	통자	중국 간체	자 해
日 해 일	旭	아침해 욱	旮				아침해. 돋는 해.
	旨	맛있을 지		㫖			맛있다. 맛이 좋다.
	明	밝을 명		眀			밝다. 빛이 밝다.
	旻	하늘 민		旼			하늘. 가을하늘.
	昂	오를 앙	昻				오르다. 높이 오르다.
	昃	기울 측		厢	仄		기울다. 해가 서쪽으로 기울다.
	昏	어두울 혼		昬			어둡다. 해가 져서 어둡다.
	昒	새벽 홀		曶,昢			새벽. 어둑새벽. 어둑어둑하다.
	昵	친할 닐		暱			친하다. 친숙해지다. 가까이하다.
	昺	밝을 병		炳			밝다. 빛나다. 환하다.
	是	옳을 시		昰			옳다. 바르다.
	晉	나아갈 진	晋			晋	나아가다. 억누르다.
	晃	밝을 황		晄			밝다. 빛나다.
	晅	말릴 훤			烜		말리다. 건조시키다. 밝다. 환하다.
	晚	저물 만		晩			저물다. 해가 저물다.
	晟	밝을 성	晠	晠			밝다. 환하다.
	晨	새벽 신		唇			새벽. 닭이 울다.
	晢	밝을 절			晰		밝다. 총명하다. 빛나다.
	晝	낮 주	昼			昼	낮.
	晧	밝을 호			皓		밝다. 빛나다. 빛이 나는 모양.
	晰	밝을 석		晳			밝다. 분명한 모양.
	晬	돌 수		晬			돌. 일주년. 처음 맞는 생일.
	晴	갤 청		暒, 晴,姓			개다. 비가 그치다. 하늘에 구름이 없다.
	暋	굳셀 민		暔			굳세다. 강하다. 애쓰다.

부수	정자	대표음	속자	동자	통자	중국 간체	자 해
日 해 일	暑	더울 서	暑				덥다. 무덥다.
	暗	어두울 암			**闇**		어둡다. 주위가 보이지 아니하는 상태에 있다.
	暐	햇빛 위		䁻			햇빛. 햇볕. 빛나는 모양.
	暄	따뜻할 훤			煖, 煊		따뜻하다. 온난하다.
	暉	빛 휘			輝		빛. 광채. 빛나다.
	暠	흴 호			翯, **皓**, 皜, 顥, 皞		희다. 흰 모양.
	暤	밝을 호	皡,皥		昊		밝다.
	暱	친할 닐		昵			친하다. 가까워지다.
	暬	설만할 설		褻			버릇없이 멋대로 행동하다.
	曆	책력 력	暦			历	책력. 역법(曆法). 수. 세다.
	曄	빛날 엽		**曅**		晔	빛나다. 빛을 발하다.
	曉	새벽 효	**暁**, 暁			晓	새벽. 동틀 무렵.
	曒	밝을 교		皦			밝다. 흰 옥(玉)이나 돌.
	曏	앞서 향	晌		向		앞서. 접때. 이전에. 잠시. 잠깐.
	曚	어두울 몽			蒙		어둡다. 어스레하다.
	曙	새벽 서		暏			새벽. 날이 샐 무렵.
	曦	햇빛 희	曦				햇빛.
	曬	쬘 쇄		晒		晒	쬐다. 햇빛을 쬐어 말리다.
	曯	비출 촉		燭			비추다. 빛을 비추어 밝게 하다.
曰 가로 왈	曳	끌 예	**曵**		抴, 拽		끌다. 끌어당기다.
	更	다시 갱		**叓**			다시. 재차. 또. 고치다. 개선하다.
	替	쇠퇴할 체		暜, 替			쇠퇴하다. 쓸모없게 되다.
	會	모일 회	会, **㑹**			会	모이다. 회계하다.
月 달 월	朗	밝을 랑		朗		朗	밝다. 맑게 환하다.

부수	정자	대표음	속자	동자	통자	중국 간체	자　해
月 달 월	望	바랄 망		朢			바라다. 기대하다. 원하다.
	朞	돌 기			稘		돌. 만 하루나 만 1개월, 또는 1주년.
木 나무 목	朶	늘어질 타	朵				늘어지다. 나뭇가지가 늘어지다.
	杇	흙손 오		圬			흙손. 벽에 흙을 바르다.
	材	재목 재			才		재목. 재료로 쓰이는 나무.
	枏	녹나무 남	柟	楠			녹나무.
	枚	줄기 매		枝			나무 줄기(가지).
	析	가를 석		斯			가르다. 나무를 쪼개다.
	松	소나무 송	案, 枀, 柗				소나무.
	枕	베개 침	杭				잠잘 때 베는 베개.
	柿	대팻밥 폐	柿				대팻밥.
	架	시렁 가	㮄				시렁. 물건을 올려 두는 곳.
	柳	버들 류		栁			버드나무의 총칭.
	柏	나무이름 백	栢				측백나무.
	枾	감나무 시	柿				감나무.
	染	물들일 염	染				물들이다. 적시다.
	枻	노 예			栧		노. 키. 배의 키.
	柵	울짱 책		栅			울짱. 목책(木柵).
	柁	키 타		柂			키. 배의 키.
	栔	새길 계			契		새기다. 근심하다.
	枅	두공 계(견)	枅	楄			두공. 말뚝. 커다란 말뚝.
	桑	뽕나무 상	桒				뽕나무.
	栖	깃들일 서		捿, 棲			새가 깃들어 살다.
	案	책상 안		桉			책상. 앉을 때에 몸을 기대는 방석.
	梱	문지방 곤		閫			문지방.

부수	정자	대표음	속자	동자	통자	중국 간체	자 해
木 나무 목	梠	평고대 려	梒				평고대. 처마끝의 서까래를 받치기 위해 가로놓은 나무.
	梅	매화나무 매	梅	楳, 楳			매화나무.
	桮	술잔 배		杯	盃		나무를 구부려 만든 그릇.
	條	가지 조	条	楩		条	가지. 나뭇가지.
	椇	오구목 구	柏				오구목(烏臼木).
	棋	바둑 기		棊, 碁			바둑. 바둑돌.
	棠	팥배나무 당		樠			팥배나무. 해당화.
	棱	모 릉			稜		모서리. 뛰어나온 곳.
	栟	종려나무 병	栟				종려나무.
	棉	목화 면	楄		綿		목화.
	棲	살 서		捿			살다. 깃들이다.
	椀	주발 완		碗, 盌			주발(음식물을 담는 작은 그릇).
	棧	잔도 잔		橵		栈	잔도(비탈길).
	棰	매 추			捶		매. 회초리.
	楠	녹나무 남		柟			녹나무.
	楞	모 릉		棱			모. 불교에서는 棱자는 쓰지 않고 이 자만 사용한다.
	楔	문설주 설		榍			문설주, 문주(門柱).
	椰	야자나무 야		梛			야자나무.
	楥	느티나무 원		楦			느티나무.
	楺	휠 유			揉		휘다. 나무가 휘다.
	楮	닥나무 저				楮	닥나무. 종이.
	榤	쪼구미 절		楶			쪼구미. 동자기둥.
	椶	종려나무 종		棕			야자과에 속하는 나무.

부수	정자	대표음	속자	동자	통자	중국 간체	자　해
木 나무 목	櫛	빗 즐			櫛		빗. 머리를 빗는 빗.
	楫	노 즙(집)		檝			노. 배를 전진시키는 선구.
	榷	외나무다리 각(교)	榷				외나무다리. 전매(專賣)하다.
	槀	마를 고		槁			마르다. 말라 죽다.
	槊	창 삭		矟			창(전쟁터에서 사용하는 무기)
	榮	꽃 영	荣, 栄			荣	숲이 우거지다. 성(盛)하다.
	榲	올발 올	榅			榅	올발. 마르멜로.
	榨	술주자 자	搾				술주자. 짜다. 거르다. 기름· 젓 등을 짜다.
	榛	개암나무 진		樼			개암나무.
	槩	평미레 개	槪	槷, 概, 杚		概	평미레. 평목(平木). 평평 하게 고르다.
	槨	덧널 곽		椁			덧널. 관을 담는 궤.
	樓	다락 루				楼	다락. 다락집.
	樒	침향 밀		櫁			침향(沈香). 향료(香料). 약재로 사용한다.
	槮	밋밋할 삼		槮			밋밋하다. 나무가 곧고 긴 모양.
	樂	풍류 악	楽			乐	풍류. 음악.
	樣	모양 양	様			样	모양. 형상. 상태.
	槷	기둥 얼		槸			기둥. 위태롭다.
	樀	처마 적		檔			처마. 소리의 형용.
	樞	지도리 추	枢			枢	문지도리. 운전 활동을 하 게 되는 장치.
	樘	기둥 탱		橕, 樑			기둥. 지주(支柱).
	槹	두레박 고	槔	橰			두레박. 물을 긷는 기구.
	橛	말뚝 궐		橜			말뚝.
	樹	나무 수	树			树	나무. 자라고 있는 나무.

부수	정자	대표음	속자	동자	통자	중국 간체	자 해
木 나무 목	棻	꽃술 예		蕊, 蘂, 橤			꽃술. 축 늘어지다. 드리우다.
	樽	술통 준		罇	尊		술통.
	櫄	참죽나무 춘		杶			참죽나무.
	橢	길죽할 타		楕, 隋		椭	길쭉하다. 가늘고 길다.
	橐	전대 탁	槖				전대. 의복·책 등을 넣는 작은 가방.
	樘	기둥 탱		樫, 牚			기둥. 버팀목. 버티다.
	橫	가로 횡	横				가로. 동과 서쪽. 가로놓다.
	檟	개오동나무 가			榎	槚	개오동나무. 매. 회초리.
	檢	봉할 검	検			检	봉함. 봉함하다. 문서를 봉인하다.
	檠	도지개 경		橄			등잔대. 활도지개.
	檋	덧신 국		梮			덧신(미끄러지지 않도록 신 밑에 징을 박은 것).
	檗	황벽나무 벽		檘			황벽나무.
	檃	도지개 은		櫽			바로잡다. 잘못된 것을 바로잡다.
	檥	배 댈 의		艤			배를 대다. 배가 떠날 준비를 갖추다.
	檣	돛대 장		艢		樯	돛대. 돛을 달기 위한 기둥.
	櫃	함 궤		匱		柜	함. 궤. 커다란 함.
	櫂	노 도		棹			노. 상앗대. 배. 상앗대질하다.
	檳	빈랑나무 빈	梹			槟	빈랑나무.
	檿	산뽕나무 염		橪			산뽕나무.
	檻	우리 함		槛		槛	우리. 감옥. 죄인을 가두는 곳.
	櫓	방패 로		樐, 橹		橹	방패. 망루. 노. 배젓는 기구.
	櫐	덩굴풀 루		藟, 蔂			덩굴풀. 등나무.

부수	정자	대표음	속자	동자	통자	중국 간체	자 해
木 나무 목	櫛	빗 즐			梠	栉	빗. 머리빗다. 빗질하다.
	櫳	우리 롱		蘢		栊	우리. 짐승을 가두는 우리.
	櫱	움(싹) 얼		欁			움. 새싹.
	橛	말뚝 저		橥			말뚝. 어떤 표지로 세우는 말뚝.
	櫸	느티나무 거			柜	榉	느티나무.
	欄	난간 란	欄			栏	난간. 우리. 짐승을 가두어 기르는 곳.
	櫺	격자창 령		櫺			처마. 추녀. 난간.
	橚	우거질 숙		櫹			우거지다. 초목이 무성한 모양.
	櫻	앵두나무 앵	桜			樱	앵두나무.
	欃	살별 참		欃			박달나무. 혜성. 살별(별이름).
	權	저울추 권	権			权	저울추.
	欒	나무이름 란	栾			栾	나무이름. 박태기나무.
	欑	모일 찬		欑			모이다. 모으다. 떼짓다.
	欖	감람나무 람	欖			榄	감람나무.
	欘	도끼 촉	欘				도끼. 도끼자루. 큰 자귀.
	欛	칼자루 파	欛,欛	杷			칼자루. 칼의 손잡이.
欠 하품 흠	欣	기뻐할 흔		忻			기뻐하다.
	欲	하고자 할 욕			慾		하고자 하다. 하려 하다.
	款	정성 관	欵	欶,款			정성. 성의.
	歐	토할 구	欧			欧	토하다. 뱉다. 치다. 때리다.
	歔	흐느낄 허		噓			흐느끼다. 두려워하다.
	歗	휘파람 불 소		嘯			휘파람을 불다.
	歟	어조사 여	欤		與	欤	어조사. 구중(句中)에 놓여 어기(語氣)를 고르는 어조사. ※의문·감탄·추량의 뜻을 나타내는 종결사.

부수	정자	대표음	속자	동자	통자	중국 간체	자 해
欠 하품 흠	歠	마실 철		歡			마시다. 마시는 음식.
	歡	기뻐할 환	歓		懽, 驩	欢	기뻐하다. 즐거워하다.
止 그칠 지	此	이 차		佌			이곳. 자기로부터 가까운 장소.
	步	걸을 보	歩				걷다. 천천히 걷다.
	歲	해 세	歳			岁	새해. 신년(新年)
	歷	지낼 력	歴	厤		历	지내다. 행하다.
	歸	돌아갈 귀	帰, 归	跠		归	돌아가다. 돌아오다.
歹 부서진 뼈 알	歹	부서진 뼈 알		歺, 歺			부서진 뼈. 나쁘다.
	歹	썩을 후		朽			썩다. 썩히다.
	歿	죽을 몰	殁	歾	沒		죽다. 끝나다.
	殀	일찍 죽을 요			夭		일찍 죽다. 젊은 나이로 죽다. 죽이다.
	殂	죽을 조			徂		죽다. 생명이 끊어지다.
	殄	다할 진		殄			다하다. 모조리. 끊다. 죽다.
	殉	따라 죽을 순		殉			따라 죽다. 구(求)하다. 탐하다.
	殍	주려죽을 표	殕				굶어죽다.
	殘	해칠 잔	残	戙		残	해치다. 해롭게 하다. 멸망시키다.
	殙	어리석을 혼		殙			어리석다. 어둡다. 앓다. 병에 걸리다.
	殬	패할 두		斁			패하다. 무너지다.
	殮	염할 렴			斂	殓	염하다. 염습하다.
	殲	다 죽일 섬	殲			歼	죽이다. 모조리 다 죽이다. 멸하다.
殳 창 수	殺	죽일 살	殺	杀		杀	죽이다. 살해하다.
	毁	헐 훼	毁				헐다. 짓거나 만든 것을 깨뜨리다.
	㱿	두드릴 각			敲		두드리다. 머리를 때리다.

부수	정자	대표음	속자	동자	통자	중국 간체	자 해
殳 창 수	毆	때릴 구	殴			殴	때리다. 치다.
毋 말 무	毌	꿰뚫을 관			貫		꿰뚫다. 현재는 '貫'자를 사용.
比 견줄 비	毗	도울 비		毘			돕다. 힘을 보태다. 보태다.
毛 털 모	毦	깃털장식 이		毣			깃털장식. 새의 깃털로 만든 장식.
	毬	공 구		毱			공. 운동구.
	毵	담요 담		毵			담요. 모포.
	毲	모직물 수		毹			모직물. 무늬가 있는 모직물.
	毹	담요 유		毺			담요. 모포.
	氀	모직물 루		氎			모직물.
	氄	모직물 등		氈			올이 가늘고 고운 담요.
	氆	모직물 방		氌			양털로 만든 모직물.
	氅	새털 창	氅				새털. 새의 우모(羽毛)로 지은 옷.
	氈	모전 전	毡	氊		毡	털로 짠 모직물.
	氀	모직물 구		氍			양탄자. 모직물. 무명.
氏 각시 씨	氓	백성 맹	甿				다른 나라나 지방에서 이주(移住)해 온 백성. 백성.
气 기운 기	氣	기운 기	気,气	気		气	기온. 기운. 만물의 근원. 기상의 변화에 따른 구름의 움직임.
水 물 수	永	길 영		永			길다. 오랠.
	氿	샘 궤		漸			샘. 원줄기 외의 곁구멍에서 솟는 샘.
	汀	물가 정		汧			물가. 물가의 평지. 모래섬.
	汒	황급할 망			茫		뜻을 이루지 못하다. 황급하다. 경황이 없는 모양.
	汜	지류 사		沱			지류(支流). 웅덩이.
	汐	조수 석		汐			조수(潮水).

부수	정자	대표음	속자	동자	통자	중국간체	자해
水 물 수	汝	너 여			女,爾		너. 대등한 사이나 손아랫 사람에 대한 이인칭.
	沌	어두울 돈		沌			어둡다.
	沒	가라앉을 몰	沒,没		殁	没	가라앉다. 잠기다. 물에 빠지다.
	汴	내이름 변		汳			내이름. 지명.
	沖	빌 충	冲				비다. 공허하다. 가운데. 중간.
	沈	가라앉을 침	沉				가라앉다.
	泥	진흙 니		坭,㞒			진흙. 질척질척하게 이겨진 흙.
	法	법 법		泆			법. 형벌. 제도. 법률.
	沸	끓을 비		渁			끓다. 물이 끓다. 물을 끓이다.
	沱	물이름 타		沲			눈물이 흐르는 모양. 큰비가 내리는 모양.
	況	하물며 황	况				하물며. 더구나. 이에. 자(玆)에.
	洪	큰물 홍		洚	鴻		큰물. 물이 불어서 강을 넘쳐흐르다.
	洶	물살 세찰 흉		㳁			물살이 세차다.
	涉	건널 섭		渉			걸어서 물을 건너다. 건너다. 걸어서 돌아다니다.
	涓	시내 연	㳙				시내. 물이 적게 흐르다. 눈물. 눈물을 흘리다.
	涎	침 연		次			입밖으로 흐르는 침. 침. 점액.
	浴	목욕할 욕		㝎			목욕하다. 물로 몸을 씻다.
	涕	눈물 체		洟			눈물. 울다. 눈물을 흘리며 울다.
	海	바다 해	海	㴅			바다. 바닷물.

부수	정자	대표음	속자	동자	통자	중국 간체	자 해
水 물 수	凉	서늘할 량	涼				서늘하다.
	淚	눈물 루	泪, 涙	泪			눈물. 울다. 눈물을 흘리다.
	淩	달릴 릉			凌		달리다. 달려가다.
	渫	칠 설		渫			치다. 쳐서 없애다.
	淑	맑을 숙		洲			맑다. 맑고 깊다.
	淳	순박할 순			純, 醇		순박하다. 인정이 있다.
	淬	담금질할 쉬		淬			담금질하다.
	涯	물가 애			匡, 崖		물가. 가. 끝. 근처. 어느 곳.
	液	진 액		汲			진. 진액.
	淢	빨리 흐를 역	減				빨리 흐르다.
	淯	강 이름 육		淯			산동성에 있는 강 이름.
	淨	깨끗할 정	浄			净	깨끗하다. 때묻지 아니하다.
	淺	얕을 천	浅			浅	얕다. 바닥이 얕다. 물이 깊지 아니하다.
	淸	맑을 청		清			맑다. 물이 맑다.
	混	섞을 혼		掍			섞다. 섞이다.
	渴	목마를 갈	渴				목이 마르다.
	渡	건널 도		泍			건너다. 물을 건너다.
	淵	못 연	渊, 渁 涸, 㴫			渊	못. 소. 물이 깊이 차 있는 곳.
	游	놀 유	浮				놀다. 걷다. 여행하다.
	湮	잠길 인	湮	汹			잠기다. 빠져 묻히다. 막히다.
	湊	모일 주			輳		모이다. 물이 모이다.
	湫	다할 추		湬			다하다. 바닥나다. 늪. 못.
	溪	시내 계	渓	谿			시내. 시냇물.
	滔	물 넘칠 도	渞				물이 넘치다. 넓다. 크다.
	源	근원 원			原		근원.
	滋	불을 자	滋				붇다. 번식하다. 더하다. 보태다.

부수	정자	대표음	속자	동자	통자	중국 간체	자 해
水 물 수	準	수준기 준	准				수준기(水準器). 평평하다. 수평(水平)지다.
	潲	높은 파도 초		潲			높은 파도. 높게 이는 파도.
	漻	맑고 깊을 료	潦				맑고 깊다. 높고 먼 모양.
	漏	샐 루		屚			틈으로 새다.
	滿	찰 만	満			满	차다. 가득하다.
	滲	스밀 삼	渗				스미다. 배다. 흘러나오다.
	漱	양치질할 수	潄				양치질하다. 씻다. 빨래하다.
	滌	씻을 척	滌			涤	씻다. 빨다. 헹구다. 청소하다.
	滯	막힐 체	滞				막히다. 막히어 통하지 아니하다.
	漆	옻 칠		柒, 桼, 榛			옻나무. 옻나무 진.
	漢	한수 한	漢			汉	은하수. 사나이. 남자를 낮추어 이르는 말.
	澗	산골물 간		澗	磵	涧	산골물. 산골짜기에서 흐르는 물.
	潔	깨끗할 결	潔			洁	깨끗하다. 몸을 닦다.
	澆	물댈 요	浇	濞		浇	물을 대다. 엷다. 경박하다.
	潺	물 흐르는 소리 잔	潹				물 흐르는 소리. 물이 졸졸 흐르는 모양.
	潛	자맥질할 잠	潜			潜	자맥질하다. 잠기다. 땅속을 흐르다.
	澄	맑을 징		澂			물이 잔잔히 맑다. 맑게 하다.
	澎	물결 부딪는 기세 팽			彭		물소리. 파도 소리. 물결 부딪치는 기세.

부수	정자	대표음	속자	동자	통자	중국 간체	자 해
水 물 수	澹	담담할 담		澹			움직이다. 조용하다. 안존하다. 담박하다. 물이 조용히 출렁거리는 모양.
	濆	뿜을 분	濆				물을 뿜다. 물가.
	濎	물이 적은 모양 정		湏			물이 적은 모양. 시냇물이 흐르는 모양.
	澤	못 택	沢	**澤**		泽	못. 연못. 늪. 진펄.
	澣	빨 한			浣		빨래하다. 빨다. 발을 씻다.
	濱	물가 빈	**濵,浜**			滨	물가. 끝. 임박하다.
	澀	떫을 삽	渋	澁		涩	껄끄럽다. 미끄럽지 아니하다.
	濕	축축할 습	湿	溼			축축하다. 습기가 있다.
	濡	젖을 유		渪,渜			젖다. 물이 묻다.
	濟	건널 제	済			济	건너다. 물을 건너다.
	濬	칠 준		**睿**		浚	치다. 파내어 물길을 트다. 깊다.
	濼	강이름 락		**濼**		泺	병으로 힘이 없다.
	濺	뿌릴 천		**濺**		溅	물을 쏟아 붓다. 빨리 흐르다.
	瀨	여울 뢰	瀬			濑	여울. 급류(急流).
	瀞	맑을 정			淨		맑다. 깨끗하다. 물이 맑고 깨끗하다.
	瀰	물 넓을 미	渳			㳽	물이 넓다. 물이 아득히 넓은 모양.
	瀯	물졸졸흐를영		濴			물이 졸졸 흐르다.
	灌	물댈 관	潅,灌				물을 대다. 따르다. 붓다.
	灕	스며들 리		漓		漓	스며들다. 물이 땅에 스며들다.
	灑	뿌릴 쇄	**灑**		洒	洒	물을 뿌리다. 뿌리다.
	灣	물굽이 만	湾			湾	물굽이. 육지로 쑥 들어온 바다 부분.
	灩	물결 출렁거 릴 염		**灔**		滟	물결이 출렁거리다. 물이 가득 찬 모양.

부수	정자	대표음	속자	동자	통자	중국 간체	자 해
火 **불 화**	灰	재 회	灰				재. 불에 타고 난 후 남은 재(가루).
	灸	뜸 구		厹			뜸. 약쑥으로 뜸을 떠서 병을 고치는 방법.
	灼	사를 작	**焯**				사르다. 굽다.
	災	재앙 재		灾		灾	재앙. 하늘이 내리는 홍수·지진 등.
	炙	고기 구울 적 (자)	爐				고기를 굽다.
	炳	밝을 병		昞			밝다. 빛나다.
	炭	숯 탄	灰				숯. 목탄.
	炱	그을음 태		**炲**			그을음. 검은빛.
	炯	빛날 형	**烱**				빛나다. 밝다. 불이 밝다.
	烔	뜨거운 모양 동		燑			뜨거운 모양. 열기가 대단한 모양.
	烏	까마귀 오			乌		까마귀. 검다. 탄식하는 소리.
	烰	연기 일 발		燆			연기가 일다. 무덥다. 찌는 듯이 덥다.
	烽	봉화 봉	**燹, 熢**				봉화. 적에 대한 경계.
	焉	어찌 언	**爲**				어찌. 이에. 이. 여기.
	無	없을 무			毋	无	없다. 말라. 아니다.
	焙	불에 쬘 배		**焟**			불에 쬐다. 불에 쬐어 말리다.
	焚	불사를 분	棥	**燓**			불사르다. 타다.
	焯	밝을 작			灼		밝다. 불사르다.
	煉	불릴 련			鍊	炼	불리다. 반죽하여 굽다.
	煢	외로울 경		**㷀, 焭**		茕	외롭다.
	煞	죽일 살		殺			죽이다. 총괄하다.
	煙	연기 연		烟			연기. 물질이 탈 때 나오는 흐릿한 기운.
	煮	삶을 자	煑	**鬻**		煮	삶다. 익히다. 익다.

부수	정자	대표음	속자	동자	통자	중국간체	자해
火 불 화	照	비출 조		曌			비추다. 밝게 하다.
	煔	불 타오를 첨		焌			불이 타오르다. 데치다. 삶다.
	輝	빛날 휘		煇			빛나다. 빛. 얼굴빛이 번드르르하다.
	熙	빛날 희	熙			熙	빛나다. 빛.
	熅	숯불 온		熅		熅	불꽃이 없는 불. 숯불.
	熏	연기 낄 훈	燻,熏				연기가 끼다. 그을리다.
	熨	눌러 덥게 할 위		尉			고약을 붙이다. 눌러서 덥게 하다.
	燒	사를 소	焼			烧	불태우다. 사르다.
	燄	불 당길 염		焰			불이 댕기다. 불이 붙기 시작하는 모양.
	燁	빛날 엽		爗		烨	빛나다. 번쩍번쩍하는 모양.
	燧	부싯돌 수		㸂,㸐		燧	부싯돌. 횃불. 봉화.
	營	경영할 영	営			营	경영하다. 짓다. 만들다.
	燠	따뜻할 욱		奥		燠	따뜻하다. 덥다.
	燥	마를 조	燥				말리다. 마르다.
	燭	촛불 촉	烛			烛	촛불. 등불.
	燹	야화 선(희)		爛			야화(野火). 들을 태우는 불.
	爇	사를 열	蓺				사르다.
	爆	터질 폭	㸌				터지다. 폭발하다.
	爐	화로 로	炉	鑪		炉	화로. 취사용·난방용 화기(火器).
	爗	빛날 엽		燁			빛나다. 빛이 번쩍번쩍 나다.
	麋	익을 미		麅			익다. 난숙(爛熟)하다.
	爨	불땔 찬		㸑			불때다. 밥을 짓다.
爪 손톱 조	爭	다툴 쟁	争				다투다. 잡아끌다.
	爲	할 위	為			为	하다. 만들다. 행하다.

부수	정자	대표음	속자	동자	통자	중국 간체	자 해
爻 효효	爾	너 이	你, 您			尔	너. 상대방을 부르는 말.
爿 나뭇조각 장	牀	평상 상	床				평상. 침상. 마루.
	牆	담 장		墻		墙	담. 경계.
片 조각 편	牋	장계 전			箋		장계. 편지. 문서.
	牒	글씨판 첩		牃			공문서. 송사(訟辭). 소장(訴狀).
牛 소 우	牁	지명 가		牳			땅이름.
	牠	뿔없는 소 타		牰			뿔이 없는 소
	犁	쟁기 려		犂			쟁기. 농구(農具) 이름.
	犀	무소 서		犀			코뿔소.
	犓	소 먹일 추		芻			소를 먹이다. 풀을 주어 소를 기르다.
	犨	소 헐떡이는 소리 주		犫			소가 헐떡이는 소리. 소가 울다.
	犧	희생 희	犠			牺	희생. 사랑하여 기르다.
犭 큰개 견	狗	개 구		貗			개. 강아지.
	狡	교활할 교	狤				교활하다. 간교하다.
	狹	좁을 협	狭			狭	좁다. 좁아지다. 좁히다.
	猊	사자 예			貌		사자. 부처가 앉는 자리.
	猫	고양이 묘		貓			고양이.
	猧	발바리 와		矮			발바리.
	猪	돼지 저	猪				돼지. 새끼돼지.
	猿	원숭이 원	猨	猨			원숭이.
	獒	개 오		獓			개. 강아지.
	獐	노루 장		麞			노루.
	獨	홀로 독	独	獸		独	홀로, 혼자.
	獯	오랑캐이름 훈		獋			오랑캐이름. 흉노족의 딴 이름.
	獵	사냥 렵	獵, 猟			猎	사냥하다. 사냥.
	獺	수달 달		㹠		獭	수달.

부수	정자	대표음	속자	동자	통자	중국간체	자 해
犭 큰개 견	獻	바칠 헌	献	**獻**			바치다. 어진 사람. 나아가다.
	獼	원숭이 미		獮		猕	원숭이.
玉 구슬 옥	玩	희롱할 완		翫			희롱하다. 가지고 놀다.
	珊	산호 산	**珊**			珊	산호. 패옥 소리. 비틀거리는 모양.
	珍	보배 진	珎				보배. 진귀하다.
	琉	유리 류	瑠				유리.
	琅	옥이름 랑	瑯				옥(玉). 구슬 비슷한 아름다운 돌.
	琴	거문고 금	琹				거문고
	琺	법랑 법	**珐**				법랑그릇.
	琤	옥소리 쟁	玎			琤	옥소리. 물건이 부딪치는 소리.
	瑰	구슬이름 괴		瓌			구슬이름. 붉은 옥.
	瑣	자질구레할 쇄	**瑣**			琐	자질구레하다. 잘다.
	璇	아름다운 옥 선		琁, 璿			아름다운 옥. 별이름. 돌다.
	· 璟	옥 광채날 영 (경)		瓊			옥이 광채나다.
	璽	도장 새	玺			玺	도장. 천자(天子)의 도장.
	瓊	옥 경		**瓊**		琼	옥. 아름다운 옥.
瓦 기와 와	瓨	큰 독 강		**甌**			큰 독. 항아리.
	瓶	병 병	甁			瓶	병. 단지. 작은 항아리.
甘 달 감	甜	달 첨		甛			달다. 맛있다.
生 날 생	產	낳을 산		産		产	낳다. 태어나다.
	甥	생질 생		甦			생질. 자매의 아들.
用 쓸 용	**甫**	갖출 비		葡			갖추다. 갖추어지다.
田 밭 전	畎	밭도랑 견		㽟			밭도랑. 밭 가운데 낸 수로(水路).
	畏	두려워할 외		畏			두려워하다. 겁을 내다. 꺼리다.

부수	정자	대표음	속자	동자	통자	중국간체	자　해
田 밭 전	留	머무를 류	甾,畱	畱			머무르다. 일정한 곳에 머무르다.
	畝	이랑 묘	畆			亩	이랑. 전답의 면적 단위.
	畚	삼태기 분		畚			삼태기. 둥구미.
	畛	두렁길 진	畛				두렁길. 밭 사이의 길.
	略	다스릴 략		畧			다스리다. 둘러보다.
	番	갈마들 번	畨				차례로 임무를 맡는 일. 수. 차례.
	畬	새밭 여		畭			새밭. 밭을 일구다.
	畯	농부 준		㽙			농부. 농사를 짓는 사람.
	畫	그림 화	画,畵	画		画	그림. 사물의 형상을 평면상에 묘사하는 것.
	當	당할 당	当			当	당하다. 균형되다. 어울리다.
	畹	밭 면적단위 원		㽒			밭 면적단위. 스무 이랑.
	㽝	빈 땅 연		㽞			빈 땅. 강가. 강 부근.
	疆	지경 강		畺			지경. 경계. 끝. 한계.
	疊	겹쳐질 첩	曡	叠			겹쳐지다. 접쳐지다. 쌓다.
疋 필 필 {발 소}	疋	발 소		疋			발=足.
	疏	트일 소		疎			트다. 통하다. 트이다.
疒 병들어 기 댈 녁(상)	痃	힘줄 당기는 병 현		痃			힘줄이 당기는 병. 적취 (積聚).
	癩	문둥병 뢰			癘		문둥병. 나병.
	痱	중풍 비		疿			중풍. 풍병.
	痿	저릴 위	瘻				저리다. 마비되다.
	瘃	동상 촉		瘃			동상(凍傷).
	癏	앓을 관	瘝	懁			앓다. 병들다.
	瘦	파리할 수		瘐			여위다. 마르다. 메마르다.
	瘰	연주창 라		癧			연주창. 옴.

부수	정자	대표음	속자	동자	통자	중국간체	자 해
广 병들어 기댈 녁(상)	癇	경풍 간	痫	**痫**		痫	경풍. 경기. 간질. 지랄병.
	癃	느른할 륭		**癃**			느른하다. 몸이 쇠하여 폐인이 되다.
	癈	폐질 폐			癈		폐질(癈疾).
	癘	창질 려		**瘟**		疠	창질(瘡疾). 염병.
	癒	병 나을 유		愈			병이 낫다.
	癡	어리석을 치	痴				어리석다. 미련하다. 미치광이.
	癢	가려울 양		痒		痒	가렵다. 근지럽다. 근질거리다.
	癰	악창 옹		**癕**		痈	악창(惡瘡). 등창.
癶 등질 발	發	쏠 발	発			发	쏘다. 가다. 떠나다. 꽃이 피다.
白 흰 백	皋	못 고		皐			못. 늪. 논. 물가.
	蘤	꽃 위		蘤			꽃. 풀의 꽃.
	皬	흴 학		皠			희다.
皮 가죽 피	皯	기미낄 간		皯			기미가 끼다. 얼굴이 거무스름하다.
	皰	살 부어오를 박		**皰**			살이 부어오르다. 불룩해지다.
	皼	껍질 벗겨질 만		**皸**			껍질이 벗겨지다.
	皾	매끄러울 독		**皾**			매끄럽다.
皿 그릇 명	盂	바리 우		**盂**			바리. 사발.
	盌	주발 완	碗	椀			주발.
	盉	조미할 화			和		조미(調味)하다. 맛을 고르게 맞추다.
	盛	담을 성	盛				담다. 그릇에 채우다.
	盝	다할 록		**盝**			다하다. 다 없어지다.
	盞	잔 잔	**盏**			盏	잔. 옥으로 만든 술잔.
	盡	다될 진	尽			尽	그릇이 비다. 다되다. 비다.

부수	정자	대표음	속자	동자	통자	중국 간체	자　해
皿 그릇 명	盤	소반 반	柈	槃		盘	쟁반. 대야. 세숫대야.
	盥	씻을 관		盤			씻다. 손을 씻다. 손을 씻는 그릇.
目 눈 목	盰	쳐다볼 우		盱			양치질하다. 쳐다보다. 부릅뜨다.
	直	곧을 직	直				곧다. 굽지 아니하다.
	看	볼 간	看				보다. 손을 이마에 얹고 바라보다.
	眅	눈 흰자위 많을 반		瞽			눈에 흰자위가 많은 모양. 눈알을 굴리어서 보다.
	眥	눈초리 제		眦			눈초리. 눈가.
	眞	참 진	真, 眞			真	참. 거짓이 아니다. 진짜.
	眷	돌아볼 권		睠			돌아보다. 뒤돌아보다.
	眽	훔쳐볼 맥		眿			훔쳐보다. 서로 보다.
	眯	눈에 티 들 미			瞇		눈에 티가 들다. 아찔해지다.
	睊	흘겨볼 견	睄				흘겨보다.
	眼	눈 앓을 량		睍			눈을 앓다. 눈이 밝아지다.
	睦	화목할 목			穆		화목하다. 눈길이 온순하다.
	睥	흘겨볼 비		睥			흘겨보다. 엿보다. 곁눈질하다.
	睟	바로 볼 수	睟				바로 보는 모양. 눈이 맑고 밝다.
	睜	싫어하는 눈빛 정	睜				싫어하는 눈빛. 눈을 크게 뜨다.
	睹	볼 도		覩		睹	보다. 가리다. 분별하다.
	睿	깊고 밝을 예		叡			깊고 밝다. 통하다.
	睺	애꾸눈 후		瞜			애꾸눈. 움펑눈.
	睘	놀라서 볼 경		睘			놀란 눈으로 보다.
	睟	실망하여 볼 척(추)		睉			실망하여 보다.

부수	정자	대표음	속자	동자	통자	중국간체	자 해
目 눈 목	瞠	볼 당		瞠			보다. 똑바로 보다.
	瞢	어두울 몽		瞢			어둡다. 눈이 어둡다.
	睍	지릅뜰 한	瞷				눈을 치뜨다. 곁눈질.
	矚	볼 촉	矙			瞩	보다. 자세히 보다.
矢 화살 시	知	알 지		知			알다. 인정하다. 인지(認知)하다.
	矧	하물며 신		弞, 敊			하물며. 잇몸. 치은.
石 돌 석	石	돌 석		石			돌. 비석. 돌침.
	矼	돌 던질 적		磧, 磩			돌을 던지다. 돌무더기.
	砮	돌살촉 노		砮			돌살촉.
	砨	옥이름 애(액)		砨			옥이름. 보옥이름.
	砠	돌산 저	岨				돌산. 흙산.
	矽	돌 울퉁불퉁할 진	砏				돌이 울퉁붕퉁한 모양. 거친 숫돌.
	砣	돌팔매 타		磆, 碢			돌팔매. 맷돌.
	砭	돌침 폄		砭			돌침. 돌침을 놓다.
	研	갈 연	研			研	갈다. 문지르다.
	硜	돌소리 갱		硻			돌소리. 소인(小人)의 모양.
	碑	돌기둥 비	碑	碑			돌기둥.
	硎	숫돌 형	硎				숫돌.
	礐	돌 서로 부딪는 소리 락		磝			돌이 서로 부딪치는 소리.
	磏	거친 숫돌 렴		磏			거친 숫돌.
	磁	자석 자	磁				자석.
	磌	돌 떨어지는 소리 전(진)	磌				돌 떨어지는 소리.
	磨	갈 마		磨	摩		갈다. 돌을 갈아 광을 내다.
	嶃	산 험할 참		礹			산이 험하다. 산이 험한 모양.
	礶	옥돌 거		磲			옥돌. 귀고리.

부수	정자	대표음	속자	동자	통자	중국 간체	자 해
石 돌 석	礩	주춧돌 석	礩				주춧돌.
	礙	거리낄 애	碍	导		碍	거리끼다. 방해하다. 저지하다.
	礦	쇳돌 광		鑛, 磺		矿	쇳돌.
	礧	바위 뢰		磥			부딪다. 바위의 모양.
	礮	돌쇠뇌 포		礟			돌을 쏘는 기구. 돌쇠뇌.
示 보일 시	祀	제사 사		禩, 祀		祀	제사. 제사 지내다.
	祅	재앙 요		示芺			땅의 재앙.
	祊	제사이름 팽		鬃		祊	제사이름.
	祕	숨길 비	秘				숨기다. 알리지 아니하다.
	祟	빌미 수		示隶, 祟			빌미.
	祡	시료 시		禃			시료(柴燎).
	祐	도울 우		佑		祐	돕다. 천지신명의 도움.
	祣	여제 려		禲			여제. 산천에 지내는 제사.
	祰	고유제 고		禞			고유제. 보답하는 제사.
	祿	복 록	示录			禄	복. 행복.
	福	복 복	福			福	복. 행복. 복내리다.
	禓	길제사 양	禓				길에서 지내는 제사.
	禋	제사 지낼 인(연)		禋		禋	제사 지내다. 천제(天帝)에게 제사 지내다.
	禪	봉선 선	禅, 禅			禅	하늘에 제사를 지내다(봉선). 산천에 제사를 지내다.
	禮	예도 례	礼			礼	예도. 예절.
	禰	아비 사당 녜	祢, 祢				아비 사당.
禾 벼 화	秕	쭉정이 비			粃		쭉정이. 질이 나쁜 쌀.
	秋	가을 추		秌			가을. 결실의 계절.
	秬	검은기장 비(부)		秠			검은 기장.
	移	옮길 이		秹			옮기다. 딴 데로 가다.
	稈	짚 간		秆			짚. 볏짚.
	稊	돌피 제		秲			돌피. 싹. 움.

부수	정자	대표음	속자	동자	통자	중국간체	자 해
禾 벼 화	稀	드물 희			希		드물다. 성기다.
	稚	어릴 치		穉			어리다. 어린 벼. 작은 벼.
	稟	줄 품	禀				주다. 내려주다.
	稯	새 종		**稅**			벼의 날실 여든 올. 볏단.
	稱	일컬을 칭	**稱**, 称			称	일컫다. 이르다.
	稿	볏짚 고		稾			볏짚. 화살대.
	穀	곡식 곡	**穀**, 穀			谷	곡식. 곡물.
	稻	벼 도	稲				벼(벼이삭).
	稷	기장 직		**稄**			기장.
	穉	어릴 치		稚, 穉			어리다. 어린 벼.
	稠	밸 기		**稅**		稠	빽빽하다. 총총하다.
	穆	화목할 목	**穆**				화목하다. 온화하다.
	穌	긁어모을 소	**甦**		蘇	稣	긁어모으다. 살다.
	穎	이삭 영	**潁**			颖	이삭. 벼이삭.
	積	쌓을 적		**稡**			쌓다. 모으다.
	穗	이삭 수	穗				이삭. 벼이삭.
	穩	평온할 온	穩				평온하다. 안온하다.
	稨	강낭콩 변		稨			강낭콩.
	穰	볏대 양	穰				볏대. 수숫대. 풍족하다.
穴 구멍 혈	究	궁구할 구	究				궁구하다. 끝. 극(極).
	窓	창 창	窻				창. 굴뚝.
	窯	기와 굽는 가마 요		**窰**			기와를 굽는 가마. 쓸쓸하다.
	寮	뚫을 료	寮				뚫다. 공허하다. 작은 창문.
	竊	훔칠 절				窃	훔치다. 남의 것을 몰래 가지다.
立 설 립	竝	아우를 병		並, 并			나란히 하다. 견주다.
	竪	서서 기다릴 수		竢			서서 기다리다.
竹 대 죽	筶	참대 고		**箇**			참대. 고죽(筶竹). 물고기 잡는 기구.

부수	정자	대표음	속자	동자	통자	중국간체	자 해
竹 대 죽	筓	비녀 계	笄				비녀(쪽찐 머리가 풀리지 않게 꽂는 물건).
	筅	솔 선		筴			솔. 대를 잘 쪼개어 만든 부엌솔.
	策	채찍 책		**筴**			채찍. 말의 채찍.
	筆	붓 필		**笔**		笔	붓. 쓰다. 덧보태어 쓰다.
	筭	산가지 산		算			산가지. 꾀. 계책.
	箇	낱 개			個, 个		낱. 물건을 세는 단위.
	箝	재갈먹일 겸		**鉗**			재갈먹이다. 끼우다. 항쇄. 칼.
	算	셀 산		筭			세다. 수효. 수.
	箠	채찍 추			捶		채찍. 말채찍. 채찍질하다.
	箬	대껍질 약		篛			대껍질. 얼룩조리대.
	箴	바늘 잠			鍼		바늘. 침.
	節	마디 절	節			节	마디. 대나무. 풀의 마디.
	篅	대둥구미 천		**篟**			둥구미. 대로 만든 바구니.
	篝	배롱 구		**搆**			배롱(焙籠). 부담농(물건을 넣어 지고 다니는 농)
	篦	빗치개 비	笓				통발. 참빗.
	篡	빼앗을 찬	簒				빼앗다. 주살로 잡다.
	篾	대껍질 멸		簚			대껍질.
	篲	비 수		彗			빗자루. 비.
	簡	대쪽 간		**简**		简	대쪽.
	簷	처마 첨		檐			처마. 갓모자. 모자의 갓 둘레.
	籓	가릴 번		**籓**			가리다. 덮다.
	籒	주문 주	籀				주문. 읽다. 글을 읽다.
	籞	금원 어		篽			금원(禁苑). 물고기를 놓아기르는 곳.
	籯	광주리 영		**籝**			광주리.

부수	정자	대표음	속자	동자	통자	중국간체	자해
竹 대 죽	籢	거울집 렴		匲			화장품 등을 넣는 상자.
	籤	제비 첨				签	제비. 심지뽑기.
米 쌀 미	籸	녹말 신		粞			녹말. 전분. 범벅. 범벅죽.
	粎	묵은쌀 홍		粠			묵은쌀. 묵어서 냄새가 나는 쌀.
	粘	끈끈할 점		黏			끈끈하다. 끈기가 많다.
	粗	거칠 조			麁麤		거칠다.
	粥	죽 죽		鬻			먹는 죽.
	粱	기장 량	梁				기장. 조보다 낱알이 굵은 곡식. 기장밥.
	粹	순수할 수		粋			순수하다. 불순물이 없다.
	精	정할 정		精			자세하다. 면밀하다.
	粽	주악 종		糉			각서(角黍). 조각.
	糂	나물죽 삼		糁			나물죽. 국에 쌀을 넣다.
	糉	주악 종		粽			각서(角黍). 조각.
	糕	떡 고		餻			떡. 가루떡.
	糒	건량 비		糄			건량. 말린 밥. 과자의 원료.
	糠	겨 강		穅			겨. 쌀겨.
	糧	양식 량		粮		粮	양식. 식량의 총칭.
	糲	현미 려	粝	糳		粝	현미. 매조미쌀.
	糱	누룩 얼		糵			누룩. 곡식에 싹이 자란 것(콩나물·엿기름 등).
	糶	쌀 내어팔 조		粜		粜	쌀을 내어팔다.
糸 가는 실 사(멱)	糾	꼴 규				纠	꼬다(새끼. 노는 꼬고 밧줄은 드린다).
	紀	벼리 기		綌		纪	벼리. 작은 벼릿줄. 실마리를 잡다.
	級	등급 급	扱	汲		级	등급. 순서.
	紝	짤 임		絍		纴	짜다. 베를 짜다.
	紱	인끈 불	紼				인끈. 입다. 몸에 걸치다.

부수	정자	대표음	속자	동자	통자	중국 간체	자 해
糸 가는 실 사(멱)	緤	고삐 설	**紲**	絏		绁	개나 소를 매는 줄.
	紿	속일 태		總		绐	속이다. 의심하다.
	絃	악기줄 현			弦		악기의 줄. 거문고·비파 등의 줄.
	絳	진홍 강		**絳**		绛	진홍색.
	絲	실 사	糸			丝	실. 명주실.
	綆	두레박줄 경		緪		绠	두레박줄.
	經	날 경	経			经	날. 날실.
	綎	띳술 정	**綧**	経			띳술. 패옥 등을 띠에 차는 끈.
	綃	생사 초		綤, 繒		绡	명주실. 생명주(生明紬).
	綮	발 고운 비단 계	**綮**				발이 고운 비단.
	綠	초록빛 록				绿	초록빛 비단. 초록빛.
	網	그물 망		罔, 网		网	그물. 고기잡는 그물.
	綿	이어질 면		緜			이어지다. 가늘고 길게 이어지다.
	綫	실 선		線, 綖			실. 줄.
	緁	꿰맬 첩		縙			꿰매다. 이어지다.
	綻	옷 터질 탄				绽	옷이 터지다. 터지다.
	練	익힐 련	練			练	익히다. 단련하다.
	緡	낚싯줄 민		緍			낚싯줄. 입다. 입히다.
	線	줄 선		**綫**			줄. 실.
	緒	실마리 서				绪	실마리. 비롯함. 시초.
	緅	껑거리 추		緓			바싹 가까이하다.
	縕	헌솜 온		縊			헌솜. 풍부하다.
	縉	꽂을 진	縉				꽂다. 붉은 비단. 분홍빛.
	縣	매달 현	県			县	매달다. 줄로 목을 공중에 달다.
	縷	실 루				缕	실. 실의 가닥. 실처럼 가늘고 길다.

부수	정자	대표음	속자	동자	통자	중국 간체	자 해
糸 가는 실 사(멱)	繁	많을 번		緐			많다. 성하다.
	繃	묶을 붕		綳			묶다. 감다.
	總	거느릴 총	緫	摠, 総		总	거느리다. 총괄하다.
	繫	맬 계				系	매다. 동여매다.
	繩	줄 승	縄				줄. 새끼.
	繪	그림 회	繪, 絵			绘	그림. 그림 그리다.
	繼	이을 계	継			继	잇다. 계통을 잇다.
	續	이을 속	続			续	잇다. 연잇다.
	纏	얽힐 전	緾			缠	얽히다. 묶다. 줄. 새끼.
	纖	가늘 섬	繊			纤	가늘다. 고운 비단.
	䌥	실 약		纅			실[絲].
	纘	이을 찬	纉				잇다.
缶 장군 부	缶	장군 부		缻			장군. 액체를 담는 그릇의 하나.
	缾	두레박 병	缾				두레박. 술을 담는 그릇.
网 그물 망	·罛	물고기그물 고		罛			물고기를 잡는 그물.
	䍙	꿩그물 매(무)		䍙, 罺			꿩그물.
	罦	그물 부		䍖			그물. 덮치기.
	䍡	잡어 어망 록		䍛			잡어(雜魚) 어망.
	羇	나그네 기			羈		나그네. 나그네살이.
	羈	굴레 기	覊		羇		굴레. 소의 고삐[縻].
羊 양 양	羌	새새끼 주린 모양 강		羗			굳세다. 빛나다. 밝다.
	羍	어린 양 달	幸	傘			어린 양. 맛이 좋다.
	羑	인도할 유	羐				인도하다. 이끌다.
	羔	새끼양 고	美	羙			새끼양. 흑양[烏羊].
	羣	무리 군	群				무리. 떼지어 모이다.
	義	옳을 의		羛	儀	义	옳다. 바르다. 평평하다.
	羲	숨 희	羲				숨. 내쉬는 숨.

부수	정자	대표음	속자	동자	통자	중국 간체	자해
羊 양 양	𦏁	뿔없는 양 동		羵			뿔없는 양.
	羹	국 갱	羮				국. 땅이름.
羽 깃 우	翃	벌레 날 굉		翃			벌레가 날다. 벌레가 나는 모양.
	翇	깃춤 불		𦐆			깃춤. 깃을 들고 추는 춤.
	翊	도울 익			翼		돕다. 나는 모양.
	翕	합할 흡		𦐑			합하다. 화합하다.
	翫	가지고 놀 완			玩		가지고 놀다. 기뻐하다.
	翦	자를 전		𦑆			자르다.
	翭	깃촉 후		猴			깃촉. 부등깃.
	𦑝	솜털 부		𦐩			새의 솜털.
	翼	날개 익		翼, 𦑶			날개. 새의 날개.
	翶	날 고	翱				날다. 비상하다. 날아다니다.
	耀	빛날 요		燿			빛나다. 빛내다.
老 늙은이 로	者	놈 자	者				놈. 사람.
	耋	늙은이 질		耊			늙은이(여든・일흔・예순 살).
而 말 이을 이	耏	구레나룻 이		耐			구레나룻. 털이 많은 짐승.
耒 쟁기 뢰	耘	김맬 운	䢵				김매다. 없애다. 제거하다.
耳 귀 이	聃	귓바퀴 없을 담	耼				귓바퀴가 없다.
	耽	즐길 탐	躭				즐기다. 기쁨을 누리다.
	聖	성스러울 성		聖		圣	성스럽다. 성인.
	聯	잇달 련	聠				연계(聯繫). 잇달다.
	聲	소리 성	声			声	소리. 소리를 내다.
	聾	귀머거리 롱		𦗓		聋	귀머거리. 어리석다.
	聽	들을 청	聴, 聼			听	듣다. 자세히 듣다.
聿 붓 율	肁	비롯할 조			肇		비롯하다. 시작하다.
	肅	엄숙할 숙	粛, 肃				엄숙하다. 공경하다.

부수	정자	대표음	속자	동자	통자	중국간체	자 해
肉 고기 육	肌	살 기		肌			살. 근육. 피부.
	肯	옳게 여길 긍		肎, 肯, 肯			가(可)라 하다.
	肢	사지 지		胑			사지(四肢). 팔다리.
	肺	허파 폐		肺			허파. 부아.
	肴	안주 효		肴	肹		안주. 술안주.
	肹	소리 울릴 힐 (흘)		肹			소리가 울려퍼지다.
	腑	장부 부		腑			장부(臟腑).
	脈	맥 맥	脉				맥. 혈맥.
	胭	목구멍 인		咽			목구멍.
	脔	미련할 증		脉			미련하다. 어리석다.
	脅	옆구리 협		脇, 脇			옆구리. 갈빗대.
	胸	가슴 흉		胷			가슴. 가슴속.
	脟	갈비 살 렬		脟			갈비 살.
	脘	밥통 완		脘			밥통. 밥통을 말린 것.
	胼	살갗 틀 변	胼				살갗이 트다. 굳은살.
	脾	지라 비	脾				지라(오장의 하나).
	腩	삶은 고기 남		膡			삶은 고기. 고깃국.
	腦	뇌 뇌	脑	腦			뇌. 머리통. 머리.
	腤	고기 삶을 암		腤			고기를 삶다. 삶다.
	腴	아랫배 살찔 유	腴				아랫배가 살찌다. 기름.
	腸	창자 장	膓			肠	창자. 마음. 충심.
	腜	엷게 저민 고 기 접		腜			엷게 저민 고기.
	膋	발기름 료		膋			짐승의 뱃가죽 안쪽에 낀 기름.
	膃	살질 올	膃				살지다.
	膆	곰국 학	臛				곰국.
	膚	살갗 부		膚		肤	살갗.

부수	정자	대표음	속자	동자	통자	중국 간체	자 해
肉 고기 육	膝	무릎 슬	膝				무릎.
	膩	기름질 니		腻		腻	기름지다. 기름. 스며나온 기름.
	膳	반찬 선		饍			반찬. 드리다. 찬을 차리어 권하다.
	膽	쓸개 담				胆	쓸개(간장에서 분비된 담즙을 일시 저장하는 곳).
	臀	볼기 둔		臋			볼기. 밑. 바닥.
	臃	부스럼 옹		癰			부스럼(머리에 나는 피부병의 일종).
	臊	누릴 조		膰			누린내가 나다.
	臍	배꼽 제		齎,齎		脐	배꼽.
	臘	납향 랍	臈				납향. 섣달.
臣 신하 신	臥	엎드릴 와	卧				엎드리다. 엎드려 자다. 누워 자다. 잠. 휴식.
自 스스로 자	臭	냄새 취	㚅,臰				냄새. 냄새 맡다.
	臲	위태할 얼		槷,㭒			위태하다. 불안하다.
至 이를 지	到	보낼 치	致				보내다. 전송해 보내다.
	臺	돈대 대	坮			台	물건을 얹는 대.
臼 절구 구	臽	퍼낼 요		㪺			퍼내다. 술을 치다.
	舅	시아비 구		㬴			시아비. 장인. 처남.
舌 혀 설	舍	집 사		舎			집. 머무는 곳.
	舐	핥을 지		䑛,舓			빨다. 핥다. 빨아먹다.
	餂	많이 먹을 탑		䑜			많이 먹다.
舟 배 주	舵	키 타		柂			키=柁.
艸 풀 초	艸	풀 초		草			풀. 들판에 있는 풀(잡초).
	芀	갈대 이삭 초		苕			갈대의 이삭. 풀이름.
	芍	함박꽃 작		藥			함박꽃.
	芻	꼴 추		蒭		刍	말린 풀. 베어놓은 풀. 꼴을 먹이다.

부수	정자	대표음	속자	동자	통자	중국간체	자해
艸 풀 초	苟	경계할 극	萮				경계하다.
	苜	거여목 목		莔			거여목.
	荔	타래붓꽃 려	荔				타래붓꽃. 향기풀.
	荈	늦차 천		莇			늦차. 늦게 딴 찻잎.
	草	풀 초		艸			풀.
	荽	향초이름 수		荽			향수 냄새나는 풀. 고수풀.
	莞	왕골 완		莧			왕골. 골풀. 골풀로 짠 자리.
	莊	풀 성할 장	荘			庄	풀이 성한 모양.
	菌	버섯 균		繭			버섯.
	莽	우거질 망(무)	莽, 莽				우거지다. 풀이 우거진 모양.
	菑	묵정밭 치		薔			묵힌 밭. 밭을 일구다.
	萍	부평초 평		苹			부평초. 개구리밥.
	菡	연봉오리 함		藺			연봉오리.
	荹	흰산쑥 발		菝			흰산쑥(풀).
	菜	향유 유(우)		葇			향유(香薷).
	萹	마디풀 편(변)		藊			마디풀. 초목이 흔들리는 모양.
	蓋	덮을 개	盖				덮다. 덮어씌우다.
	蓑	도롱이 사		簑			도롱이. 띠풀을 엮어 만든 우장.
	淩	마름 릉		陵			마름. 물풀의 이름.
	蕃	우거질 번		藩			우거지다. 풀이 무성하다.
	蕣	무궁화 순		橓			무궁화.
	蕈	버섯 심	蕁				버섯.
	蕊	꽃술 예	蕋, 蘂				꽃술. 꽃수염.
	薿	쪽이삭 의		薿			잎이 처음 나오는 모양.
	蕕	누린내풀 유				莸	누린내풀.
	薑	생강 강		薑			생강. 새앙.
	藁	마를 고		藁			마르다. 마른 것.

부수	정자	대표음	속자	동자	통자	중국 간체	자 해
艸 풀 초	薍	달래뿌리 란		[illegible]			달래뿌리. 물억새.
	薛	맑은대쑥 설		薛			맑은대쑥. 향부자(香附子).
	蕭	맑은대쑥 소	蕭			萧	맑은대쑥. 비뚤어지다.
	薀	붕어마름 온			蘊		붕어마름. 쌓다.
	薦	천거할 천				荐	천거하다. 바치다. 받들다.
	薅	김맬 호		[illegible]			김매다. 제초(除草)하다.
	藎	조개풀 신		[illegible]		荩	조개풀. 나아가다. 나머지.
	藋	청명아주 조		[illegible]		藋	넓은잎딱총나무.
	薸	개구리밥 표		[illegible]			개구리밥. 부평초.
	藭	궁궁이 궁		[illegible]			궁궁이. 약초이름.
	藤	등나무 등		藤			등나무. 등나무덩굴.
	藟	등나무덩굴 루		蘽			등나무덩굴.
	藥	약 약	薬			药	약(질병을 고치는 효과가 있는 것의 총칭).
	蘄	풀이름 기		蘄			풀이름.
	[illegible]	말린 매실 로		[illegible]			말린 매실.
	蘀	낙엽 탁		[illegible]		萚	낙엽. 말라 떨어진 잎.
	蘭	난초 란	蘭			兰	난초. 목란. 자목란.
	蘦	감초 령		[illegible]			감초.
	虋	천궁 미		虋			천궁. 물속에 풀이 나다.
	蘥	귀리 약	蘥				귀리. 연맥(燕麥).
	蘵	까마종이 직		蘵			까마종이.
	藂	떨기 총		叢			떨기. 풀이 더부룩이 나는 모양.
	蘺	천궁 리		[illegible]			천궁. 피. 돌피.
	蘸	담글 잠	蘸				담그다.
虍 호피 무늬 호	虐	사나울 학		虐			사납다. 해치다. 상하다.
	虓	울부짖을 효		虓			울부짖다. 범이 울부짖다.
	處	살 처		処			살다. 머물러 있다.

부수	정자	대표음	속자	동자	통자	중국간체	자해
虍 호피 무늬 호	虛	빌 허	虚				비다. 없다. 존재하지 아니하다.
	虜	포로 로	虜			房	포로. 사로잡다.
	號	부르짖을 호	号			号	부르짖다. 큰 소리로 울면서 한탄하다.
	虡	쇠북걸이 틀기둥 거		簴			쇠북 거는 틀기둥.
虫 벌레 충(훼)	蚌	방합 방		蜯			방합(민물조개).
	蚎	방게 월		蚏			소라게.
	蚓	지렁이 인		螾			지렁이.
	蚩	어리석을 치		蚩			어리석다.
	蛇	뱀 사	虵				뱀＝它.
	蜿	꿈틀거릴 원(완)		蜿			꿈틀거리는 모양.
	蚴	꿈틀거릴 유		蟉			꿈틀거리며 가는 모양.
	蛆	구더기 저		胆			구더기. 파리의 유충.
	蛁	참매미 조		蚉			참매미.
	蚣	메뚜기 공		蚣			메뚜기.
	蛓	쐐기 자		蛶			쐐기. 모충(毛蟲).
	蜋	사마귀 랑		螂			사마귀. 미안마재비.
	蜊	참조개 리		犁			참조개.
	蛾	나방 아		蠶			누에나방. 또는 야간에 날아다니는 곤충의 총칭.
	蛣	나무좀 굴		蛐			나무좀.
	蜽	도깨비 망		蜽			도깨비. 산천(山川)의 요정(妖精).
	蜜	꿀 밀		蚕			꿀. 벌꿀.
	蝌	올챙이 과		蝌			올챙이.
	蝱	등에 맹	蛀	虻			등에. 패모(貝母).
	蝐	대모 모		瑁			대모. 바다거북의 한 가지.

부수	정자	대표음	속자	동자	통자	중국 간체	자 해
虫 벌레 충(훼)	蝥	해충 모		蟊			해충(害蟲).
	蝨	이 슬		虱			이. 참깨. 검은깨.
	蜒	꿈틀거릴 연		蠕			꿈틀거리다. 벌레가 움직이는 모양
	蝯	긴팔원숭이 원		猿			긴팔원숭이. 앞다리가 긴 원숭이의 한 종류.
	蚴	꿈틀거릴 유		蚴			꿈틀거리다. 용이나 뱀이 꿈틀거리는 모양.
	蝹	꿈틀거릴 윤(운)	蝹				꿈틀거리다.
	融	화할 융		蝓			화(和)하다. 화합하다.
	螢	개똥벌레 형		熒			개똥벌레. 반딧불이.
	螳	사마귀 당			蟷, 蟷		사마귀. 미얀마재비.
	蝼	하루살이 략		蟧			하루살이(곤충).
	蟆	두꺼비 마		蟇			두꺼비.
	螾	지렁이 인		蚓			지렁이. 쓰르라미. 그리마.
	蟅	쥐며느리 자		蟅			쥐며느리. 누리. 황충.
	蠵	영원 효		鴞			영원. 도롱뇽과의 양서 동물.
	蟠	서릴 반		**蝓**			몸을 감고 엎드려 있다. 서리다.
	蟴	쐐기 사		蜇			쐐기. 쐐기나방의 유충.
	蟭	사마귀알 초(추)		**蠽**			사마귀의 알. 사마귀의 알집.
	蟲	벌레 충	虫			虫	벌레. 곤충의 총칭.
	蟛	방게 팽		蟛			방게. 바위겟과에 딸린 게의 일종.
	蠍	전갈 갈	蝎				전갈. 거미류의 독충.
	蟷	사마귀 당		**蟷**			사마귀. 미얀마재비.
	蠨	갈거미 소	**蛸**				갈거미.
	蠅	파리 승	蝇			蝇	파리.

부수	정자	대표음	속자	동자	통자	중국 간체	자 해
虫 벌레 충(훼)	蟻	개미 의		螘		蚁	개미.
	蟄	마디충 적		蠈			마디충. 벼의 마디를 먹는 벌레.
	蟹	게 해		蠏			게(바다에 사는 게).
	蠕	꿈틀거릴 연		蝡			꿈틀거리다.
	蠟	밀 랍				蜡	밀. 꿀벌의 집을 끓여서 짜낸 기름.
	蠡	좀먹을 려		蠡			좀. 좀먹다.
	蠢	꿈틀거릴 준		惷			꿈틀거리다. 벌레가 움직이는 모양.
	蠱	독 고				蛊	사람을 해치는 독(毒). 곡식을 먹는 벌레.
	蠨	갈거미 소	蟰	蠨		蟏	갈거미(거미의 일종).
	蠧	좀 두	蠹				좀. 반대좀.
	蠶	누에 잠	蚕	蠺, 蝅		蚕	누에. 누에나방의 유충.
	蠻	오랑캐 만	蛮			蛮	오랑캐.
	蠾	벼룩 촉	蠋				벼룩.
血 피 혈	衁	피 황		盅			피. 혈액.
	衄	코피 뉵	衂	朒, 鵬			꺾이다. 패배하다.
	衅	피 칠할 흔		釁			피를 칠하다. 희생의 피를 그릇에 바르다.
	朘	고추자지 최		膬			고추자지. 어린애의 생식기.
	衉	육장 담		盒			육장〔醓〕.
	衇	혈맥 맥		脈			혈맥.
行 갈 행	衒	팔 현		衕			팔다. 돌아다니면서 물건을 팔다.
	衛	지킬 위	衞	衞		卫	지키다. 숙위(宿衛). 시위(侍衛)하다.
衣 옷 의	表	겉 표		襮			겉. 거죽. 겉면.
	袞	곤룡포 곤		裒			곤룡포(용을 수놓은 천자의 예복).

부수	정자	대표음	속자	동자	통자	중국 간체	자 해
衣 옷 의	衿	옷깃 금		裣, 襟			옷깃. 옷고름.
	衾	이불 금		裣			이불. 침구의 한 가지.
	衯	옷 치렁치렁 할 분		裦			옷이 긴 모양. 옷이 치렁 치렁하다.
	衺	사특할 사		衭			사특하다. 비끼다.
	袡	옷 끝동 염		裇			옷 끝동.
	衽	옷깃 임		祍, 袵			옷깃. 옷깃을 바로잡다.
	袧	주름 구			拘		주름. 주름치마.
	袍	핫옷 포		襃			핫옷. 솜을 둔 겨울옷.
	袽	해진 옷 녀		袈			해진 옷. 걸레. 해진 헝겊.
	裂	찢을 렬		裞			찢다. 찢어지다.
	裀	요 인		裡			요. 까는 침구.
	袾	붉은 옷 주		祋			붉은 옷.
	裘	갖옷 구		求			갖옷. 가죽옷. 털가죽옷.
	褭	간드러질 뇨		嫋		袅	간드러지다. 하늘하늘하다.
	裏	속 리		裡		里	속. 내부. 가운데.
	裋	해진 옷 수		豎, 襂			해진 옷. 남루한 옷.
	裝	꾸밀 장	裝	襃		装	화장을 하다. 옷차림을 하다.
	裻	등솔기 독(속)		襦			등솔기. 등솔.
	裸	벌거숭이 라		躶, 臝			벌거숭이. 옷을 모두 벗다.
	裰	기울 철		襃			해진(떨어진) 옷을 꿰매다.
	褐	털옷 갈		襏			털옷.
	褌	잠방이 곤		裩		裈	잠방이. 속옷.
	褍	길 단			端		옷의 바른 폭. 옷길.
	褓	포대기 보			保, 葆		포대기. 어린애를 업을 때 둘러대는 보.
	褎	소매 수		褏			소매.
	褕	고울 유		褕			곱다. 옷이 아름답다.
	褋	홑옷 접		褋			홑옷. 안을 대지 않은 옷.

부수	정자	대표음	속자	동자	통자	중국 간체	자 해
衣 옷 의	褊	좁을 편		惼			좁다. 옷품이 좁다. 땅이 좁다.
	縕	무명 핫옷 온	褞				변변치 않은 옷. 허술한 옷.
	褖	여자 웃옷 합		褴			여자의 옷. 옷 위에 걸쳐 입는 옷.
	襁	포대기 강		繈, 強, 繦			포대기.
	褠	턱받이 구		韝			턱받이. 어린애 턱받이.
	𧝓	깔 외		𧛏			깔다. 밑에 깔다. 쌀 담는 그릇.
	襃	기릴 포	褒				기리다. 칭찬하다.
	襌	홑옷 단			單		홑옷. 겹옷.
	襐	수식 상		鵨			수식(首飾).
	襟	옷깃 금		衿			옷깃. 가슴. 마음. 생각.
	襛	옷 두툼할 농			穠		옷이 두툼한 모양.
	襚	수의 수		襐			수의. 죽은 사람에게 입히는 옷.
	襜	행주치마 첨		襝			행주치마.
	襦	저고리 유		襩			저고리.
	齎	옷단 홀 자		襊			옷단을 호다. 치맛단을 호는 일.
	襤	누더기 람	繿, 縊				누더기. 해진 옷.
	襪	버선 말		韈		袜	버선. 족의(足衣).
	襮	수놓은 깃 박		襖			수놓은 깃. 자수한 옷깃.
	襭	옷자락 꽂을 힐		擷			옷자락을 꽂다.
	襳	짧은 속옷 섬		纖			짧은 속옷. 홑속옷.
	襺	솜옷 견		繭			솜옷. 핫옷.
	襨	긴 속옷 촉	裯				긴 속옷. 위아래가 이어진 옷. 아랫도리에 입는 속옷.
襾 덮을 아	覂	구할 요		要			구하다. 요구하다.

부수	정자	대표음	속자	동자	통자	중국 간체	자　해
襾 덮을 아	覆	뒤집힐 복		覆			뒤집히다. 반전(反轉)하다.
見 볼 견	覓	찾을 멱	覔			觅	찾다. 구하여 찾다.
	視	볼 시		眎		视	보다. 우러러보다.
	覥	문후할 시		覗			찾아 뵙고 문안드리다. 문 후하다.
	覗	몰래 볼 멱		覛			몰래 보다. 곁눈질하다.
	親	친할 친		親		亲	친하다. 사랑하다. 사이좋 게 지내다.
	覲	뵐 근				觐	뵈다. 알현(謁見)하다.
	覰	엿볼 처	覷	覷			엿보다. 노리다.
	覵	자세할 라(란)		覶			자세하다. 말이 곡진(曲 盡)하다.
	覺	깨달을 각	覚	覺		觉	깨닫다. 터득하다. 깨우치다.
	覽	볼 람	览, 覧			览	보다. 살펴보다. 비교하여 보다.
	觀	볼 관	観, 观, 覌			观	보다. 자세히 보다. 보이다.
	覼	볼 리	覶				보다. 구하여 보다. 살펴보다.
角 뿔 각	觓	굽을 구	觝				굽다. 뿔의 끝이 굽은 모양.
	觟	며느리발톱 거	觡				며느리발톱. 짐승이름.
	觥	뿔잔 굉		觵			뿔잔. 뿔로 만든 술잔.
	解	풀 해	**解**				풀다. 가르다. 해부하다.
	觴	잔 상		觞		觞	잔. 술잔의 총칭. 술잔을 남에게 돌리다.
	觸	닿을 촉	触			触	닿다. 부딪치다. 받다. 떠 받다.
	觼	쇠고리 결		鐍, **觬**			쇠고리.
	觿	뿔송곳 휴		**觹, 觽**			뿔송곳.
言 말씀 언	訕	헐뜯을 산	訮			讪	헐뜯다. 윗사람을 비방하다.

부수	정자	대표음	속자	동자	통자	중국 간체	자　해
言 말씀 언	訊	물을 신	訊			讯	묻다. 하문(下問)하다.
	訑	으쓱거릴 이		訑			으쓱거리다.
	訛	그릇될 와		吪		讹	잘못되다. 거짓. 거짓말.
	訧	허물 우		訧			허물. 죄(罪).
	詞	말씀 사		䛐		词	말씀. 말. 문장.
	詠	읊을 영		咏, 詠			읊다. 노래하다. 노래의 가사.
	詍	수다스러울 예(세)		嘽, 詍	泄		수다스럽다. 말이 많은 모양.
	訑	자랑할 이		訑			자랑하다. 자득(自得)하는 모양.
	詒	보낼 이		詒			보내다. 주다. 증여하다.
	訾	헐뜯을 자		訿			헐뜯다. 비방하다.
	詛	저주할 저		譋		诅	저주하다. 원망하다.
	註	주낼 주			注		주내다. 뜻을 풀어 밝히다.
	診	볼 진	訫	昣		诊	보다. 눈으로 보다.
	誇	자랑할 과			夸	夸	자랑하다. 자만하다.
	詩	시 시		詘		诗	시. 시경.
	詤	잠꼬대 황	謊				잠꼬대.
	誡	경계할 계			戒, 儆	诫	경계하다. 훈계하다. 스스로 조심하고 삼가다.
	誥	고할 고			告	诰	고하다. 말하여 알리다.
	誣	무고할 무			憮	诬	무고하다. 사실을 굽혀 말하다.
	誠	정성 성				诚	정성. 순수한 마음.
	誤	그릇할 오		誤		误	그릇하다. 도리에 어긋나다. 잘못하다.
	誼	옳을 의	誼				옳다. 옳다고 생각하다.
	認	알 인		認		认	알다. 인식하다.
	詘	굽을 굴		詘			굽다. 굽히다.

부수	정자	대표음	속자	동자	통자	중국 간체	자　해
言 말씀 언	諏	꾀할 추			諏, 諑	诹	꾀하다. 모여서 의논하다.
	誃	적을 소		諛			적다. 작다. 꾀다. 유인하다.
	諳	욀 암		諳		谙	외다. 글을 외다.
	諺	상말 언		諺		谚	상말. 속된 말.
	諢	농담할 원	諢			诨	농담하다. 농담.
	諭	깨우칠 유		諭		谕	깨우치다. 타이르다.
	諮	물을 자		咨		谘	묻다. 자문하다. 윗사람이 아랫사람에게 묻는 일.
	謙	겸손할 겸		謙		谦	겸손하다. 자기 몸을 낮추어 양보하다.
	謄	베낄 등	謄				베끼다. 등사하다.
	諛	적을 소		誃			적다. 작다.
	謾	속일 만		謾		谩	속이다. 기만하다.
	謷	헐뜯을 오		謸			헐뜯다. 시끄럽게 욕하는 모양.
	謫	귀양갈 적		謫		谪	귀양가다. 유배되다. 좌천되다.
	謥	급히 말할 총	謥				급히 말하다.
	誓	슬퍼하는 소리 서		誓			슬퍼하는 소리. 소리가 떨리다.
	譜	계보 보		譜		谱	계보. 족보.
	譪	부지런할 애		藹			부지런하다. 말이 부드럽다.
	譯	통변할 역	訳			译	통역하다. 통변하다.
	譟	시끄러울 조		噪		谯	시끄럽다. 떠들썩하다.
	譶	재재거릴 답		譶			재재거리다. 말을 빨리 하다. 소리가 많다. 계속 지껄여대다.
	譅	더듬을 삽		譅			더듬다. 말을 떠듬떠듬하다.
	譽	기릴 예	誉			誉	칭찬하다. 바로잡다.
	譺	희롱할 의		譺			희롱하다. 놀리다. 속이다. 기만하다.

부수	정자	대표음	속자	동자	통자	중국 간체	자 해
言 말씀 언	讀	읽을 독	読			读	읽다. 소리를 내어 글을 읽다.
	讄	뇌사 뢰		誄	誄		뇌사(誄詞).
	變	변할 변	変,変			变	변하다. 달라지다. 변경되다.
	讎	원수 수		讐		雠	원수. 원수로 삼다.
	讔	수수께끼 은		讏			수수께끼.
	讒	참소할 참	谗			谗	해치다. 중상하다.
	讘	속삭일 섭	諿				속삭이다. 소곤거리다.
	讚	기릴 찬	讃				기리다. 칭찬하다.
	讞	죄 의논할 언 (얼)		瀮		谳	죄를 의논하다. 피의자를 조사하다.
谷 골 곡	谿	시내 계		溪,嵠			물이 흘러 나갈 데가 없는 시내. 마른 시내. 물 없는 시내. 비다. 공허.
豆 콩 두	豆	콩 두		荳			콩. 팥.
	豎	더벅머리 수	竪				더벅머리. 총각 아이.
	豌	완두 완		壋			완두.
	䜶	새콩 로		蕽			새콩.
	豐	풍년 풍	豊			丰	풍년. 풍년들다.
豕 돼지 시	豕	돼지 시		豙			돼지.
	豗	칠 회		狋			치다. 맞부딪쳐 서로 때리다.
	豚	돼지 돈		犻			돼지. 새끼돼지.
	豝	암돼지 파		犯			암돼지. 돼지의 암컷.
	豣	돼지 견	�	豣			큰 돼지. 3년 자란 돼지.
	豩	돼지 빈		豩			돼지. 두 마리의 돼지.
	豭	수돼지 가		猳			수돼지.
	豬	돼지 저	猪	豬			돼지. 멧돼지.
	豲	멧돼지 환(원)		狟			멧돼지(산에 사는 돼지).
	豶	불깐 돼지 분	豮				불을 깐 돼지.

부수	정자	대표음	속자	동자	통자	중국 간체	자 해
豸 갖은돼지 시	豺	승냥이 시		犲			승냥이(이리와 비슷한 맹수)
	貌	얼굴 모		皃, 貓, 貇			얼굴. 형상. 외관.
	貒	오소리 단		貒			오소리.
	貔	비휴 비		豼			비휴(표범의 일종).
	貆	오소리 환		獂, 貛			오소리. 이리의 수컷.
貝 조개 패	負	질 부	負			负	짐을 지다. 빚지다.
	貤	거듭할 이		貤		贻	거듭하다. 더하다.
	財	재물 재	賍, 財			财	재물. 녹(祿).
	貿	바꿀 무	貿			贸	무역하다. 바꾸다.
	貰	세낼 세		貰, 貰		贳	세내다. 세를 주고 남의 것을 빌리다.
	貯	쌓을 저		䝓		贮	쌓다. 쌓아두다. 저축하다.
	賁	꾸밀 비	賁				꾸미다. 장식하다.
	資	재물 자		歆		资	재물. 재화. 밑천. 자본.
	賄	뇌물 회		賄		贿	뇌물. 청탁을 위하여 주는 부당한 재화.
	賓	손 빈	賓			宾	손님. 손[客].
	賒	외상으로 살 사	賖			赊	외상으로 사다. 멀다. 아득하다.
	賚	줄 뢰(래)		賕		赉	주다. 하사하다.
	賣	팔 매	売			卖	팔다. 값을 받고 물건을 주다.
	賣	행상할 육		鬻			행상하다. 이곳저곳 돌아다니면서 팔다.
	賨	공물 종		賩			공물(貢物). 세금.
	質	바탕 질	質			质	바탕. 꾸미지 아니한 본연 그대로의 성질.
	賤	천할 천	賎			贱	천하다. 값이 싸다. 신분이 낮다.

부수	정자	대표음	속자	동자	통자	중국간체	자해
貝 조개 패	賢	어질 현	賢			贤	어질다. 재지(才智)와 덕행(德行)이 있다.
	賴	힘입을 뢰	頼			赖	힘입다. 의뢰하다. 믿다. 의지하다.
	賾	깊숙할 색		蹟			깊숙하다. 심오하다. 또 그 도리.
	賺	속일 잠(렴)		賺		赚	속이다. 속여서 비싸게 팔다.
	贇	예쁠 빈		贐		赟	예쁘다. 빛나다.
	贈	보낼 증	贈			赠	보내다. 선물(膳物)하다.
	贊	도울 찬	賛			赞	돕다. 조력하다. 인도하다.
	贓	장물 장	賍				장물. 부정한 수단으로 취득한 물건. 뇌물을 받다. 숨기다. 감추다.
赤 붉을 적	赤	붉을 적		烾			붉다. 붉은빛.
	赨	붉을 동		烔			붉다. 벌겋다.
	赫	붉을 혁	焃	爀			붉다. 붉은빛.
走 달릴 주	走	달릴 주	赱				달리다. 빨리 가다.
	赳	헌걸찰 규		起			용감하다. 재능(才能).
	赶	달릴 간		趕			달리다. 달려가다. 쫓다.
	趁	좇을 진		趂, 珍			좇다. 따르다. 뒤쫓아 따라붙다.
	趨	달릴 추	趍			趋	달리다. 종종걸음으로 빨리 가다.
	趮	조급할 조		躁			조급하다. 썩 급하다.
	趲	놀라 흩어질 찬	趱			趱	놀라 흩어지다. 흩어져 달아나다.
足 발 족	跨	가랑이 고		骻			가랑이. 다리 가랑이＝胯.
	跀	발 벨 월		跁	刖		발을 베다. 발뒤꿈치를 베다.
	跋	밟을 발		跠			밟다. 짓밟다. ≒ 癹.

부수	정자	대표음	속자	동자	통자	중국 간체	자해
足 발 족	蹒	비틀거릴 산		蹒			비틀거리다. 머뭇머뭇거리며 나아가지 못하다.
	跈	밟을 전		跈			밟다. 머무르다.
	跐	밟을 차		踳			밟다. 밟아가다.
	跎	헛디딜 타		跎			헛디디다. 비틀거리어 넘어지다.
	跛	절뚝발이 파		庪			절뚝발이. 절뚝거리며 걷는 사람.
	跨	타넘을 과		踤			타넘다. 사타구니를 벌려 타넘어가다.
	趼	못 견		趼			못. 발에 생기는 딱딱한 군살.
	跟	발꿈치 근		䟺			발뒤꿈치.
	跡	자취 적		迹, 蹟			자취. 발자취.
	踊	뛸 용		踴			뛰다. 도약하다.
	踧	평평할 적		趚			평평하다. 길이 평탄하여 걷기 쉽다.
	踪	자취 종		蹤			자취. 발자취. 형적.
	踐	밟을 천	践		践		밟다. 발로 디디다.
	蹄	굽 제		蹏			굽. 동물의 발굽.
	跼	맨발 탁		跅			맨발. 맨발로 땅을 밟다.
	蹁	비틀거릴 편		偏			비틀거리다.
	蹇	절 건	蹊				절뚝거리다. 절다.
	蹋	밟을 답		躢			밟다. 차다. 공 같은 것을 차다.
	蹈	밟을 도	蹈				발로 디디다. 밟다.
	蹢	굽 제		蹄			굽. 짐승의 발굽.
	蹛	밟을 대		蠆			발로 밟다.
	蹝	짚신 사		躧			짚신. 초리(草履).
	蹶	넘어질 궐		蹷			넘어지다.
	躙	짓밟을 린		躪			짓밟다. 유린하다.

부수	정자	대표음	속자	동자	통자	중국 간체	자 해
足 발 족	蹯	짐승 발바닥 번		**蹞**			짐승의 발바닥.
	蹩	절름발이 별		䠥			절름발이.
	𨅬	자취 철		𨇁			자취. 수레바퀴의 자국.
	蹲	웅크릴 준		**踆**			웅크리다. 모으다.
	蹴	찰 축		蹵, **𨈛**			차다. 발로 물건을 차다.
	躄	앉은뱅이 벽		躃			앉은뱅이. 절뚝발이.
	躁	성급할 조		**𨅝, 𨆂**			성급하다.
	䲸	말 달릴 첨		**𨆪**			말이 달리다.
	躖	발자국 단	**𨁿**				발자국.
	躍	뛸 약	躍			跃	뛰다. 뛰어오르다.
	躊	머뭇거릴 주		**躊**		踌	머뭇거리다. 주저하다.
	躐	밟을 렵		**𨆕**			밟다. 디디다.
	躕	머뭇거릴 주	**𨇹**				머뭇거리다. 주저하다.
	躓	넘어질 지				踬	넘어지다. 실패하다.
	躚	춤출 선		**𨈈**		跹	춤추다.
	躠	둘러갈 설(살)		**蹳**			둘러가다. 걸음걸이가 바르지 아니하다.
	躢	밟을 답		踼			밟다. 디디다.
	躡	밟을 섭	𨃩				밟다. 디디다.
	躨	꿈틀거릴 기		**躨**			꿈틀거리다.
	𨈏	머뭇거릴 촉	**𨅦**				머뭇거리다. 조심하여 가는 모양.
身 몸 신	身	몸 신		**𨈐**			몸. 몸뚱이. 신체. 머리 이외의 체구.
	躲	비킬 타		**躱**			비키다. 피하다.
	躶	발가벗을 라		裸			발가벗다. 무일푼이다.
	軀	몸 구		𩨗		躯	몸. 신체.

부수	정자	대표음	속자	동자	통자	중국 간체	자 해
車 수레 거(차)	軍	군사 군				军	군사. 전투. 병사.
	軓	수레바닥 둘레나무 범		軋			수레바닥 둘레나무.
	軏	끌채 끝 월		軏			끌채 끝. 수레의 쐐기.
	軎	굴대 끝 위		轊, 轛			굴대 끝.
	軖	물레 광		輕			물레. 실을 잣는 기구.
	軘	돈거 돈		軘			돈거(軘車).
	䡊	수레 덮개 반		軨			수레 덮개. 수레 뜸집.
	軛	멍에 액	軶				멍에.
	軵	수레 용		軥			수레. 가벼운 수레.
	軸	굴대 축	輖			轴	굴대. 수레의 양 바퀴를 가로 꿰뚫는 나무나 쇠막대.
	輕	가벼울 경	軽			轻	가볍다. 무게가 적다.
	輓	끌 만			挽		끌다. 수레를 끌다.
	輔	덧방나무 보		軵		辅	덧방나무. 무거운 짐을 실을 때 바퀴에 끼워 바퀴살의 힘을 돕는 나무. 돕다. 힘을 빌리다.
	輒	문득 첩	輙			辄	문득. 갑자기.
	輡	가기 힘들 감		轗			가기 힘들다.
	輩	무리 배	軰			辈	무리. 반열(班列). 동아리.
	軿	거마소리 병	輧				거마(車馬)소리. 여자들이 타는 휘장을 두른 소가 끄는 수레.
	輗	끌채 끝 쐐기 예		輗			끌채 끝 쐐기.
	輝	빛날 휘		煇		辉	빛나다. 광채를 발하다.
	輹	복토 복	軮				복토(伏兔).
	輭	연할 연	軟				연하다. 보들보들하다.
	輯	모을 집	輁	輖		辑	모으다. 모여 화목하다.
	輲	통바퀴수레 천		軥			통바퀴수레.

부수	정자	대표음	속자	동자	통자	중국 간체	자 해
車 수레 거(차)	轀	와거 온	輼				와거(臥車). 누워서 편히 갈 수 있는 수레.
	輳	이를 진	轃				이르다.
	轄	비녀장 할				辖	비녀장. 바퀴가 못 빠지게 꽂는 큰 못.
	轉	구를 전	転			转	구르다. 둥글둥글하게 돌다.
	轆	도르래 록		轤		辘	도르래. 활차.
	轎	가마 교		轜		轿	가마. 교자.
	轗	가기 힘들 감		輡			가기 힘들다. 불우한 모양.
	轖	기 맺힐 색		轗			기(氣)가 맺히다.
	轟	울릴 굉	輘			轰	울리다. 수레들의 요란한 소리.
	轜	상여 이		輀, 轀			상여(喪輿). 널[柩]을 싣는 수레.
	轞	함거 함		轠			함거(轞車). 사방을 널빤지로 막은 죄수를 호송하는 수레.
	轣	삐걱거릴 력		輷			삐걱거리다. 마찰하다.
	轠	잇닿을 뢰	轆				잇닿다. 수레가 잇닿은 모양.
	轡	고삐 비				辔	고삐. 재갈.
	轢	갈 력		轣			수레바퀴 밑에 치이다.
	轤	도르래 로	轳		盧	轳	도르래. 활차. 물레.
	轥	우뚝할 얼		轚			우뚝하다. 수레에 짐을 높이 싣고 가는 모양.
辛 매울 신	辠	허물 죄		罪			허물. 죄.
	辣	매울 랄		辢			맵다. 몹시 매운 맛. 언행(言行)이 매우 엄혹(嚴酷)하다.
	辨	분별할 변		辧, 辬			분별하다. 판별하다.
	辭	말 사	辝	辤		辞	말. 언어. 논술. 언변.

부수	정자	대표음	속자	동자	통자	중국 간체	자 해
辶 쉬엄쉬엄 갈 착	迣	막을 렬		逬, 迣, **遏**			막다. 차단하다. 넘다. 뛰 어넘다.
	迆	비스듬할 이		迤		迆	비스듬하다. 굽다.
	逈	멀 형	逈			逈	멀다. 멀리.
	逃	달아날 도	迯			逃	달아나다. 도망치다.
	送	보낼 송		送		送	보내다. 사람을 떠나보내다.
	迹	자취 적		跡, 蹟		迹	자취. 발자국.
	退	물러날 퇴		退		退	물러나다. 뒤로 물러나다.
	這	이 저				这	이. 맞다. 맞이하다. 각각.
	過	지날 과	過			过	지나다. 지나치다.
	達	통할 달		逹		达	통하다, 연결되다.
	道	길 도		衟		道	길. 다니는 길. 외줄기 길.
	遊	놀 유	**遊**		游	游	놀다. 즐겁게 지내다.
	遐	멀 하				遐	멀다. 멀리. 멀어지다.
	遑	허둥거릴 황			皇	遑	허둥거리다. 바쁘다.
	遝	뒤섞일 답	**逮**			遝	뒤섞이다. 미치다.
	遠	멀 원	**遠**			远	멀다. 아득하다.
	遞	갈마들 체	逓			递	번갈아들다. 교대로.
	遯	달아날 둔		遁, **逯**		遯	달아나다. 피하다. 물러나다.
	遺	끼칠 유		**遺**		遗	후세에 전하다. 잃다.
	遲	늦을 지	迟, **遟**			迟	늦다. 더디다.
	遷	옮길 천	**迁**			迁	위치를 바꾸어 놓다. 바 꾸다.
	還	돌아올 환	还			还	돌아오다. 복귀하다.
	邈	멀 막		**邈**		邈	멀다. 아득히 멀다.
	邇	가까울 이		**迩**		迩	거리가 가깝다. 가깝다.
	邊	가 변	辺, **边**			边	가. 가장자리. 근처. 부근.
	邍	들판 원			原		들판. 높고 평평한 땅.

부수	정자	대표음	속자	동자	통자	중국 간체	자 해
邑 고을 읍	邦	나라 방		邫			나라. 대국. 수도(首都).
	邪	간사할 사		邪			간사하다. 옳지 아니하다.
	邳	클 비		[illegible]			크다.
	邸	집 저	[illegible]				집. 저택. 사람이 거처하는 건물.
	郞	사나이 랑	郎				사나이. 남자의 미칭.
	部	거느릴 부		[illegible]			거느리다. 통솔하다.
	郵	역참 우	[illegible]	郵		邮	역말을 갈아타는 곳. 역참(驛站).
	鄙	다라울 비	[illegible]				인색하다. 도량(度量)이 좁다.
	鄰	이웃 린	隣	[illegible]			이웃. 이웃집. 이웃 지역.
酉 닭 유	醫	의원 의	医, 醫			医	의원. 의사. 치료하다.
釆 분별할 변	釋	풀 석	釈			释	풀다. 풀어내다.
金 쇠 금	釜	가마 부		釜, 釡			가마. 발 없는 큰 솥. 솥의 범칭.
	釣	낚시 조		鈟		钓	낚시. 낚시질하다.
	鈲	갈이박 벽		[illegible]			파서 만든 나무그릇.
	鉤	갈고랑이 구	鈎				갈고랑이. 끝이 꼬부라진 기구의 총칭.
	鉢	바리때 발	缽			钵	바리때. 중의 밥그릇.
	鉛	납 연	鈆			铅	납. 광물의 한 가지.
	銜	재갈 함	啣				재갈. 머금다. 입에 물다.
	鈃	술그릇 형	銒				술그릇. 목이 긴 술병.
	鉶	국그릇 형		[illegible]		铏	국그릇. 국을 담는 세발 달린 솥.
	鋄	말머리 장식 맘		[illegible]			말머리의 장식.
	銳	날카로울 예	鋭			锐	날카롭다. 쇠붙이 등이 예리하다.

부수	정자	대표음	속자	동자	통자	중국 간체	자 해
金 쇠 금	銂	노구솥 현		銷			노구솥. 냄비.
	錄	기록할 록	録			录	적다. 기록하다.
	鉼	판금 병	鉼				판금(板金). 가마솥.
	錢	돈 전	錢			钱	돈.
	錙	저울눈 치		鎦		锱	저울눈. 무게의 단위.
	鍛	쇠 불릴 단				锻	쇠를 불리다. 쇠를 단련하다.
	鍊	불릴 련		煉			쇠붙이를 달구어 두드리다.
	鍲	돈꿰미 민		緍			돈꿰미. 생업. 가업.
	鍦	창 사		鉈, 鉇			창. 짧은 창.
	鍱	쇳조각 섭(엽)		鐷			쇳조각. 편철(片鐵).
	鎖	쇠사슬 쇄	鏁	鎍		锁	쇠사슬.
	鎭	진압할 진	鎮			镇	진압하다.
	鎔	녹일 용		熔		镕	녹이다. 쇠를 녹이다.
	鏹	돈 강	鏹			镪	돈.
	鏝	흙손 만	鏝			镘	흙손.
	鏦	창 총		鏾			창. 작은 창.
	鎦	시루 류	鎦			镏	시루. 가마. 가마솥.
	鐘	종 종			鍾	钟	종. 쇠북.
	鐫	새길 전	鐫			镌	새기다. 쪼다. 파다.
	鑑	거울 감		鑒		鉴	거울. 물체의 형상을 비추어 보는 물건.
	鑄	쇠 부어 만들 주	鑄			铸	주조(鑄造)하다.
	鑛	쇳돌 광	鉱	礦			쇳돌. 광석.
	鑱	보습 참		鈒		镵	침. 돌침.
	鑼	솥 라	鑼, 臝				솥. 작은 가마솥.
門 문 문	門	문 문			閅	门	문. 출입문.
	閉	닫을 폐	閇			闭	닫다. 닫히다.
	閒	틈 간	間			间	틈. 틈새. 사이. 중간.

부수	정자	대표음	속자	동자	통자	중국 간체	자 해
門 문 문	閦	무리 축		闃			문 안에 많은 사람이 있다. 무리.
阜 언덕 부	阪	비탈 판		岅			비탈. 고개. 둑. 제방.
	陶	질그릇 도		匋			질그릇. 도기. 도자기를 굽다.
	陷	빠질 함		䧟			빠지다. 땅이 움푹 패다.
	陽	볕 양		昜		阳	볕. 양지. 산의 남면 땅.
	陧	위태로울 얼		隉			위태롭다. 불안하다.
	隈	굽이 외		隐			굽이. 물굽이. 산이 굽어든 곳.
	隨	따를 수	随			随	따르다. 수행하다. 따라가다.
	隧	길 수		璲			길. 도로.
	險	험할 험	险			险	험하다. 험조(險阻)하다.
	隰	진펄 습		陸, 隰, 隰			진펄. 지세가 낮고 습한 땅.
	隱	숨길 은	隐, 隐			隐	숨기다. 가리다. 속에 넣어두다.
隶 미칠 이(대)	隸	붙을 례		隷		隶	붙다. 서로 마주 닿다.
	隶	미칠 태(대)		隶			미치다. 이르다.
隹 새 추	雄	수컷 웅		雄			수컷. 새의 수컷.
	雖	비록 수	雖			虽	비록. 그러나.
	雙	쌍 쌍	双, 隻			双	한 쌍. 새 두 마리.
	雜	섞일 잡	雑			杂	섞이다. 뒤섞이다.
	雛	병아리 추	雏			雏	병아리. 닭의 새끼.
雨 비 우	雩	기우제 우		雽			기우제. 기우제를 지내다.
	零	조용히 오는 비 령		霝			조용히 오는 비. 떨어지다.
	霄	하늘 소		䔲			하늘. 진눈깨비. 구름.
	霃	오래 흐릴 침	霃				오래 흐르다.
	霒	흐릴 음		零, 霮			흐리다. 구름이 해를 가리다.

부수	정자	대표음	속자	동자	통자	중국 간체	자 해
雨 비 우	霡	가랑비 맥(멱)		霢			가랑비. 땀이 흐르는 모양.
	霰	싸라기눈 산		霓, 霓, 霰			으뜸. 우두머리.
	霽	갤 제		霁, 霽		霁	개다. 비나 눈이 그치다.
	靈	신령 령	灵, 霊	霛		灵	신령. 팔방의 신.
	靄	아지랑이 애 (알)				霭	아지랑이. 연무. 자욱하게 낀 안개.
青 푸를 청	靑	푸를 청		青		青	푸르다. 푸른빛.
	靜	고요할 정	静			静	고요하다. 움직임이 없다.
非 아닐 비	靠	기댈 고		𩊌			기대다. 의지하다.
面 낯 면	面	낯 면	靣				낯. 얼굴. 앞. 겉. 표면.
	靦	부끄러워할 전		靦, 𩉢			부끄러워하다. 뻔뻔한 낯.
	靨	보조개 엽		𪩲			보조개, 검은 사마귀.
革 가죽 혁	靴	신 화		鞾			신. 가죽신. 목이 긴 신.
	靭	수레 앞턱 가 로나무 감은 가죽 굉		鞃			수레 앞턱 가로나무를 감 은 가죽.
	靪	껑거리끈 타		鞢			껑거리끈. 밀치끈.
	鞋	신 혜		鞵			신. 짚신. 목이 짧은 신.
	鞓	가죽띠 정		䩩			가죽띠. 인끈=綎.
	鞘	칼집 초		鞩			칼집. 말채찍의 끝.
	鞬	동개 건		鞬			화살과 활을 넣는 자루.
	韠	가로나무 싸 개 복	鞴				수레앞턱 가로나무를 싼 가 죽. 전동(화살을 넣는 통).
	鞲	신 옹		鞴			신, 가죽신.
韋 다룸가죽 위	韘	깍지 섭		韘			깍지. 활을 쏠 때에 엄지 손가락에 끼워서 시위를 당기는 기구.
	韗	가죽 장인 운		䩨, 韗			가죽 장인. 갖신. 가죽으 로 만든 신.

부수	정자	대표음	속자	동자	통자	중국 간체	자 해
韋 다룸가죽 위	韝	깍지 구		**韄**, 韝			깍지. 활팔찌.
	韜	감출 도		韜, 綯		韬	감추다. 싸다.
	韞	감출 온				韫	감추다. 깊이 간직하여 두다.
	韣	활집 독(촉)		韇			활집.
	韤	버선 말		襪, 韈		袜	버선.
韭 부추 구	韱	산부추 섬		韱			산부추. 가늘다. 섬세하다.
	薤	염교 해		薤			염교. 채지(菜芝).
音 소리 음	韸	북소리 봉		**韸**			북소리.
	韺	전욱 음악 형		**韺**			전욱의 음악. 풍류이름.
	韻	운 운		韵			운. 음운(音韻). 울림.
	響	울림 향	響	**曏**, 韸		响	울림. 음향(音響).
頁 머리 혈	頒	나눌 반		**朌**		颁	나누다. 구분하다.
	頮	세수할 회		**頯**			세수하다. 얼굴을 씻다.
	頩	성낼 병		頩			성을 내다. 화를 내다.
	顋	뺨 시	腮				뺨. 볼. 아가미. 물고기의 숨쉬는 기관.
	顔	얼굴 안	顏	**㒵**		颜	얼굴. 낯. 안면.
	顒	공경할 옹		**顒**		颙	공경하다. 온화한 모양.
	顚	꼭대기 전	**顛**, 顛	**巓**			꼭대기. 정수리.
	顁	꼭대기 녕		**顁**			꼭대기. 정상.
	顯	나타날 현	顕			显	나타나다. 드러나다.
風 바람 풍	颯	바람소리 삽		颭, 颮		飒	바람소리. 바람이 불다.
	颺	바람 량		飀			바람. 북풍.
	颴	회오리바람 표		飇			회오리바람. 질풍, 폭풍.
	颺	날릴 양		飄			날리다. 바람이 물건을 날게 하다.
	颼	바람소리 수 (소)		颸			바람소리. 바람.
	飇	불어오르는 바람 요		飇			질풍(疾風). 불어오르는 바람.

부수	정자	대표음	속자	동자	통자	중국 간체	자　해
風 바람 풍	飂	높이 부는 바람 류		飈			높이 부는 바람. 서풍(西風).
	飄	회오리바람 표		飍		飘	회오리바람. 질풍. 폭풍.
	飆	폭풍 표	颱	飇		飙	폭풍. 회오리바람.
飛 날 비	飛	날 비			蜚	飞	날다. 하늘을 날다.
	飜	뒤칠 번		翻			엎어지다. 뒤치다.
食 밥 식	飢	주릴 기		饑			주리다. 굶주리다.
	飤	먹일 사		飼			먹이다. 먹게 하다.
	飧	저녁밥 손	殮				저녁밥. 석반(夕飯).
	飯	밥 반		飰		饭	밥. 밥을 먹다.
	飪	익힐 임		餁		饪	익히다. 삶다.
	餗	꼴 말		秣			꼴. 꼴을 먹이다.
	飾	꾸밀 식		餙		饰	꾸미다. 청소하다.
	餈	인절미 자		餐			인절미. 떡의 한 가지.
	餘	남을 여	余			余	남다. 넉넉하다.
	餐	먹을 찬		飱			먹다. 마시다.
	館	객사 관	舘			馆	객사. 원(院). 여관.
	餞	전별할 전	餰			饯	송별연. 가는 사람에게 주는 선물.
	餟	군신제 체(철)		醊			제사 지내다.
	餿	쉴 수		餿			쉬다. 밥이 쉬어서 먹지 못하다.
	餬	기식할 호		飴			기식(寄食)하다. 남의 집에 식객으로 붙어살다.
	餺	수제비 박		飥		博	수제비. 박탁(餺飥).
	糂	맛없을 잠		餰			맛이 없다. 간을 보다. 음식의 맛을 보다.
	餸	게걸들릴 종		饕			음식을 욕심내어 먹다.
	饋	먹일 궤		餽		馈	먹이다. 음식을 대접하다.
	饑	주릴 기		飢		饥	굶주리다. 주리다.

부수	정자	대표음	속자	동자	통자	중국 간체	자 해
食 밥 식	餾	찔 류		饂		馏	찌다. 뜸들다. 밥이 충분 히 익다.
	饒	넉넉할 요	饒			饶	넉넉하다. 배불리 먹다.
	饎	주식 치(희)		餏			주식(酒食). 술과 음식.
	饜	물릴 염		饜			물리다. 실컷 먹다. 포식하다.
首 머리 수	首	머리 수		艏			머리. 두부(頭部).
	馘	벨 괵	聝				베다. 전쟁에서 적의 왼 쪽 귀나 머리를 베다.
香 향기 향	馥	향기 복		蓚, 馥			향내. 좋은 냄새.
	馤	향기 애		藹			향기. 향기로운 냄새.
	馨	향기 형		榮			향기. 향기로운 냄새. 향내.
馬 말 마	馮	탈 빙	馮			冯	타다. 오르다. 넘보다. 업 신여기다.
	馱	실을 태	馱			驮	싣다. 마소에 짐을 싣다.
	馹	역말 일		駅			역말. 역마(驛馬).
	駝	낙타 타		駞		驼	낙타. 약대.
	騮	월따말 류		駵, 騳			월따말. 털빛이 붉고 갈 기가 검은 말.
	騢	철총이 현	駽				철총이. 털빛이 검푸른 말.
	騎	말 탈 기	騎			骑	말을 타다. 걸터앉다.
	騈	나란히 할 변 (병)	駢, 騈			骈	나란히 하다. 두 말을 나 란히 하여 수레에 매다.
	騕	양마이름 요		駥			하루에 천리를 달린다는 신마(神馬).
	騠	양마이름 제	騑				양마(良馬)이름.
	騣	갈기 종	騌				갈기. 말갈기 털.
	騫	이지러질 건	騫			骞	이지러지다. 손상하다.
	騷	떠들 소	騷			骚	떠들다. 떠들썩하다.
	騪	큰 말 수		騪			큰 말.

부수	정자	대표음	속자	동자	통자	중국 간체	자해
馬 말 마	驅	몰 구	駆, 駈			驱	몰다. 말을 채찍질하여 달리게 하다.
	驁	준마 오		驚		骜	준마의 이름. 말이 거칠게 굴다. 오만하게 굴다.
	騺	말 무거울 치		驚			말이 무겁다. 말이 사납다.
	騆	한눈 흰말 한		騵			외눈 말.
	驘	노새 라	騾			骡	노새.
	驛	역참 역	駅			驿	역참. 역말을 갈아타는 곳.
	驗	증험할 험	駖, 験				시험하다.
	驢	나귀 려	馿			驴	나귀. 당나귀.
	驩	기뻐할 환			歡		기뻐하다. 기쁨.
	驪	가라말 려(리)	驪			骊	검은 말. 검다. 흑색.
骨 뼈 골	骭	정강이뼈 간(한)		骬			정강이뼈. 경골(脛骨).
	骩	굽을 위	骫				굽다. 뼈가 굽다.
	骴	삭은 뼈 자		髊			죽은 사람의 뼈.
	髀	넓적다리 비	髀	骽			넓적다리. 넓적다리의 바깥쪽.
	髆	어깻죽지뼈 박			膊		어깻죽지뼈. 어깨. 종지뼈.
	髏	해골 루	髅			髅	해골. 두개골(頭蓋骨).
	髓	골수 수	髄				골수. 뼛속의 누른 즙액.
	體	몸 체	体, 躰			体	몸. 신체. 수족. 사지(四肢).
	髑	해골 촉	顒				해골.
	髚	뼈비녀 회	髺		會		뼈비녀.
	髕	종지뼈 빈	臏			髌	종지뼈.
	髖	허리뼈 관	臗			髋	허리뼈. 샅. 사타구니.
高 높을 고	高	높을 고	髙				높다. 공간적으로 높다.
髟 머리털 드리워질 표	髡	머리 깎을 곤	髠				머리를 깎다. 삭발하다.
	髯	구레나룻 염	髥				구레나룻. 수염이 많은 사람.

부수	정자	대표음	속자	동자	통자	중국 간체	자 해
髟 머리털 드리워질 표	髤	옻칠할 휴		髹			옻칠하다. 검붉은 옻칠.
	髳	다박머리 모					다박머리. 어린아이의 짧은 머리털.
	髮	터럭 발	髪			发	터럭. 머리털.
	髭	코밑수염 자		頿			코밑의 수염. 콧수염.
	髫	다박머리 초			齠		다박머리.
	鬌	머리털 빠질 타		鬊			머리털이 빠지다.
	鬜	대머리 간		鬝			대머리.
	鬚	수염 수		須		须	수염. 턱수염.
	鬢	살쩍 빈	鬂			鬓	귀밑 털.
	鬣	갈기 렵	鬛				갈기. 말갈기.
鬥 싸울 투	鬨	싸울 홍(항)		閧			싸우다. 투쟁하다.
	鬪	싸울 투	鬦, 鬭			斗	싸우다. 싸움.
鬯 울창주 창	鬱	막힐 울	欝, 灪			郁	막히다. 막혀서 통하지 아니하다.
鬲 막을 격 (솥 력)	鬻	지질 자		煮			삶다. 지지다.
魚 고기 어	魚	고기 어	奐			鱼	고기. 물고기.
	鮏	비릴 성		鯹			비리다.
	鮆	갈치 제		魮			갈치.
	鮀	모래무지 타		鮑			모래무지.
	鮤	웅어 렬		鮤			웅어. 도어(鮤魚).
	鮷	메기 제		鯷			메기.
	鯇	산천어 흔(완)		鯶		鲩	산천어(山川魚).
	鯘	생선 썩을 뇌		餒			생선이 썩다.
	鯗	건어 상	鮝				말린 생선. 건어(乾魚).
	鯁	다랑어 긍		鮔			다랑어.
	鰐	악어 악		鱷		鳄	악어.
	鰋	메기 언		鰻			메기.

부수	정자	대표음	속자	동자	통자	중국 간체	자 해
魚 고기 어	鰌	미꾸라지 추		鰍			미꾸라지.
	鯾	방어 편		鯿			방어.
	鰧	쑤기미 등		鰧		鰧	쑤기미. 쏘가리 비슷한 바닷물고기.
	鰥	환어 환		鰥		鳏	환어(鰥魚). 홀로 있기를 좋아하며 근심으로 늘 눈을 감지 못한다는 전설상의 큰 물고기.
	鰻	뱀장어 만		鰻		鳗	뱀장어.
	鰖	물고기 새끼 타		鰖			물고기 새끼.
	鱓	드렁허리 선	鱔				선어(鱔魚).
	鱷	악어 악		鰐			악어.
鳥 새 조	鳩	비둘기 구		雔		鸠	비둘기.
	鳧	오리 부	凫	鳬			오리. 물오리. 집오리.
	鳳	봉새 봉	凤			凤	봉새. 봉황새.
	鴂	뱁새 결		雉			뱁새. 때까치.
	鴇	능에 보		雈		鸨	능에. 느시(기러기와 비슷하며 몸집이 큰 새).
	鴆	짐새 짐		雄		鸩	짐새.
	鴣	자고 고		雄		鸪	자고. 메추라기와 비슷한 새.
	鴨	오리 압		鶂			집오리. 오리.
	鴥	빨리 날 율		鴪			빨리 날다. 새가 빨리 나는 모양.
	鴡	물수리 저		雎			물수리.
	鴟	소리개 치		鵄		鸱	소리개. 수리부엉이.
	鴕	타조 타	鴕			鸵	타조.
	鴯	제비 이		鴯		鸸	제비.
	鴿	집비둘기 합		雓		鸽	집비둘기.
	鴻	큰기러기 홍		鴻		鸿	큰기러기.

부수	정자	대표음	속자	동자	통자	중국간체	자해
鳥 새 조	鶪	때까치 격	雔				때까치.
	鵠	고니 곡		雊		鹄	고니. 백조(白鳥).
	鵟	수리부엉이 광		狂鳥			수리부엉이.
	鵡	앵무새 무		鵬		鹉	앵무새.
	鵝	거위 아		鵞		鹅	거위.
	鴝	구관조 욕		雔鳥, 鵒		鸲	구관조.
	鵔	금계 준		鵽, 雡			금계(錦鷄).
	鶲	꿩 희		稚鳥			꿩.
	鵳	새매 견		雕			새매.
	鵾	댓닭 곤	雛				댓닭.
	鶀	수리부엉이 기		雔鳥, 鶀			수리부엉이.
	鳴	초명새 명		鳴			초명새.
	鶉	메추라기 순		雜, 鷒		鹑	메추라기.
	鶄	해오라기 청	離鳥			鶄	해오라기.
	雛	호도애 추		鵻			산비둘기.
	鶩	집오리 목	雅鳥			鹜	집오리.
	鷄	닭 계		雞		鸡	닭.
	鶻	송골매 골		鳦			송골매.
	鷃	세가락메추라기 안		鴳		鹨	세가락메추라기.
	鷂	익더귀 요		雒		鹞	새매의 암컷.
	鷀	가마우지 자		鶿			가마우지.
	鷈	논병아리 제		鷉		鷈	논병아리.
	鶬	왜가리 창		雉鳥		鸧	왜가리. 꾀꼬리.
	鶴	학 학		鸖		鹤	학. 두루미.
	鷗	갈매기 구(우)	鸥	䲀		鸥	갈매기.
	鷕	울 요		鳴			울다. 암꿩이 울다. 암꿩이 우는 소리.
	鶙	뻐꾸기 용		鷛			뻐꾸기.

부수	정자	대표음	속자	동자	통자	중국 간체	자　해
鳥 새 조	鸙	자색 봉황 작		雀鳥			자색의 봉황.
	鷢	물수리 궐		鷢			물수리.
	鷺	해오라기 로		雚鳥		鹭	해오라기. 백로(白鷺).
	鷯	굴뚝새 료		雒		鹩	굴뚝새.
	鷩	금계 별		鷩			금계(錦雞). 꿩의 일종.
	鶩	집오리 서		雛			집오리.
	鷰	제비 연		燕			제비.
	鷣	새매 음		雦			새매.
	鷲	수리 취		雚鳥, 鷲		鹫	수리. 독수리.
	鷴	소리개 한		鷴		鹇	소리개.
	鷾	제비 의		雦			제비.
	鶴	메까치 학		翟			메까치.
	鸇	선회하여 날 환		鸇			선회(旋回)하여 날다.
	鸜	구관조 구		鴝			구관조(九官鳥).
	鸞	난새 란	鵉			鸾	난새(봉황의 일종).
	鸝	꾀꼬리 리	鸝			鹂	꾀꼬리.
鹵 소금 로	鹻	염전 강		鹻, 鹼			염전. 소금.
	鹽	소금 염	塩	壏, 盧		盐	소금.
鹿 사슴 록	鹿	사슴 록		庶鹿			사슴.
	麂	고라니 궤		麂, 麕			고라니.
	麀	암사슴 우		麀鹿			암사슴.
	麌	고라니새끼 오		麌			고라니의 새끼.
	麏	고라니 균		麇			고라니.
	麗	고울 려	麗			丽	곱다. 우아하다.
	麚	수사슴 가		麚			수사슴.
	麞	노루 장		獐			노루.
	麤	거칠 추	麁				거칠다. 꼼꼼하지 못하다. 자세하지 못하다.

부수	정자	대표음	속자	동자	통자	중국 간체	자 해
麥 보리 맥	麥	보리 맥	麦			麦	보리. 보리밭. 작은 매미. 묻다. 매장하다.
	麩	밀기울 부		麱		麸	밀기울.
	麪	밀가루 면	麫	麵			밀가루.
	麯	누룩 국		麴		曲	누룩. 곡자(曲子).
	麴	누룩 국		麯		曲	누룩. 술.
麻 삼 마	麻	삼 마	麻				삼. 삼실. 삼베.
	麾	대장기 휘	麾				대장 깃발.
黃 누를 황	黃	누를 황		黄		黄	누르다. 누른빛. 황색.
	[illegible]	누른빛 돈		[illegible]			누른빛. 황색.
黍 기장 서	黎	검을 려		[illegible]			검다. 검은빛.
	黏	차질 점		粘			끈기가 있어 들러붙다. 풀. 떡.
黑 검을 흑	黑	검을 흑		黒			검은빛. 흑색.
	點	점 점	点, 奌			点	점. 작은 흔적.
	黨	무리 당	党			党	무리. 한동아리.
黽 힘쓸 민	黽	힘쓸 민	黾				힘쓰다. 노력하다.
	鼃	개구리 와		鼃			개구리=蛙. 두꺼비.
鼎 솥 정	鼒	옹달솥 자	鎡	鼒			옹달솥. 작은 솥.
鼓 북 고	鼓	북 고	皷				북(소가죽으로 만든 악기).
	鼗	땡땡이 도		鼗			땡땡이.
鼠 쥐 서	鼠	쥐 서	鼠				쥐. 들쥐. 근심하다.
	鼬	족제비 유		鼬			족제비.
	鼯	날다람쥐 오		鼯			날다람쥐.
	鼴	두더지 언		鼹			두더지.
鼻 코 비	鼻	코 비		鼻			코. 후각.
	齅	냄새 맡을 후		齅			냄새를 맡다.
齊 가지런할 제	齊	가지런할 제	齐, 斉	斊		斉	가지런하다. 같다. 같게 하다.

부수	정자	대표음	속자	동자	통자	중국 간체	자 해
齒 이 치	齒	이 치	歯			齿	이. 음식을 씹는 기관.
	齔	이 갈 츤		齓		龀	이를 갈다. 젖니가 빠지고 영구치(永久齒)가 나다.
	齕	깨물 흘	齕, 齕				깨물다.
	齝	새김질할 치		齝			새김질하다. 소가 반추(反芻)하다. 소·양·사슴 등이 풀을 먹다.
	齪	악착할 착	齪			龊	악착하다. 도량이 좁다.
	齰	물 색		齚			물다. 깨물다. 이가 서로 맞다.
	齲	이 바르지 못할 우		齲			이가 바르지 못하다. 서로 어긋맞다.
	齯	이 빠질 운		齯			이가 없다. 이가 빠지는 모양. 어려서 유치가 아직 나지 않았거나 노인으로 이가 다 빠지고 없다.
	齹	이 고르지 못할 차		齹			이가 고르지 못하다.
龍 용 룡	龍	용 룡	竜			龙	용. 임금·제왕의 비유.
	龐	클 방	龎			庞	크다. 두텁고 크다.
龜 거북 귀	龜	거북 귀	亀			龟	거북.
	鼀	거북점 안 나타날 초		鼀			거북점이 나타나지 않다.
龠 피리 약	龥	부를 유		籲			부르다. 큰 소리로 부르다.

제 15 장

중국 간체표

이 표에 수록되지 않은 讠=言, 饣=食, 纟=糸, 钅=金 이 4자는 변(邊)으로 쓰일 때의 간체자이고, 勿=昜, 収=臤, 艹=燮, 临=臨, 只=戠, 学=舉, 羍=睪, 조=巠, 亦=戀, 呙=咼 10자는 변·방(傍) 머리로 쓰이는 경우의 간체자이다.

변·방으로도 쓰이고, 또 독립적으로 쓰이는 간체자 贝=貝 등 132자는 독립간체만을 실어 유추할 수 있게 하였다.

1. 획순으로 본 중국 간체자

중국 간체	한자	훈과 음	중국 간체	한자	훈과 음
【 2 획 】			**【 3 획 】**		
厂	廠	헛간 창	广	廣	넓을(이) 광
了	瞭	밝을 료	义	義	옳을 의
卜	蔔	무 복	干	幹	줄기 간
几	幾	이미 기			귀틀 간
		몇 기			주관할 관
儿	兒	아이 아		乾	하늘 건
		연약할 예			마를 건

중국 간체	한자	훈과 음	중국 간체	한자	훈과 음
亏	虧	이지러질 휴	无	無	없을 무
与	與	줄 여	云	雲	구름 운
		조사 여	艺	藝	재주 예
		참여할 여			심을 예
万	萬	일만 만	区	區	지경 구
飞	飛	날 비			숨길 우
习	習	익힐 습	厅	廳	관청 청
卫	衛	지킬 위	历	曆	책력 력
个	個	낱 개		歷	지낼 력
千	韆	그네 천	双	雙	쌍 쌍
亿	億	억 억			동류할 쌍
么	麼	잘 마	劝	勸	권할 권
乡	鄉	시골 향	邓	鄧	나라이름 등
		구제할 향			나라이름 정
门	門	문 문	办	辦	분별할 변
马	馬	말 마			두루 편
					폄할 폄
【 4 획 】					갖출 판
斗	鬥	싸울 투	丑	醜	추할 추
认	認	알 인	书	書	글 서
		적을 인			쓸 서
忆	憶	생각할 억	队	隊	대 대
闩	閂	문빗장 산			떨어질 추
为	爲	할 위			대 수
		위할 위	仓	倉	곳집 창
韦	韋	다룸가죽 위			슬퍼할 창
专	專	오로지 전	从	從	좇을 종
开	開	열 개			시중들 종

중국 간체	한자	훈과 음	중국 간체	한자	훈과 음
		높고클 총			성 풍
丰	豐	풍년 풍	闪	閃	번개 섬
长	長	길 장	礼	禮	예도 례
		베풀 장	写	寫	베낄 사
气	氣	기운 기			부릴 사
凤	鳳	새 봉, 봉새 봉	让	讓	사양할 양
仅	僅	겨우 근	灭	滅	멸망할 멸
币	幣	비단 폐	击	擊	칠 격
车	車	수레 거, 차	节	節	마디 절
冈	岡	언덕 강	术	術	꾀 술
贝	貝	조개 패	扑	撲	칠 박
见	見	볼 견			닦을 복
		나타날 현	厉	厲	갈 려
		관 덮는 보 간			문둥병 라
仆	僕	종 복	龙	龍	용 룡
仑	侖	둥글 륜	东	東	동녘 동
风	風	바람 풍	对	對	대답할 대
乌	烏	까마귀 오	圣	聖	성스러울 성
			辽	遼	멀 료
【 5 획 】			边	邊	가 변
			卢	盧	밥그릇 로
汇	滙	물돌 회	叶	葉	나뭇잎 엽
	彙	무리 휘	号	號	부르짖을 호
汉	漢	한수 한			부를 호
头	頭	머리 두	叹	嘆	탄식할 탄
宁	寧	편안할 녕	只	隻	새 한마리 척
兰	蘭	난초 란		祇	조사 지
邝	鄺	성 광	叽	嘰	쪽잘거릴 기
冯	馮	탈 빙			

중국 간체	한자	훈과 음	중국 간체	한자	훈과 음
电	電	번개 전	鸟	鳥	새 조
业	業	업 업	驭	馭	말 부릴 어
旧	舊	옛 구	丝	絲	실 사
归	歸	돌아갈 귀			
帅	帥	장수 수			
		거느릴 솔			

【 6 획 】

중국 간체	한자	훈과 음	중국 간체	한자	훈과 음
出	齣	단락 척	玑	璣	구슬 기
丛	叢	모일 총	兴	興	일 흥
仪	儀	거동 의	军	軍	군사 군
们	們	들 문	关	關	빗장 관
冬	鼕	북소리 동	冲	衝	찌를 충
务	務	일 무	壮	壯	씩씩할 장
		업신여길 모	妆	妝	꾸밀 장
处	處	살 처	产	産	낳을 산
		곳 처	闭	閉	닫을 폐
			问	問	물을 문
刍	芻	꼴 추	闯	闖	말이 문을 나오는
尔	爾	너 이			모양 틈
饥	饑	주릴 기	刘	劉	죽일 류
乐	樂	풍류 악	齐	齊	가지런할 제
		즐길 락	庄	莊	풀 성할 장
		좋아할 요	庆	慶	경사 경
台	臺	돈대 대	农	農	농사 농
	颱	태풍 태	讲	講	익힐 강
发	發	일어날 발	灯	燈	등잔 등
		쏠 발	汤	湯	끓을 탕
	髮	터럭 발	夹	夾	낄 협
戋	戔	해칠 잔	轨	軌	길 궤
		적을 전	划	劃	그을 획

중국 간체	한자	훈과 음	중국 간체	한자	훈과 음
尧	堯	요임금 요	欢	歡	기뻐할 환
动	動	움직일 동	寻	尋	찾을 심
扩	擴	넓힐 확	导	導	이끌 도
扪	捫	어루만질 문	尽	盡	다할 진
扫	掃	쓸 소		儘	다할 진
扬	揚	떨칠 양	孙	孫	손자 손
场	場	장소 장	阵	陣	진칠 진
执	執	잡을 집	阳	陽	볕 양
巩	鞏	묶을 공	阶	階	섬돌 계
圹	壙	묘혈 광	阴	陰	응달 음
协	協	맞을 협	当	當	당할 당
亚	亞	버금 아	吁	籲	부를 유(약)
芗	薌	향기 향	吓	嚇	웃음 하
权	權	권세 권	虫	蟲	벌레 충
朴	樸	통나무 박	曲	麴	누룩 국
毕	畢	마칠 필	团	團	둥글 단
贞	貞	바를 정		糰	경단 단
机	機	틀 기	吗	嗎	무엇 마
过	過	지날 과	网	網	그물 망
达	達	통할 달	屿	嶼	섬 서
迈	邁	갈 매	岂	豈	어찌 기
夸	誇	자랑할 과	岁	歲	해 세
夺	奪	빼앗을 탈	回	廻	돌 회
压	壓	누를 압	则	則	법칙 칙
厌	厭	싫을 염			곧 즉
买	買	살 매	师	師	스승 사
戏	戲	놀 희	尘	塵	티끌 진
观	觀	볼 관	杀	殺	죽일 살

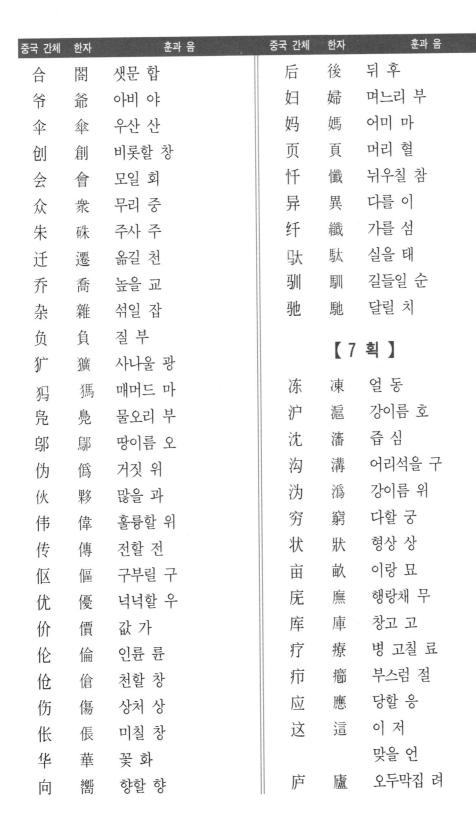

중국 간체	한자	훈과 음	중국 간체	한자	훈과 음
合	閤	샛문 합	后	後	뒤 후
爷	爺	아비 야	妇	婦	며느리 부
伞	傘	우산 산	妈	媽	어미 마
创	創	비롯할 창	页	頁	머리 혈
会	會	모일 회	忏	懺	뉘우칠 참
众	衆	무리 중	异	異	다를 이
朱	硃	주사 주	纤	纖	가를 섬
迁	遷	옮길 천	驮	馱	실을 태
乔	喬	높을 교	驯	馴	길들일 순
杂	雜	섞일 잡	驰	馳	달릴 치
负	負	질 부			
犷	獷	사나울 광	**【 7 획 】**		
犸	獁	매머드 마			
凫	鳧	물오리 부	冻	凍	얼 동
邬	鄔	땅이름 오	沪	滬	강이름 호
伪	僞	거짓 위	沈	瀋	즙 심
伙	夥	많을 과	沟	溝	어리석을 구
伟	偉	훌륭할 위	沩	潙	강이름 위
传	傳	전할 전	穷	窮	다할 궁
伛	傴	구부릴 구	状	狀	형상 상
优	優	넉넉할 우	亩	畝	이랑 묘
价	價	값 가	庑	廡	행랑채 무
伦	倫	인륜 륜	库	庫	창고 고
伧	傖	천할 창	疗	療	병 고칠 료
伤	傷	상처 상	疖	癤	부스럼 절
伥	倀	미칠 창	应	應	당할 응
华	華	꽃 화	这	這	이 저
向	嚮	향할 향			맞을 언
			庐	廬	오두막집 려

중국 간체	한자	훈과 음	중국 간체	한자	훈과 음
闰	閏	윤달 윤	轩	軒	집 헌
闱	闈	대궐 작은 문 위	连	連	이을 련
闲	閑	한가할 한	轫	軔	쐐기나무 인
间	間	사이 간	寿	壽	목숨 수
闵	閔	위문할 민	麦	麥	보리 맥
闷	悶	답답할 민	玛	瑪	옥돌 마
证	證	증거 증	进	進	나아갈 진
启	啓	열 개	远	遠	멀 원
补	補	기울 보	违	違	어길 위
怃	憮	낙담할 무	韧	韌	질길 인
怄	慪	공경할 우	刬	剗	깎을 잔
忾	愾	성낼 개	运	運	돌 운
		탄식할 희	还	還	돌아올 환
		이를 흘	迟	遲	늦을 지
怅	悵	슬퍼할 창	矶	磯	자갈 기
怆	愴	슬퍼할 창	奁	奩	경대 렴
怀	懷	품을 회	张	張	베풀 장
忧	憂	근심할 우	壳	殼	껍질 각
灶	竈	부엌 조	声	聲	소리 성
炀	煬	녹일 양	坟	墳	무덤 분
沣	灃	강이름 풍	坛	壇	단 단
沤	漚	물에 담글 구		罎	술병 담
沥	瀝	여과할 력	坏	壞	무너질 괴
沦	淪	잔물결 륜	块	塊	흙덩이 괴
沧	滄	차가울 창	坜	壢	땅이름 력
沨	渢	물소리 풍	坝	壩	제방 파
来	來	올 래	贡	貢	바칠 공
欤	歟	어조사 여	坞	塢	보루 오

중국 간체	한자	훈과 음	중국 간체	한자	훈과 음
丽	麗	고울 려	芜	蕪	거칠 무
两	兩	두 량	苇	葦	갈대 위
严	嚴	엄할 엄	芸	蕓	향풀 운
芦	蘆	갈대 로	苈	藶	꽃다지 력
苏	蘇	차조기 소	苋	莧	비름 현
极	極	다할 극	苁	蓯	육종용 종
杨	楊	버들 양	苍	蒼	푸를 창
劳	勞	일할 로	医	醫	의원 의
		위로할 로	励	勵	힘쓸 려
克	剋	이길 극	歼	殲	다 죽일 섬
护	護	보호할 호	鸡	鷄	닭 계
扰	擾	어지러울 요	灵	靈	신령 령
报	報	갚을 보	驱	驅	몰 구
		나아갈 부	驳	駁	얼룩말 박
邮	郵	역참 우	驴	驢	당나귀 려
困	睏	졸릴 곤	驴	驪	검을 려
员	員	수효 원			검을 리
呗	唄	찬불 패	层	層	층 층
拟	擬	헤아릴 의	际	際	사이 제
折	摺	접을 접	陆	陸	물 륙
		꺾을 랍	陇	隴	언덕 롱
抚	撫	어루만질 무	陈	陳	늘어놓을 진
抟	摶	뭉칠 단			방비 진
抠	摳	추어올릴 구	坠	墜	떨어질 추
扛	摃	들어올릴 강	陉	陘	땅이름 형
抡	掄	가릴 론·륜	妪	嫗	노파 구
抢	搶	빼앗을 창	妩	嫵	귀여울 무
㧑	撝	움츠릴 송	妫	嬀	강이름 규

중국 간체	한자	훈과 음	중국 간체	한자	훈과 음
剀	剴	목벨 경	围	圍	둘레 위
劲	勁	굳셀 경	吨	噸	톤 돈
卤	鹵	소금 로	旸	暘	해뜰 양
邺	鄴	땅이름 업	谷	穀	곡식 곡
坚	堅	굳을 견	邻	鄰	이웃 린
別	彆	활 뒤틀릴 별	胀	脹	창자 창
听	聽	들을 청	余	餘	남을 여
呛	嗆	사레들릴 창	乱	亂	어지러울 란
呜	嗚	탄식할 오	条	條	가지 조
別	彆	휘어질 별	岛	島	섬 도
财	財	재물 재	邹	鄒	나라이름 추
囵	圇	완전할 륜	龟	龜	거북 구
阽	阽	땅이름 연	体	體	몸 체
帏	幃	휘장 위	佣	傭	품팔이 용
岖	嶇	험할 구	伛	傴	영리할 추
岗	崗	구릉 강	犹	猶	오히려 유
岘	峴	고개 현	狈	狽	이리 패
帐	帳	휘장 장	鸠	鳩	비둘기 구
岚	嵐	남기 람	彻	徹	통할 철
时	時	때 시	系	係	걸릴 계
呒	嘸	분명하지 않을 무		繫	맬 계
里	裏	속 리	纵	縱	늘어질 종
呓	囈	잠꼬대 예	坝	壩	방죽 파
呕	嘔	토할 구	佥	僉	다 첨
县	縣	매달 현	弃	棄	버릴 기
园	園	둥글 원	灿	燦	빛날 찬
呖	嚦	새 우는 소리 력	灾	災	재앙 재
旷	曠	밝을 광			

【 8 획 】

중국 간체	한자	훈과 음
泻	瀉	쏟을 사
		게울 사
泸	瀘	강이름 로
泺	濼	강이름 락
泞	濘	질퍽할 녕
泼	潑	물 뿌릴 발
泽	澤	못 택
泾	涇	맑을 경
变	變	변할 변
庞	龐	클 방
实	實	열매 실
		이를 지
宝	寶	보배 보
审	審	살필 심
郓	鄆	땅이름 운
帘	簾	발 렴
剂	劑	약지을 제
废	廢	폐할 폐
闸	閘	수문 갑
闹	鬧	시끄러울 뇨
卷	捲	말 권, 힘쓸 권
庙	廟	사당 묘
衬	襯	속옷 친
袆	褘	아름다울 의
视	視	볼 시
怜	憐	불쌍히 여길 련

중국 간체	한자	훈과 음
怊	憌	완고할 초
怿	懌	기뻐할 역
峀	嶨	땅이름 학
宠	寵	괼 총
学	學	배울 학
郑	鄭	나라 정
卷	捲	말 권
单	單	홑 단
炜	煒	빨갈 위
炝	熗	버무릴 창
炉	爐	화로 로
玮	瑋	진귀할 위
浅	淺	얕을 천
泷	瀧	비 올 롱
环	環	고리 환
责	責	꾸짖을 책
现	現	나타날 현
玱	瑲	옥소리 창
规	規	규칙 규
匦	匭	작은 상자 궤
拢	攏	합칠 롱
丧	喪	죽을 상
卖	賣	팔 매
画	畫	그림 화
枣	棗	대추나무 조
范	範	법 범
茔	塋	묘지 영
茕	煢	외로울 경

중국 간체	한자	훈과 음	중국 간체	한자	훈과 음
茎	莖	줄기 경	构	構	얽을 구
枢	樞	지도리 추	态	態	모양 태
枥	櫪	마구간 력	瓯	甌	작은병 구
枫	棡	갈참나무 강	殴	毆	때릴 구
枧	梘	땅이름 견	欧	歐	토할 구
枨	棖	문설주 정	垄	壟	언덕 롱
枋	閜	문 안에서 볼 반	郏	郟	옛 지명 겹
枞	樅	전나무 종	奋	奮	떨칠 분
枫	楓	단풍나무 풍	郁	鬱	막힐 울
苹	蘋	네가래 빈	矿	礦	쇳돌 광
拦	攔	막을 란	砀	碭	땅이름 탕
抓	攉	긁을 회	码	碼	숫자 마
拧	擰	어지러워질 녕	厕	厠	뒷간 측
拨	撥	다스릴 발	矾	礬	명반 반
择	擇	택할 택	轰	轟	울릴 굉
茏	蘢	개여뀌 롱	顷	頃	이랑 경
茑	蔦	담쟁이덩굴 조	转	轉	바뀔 전
拣	揀	가릴 간(련)	轭	軛	멍에 액
垆	壚	화로 로	斩	斬	벨 참
担	擔	멜 담	轮	輪	바퀴 륜
顶	頂	정수리 정	软	軟	연할 연
拥	擁	안을 옹	鸢	鳶	솔개 연
势	勢	기세 세	艰	艱	어려울 간
柜	櫃	함 궤	录	錄	기록할 록
枪	槍	창 창	隶	隸	붙을 례
松	鬆	더벅머리 송	肃	肅	엄숙할 숙
极	極	다할 극	弥	彌	두루 미
		잦을 극	㳠	瀰	물 넓을 미

중국 간체	한자	훈과 음	중국 간체	한자	훈과 음
陕	陝	땅이름 섬	籴	糴	쌀 사들일 적
驽	駑	둔할 노	觅	覓	찾을 멱
驾	駕	멍에 가	贪	貪	탐할 탐
虏	虜	포로 로	贫	貧	가난할 빈
肾	腎	신장 신	戗	戧	다칠 창
贤	賢	어질 현	舍	捨	버릴 사
昙	曇	흐릴 담	刽	劊	끊을 회
齿	齒	이 치	郐	鄶	나라이름 회
国	國	나라 국	怂	慫	권할 종
图	圖	그림 도	侨	僑	높을 교
畅	暢	화창할 창	制	製	지을 제
咙	嚨	목구멍 롱	刮	颳	바람 불 괄
虮	蟣	서캐 기	侠	俠	협기 협
罗	羅	새그물 라	侥	僥	바랄 요
帜	幟	기 치	侧	側	곁 측
购	購	살 구	侨	僑	높을 교
崬	崬	지명 동	侩	儈	중개할 쾌
岿	巋	우뚝 서있는 모양 귀	货	貨	재화 화
岭	嶺	재 령	侪	儕	무리 제
刿	劌	상처 입을 귀	侬	儂	나 농
剀	剴	알맞을 개	备	備	갖출 비
凯	凱	개선할 개	枭	梟	올빼미 효
峄	嶧	지명 역	肤	膚	살갗 부
败	敗	패할 패	肟	膊	저민 고기 전
账	賬	장부 장	胀	脹	배부를 창
贩	販	팔 판	肮	骯	살찔 항
贬	貶	깎아내릴 폄	迩	邇	가까이할 이
贮	貯	저축할 저	胁	脅	옆구리 협

중국 간체	한자	훈과 음	중국 간체	한자	훈과 음
肿	腫	부스럼 종	疠	癘	염병 려
凭	憑	기댈 빙	疡	瘍	부스럼 양
质	質	바탕 질	泪	淚	눈물 루
征	徵	부를 징			
径	徑	지름길 경		**【 9 획 】**	
参	參	간여할 참	贰	貳	두 이
艰	艱	어려울 간	济	濟	건널 제
驵	駔	준마 장	浏	瀏	맑을 류
驶	駛	빠를 사	洼	窪	웅덩이 와
驸	駙	곁마 부	洁	潔	깨끗할 결
驷	駟	사마 사	洒	灑	뿌릴 쇄
驹	駒	망아지 구	汰	澾	미끄러울 달
驺	騶	말 먹이는 사람 추	浃	浹	돌 협
驻	駐	머무를 주	浇	澆	물댈 요
驼	駝	낙타 타	浈	湞	지명 정
驿	驛	역참 역	浉	溮	지명 사
贯	貫	꿸 관	浊	濁	흐릴 탁
练	練	익힐 련	测	測	헤아릴 측
杰	傑	뛰어날 걸	浍	澮	강이름 회
黾	黽	힘쓸 민	浐	滻	강이름 산
鸣	鳴	울 명	浑	渾	섞일 혼
咛	嚀	친절할 녕	浒	滸	땅이름 호
咝	噝	날아가는 소리 사	浓	濃	짙을 농
肮	骯	살찔 항	浔	潯	물가 심
周	週	돌 주	浕	濜	강이름 진
鱼	魚	고기 어	宪	憲	법 헌
狞	獰	사나울 녕	窃	竊	훔칠 절
疟	瘧	학질 학	祢	禰	아비 사당 녜

중국 간체	한자	훈과 음	중국 간체	한자	훈과 음
鸩	鴆	짐새 짐	恬	懨	편안할 염
觉	覺	깨달을 각	恺	愷	즐거울 개
举	舉	들 거	恻	惻	슬퍼할 측
将	將	장수 장, 장차 장	恽	惲	꾀할 운
奖	獎	권면할 장	姜	薑	생강 강
亲	親	친할 친	类	類	무리 류
峦	巒	메 만	娄	婁	끌 루(자주 루)
孪	孿	쌍둥이 련	总	總	거느릴 총
娈	孌	예쁠 련	烂	爛	문드러질 란
弯	彎	굽을 만	炼	煉	불릴 련
疮	瘡	부스럼 창	炽	熾	불길 셀 치
疬	癧	연주창 력	烁	爍	반짝일 삭
疯	瘋	미칠 풍	烃	烴	누린내 경
亲	親	친할 친	赵	趙	나라 조
飒	颯	바람소리 삽	贲	賁	꾸밀 비
闺	閨	규방 규			달릴 분
闻	聞	들을 문	挡	擋	숨길 당
闼	闥	작은문 달	垲	塏	건조할 개
闽	閩	종족 이름 민	挢	撟	굳셀 교
闾	閭	마을 려	垫	墊	빠질 점
阃	闔	열 개	荣	榮	영화 영, 꽃 영
阀	閥	문벌 벌	荐	薦	천거할 천
阁	閣	누각 각			꽂을 천
闯	闖	발버둥칠 쟁	荚	莢	콩깍지 협
阂	閡	잠글 애	贳	貰	세낼 세
袄	襖	웃옷 오	荛	蕘	풋나무 요
恼	惱	괴로워할 뇌	荜	蓽	콩 필
恸	慟	슬퍼할 통	荞	蕎	메밀 교

중국 간체	한자	훈과 음	중국 간체	한자	훈과 음
荟	薈	우거진 모양 회	柠	檸	레몬 녕
荠	薺	냉이 제	柽	檉	위성류 정
荡	蕩	쓸어버릴 탕	栋	棟	용마루 동
垩	堊	백토 악	树	樹	나무 수, 심을 수
荤	葷	매운 채소 훈	鸬	鴯	동고비 사
荥	滎	실개천 형	郦	酈	땅이름 력
荦	犖	얼룩소 락	挤	擠	밀 제
荧	熒	등불 형	挥	揮	지휘할 휘
荨	蕁	지모 담	挦	撏	뽑을 잠
		쐐기풀 심	牵	牽	끌 견
荩	藎	조개풀 신	鸥	鷗	갈매기 구
荪	蓀	창포 손	龑	龑	고명할 엄
荫	蔭	그늘 음	残	殘	남을 잔
荬	蕒	풀 매	殇	殤	죽을 상
荭	葒	개여뀌 홍	轱	軲	수레 고
荮	葤	묶음 주	轲	軻	굴대 가
茧	繭	고치 견	轳	轤	도르래 로
带	帶	띠 대	轴	軸	중심 축
药	藥	약 약	轶	軼	앞지를 일
栏	欄	난간 난	轷	軯	성씨 호
标	標	우듬지 표	轸	軫	수레 뒤턱 나무 진
栈	棧	잔교 잔	轹	轢	삐걱거릴 력
栉	櫛	머리빗 즐	轺	軺	수레 초
栊	櫳	우리 롱	轻	輕	가벼울 경
栋	棟	마룻대 동	鸦	鴉	까마귀 아
栌	櫨	두공 로	蚕	蠶	독충 채
栎	櫟	상수리나무 력	咸	鹹	짤 함
栏	欄	난간 란	砖	磚	벽돌 전

중국 간체	한자	훈과 음	중국 간체	한자	훈과 음
砗	硨	옥석 이름 차·거	贱	賤	낮을 천
砚	硯	벼루 연	贴	貼	붙을 첩
砜	碸	술폰 풍	贶	貺	선물 황
面	麵=麪 밀가루 면		贻	貽	보낼 이
垦	墾	따비할 간	显	顯	나타날 현
昼	晝	낮 주	哒	噠	오랑캐이름 달
费	費	비용 비	哓	嘵	두려워할 효
陨	隕	떨어질 운	哔	嗶	울 필
险	險	위험할 험	贵	貴	귀할 귀
贺	賀	축하할 하	虾	蝦	새우 하
怼	懟	원망할 대	蚁	蟻	개미 의
逊	遜	겸손할 손	蚂	螞	거머리 마
尝	嘗	맛볼 상	虽	雖	비록 수
眍	瞘	눈 들어갈 구	骂	罵	꾸짖을 매
眬	曨	어스레할 롱	哕	噦	새소리 홰
哑	啞	벙어리 아	剐	剮	발라낼 과
点	點	점 점	郧	鄖	나라이름 운
战	戰	싸울 전	勋	勛	공 훈
觇	覘	엿볼 점	哗	嘩	시끄러울 화
响	響	울림 향	临	臨	임할(곡할) 림
哙	噲	목구멍 쾌	览	覽	볼 람
哝	噥	중얼댈 농	竖	竪	더벅머리 수
哟	喲	어조사 약	钟	鍾	술병 종
峡	峽	골짜기 협		鐘	쇠북 종
峣	嶢	높을 요	钥	鑰	자물쇠 약
帧	幀	그림 족자 정	帮	幫	도울 방
罚	罰	벌할 벌	珑	瓏	옥소리 롱
峤	嶠	산길 교	顸	頇	얼굴 클 한

중국 간체	한자	훈과 음	중국 간체	한자	훈과 음
须	鬚	수염 수	痈	癰	등창 옹
胧	朧	흐릿할 롱	斋	齋	재계할 재
胨	腖	고기 동	痉	痙	경련 경
胪	臚	늘어놓을 려	烛	燭	촛불 촉
养	養	기를 양	烦	煩	번거로울 번
			烧	燒	사를 소
【 10 획 】			烨	燁	빛날 엽
			烩	燴	요리법 회
宾	賓	손 빈	烬	燼	재 신
窍	竅	구멍 규	递	遞	갈마들 체
窎	窵	고요할 조	涛	濤	물결일 도
桨	槳	상앗대 장	涝	澇	잠길 로
浆	漿	미음 장	涞	淶	땅이름 래
准	準	수준기 준	涟	漣	파문 련
离	離	헤어질 리	涠	潿	땅이름 위
顽	頏	새 내려앉을 항	涢	溳	물결 밀려갈 운
资	資	재물 자	涡	渦	소용돌이 와
竞	競	다툴 경	涤	滌	씻을 척
阃	閫	문지방 곤	润	潤	윤택할 윤
阄	閩	견딜 좌	涧	澗	산골물 간
阄	鬮	제비뽑기 구	涨	漲	물 불어날 창
阅	閱	살필 열	烫	燙	델 탕
阆	閬	넓고 밝은 모양 랑	悭	慳	인색할 간
郸	鄲	땅이름 단	悯	憫	가엾게 여길 민
栾	欒	멀구슬나무 란	宽	寬	너그러울 관
挛	攣	걸릴 련	家	傢	가구 가
恋	戀	사모할 련	蚕	蠶	누에 잠
恳	懇	간절할 간	顽	頑	완고할 완
症	癥	적취 징			

중국 간체	한자	훈과 음	중국 간체	한자	훈과 음
盏	盞	술잔 잔	贾	賈	장사 고
捞	撈	잡을 로			성씨 가
裁	載	실을 재	逦	邐	이어질 리
赶	趕	달릴 간	砺	礪	숫돌 려
壶	壺	병 호	砾	礫	자갈 력
盐	鹽	소금 염	础	礎	주춧돌 초
坿	坿	홰 시	砻	礱	갈 롱
损	損	덜 손	毙	斃	넘어질 폐
埙	塤	질나발 훈	顾	顧	돌아볼 고
埚	堝	도가니 과	轼	軾	수레 앞 가로댄 나무 식
捡	撿	단속할 검	轾	輊	수레 지
贽	贄	폐백 지	轿	轎	가마 교
挚	摯	잡을 지	辂	輅	수레 로
热	熱	더울 열	较	較	비교할 교
捣	搗	찧을 도	鸫	鶇	지빠귀 동
恶	惡	악할 악	顿	頓	조아릴 돈
	噁	성낼 오	趸	躉	거룻배 돈
获	獲	얻을 획	毙	斃	죽을 폐
	穫	벼 벨 확	龀	齔	이 갈 츤
桡	橈	구부러질 요	鸬	鸕	가마우지 로
桢	楨	광나무 정	唛	嘜	음역한 글자 마
桤	榿	오리나무 기	础	礎	주춧돌 초
桦	樺	자작나무 화	致	緻	밸 치
桧	檜	전나무 회	难	難	어려울 난
桩	樁	말뚝 장	预	預	미리 예
样	樣	모양 양	骊	驪	털 검은말 려
档	檔	의자(문서) 당	骋	騁	달릴 빙
桥	橋	다리 교	验	驗	시험할 험

骏	駿	준마 준	赂	賂	뇌물 뢰
鸶	鷥	백로 사	赃	臟	장물 장
恳	懇	정성 간	赅	賅	족할 해
剧	劇	심할 극	赆	贐	전별 신
娲	媧	여와 와·과	氩	氬	아르곤 아
娴	嫻	우아할 한	罢	罷	방면할 파
党	黨	무리 당	紧	緊	굳게 얽을 긴
虑	慮	생각할 려	监	監	볼 감
晒	曬	쬘 쇄	爱	愛	사랑 애
晓	曉	새벽 효	鸰	鴒	할미새 령
唝	嗊	노래 홍	颁	頒	나눌 반
唠	嘮	시끄러울 로	颂	頌	칭송할 송
鸭	鴨	오리 압	笔	筆	붓 필
唡	啢	온스 량	笕	筧	대나무홈통 견
晔	曄	빛날 엽	债	債	빚 채
晕	暈	무리 훈	倾	傾	경사 경
鸮	鴞	부엉이 효	赁	賃	임대할 임
唢	嗩	악기 쇄	颀	頎	헌걸찰 기
喎	喎	입 돌아갈 와	徕	徠	위로할 래
蚬	蜆	바지락조개 현	舱	艙	선창 창
鸯	鴦	원앙새 앙	耸	聳	두려워할 용
崂	嶗	산이름 로	艳	艷	고울 염
崃	崍	산이름 래	顼	頊	삼갈 욱
罢	罷	중지할 파	珲	琿	땅이름 혼
圆	圓	둥글 원	钻	鑽	끌 찬
觊	覬	바랄 기	铁	鐵	쇠 철
贼	賊	도적 적	敌	敵	원수 적
赇	賕	뇌물 회	牺	犧	희생 희

중국 간체	한자	훈과 음	중국 간체	한자	훈과 음
脍	膾	날고기 회	玺	璽	옥새 새
脏	臟	내장 장	鲂	魛	웅어 도
脏	髒	몸 뚱뚱할 장	鸲	鴝	구관조 구
脐	臍	배꼽 제	猃	獫	오랑캐이름 험
脓	膿	고름 농	鸵	鴕	타조 타
脑	腦	뇌 뇌	袅	裊	간드러질 뇨
胶	膠	아교 교	鸳	鴛	원앙새 원
积	積	쌓을 적	皱	皺	주름 추
称	稱	일컬을 칭			
莱	萊	명아주 래	**【 11 획 】**		
莲	蓮	연꽃 련	啰	囉	소리 얽힐 라
莳	蒔	재배할 시	淀	澱	앙금 전
莴	萵	상추 와	渗	滲	스밀 삼
莸	蕕	악취나는 풀 유	痒	癢	가려울 양
劳	蕮	궁궁이 궁	旋	鏇	갈이틀 선
莹	瑩	아름다운 돌 영	谗	讒	참소할 참
莺	鶯	꾀꼬리 앵	惊	驚	놀랄 경
鸪	鴣	자고 고	惬	愜	상쾌할 협
莼	蒓	순채 순	惭	慚	부끄러울 참
借	藉	깔개 자	惮	憚	두려워할 탄
舰	艦	싸움배 함	惯	慣	습관 관
继	繼	이을 계	惧	懼	두려워할 구
聂	聶	소곤거릴 섭	惨	慘	참혹할 참
笋	筍	죽순 순	祷	禱	빌 도
涂	塗	진흙 도	皲	皸	틀 군
涩	澀	떫을 삽	裆	襠	사타구니 당
绣	繡	수놓을 수	祸	禍	재난 화
鸱	鴟	솔개 치	弹	彈	탄핵할 탄

중국 간체	한자	훈과 음	중국 간체	한자	훈과 음
盖	蓋	덮을 개	壍	塹	구덩이 참
断	斷	끊을(결단할) 단	颅	顱	머리뼈 로
兽	獸	짐승 수	啧	嘖	외칠 책
焘	燾	가릴 도	啭	囀	새 지저귈 전
琎	璡	옥돌 진	啮	囓	씹을 교
琏	璉	제기 련	酝	醞	빚을 온
琐	瑣	부스러질 쇄	掳	擄	노략질 로
麸	麩	밀기울 부	掴	摑	칠 괵
啬	嗇	아낄 색	鸷	鷙	맹금류 지
匮	匱	모자랄 궤	掷	擲	던질 척
酝	醞	양조 온	掸	撣	손에 들 탄
厣	厴	조개껍질 염			당길 선
硕	碩	클 석	壸	壼	대궐안길 곤
硖	硤	땅이름 협	悫	慤	삼갈 각
硗	磽	메마를 교	掺	摻	잡을 삼
硙	磑	맷돌 애			가늘 섬
硚	礄	땅이름 교	掼	摜	던질 관
鸸	鴯	새이름 이	据	據	어거할 거
聋	聾	귀머거리 롱	萚	蘀	낙엽 탁
龚	龔	받들 공	勚	勩	괴로울 예
袭	襲	급습할 습	萝	蘿	담쟁이덩굴 라
䴕	鴷	딱따구리 렬	萤	螢	반딧불이 형
殒	殞	죽을 운	萦	縈	얽힐 영
殓	殮	염할 렴	萧	蕭	쓸쓸할 소
赉	賚	하사할 뢰	萨	薩	보살 살
辄	輒	문득 첩	营	營	경영할 영
辅	輔	도울 보	梦	夢	꿈 몽
辆	輛	수레 량	觋	覡	남자무당 격

중국 간체	한자	훈과 음	중국 간체	한자	훈과 음
检	檢	검사할 검	帼	幗	머리장식 헝겊 괵
棂	欞	격자창 령	赈	賑	구휼할 진
辆	輛	수레 량	婴	嬰	갓난아이 영
随	隨	따를 수	赊	賒	외상으로 살 사
堕	墮	떨어질 타(휴)	矫	矯	고칠 교
隐	隱	숨을(기댈) 은	鸹	鴰	재두루미 괄
婳	嫿	정숙할 획	累	纍	맬 루
婵	嬋	고울 선	粜	糶	쌀 내어 팔 조
婶	嬸	아주머니 심	秽	穢	더러울 예
颇	頗	매우 파	笺	箋	주해 전
颈	頸	목 경	笼	籠	대그릇 롱
骐	騏	검푸른 말 기	笾	籩	제기 변
骑	騎	말탈 기	偾	僨	넘어질 분
骒	騍	암말 과	鸺	鵂	수리부엉이 휴
骓	騅	말이름 추	偻	僂	곱사등이 루
骖	驂	곁마 참	躯	軀	몸 구
职	職	벼슬 직	皑	皚	흴 애
聍	聹	귀지 녕	鸻	鴴	물떼새 행
悬	懸	매달 현	衔	銜	재갈 함
跃	躍	뛸 약	舻	艫	뱃머리 로
跄	蹌	주창할 창	鸼	鵃	산비둘기 주
蛎	蠣	굴 려	龛	龕	감실 감
蛊	蠱	벌레 고	鸽	鴿	비둘기 합
蛏	蟶	가리맛조개 정	敛	斂	모을 렴
啸	嘯	휘파람 불 소	领	領	요점 령
帻	幘	두건 책	脶	腡	지문 라
崭	嶄	가파를 참	脸	臉	얼굴 검
逻	邏	순찰할 라	衅	釁	피바를 흔

중국 간체	한자	훈과 음	중국 간체	한자	훈과 음
偿	償	갚을 상	渐	漸	스밀 점
猎	獵	사냥 렵	渑	澠	강이름 승·민
猡	玀	오랑캐이름 라	渔	漁	고기잡을 어
猕	獼	붉은털원숭이 미	渊	淵	못 연
鸾	鸞	난새 란			
庼	頃	마루방 경		**【 12 획 】**	
痒	癢	가려울 양			
鹬	鵁	해오라기 교	滞	滯	막힐 체
阈	閾	문지방 역	湿	濕	축축할 습
阉	閹	거세할 엄	溃	潰	무너질 궤
阊	閶	하늘문 창	溅	濺	뿌릴 천
阋	鬩	원망할 혁	溇	漊	강이름 루
阌	閿	땅이름 문	湾	灣	물굽이 만
阍	閽	문지기 혼	裢	褳	전대 련
阎	閻	이문 염	裣	襝	행주치마 첨
阏	閼	가로막을 알			늘어진 모양 렴
阐	闡	열 천	裤	褲	바지 고
羟	羥	양 이름 간	裥	襇	치마주름 간
		양 이름 경	禅	禪	봉선 선
粝	糲	현미 려	属	屬	무리 속
焖	燜	요리법 민			부탁할 촉
盘	盤	소반 반	屡	屢	자주 루
御	禦	막을 어	骘	騭	수말 즐
绳	繩	줄 승	巯	巰	메르캅토 구
象	像	형상 상	毵	毿	털이 긴 모양 삼
渍	漬	담글 지	翚	翬	날개 휘
鸿	鴻	큰기러기 홍	骛	騖	달릴 무
渎	瀆	도랑 독	骗	騙	속일 편
			窜	竄	숨을 찬

중국 간체	한자	훈과 음	중국 간체	한자	훈과 음
窝	窩	움 와			누를 근
嚳	嚳	고할 곡	蛰	蟄	숨을 칩
愤	憤	분할 분	絷	縶	맬 집
愦	憒	어지러울 궤	搁	擱	놓을 각
装	裝	꾸밀 장	搂	摟	끌 루
蛮	蠻	오랑캐 만	搅	攪	어지러울 교
脔	臠	저민 고기 련	蒇	蕆	끝낼 천
痨	癆	중독 로	蒉	蕢	삼태기 궤
痫	癇	간질 간	蒋	蔣	깔개 장
赓	賡	이을 갱	蒌	蔞	쑥 루
颏	頦	턱 해	韩	韓	나라이름 한
鹇	鷴	꿩 한	搀	攙	찌를 참
阑	闌	가로막을 란	屡	屢	여러 루
阒	闃	고요할 격	确	確	굳을 확
阔	闊	넓을 활	詟	讋	두려워할 섭
阕	闋	마칠 결	殚	殫	다할 탄
亵	褻	더러울 설	颊	頰	뺨 협
粪	糞	똥 분	雳	靂	벼락 력
靓	靚	단장할 정	辊	輥	누를 곤
鹈	鵜	사다새 제	辋	輞	수레바퀴 바깥 테 망
琼	瓊	옥 경	椠	槧	나무판 참
辇	輦	수레 연	暂	暫	잠시 잠
鼋	黿	자라 원	辍	輟	그칠 철
联	聯	잇달 련	辎	輜	수레 치
趋	趨	달릴 추	翘	翹	뛰어날 교
揽	攬	잡을 람	辈	輩	무리 배
颉	頡	날아오를 힐	辉	輝	빛날 휘
揿	撳	누를 흠	赏	賞	상 상

중국 간체	한자	훈과 음	중국 간체	한자	훈과 음
睐	睞	볼 래	荜	蓽	사립문 필
睑	瞼	눈꺼풀 검	筛	篩	체 사
喷	噴	뿜을 분	牍	牘	편지 독
畴	疇	밭두둑 주	傥	儻	만약 당
践	踐	밟을 천	傧	儐	대접할 빈
遗	遺	남길 유	储	儲	쌓을 저
蛱	蛺	호랑나비 협	傩	儺	역귀 쫓을 나
蛲	蟯	요충 요	御	禦	막을 어
蛳	螄	다슬기 사	颌	頷	턱 합
蛴	蠐	굼벵이 제	释	釋	풀 석
鹃	鵑	두견새 견	鹆	鵒	구관조 욕
喽	嘍	부하 루	凿	鑿	뚫을 착
嵘	嶸	가파를 영	筑	築	쌓을 축
嵚	嶔	험할 금	腊	臘	납향 랍
嵝	嶁	산봉우리 루	腘	膕	오금 괵
赋	賦	부역 부	鱿	魷	오징어 우
赌	賭	줄 정	鲁	魯	둔할 로
		받을 청	鲂	魴	방어 방
赌	賭	도박 도	颍	潁	강이름 영
赎	贖	속바칠 속	飔	颶	폭풍 구
赐	賜	줄 사	觞	觴	잔 상
赒	賙	구휼할 주	惫	憊	고달플 비
赔	賠	배상 배	馋	饞	탐할 참
赕	賧	바칠 탐	惩	懲	혼날 징
犊	犢	송아지 독	椟	櫝	궤 독
鹄	鵠	고니 곡	椤	欏	사라목 라
鹅	鵝	거위 아	赍	賷	품을 재
颋	頲	바를 정	鹁	鵓	집비둘기 발

중국 간체	한자	훈과 음	중국 간체	한자	훈과 음
鹂	鸝	꾀꼬리 리	滟	灧	넘칠 염
觌	覿	만날 적	潗	灄	강이름 섭
椭	橢	길쭉할 타	满	滿	찰 만
硷	鹼	소금기 감	滥	濫	넘칠 람

【 13 획 】

중국 간체	한자	훈과 음	중국 간체	한자	훈과 음
滩	灘	여울 탄	滗	潷	거를 필
滤	濾	거를 려	滦	灤	강이름 란
誉	譽	기릴 예	漓	灕	스며들 리
鲎	鱟	참게 후	滨	濱	물가 빈
寝	寢	잠길 침	潕	潕	강이름 예
搴	搴	높이 들 건	慑	懾	두려워할 섭
窥	窺	엿볼 규	誊	謄	베낄 등
窦	竇	구멍 두	粮	糧	양식 량
嫒	嬡	딸 애	数	數	셀 수
嫔	嬪	아내 빈	雾	霧	안개 무
辔	轡	고삐 비	蒙	矇	흐릴 몽
骝	騮	월다말 류		濛	가랑비 올 몽
骟	騸	거세할 선		懞	어두울 몽
酱	醬	젓갈 장	献	獻	바칠 헌
鹑	鶉	메추라기 순	耢	耮	고무래 로
瘅	癉	앓을 단	鹉	鵡	앵무새 무
瘆	瘮	떨 참	鹒	鶄	해오라기 청
		무서워할 삼	韫	韞	감출 온
鹒	鶊	꾀꼬리 경	骜	驁	오만할 오
阖	闔	닫을 합	摄	攝	당길 섭
阗	闐	성할 전	摊	攤	펼 탄
阙	闕	대궐 궐	摆	擺	열릴 파
				襬	치마 피
			摅	攄	펼 터

| --- | --- | --- | --- | --- | --- |
赪	頳	붉을 정	蹺	蹺	발돋움할 교
摈	擯	물리칠 빈	跸	蹕	행차 필
毂	轂	바퀴통 곡	跻	躋	오를 제
鹊	鵲	까치 작	跹	躚	춤출 선
楼	樓	다락 루	蜗	蝸	달팽이 와
榄	欖	감람나무 람	嗳	噯	어머 애
榇	櫬	널 츤	赗	賵	보낼 봉
榈	櫚	종려나무 려	穆	穆	피 삼
榉	欅	느티나무 거	颓	頹	무너질 퇴
赖	賴	의뢰할 뢰	鉴	鑒	거울 감
碜	磣	섞일 참	蓝	藍	쪽 람
碛	磧	모래섬 적	蓦	驀	말탈 맥
鹌	鵪	메추라기 암	鹋	鶓	화식조 묘
尴	尷	난처할 감	蓟	薊	삽주 계
殨	殨	짓무를 궤	颐	頤	턱 이
辏	輳	모일 주	蓣	蕷	참마 여
辐	輻	바퀴살 복	筹	籌	투호살 주
辑	輯	모을 집	签	簽	농 첨
输	輸	나를 수		籤	제비 첨
频	頻	자주 빈	简	簡	편지 간
碍	礙	거리낄 애	觎	覦	바랄 유
辟	闢	열 벽	颌	頜	턱 함·암
龄	齡	나이 령	腻	膩	기름질 니
龃	齟	어긋날 저	鹏	鵬	붕새 붕
龅	齙	뻐드렁니 포	腾	騰	오를 등
龆	齠	이 갈 초	颖	穎	벼이삭 영
韪	韙	바를 위	鹒	鶊	꾀꼬리 경
嗫	囁	속삭일 섭	飔	颸	바람소리 시

중국 간체	한자	훈과 음	중국 간체	한자	훈과 음
飔	颸	바람소리 수	霁	霽	갤 제
辞	辭	말 사	蔑	衊	모독할 멸
触	觸	닿을 촉	踊	踴	뛸 용
缠	纏	얽힐 전	踌	躊	망설일 주
			蝈	蟈	청개구리 괵
	【 14 획 】		蝉	蟬	매미 선
			蜡	蠟	밀 랍
瑷	璦	지명 애	蝇	蠅	파리 승
赘	贅	군더더기 췌	鹗	鶚	물수리 악
觏	覯	만날 구	嘤	嚶	새 우는 소리 앵
韬	韜	감출 도	罴	羆	큰 곰 비
叆	靉	구름 많이 낀 애	赙	賻	부의 부
撄	攖	다가설 영	罂	罌	술병 앵
墙	牆	담 장	赚	賺	돈벌 잠
酿	釀	빚을 양	鹘	鶻	송골매 골
蔷	薔	장미 장	鹙	鶖	무수리 추
蔹	蘞	거지덩굴 렴	稳	穩	평온할 온
蔺	藺	골풀 린	箦	簀	깔개 책
蔼	藹	우거질 애	箧	篋	상자 협
鹕	鶘	사다새 호	箨	籜	대껍질 탁
槚	檟	개오동나무 가	箩	籮	대광주리 라
槛	檻	우리 함	箪	簞	대그릇 단
槟	檳	빈랑나무 빈	箓	籙	대쪽 록
槠	櫧	종가시나무 저	箫	簫	퉁소 소
酽	釅	진할 엄	舆	輿	수레 여
酾	釃	거를 시	膑	臏	다리종지뼈 빈
		거를 소	鲑	鮭	연어 규
酿	釀	빚을 양			

중국 간체	한자	훈과 음	중국 간체	한자	훈과 음
鲒	鮚	대합조개 길	鹜	鶩	집오리 무·목
鲔	鮪	다랑어 유	骠	驃	용맹할 표
鲖	鮦	가물치 동	骡	騾	노새 라
鲗	鰂	오징어 즉	骢	驄	총이말 총
鲙	鱠	생선회 회	愿	願	원할 원
鲚	鱭	갈치 제	殡	殯	염할 빈
鲛	鮫	상어 교	辕	轅	수레끌채 원
鲜	鮮	고울 선	辖	轄	관리할 할
鲟	鱘	철갑상어 심	辗	輾	구를 전
飗	飀	바람부는 소리 류	龇	齜	이 갈림 재
瘗	瘞	묻을 예			이 드러낼 치
瘘	瘻	부스럼 루	龈	齦	잇몸 은
阚	闞	엿볼 감	鹝	鶪	때까치 격
鲞	鯗	어물 자	颗	顆	낟알 과
鲞	鯗	말린 생선 상	瞍	瞜	주시할 루
糁	糝	나물죽 삼	暧	曖	희미할 애
鹚	鷀	가마우지 자	鹠	鶹	새이름 할
潇	瀟	강이름 소			
潋	瀲	넘쳐흐를 렴	**【 15 획 】**		
潍	濰	강이름 유			
赛	賽	겨룰 새	瘫	癱	사지틀릴 탄
窭	窶	가난할 구	霉	黴	곰팡이 미
褉	襀	매듭 괴	耧	耬	씨뿌릴 루
		매듭 귀	璎	瓔	구슬 영
褛	褸	남루할 루	逮	霴	구름낄 체
鹛	鶥	멧새 미	撷	擷	딸 힐
嫱	嬙	궁녀 장	撺	攛	권할 찬
			聩	聵	귀멀 외

중국 간체	한자	훈과 음	중국 간체	한자	훈과 음
聪	聰	귀 밝을 총	嘱	囑	맡길 촉
镊	鑷	족집게 섭	颛	顓	마음대로 전
觐	覲	알현할 근	簣	簣	대삼태기 궤
鞑	韃	채찍 달	篓	簍	대바구니 루
轿	轎	말안장 교	鷈	鷈	논병아리 제
蕲	蘄	강이름 기	鹡	鶺	할미새 척
赜	賾	심오할 색	鹞	鷂	익덕귀 요
蕴	蘊	쌓을 온	鲠	鯁	곧을 경
樯	檣	돛대 장	鲡	鱺	뱀장어 리
樱	櫻	앵두 앵	鲢	鰱	연어 련
飘	飄	회오리바람 표	鲣	鰹	가물치 견
餍	靨	보조개 엽	鲥	鰣	준치 시
魇	魘	가위눌릴 염	鲤	鯉	잉어 리
餍	饜	물릴 염	鲦	鰷	피라미 조
辘	轆	도르래 록	鲧	鯀	큰 물고기 곤
龉	齬	이 어긋날 어	鲩	鯇	산천어 혼
龊	齪	악착스러울 악	鲫	鯽	붕어 즉
觑	覷	엿볼 처	瘪	癟	작아질 별
瞒	瞞	속일 만	斋	齋	부술 제
题	題	제목 제	颜	顏	얼굴 안
颙	顒	공격할 옹	鹣	鶼	비익조 겸
踬	躓	넘어질 지	鲨	鯊	상어 사
		넘어질 질	澜	瀾	파도 란
踯	躑	머뭇거릴 척	额	額	이마 액
蝾	蠑	도룡뇽 영	褴	襤	해진 옷 감
蝼	螻	땅강아지 루	鹤	鶴	두루미 학
噜	嚕	자꾸 말할 로	屦	屨	신을 구

【 16 획 】

중국 간체	한자	훈과 음
耰	耰	써레질 파
擞	擻	버릴 수
颞	顳	관자놀이 섭
颟	顢	큰 얼굴 만
薮	藪	늪 수
颠	顛	꼭대기 전
橹	櫓	노 로
檬	檬	레몬 연
鹥	鷖	갈매기 예
赝	贗	가짜 안
飙	飆	폭풍 표
豮	豶	거세한 돼지 분
辙	轍	수레바퀴 자국 철
辚	轔	수레소리 린
醝	醝	소금 차
螨	蟎	진드기 만
鹦	鸚	앵무새 앵
赠	贈	증정할 증
氇	氌	모직물 로
赞	贊	도울 찬
穑	穡	거둘 색
篮	籃	대바구니 람
篱	籬	울타리 리
魉	魎	도깨비 량
鲭	鯖	청어 청

중국 간체	한자	훈과 음
鲮	鯪	능어 릉
鲰	鯫	뱅어 추
鲱	鯡	날치 비
鲲	鯤	곤이 곤
鲳	鯧	병어 창
鲵	鯢	도롱뇽 예
鲶	鯰	메기 염
鲷	鯛	도미 조
鲸	鯨	고래 경
缁	緇	숭어 치
獭	獺	수달 달
鹧	鷓	자고새 자
瘿	癭	혹 영
瘾	癮	두드러기 은
斓	斕	문채 란
辩	辯	변론할 변
濑	瀨	여울 뢰
濒	瀕	물가 빈
懒	懶	게으를 라
黉	黌	글방 횡
鹨	鷚	종달새 류
颡	顙	이마 상

【 17 획 】

중국 간체	한자	훈과 음
藓	蘚	이끼 선
鹩	鷯	굴뚝새 료
龋	齲	충치 우

중국 간체	한자	훈과 음	중국 간체	한자	훈과 음
龌	齷	악착할 악			【 18 획 】
瞩	矚	자세히 볼 촉			
蹒	蹣	비틀거릴 반	鳌	鰲	바다큰거북 오
蹑	躡	밟을 섭	鞯	韉	깔개 천
蟏	蠨	갈거미 소	魇	魘	사마귀 염
㘎	㘚	맹수소리 감·함	歔	歔	물고기 잡을 어
羁	羈	굴레 기	颢	顥	클 호
赡	贍	넉넉할 섬	鹭	鷺	해오라기 로
簖	籪	대나무통발 단	嚣	囂	시끄러울 효
鹪	鷦	뱁새 초	髅	髏	해골 루
䲠	鰆	평삼치 춘	雠	讎	원수 수
鲽	鰈	납자루 접	螣	螣	쑤기미 등
鳝	鱔	황상어 상	鳍	鰭	지느러미 기
鳃	鰓	아가미 새	鳎	鰨	가자미 탑
鳁	鰮	정어리 온	鳏	鰥	홀아비 환
鳄	鰐	악어 악	鲂	鰟	방어 방
鳅	鰍	미꾸라지 추	鳒	鰜	넙치 겸
鳆	鰒	전복 복	鹯	鸇	새매 전
鳇	鰉	철갑상어 황	鹰	鷹	송골매 응
鳛	鰼	미꾸라지 추	癞	癩	나병 라
鳊	鯿	방어 편	辗	囅	웃는 모양 천
鹫	鷲	수리 취	䴙	鷿	논병아리 벽
辫	辮	땋을 변			
赢	贏	남을 영			【 19 획 】
懑	懣	번민할 만			
鹬	鷸	도요새 휼	攒	攢	모을 찬
骤	驟	갑자기 취	霭	靄	연무 애
			鳖	鱉	자라 별

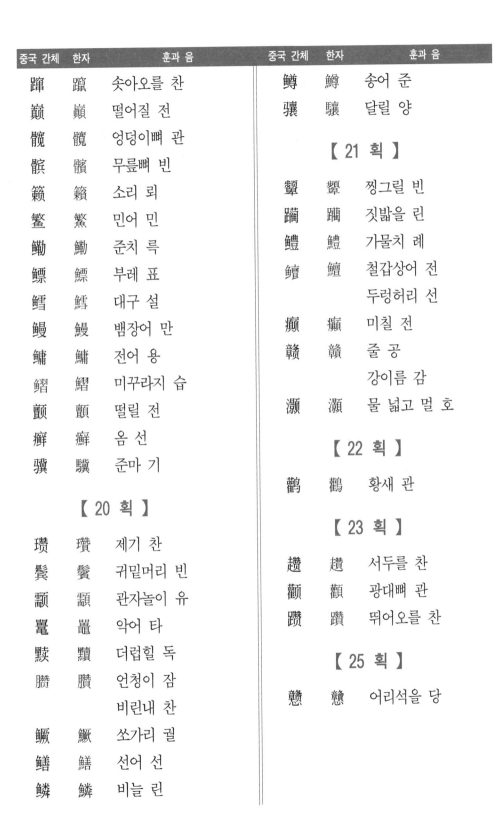

躦	躓	솟아오를 찬
巓	巓	떨어질 전
髋	髖	엉덩이뼈 관
髌	髕	무릎뼈 빈
籁	籟	소리 뢰
鳘	鰵	민어 민
鰳	鰳	준치 륵
鳔	鰾	부레 표
鳕	鱈	대구 설
鳗	鰻	뱀장어 만
鳙	鱅	전어 용
鳛	鰼	미꾸라지 습
颤	顫	떨릴 전
癣	癬	옴 선
骥	驥	준마 기

【 20 획 】

瓒	瓚	제기 찬
鬓	鬢	귀밑머리 빈
颥	顬	관자놀이 유
鼍	鼉	악어 타
黩	黷	더럽힐 독
膙	臢	언청이 잠
		비린내 찬
鳜	鱖	쏘가리 궐
鳝	鱔	선어 선
鳞	鱗	비늘 린

| 鳟 | 鱒 | 송어 준 |
| 骧 | 驤 | 달릴 양 |

【 21 획 】

颦	顰	찡그릴 빈
躏	躙	짓밟을 린
鳢	鱧	가물치 례
鳣	鱣	철갑상어 전
		두렁허리 선
癫	癲	미칠 전
赣	贛	줄 공
		강이름 감
灏	灝	물 넓고 멀 호

【 22 획 】

| 鹳 | 鸛 | 황새 관 |

【 23 획 】

趱	趲	서두를 찬
颧	顴	광대뼈 관
躜	躦	뛰어오를 찬

【 25 획 】

| 戆 | 戇 | 어리석을 당 |

2. 부수순으로 본 중국 간체자

훈과 음	한자	중국 간체	훈과 음	한자	중국 간체
【一】			미칠 창(성길 창)	倀	伥
소 축	丑	丑	값 치	値	值
【乙】			훌륭할 위	偉	伟
하늘 건(마를 건)	乾	干	정탐할 정	偵	侦
어지러울 란	亂	乱	뛰어날 걸	傑	杰
【二】			갖출 비	備	备
버금 아(아귀 아)	亞	亚	우산 산	傘	伞
빠를 극(자주 기)	亟	亟	거꾸로 될 전	傎	傎
【人(亻)】			기울 경	傾	倾
올 래(위로할 래)	來	来	구부릴 구	傴	伛
둥글 륜	侖	仑	겨우 근	僅	仅
걸릴 계	係	系	구부릴 루	僂	偻
짝 려	侶	侣	상처 상	傷	伤
호협할 협(곁 협)	俠	侠	품팔이 용(고를 종)	傭	佣
낱 개	個	个	전할 전	傳	传
재주 량	倆	俩	빚 채	債	债
인륜 륜	倫	伦	다 첨	僉	佥
들 문	們	们	높을 교	僑	侨
본뜰 방	倣	仿	종 복	僕	仆
아우를 병	倂	併	형상 상	像	象
곳집 창	倉	仓	중 승	僧	僧
슬퍼할 창	愴	怆	바랄 요	僥	侥
			거짓 위	僞	伪
			값 가	價	价
			검소할 검	儉	俭
			억 억	億	亿

훈과 음	한 자	중국 간체
거동 의	儀	仪
거간 쾌	儈	侩
동배 제	儕	侪
짝 주	儔	俦
다할 진	儘	尽
갚을 상	償	偿
넉넉할 우	優	优
쌓을 저	儲	储
역귀 쫓을 나	儺	傩
짝 려	儷	俪
빼어날 당	儻	傥
의젓할 엄	儼	俨

【儿】

바꿀 태(날카로울 예)	兌	兑
아이 아(연약할 예)	兒	儿
두 량(양 량)	兩	两

【冫】

얼 동	凍	冻

【几】

즐길 개	凱	凯

【刀(刂)】

이길 극	剋	克
곧 즉(법 칙)	則	则
군셀 강	剛	刚
깎을 잔(전)	剗	刬

훈과 음	한 자	중국 간체
바를 과	剮	剐
알맞을 개(큰낫 개)	剴	剀
비롯할 창(상처 입을 창)	創	创
그을 획	劃	划
칼 검	劍	剑
상처 입힐 귀	劌	刿
극할 극	劇	剧
죽일 류	劉	刘
약지을 제	劑	剂

【力】

군셀 경	勁	劲
움직일 동	動	动
일 무(업신여길 모)	務	务
일할 로(위로할 로)	勞	劳
이길 승(견딜 승)	勝	胜
기세 세	勢	势
수고로울 예(이)	勩	勚
공 훈	勳	勋
힘쓸 려	勵	励
권할 권	勸	劝

【匚】

상자 궤	匭	匦
물돌 회	滙	汇
지경 구	區	区

【厂】

싫을 염	厭	厌

훈과 음	한자	중국 간체	훈과 음	한자	중국 간체
갈 려(문둥병 라)	厲	厉	외칠 책	嘖	啧
			탄식할 탄	嘆	叹
【厶】			쪽잘거릴 기	嘰	叽
간여할 참	參	参	뿜을 분	噴	喷
			성낼 오(새소리 악)	噁	恶
【又】			불 허	噓	嘘
모일 총	叢	丛	두려워할 효	嘵	哓
			소근거릴 농	噥	哝
【口】			말 서투를 달	噠	哒
수효 원(더할 운)	員	员	목구멍 쾌(야윌 괄)	噲	哙
찬불 패	唄	呗	새소리 해(딸꾹질 얼)	噦	哕
열 계	啓	启	간곡할 녕	嚀	咛
물을 문	問	问	웃을 하(성낼 혁)	嚇	吓
벙어리 아	啞	哑	깨물 교	嚙	啮
높을 교	喬	乔	아까워할 로	嚕	噜
홑 단(가볍게 떠날 전)	單	单	향할 향	嚮	向
죽을 상(잃을 상)	喪	丧	고할 곡	嚳	喾
깨우칠 유(기뻐할 유) (아닌지 지)	喩	喻	엄할 엄	嚴	严
두런거릴 즉	喞	唧	소리 얽힐 라 (지껄일 라)	囉	啰
아낄 색	嗇	啬	잠꼬대 예	囈	呓
목구멍 익(목맬 애) (웃는 모양 악)	嗌	嗌	부탁할 촉	囑	嘱
성낼 진(기운성할 전)	嗔	嗔			
노래 홍	嗊	唝	**【囗】**		
노래할 구(게울 구) (기꺼이 말할 후)	嘔	呕	나라 국	國	国
시끄러울 루	嘍	喽	완전할 륜	圇	囵
맛볼 상	嘗	尝	둘레 위	圍	围
			둥글 원	圓	圆
			동산 원	園	园

훈과 음	한 자	중국 간체	훈과 음	한 자	중국 간체
둥글 단	團	团	무너질 괴	壞	坏
그림 도	圖	图	술병 담	壜	坛
			흑토 로	壚	垆
			언덕 롱	壟	垄
			방죽 파	壩	坝

【土】

훈과 음	한 자	중국 간체
굳셀 견	堅	坚
찰흙 식(치)	埴	埴
백토 악	堊	垩
잡을 집	執	执
갚을 보(나아갈 부)	報	报
요임금 요	堯	尧
마당 장	場	场
흙덩이 괴	塊	块
진흙 도	塗	涂
둑 오	塢	坞
메울 전(누를 진)	塡	填
빠질 점	墊	垫
티끌 진	塵	尘
무덤 분	墳	坟
불을 증	增	增
떨어질 추	墜	坠
떨어질 타(휴)	墮	堕
따비할 간	墾	垦
단 단(평평할 단)	壇	坛
누를 압(숙일 엽)	壓	压
(누를 엽, 싫을 염)		
질나팔 훈	壎	埙
광 광	壙	圹
진 루(이을 루)	壘	垒
(끌밋할 뢰)		

【士】

훈과 음	한 자	중국 간체
씩씩할 장	壯	壮
병 호	壺	壶
대궐안길 곤	壼	壸
목숨 수	壽	寿

【夕】

훈과 음	한 자	중국 간체
많을 과	夥	伙
꿈 몽	夢	梦

【大】

훈과 음	한 자	중국 간체
낄 협(손잡이 협)	夾	夹
권면할 장	獎	奖
빼앗을 탈	奪	夺
떨칠 분	奮	奋

【女】

훈과 음	한 자	중국 간체
꾸밀 장	妝	妆
간사할 간	姦	奸
즐거워할 오	娛	娱
끌 루(자주 루)	婁	娄
며느리 부	婦	妇
동서 아	婭	娅

훈과 음	한 자	중국 간체	훈과 음	한 자	중국 간체
여신 과(와)	媧	娲	베낄 사(부릴 사)	寫	写
할미 구	嫗	妪	살필 심(돌 반)	審	审
아리따울 교	嬌	娇	필 총(현명 룡)	寵	宠
성 규	嬀	妫	보배 보	寶	宝
번거로울 뇨(약할 뇨)	嬈	娆			
(예쁠 요)					

【 寸 】

훈과 음	한 자	중국 간체
아리따울 무	嫵	妩
고울 선	嬋	婵
정숙할 획	嫿	婳
궁녀 장	嬙	嫱
아내 빈	嬪	嫔
갓난아이 영	嬰	婴
(연약할 영)		
숙모 심	嬸	婶
아름다울 련	孌	娈

장차 장(장수 장)	將	将
오로지 전(둥글 단)	專	专
찾을 심	尋	寻
대답할 대	對	对
이끌 도	導	导

【 尸 】

병풍 병(물리칠 병)	屛	屏
(두려워할 병)		
여러 루	屢	屡
층 층	層	层
이을 촉(무리 속)	屬	属
(부을 주)		

【 子 】

손자 손(성 손)	孫	孙
(달아날 손)		
배울 학	學	学
쌍둥이 산(련)	孿	孪

【 宀 】

집 궁	宮	宫
밤 소	宵	宵
편안할 녕	寧	宁
열매 실(이를 지)	實	实
잠길 침	寢	寝
너그러울 관	寬	宽

【 山 】

언덕 강	岡	冈
섬 도	島	岛
재 현	峴	岘
골짜기 협	峽	峡
봉우리 루	嶁	嵝
(산꼭대기 루)		
높을 참	嶄	崭
뾰족하게 높을 교	嶠	峤

훈과 음	한 자	중국 간체
높고 험할 금	嶔	嵚
높을 요	嶢	峣
산 높고 험할 증	嶒	嶒
산 이름 역	嶧	峄
돌산 학	嶨	峃
재 령	嶺	岭
섬 서	嶼	屿
가파를 영	嶸	嵘
험준할 귀	巋	岿
뫼 만	巒	峦

【巛】

훈과 음	한 자	중국 간체
지하수 경	巠	조
돌 순	巡	巡

【巾】

훈과 음	한 자	중국 간체
장수 수(거느릴 솔)	帥	帅
스승 사	師	师
띠 대	帶	带
휘장 장	帳	帐
그림족자 정	幀	帧
머리장식 귁	幗	帼
건 책	幘	帻
기 치	幟	帜
비단 폐	幣	币
도울 방	幫	帮

【幺】

훈과 음	한 자	중국 간체
이미 기(몇 기)	幾	几

【广】

훈과 음	한 자	중국 간체
넓을 광(넓이 광)	廣	广
사당 묘	廟	庙
집 무(무성할 무)	廡	庑
헛간 창	廠	厂
폐할 폐	廢	废
오두막집 려 (창자루 로)	廬	庐
관청 청	廳	厅

【廴】

훈과 음	한 자	중국 간체
돌 회	廻	回

【廾】

훈과 음	한 자	중국 간체
해질 폐(섞일 별)	弊	弊

【弓】

훈과 음	한 자	중국 간체
활 뒤틀릴 별	彆	别
탄알 탄(튀길 탄)	彈	弹
두루 미(그칠 미) (갓난아이 미)	彌	弥
굽을 만	彎	弯

【彐】

훈과 음	한 자	중국 간체
무리 휘	彙	汇

【彳】

훈과 음	한 자	중국 간체
뒤 후(뒤로할 후)	後	后

훈과 음	한 자	중국 간체	훈과 음	한 자	중국 간체
좇을 종(시중들 종)	從	从	불쌍히 여길 련	憐	怜
돌아올 부(다시 부)	復	复	어루만질 무	憮	怃
부를 징(음률이름 치)	徵	征	근심할 민	憫	悯
통할 철	徹	彻	결낼 분	憤	愤
			고달플 비(기댈 빙)	憊	惫
【 心(忄) 】			꺼릴 탄(깔볼 천)	憚	惮
			법 헌(기뻐할 헌)	憲	宪
번민할 민	悶	闷	정성 간	懇	恳
(깨닫지 못할 민)			생각할 억	憶	忆
악할 악(미워할 오)	惡	恶	기뻐할 역	懌	怿
슬퍼할 창	悵	怅	당할 응(대답할 응)	應	应
사랑 애	愛	爱	원망할 대	懟	怼
도타울 운	惲	恽	번민할 만	懣	懑
쾌할 협	愜	惬	(번거로울 문)		
즐거울 개	愷	恺	어두울 몽	懞	蒙
성낼 개(한숨쉴 희)	愾	忾	혼날 징	懲	惩
(이름 흘)			게으를 라(미워할 뢰)	懶	懒
삼갈 신	愼	慎	매달 현	懸	悬
슬퍼할 창	愴	怆	품을 회	懷	怀
모양 태	態	态	뉘우칠 참	懺	忏
아낄 각	慳	悭	두려워할 구	懼	惧
경사 경	慶	庆	두려워할 섭	懾	慑
생각할 려(사실할 록)	慮	虑	사모할 련	戀	恋
버릇 관	慣	惯	어리석을 당	戇	戆
정성스러울 루	慺	娄			
근심할 우	憂	忧	**【 戈 】**		
권할 종	慫	怂			
참혹할 참	慘	惨	해칠 잔	戔	戋
서럽게 울 통	慟	恸	다칠 창	戧	戗
심란할 궤	憒	愦	싸울 전	戰	战

훈과 음	한자	중국 간체	훈과 음	한자	중국 간체
놀 희(기 휘, 아하 호)	戲	戏	잡을 지	摯	挚
			들 교(올라갈 교)	撟	挢
【 手(扌) 】			(약탈할 교)		
걸 괘	掛	挂	어지러울 뇨(돌 효)	撓	挠
말 권(힘쓸 권)	捲	卷	(꺾일 뇨, 부드럽게 할 호)		
가릴 론(륜)	掄	抡	어루만질 무	撫	抚
어루만질 문	捫	扪	칠 박(닦을 복)	撲	扑
버릴 사	捨	舍	다스릴 발(방패 벌)	撥	拨
쓸 소	掃	扫	딸 잠	撏	挦
찌를 쟁(참을 쟁)	掙	挣	손에 들 탄(당길 선)	撣	掸
가릴 간(련)	揀	拣	버틸 탱	撐	撑
오를 양	揚	扬	찢을 휘(도울 위)	撝	㧑
바꿀 환	換	换	어거할 거	據	据
휘두를 휘(완전할 혼)	揮	挥	칠 격	擊	击
팔 골	搰	搰	칠 과	撾	挝
찧을 도	搗	捣	매질할 달	撻	挞
덜 손	損	损	멜 담(짐 담)	擔	担
흔들릴 요	搖	摇	숨길 당	擋	挡
닿을 창(돛 올릴 창)	搶	抢	사로잡을 로	擄	掳
(어지러울 창)			안을 옹(가릴 옹)	擁	拥
익숙해질 관	摜	掼	가릴 택	擇	择
칠 곡	摑	掴	높을 각	擱	搁
출 구	摳	抠	어지러워질 녕	擰	拧
뭉칠 단(오로지 전)	摶	抟	물리칠 빈	擯	摈
(묶을 전)			헤아릴 의	擬	拟
제거할 병	摒	摒	밀 제	擠	挤
잡을 삼(가늘 섬)	摻	掺	어지러울 요	擾	扰
(가질 삼, 칠 참)			던질 척	擲	掷
접을 접(꺾을 랍)	摺	折	펼 터	攄	摅

훈과 음	한 자	중국 간체	훈과 음	한 자	중국 간체
열릴 파	擺	摆	이미 기(녹미 희)	旣	既
넓힐 확	擴	扩			
막을 란	攔	拦	**【 日 】**		
다가설 영	攖	撄	때 시	時	时
찌를 참	攙	搀	낮 주	晝	昼
당길 섭(편안할 녑)	攝	摄	더울 서	暑	暑
움츠릴 송	攦	拟	무리 훈	暈	晕
던질 찬	攛	撺	빛 휘	暉	晖
걸릴 련(오그라질 련)	攣	挛	펼 창	暢	畅
모일 찬	攢	攒	저물 모	暮	暮
펼 란	攤	摊	잠시 잠	暫	暂
어지러울 교	攪	搅	몇 기	曁	曁
잡을 람	攬	揽	흐릴 담	曇	昙
			책력 력	曆	历
【 攴 】			해돋을 섬	暹	暹
가르칠 교	敎	教	빛날 엽	曄	晔
깨뜨릴 패	敗	败	새벽 효	曉	晓
높을 창	敞	敞	가릴 애	曖	暧
해질 폐(힘쓸 폐)	敝	敝	밝을 광	曠	旷
(옷 별)			어스레할 롱	曨	昽
셀 수(수 수, 자주 삭)	數	数	쬘 쇄	曬	晒
원수 적	敵	敌			
거둘 렴(지명 렴)	斂	敛	**【 曰 】**		
			쓸 서	書	书
【 斤 】			모일 회(상투 괄)	會	会
벨 참	斬	斩	**【 月 】**		
끊을 단(결단할 단)	斷	断	밝을 랑	朗	朗
			나 짐	朕	朕
【 无 】					

훈과 음	한 자	중국 간체	훈과 음	한 자	중국 간체
흐릿할 롱	朧	胧	풍류 악(즐길 락) (좋아할 요)	樂	乐

【 木 】

훈과 음	한 자	중국 간체	훈과 음	한 자	중국 간체
동녘 동	東	东	모양 양 (상수리나무 상)	樣	样
가지 조(씻을 척)	條	条	말뚝 장(칠 용)	樁	桩
나무끝 초	梢	梢	상앗대 장	檠	桨
올빼미 효	梟	枭	전나무 종	樅	枞
버릴 기	棄	弃	판 참(첨)	櫬	榇
용마루 동	棟	栋	지도리 추 (느릅나무 우)	樞	枢
심을 식(꽂을 치)	植	植	우듬지 표	標	标
잔도 잔	棧	栈	감람나무 감	橄	橄
문설주 정	棖	枨	다리 교(굳셀 교) (빠를 고)	橋	桥
대추나무 조	棗	枣	틀 기	機	机
다할 극(잦을 극)	極	极	굽을 요(노 요)	橈	桡
버들 양	楊	杨	통나무 박(총생할 복)	樸	朴
업 업(일 업)	業	业	나무 수(심을 수)	樹	树
닥나무 저	楮	楮	길쭉할 타	橢	椭
광나무 정	楨	桢	자작나무 화	樺	桦
단풍나무 풍	楓	枫	개오동나무 가	檟	槚
등걸 골	榾	榾	봉함 검	檢	检
얽을 구	構	构	채찍 과	檛	挝
오리나무 기	檆	榿	의자 당(문서 당)	檔	档
꽃 영	榮	荣	돛대 장	檣	樯
올발 올	榲	榅	위성류 정	檉	柽
창 창	槍	枪	노송나무 회	檜	桧
망치 추(던질 퇴)	槌	槌	함 궤	櫃	柜
평미레 개	槪	概	레몬 녕	檸	柠
제기 련(빗장 련)	槤	梿			
다락 루	樓	楼			

훈과 음	한 자	중국 간체	훈과 음	한 자	중국 간체
빈랑나무 빈	檳	槟			
우리 함	檻	槛	**【歹】**		
함 독	櫝	椟	번성할 식	殖	殖
상수리나무 력	櫟	栎	해칠 잔	殘	残
(문지를 로)			죽을 운	殞	殒
방패 로	櫓	橹	일찍 죽을 상	殤	殇
빗 즐	櫛	栉	다할 탄	殫	殚
말구유 력	櫪	枥	염할 렴	殮	殓
두공 로	櫨	栌	다 죽일 섬	殲	歼
우리 롱	櫳	栊	염할 빈	殯	殡
종가시나무 저	櫧	槠			
널 츤	櫬	榇	**【殳】**		
느티나무 거	櫸	榉	죽일 살(덜 쇄)	殺	杀
난간 란	欄	栏	껍질 각	殼	壳
앵두나무 앵	櫻	樱			
권세 권(저울추 권)	權	权	**【毛】**		
나무이름 란	欒	栾	모전 전	氈	毡
감람나무 람	欖	榄	모직물 로	氌	氇
【欠】			**【气】**		
노래 유	歈	歈	기운 기	氣	气
토할 구(노래할 구)	歐	欧			
읊을 탄	歎	叹	**【水(氵)】**		
어조사 여	歟	欤			
			가라앉을 몰	沒	没
【止】			통할 경	涇	泾
			사라질 소	消	消
해 세	歲	岁	강 이름 내	淶	涞
지낼 력	歷	历	눈물 루	淚	泪
돌아갈 귀	歸	归	물놀이 륜	淪	沦

훈과 음	한자	중국 간체	훈과 음	한자	중국 간체
깨끗할 정	淨	净	담글 지	漬	渍
얕을 천(물 끼얹을 전)	淺	浅	불을 창	漲	涨
잴 측	測	測	씻을 척	滌	涤
끓인물 탕(끓일 탕)	湯	汤	막힐 체	滯	滞
(해돋을 양)			한수 한	漢	汉
물소리 풍	渢	沨	물가 호	滸	浒
흐릴 혼	渾	浑	강 이름 호	滬	沪
흩어질 환	渙	涣	산골물 간	澗	涧
봇도랑 구	溝	沟	씻을 감	澉	澉
멸망할 멸	滅	灭	깨끗할 결	潔	洁
파도 잇닿아 일 운	溳	涢	무너질 궤	潰	溃
성할 전(강 이름 진)	滇	滇	강 이름 규(강 이름 위)	潙	沩
기준기 준(콧마루 준)	準	准	큰 물결 로(젖을 로)	潦	潦
실개천 형(물결일 영)	滎	荥	뿌릴 발(난폭할 파)	潑	泼
미끄러울 활	滑	滑	떫을 삽	澀	涩
(어지러울 골)			물가 심	潯	浔
물댈 개(이미 기)	漑	溉	물댈 요	澆	浇
흐릴 곤	滾	滚	지명 위	潿	涠
담글 구(거품 구)	漚	沤	젖을 윤	潤	润
소금밭 로	滷	卤	자맥질할 잠	潛	潜
비 추적추적할 루	漊	溇	짙을 농	濃	浓
찰 만(번민할 만)	滿	满	미끄러울 달	澾	达
강 이름 산	滻	浐	앙금 전	澱	淀
스밀 삼(적실 삼)	滲	渗	흐릴 탁	濁	浊
(흐를 림)			못 택(풀 석)	澤	泽
고기잡을 어	漁	渔	(전국술 역, 별이름 탁)		
미음 장	漿	浆	봇도랑 회	澮	浍
점점 점(험할 참)	漸	渐	진창 녕(끓을 녕)	濘	泞
(적실 점)			큰 물결 도	濤	涛

훈과 음	한 자	중국 간체	훈과 음	한 자	중국 간체
퍼질 람(샘 함)	灆	滥	(세차게 흐를 미)		
(고을이름 합, 목욕통 함)			강 이름 소	瀟	潇
가랑비 올 몽(큰물 몽)	濛	蒙	강 이름 섭	灄	滠
치렁치렁할 미	瀰	㳽	강 이름 풍	灃	沣
물가 빈	濱	滨	스며들 리	灕	漓
축축할 습	濕	湿	뿌릴 쇄	灑	洒
강 이름 유	濰	潍	여울 탄(해 탄)	灘	滩
건널 제(많고성할 제)	濟	济	넓을 호	灝	灏
칠 준	濬	浚	물굽이 만	灣	湾
급히 흐를 진	濜	浕	새어 흐를 란	灤	滦
도랑 독(구멍 두)	瀆	渎	물결 출렁거릴 염	灧	滟
강 이름 락·록	濼	泺			
(늪 박)			**【 火(灬) 】**		
맑을 류	瀏	浏	까마귀 오(나라이름 아)	烏	乌
쏟을 사(게울 사)	瀉	泻	없을 무	無	无
즙 심	瀋	沈	외로울 경	煢	茕
흩뿌릴 천	濺	溅	괴로워할 번	煩	烦
(빨리 흐를 천)			쬘 양	煬	炀
맑을 형	瀅	滢	(쇠 녹일 양)		
거를 력	瀝	沥	빨갈 위(빛날 휘)	煒	炜
강 이름 로	瀘	泸	삶을 자	煮	煮
비올 롱(여울 랑)	瀧	泷	불꽃 환	煥	焕
(강 이름 상, 젖을 롱)			빛날 희	熙	熙
여울 뢰	瀨	濑	숯불 온(더울 온)	熅	煴
물가 빈	瀕	濒	(다릴 온)		
미끄러울 수	瀡	𤁉	더울 열	熱	热
물결 란(뜨물 란)	瀾	澜	사를 소(야화 소)	燒	烧
넘칠 렴	瀲	潋	빛날 화	燁	烨
물 넓을 미	瀰	㳽	성할 치	熾	炽

훈과 음	한 자	중국 간체	훈과 음	한 자	중국 간체
데울 탕	燙	烫	교활할 활	猾	猾
부싯돌 수	燧	燧	홀로 독	獨	独
경영할 영(변해할 형)	營	营	오랑캐 이름 험	獫	猃
따뜻할 욱	燠	燠	(개 렴)		
(입김 몰아 불 오)			교활할 회	獪	狯
빛날 찬	燦	灿	모질 녕	獰	狞
촛불 촉	燭	烛	짐승 이름 몽	獴	獴
비출 도	燾	焘	얻을 획(실심할 확)	獲	获
깜부기불 신	燼	烬	사나울 광	獷	犷
빛날 삭(벗겨질 락)	爍	烁	사냥 렵	獵	猎
화로 로	爐	炉	수달 달	獺	獭
문드러질 란	爛	烂	바칠 헌(술두루미 사)	獻	献
할 위	爲	为	(위의 있을 의)		
			짐승 수	獸	兽

【爻】

훈과 음	한 자	중국 간체
너 이	爾	尔
	원숭이 미	獼	猕
	오랑캐 이름 라	玃	猡
	오랑캐 이름 험	玁	𤞑

【牛(牜)】

훈과 음	한 자	중국 간체
끌 견	牽	牵
송아지 독	犢	犊
희생 희	犧	牺

【玉(王)】

훈과 음	한 자	중국 간체
산호 산	珊	珊
나타날 현	現	现
옥소리 쟁	琤	琤
옥 이름 위	瑋	玮
아름다운 옥 혼	琿	珲

【犬(犭)】

훈과 음	한 자	중국 간체
형상 상(문서 장)	狀	状
좁을 협	狹	狭
이리 패	狽	狈
짐승 이름 쟁	猙	狰
사자 사	獅	狮
원숭이 손	猻	狲
	마노 마	瑪	玛
	자질구레할 쇄	瑣	琐
	밝을 영(의혹할 형)	瑩	莹
	아름다운 옥 요	瑤	瑶
	옥소리 장	瑲	玱

훈과 음	한 자	중국 간체	훈과 음	한 자	중국 간체
깨끗할 차	瑳	瑳	(괴로워할 올)		
호련 련(이을 련)	璉	琏	부스럼 창	瘡	疮
구슬 기	璣	玑	학질 학	瘧	疟
옥돌 진	璡	琎	부스럼 루	瘻	瘘
고리 환(물러날 환)	環	环	(곱사등이 루)		
도장 새	璽	玺	경풍 간	癇	痫
옥 경(아름다운 옥 선)	瓊	琼	잃을 단	癉	瘅
옥소리 롱	瓏	珑	중독 로	癆	痨
구슬 목걸이 영	瓔	璎	병고칠 료	療	疗
제기 찬	瓚	瓒	창질 려(문둥병 라)	癘	疠
			가려울 양	癢	痒
【瓦】			부스럼 절	癤	疖
병 병	瓶	瓶	적취 징	癥	症
사발 구	甌	瓯	연주창 력	癧	疬
			약물 중독 라	癩	癞
【生】			(문둥병 라)		
낳을 산(기를 산)	産	产	혹 영	癭	瘿
			두드러기 은	癮	瘾
【田】			악창 옹	癰	痈
이랑 묘	畝	亩	미칠 전	癲	癫
다를 이	異	异	사지 틀릴 탄	癱	瘫
마칠 필	畢	毕			
그림 화	畫	画	**【癶】**		
당할 당(주관할 당)	當	当	일어날 발(쏠 발)	發	发
밭두둑 주	疇	畴	(물고기 성한 모양 발)		
【疒】			**【皿】**		
종기 양	瘍	疡	더할 익(넘칠 일)	益	益
염병 온(좀 아플 온)	瘟	瘟	잔 잔	盞	盏

훈과 음	한자	중국 간체	훈과 음	한자	중국 간체
볼 감(살필 감)	監	监	마노 마	碼	码
(헤아릴 감)			맷돌 애(쌓을 외)	磑	硙
다할 진(진력할 진)	盡	尽	(단단할 애, 갈 마)		
소반 반	盤	盘	(들어맞을 개)		
밥그릇 로	盧	卢	갈 차	磋	磋

【 目 】

			굳을 확	確	确
참 진	眞	真	서덜 적	磧	碛
한눈 팔 래	睞	睐	모래섞일 참(참)	磣	碜
삼가 볼 록	睩	睩	메마른 땅 교	磽	硗
볼 도	睹	睹	물가 기	磯	矶
주시할 루(웃을 루)	瞜	睖	주춧돌 초	礎	础
속일 만	瞞	瞒	거리낄 애(푸른돌 의)	礙	碍
(부끄러워할 문)			쇳돌 광	礦	矿
우거질 촉	矗	矗	조약돌 력	礫	砾
엿볼 감	瞯	瞯	명반 반	礬	矾
볼 촉	矚	瞩	갈 롱	礱	砻

【 矢 】

【 示 】

			다행 잉	礽	礽
바로잡을 교	矯	矫	성할 기(땅이름 지)	祁	祁
			제사 사	祀	祀

【 石 】

			사직 사	社	社
갈 연(벼루 연)	研	研	(토지신 사)		
벼루 연	硯	砚	빌 기(산제사 궤)	祈	祈
주사 주	硃	朱	토지신 기	祇	祇
조개 이름 차(거)	硨	砗	(조사 지)		
고을이름 협	硤	硖	복 지	祉	祉
클 석	碩	硕	제사 이름 팽	祊	祊
무늬있는 돌 탕	碭	砀	푸닥거리할 불	祓	祓

훈과 음	한자	중국 간체	훈과 음	한자	중국 간체
사당 사	祠	祠	예도 예	禮	礼
위패 석	祏	祏	아비 사당 녜	禰	祢
귀신 신	神	神	빌 도	禱	祷
도울 우	祐	祐	제사 이름 양	禳	禳
조상 조	祖	祖	(푸닥거리할 양)		
복 조	祚	祚			
공경할 지	祗	祗	**【 禾 】**		
빌 축(저주할 주)	祝	祝	일찍 심은 벼 직	稙	稙
(약바를 주)			씨 종(심을 종)	種	种
상서로울 상	祥	祥	(만생종 종)		
조묘 조	祧	祧	일컬을 칭(저울 칭)	稱	称
합사할 협	祫	祫	곡식 곡	穀	谷
요기 침(햇무리 침)	祲	祲	떨기로 날 진	稹	稹
강신제 관	祼	祼	밸 기	槩	槩
복 기	祺	祺	쭉정이 이삭 삼	穇	穇
복 록	祿	禄	긁어모을 소	穌	稣
계제 계	禊	禊	이삭 영	穎	颖
복 복(간직할 부)	福	福	쌓을 적	積	积
아름다울 의	禕	祎	더러울 예	穢	秽
제사 지낼 인(연)	禋	禋	평온할 온	穩	稳
상서 정	禎	祯	벼벨 확(땅이름 호)	穫	获
종묘 제사 이름 체	禘	禘			
재화 화	禍	祸	**【 穴 】**		
마제 마	禡	祃	웅덩이 와	窪	洼
땅 이름 작	禚	禚	움집 와	窩	窝
복 받을 진	禛	禛	다할 궁	窮	穷
막을 어	禦	御	엿볼 규	窺	窥
담제 담	禫	禫	높고 좁은 곳 부	窶	窭
봉선 선	禪	禅	(가난할 구)		

훈과 음	한 자	중국 간체	훈과 음	한 자	중국 간체
그윽할 조	寫	窎	발 렴	簾	帘
숨을 찬	竄	窜	농 첨	簽	签
구멍 규	竅	窍	바구니 람	籃	篮
부엌 조	竈	灶	투호살 주(일 도)	籌	筹
훔칠 절	竊	窃	대그릇 롱	籠	笼
			(대이름 롱, 축축해질 롱)		

【 立 】

			세 구멍 퉁소 뢰	籟	籁
편안할 정	靖	埥	대 꺼풀 탁	籜	箨

【 竹 】

			대자리 거	籧	蘧
죽순 순(여린대 윤)	筍	笋	제비 첨	籤	签
(가마 순)			키 라	籮	箩
붓 필	筆	笔	부를 유(약)	籲	吁
광주리 거(대이름 악)	筥	筥			

【 米 】

쟁 쟁	箏	筝	똥 분	糞	粪
찌지 전	箋	笺	양식 량	糧	粮
법 범	範	范	매조미쌀 조	糙	糙
마디 절	節	节	경단 단	糰	团
상자 협	篋	箧	현미 려(랄)(현미 뢰)	糲	粝
도타울 독	篤	笃	쌀 사들일 적	糴	籴
쌓을 축	築	筑	(성 조)		
대 채롱 루	簍	篓	쌀 내어 팔 조	糶	粜
뜸 봉	篷	篷			

【 糸 】

버금자리 추	篘	篘	꼴 규(맺힐 교)	糾	纠
울타리 필	篳	筚	새끼 인(꼴 근)	紉	纫
대쪽 간	簡	简	껑거리끈 주	紂	纣
삼태기 궤	簣	篑	굽을 우	紆	纡
대광주리 단	簞	箪	붉을 홍(베짤 공)	紅	红
퉁소 소	簫	箫			

훈과 음	한 자	중국 간체	훈과 음	한 자	중국 간체
(짙붉을 강)			끝날 종	終	终
질 낮은 명주실 흘	紇	纥	명주 주	紬	绸
갓끈 굉	紘	纮	비틀 진	紾	纱
옷고름 금	衿	衿	물리칠 출	絀	绌
등급 급	級	级	속일 태	紿	绐
바칠 납	納	纳	진홍 강	絳	绛
끈 뉴	紐	纽	맺을 결(맬 계)	結	结
무늬 문	紋	纹	바지 고	絝	绔
자을 방	紡	纺	목맬 교(염습 효)	絞	绞
어지러워질 분	紛	纷	헌솜 락	絡	络
가선 비(꾸밀 비)	紕	纰	실 사	絲	丝
(모직물 비)			융 융	絨	绒
깁 사	紗	纱	기운 인	絪	绌
느슨할 서	紓	纾	끊을 절	絶	绝
생사 순	純	纯	질 질	絰	绖
어지러울 운	紜	纭	큰줄기 통	統	统
짤 임	紝	纴	무늬 현(노 순)	絢	绚
종이 지	紙	纸	두레박줄 경	綆	绠
고삐 진(인)	紖	纫	날 경	經	经
감색 감	紺	绀	짤 곤	綑	细
끌어쥘 경	絅	絅	편안할 수	綏	绥
줄 반	絆	绊	수놓을 수	繡	绣
얽힌 삼 불	紼	绋	깁 제	綈	绨
인끈 불	紱	绂	생사 초	綃	绡
고삐 설	紲	绁	칡베 치	絺	绤
가늘 세	細	细	벼리 강	綱	纲
이를 소	紹	绍	띠 곤	緄	绲
큰 띠 신	紳	绅	꿰맬 곤(정다울 권)	綣	绻
끈 조	組	组	비단 기	綺	绮

훈과 음	한자	중국 간체	훈과 음	한자	중국 간체
굳게 얽을 긴	緊	紧	봉할 함	緘	缄
쌀 도	綢	绸	관 묶는 줄 함	縑	缣
초록빛 록	綠	绿	(함사비단 겸)		
끈목 류	絡	绺	묶을 박(줄 부)	縛	缚
낚싯줄 륜	綸	纶	목맬 액	縊	缢
비단 릉	綾	绫	얽힐 영	縈	萦
그물 망	網	网	헌솜 온(주홍빛 온)	縕	缊
붉은빛 비	緋	绯	(어지러울 온)		
실 선	綫	线	화문 놓을 욕	縟	缛
인끈 수	綬	绶	삼실 진(촘촘할 진)	縝	缜
바 유	維	维	상복 이름 최	縗	缞
너그러울 작	綽	绰	(깃옷 사)		
잉아 종	綜	综	매어달 추	縋	缒
검은비단 치	緇	缁	주름질 추(주름질 축)	縐	绉
옷터질 탄	綻	绽	(거친명주 초)		
비단 단	緞	缎	매달 현(고을 현)	縣	县
(신 뒤축 헝겊 하)			명주 호	縞	缟
익힐 련	練	练	헌솜 견(밧줄 넘)	縴	纤
가는 실 면	緬	缅	실 루(누더기 루)	縷	缕
아득할 묘	緲	缈	포승 루(밧줄 리)	縲	缧
담황색 상	緗	缃	신 꾸미개 리	縭	缡
실마리 서(나머지 사)	緒	绪	무늬 없는 비단 만	縵	缦
시마복 시	緦	缌	(무늬 없을 만)		
느릴 완	緩	缓	꿰맬 봉(솔기 봉)	縫	缝
씨 위(묶을 위)	緯	纬	고치켤 소(문채 조)	繅	缫
붉은 비단 제	緹	缇	실 낳을 적	績	绩
낳을 집	緝	缉	늘어질 종(바쁠 총)	縱	纵
맺을 체	締	缔	(세로 종)		
밸 치	緻	致	맬 집(사람이름 접)	繁	絷

훈과 음	한 자	중국 간체	훈과 음	한 자	중국 간체
거느릴 총(꿰맬 총) (그물 종)	總	总	얽힐 전	纏	缠
옥색 표	縹	缥	홀치기염색 힐	纈	缬
감길 료(다스릴 료) (사람이름 요)	繚	缭	가늘 섬	纖	纤
기울 선	繕	缮	갓끈 영	纓	缨
수 수(생초 초)	繡	绣	겨우 재(밤색 삼)	纔	才
두를 요(감길 요)	繞	绕	닻줄 람	纜	缆
비단 증	繒	缯			

【 缶 】

훈과 음	한 자	중국 간체
짤 직(무늬비단 치)	織	织
고삐 강	繮	缰
고치 견	繭	茧
양병 앵	罌	罂
술병 담	罎	坛

【 罒·网 】

훈과 음	한 자	중국 간체
맬 계	繫	系
고치켤 소 (야청 통견 조)	繰	缲
둘 치	置	置
죄 벌	罰	罚
욕할 매	罵	骂
줄 승(아이들 잉) (끝없을 민, 노끈 승)	繩	绳
방면할 파(가를 벽) (고달플 피, 그만둘 파)	罷	罢
풀어낼 역	繹	绎
얽을 현(잠가기둥 환)	繯	缳
새그물 라	羅	罗
큰 곰 비	羆	罴
그림 회 (색실 머리 묶을 쾌)	繪	绘

【 羊, 羋 】

훈과 음	한 자	중국 간체
곡진할 견	繾	缱
이을 계	繼	继
옳을 의	義	义

【 羽 】

훈과 음	한 자	중국 간체
땋을 변	辮	辫
어지러울 빈	繽	缤
익힐 습	習	习
솜 광	纊	纩
휠휠 날 휘	翬	翚
맬 루(산 이름 루) (연루시킬 루)	纍	累
꼬리 긴 깃털 교	翹	翘
이을 속	續	续

【耳】

훈과 음	한자	중국 간체
성스러울 성	聖	圣
잇달 련	聯	联
소리 성	聲	声
솟을 용	聳	耸
귀 밝을 총	聰	聪
소근거릴 섭(합할 섭)	聶	聂
(움직일 엽, 저밀 접)		
배냇귀머거리 외	聵	聩
벼슬 직(말뚝 특)	職	职
(말뚝 의, 기 치)		
귀지 녕	聹	聍
귀머거리 롱	聾	聋
들을 청(용서할 청)	聽	听

【聿】

훈과 음	한자	중국 간체
엄숙할 숙(공경할 소)	肅	肃

【肉(月)】

훈과 음	한자	중국 간체
옆구리 협	脅	胁
(으쓱거릴 흡)		
정강이 경	脛	胫
콩팥 신	腎	肾
배부를 창(창자 장)	脹	胀
뇌 뇌(다룸가죽 뇌)	腦	脑
창자 장	腸	肠
오금 괵	膕	腘
아교 교(화할 교)	膠	胶

훈과 음	한자	중국 간체
(어지러울 뇨, 어긋날 호)		
살갗 부	膚	肤
저민 고기 전	膞	䏶
(넓적다리뼈 순, 녹로대 천)		
기름질 니	膩	腻
고름 농	膿	脓
쓸개 담	膽	胆
풍부할 몽	朦	蒙
(풍만한 살 망)		
종지뼈 빈	臏	膑
회 회	膾	脍
배꼽 제	臍	脐
납향 랍	臘	腊
오장 장	臟	脏

【臣】

훈과 음	한자	중국 간체
임할 림(곡할 림)	臨	临

【至】

훈과 음	한자	중국 간체
돈대 대	臺	台

【臼】

훈과 음	한자	중국 간체
줄 여(조사 여)	與	与
(참여할 여)		
일 흥(본뜰 홍)	興	兴
(피 바를 흔)		
옛 구	舊	旧

【舟】

훈과 음	한자	중국 간체
싸움배 함	艦	舰

훈과 음	한 자	중국 간체	훈과 음	한 자	중국 간체
뱃머리 로	艫	舻	(삼태기 궤)		
선창 창	艙	舱	지모 담(쐐기풀 심)	薚	荨

【 艮 】

훈과 음	한 자	중국 간체
어려울 간	艱	艰

【 色 】

훈과 음	한 자	중국 간체
고울 염	艷	艳

【 艸(艹) 】

훈과 음	한 자	중국 간체
꼴 추	芻	刍
줄기 경(지황 영)	莖	茎
풀 성할 장(삼갈 장)	莊	庄
비름 한(자리공 현)	莧	苋
(방긋 웃는 모양 완)		
명아주 래(향부자 리)	萊	莱
일만 만	萬	万
잎 엽(땅이름 섭)	葉	叶
(책 접)		
상추 와	萵	莴
매운 채소 훈	葷	荤
덮을 개	蓋	盖
향풀이름 손	蓀	荪
모종낼 시(소회향 시)	蒔	莳
푸를 창(푸른경치 창)	蒼	苍
무 복	蔔	卜
육종용 종	蓯	苁
콩 필	蓽	荜
상할 괴(흙덩이 괴)	蕢	蒉

훈과 음	한 자	중국 간체
시화 매	蕒	荬
거칠어질 무	蕪	芜
(우거질 무, 풀이름 무)		
풋나무 요(순무 뇨)	蕘	荛
평지 운	蕓	芸
애기풀 위(떠들 화)	蕅	苅
(풀이름 와, 교활할 규)		
누린내풀 유	蕕	莸
경계할 천	蔵	蔵
쓸어버릴 탕(넓을 탕)	蕩	荡
(운하 이름 탕)		
생강 강	薑	姜
삽주 계(풀이름 결)	薊	蓟
(굳은 가시 개)		
물여뀌 색(장미 장)	薔	蔷
맑은대쑥 소	蕭	萧
천거할 천	薦	荐
곡식 냄새 향	薌	芗
무성할 회	薈	荟
쪽 람(초무침 람)	藍	蓝
보살 살	薩	萨
조개풀 신(풀이름 진)	藎	荩
깔개 자(깔개 적)	藉	借
냉이 제(납가새 자)	薺	荠
청명아주 조(수수 적)	藋	蓕
(넓은잎딱총나무 탁)		
궁궁이 궁	藭	䓖

훈과 음	한 자	중국 간체
늪 수(또아리 수)	藪	薮
약 약(더울 삭)	藥	药
(간맞출 략)		
심을 예(재주 예)	藝	艺
개냉이 녕(갈대 로)	蘆	苈
절굿대 뿌리 려	蘆	芦
골풀 린	藺	蔺
네가래 빈	蘋	蘋,苹
차조기 소(향할 소)	蘇	苏
열매 많이 열릴 애	藹	蔼
쌓을 온	蘊	蕴
낙엽 탁(벗풀 택)	蘀	萚
난초 란	蘭	兰
거지덩굴 렴	蘞	蔹
이끼 선	蘚	藓
소나무겨우살이 라	蘿	萝

【 虍 】

훈과 음	한 자	중국 간체
살 처(곳 처)	處	处
(사람이름 거)		
포로 로	虜	虏
이지러질 휴	虧	亏

【 虫 】

훈과 음	한 자	중국 간체
지네 오	蜈	蜈
가막조개 현	蜆	蚬
좀먹을 식	蝕	蚀
달팽이 와(고둥 라)	蝸	蜗
새우 하	蝦	虾

훈과 음	한 자	중국 간체
말거머리 마	螞	蚂
다슬기 사	螄	蛳
개똥벌레 형	螢	萤
청개구리 괵	蟈	蝈
땅강아지 루	螻	蝼
숨을 칩(우물거릴 칩)	蟄	蛰
서캐 기	蟣	虮
매미 선(날 선)	蟬	蝉
요충 요	蟯	蛲
벌레 충(좀먹을 충)	蟲	虫
(찔 동)		
파리 승	蠅	蝇
개미 의	蟻	蚁
전갈 채	蠆	虿
영원 영	蠑	蝾
굼벵이 제	蠐	蛴
밀 랍	蠟	蜡
굴 려	蠣	蛎
밝을 견	蠲	蠲
독 고	蠱	蛊
갈거미 소	蠨	蟏
누에 잠	蠶	蚕
오랑캐 만	蠻	蛮

【 血 】

훈과 음	한 자	중국 간체
무리 중	衆	众
모독할 멸	衊	蔑

훈과 음	한 자	중국 간체	훈과 음	한 자	중국 간체
			엿볼 점	覘	觇
【 行 】			박수 격	覡	觋
꾀 술	術	术	넘겨다볼 유	覦	觎
찌를 충(뒤얽힐 종)	衝	冲	친할 친	親	亲
(사북 충)			만날 구	覯	觏
지킬 위	衛	卫	바랄 기	覬	觊
			뵐 근	覲	觐
【 衣 】			깨달을 각(깰 교)	覺	觉
간드러질 뇨	褭	袅	볼 람	覽	览
속 리	裏	里	볼 적	覿	觌
기울 보	補	补	볼 관	觀	观
꾸밀 장(행장 장)	裝	装			
지을 제	製	制	**【 角 】**		
잠방이 곤	褌	裈	잔 상	觴	觞
겹옷 복	複	复	닿을 촉	觸	触
더러울 설	褻	亵			
잠방이 당	襠	裆	**【 言 】**		
웃옷 오	襖	袄	꾀 계(꾀할 결)	計	计
누더기 람	襤	褴	부고 부	訃	讣
버선 말	襪	袜	바로잡을 정	訂	订
속옷 친	襯	衬	(균평하게 할 정)		
			기록할 기	記	记
【 見 】			헐뜯을 산	訕	讪
볼 견(나타날 현)	見	见	물을 신	訊	讯
(관덮는 보 간)			들추어낼 알	訐	讦
법 규	規	规	칠 토	討	讨
찾을 멱	覓	觅	무너질 홍	訌	讧
엿볼 사	覗	觇	가르칠 훈	訓	训
볼 시	視	视	이를 흘(마칠 글)	訖	讫

훈과 음	한 자	중국 간체	훈과 음	한 자	중국 간체
이별할 결(결정할 계)	訣	诀	시 시	詩	诗
말더듬을 눌	訥	讷	시험할 시	試	试
찾을 방	訪	访	이를 예	詣	诣
베풀 설	設	设	설명할 전	詮	诠
송사할 송	訟	讼	벨 주	誅	诛
맞을 아	訝	讶	자랑할 타(고할 하)	詫	诧
그릇될 와	訛	讹	그 해	該	该
송사할 흉	訩	讻	말할 화	話	话
기뻐할 흔(공순할 은) (화기서릴 희)	訢	䜣	조롱할 회	詼	诙
꾸짖을 가	訶	诃	꾸짖을 후(구)	詬	诟
어찌 거	詎	讵	물을 힐	詰	诘
주낼 고	詁	诂	경계할 계	誡	诫
굽힐 굴(내칠 출) (말더듬을 눌)	詘	诎	고할 고	誥	诰
속일 사	詐	诈	무고할 무	誣	诬
말씀 사	詞	词	말씀 설(기쁠 열) (달랠 세, 벗을 탈)	說	说
하소연할 소 (헐뜯을 척)	訴	诉	정성 성	誠	诚
저주할 저	詛	诅	욀 송	誦	诵
볼 진	診	诊	말씀 어(알릴 어)	語	语
끊을 평	評	评	그릇할 오	誤	误
자랑할 과(노래할 구)	誇	夸	알 인(적을 잉)	認	认
속일 광	誆	诓	꾈 유	誘	诱
그르칠 괘	詿	诖	기록할 지	誌	志
속일 궤	詭	诡	꾸짖을 초	誚	诮
뇌사 뢰	誄	诔	태어날 탄	誕	诞
자세할 상	詳	详	도울 포	誧	浦
물을 순	詢	询	가르칠 회	誨	诲
			탄식할 희	誒	诶
			매길 과	課	课

훈과 음	한 자	중국 간체	훈과 음	한 자	중국 간체
속일 기	諆	諅	아뢸 알	謁	谒
말씀 담	談	谈	욀 암	諳	谙
믿을 량(어질 량)	諒	谅	상말 언(자랑할 안)	諺	谚
말할 론(조리 륜)	論	论	농담할 원	諢	诨
헐뜯을 비	誹	诽	깨우칠 유(꾈 투)	諭	谕
누구 수	誰	谁	아첨할 유	諛	谀
욕할 수(물을 신)	誶	谇	물을 자	諮	谘
(말더듬을 쇄)			모든 제(성 차)	諸	诸
속일 숙(고요할 적)	諔	诙	(두꺼비 저)		
타이를 순(죄 순)	諄	谆	염탐할 첩(주장할 섭)	諜	谍
(미워할 준)			살필 체(울 제)	諦	谛
고할 심	諗	谂	말 교묘히 할 편	諞	谝
번거롭게 할 위	諉	诿	욀 풍	諷	讽
간할 쟁(다툴 쟁)	諍	诤	화할 해	諧	谐
교묘히 말할 전	諓	谫	속일 훤	諼	谖
고를 조(뽑힐 조)	調	调	꺼릴 휘	諱	讳
(아침 주)			익힐 강(화해할 구)	講	讲
헐뜯을 착	諑	诼	겸손할 겸(족할 협)	謙	谦
아첨할 첨	諂	谄	베낄 등	謄	誊
청할 청(받아들일 정)	請	请	수수께끼 미	謎	谜
꾀할 추	諏	诹	고요할 밀	謐	谧
간할 간(헐뜯을 란)	諫	谏	헐뜯을 방	謗	谤
대답할 낙	諾	诺	사례할 사	謝	谢
수다스러울 남	諵	喃	일어날 속	謖	谡
꾀할 모	謀	谋	노래 요	謠	谣
슬기 서	諝	谞	웃을 익(시호 시)	謚	谥
시호 시	諡	谥	농담할 초	謅	诌
참 심	諶	谌	희롱거릴 학	謔	谑
곧은말 할 악	諤	谔	노래할 구	謳	讴

훈과 음	한자	중국 간체	훈과 음	한자	중국 간체
(따뜻해질 후)			사양할 양	讓	让
삼갈 근	謹	谨	참소할 참	讒	谗
그릇될 류	謬	谬	참서 참(뉘우칠 참)	讖	谶
속일 만(교활할 면)	謾	谩	시끄러울 환(부를 환)	讙	𬤊
(업신여길 만)			(놀라 소리지를 훤)		
꾀 모	謨	谟	곧은말 당	讜	谠
귀양갈 적	謫	谪	죄 의논할 언(얼)	讞	谳
나무랄 기	譏	讥			
이야기 담	譚	谭	【 豆 】		
증거 증	證	证	어찌 기(즐길 개)	豈	岂
참소할 참	譖	谮	풍년 풍	豐	丰
꾸짖을 초(망루 초)	譙	谯			
(누구 수)			【 豕 】		
속일 휼	譎	谲	불깐돼지 분	豶	豮
감탄할 희	譆	嘻			
계보 보	譜	谱	【 貝 】		
헛소리 섬	譫	谵	질 부	負	负
통변할 역	譯	译	조개 패	貝	贝
의논할 의	議	议	바칠 공	貢	贡
시끄러울 조	譟	𫍲	거듭할 이(옮을 이)	貤	𫐄
영리할 현	譞	𬤥	재물 재	財	财
꾸짖을 견	譴	谴	꿸 관(당길 만)	貫	贯
기릴 예	譽	誉	가난할 빈	貧	贫
저주할 주	譸	𬣿	꾸짖을 책(빚 채)	責	责
보호할 호	護	护	탐할 탐	貪	贪
읽을 독	讀	读	팔 판	販	贩
변할 변	變	变	재화 화	貨	货
원수 수	讎	雠	귀할 귀	貴	贵
헐뜯을 란	讕	谰	빌릴 대(틀릴 특)	貸	贷

훈과 음	한 자	중국 간체	훈과 음	한 자	중국 간체
살 매	買	买	진휼할 주	賙	赒
바꿀 무	貿	贸	바탕 질(볼모 질)	質	质
쓸 비	費	费	(폐백 지)		
세낼 세	貰	赁	천할 천	賤	贱
두 이	貳	贰	속바칠 탐	賧	赕
끼칠 이	貽	贻	어질 현	賢	贤
쌓을 저	貯	贮	걸 도	賭	赌
붙을 첩	貼	贴	힘입을 뢰	賴	赖
떨어뜨릴 폄	貶	贬	살 구	購	购
하례 하	賀	贺	부의 부	賻	赙
줄 황	貺	贶	굿할 새	賽	赛
장사 고(값 가)	賈	贾	속일 잠(렴)	賺	赚
뇌물 줄 뢰	賂	赂	폐백 지	贄	贽
품팔이 임	賃	赁	혹 췌	贅	赘
재물 자(방자할 자)	資	资	보낼 증	贈	赠
도적 적	賊	贼	도울 찬	贊	赞
족할 해	賅	赅	넉넉할 섬	贍	赡
뇌물 회	賄	贿	전별할 신	贐	赆
손 빈(물리칠 빈)	賓	宾	속바칠 속	贖	赎
외상으로 살 사	賒	赊	줄 공(강 이름 감)	贛	赣
구휼할 진	賑	赈			
이을 갱	賡	赓	**【 赤 】**		
줄 뢰(래)	賚	赉			
팔 매	賣	卖	붉을 정	赬	赪
물어줄 배	賠	赔	**【 走 】**		
구실 부	賦	赋			
줄 사	賜	赐	나라 조	趙	赵
상줄 상	賞	赏	달릴 추(재촉할 촉)	趨	趋
줄 정(받을 청)	賯	赗	놀라 흩어질 찬	趲	趱

【 足 】

훈과 음	한 자	중국 간체
자취 적	蹟	迹
밟을 천	踐	践
추창할 창	蹌	跄
길 치울 필	蹕	跸
발돋움할 교	蹺	跷
거룻배 돈	躉	趸
뛸 약(빠를 적)	躍	跃
머뭇거릴 주	躊	踌
넘어질 지(못 지)	躓	踬
(넘어질 질)		
머뭇거릴 척	躑	踯
춤출 선	躚	跹
짓밟을 린	躪	躏

【 身 】

훈과 음	한 자	중국 간체
몸 구	軀	躯

【 車 】

훈과 음	한 자	중국 간체
수레 거(차)	車	车
삐걱거릴 알	軋	轧
군사 군	軍	军
길 궤	軌	轨
쐐기나무 인	軔	轫
추녀 헌(고기토막 헌)	軒	轩
굴대 가	軻	轲
앞지를 일(갈마들 질)	軼	轶
(수레바퀴 철)		

훈과 음	한 자	중국 간체
수레 뒤턱나무 진	軫	轸
수레 초	軺	轺
굴대 축	軸	轴
견줄 교(수레귀 각)	較	较
수레 로	輅	辂
수레 앞턱 가로나무 식	軾	轼
실을 재(일 대)	載	载
가벼울 경	輕	轻
(조급히 굴 경)		
덧방나무 보	輔	辅
문득 첩	輒	辄
빨리 구를 곤	輥	辊
수레 량	輛	辆
손수레 련	輦	辇
바퀴 륜	輪	轮
바퀴테 망	輞	辋
무리 배	輩	辈
그칠 철	輟	辍
빛날 휘	輝	辉
모을 집	輯	辑
바퀴통 곡	轂	毂
수레 여(가마 여)	輿	舆
작은 수레 요	轺	轺
끌채 원	轅	辕
비녀장 할	轄	辖
도르래 록	轆	辘
구를 전(돌릴 전)	轉	转
가마 교	轎	轿
수레 소리 린	轔	辚

훈과 음	한 자	중국 간체	훈과 음	한 자	중국 간체
바퀴 자국 철	轍	辙	나아갈 적	迪	迪
울릴 굉	轟	轰	갈마들 질	迭	迭
삐걱거릴 력	轢	轹	닥칠 책	迮	迮
고삐 비	轡	辔	멀 초	迢	迢
도르래 로	轤	轳	미칠 태	迨	迨
			멀 형	迥	迥
【辛】			이에 내	迺	迺
힘쓸 판	辦	办	달아날 도	逃	逃
말 사	辭	辞	미혹할 미	迷	迷
말잘할 변(편녕할 변)	辯	辩	막을 방	逄	逄
(두루 변)			보낼 송	送	送
			거스를 역	逆	逆
【辰】			자취 적	迹	迹
농사 농	農	农	쫓을 추	追	追
			물러날 퇴	退	退
【辵】			만날 후(터놓을 후)	逅	逅
멀 우(굽을 우)	迂	迂	소로 경	逕	迳
천천히 걸을 천	辿	辿	짝 구	逑	逑
이를 흘	迄	迄	길 도	途	途
가까울 근(어조사 기)	近	近	머무를 두	逗	逗
머뭇거릴 둔	迍	迍	잇닿을 련(거만할 련)	連	连
돌아올 반	返	返	만날 봉	逢	逢
마중할 아	迓	迓	갈 서	逝	逝
맞이할 영	迎	迎	빠를 속	速	速
발자국 항	迒	迒	이 저(맞을 언)	這	这
막을 가	迦	迦	(각각 각)		
닥칠 박	迫	迫	멀 적	逖	逖
지을 술	述	述	이를 조(지을 조)	造	造
비스듬할 이(굽을 이)	迤	迤	뒷걸음질 칠 준	逡	逡

훈과 음	한 자	중국 간체	훈과 음	한 자	중국 간체
(빠를 준)			다가설 주	遒	遒
쫓을 축(돼지 돈)	逐	逐	두루 편	遍	遍
(빠를 적)			닥칠 핍	逼	逼
통할 통	通	通	멀 하	遐	遐
통할 투(놀랄 숙)	透	透	허둥거릴 황	遑	遑
달아날 포	逋	逋	보낼 견(하사품 견)	遣	遣
한길 규	逵	逵	뒤섞일 답	遝	遝
갈 록	逯	逯	겸손할 손	遜	逊
달아날 병	迸	迸	멀 요	遙	遥
구불구불 갈 위	逶	逶	멀 원(멀리할 원)	遠	远
달아날 일	逸	逸	갈마들 체	遞	递
돌 주	週	周	달아날 돈	遯	遯
나아갈 진	進	进	갈 적(원수 적)	適	适
미칠 체(편안할 체)	逮	逮	(다만 적)		
(미칠 태)			막을 차(이 자)	遮	遮
멀 탁	逴	逴	떠날 체(칼집 서)	遰	遰
피할 환	逭	逭	멀 료	遼	辽
지날 과	過	过	머무를 류	遛	遛
통할 통	通	达	어려워할 린(가릴 린)	遴	遴
길 도	道	道	가릴 선(뽑을 선)	選	选
달아날 둔	遁	遁	만날 악(저촉될 오)	遻	遻
(뒷걸음칠 준)			두를 요	遶	遶
이를 수	遂	遂	끼칠 유(보낼 유)	遺	遗
막을 알	遏	遏	(따를 수)		
만날 우	遇	遇	좇을 준	遵	遵
돌 운	運	运	늦을 지	遲	迟
어길 위	違	违	옮길 천	遷	迁
넘을 유	逾	逾	갑작스러울 거	遽	遽
엿볼 정	逞	侦	갈 매	邁	迈

훈과 음	한 자	중국 간체	훈과 음	한 자	중국 간체
맞을 요	邀	邀	(고을이름 력)		
머뭇거릴 전(돌 전) (변천할 전)	邅	邅	**【 酉 】**		
피할 피	避	避	의원 의(단술 의)	醫	医
만날 해	邂	邂	추할 추	醜	丑
돌아올 환(돌 선) (영위할 영)	還	还	젓갈 장	醬	酱
멀 막	邈	邈	빚을 양	釀	酿
깊을 수	邃	邃	피 바를 흔	釁	衅
가까울 이	邇	迩	초 엄	釅	酽
가 변	邊	边	**【 釆 】**		
돌 라(가로막을 라)	邏	逻	풀 석(기뻐할 역)	釋	释
이어질 리	邐	逦	**【 金 】**		
【 邑 】			힘쓸 소(쇠 쇠)	釗	钊
고을이름 겹	郟	郏	못 정(못 박을 정)	釘	钉
고을이름 운	鄆	郓	대구 조	釣	钓
땅이름 오(우)	鄔	邬	바늘 침(바느질할 침)	針	针
나라이름 운	鄖	郧	낫 삼	釤	钐
나라이름 추	鄒	邹	낚시 조	釣	钓
시골 향(구제할 향)	鄉	乡	비녀 차(채)	釵	钗
조나라 서울 단	鄲	郸	팔찌 천	釧	钏
나라이름 등	鄧	邓	서른 근 균	鈞	钧
이웃 린(닿을 린)	鄰	邻	인꼭지 뉴(칼 추)	鈕	钮
나라이름 정	鄭	郑	무딜 둔	鈍	钝
땅이름 업	鄴	邺	준 방	鈁	钫
나라이름 회	鄶	郐	병거 파	鈀	钯
성 광(황)	鄺	邝	갑옷 갑	鉀	钾
땅이름 리	酈	郦	칼 겸	鉗	钳

훈과 음	한자	중국 간체	훈과 음	한자	중국 간체
다리미 고	鈷	钴	줄 려	鋁	铝
방울 령	鈴	铃	칼끝 봉	鋒	锋
방울 발	鈸	钹	호미 서(어긋날 서)	鋤	锄
바리때 발	鉢	钵	녹일 소	銷	销
호미 서(어긋날 서)	鉏	钽	녹슬 수	銹	锈
(제석 조)			날카로울 예(창 태)	銳	锐
납 연	鉛	铅	칼 갈 정	鋥	锃
보배 옥	鈺	钰	가마 좌(족)	銼	锉
도끼 월	鉞	钺	새길 침	鋟	锓
징 정	鉦	钲	펼 포(가게 포)	鋪	铺
기울 지(쇠 철)	鐵	铁	집게 협	鋏	铗
(곱살스러울 석)			강철 강	鋼	钢
비녀 전	鈿	钿	톱 거	鋸	锯
족집게 첨	鉆	钻	땜질할 고	錮	锢
대패 포	鉋	铇	붉은 쇠 곤	錕	锟
파종침 피	鈹	铍	비단 금	錦	锦
창자루 필	鉍	铋	기록할 록	錄	录
솥귀 현	鉉	铉	대못 부	錇	锫
가위 교(장식 교)	鉸	铰	돈 전	錢	钱
깎을 락	鉻	铬	제기 이름 정	錠	锭
새길 명	銘	铭	저울추 추(드리울 수)	錘	锤
끌 선	銑	铣	송곳 추	錐	锥
냄비 요(가래 조)	銚	铫	저울눈 치	錙	锱
은 은	銀	银	쇠 개	錯	错
갈고리 이	鉺	铒	열쇠 건	鍵	键
저울질할 전	銓	铨	새길 계(낫 결)	鍥	锲
총 총	銃	铳	노구솥 과	鍋	锅
질그릇 형	銒	铏	도금할 도	鍍	镀
사슬 랑	鋃	锒	닻 묘	錨	锚

훈과 음	한자	중국 간체	훈과 음	한자	중국 간체
방울 탁	鐸	铎	(한가할 한)		
고리 환	鐶	镮	열 개(산 이름 견)	開	开
거울 감	鑑	鉴	마을 문 굉	閎	闳
강철 빈	鑌	镔	위문할 민	閔	闵
쇠 부어 만들 주	鑄	铸	(가을하늘 민)		
가마 확	鑊	镬	윤달 윤	閏	闰
주석 랍	鑞	镴	막을 한	閑	闲
줄 려	鑢	铝	높은 문 항	閌	闶
녹일 삭	鑠	铄	물문 갑	閘	闸
모루 질	鑕	锧	문 닫을 비	閟	閟
재갈 표	鑣	镳	문설주 각	閣	阁
자물쇠 약	鑰	钥	도장방 규	閨	闺
거푸집 속 양	鑲	镶	종족 이름 민	閩	闽
보습 참	鑱	镵	공훈 벌	閥	阀
족집게 섭	鑷	镊	문 잠글 애(밀릴 핵)	閡	阂
작은 창 찬	鑹	镩	(간직할 해)		
징 라	鑼	锣	문지방 곤	閫	阃
방울 란	鑾	銮	솟을대문 랑(괴물 냥)	閬	阆
괭이 곽	钁	镢	(넓고 밝을 랑)		
뚫을 착(쌀 쓿을 착)	鑿	凿	이문 려	閭	闾
(새길 족)			검열할 열	閱	阅
			가로막을 알	閼	阏

【 門 】

훈과 음	한자	중국 간체	훈과 음	한자	중국 간체
			(완만한 모양 어, 선우왕비 연)		
문 문	門	门	내시 엄	閹	阉
빗장 산	閂	闩	이문 염(땅이름 염)	閻	阎
번쩍할 섬	閃	闪	천문 창(북소리 탕)	闛	闛
닫을 폐(막을 별)	閉	闭	문지기 혼	閽	阍
이문 한	閈	闬	고요할 격	闃	阒
틈 간(사이 간)	閒	间	문 닫을 결(마칠 계)	闋	阕

훈과 음	한자	중국 간체	훈과 음	한자	중국 간체
망루 도(화장할 사)	闍	阇	(가릴 음)		
가로막을 란	闌	阑	늘어놓을 진(방비 진)	陳	陈
닫힌 문 암	闇	阍	섬돌 계	階	阶
(어두운 모양 암)			대 대(떨어질 추)	隊	队
대궐 작은 문 위	闈	闱	(대 수)		
성곽 문 인	闉	闉	볕 양(나 장)	陽	阳
트일 활	闊	阔	떨어질 운(둘레 운)	隕	陨
열 개	闓	𨳩	사이 제	際	除
대궐 궐	闕	阙	따를 수	隨	随
성할 전	闐	阗	험할 험(괴로워할 삼)	險	险
다락문 탑	闒	闒	(낭떠러지 암)		
말이 문을 나오는	闖	闯	숨을 은	隱	隐
모양 틈					
문짝 합	闔	阖	**【 隶 】**		
빗장 관	關	关			
(시위당길 완)			붙을 례	隷	隶
열 천	闡	阐			
범소리 함	闞	阚	**【 隹 】**		
문 달	闥	闼			
열 벽	闢	辟	비록 수(짐승이름 유)	雖	虽
거리 환	闤	阛	쌍 쌍	雙	双
			섞일 잡	雜	杂
【 阜(阝) 】			병아리 추	雛	雏
			(사람이름 취)		
고을이름 섬	陝	陕	어려울 난(근심 난)	難	难
줄 진	陣	阵	(잎 무성해지는 모양 나)		
좁을 협	陜	陕	(나무 우거질 나)		
지레목 형(지레목 경)	陘	陉	떼놓을 리(교룡 치)	離	离
뭍 륙	陸	陆	(이어지는 모양 리)		
응달 음(말 않을 암)	陰	阴	(떠나갈 리, 나란히 할 려)		

【 雨 】

훈과 음	한 자	중국 간체
구름 운	雲	云
번개 전	電	电
안개 무	霧	雾
갤 제	霽	霁
벼락 력	靂	雳
신령 령	靈	灵
아지랑이 애(알)	靄	霭
구름 낄 체	靆	逮
구름 낄 애(의)	靉	嫒

【 靑 】

훈과 음	한 자	중국 간체
푸를 청	靑	青
단장할 정	靚	靓
고요할 정	靜	静

【 面 】

훈과 음	한 자	중국 간체
보조개 엽 (검은 사마귀 염)	靨	靥

【 革 】

훈과 음	한 자	중국 간체
묶을 공	鞏	巩
그네 추	鞦	秋
언치 천	韀	鞯

【 韋 】

훈과 음	한 자	중국 간체
다룸가죽 위	韋	韦

훈과 음	한 자	중국 간체
폐슬 불	韍	韨
나라이름 한	韓	韩
바를 위	韙	韪
감출 도(팔찌 도)	韜	韬
감출 온	韞	韫
버선 말	韤	袜

【 音 】

훈과 음	한 자	중국 간체
운 운	韻	韵
울릴 향	響	响

【 頁 】

훈과 음	한 자	중국 간체
머리 혈(책면 엽)	頁	页
정수리 정	頂	顶
모름지기 수	須	须
순할 순	順	顺
얼굴 클 한 (관 젖혀 쓸 안)	頇	顸
목 항	項	项
헌걸찰 기	頎	颀
조아릴 돈(둔할 둔) (사람이름 돌)	頓	顿
나눌 반(큰머리 분)	頒	颁
기릴 송(얼굴 용)	頌	颂
미리 예	預	预
완고할 완	頑	顽
새 날아 내릴 항	頏	颃
자못 파(치우칠 파)	頗	颇

훈과 음	한 자	중국 간체	훈과 음	한 자	중국 간체
턱 이	頤	颐			
곧은 목 힐	頡	颉	**【風】**		
(줄일 알)			바람 풍(말할 풍)	風	风
목 경	頸	颈	바람 삽	颯	飒
머리 두	頭	头	태풍 태	颱	台
자주 빈	頻	频	구풍 구	颶	飓
곧을 정	頲	颋	바람소리 수	颼	飕
무너질 퇴	頹	颓	회오리바람 표	飄	飘
턱 함(끄덕일 암)	頷	颔	바람소리 류	飀	飗
뺨 협	頰	颊	폭풍 표	飆	飙
낟알 과	顆	颗			
얼굴 안	顔	颜	**【飛】**		
이마 액	額	额			
공경할 옹	顒	颙	날 비	飛	飞
표제 제	題	题			
무리 류(치우칠 뢰)	類	类	**【食(飠)】**		
원할 원	願	愿	수제비 탁	飥	饦
돌아볼 고	顧	顾	찐만두 돈	飩	饨
클 호	顥	颢	밥 반	飯	饭
떨릴 전	顫	颤	물릴 어	飫	饫
(냄새 잘 맡을 선)			마실 음	飮	饮
관자놀이 움직일 유	顬	颥	익힐 임	飪	饪
나타날 현	顯	显	신칙할 칙	飭	饬
찡그릴 빈	顰	颦	먹일 사	飼	饲
머리뼈 로	顱	颅	꾸밀 식	飾	饰
광대뼈 관	顴	颧	엿 이(먹일 사)	飴	饴
관자놀이 섭	顳	颞	기를 양	養	养
			먹이 이	餌	饵
			건량 향	餉	饷

훈과 음	한 자	중국 간체	훈과 음	한 자	중국 간체
주릴 뇌	餒	馁	실을 태	駄	驮
떡 발	餑	饽	멍에 가	駕	驾
주릴 아	餓	饿	망아지 구	駒	驹
남을 여	餘	余	둔할 노	駑	驽
객사 관	館	馆	곁마 부	駙	驸
떡 병	餅	饼	사마 사	駟	驷
전별할 전	餞	饯	달릴 사	駛	驶
소 함	餡	馅	준마 장(꼰 끈 조)	駔	驵
떡 혼	餛	馄	머무를 주	駐	驻
엿 당(성)	餳	饧	낙타 타	駝	驼
수제비 박	餺	馎	둔마 태(들피질 태)	駘	骀
흉년들 근	饉	馑	낙타 락	駱	骆
만두 만	饅	馒	놀랄 해	駭	骇
먹일 궤	饋	馈	달릴 빙	騁	骋
주릴 기	饑	饥	준마 준	駿	骏
찔 류	餾	馏	말달릴 침(말모일 참)	騣	骎
밥풀과자 산	馓	馓	말 탈 기(기병 기)	騎	骑
넉넉할 요	饒	饶	털총이 기	騏	骐
반찬 찬	饌	馔	나란히 할 변(병)	騈	骈
잔치할 향	饗	飨	오추마 추	騅	骓
탐할 참	饞	馋	달릴 무	鶩	骛
			속일 편	騙	骗
【 馬 】			이지러질 건	騫	骞
			오를 등	騰	腾
말 마	馬	马	불깔 선	騸	骟
탈 빙(성 풍)	馮	冯	떠들 소(떨 소)	騷	骚
말 부릴 어	馭	驭	말 먹이는 사람 추	騶	驺
길들 순(가르칠 훈)	馴	驯	몰 구	驅	驱
달릴 치	馳	驰			

훈과 음	한자	중국 간체	훈과 음	한자	중국 간체
노새 라	騾	骡	더벅머리 송	鬆	松
말 탈 맥	驀	蓦	머리 헝클어질 쟁	鬇	鬇
준마 오	驁	骜	수염 호	鬍	胡
곁마 참	驂	骖	수염 수	鬚	须
총이말 총	驄	骢	살쩍 빈	鬢	鬓
표절따 표	驃	骠			
교만할 교	驕	骄	【鬥】		
준마 화	驊	骅	싸울 투(다툴 각)	鬥	斗
날랠 효	驍	骁	시끄러울 뇨	鬧	闹
놀랄 경	驚	惊	다툴 혁	鬩	阋
노새 라	贏	骡	싸울 투	鬭	斗
역참 역	驛	驿	제비 구(규)	鬮	阄
달릴 취	驟	骤			
나귀 려	驢	驴	【鬯】		
천리마 기	驥	骥	막힐 울	鬱	郁
머리 들 양	驤	骧			
가마말 려(리)	驪	骊	【魚】		
			고기 어	魚	鱼
【骨】			노둔할 로	魯	鲁
			방어 방	魴	鲂
뼈 골	骨	骨	복 태(이)	鮐	鲐
살찔 항	骯	肮	넙치 평	鮃	鲆
해골 루	髏	髅	절인 어물 포	鮑	鲍
몸 체	體	体	대합 길	鮚	鲒
종지뼈 빈	髕	髌	가물치 동	鮦	鲖
허리뼈 관	髖	髋	고울 선(적을 선)	鮮	鲜
			다랑어 유	鮪	鲔
【髟】			생선뼈 경	鯁	鲠
터럭 발	髮	发			

훈과 음	한 자	중국 간체	훈과 음	한 자	중국 간체
물고기이름 곤	鯀	鲧	뱀장어 만	鰻	鳗
잉어 리(이)	鯉	鲤	부레 표	鰾	鳔
문절망둑 사	鯊	鲨	쏘가리 궐(궤)	鱖	鳜
돌고래 포	鯆	鲕	비늘 린	鱗	鳞
산천어 혼(완)	鯇	鲩	철갑상어 심	鱘	鲟
고래 경	鯨	鲸	송어 준	鱒	鳟
곤이 곤	鯤	鲲	가물치 례	鱧	鳢
도미 조	鯛	鲷	회 회	鱠	鲙
청어 청(오후정 정)	鯖	鲭	참게 후	鱟	鲎
뱅어 추(작을 추)	鯫	鲰	자가사리 상	鱨	鲿
숭어 치	緇	鲻	농어 로	鱸	鲈
전복 복	鰒	鳆	뱀장어 리(가물치 례)	鱺	鲡
아가미 새 (두려워할 시)	鰓	鳃			
악어 악	鰐	鳄	**【 鳥 】**		
고기이름 춘	鰆	鰆			
가자미 탑(첩) (납자루 첩)	鰈	鰈	새 조(섬 도)	鳥	鸟
			비둘기 구	鳩	鸠
용상어 황	鰉	鳇	오리 부	鳧	凫
넙치 겸	鰜	鳒	울 명(부를 명)	鳴	鸣
지느러미 기	鰭	鳍	봉새 봉	鳳	凤
쑤기미 등	鰧	鰧	솔개 연	鳶	鸢
준치 시	鰣	鲥	능에 보	鴇	鸨
날치 요	鰩	鳐	갈가마귀 아	鴉	鸦
가자미 탑(도롱뇽 납)	鰨	鳎	짐새 짐	鴆	鸩
환어 환(곤이 곤)	鰥	鳏	자고 고	鴣	鸪
가물치 견	鰹	鲣	할미새 령	鴒	鸰
연어 련	鰱	鲢	오리 압	鴨	鸭
			원앙 원	鴛	鸳
			솔개 치	鴟	鸱

훈과 음	한자	중국 간체	훈과 음	한자	중국 간체
타조 타	鴕	鸵	익더귀 요	鷂	鹞
부엉이 효	鴞	鸮	논병아리 제	鷈	鷈
재두루미 괄	鴰	鸹	왜가리 창	鶬	鸧
해오라기 교	鵁	鵁	갈매기 구(우)	鷗	鸥
제비 이	鳾	鳾	자고 자	鷓	鹧
집비둘기 합	鴿	鸽	맹금 지	鷙	鸷
참새 행	䳚	䳚	(순종 아니할 치)		
큰기러기 홍	鴻	鸿	해오라기 로	鷺	鹭
(원기 홍)			굴뚝새 료	鷯	鹩
두견이 견	鵑	鹃	(메추라기 료)		
고니 곡(과녁 곡)	鵠	鹄	해오라기 사	鷥	鸶
(클 호)			뱁새 초	鷦	鹪
앵무새 무	鵡	鹉	수리 취	鷲	鹫
집비둘기 발	鵓	鹁	솔개 한(소리개 한)	鷳	鹇
거위 아	鵝	鹅	논병아리 벽	鸊	鸊
구관조 욕	鵒	鹆	매 응	鷹	鹰
사다새 제	鵜	鹈	가마우지 로	鸕	鸬
꾀꼬리 경	鶊	鶊	앵무새 앵	鸚	鹦
메추라기 순(수리 단)	鶉	鹑	황새 관(구관조 권)	鸛	鹳
세가락메추라기 암	鵪	鹌	난새 란	鸞	鸾
해오라기 청	鶄	鶄	꾀꼬리 리	鸝	鹂
때까치 격	鶪	鶪			
집오리 목	鶩	鹜	**【 鹵 】**		
새이름 할(파랑새 분)	鶡	鶡			
비익조 겸(쫄 감)	鶼	鹣	소금 로	鹵	卤
닭 계	鷄	鸡	짤 함	鹹	咸
송골매 골	鶻	鹘	소금 차	鹺	鹾
꾀꼬리 앵	鶯	莺	소금기 감(잿물 감)	鹼	硷
			소금 염	鹽	盐

【 鹿 】

고울 려(꾀꼬리 리) 麗 丽
(나라이름 려)

【 麥 】

보리 맥　　　　麥　麦
밀가루 면　　　麪　面
밀기울 부　　　麩　麸
누룩 국　　　　麴　曲

【 黃 】

글방 횡　　　　黌　黉

【 黑 】

점 점　　　　　點　点
무리 당　　　　黨　党
곰팡이 미(곰팡이 매) 黴 霉
더럽힐 독　　　黷　黩

【 黽 】

힘쓸 민(맹꽁이 맹) 黽 黾
(고을이름 면)
자라 원　　　　黿　鼋
악어 타　　　　鼉　鼍

【 鼓 】

북소리 동　　　鼕　冬

【 齊 】

가지런할 제　　齊　齐
(조화할 제, 옷자락 자)
재계할 재(상복 재) 齋 斋
회 제　　　　　齏　齑

【 齒 】

이 치　　　　　齒　齿
이 갈 츤　　　　齓　龀
나이 령　　　　齡　龄
어긋날 저(서)　齟　龃
이 갈 초　　　　齠　龆
잇몸 은(물 간)　齦　龈
악착할 착　　　齪　龊
악착할 악　　　齷　龌
충치 우　　　　齲　龋

【 龍 】

용 룡(잡색 방)　龍　龙
(언덕 롱, 사랑할 총)
클 방(충실할 롱) 龐 庞
감실 감　　　　龕　龛
공손할 공　　　龔　龚

【 龜 】

거북 귀(나라이름 구) 龜 龟
(틀 균)

제 16 장

동자이음同字異音

※ ① = : 같은 뜻으로 쓰이는 자
　② ≒ : 통용되는 뜻으로 쓰이는 자

한자	훈과 음	자　해	예
	一	(한 일) 部	
万	일만 만	일만, 1000의 10배	
	성 묵	성(姓)	万俟(묵기)
不	아닐 불	아니다, 아니하다.(부정의 뜻을 나타낸다)	不和(불화)
	아닐 부	아니다, 아니하다.(부정의 뜻을 나타낸다)	不在(부재)
	클 부	아닌가?(의문을 나타내는 어조사≒否)	不作(부작)
且	또 차	또, 또한	且夫(차부)
	도마 저	많은 모양, 어조사	
	삼갈 저	삼가다.	
	｜	(뚫을 곤) 部	
丱	쌍상투 관	쌍상투, 두가닥 지게 묶은 머리	丱童(관동)
	광석 광	광석	
串	익힐 관	길들다, 익히다.	串狎(관압)
	펠 천	꿰다. ≒ 穿	串票(천표)
	곶 곶	곶(바다로 좁고 길게 뻗어 있는 육지)	

한자	훈과 음	자 해	예
	ノ	**(삐침) 部**	
乃	이에 내	…이에(윗말을 받아 아랫말과 연결하는 접속사)	乃何以 (내하이)
	뱃노래 애	뱃노래(삿대질할 때 서로 응하여 힘내는 소리)	
乂	벨 예	풀을 베다, 베다. ≒ 刈	乂安(예안)
	징계할 애	징계하다. ≒ 艾, 懲	
乍	잠깐 사	잠깐, 언뜻, 갑자기	乍往(사왕)
	지을 작	짓다. = 作	
	乙	**(새 을) 部**	
九	아홉 구	아홉, 아홉 번, 수효가 많다.	九氣(구기)
	모을 규	모으다, 모이다, 합하다.	九合(규합)
也	어조사 야	어조사, …다, …이다, (文末에 놓여 단정, 결정의 뜻을 나타낸다)	也乎哉 (야호재)
	또 야	또, 또한, 발어사로 쓰인다.	
	잇달을 이	잇달다. ≒ 迆	
乾	하늘 건	하늘, 우주의 넓은 공간	乾坤(건곤)
	마를 건	마르다, 말리다. ≒ 干, 건성으로	乾建(건건)
	마를 간	속뜻은 없고 겉으로만	乾物(간물)
乞	빌 걸	빌어먹다, 구하다.	乞假(걸가)
	줄 기	주다, 타인에게 …주다.	乞與(기여)
	二	**(두 이) 部**	
亙	걸칠 긍	걸치다, 뻗치다, 잇닿다.	亙古(긍고)
	펼 선	펴다, 널리 말하다, 찾다, 구하다.	
亞	버금 아	버금, 흉하다.	亞流(아류)
	아귀 아	아귀(물건의 가닥이 난 곳)	
	회칠할 악	회칠하다. ≒ 堊	
	누를 압	누르다. ≒ 壓	

한자	훈과 음	자 해	예
亟	빠를 극	빠르다.	
	자주 기	자주, 여러번	
	亠	**(돼지해 머리) 部**	
亡	망할 망	망하다, 망하여 없어지다.	亡德(망덕)
	없을 무	없다. = 無, 가난하다.	亡狀(무상)
亨	형통할 형	형통하다, 지장없이 이루어지다.	亨通(형통)
	드릴 향	드리다, 올리다. ≒ 享	
	삶을 팽	삶다. ≒ 烹	亨孰(팽숙)
亶	믿을 단	믿다, 믿음	亶亶(단단)
	오로지 할 선	마음대로 하다. ≒ 擅	
	날 선	날다, 날아오르다.	亶翔(선상)
亹	힘쓸 미	힘쓰다, 부지런하다.	亹亹(미미)
	물문 문	수문(水門)	
	人(亻)	**(사람 인) 部**	
仂	나머지 륵	나머지, 남은 수, 1/10, 1/3	
	힘쓸 력	힘쓰다. ≒ 力	
什	열사람 십	열사람, 열집	什吏(십리)
	세간 집	세간, 가구, 일용품	什物(집물)
仡	날랠 흘	용감하다, 날래다.	仡仡(흘흘)
	불안할 올	불안한 모양, 배가 움직이는 모양	仡仡(올올)
伏	엎드릴 복	엎드리다, 숨다.	伏氣(복기)
	길 복	기다. ≒ 匐	伏匿(복닉)
	알 안을 부	알을 안다, 알을 품다.	伏卵(부란)
份	빛날 빈	빛나다(文과 質이 아울러 갖추어지다).	
	부분 분	한부분, 일부분	
伈	두려워할 심	두려워하다.	伈伈(심심)
	두려워할 침	두려워하는 모양	伈伈(침침)

한자	훈과 음	자 해	예
休	쉴 휴	편하게 쉬다, 일을 마치고 쉬다.	休暇(휴가)
	슬퍼할 후	슬퍼하다.	休於氣 (후어기)
佉	나라이름 거	나라이름, 카슈가르 지방	
	사람이름 가	사람이름, 나라이름	佉沙(가사)
伯	맏 백	맏아들	伯娘(백낭)
	길 맥	길, 동서(東西)로 통하는 밭두둑길	
	우두머리 패	우두머리	伯主(패주)
体	용렬할 분	거칠다, 용렬하다.	体夫(분부)
	몸 체	몸	
佚	편안할 일	편안하다, 편히 즐기다.	佚女(일녀)
	방탕할 질	방탕하다, 들뜨다.	佚宕(질탕)
作	지을 작	짓다, 만들다, 시문(詩文)을 짓다.	作文(작문)
	만들 주	만들다. ≒ 做	
	저주할 저	저주하다. ≒ 詛	
佗	다를 타	다르다, 다름	佗髮(타발)
	더할 타	더하다.	佗背(타배)
	입을 타	입다, 무릅쓰다.	佗負(타부)
	모양 이	모양, 사물의 모양 ≒ 蛇	佗佗(이이)
佴	버금 이	다음, 버금	
	성 내	성(姓)	
佻	방정맞을 조	경망스럽다, 가볍다, 방정맞다.	佻巧(조교)
	늦출 요	늦추다.	佻其期日 (요기기일)
侗	클 통	크다, 키가 크다.	
	정성 동	정성·거짓이 없다.	
俛	힘쓸 면	힘쓰다, 부지런히 일하는 모양	俛焉(면언)
	구부릴 부	구부리다. ≒ 俯, 頫	俛僂(부루)

한자	훈과 음	자 해	예
俟	기다릴 사	기다리다, 기대하다.	俟命(사명)
	성 기	성(姓)	
俏	닮을 초	본뜨다, 닮다. ≒ 肖	俏成俏敗 (초성초패)
	거문고 탈 소	거문고 타다, 거문고 타는 소리	俏然(소연)
促	재촉할 촉	재촉하다, 독촉하다.	促急(촉급)
	악착할 착	악착같다. ≒ 齪	
俔	염탐할 현	염탐꾼, 염탐하다.	俔俔(현현)
	비유할 견	비유, 비유하다.	
倞	굳셀 경	굳세다, 강하다. = 勍	
	밝을 량	밝다. = 亮	
倮	알몸 라	알몸, 발가숭이, 벌거벗다.	倮体(나체)
	좁을 과	좁다, 넓지 않다.	
俶	비롯할 숙	비롯하다, 비로소	俶然(숙연)
	뛰어날 척	뛰어나다. ≒ 倜	
倅	버금 쉬	버금, 다음 ≒ 萃	倅車(쉬거)
	백사람 졸	백사람 1조(組)의 병사 ≒ 卒	
倭	왜국 왜	왜국, 일본	倭國(왜국)
	두를 위	두르다, 빙 돌아서 먼 모양	倭患(위환)
倚	의지할 의	의지하다, 기대다.	倚几(의궤)
	기이할 기	기이하다, 이상야릇하다. ≒ 奇	倚人(기인)
倩	예쁠 천	예쁘다, 웃는 입모습이 예쁘다.	倩粧(천장)
	사위 청	사위	倩草(청초)
假	거짓 가	거짓, 가짜	假母(가모)
	끝날 하	끝나다, 끝내다.	假言(하언)
	바꿀 가	바꾸다, 교환하다.	假充(가충)
	이를 격	이르다, 도달하다, 다다르다.	

한자	훈과 음	자 해	예
偈	쉴 게	쉬다, 휴식하다. ≒ 憩	偈句(게구)
	굳셀 걸	굳센 모양, 용감한 모양	偈偈(걸걸)
偞	가벼울 엽	가볍다, 경하다.	
	천할 협	천하다, 낮다.	
偅	불우한 모양 종	불우(不遇)한 모양	
	아이 동	아이, 젊은이 ≒ 僮	
偪	다가올 핍	다가오다, 가까이 다가오다.	偪側(핍측)
	나라이름 복	나라이름	
傀	클 괴	크다, 큰 모양	傀然(괴연)
	꼭두각시 괴	꼭두각시	傀儡(괴뢰)
	클 회	크다, 크게 깨달은 모양	傀然(회연)
傋	어리석을 구	어리석다, 무지(無知)한 모양	傋瞀(구무)
	아첨하지 않을 항	아첨하지 않다, 태도가 뻣뻣하다.	傋俍(항방)
傍	곁 방	곁, 옆, 가까이	傍生(방생)
	기댈 방	기대다, 곁에서 떨어지지 않다, 의지하다. =倚	傍倚(방의)
	마지못할 팽	마지못하다, 부득이한 사정	傍傍(팽팽)
僇	욕보일 류	창피를 주다, 욕보이다.	僇人(육인)
	느릴 류	느리다, 행동이 느린 모양	
傭 (佣)	품팔이 용	품팔이, 품팔이하다.	傭病(용병)
	고를 종	고르다, 공평하다.	色不及傭 (색불급종)
僪	햇무리 결	햇무리	
	미칠 굴	미치다.	僪佹(굴궤)
僎	갖출 선	갖추다, 정제하다.	
	준작 준	준작 ≒ 遵	僎爵(준작)

한자	훈과 음	자 해	예
僞	거짓 위	거짓. 참이 아닌 것	僞計(위계)
	잘못 와	잘못. 그릇되게 바뀌다. ≒ 訛	
僭	참람할 참	참람하다, 행동이 분수에 지나치다.	僭妄(참망)
	거짓 참	거짓, 진실하지 못하다.	
	흐트러질 침	흐트러지다, 어지러워지다.	
僠	교활할 철	교활하다, 약다.	
	참람할 참	참람하다, 행동이 분수에 지나치다.=僭	僠詐(참사)
僤	빠를 탄	빠르다, 재빠르다.	
	지명 천	지명(地名)	
	움직이는 모양 선	움직이는 모양, 걸어가는 모양	
僻	후미질 벽	후미지다, 구석지다, 치우치다.	
	성가퀴 비	성가퀴 ≒ 陴, 埤	
僿	잘게 부술 사	잘게 부수다, 성의없다.	僿說(사설)
	잘게 부술 새	성실성이 없다.	僿說(새설)
儃	머뭇거릴 천	머뭇거리다, 거닐다.	儃佪(천회)
	고요할 탄	고요하다.	儃儃(단단)
	멋대로 탄	멋대로, 마음 내키는 대로	儃漫(탄만)
儿		**(어진 사람 인) 部**	
兄	맏 형	맏이, 먼저 태어난 남자	兄弟(형제)
	멍할 황	멍하다. ≒ 況	
免	면할 면	책임, 의무를 면하다.	免身(면신)
	상복 문	상복(喪服), 관(冠)을 벗고 흰 베로 머리를 묶은 것	免身(문신)
兒 (儿)	아이 아	아이, 젖먹이, 어린 사람	兒房(아방)
	연약할 예	연약하다.	

한자	훈과 음	자 해	예
	入	**(들 입) 部**	
內	안 내	안, 속	內家(내가)
	들일 납	받아들이다, 들이다. ≒ 納	
兩	두 량	두 번, 둘	兩可(양가)
	양 량	수를 세는 수사	兩全(양전)
	냥 냥	냥, 무게의 단위, 1냥은 3.75g	
	冂	**(멀 경) 部**	
冒	무릅쓸 모	무릅쓰다, 나아가다.	冒耕(모경)
	묵돌 묵	묵돌(흉노족 單于의 이름)	冒頓(묵돌)
	대모 모	대모(거북의 이름)	冒疾(모질)
	冖	**(민갓머리) 部**	
冘	머뭇거릴 유	주저하다, 머뭇거리다.	冘豫(유예)
	게으를 임	게으르다, 걷다.	冘冘(임임)
	冫	**(이수) 部**	
冹	찰 불	차다, 바람이 차다.	
	찰 발	얼어붙은 모양	
澧	눈서리 흰 모양 의	눈이나 서리의 하얀 모양	
	눈서리 흰 모양 애	눈이나 서리의 하얀 모양	
	凵	**(위 튼 입 구) 部**	
出	날 출	나다, 태어나다.	出家(출가)
	刀	**(칼 도) 部**	
切	끊을 절	끊다, 베다, 자르다.	切望(절망)
	모두 체	모두, 모든	
刋	끊을 천	끊다, 자르다.	
	새길 간	새기다.	
列	벌일 렬	벌이다, 늘어놓다.	羅列(나열)
	보기 례	보기 ≒ 例	

한자	훈과 음	자 해	예
刺	찌를 자	찌르다, 찔러 죽이다.	刺刻(자각)
	찌를 척	칼로 베다, 칼로 상해(傷害)를 입히다.	刺客(척객)
	비방할 체	비방하다, 비난하다.	
剌	어그러질 랄	어그러지다, 서로 반대되다.	剌剌(날랄)
	수라 라	수라	
削	깎을 삭	깎다, 잘라내다.	削去(삭거)
	칼집 초	칼집 = 鞘, 험하다, 위태롭다.	削然(초연)
則	곧 즉	곧, 어조사(…하면, …할 때에는)	
	법 칙	법(法), 자연의 이법	則度(칙도)
刉	새김칼 기	새김칼, 조각칼	刉劂(기궐)
	나라이름 의	나라이름 ≒ 倚	
剡	날카로울 염	날카롭다.	剡削(염삭)
	땅이름 섬	땅이름(중국의 縣名)	
剔	바를 척	바르다, 뼈를 바르다.	剔除(척제)
	깎을 체	깎다, 풀 따위를 베다. ≒ 鬀	
副	버금 부	다음, 버금, 돕다.	副介(부개)
	쪼갤 복	쪼개다, 가르다, 나누다.	
劓	목벨 옥	목 베다.	
	죄줄 악	죄주다, 형벌을 가하다.	
剸	벨 단	목을 베다.	剸剡(단염)
	오로지 전	오로지 ≒ 專	剸決(전결)
劑	약지을 제	약을 짓다, 조제 한약	劑熟(제숙)
	엄쪽 자	어음, 엄쪽, 잘라내다, 잘라 끊다.	
力		**(힘 력) 部**	
劾	캐물을 핵	캐묻다, 죄상을 조사하다, 신문조서	劾案(핵안)
	힘쓸 해	힘쓰다, 부지런히 노력하다.	
勑	위로할 래	위로하다. = 倈, 俫	
	조서 칙	조서, 임금의 명령을 적은 문서	

한자	훈과 음	자　해	예
務	힘쓸 무	일, 작업, 사업	務時(무시)
	업신여길 모	업신여기다. ≒ 侮	
勹		**(쌀 포) 部**	
匃	빌 개	빌다, 구하다, 구걸하다. = 丐	
	빌 갈	주다.	
匋	질그릇 도	질그릇, 질그릇을 굽다. (동자=陶)	
	가마 요	가마, 기와가마 = 窯	
匕		**(비수 비) 部**	
北	북녘 북	북녘, 북쪽	北里(북리)
	달아날 배	달아나다, 도망치다.	敗北(패배)
匚		**(상자 방) 部**	
匪	대상자 비	대상자, 폐백(幣帛) 상자	匪匪(비비)
	곁말 비	곁말 = 騑	
	나눌 분	나누다. ≒ 分	匪頒(분반)
匲	잔 공	잔, 작은 잔	
	상자 감	상자	
匚		**(감출 혜) 部**	
匹	필 필	필 ≒ 疋(정한 길이를 가진 피륙의 단위)	匹似(필사)
	집오리 목	집오리 ≒ 鶩	
區 (区)	지경 구	지역, 지경, 경계를 갈라 정하다.	區落(구락)
	숨길 우	숨긴 곳, 물건을 감추어 두는 곳	區脫(우탈)
十		**(열 십) 部**	
卉	풀 훼	풀, 풀의 총칭, 초목	卉木(훼목)
	빠를 훌	빠르다, 성한 모양, 바람소리	卉汩(훌율)
卑	낮을 비	낮다, 높지 않다, 천하다, 지위가 낮다.	卑末(비말)
	하여금 비	하여금, …하여금 …하게 하다.	
	물이름 반	물이름	

한자	훈과 음	자　해	예
卒	군사 졸	군사, 병졸	卒徒(졸도)
	마칠 졸	일을 마지막으로 끝내다, 마치다.	卒迫(졸박)
	버금 쉬	버금가다, 버금	
卜		**(점 복) 部**	
卜	점 복	점(길흉을 판단하는 일), 점치다.	卜居(복거)
	짐 짐	짐, 짐바리	
卡	관 잡	경찰, 군대의 초소	卡倫(잡륜)
	기침할 가	기침을 하다.	
卩		**(병부 절) 部**	
印	도장 인	도장을 찍다, 도장, 인장, 찍다, 박히다.	印信(인신)
	끝 끝	끝(마지막)	
卹	가엾이 여길 휼	가엾이 여기다, 가엾게 여겨 돕다.	卹金(휼금)
	먼지 털 솔	먼지를 털다, 문질러 깨끗하게 하다.	
厂		**(민엄호) 部**	
厄	재앙 액	재앙, 불행, 어려움	厄年(액년)
	옹이 와	옹이	
厝	숫돌 착	숫돌, 섞다, 섞이다.	
	둘 조	두다. ≒ 措	
	성 적	성(姓)	
厭	싫을 염	싫다, 싫증이 나다, 싫어지다. ≒ 猒	厭苦(염고)
	누를 엽	누르다, 억누르다, 압박하다.	厭然(엽연)
	젖을 읍	젖다, 적시다.	厭厭(읍읍)
	빠질 암	빠지다.	厭旦(암단)
	숨길 안	숨기다, 가리어 숨기다.	
厲	갈 려	날카롭게 하기 위하여 갈다.	厲禁(여금)
	문둥병 라	문둥병 ≒ 癩	
參 (参)	간여할 참	간여하다, 관계하다.	參見(참견)
	별이름 삼	별이름	
	빽빽할 삼	높다. ≒ 槮, 빽빽하다.	參見(삼현)
	층날 참	층나다, 가지런하지 않은 모양	參差(참치)

한자	훈과 음	자 해	예
	又	(또 우) 部	
叉	깍지낄 차	깍지끼다, 엇갈리다.	叉竿(차간)
	비녀 채	비녀, 두갈래진 비녀 ≒ 釵	
反	되돌릴 반	돌려주다, 되돌리다.	反間(반간)
	뒤엎을 반	뒤엎다, 뒤집다. ≒ 翻	反故(반고)
	어려울 번	어렵다, 곤란하다.	反田(번전)
	삼갈 반	삼가다, 조심하다.	
叚	빌 가	빌리다, 빌려주다. ≒ 假	
	성 하	성(姓) ≒ 瑕	
叟	늙은이 수	늙은이, 나이 많은 사람	
	쌀 씻는 소리 수	쌀 씻는 소리	叟叟(수수)
	움직이는 모양 수	움직이는 모양	
	口	(입 구) 部	
可	옳을 가	옳다, 규범, 사리, 도리, 격 등에 맞다.	可當(가당)
	군주 칭호 극	군주 칭호, 오랑캐 임금의 칭호	可汗(극한)
吋	꾸짖을 두	질책하다, 꾸짖다.	
	인치 촌	인치(길이의 단위 inch의 略號)	
合	합할 합	합하다.	合金(합금)
	홉 홉	홉[量]을 되는 단위	
告	알릴 고	알리다, 일정한 일에 대하여 알리다.	告辭(고사)
	청할 곡	청하다, 뵙고 청하다.	告寧(곡녕)
	국문할 국	국문하다, 조사하다. ≒ 鞫	
吶	말 더듬을 눌	말을 더듬다. = 訥, 誳	吶吶(눌눌)
	말 느리게 할 납	말을 느리게 하다.	
吵	지저귈 묘	새가 울다, 지저귀다.	
	소리 초	소리, 언쟁(言爭), 떠들다, 시끄럽다.	
否	아닐 부	아니다. 부정(否定), 부동의(不同意)의 뜻을 나타낸다.	否定(부정)
	막힐 비	막히다, 통하지 아니하다.	否閉(비폐)

한자	훈과 음	자 해	예
吾	나 오	나(我), 자신(自身)	吾徒(오도)
	소원할 어	소원(疏遠)하다, 친하지 않은 모습	吾吾(어어)
吽	물어뜯을 우	물어뜯다, 개 두 마리가 싸우다.	吽牙(우아)
	짖을 후	짖다, 으르렁거리다. = 吼	吽呀(후하)
听	웃을 은	웃다, 입을 벌리고 벙글거리다.	
	들을 청	듣다.	
吟	읊을 음	읊조리다.	吟气(음기)
	입다물 금	입을 다물다.	
呵	꾸짖을 가	꾸짖다, 책망하다.	呵呵(가가)
	어조사 아	어조사(감탄, 영탄, 경악의 뜻을 나타낸다.)	
咋	깨물 색	씹다, 깨물다.	咋咋(색색)
	잠깐 사	잠깐, 잠시동안, 금새 ≒ 乍	
呭	수다스러울예	수다스럽다, 말을 많이 지껄이다. = 詍	呭呭(예예)
	즐길 설	즐기다. = 呭	
呫	소곤거릴 첩	소곤거리다, 말을 많이 지껄이다.	呫囁(첩섭)
	소곤거릴 첨	작은 모양, 귀에 대고 소곤거리다.	呫呫(첨첨)
咍	웃을 해	웃다, 비웃다.	咍笑(해소)
	성 태	성(姓)	
咯	토할 각	토하다, 게우다.	咯血(각혈)
	말다툼할 락	말다툼하다. = 詻, 조사(語气)의 끝맺음을 할 때 쓴다.	
咬	새소리 교	새소리, 새가 지저귀는 소리	咬咬(교교)
	음란할 요	음란하다, 음란한 소리	咬哇(요와)
	물 교	깨물다, 씹다.	咬傷(교상)
咼	입 비뚤어질 와	입이 비뚤어지다, 옳지 않다.	
	성 화	성(姓)	
哇	토할 와	토하다, 게우다, 어린아이의 소리	哇哇(와와)
	목멜 화	목메다, 목구멍이 막히다.	
咽	목구멍 인	목구멍(急所로 쓰인다.)	咽領(인령)
	삼킬 연	삼키다, 목구멍으로 넘기다. ≒ 嚥	咽下(연하)

한자	훈과 음	자 해	예
咽	목멜 연	목메다, 목이 메어 말을 못하다, 막히다, 가리다.	咽塞(열색)
	북소리 인	북소리	咽咽(인인)
哆	클 치	크다, 큰 모양	哆然(치연)
	입술 늘어뜨릴 차	입술이 축 처진 모양	哆嚅(차위)
咸	다 함	다, 모두	咸登(함등)
	덜 감	덜다, 줄이다. ≒ 減	
	찰 함	차다, 가득 차다, 충만하다.	
哈	물고기많은 모양 합	물고기가 많은 모양	哈哈(합합)
	마실 삽	마시다, 훌쩍 마시다. = 歃	
咳	어린아이 웃을 해	어린아이가 웃다.	咳嬰(해영)
	기침 해	기침, 기침을 하다.	咳喘(해천)
	탄사 애	상심(傷心)했을 때 쓰는 말	
哄	떠들썩할 홍	떠들썩하다, 소란하다, 서로 화(和)하는 소리	哄動(홍동)
	속일 공	속이다.	哄誘(공유)
咻	떠들 휴	떠들다, 시끄럽다.	咻咻(휴휴)
	따뜻하게 할 후	따뜻하게 하다. 입김으로 녹이다. = 呴	咻呴(후후)
咥	웃음소리 희	웃음소리, 크게 허허 웃다.	
	물 절	깨물다, 물다, 씹다.	
員	수효 원	수효, 물품의 수	員程(원정)
	더할 운	더하다, 늘이다.	員員(운운)
	성 운	성(姓)	
	도리 곳	도리(道里), 이정(里程)	
唫	입다물 금	입다물다, 함구하다. ≒ 噤	
	읊을 음	읊다. ≒ 吟, 생각하다. ≒ 念	

한자	훈과 음	자 해	예
唳	울 려	울다, 학이 울다.	
	새소리 렬	새소리, 새가 울다.	
啡	코고는 소리 배	코고는 소리	
	커피 비	커피	
喢	쪼아먹을 삽	쪼아먹다, 물새가 먹이를 먹는 모양	喢喋(삽잡)
	헐뜯을 첩	헐뜯다, 고자질하다. = 捷	喢佞(첩녕)
啞	벙어리 아	벙어리 = 瘂	啞子(아자)
	까마귀소리 아	까마귀소리	啞啞(아아)
	웃음 액	웃다, 웃음소리	啞唖(액이)
	놀라 지르는 소리 아	놀라 지르는 소리	啞咤(아타)
唲	선웃음칠 아	선웃음치다, 아첨하는 웃음을 웃다.	嚅唲(유아)
	서투른 말 애	서투른 말, 어린아이가 서툴게 하는 말	唲嘔(애구)
啇	밑동 적	①밑동, 뿌리, 근본, ②물방울 ≒ 滴	
	화할 석	화하다, 누그러지다.	
啁	비웃음 조	비웃다, 조롱하다. ≒ 嘲	
	우는 소리 주	우는 소리, 지저귀는 새소리, 벌레의 울음소리	啁啾(주추)
嘖	부르짖을 책	부르짖다.	嘖嘖(책책)
	탄식할 차	탄식하다, 탄식하는 소리	嘖惋(차완)
啐	맛볼 쵀	맛보다, 완미(玩味)하다.	啐飮(쵀음)
	떠들 줄	떠들다, 떠들썩하다.	啐啄(줄탁)
啄	쪼을 탁	쪼다, 부리로 먹이를 쪼다. ≒ 啅	啄木(탁목)
	부리 주	부리 = 咮噣	
啅	쪼을 탁	쪼다. 부리로 먹이를 쪼다.	
	지저귈 조	지저귀다, 새가 지저귀는 소리	
啍	느릿할 톤	느릿하다, 천천히 움직이는 모양	啍啍(톤톤)
	되풀이 일깨울 순	되풀이 일깨우다, 정성스러운 모양 ≒ 諄	啍啍(순순)

한자	훈과 음	자 해	예
	말 바르지 않을 퇴	말이 정도(正道)에서 벗어나다.	啍諉(퇴지)
唬	범의 울음소리 효	범의 울음, 범의 으르렁거리는 소리	
	외칠 호	외치다, 큰 소리로 부르다.	
喝	꾸짖을 갈	꾸짖다, 큰 소리로 나무라다.	喝破(갈파)
	목멜 애	목메다, 소리를 죽여 울다.	
單	홑 단	하나, 혼자, 외롭다.	單寒(단한)
	가볍게 떠날 전	가볍게 떠나다, 떠나다.	
喔	닭소리 악	닭소리, 닭 우는 소리	喔喔(악악)
	꿩소리 옥	꿩소리, 꿩 우는 소리	喔喔(옥옥)
啽	거칠 안	거칠다, 예의 바르지 않다.	啽啽(안안)
	조상할 언	조상(弔喪)하다, 애도하다. = 唁	
喩	깨우칠 유	깨우치다, 깨닫다.	喩教(유교)
	기뻐할 유	기뻐하다.	喩喩(유유)
	아닌지 지	아닌지 = 不喩	
喋	재잘거릴 첩	재잘거리다, 수다스럽다.	喋喋(첩첩)
	쪼을 잡	쪼아먹다, 쪼다.	喋呷(잡합)
喤	어린아이 울음 황	어린아이의 울음소리	喤喤(황황)
	갈도 소리 횡	갈도(喝道) 소리(꾸짖을 갈)	
	많을 황	많다.	喤呷(황합)
喙	부리 훼	부리, 주둥이 (새, 짐승의 입)	喙呀(훼아)
	부리 달	부리, 닭의 부리	
嗛	겸손할 겸	겸손하다.	
	모자랄 겸	모자라다, 차지 아니하다.	嗛嗛(겸겸)
	머금을 함	머금다, 입속에 넣다.	嗛嗛(함함)
	족할 협	족하다, 마음에 흡족하다.	嗛志(협지)
嗄	목잠길 사	목이 잠기다, 목이 갈리다.	
	목멜 애	목메다, 목이 막히다.	

한자	훈과 음	자　　해	예
嗌	목구멍 익	목구멍, 아첨하는 소리	
	웃는 모양 악	웃는 모양	嗌嗌(악악)
嗃	엄할 학	엄하다, 냉엄하다, 엄한 모양	嗃嗃(학학)
	피리소리 효	피리소리	
嘔	노래할 구	노래하다, 노래부르다.	嘔嘔(구구)
	게울 구	게우다, 토하다.	嘔氣(구기)
	기꺼이 말할 후	기꺼이 말하다.	
嗽	기침할 수	기침, 기침하다.	嗽咳(수해)
	마실 삭	마시다, 빨다, 빨아들이다.	嗽獲(삭획)
嗾	부추길 수	부추기다, 선동하다.	
	부추길 주	개를 부추기는 소리	
	부추길 촉	개를 부르는 소리	
嘐	큰소리칠 효	큰소리치다, 과장해서 말하다, 크다.	嘐嘐(효효)
	소리 교	새 지저귀는 소리, 닭 우는 소리	嘐戛(교알)
噁	성낼 오	성내다, 화내는 모양	
	새소리 악	새소리, 새 지저귀는 소리	
噌	소리 청	소리. 사람, 종, 북 등의 소리	噌吰(청횡)
	시끄러울 증	시끄럽다, 어지럽게 떠들썩하다.	
噍	먹을 초	먹다, 씹어먹다.	噍類(초류)
	새소리 초	새소리, 새의 지저귀는 소리	噍噍(초초)
嘽	헐떡일 탄	헐떡이다, 숨이 차다.	嘽嘽(탄탄)
	두려울 천	두렵다, 두려워서 소리없이 울다.	嘽咺(천원)
噭	주둥이 교	주둥이, 동물의 입	噭噭(교교)
	격할 격	격하다, 소리가 거세다.	噭哮(격효)
嘯	휘파람 소	휘파람 불다, 음영하다, 읊조리다.	嘯詠(소영)
	꾸짖을 질	꾸짖다. = 叱	嘯咤(질타)
噢	슬퍼할 욱	슬퍼하다, 마음으로 슬퍼하다.	噢咿(욱이)
	신음할 우	신음하다, 신음하는 소리	
噣	부리 주	부리, 주둥이	噣鳥(주조)
	쪼을 탁	쪼다, 쪼아먹다. = 啄	

한자	훈과 음	자 해	예
噲	목구멍 쾌	목구멍, 시원하다, 상쾌하다. ≒ 快	噲伍(쾌오)
	야윌 괄	야위다, 초췌하다. ≒ 癏	
噦	새소리 홰	새소리, 말방울소리, 가락에 맞게 흔들리는 소리	噦噦(홰홰)
	딸꾹질 얼	딸꾹질, 딸꾹질하다.	
噫	탄식할 희	아! 감탄, 탄식, 탄식하다.	噫嗚(희오)
	트림 애	트림, 하품	噫氣(애기)
	탄식할 억	탄식하다, 아아.	
噞	먹을 람	먹다, 게걸스럽게 먹다.	
	소리 함	소리, 외치는 소리	
	웃을 함	웃다.	
嶷	영리할 억	영리하다, 숙성하다.	
	어리석을 의	어리석다.	
嚌	맛볼 제	맛보다, 음식의 맛을 보다.	
	뭇소리 개	뭇소리, 여럿의 소리	
嚇	웃음 하	웃다, 웃음소리	
	성낼 혁	성내다, 화를 벌컥 내다.	嚇怒(혁노)
噂	역정낼 박	역정내다, 화를 내다.	
	소리 포	소리, 여럿의 소리	
嚼	씹을 작	씹다, 입에 넣고 씹다.	嚼口(작구)
	깨물 초	깨물다. = 噍	
囂	들렐 효	들레다, 왁자하다, 소리·목소리	囂煩(효번)
	많을 오	많다.	
囋	기릴 찬	기리다, 돕다.	
	지껄일 찰	지껄이다, 시끄럽게 떠들다.	囋囋(찰찰)
讞	소리 잘	소리, 북소리	
	정죄할 열	정죄(定罪)하다, 죄를 다스려 바르다.	
	위로할 언	위로하다, 위문하다.	

한자	훈과 음	자　　해	예
	口	**(큰 입 구) 部**	
囝	아이 건	아이, 아이를 부를 때 쓰는 말	
	달 월	달(月)	
囪	천창 창	환기창(窓)	
	굴뚝 총	굴뚝	
圂	뒷간 혼	뒷간, 변소 = 溷	
	가축 환	가축, 집에서 기르는 짐승 = 豢	圂腴(환유)
圜	두를 환	두르다, 에워싸다.	圜流(환류)
	둥글 원	둥글다.	圜陣(원진)
	土	**(흙 토) 部**	
土	흙 토	흙	土芥(토개)
	뿌리 두	뿌리, 뽕나무의 뿌리, 초목의 뿌리	
	하찮을 차	하찮다, 찌꺼기, 티끌, 흙덩이	
均	고를 균	고르다, 평평하게 하다.	均服(균복)
	울림 운	울림, 소리끝의 울림	
	따를 연	따르다, 물을 따라 내려가다.	
圻	경기 기	경기(京畿). 수도를 중심으로 한 천리 사방의 땅	圻內(기내)
	끝 은	끝, 지경 ≒ 垠	
坏	언덕 배	언덕, 나직한 산	坏冶(배야)
	무너질 괴	무너지다.	
坻	모래섬 지	모래섬, 작은 섬	坻石(지석)
	머무를 지	물가	坻岸(지안)
	무너질 저	무너지다.	
埏	땅의 끝 연	땅의 끝, 땅의 한계	埏隧(연수)
	이길 선	이기다, 흙에 물을 부어 반죽하다.	埏埴(선식)
培	북돋울 배	북돋우다.	培埴(배식)
	무덤 부	무덤	培塿(부루)
	탈 배	타다, 바람을 이용하다. ≒ 憑	培風(배풍)

한자	훈과 음	자 해	예
埤	더할 비	더하다, 늘다.	埤益(비익)
	성가퀴 폐	성가퀴 = 堄	埤倪(폐예)
	하습한 땅 비	하습(下濕)한 땅	埤下(비하)
埴	찰흙 식	찰흙, 점토, 진흙	
	찰흙 치	진흙, 진흙탕	
堵	담 도	담, 담장	堵牆(도장)
	성 자	성(姓)	
報	갚을 보	갚다, 은혜, 도움, 원한에 대해 그에 부합되는 행동을 해주다.	報仇(보구)
	나아갈 부	나아가다, 급히 가다. = 赴	
堤	방죽 제	방죽, 둑 = 隄	堤防(제방)
	대개 시	대개, 대략 = 提	堤堰(시언)
堲	미워할 즉	미워하다, 증오하다.	堲周(즉주)
	불똥 즐	불에 구운 벽돌이나 기와	
塙	단단할 각	단단하다, 흙이 굳고 단단하다.	
	자갈땅 교	자갈땅, 돌이 많은 메마른 땅	
塞	변방 새	변방, 국경지대	塞斥(새척)
	막을 색	막다, 가로막다.	塞心(색심)
塡	메울 전	메우다, 메이다.	塡安(전안)
	누를 진	누르다, 평정하다. = 鎭	塡撫(진무)
壂	쌓을 절	쌓다, 쌓아서 모으다.	壂財(절재)
	높을 체	높다.	壂霓(체예)
墅	농막 서	농막, 전답의 수확물을 넣어두는 집	墅扉(서비)
	들 야	들[野]	
塼	벽돌 전	벽돌	塼甓(전벽)
	둥글 단	둥글다[團].	
壓	누를 압	누르다, 억압하다, 진압하다. ≒ 抑	壓气(압기)
	숙일 엽	숙이다, 엎드리게 하다.	
	누를 녑	누르다, 지압하다.	
	싫을 염	싫다. = 厭	

한자	훈과 음	자 해	예
壘	진 루	진, 보루	壘和(누화)
	이을 루	잇다, 이어지다. = 纍	壘壘(누루)
	끌밋할 뢰	끌밋하다.	
	귀신 률	귀신이름	
壞	무너질 괴	무너지다, 허물어져 내려앉다.	壞俗(괴속)
	앓을 회	앓다, 나무의 혹 ≒ 瘣	壞木(회목)
	夕	(저녁 석) 部	
夜	밤 야	밤, 저녁	夜客(야객)
	고을이름 액	고을이름	
	大	(큰 대) 部	
大	큰 대	크다.	大哥(대가)
	클 태	크다.	大公(태공)
	클 다	크다.	
夬	깍지 결	깍지(활을 쏠 때 시위를 잡아당기기 위하여 엄지손가락에 끼는 뿔로 만든 기구)	
	쾌쾌 쾌	쾌쾌	夬夬(쾌쾌)
夭	어릴 요	어리다, 젊다.	
	젊어 죽을 요	젊어서 죽다.	夭傷(요상)
	지명 옥	지명	
	옳지 않을 야	옳지 않다, 그르다.	夭斜(야사)
	옳지 않을 왜	옳지 않다, 그르다.	
	갓난 새끼 오	갓난 새끼, 새나 짐승의 새끼	
失	잃을 실	잃다, 잃어버리다.	失念(실념)
	놓을 일	놓다, 놓아주다.	
央	가운데 앙	가운데, 한가운데	央及(앙급)
	선명한 모양 영	선명한 모양	央央(영영)
夾	낄 협	끼다, 벌어진 사이에 넣어 좌우에서 누르다. = 挾	夾室(협실)
	손잡이 협	손잡이, 칼잡이	夾持(협지)

한자	훈과 음	자　해	예
奈	어찌 내	어찌 = 那, 耒	奈何(내하)
	나락 나	나락	奈落(나락)
契	맺을 계	맺다, 인연이나 관계를 맺다.	契分(계분)
	애쓸 결	애쓰다, 애써 노력하다.	契闊(결활)
奓	오만할 차	오만하다, 교만을 떨다, 거만하게 굴다.	奓戶(차호)
	사치할 치	사치하다, 지나치게 치레하다.	奓心(치심)
奧	속 오	속, 깊숙한 안쪽	奧區(오구)
	따뜻할 욱	덥다, 따뜻하다. ≒ 燠	
奭	클 석	크다, 성하다.	
	붉을 혁	붉다, 붉은색(빛) = 赫	
奲	관대할 차	관대(寬大)하다.	
	풍부할 타	풍부(豐富)하다.	
女		**(계집 녀) 部**	
妃	왕비 비	왕비	妃合(비합)
	짝맞출 배	짝을 맞추다. ≒ 配, 짝, 배우자	
她	아가씨 저	아가씨, 여자 = 姐	
	그녀 타	그녀, 여자의 제3인칭	
姆	여스승 모	여스승, 부도(婦道)를 가르치는 부인, 여교사	姆敎(모교)
	어미 무	어미, 어머니, 여자	
姍	헐뜯을 산	헐뜯다, 비방하다. ≒ 訕	姍笑(산소)
	비틀거릴 선	비틀거리는 모양	姍姍(선선)
妯	동서 축	형제의 아내끼리 서로 상대방을 부르는 말	
	움직일 추	움직이다, 두근거리다.	
姣	예쁠 교	예쁘다, 아름답다, 우아하다.	姣美(교미)
	음란할 효	음란하다, 음란한 짓	
姚	예쁠 요	예쁘다, 아름답다. ≒ 嬥	姚冶(요야)
	이름 도	이름, 사람이름 ≒ 桃	
	경솔할 조	경솔하다. ≒ 窕	

한자	훈과 음	자　해	예
	날랠 요	굳세고 빠른 모양 = 佻, 날래다.	
娉	장가들 빙	장가들다. ≒ 聘	娉命(빙명)
	예쁠 병	예쁘다, 예쁜 모양	娉婷(병정)
娭	계집종 애	계집종, 하녀(下女)	
	장난칠 희	장난치다.	
婰	속일 전	속이다, 기만하다.	
	모양낼 정	몸을 치장하다. ≒ 婷	
婠	품성 좋을 완	품성이 좋다.	婠妠(완납)
	품성 좋을 왈	어린아이의 살찐 모양	
媧	여신 과	여신(女神), 천지만물을 화육(化育)하였다는 신	
	여신 와	여신	
嫋	예쁠 연	예쁘다.	
	어릴 눈	어리다, 약하다.	
婼	거역할 착	거역하다, 순종하지 아니하다.	
	나라이름 야	나라이름	
婾	훔칠 투	훔치다. = 偸	婾樂(투락)
	즐길 유	즐기다.	婾生(유생)
媪	할미 온	늙은 여자, 노모(老母)	媪嫗(온구)
	살찔 올	살찌다.	媪妠(올납)
嫗	할미 구	늙은 여자, 할머니, 어머니, 여자	嫗煦(구후)
	산이름 후	산이름	
嬈	번거로울 뇨	괴로워하다.	嬈惱(요뇌)
	약할 뇨	약하다, 가냘프다.	
	예쁠 요	아름답다, 예쁘다.	嬈嬈(요뇨)
嫽	외조모 로	외조모	嫽嫽(노로)
	예쁠 료	예쁘다, 아리땁다.	嫽妙(요묘)
嬛	경편할 현	몸이 가볍고 빠르다, 몸이 가볍다.	嬛嬛(현현)
	홀로 경	홀로, 외톨박이	嬛嬛(경경)

한자	훈과 음	자 해	예
	子	(아들 자) 部	
孛	살별 패	살별, 혜성	孛彗(패혜)
	안색 변할 발	어둡다, 밝지 아니하다.	孛然(발연)
孱	잔약할 잔	잔약하다, 나약하다.	孱愚(잔우)
	나쁠 산	나쁘다.	
孿 (孪)	쌍둥이 산	쌍둥이	孿子(산자)
	쌍둥이 련	쌍둥이	
	宀	(갓머리) 部	
宅	집 택	집, 거주	宅居(택거)
	댁 댁	댁, 상대방의 집을 이르는 말	
家	집 가	집, 가문, 집안	家家(가가)
	마나님 고	마나님, 시어머니 ≒ 姑	家家(고고)
害	해칠 해	해치다.	害咎(해구)
	어찌 할	어찌 ≒ 何, 어찌 …하지 아니하느냐 ≒ 盍	
宿	묵을 숙	묵다, 하루 밤을 숙박하다.	宿德(숙덕)
	성수 수	성수, 별자리	星宿(성수)
寁	빠를 잠	빠르다.	
	빠를 첩	재빨리	
寠	가난할 구	가난하다, 작다, 조그마하다.	寠藪(구수)
	무덤 루	무덤, 언덕	
實 (実)	열매 실	열매, 초목의 열매	結實(결실)
	이를 지	이르다. ≒ 至	
審 (宷)	살필 심	살피다, 잘 따지어 관찰하다.	審克(심극)
	돌 반	돌다, 물이 빙빙 돌다. = 潘	
寵	괼 총	괴다, 사랑하다.	寵光(총광)
	현명 룡	현명(縣名)	

한자	훈과 음	자 해	예
	寸	(마디 촌) 部	
寺	절 사	절. 중이 부처를 모시는 곳	寺舍(사사)
	내시 시	내시(內侍)·환관(宦官 = 侍)	寺舍(시사)
尃	펼 부	펴다, 깔다. = 敷	
	퍼질 포	퍼지다, 널리 퍼지다, 두루 알리다. = 佈	
射	궁술 사	궁술(弓術), 활을 쏘는 법	射藝(사예)
	쏠 사	활, 총 따위를 쏘다.	射出(사출)
	맞힐 석	맞히다, 쏘아서 적중시키다.	射中(석중)
	벼슬이름 야	벼슬이름	僕射(복야)
	싫어할 역	싫어하다. ≒ 斁	
尉	벼슬 위	벼슬, 벼슬이름	校尉(교위)
	다릴 울	다리다, 다리미로 주름을 펴다. = 熨	
專	오로지 전	오로지, 오직 한 곳으로	專攻(전공)
	둥글 단	둥글다. ≒ 團	
尊	높을 존	높이가 높다, 높다.	尊榮(존영)
	술통 준	술통 ≒ 樽	
	尢	(절름발이 왕) 部	
就	이룰 취	이루다, 어떤 상태나 결과로 되게 하다.	就次(취차)
	관대할 여	관대한 모양, 다급하게 재촉하지 않는 모양	就就(여여)
	尸	(주검 시) 部	
尼	중 니	여승(女僧), 비구니(比丘尼)	尼姑(이고)
	그치게 할 닐	그치게 하다.	
居	있을 거	있다, 살다, 거주하다.	居心(거심)
	어조사 기	어조사 ≒ 其, 期. 의문의 뜻을 나타낸다. 지정, 강세, 영탄의 뜻을 나타낸다. 이때는 '기'로 읽지 않고, '거'로 읽는다.	
屎	똥 시	똥 = 矢	屎尿(시뇨)
	앓을 히	앓다, 끙끙거리며 앓다.	
屠	잡을 도	잡다, 짐승을 잡다.	屠身(도신)
	흉노 왕 저	흉노 왕의 칭호	

한자	훈과 음	자 해	예
屈	굽을 굴	굽다, 굽히다, 구부러지다.	屈首(굴수)
	깎을 궐	깎다. = 絀, ≒ 刮	
屬 (属)	이을 촉	잇다, 잇닿다.	屬者(촉자)
	무리 속	무리, 동아리, 한패	屬者(속자)
	부을 주	붓다, 쏟아넣다.	
山		**(뫼 산) 部**	
岎	산높을 분	산이 높다, 산이 높은 모양 = 岃	
	갈림길 차	갈림길, 산과 산이 나누어지는 곳	
岑	봉우리 잠	봉우리, 산봉우리	
	벼랑 음	벼랑, 물가의 언덕	
崒	험할 줄	험하다, 산이 높고 험한 모양	崒崒(줄줄)
	모일 취	모이다, 모으다.	
嵯	우뚝 솟을 차	우뚝 솟다, 산이 가파르다.	嵯峨(차아)
	울쑥불쑥할 치	산이 높고, 낮고 한 모양	
嶂	높을 질	높다, 산이 높다.	嶂嵲(질얼)
	멀리 잇닿을 체	산줄기로 멀리 뻗어 있는 모양	
巋	우뚝 솟을 귀	우뚝 솟다.	
巾		**(수건 건) 部**	
市	슬갑 불	앞치마 = 紱, 韍	
	무성할 발	무성하다, 초목이 무성한 모양	
帕	머리띠 말	머리띠, 머리동이	帕首(말수)
	휘장 파	휘장	帕腹(파복)
帖	표제 첩	표제(標題), 비단에 적은 표제	帖息(첩식)
	체 체	체, 체지	帖紙(체지)
帑	금고 탕	금고	
	처자 노	처자, 자손(子孫) ≒ 孥	
帣	자루 권	자루, 서른말들이의 자루	
	멜빵 견	어깨 멜빵	
幨	언치 천	언치 ≒ 韂	
	치마 전	치마, 포대기, 기저귀	

한자	훈과 음	자　해	예
幅	폭 폭	폭, 너비	
	행전 핍	행전	
幕	막 막	장막, 천막	幕絡(막락)
	막 만	휘장, 막 = 幔	
幓	수레휘장 삼	수레휘장	幓纚(삼사)
	깃발 삼	깃발, 기폭 = 縿	
	머리띠 조	머리띠, 건 = 幧	幓頭(조두)
幢	기 당	군(軍)에서 지휘용으로 쓰는 기	幢主(당주)
	드리워진 모양 동	새털, 천 같은 것이 늘어져 있는 모양	幢幢(동동)
幬	휘장 주	휘장	幬尉(주위)
	덮을 도	덮다, 덮어 가리다. = 燾	
干		**(방패 간) 部**	
干	방패 간	방패, 창을 막는 물건	干戈(간과)
	주사 안	주사(朱砂) = 矸	
幺		**(작을 요) 部**	
幼	어릴 유	나이가 어리다, 어리다.	幼學(유학)
	그윽할 요	그윽하다, 시원하다.	幼眇(요묘)
广		**(엄호) 部**	
底	밑 저	밑, 사물의 바닥을 이루는 부분	底下(저하)
	이룰 지	이루다, 성취하다.	
度	법도 도	법도, 법제(法制), 법(法)	度矩(도구)
	헤아릴 탁	헤아리다, 짐작하다.	度揆(탁규)
厖	클 방	크다, 넉넉하다.	
	어렴풋할 봉	확실하지 않은 모양	
庶	여러 서	여러 가지, 갖가지	庶人(서인)
	제거할 서	제거하다, 제독(除毒)하다.	
廓	둘레 곽	한 구역을 이루는 지역	廓開(곽개)
	클 확	크다, 너그럽다.	

한자	훈과 음	자　　해	예
廬 (庐)	오두막 려	오두막집, 농막	廬落(여락)
	창자루 로	창자루 ≒ 簸	
	卄 (스물 입 발) 部		
弁	고깔 변	고깔	弁言(변언)
	즐거워할 반	즐거워하다. = 般	
弇	덮을 엄	덮다, 덮어 씌우다.	弇蓋(엄개)
	좁은 길 엄	좁은 길	
弊	해질 폐	옷이 낡다, 옷이 떨어지다, 옷이 해지다.	弊鎧(폐개)
	섞일 별	섞이다. ≒ 瀎	弊撇(별살)
	弋 (주살 익) 部		
式	법 식	법, 법규	式敬(식경)
	악할 특	악하다, 나쁘다. = 慝	
	弓 (활 궁) 部		
弔	조상할 조	영혼을 위로하다, 조상하다.	弔賀(조하)
	이를 적	이르다, 와서 닿다.	
弛	늦출 이	늦추다.	弛紊(이문)
	떨어질 치	떨어지다, 떨어뜨리다.	
弸	화살소리 붕	화살소리	弸環(붕횡)
	찰 팽	가득 차다, 차다.	弸中(팽중)
	彡 (터럭 삼) 部		
彬	빛날 빈	빛나다.	彬彬(빈빈)
	밝을 반	밝다, 무늬가 또렷하다.	
	彳 (두인 변) 部		
彴	별똥 박	별똥, 별찌 = 彴	彴約(박약)
	외나무다리 작	외나무다리, 돌다리	彴橋(작교)
御	어거할 어	말, 소 멍에를 풀다, 말을 몰고 가다, 짐승을 길들이다.	御駕(어가)
	막을 어	막아서 멈추게 하다, 막다.	御冬(어동)

한자	훈과 음	자 해	예
	맞을 아	맞아들이다, 맞다. ≒ 訝·迓	
	거느릴 어	거느리다.	御人(어인)
從	좇을 종	뒤를 좇다, 남의 뜻을 따라 그대로 하다.	從駕(종가)
	시중들 종	시중들다, 시중드는 사람	從官(종관)
	높고 클 총	높고 크다, 높고 큰 모양	從從爾 (총총이)
徧	두루 편	두루, 널리, 모두	徧搜(편수)
	치우칠 편	치우치다. = 偏, 기울다.	徧重(편중)
復	돌아올 복	돌아오다, 원상태로 돌아오다.	復光(복광)
	다시 부	다시, 거듭	復興(부흥)
徵	부를 징	사람을 불러들이다, 부르다.	徵招(징초)
	음률이름 치	음률이름	徵招(치소)
	心 (마음 심) **部**		

변으로 쓰일 때는 ↑, 발로 쓰일 때는 心로 쓰인다.

한자	훈과 음	자 해	예
忸	부끄러워할 뉵	부끄러워하다.	忸怩(육니)
	길들 뉴	길들다, 버릇이 되다.	忸行(유행)
忳	근심할 돈	근심하다, 근심에 잠기다.	忳忳(돈돈)
	꾸준할 순	꾸준히 하다.	忳忳(순순)
	어리석을 돈	어리석다. ≒ 沌	
思	생각할 사	생각하다.	思人(사인)
	수염 많을 새	수염이 많다.	于思于思 (우새우새)
怚	교만할 저	교만하다.	
	거칠 조	거칠다. ≒ 粗	
怗	고요할 첩	고요하다.	怗怗(첩첩)
	막힐 첨	막히다, 막히어 어수선하다.	怗滯(첨체)
怵	두려워할 출	두려워하다, 슬퍼하다, 가엾게 여기다.	怵惕(출척)
	꾈 술	꾀다, 유혹하다. ≒ 訹	怵迫(술박)

한자	훈과 음	자 해	예
怕	두려워할 파	두려워하다, 아마도 부끄러워하다.	怕羞(파수)
	고요할 박	고요하다, 평온하다. ≒ 泊	怕乎(박호)
愒	걱정없을 개	걱정이 없다, 근심이 없다.	愒置(개치)
	여유없을 괄	여유가 없다, 자신의 마음에 여유가 없기 때문에 남에게 소홀해진다는 뜻으로 전용되었다.	愒視(괄시)
	산이름 계	산이름	
恁	생각할 임	생각하다, 이같이, 이같은	恁麽(임마)
	당신 님	당신 = 您	
侂	헤아릴 탁	헤아리다. = 慅	
	정하지 못할 차	정하지 못하다.	
恌	성의없을 조	성의가 없다. = 佻	
	근심할 요	근심하다, 두려워하다. = 慅	
恫	상심할 통	상심하다, 마음이 아프다.	恫恐(통공)
	뜻 얻지 못할 동	뜻을 얻지 못하다, 뜻을 얻지 못한 모양	
恒	항상 항	항상, 언제나	恒居(항거)
	뻗칠 긍	뻗치다, 두루 미치다. = 亘	
恤	미칠 휼	미치다, 정신이 돌다. = 怵	
	화낼 결	화내다, 성내다.	
悇	근심할 여	근심하다, 근심을 품다. = 念	悇憛(여담)
	의심스러울 도	의심스럽다, 화복(禍福)이 미정(未定)한 모양	
悁	성낼 연	성내다, 화내다.	悁急(연급)
	조급할 견	조급하다, 초조해하다.	
悛	고칠 전	고치다, 새롭게 하다.	悛改(전개)
	고칠 준	고치다.	
	정성 순	정성, 진정 = 恂	悛悛(순순)
惏	탐할 람	탐하다, 탐내다.	
	차가울 림	차갑다, 추운 모양	惏悷(임려)
悖	어그러질 패	어그러지다, 도리·사리·기준에서 벗어나다.	悖談(패담)
	성할 발	성하다, 부쩍 일어나다. = 敦	悖焉(발언)

한자	훈과 음	자 해	예
惡	악할 악	모질고 사납다, 설정이나 행동이 도덕적으로 보아 못되고 나쁘다.	惡口(악구)
	미워할 오	미워하다.	惡寒(오한)
惛	어리석을 혼	어리석다, 마음이 밝지 아니하다.	惛眊(혼모)
	번민할 민	번민하다. = 悶	
愒	쉴 게	쉬다, 휴식 = 憩, 偈	愒時(게시)
	으를 할	협박하다. = 曷, 으르다.	
	탐할 개	탐내다, 탐하다.	
愞	약할 나	약하다.	
	약할 유	약하다.	
	여릴 연	여리다, 쇠약하다.	
愖	정성 심	정성, 진심 = 忱, 주저하다.	
	즐길 담	즐기다, 즐거워하다. = 湛	
	마음 바르지 않을 홈	마음이 바르지 아니하다.	
愉	즐거울 유	즐겁다, 즐거워하다.	愉樂(유락)
	구차할 투	구차하다.	
	게으를 유	게으르다.	
意	뜻 의	뜻, 무엇을 하려고 먹은 마음	意見(의견)
	아아 희	아아, 불편하거나 개탄하거나 분개할 때 내는 소리	
愀	정색할 초	정색(正色)하다, 태도를 갑자기 바꾸는 모양	愀如(초여)
	쓸쓸할 추	쓸쓸하다, 쓸쓸한 모양	
愓	방자할 탕	제마음 내키는 대로 행동하다, 방자하다.	愓暢(탕창)
	빠를 상	빠르다, 곧바로 가다.	愓愓(상상)
愊	정성 픽	정성, 성의	
	답답할 핍	답답하다, 막히다.	愊怛(핍달)
愃	너그러울 훤	너그럽다, 도량이 넓다.	
	상쾌할 선	상쾌하다.	
愾	성낼 개	성내다, 분개하다.	愾然(개연)
	한숨 쉴 희	한숨 쉬다, 한탄하다.	

한자	훈과 음	자 해	예
慊	찐덥지 않을 겸	마음이 흐뭇하지 않다.	慊然(겸연)
	족할 협	만족하다. = 嗛	
	의심할 혐	의심하다, 마음으로 싫어하다. ≒ 嫌	
愬	하소연할 소	하소연하다.	愬風(소풍)
	두려워할 색	두려워하다.	愬愬(색색)
慅	흔들릴 소	흔들리다, 떠들썩하다.	慅慅(소소)
	고달플 초	고달프다.	慅慅(초초)
慉	기를 훅	기르다, 양육하다. ≒ 畜	
	맺힐 축	맺히다, 우울해지다.	慉結(축결)
慮 (慮)	생각할 려	생각하다, 이리저리 헤아려보다.	慮後(여후)
	사실할 록	사실하다, 조사하다.	慮囚(녹수)
惷	천치 용	천치스러운 사람, 어리석어 사리에 어두운 사람	惷駭(용애)
	어리석을 창	어리석다.	惷乎(창호)
慹	두려워할 집	두려워하다.	慹服(집복)
	움직이지 않을 접	움직이지 아니하다, 꿈쩍도 하지 아니하다.	慹然(접연)
憺	염려할 담	염려하다.	
	수심에 잠길 염	수심에 잠기다.	憺悇(염도)
	당황할 탐	당황하다, 걱정으로 갈팡질팡하다.	
憝	원망할 대	원망하다, 미워하다. = 憞	
	성가실 돈	성가시다, 번거롭다.	憝溷(돈혼)
	어리석을 돈	어리석다, 사리에 어둡다.	憝恨(돈한)
憚	꺼릴 탄	꺼리다, 삼가다.	憚改(탄개)
	깔볼 천	깔보다, 얕보다.	憚憚(천천)
憾	한할 감	서운해하다, 한, 서운함	憾恚(감에)
	근심할 담	근심하다, 마음이 불안하다.	
憿	요행 요	요행, 요행을 바라다.	
	성의있을 요	성의있다, 성의껏 아뢰다.	憿憭(요료)
	빠를 격	빠르다.	憿繳(격적)

한자	훈과 음	자 해	예
懁	성급할 환	성급하다, 조급하다.	懁促(환촉)
	격렬할 견	격렬하다, 세차다.	
懟	원망할 대	원망하다, 원망을 품다. = 憝	懟怒(대노)
	고민 추	고민하다, 근심하다.	懟險(추험)
懶	게으를 라	게으르다, 나른하다, 의욕이 없다.	懶架(나가)
	미워할 뢰	미워하다, 혐오하다.	
懹	두려워할 쌍	두려워하다, 무서워하다. = 慄, 悚	
	두려워할 송	권하다, 권장하다.	
懼	놀랄 확	놀라다, 놀라서 당황하다.	懼然(확연)
	두려워할 구	두려워하다.	懼然(구연)
戈		**(창 과) 部**	
戔	해칠 잔	해치다, 상처를 입히다.	
	적을 전	적다, 얼마 되지 않는 모양	戔戔(전전)
或	혹 혹	혹, 혹은	或問(혹문)
	나라 역	나라 = 國	
戜	창 인	전쟁터에서 사용하는 무기, 창, 긴 창	
	사람이름 연	성(姓)	
戲 (戏)	놀 희	놀다, 재미있게 시간을 보내다.	戲作(희작)
	기 휘	기, 깃발, 대장기 = 旗	
	아하 호	아! = 呼(감탄할 때 쓰는 말)	
手		**(손 수) 部**	
扒	뺄 배	빼다, 뽑다. ≒ 拜	
	깨뜨릴 팔	깨뜨리다, 쳐부수다.	
	중재할 변	중재하다, 분별하다. = 捌	
扢	문지를 골	갈다, 문지르다.	
	기뻐할 흘	기뻐하다.	扢然(흘연)
扱	미칠 급	미치다, 어느 곳에 이르다. ≒ 及	扱免(급면)
	거두어 모을 삽	거두다, 모으다.	
扶	도울 부	돕다, 떠받치다, 붙들다.	扶傾(부경)
	길 포	기다. = 匍	

한자	훈과 음	자 해	예
承	받들 승	받들다, 밑에서 받아올려 들다.	承從(승종)
	건질 증	빠진 것을 구출하다, 건지다. ≒ 抍, 拯	
折	꺾을 절	꺾다, 휘어서 부러뜨리다.	折角(절각)
	편안한 모양 제	편안한 모양	折折(제제)
投	던질 투	던지다, 손에 든 물건을 내던지다.	投命(투명)
	머무를 두	머무르다. = 逗	
拒	막을 거	막다, 거부하다.	拒却(거절)
	방진 구	네모(사각)로 친 진(陣) ≒ 矩	
拈	집을 념	집다, 손가락으로 집어 비틀다.	拈出(염출)
	집을 점	집어들다.	
担	떨칠 단	떨치다, 힘있게 흔든다.	
	올릴 걸	올리다, 오르다.	担撟(걸교)
	멜 담	메다.	
拔	뺄 발	뽑다, 잡아당기다.	拔河(발하)
	빠를 발	빠르다, 빨리, 급히	
	성할 패	성한 모양, 가지와 잎이 무성한 모양	
抃	칠 변	치다, 손뼉을 치다. ≒ 抙	
	날 번	날다, 새·짐승 따위가 날다.	抃飛(번비)
	쓸 분	쓸다, 청소하다.	
拂	떨 불	떨다, 먼지 따위를 떨다.	拂耳(불이)
	도울 필	돕다. = 弼	拂士(필사)
押	누를 압	누르다, 내리누르다.	押署(압서)
	단속할 갑	단속하다, 검속하다.	
抭	퍼낼 요	퍼내다, 확에서 퍼내다.	
	퍼낼 유	물 따위를 퍼내다.	
抵	거스를 저	거스르다, 막다, 거절하다.	抵冒(저모)
	칠 지	치다, 손으로 치다.	抵掌(지장)
拓	주울 척	줍다, 떨어진 것을 줍다.	拓落(척락)
	넓힐 척	넓히다, 확장하다.	拓土(척토)
	박을 탁	박다, 금석문(金石文)을 종이에 박다.	拓本(탁본)

한자	훈과 음	자 해	예
招	부를 초	부르다, 오라고 부르다, 손짓하다.	招徠(초래)
	풍류이름 소	풍류이름	
	들 교	들다, 들어올리다, 위로 쳐들다.	招過(교과)
挂	걸 괘	걸다, 걸리다, 매달다, 매달리다.	
	나눌 패(규)	나누다, 갈라서 구분을 짓다.	挂榜(괘방)
拮	일할 길	일하다, 손과 입을 함께 놀리며 일하다.	拮据(길거)
	죄어칠 갈	죄어치다, 심하게 핍박하다.	
挐	붙잡을 나	붙잡다, 손에 넣다.	
	끌 녀	끌다, 오래 끌다, 지연되다.	挐首(여수)
挈	손에 들 설	손에 들다, 휴대하다.	挈挈(설설)
	끊을 계	끊다, 단절하다.	挈然(계연)
拾	주울 습	줍다.	拾收(습수)
	열 십	열(十)	
	서로 겹	서로, 번갈아, 서로서로	
	오를 섭	오르다, 올라가다, 건너가다.	
按	누를 안	누르다, 내리누르다.	按檢(안검)
	막을 알	막다, 저지하다.	按治(알치)
捔	뿔잡을 각	뿔을 잡다, 짐승의 뿔을 잡고 내리누르다.	
	찌를 삭	찌르다, 찔러서 꿰뚫다.	
挼	주무를 뇌	주무르다, 문지르다.	挼挐(뇌나)
	제사 지낼 휴	제사 지내다, 재수에 대한 제사	挼祭(휴제)
捗	거둘 보	거두다, 수렴(收斂)	
	칠 척	치다, 때리다.	
挪	놀릴 야	놀리다, 조롱하다, 농지거리하다.	
	나머지 여	나머지	
捝	칠 탈	치다, 때리다.	
	씻을 세	씻다, 닦다.	
捌	깨뜨릴 팔	깨뜨리다, 쳐부수다.	
	처리할 별	처리하다, 분별하여 처리하다.	

한자	훈과 음	자 해	예
控	당길 공	당기다, 끌어당기다, 잡아끌다.	控制(공제)
	칠 강	치다, 두드리다.	
掘	팔 굴	파다, 파내다, 우묵하게 파다.	掘起(굴기)
	뚫을 궐	뚫다, 구멍을 뚫다.	掘門(궐문)
	서투를 졸	서투르다.	
掎	끌 기	끌다, 끌어당기다.	掎角(기각)
	바르지 않을 의	바르지 않다.	
捩	술대 려	술대, 비파를 타는 도구	
	비틀 렬	비틀다, 꼬다.	捩柂(열타)
掊	그러모을 부	그러모으다, 가렴주구하다.	
	가를 부	가르다, 쪼개다, 해치다.	掊克(부극)
	넘어뜨릴 부	넘어뜨리다.	掊摘(부적)
掞	빛낼 염	빛내다, 빛나다.	掞張(염장)
	펼 섬	펴다.	掞張(섬장)
	날카롭게 할 염	날카롭게 하다, 끝이 뾰족하게 깎다.	
捯	비길 예	비기다, 견주다.	
	땅길 예	땅기다, 켕기어지다.	
	성 열	성(姓)	
捵	늘일 전	잡아당겨 늘이다.	
	밟을 년	밟다, 비틀다, 꼬다.	
措	둘 조	일정 자리에 놓다, 두다.	措大(조대)
	잡을 책	잡다, 뒤따라가서 잡다.	
掣	당길 철	당기다, 끌어당기다.	
	끌 체	못 떠나게 붙들다, 잡아 억누르다.	掣曳(체예)
捶	종아리칠 추	매질하다, 종아리를 치다.	捶扑(추박)
	불릴 타	단련하다, 튼튼하게 하다.	
捭	칠 패	두 손으로 치다, 치다.	
	가를 벽	가르다, 쪼개다.	
捷	이길 첩	이기다, 승전, 승리	捷巧(첩교)
	꽂을 삽	꽂다. = 揷	

한자	훈과 음	자 해	예
推	옮을 추	옮다, 변천하다.	推去(추거)
	밀 퇴	밀다, 옆으로 밀다.	推築(퇴축)
揭	들 게	들다, 높이 들다, 높이 오르다.	揭帖(게첩)
	질 갈	지다, 등에 지다.	揭揭(갈갈)
	세울 걸	세우다.	揭揭(걸걸)
搢	어루만질 민	어루만지다, 문지르다.	
	닦을 문	닦다, 훔치다.	
揳	닦을 설	닦다, 씻다.	
	잴 혈	재다. = 絜	
	칠 결	쳐서 올리다.	
握	쥘 악	쥐다, 손가락을 굽혀 물건을 쥐다.	握管(악관)
	잡을 욱	작다, 작은 모양	
	악수 악	악수 = 偓, 緺	握手(악수)
捏	모을 열	주워 모으다, 모으다.	
	이길 날	반죽하다, 억누르다.	
援	당길 원	끌어당기다, 잡아당기다.	
	도울 원	돕다.	援救(원구)
	발호할 환	순종하지 아니하다. = 換	
揄	끌 유	끌다, 질질 끌다. ≒ 曳	揄揚(유양)
	늘어뜨릴 투	늘어뜨리다.	揄袂(투몌)
	요적 요	요적(揄狄)	
揖	읍 읍	읍(상대방에게 공경의 뜻을 나타내는 예의의 한가지)	揖讓(읍양)
	모일 집	모이다, 모으다.	揖揖(집집)
	절할 의	절하다, 손을 가슴에 대고 절하다.	
惚	통합할 총	통합하다, 모두	
	보낼 송	보내다, 손으로 물건을 밀어 주다.	
	바쁠 총	바쁘다, 괴로워하다.	
揣	잴 췌	재다, 높이를 측정하다.	揣知(췌지)
	둥글게 할 단	둥글게 하다.	

한자	훈과 음	자 해	예
提	끌 제	끌다, 끌고 가다, 같이 가다.	提導(제도)
	날 시	날다, 새가 나는 모양	
	끊을 제	끊다, 단절하다.	提携(제휴)
揮	휘두를 휘	휘두르다, 흔들리다.	揮毫(휘호)
	완전할 혼	완전하다, 완전하여 해지지 아니하다.	揮掄(혼륜)
搏	잡을 박	잡다, 찾아내어 붙잡다.	
	사로잡을 포	사로잡다, 사냥하여 사로잡다.	
搙	더듬을 삭	더듬다, 손으로 더듬다.	
	구할 색	구하다.	
摡	가를 체	가르다, 쪼개다.	
	때릴 차	때리다, 주먹으로 치다.	
推	칠 각	치다, 때리다, 두드리다.	推巧(각교)
	손뒤집을 확	손을 뒤집다. = 擭	
搔	긁을 소	긁다, 손톱 따위로 긁다.	搔頭(소두)
	손톱 조	손톱, 손톱을 깎다. = 爪	
搜	찾을 수	찾다, 얻어내려고 뒤지거나 살피다.	搜求(수구)
	흐트러질 소	흐트러지다, 어지러지다.	搜攪(소교)
搢	꽂을 진	꽂다, 사이에 끼워넣다.	搢紳(진신)
	흔들 장	흔들다, 떨치다.	搢鐸(장탁)
搥	칠 추	치다.	搥鼓(추고)
	던질 퇴	던지다, 투척하다.	搥提(퇴제)
搏	뭉칠 단	뭉치다, 둥글게 하다.	搏飯(단반)
	오로지 전	오로지	
	묶을 전	묶다, 다발을 묶다, 다발을 짓다.	
搬	칠 살	치다, 손바닥으로 후려 갈기다.	
	떨 쇄	떨다, 털다.	
摻 (搯)	잡을 삼	잡다, 쥐다.	
	가늘 섬	여리고 가냘프다, 가늘다.	摻摻(섬섬)
	가질 삼	가지다, 취(取)하다.	摻樋(삼차)
	칠 삼	치다, 북을 쳐서 악기를 연주하다.	

한자	훈과 음	자 해	예
摺	접을 접	접다, 꺾어서 겹으로 되게 하다.	摺本(접본)
	꺾을 랍	꺾다, 부러뜨리다.	摺拉(납랍)
摧	꺾을 최	꺾다, 부러지다, 기세를 꺾다.	摧感(최감)
	물러날 취	물러나다.	
	꼴 좌	꼴을 베다, 풀을 베다. = 莝	
摴	버틸 호	버티다, 막아내다.	
	노름 저	노름, 도박 = 樗	
撅	칠 궐	치다, 공격하다.	
	출 궤	추어올리다.	
	뽑힐 결	뽑히다, 박힌 것을 뽑아내다.	
撓	꺾일 뇨	꺾이다, 패(敗)하다.	撓屈(요굴)
	부드럽게 할 호	부드럽게 하다, 누그러뜨리다.	撓亂(호란)
撲	칠 박	치다, 때리다.	撲落(박락)
	닦을 복	땀, 먼지 따위를 닦아내다.	
撥	다스릴 발	다스리다.	撥弓(발궁)
	방패 벌	큰 방패	撥土(벌토)
撕	훈계할 서	훈계하다, 잡도리하다.	
	찢을 시	찢다, 잡아당겨서 찢다.	
撜	건질 공	건져 올리다.	
	닿을 쟁	접촉하다, 닿다.	
撰	지을 찬	짓다, 시문(詩文)을 짓다.	撰文(찬문)
	가질 선	가지다, 품다.	
撋	당길 추	당기다, 잡아당기다.	
	평평하게 할 류	평평하게 하다.	撋土(유토)
撣	손에 들 탄	가지다, 손에 들다.	撣撣(탄탄)
	당길 선	당기다, 끌어당기다.	撣援(선원)
撝	찢을 휘	찢다, 끌어당겨 찢다.	撝謙(휘겸)
	도울 위	돕다.	
撌	깎을 갈	깎다, 표면을 미끄럽게 깎다.	
	키의 바닥 엽	키의 바닥	

한자	훈과 음	자 해	예
擄	의거할 거	의거하다, 일정한 사실에 근거하다.	
	움킬 극	손톱을 세워서 움켜잡다, 움키다.	
撃	칠 격	치다, 두드리다, 때리다.	
	사람이름 계	사람이름	
	가릴 택	가리다, 고르다, 좋은 것을 가려 뽑다.	
	사람이름 역	사람이름	
擣	다듬이질할 도	다듬이질하다.	擣衣(도의)
	찧을 도	찧다, 절구에 찧다.	擣肉(도육)
	모일 주	모이다, 빽빽이 모여들다.	擣著(주시)
擽	칠 력	치다, 때리다.	擽捋(역랄)
	굳은 모양 락	굳은 모양, 돌이 단단한 모양	擽然(낙연)
擸 (擖)	가질 렵	가지다, 정리하여 가지다.	擸持(엽지)
	꺾을 랍	꺾다, 부러뜨리다. = 攟	
擳	무찌를 오	무찌르다, 몰살하다. = 鏖	
	잡을 부	잡다, 끌어당겨 쥐다.	
	들출 적	들추다.	
摘	던질 척	던지다, 내던지다.	摘鼓(척고)
	들출 적	들추다.	
攉	손뒤집을 확	손을 뒤집다.	
	독점할 각	독점하다, 전매(專賣)하다.	
攘	물리칠 양	물리치다, 쫓다, 물러나다.	攘伐(양벌)
	어지럽힐 녕	어지럽히다, 어지러워지다.	攘攘(영녕)
攝 (摂)	당길 섭	당기다, 끌어당기다, 잡다, 쥐다.	攝固(섭고)
	편안할 녑	고요하고 편안하다, 편안하다.	攝然(엽연)
	깃꾸미개 삽	깃꾸미개, 관(棺)을 꾸미는 물건 ≒ 翣	
攦	배치할 리	배치하다, 베풀어놓다.	
	말할 치	말하다, 펴다. ≒ 摛	
攭	벌거숭이 라	벌거숭이, 깃이나 털이 없는 모양	攭攭(나라)
	나눌 례	나누다, 나누어지다.	攭兮(예혜)

한자	훈과 음	자 해	예
	攴	**(등글월문) 部, 攴 = 攵**	
敦	도타울 돈	도탑다, 도탑게 하다. = 惇	敦固(돈고)
	다스릴 퇴	다스리다.	敦劍(퇴검)
	새길 조	새기다, 아로새기다, 조각하다. = 彫	敦弓(조궁)
敝	해질 폐	해지다, 옷이 떨어지다, 부서지다.	敝甲(폐갑)
	힘쓸 폐	힘쓰다.	敝惡(폐악)
	옷 별	옷, 천한 사람이 입는 옷	
數(数)	셀 수	세다, 계산하다.	數器(수기)
	자주 삭	자주, 자주 하다.	數飛(삭비)
	촘촘할 촉	촘촘하다.	數罟(촉고)
斁	싫어할 역	싫어하다, 싫증나다.	
	깰 두	깨다, 깨지다, 패(敗)하다.	
	바를 도	칠하다, 벽에 바르다. ≒ 塗	
	斤	**(도끼 근) 部**	
斥	물리칠 척	물리치다, 내쫓다.	斥言(척언)
	방자할 탁	방자하다, 제멋대로 하다.	
	方	**(모 방) 部**	
於	어조사 어	어조사 ≒ 于, ~에, ~에서	於宇(어우)
	탄식할 오	탄식하다, 감탄하다. = 烏	於穆(오목)
旁	두루 방	두루, 널리, 옆	旁格(방격)
	풀이름 팽	쑥의 한가지, 풀의 이름	旁旁(팽팽)
	기댈 방	기대다, 의지하다.	
施	베풀 시	베풀다, 어떤 일을 벌이다.	施敬(시경)
	옮을 시	옮다, 옮아가다.	
	은혜 시	은혜	施惠(시혜)
	기울 이	기울다, 서쪽으로 기울다.	
族	겨레 족	겨레	族居(족거)
	음률 주	음률(音律)	

한자	훈과 음	자　해	예
	无	**(없을 무) 部**	
旣	이미 기	이미, 벌써, 이전에	旣望(기망)
	녹미 희	녹미, 급료(給料)로 주던 쌀	旣廩(희름)
	日	**(날 일) 部**	
旬	열흘 순	열흘, 열흘 동안	旬報(순보)
	부역 균	부역, 노역	
旰	해질 간	해가 지다, 저물어서 때가 늦다.	
	해질 한	빛이 성한 모양	
旽	밝을 돈	밝다, 동이 트다.	
	친밀할 준	친밀하다, 정이 도타운 모양	
昔	옛 석	옛날, 옛	昔愁(석수)
	섞일 착	섞이다, 교착(交錯)하다.	
易	바꿀 역	바꾸다, 고치다.	易置(역치)
	쉬울 이	쉽다, 편안하다.	易簡(이간)
昵	친할 닐	친하다, 친숙해지다.	昵比(일비)
	선고 녀	선고(先考), 아비의 사망	
	풀 직	풀, 접착제, 아교	
映	비칠 영	비추다, 비치다.	映發(영발)
	밝지 않을 앙	밝지 아니하다, 희미하다.	映曭(앙망)
昳	기울 질	기울다, 해가 기울다.	
	뛰어날 일	뛰어나다, 훌륭하다. = 逸	昳麗(일려)
春	봄 춘	봄	春江(춘강)
	움직일 준	움직이다, 꿈틀거리다. = 蠢	
晢	밝을 절	밝다, 총명하다.	晢晢(절절)
	별이 빛날 제	별빛이 밝은 모양	晢晢(제제)
景	볕 경	빛, 햇살, 해, 태양	景行(경행)
	그림자 영	그림자 = 影	景象(영상)
晻	어두울 엄	어둡다, 어두운 모양 ≒ 暗	
	어두울 암	어둡다, 어두운 모양	晻昧(암매)

한자	훈과 음	자 해	예
暖	따뜻할 난	온도가 따뜻하다.	暖房(난방)
	온순할 훤	온순하다, 유순한 모양	暖姝(훤주)
暴	사나울 포	사납다.	暴慢(포만)
	나타날 폭	나타나다.	暴起(폭기)
	앙상할 박	앙상하다, 가지와 잎이 무성하다.	暴樂(박락)
曁	및 기	및, …함께	曁曁(기기)
	성 글	성(姓)	
	曰	**(가로 왈) 部**	
更	다시 갱	다시, 재차, 또	更嫁(갱가)
	고칠 경	고치다, 개선하다, 새롭게 하다.	更衣(경의)
會 (会)	모일 회	모이다, 모으다.	會友(회우)
	상투 괄	상투	會撮(괄촬)
	木	**(나무 목) 部**	
杺	나무이름 구	나무이름, 아가위나무	杺樹(구수)
	궤 궤	궤	杺實(궤실)
杞	나무이름 기	나무이름, 구기자나무	杞柳(기류)
	쟁기 시	쟁기, 가래, 삼태기 = 耜	
杕	홀로 서있을 체	홀로 서있는 나무	
	키 타	키, 배의 방향을 잡는 것 = 柁	
杝	쪼갤 치	쪼개다.	
	나무이름 이	나무이름 = 椸	
杓	자루 표	자루, 구기의 자루	杓建(표건)
	구기 작	구기 ※술 따위를 푸는 기구 ≒ 勺	杓子(작자)
	표적 적	표적 ≒ 標	
果	실과 과	실과, 나무의 열매	果柄(과병)
	강신제 관	강신제(降神祭) ≒ 祼	
	거북이름 라	거북이름	
杻	감탕나무 뉴	감탕나무, 일설에는 사철나무	
	고랑 추	고랑, 쇠고랑	
	싸리 축	싸리, 싸리나무	

한자	훈과 음	자 해	예
析	가를 석	가르다, 나무를 쪼개다, 해부하다.	析薪(석신)
	처녑 사	처녑, 소 같은 반추류 동물의 양(胖)의 한 부분	
枉	굽을 왕	굽다, 나무가 휘다, 마음이 굽다, 도리에 어긋나다.	枉法(왕법)
	미칠 광	미치다. ≒ 狂	
杬	나무이름 원	나무이름 ※밤나무와 비슷한 열매가 여는 교목	
	주무를 완	주무르다, 안마하다.	
杼	북 저	북, 베틀의 북, 얇다, 두껍지 아니하다.	杼情(저정)
	상수리 서	상수리, 상수리나무의 열매	杼栗(서율)
	개수통 서	개수통, 물통	
枓	구기 주	구기 ※물, 술 따위를 푸는 기구	
	두공 두	두공 ※ 대접 받침 ※지붕을 받치며 기둥 머리를 장식하기 위해 짜올린 구조	枓栱(두공)
枝	가지 지	가지, 초목의 가지	
	육손이 기	육손이 = 跂	
柑	감자나무 감	감자나무 ※상록 교목, 신맛이 나는 열매. 주로 약재로 쓰인다.	柑子(감자)
	재갈먹일 겸	재갈먹이다, 재갈, 입을 다물다. ≒ 鉗	
柜	고리버들 거	고리버들, 기류(杞柳)	柜柳(거류)
	낙수통 구	낙수(落水)를 받는 물통, 느티나무	
柧	모 고	모, 모서리 ≒ 觚	
	윗가지 외	윗가지, 외를 엮는 나뭇가지 = 楲	
柾	관 구	관, 널	
	사람이름 정	사람이름 ※우리나라에서는 항렬자로 쓰인다.	
奈	능금나무 내	능금나무	
	어찌 나	어찌, 어떻게, 어찌하랴. ≒ 那・如	奈何(나하)
柮	마들가리 돌	마들가리, 목재(木材)를 자르고 남은 토막	
	가지 없는 나무 올	가지 없는 나무 = 杌	

한자	훈과 음	자 해	예
某	아무 모	아무, 아무개, ※호칭을 알 수 없는 사람, 사물, 어느 일, 어느 곳, 장소 등을 나타내는 대명사	
	매화나무 매	매화나무	
柴	섶 시	섶 ※산야에서 절로 나는 잡목(雜木)	柴奴(시노)
	가지런하지 않을 치	가지런하지 아니하다.	柴池(치지)
	쌓을 자	쌓다, 쌓이다.	
	울짱 채	울짱, 울타리, 목책(木柵)	
柍	나무이름 영	나무이름, 녹나무, 살구, 살구나무	
	가운데 앙	가운데, 중앙(中央)	
栧	노 예	노, 키, 배의 키	
	도지개 설	도지개 ※뒤틀린 활을 바로잡는 틀	
柚	유자나무 유	유자나무	柚皮(유피)
	바디 축	바디 ≒ 軸 ※베틀이나 가마니틀 등에 딸린 기구의 한 가지	
	대나무 유	대나무이름	柚梧(유오)
柞	나무이름 작	나무이름, 떡갈나무, 상수리나무	柞蠶(작잠)
	벨 책	베다. ≒ 槎, 올가미, 덫	
枳	탱자나무 지	탱자나무, 호깨나무	枳殼(지각)
	탱자나무 기	탱자나무	枳實(기실)
	가지 지	가지, 가장귀, 갈래	枳實(지실)
	가지 기	가지	
枹	떡갈나무 포	떡갈나무, 졸참나무	
	북채 부	북채	枹鼓(부고)
格	바로잡을 격	바로잡다, 겨루다, 대적하다.	格心(격심)
	가지 각	가지, 나뭇가지	
栔	새길 계	새기다.	
	근심할 설	근심하다, 빠지다.	
栝	소나무 괄	노송나무, 일설에는 전나무	栝柏(괄백)
	땔나무 첨	땔나무	

한자	훈과 음	자 해	예
校	학교 교	학교	校刻(교각)
	달릴 교	달리다.	
	풍길 효	풍기다.	
栵	산밤나무 렬	산밤나무 ※밤나무의 한가지	
	나무 늘어설 례	나무그늘에 서다, 작은 나무가 줄지어 서있다.	
栗	밤나무 률	밤나무	栗刺(율자)
	찢을 렬	찢다, 쪼개다. ≒ 裂	栗薪(열신)
梯	나무이름 이	나무이름, 대추나무의 일종	
	나무이름 제	나무이름. 뽕나무의 일종으로 가지는 길면서 키가 작은 뽕나무	梯桑(제상)
桁	도리 형	도리 ※서까래를 받치기 위해 걸쳐 놓은 나무	桁悟(형오)
	차꼬 항	차꼬, 가쇄(枷鎖)	
	횃대 항	횃대, 의가(衣架)	桁衣(항의)
梏	쇠고랑 곡	쇠고랑, 수갑	梏拲(곡공)
	클 각	크다. ≒ 覺	
梧	벽오동나무 오	벽오동나무, 거문고	梧檟(오가)
	장대할 오	장대하다. ≒ 俣	
	악기이름 어	악기이름 = 敔	
棁	쪼구미 절	쪼구미, 동자기둥	
	지팡이 탈	지팡이, 막대기	
	날카로울 예	날카롭다, 예리하다. ≒ 銳	
條	가지 조	가지, 나뭇가지	條桑(조상)
	씻을 척	씻다, 없애다. ≒ 滌	
梢	나무끝 초	나무 끝, 나뭇가지의 끝	梢梢(초초)
	도랑 초	도랑, 개천	
桶	통 통	통, 물건을 담는 통	
	되 용	되, 말 ※곡식 따위의 분량을 되는 기구	
棵	땔나무 관	땔나무, 통나무, 자른 그대로의 나무	
	도마 과	도마 ※도마의 한가지	

한자	훈과 음	자 해	예
棹	노 도	노, 키 = 櫂	棹歌(도가)
	책상 탁	책상	
棽	무성할 림	무성하다, 나무의 가지나 잎이 무성한 모양	棽儷(임려)
	뒤덮힐 침	뒤덮히다, 나무의 가지나 꽃이 드리워져 뒤덮은 모양	棽儷(침려)
棓	몽둥이 봉	몽둥이, 막대기	
	발판 부	발판	
	성 배	성(姓)	
椑	술통 비	술통, 둥근 술통	
	감나무 비	감나무	
	널 벽	널, 관(棺)	
植	심을 식	심다, 초목(草木)의 총칭	植樹(식수)
	꽂을 치	꽂다, 꽂아 세우다.	
椅	의나무 의	의나무 ※산유자나무과의 낙엽활엽교목	椅几(의궤)
	걸상 의	걸상, 의자, 등받이가 있는 의자	椅背(의배)
棧	잔도 잔	잔도 ※발도 붙일 수 없는 험한 벼랑에 선반을 매듯 낸 길	棧道(잔도)
	성할 진	성하다, 많고도 성한 모양	
棖	문설주 정	문설주, 닿다, 부딪다. ≒ 樘	棖撥(정발)
	이름 장	사람이름	
棣	산앵두나무 체	산앵두나무, 통하다, 미치다.	棣華(체화)
	침착할 태	침착하다, 태도가 침착한 모양	棣棣(태태)
椒	땔나무 추	땔나무, 섶나무	
	수풀 수	수풀, 늪	
棍	묶을 혼	묶다, 동여매다.	
	몽둥이 곤	몽둥이	棍徒(곤도)
械	함 감	함, 상자, 궤	
	담을 함	잔, 술잔	
椞	술잔 격	술잔	
	들보 보	들보, 대들보	

한자	훈과 음	자 해	예
楅	뿔막이 복	뿔막이 ※소가 뛰는 것을 막기 위하여 두 뿔에 가로 댄 나무	
	뿔막이 벽	화살을 넣는 그릇, 단으로 묶다, 다발을 짓다.	
楥	느티나무 원	느티나무	
	신골 훤	신골, 신을 만드는 데 쓰는 골	
楪	평상 접	평상, 살평상, 널평상, 접다.	楪子(접자)
	창 엽	창(窓), 창문	
	쐐기 섭	쐐기, 작은 쐐기, 대쪽	
楫	노 집	노, 배 젓는 기구	楫師(즙사)
	노 즙	숲에 서있는 나무, 모으다.	
椹	모탕 침	모탕=砧 ※나무를 팰 때에 밑에 괴는 나무	椹質(침질)
	오디 심	오디 ※뽕나무 열매	椹酒(심주)
楎	옷걸이 휘	옷걸이, 횟대	楎椸(휘이)
	쟁기 혼	쟁기 ※두 필의 소가 끄는 쟁기	
榷	외나무다리 각	외나무다리, 도거리하다, 전매	榷酤(각고)
	외나무다리 교	세금, 세금을 매기다.	
槊	창 삭	창 ※자루가 주척(周尺)으로 1장(丈) 8척(尺)의 창	
	욕속 소	욕속 ※요 안에 넣는 솜이나 털	
槙	우듬지 전	우듬지, 나무가 쓰러지다.	
	뿌리모일 진	뿌리가 모이다, 초목의 뿌리가 엉클어지다.	
槎	나무벨 차	나무를 베다, 나무를 엇비슷하게 베다.	
	떼 사	떼, 뗏목	
槍	창 창	무기로 쓰는 창, 창	槍杆(창간)
	별이름 장	별이름, 혜성	
槌	망치 추	망치, 짤막한 몽둥이, 치다.	槌杵(추저)
	던질 퇴	던지다, 내던지다.	
槅	멍에 혁	멍에, 마소의 목에 얹는 가로대	
	씨 핵	과실의 씨	

한자	훈과 음	자　　해	예
樠	송진 만	송진, 나무의 진이 흘러내리다.	樠樠然(만만연)
	송진 문	흑단 ※상록교목	樠樠然(문문연)
	나무이름 랑	나무이름 ※느릅나무	
樊	울 번	울, 울타리, 에워싸다.	樊籬(번리)
	산이름 반	산이름	
樔	풀막 소	풀막, 움막	樔處(소처)
	끊을 초	끊다, 끊어지다.	
槢	쐐기 습	쐐기, 비녀장	
	들보 접	들보, 대들보	
樂	풍류 악	풍류, 음악	樂歌(악가)
	즐길 락	즐기다, 즐거움을 느끼다.	樂語(낙어)
	좋아할 요	좋아하다.	
樣	모양 양	모양, 형상	樣子(양자)
	상수리나무 상	상수리나무	
槷	기둥 얼	기둥 ※땅의 고저를 측량할 때 세우는 기둥	
	쐐기 널	쐐기, 꺾쇠	
槸	기둥 얼	기둥 ※槷과 同字	
	스칠 예	스치다, 나무가 서로 스치다.	
樁	말뚝 장	말뚝	樁橛(장궐)
	칠 용	치다, 두드리다.	
槧	판 참	판(版) ※글씨를 쓰는 큰 나무판	槧本(참본)
	판 첨	편지, 문서	
樞	지도리 추	지도리, 문지도리	樞機(추기)
	느릅나무 우	느릅나무	
橋	다리 교	다리, 교량	橋閣(교각)
	굳셀 교	굳세다.	
	빠를 고	빠르다, 세차다, 높이 뛰어오르다.	
橈	굽을 뇨	굽다, 구부러지다.	橈橈(요뇨)
	노 요	노, 작은 노, 번영하다.	

한자	훈과 음	자 해	예
橦	나무이름 동	나무이름 ※꽃에서 실을 뽑아 천을 짠다.	橦布(동포)
	찌를 충	찌르다, 공격하다.	
	장대 장	장대, 깃대	
橙	등자나무 등	등자나무, 등자 ※등자나무의 열매	橙黃(등황)
	등상 등	등상 ※발돋음으로도 쓰고 걸터앉기도 하는 기구	
樸 (朴)	통나무 박	통나무, 키거나 짜개지 아니한 나무	
	총생할 복	총생(叢生)하다, 총생하는 작은 나무	
	고을이름 보	고을이름	
橃	떼 벌	떼, 뗏목	
	떼 발	큰 배, 큰 선박	
橚	나무 줄지어 설 숙	나무가 줄지어 서다, 나무가 나란히 서있는 모양	橚矗(숙촉)
	우거질 소	우거지다, 초목이 무성한 모양	橚爽(소상)
	밋밋할 추	밋밋하다.	
橫	가로 횡	가로, 동과 서	橫柯(횡가)
	방자할 횡	방자하다, 제멋대로	橫行(횡행)
	빛날 광	빛나다. ≒光	
檐	처마 첨	처마, 추녀	檐端(첨단)
	질 담	지다, 메다, 짊어지다.	
檽	나무이름 누	나무이름	
	목이버섯 연	목이버섯	
檮	등걸 도	등걸, 그루터기, 단목(斷木)	檮杌(도올)
	산이름 주	산이름	檮余(주여)
	관 도	관(棺)	
檵	쥐똥나무 랍	쥐똥나무	
	자등 렵	자등(紫藤) ※보랏빛의 꽃이 피는 등나무의 한가지	
櫟	상수리나무 력	상수리나무	櫟散(역산)
	문지를 로	문지르다, 문질러서 소리를 내다.	櫟釜(노부)
	고을이름 약	고을이름	

한자	훈과 음	자　해	예
櫡	젓가락 저	젓가락 = 箸	
	도끼 착	도끼, 괭이	
櫰	홰나무 회	회나무	
	향나무 괴	향나무	
欀	굴거리나무 양	굴거리나무	欀木(양목)
	나무이름 양	나무이름	
欐	들보 려	들보, 마룻대	
	지주 시	지주(支柱)	欐佹(시궤)
欘	도끼 촉	도끼, 큰 자귀, 도끼자루	
	호미 탁	호미 ※농기구의 한가지	
	欠	**(하품 흠) 部**	
欭	울 이	울다, 목메어 울다.	
	개탄할 인	개탄하다, 탄식하다.	欭嚘(인우)
欬	기침 해	기침을 하다, 천식	
	트림 애	트림 ※배부르게 먹고 하는 트림 = 噫	
欹	아 의	아! ≒ 猗 ※감탄하여 기리는 말	欹歟(의여)
	기울 기	기울다, 한쪽을 높게 세우다. ≒ 攲	
欽	공경할 흠	공경하다, 삼가다.	欽敬(흠경)
	굽힐 흠	굽히다, 몸을 굽혀 이떤 자세를 취하다.	欽咨(흠자)
歇	쉴 헐	쉬다, 휴식하다.	歇家(헐가)
	개이름 갈	개이름 ※주둥이가 짧은 사냥개	歇驕(갈교)
	사람이름 알	사람이름	
歍	토할 오	토하다, 토하는 소리	歍嘔(오구)
	울 앙	울다, 흐느끼며 울다.	歍唈(앙읍)
歙	줄일 흡	줄이다, 움츠리다, 잇다, 붙이다.	歙然(흡연)
	두려워할 협	두려워하는 모양	
歜	화낼 촉	화내다, 몹시 성내다.	
	김치 잠	김치, 채소로 담근 반찬	

한자	훈과 음	자 해	예
	歺	**(죽을 사 변) 部**	
歺	부서진 뼈 알	부서진 뼈	
	나쁠 대	나쁘다.	
殕	썩을 부	썩다, 부패하다.	
	쓰러질 복	쓰러지다, 쓰러뜨리다.	
殟	심란할 올	심란하다, 마음이 어수선하다.	殟歾內(올눌)
	피로할 온	피로하다.	殟孫(온손)
	殳	**(갖은등글월문) 部**	
殷	성할 은	성(盛)하다, 성하게 음악을 연주하다.	殷大(은대)
	소리 은	소리, 천둥소리, 소리가 힘차고 큰 모양	殷雷(은뢰)
	받을 은	받다, 해를 입다.	殷憂(은우)
	검붉은빛 안	검붉은빛	殷紅(안홍)
殺	죽을 살	죽이다, 살해하다, 죽다.	殺掠(살략)
	덜 쇄	덜다, 저미다.	殺下(쇄하)
轂	부딪칠 격	부딪치다, 맞부딪치다.	
	맬 계	매다, 가죽을 매어 기르다.	
	毋	**(말 무) 部**	
毋	말 무	말라. ※금지사	毋寧(무녕)
	관이름 모	관이름	
	앵무새 무	앵무새	
毒	독 독	독, 건강이나 목숨을 해치는 것	
	거북 대	거북 = 玳	
	毛	**(털 모) 部**	
毛	털 모	털, 사람이나 동물의 살갗에 난 털	毛衣(모의)
	없을 무	없다. ≒ 無	
氉	생각할 목	생각하다, 생각하는 모양	氉氉(목목)
	어두울 모	어둡다, 눈이 잘 보이지 아니하는 모양	
毦	털 모	털	
	모일 용	모이다.	
	가벼운 털 모	가벼운 털	

한자	훈과 음	자 해	예
毼	모직물 갈	모직물, 털로 짠 피륙	
	그릇 갈	그릇, 제물을 담는 굽이 높은 그릇	
	열등한 사람 답	열등자(劣等者)	
氀	모직물 루	모직물	氀毼(누갈)
	열등한 사람 두	열등한 사람, 열등의식에 사로잡힌 자	氀毼(두답)
	水	**(물 수) 部**	

氵는 '水'가 한자의 구성에서 변으로 쓰일 때의 글자 모양
氺는 '水'가 한자의 구성에서 발로 쓰일 때의 글자 모양

한자	훈과 음	자 해	예
汁	즙 즙	즙, 물질에서 짜낸 진액	汁物(즙물)
	화협할 협	화협(和協)하다. ≒ 協·叶	
	나라이름 십	나라이름	
	그릇 집	그릇, 도구	汁物(집물)
汎	뜰 범	뜨다, 물 위에 뜨다.	汎濫(범람)
	소리 가늘 핍	소리가 가늘다, 소리가 어렴풋한 모양	汎渫(핍접)
	물소리 풍	물소리, 파도소리 = 渢	汎渫(풍접)
汚	더러울 오	더럽다, 깨끗하지 아니하다.	汚渠(오거)
	씻을 오	씻다, 빨다.	
	굽힐 오	굽히다, 뜻을 굽히다.	
	땅팔 와	파다, 땅을 파다.	汚尊(와준)
汋	삶을 작	삶다, 채소 따위를 삶다.	汋約(작약)
	물소리 삭	물소리, 파도치는 소리.	汋汋(삭삭)
池	못 지	못 ※물을 모아둔 넓고도 깊은 곳	
	강이름 타	강이름	
	제거할 철	제거(除去)하다.	
汩	빠질 골	잠기다, 물에 가라앉다. = 汨	汩汩(골골)
	흐를 율	흐르다, 물이 흐르는 모양	汩汩(율율)
汽	김 기	김, 증기	汽般(기선)
	거의 흘	거의, 거반	
沂	내이름 기	내이름	沂水(기수)
	지경 은	지경(地境), 가장자리	

한자	훈과 음	자 해	예
沌	어두울 돈	어둡다, 만물 생성(生成)의 근거가 아직 나누어지지 않은 모양	沌沌(돈돈)
	빙 돌 돈	빙 돌다.	
	내이름 전	내이름	
沒	가라앉을 몰	가라앉다, 잠기다, 물에 빠지다.	
	빠질 매	빠지다.	沒沒(매매)
	어조사 마	어조사 ※의문의 뜻을 나타낸다.	
汶	내이름 문	내이름	汶水(문수)
	수치 문	수치스럽다, 치욕	
	산이름 민	산이름 ≒ 岷	
汨	아득할 물	아득하다, 깊고 어렴풋한 모양	汩漠(물막)
	숨을 밀	숨다, 숨기다.	
沇	강이름 연	강이름	沇水(연수)
	물 흐르는 모양 유	물이 산골짜기를 흐르는 모양	沇溶(유용)
汭	물굽이 예	물굽이	
	해 돈	해 ※태세(太歲)가 신(申)인 해	
沈	가라앉을 침	가라앉다. ≒ 湛, 물 밑바닥으로 내려앉다.	沈淪(침륜)
	성 심	성(姓)	
沆	넓을 항	넓다, 넓디넓은 모양	沆漭(항망)
	흐를 항	흐르다, 물이 흐르는 모양	
	백기 모양 강	백기(白氣)의 모양	
泔	뜨물 감	뜨물, 쌀뜨물	泔水(감수)
	가득 찰 함	가득 차다, 물이 가득 찬 모양	泔淡(함염)
泥	진흙 니	진흙, 질척질척하게 이겨진 흙	泥丘(이구)
	흠뻑 젖을 니	흠뻑 젖다, 이슬이 많이 내린 모양	泥濘(이녕)
	지체될 니	지체되다, 막히다, 구애되다.	
	땅이름 녕	지명(地名)	
	물들일 녈	물들이다, 검게 물들이다.	

한자	훈과 음	자 해	예
沴	해칠 려	해치다, 기(氣)가 화합하지 아니하여서 해를 부르다.	沴氣(여기)
	흐트러질 전	흐트러지다, 어지러워지다.	
沬	지명 매	지명(地名)	
	낯 씻을 회	낯을 씻다.	沬血(회혈)
泯	망할 민	망하다.	泯棄(민기)
	뒤섞일 면	눈이 잘 보이지 아니하는 모양, 혼합되다.	
泛	뜰 범	뜨다, 띄우다.	泛舸(범가)
	엎을 봉	엎다, 전복시키다.	
	물소리 핍	물소리, 가느다랗게 들리는 물소리 ≒ 汎	泛渎(핍접)
沸	끓을 비	끓다, 물이 끓다, 샘솟다.	沸涫(비관)
	샘솟는 모양 불	샘솟는 모양	沸水(불수)
	어지럽게 날 배	어지럽게 날다.	
泌	샘물 흐르는 모양 비	샘물 흐르는 모양	泌水樂饑 (비수낙기)
	물결 부딪칠 필	물결이 부딪치다, 물결이 맞부딪치는 모양	泌㘓(필즐)
泄	샐 설	새다. ≒ 洩, 구멍이나 틈으로 흘러나오다.	泄瀉(설기)
	떠날 예	떠나다, 흩어져가다.	泄泄(예예)
泱	끝없을 앙	끝없다, 성(盛)한 모양	泱泱(앙앙)
	광대할 앙	광대하다, 광대한 모양	
	흰구름일 영	흰구름이 일다, 흰구름의 모양 ≒ 英, 霙	泱泱(영영)
泣	울 읍	울다, 울음, 눈물	泣諫(읍간)
	바람 빠를 립	바람이 빠르다, 바람이 빠른 모양	
洢	내이름 이	내이름	
	물가 지	물가, 물결이 밀려오는 바닷가	
	현이름 시(치)	현명(縣名)	
沮	막을 저	막다, 저지하다, 그치다, 그만두다.	沮格(저격)
	적실 저	적시다, 물속에 잠기다.	
	강이름 저	강이름, 저수(沮水)	
	작은 내 천	작은 내	

한자	훈과 음	자 해	예
泲	강이름 제(치)	강이름, 가지런한 모양	泲河(제하)
	강이름 지	강이름 = 濟	泲河(지하)
沾	더할 첨	더하다, 첨가하다.	沾衿(첨금)
	경망할 접	경망, 경솔하다.	沾沾(접접)
泚	맑을 체	맑다, 물이 맑은 모양	泚泚然 (체체연)
	강이름 자	강이름	
泏	물 흘러나올 출	물이 흘러나오다, 물이 흘러나오는 모양	泏泏(출출)
	건널 섭	물을 건너다.	
治	다스릴 치	다스리다, 국가·사회·가정 등을 보살펴 통제하거나 다스리다.	治家(치가)
	성 치	성(姓)	
	내이름 이	내이름	
波	물결 파	물결, 수파, 물결이 일다.	波光(파광)
	방죽 피	방죽, 둑 = 陂	
	물 따라갈 피	물을 따라가다, 물길따라 내려가다.	
洸	물 용솟음할 광	물 용솟음하다, 물이 용솟음치며 빛나는 모양	洸洸(광광)
	황홀할 황	황홀하다, 멍한 모양	洸忽(황홀)
洞	골 동	골짜기, 깊은 산골짜기	洞口(동구)
	통할 통	통하다, 막힘이 없이 트이다.	洞貫(통관)
洌	맑을 렬	맑다, 물이 맑다.	洌風(열풍)
	물결 거셀 례	물결이 거세다.	
洑	나루 복	나루, 배를 대는 곳, 빙 돌아 흐르다.	洑流(복류)
	보 보	보. 논밭에 물을 대기 위하여 둑을 쌓고 흘러가는 물을 가두는 곳.	洑水稅 (보수세)
涑	가랑비 올 색	가랑비가 오다, 가랑비가 내리는 모양	涑涑(색색)
	담글 지	담그다, 물에 적시다.	
洩	샐 설	새다, 비밀이 흘러나오다.	
	나는 모양 예	훨훨 날아오르는 새의 모양	
洗	씻을 세	씻다. = 洒, 물로 깨끗하게 씻다.	洗淨(세정)
	깨끗할 선	깨끗하다, 결백하다.	洗腆(선전)

한자	훈과 음	자 해	예
洒	물 뿌릴 쇄	물을 뿌리다, 물을 뿌려 소제하다.	洒落(쇄락)
	물 부을 신	물을 붓다, 물을 대다.	
	씻을 세	씻다. = 洗, 누명, 치욕 등을 깨끗이 벗다.	
	삼갈 선	삼가다, 삼가는 모양	洒如(선여)
	놀랄 선	놀라다, 놀라는 모양	洒然(선연)
洝	더운 물 안	더운 물, 미지근한 물	
	습윤할 알	습윤(濕潤)하다, 축축해지다.	
洿	웅덩이 오	웅덩이, 더운 물이 괴어 이어진 못	洿辱(오욕)
	더러울 오	더러움	
	물들일 호	물들이다, 물들다.	洿色(호색)
洼	웅덩이 와	웅덩이 = 窪, 깊다, 굽다.	
	성 규	성(姓)	
洟	콧물 이	콧물	
	눈물 체	눈물 = 涕	
洹	강이름 원	강이름	洹水(원수)
	세차게 흐를 환	세차게 흐르다, 물이 세차게 흐르는 모양	洹洹(환환)
洮	씻을 조	씻다, 손·낯·머리 따위를 씻다.	洮頮(조회)
	호수이름 요	호수이름	洮湖(요호)
洫	봇도랑 혁	봇도랑, 논 사이의 도랑	
	넘칠 일	가득 차서 넘치다. ≒ 溢	
洚	큰물 홍	큰물, 물이 불어서 강을 넘쳐 흐르다.	洚洞(홍동)
	내릴 강	내리다. = 降	洚水(강수)
活	살 활	생명을 가지고 존재하다, 살다.	活況(활황)
	물 콸콸 흐를 괄	물이 콸콸 흐르다.	活活(괄괄)
涒	클 군	크다, 먹은 것을 토하다.	涒鄰(군린)
	빙돌아 흐를 군	빙돌아 흐르다, 물에 굽이치며 흐르는 모양	
洽	윤택하게 할 흡	윤택하게 하다, 넉넉하게 하다.	
	강이름 합	강이름 ≒ 郃	
洤	더럽힐 매	더럽히다, 명예 등이 손상되다.	
	편히 흐를 면	편히 흐르다, 물이 평평히 흐르는 모양	洤洤(면면)

한자	훈과 음	자 해	예
浜	선거 병	선거(船渠), 배를 매어두는 곳	
	물가 빈	물가	
涉	건널 섭	건너다, 걸어서 물을 건너다.	涉水(섭수)
	피 흐르는 모양 첩	피가 흐르는 모양 = 喋	
涗	잿물 세	잿물, 재를 우려낸 물	涗水(세수)
	닦을 설	닦다, 깨끗하게 닦다.	
涓	시내 연	시내, 물의 양이 적게 흐르는 물	涓潔(연결)
	물 흐르는 모양 연	물이 흐르는 모양	
	눈물 흘릴 현	눈물을 흘리다.	涓然(현연)
涅	거침없이 흐를 영(정)	거침없이 흐르다, 물이 막힘없이 흘러내리다.	
	가라앉을 영	가라앉다, 물밑에 가라앉아 괴다.	
浟	물 흐르는 모양 유	물이 흐르는 모양 = 瀏	浟浟(유유)
	이 바라는 모양 적	이(利)를 바라는 모양, 욕심이 많은 모양	浟浟(적적)
浥	젖을 읍	적시다.	浥浥(읍읍)
	웅덩이 업	웅덩이, 소(沼)	
	물 흐르는 모양 압	물이 흐르는 모양	
涏	곧을 정	물길이 곧게 뻗은 모양, 수량이 적은 물	
	반질반질할 전	반질반질하다.	
浸	담글 침	담그다, 물에 적시다.	浸浸(침침)
	사물의 형용 침	사물의 형용	浸假(침가)
浒	물 빨리 흐를 한	물이 빨리 흐르다.	
	물 빨리 흐를 간	광명(光明)이 성한 모양	
淖	진흙 뇨	진흙, 진창(땅이 곤죽같이 진 곳)	淖溺(요닉)
	얌전할 작	얌전하다, 정숙하다. = 綽	淖約(작약)

한자	훈과 음	자 해	예
淡	묽을 담	묽다, 싱겁다.	淡墨(담묵)
	질펀히 흐를 염	질펀히 흐르다.	淡淡(염염)
淚	눈물 루	눈물, 울다, 눈물 흘리다.	淚水(누수)
	빠르게 흐를 려	빠르게 흐르다, 빠르게 흐르는 모양	
淪	물놀이 륜	물놀이, 잔물결	淪溺(윤닉)
	돌아흐를 론	돌아흐르다.	
洴	솜 씻을 병	솜을 씻다, 솜을 씻는 소리	洴澼(병벽)
	물소리 팽	물소리 = 泙	
淠	강이름 비	강이름	淠淠(비비)
	움직일 패	움직이다.	淠淠(패패)
渫	칠 설	치다, 쳐서 없애다. = 渫	
	데친 파 예	데친 파	
淳	순박할 순	순박하다, 인정이 도탑다.	淳潔(순결)
	나비 준	나비, 피륙의 나비	
淬	담금질할 쉬	담금질하다. ≒ 焠	淬勉(쉬면)
	흐를 줄	흐르다, 물이 흐르는 모양	淬沒(줄몰)
淰	흐릴 심	흐르다, 물이 흐르다.	淰潤(심섬)
	잔잔할 념	잔잔하다, 물결이 없다.	淰淰(염념)
	퍼덕일 섬	퍼덕이다, 물고기가 놀라 헤엄치는 모양	淰躍(섬약)
液	진 액	진액 ※유동체의 총칭	液雨(액우)
	담글 석	담그다.	
淢	빨리 흐를 역	빨리 흐르다.	淢汩(역율)
	해자 혁	해자, 도랑	
淫	음란할 음	음란하다, 간사하다.	淫放(음방)
	못이름 요	못이름 = 瑤	淫水(요수)
淌	큰 물결 창	물이 흐르는 모양	
	흐름 따라 내려갈 탕	흐름을 따라서 내려가다.	
淒	쓸쓸할 처	쓸쓸하다. = 凄	
	빠른 모양 천	빠른 모양 = 倩	

한자	훈과 음	자 해	예
淺 (浅)	얕을 천	얕다, 물이 깊지 아니하다.	淺短(천단)
	물 끼얹을 전	물을 끼얹다. = 濺	
涿	들을 탁	듣다, 방울져 떨어지다.	涿鹿(탁록)
	땅이름 탁	땅이름	
涸	물마를 학	물이 마르다, 물을 말리다.	涸流(학류)
	물마를 호	막다.	
滔	흙탕 함	흙탕물	
	물 가득할 염	물이 가득하다, 물이 가득하여 출렁이는 모 양	
混	섞을 혼	섞다, 섞이다.	混沌(혼돈)
	오랑캐이름 곤	오랑캐의 이름	
湍	여울 단	여울, 급류	湍流(단류)
	강이름 전	강이름	湍水(전수)
渴	목마를 갈	목이 마르다. = 激	渴悶(갈민)
	물 잦을 걸	물이 마르다.	渴澤(걸택)
湛	즐길 담	즐기다. = 惔	湛樂(담락)
	가득히 찰 참	가득히 차다.	湛然(참연)
	잠길 침	잠기다.	湛冥(침명)
湅	누일 련	누이다, 마전하다. = 練, 불리다. ≒ 鍊	湅絲(연사)
	쌀 일 란	쌀을 일다.	
湄	물가 미	물가	
	더운물 난	더운물	
湣	시호 민	시호(諡號) ≒ 閔	
	정해지지 아 니할 혼	정해지지 아니하다. = 溷	
	혼합할 면	혼합하다, 뒤섞여 한데 합하다.	
渫	칠 설	치다, 물밑을 쳐내다.	渫雲(설운)
	출렁거릴 접	출렁거리다, 물결이 출렁거리는 모양	渫渫(접접)
渥	두터울 악	두텁다, 마음씀이 살뜰하다.	渥露(악로)
	담글 우	담그다, 적시다. = 漚	渥淳(우순)

한자	훈과 음	자 해	예
渨	잠길 외	잠기다, 빠지다.	渨湱(외와)
	더러워질 외	더러워지다, 흐려지다.	
	물 솟아날 위	물이 용솟음치는 모양	渨瀤(위뢰)
游	놀 유	놀다. = 遊	游居(유거)
	깃발 류	깃발 = 旒	游旗(유기)
湫	다할 추	다하다, 바닥나다, 늪, 못, 소(沼)	龍湫(용추)
	근심할 추	근심하다, 우수(憂愁)에 찬 모양	
	모일 초	모이다, 쌓여 막히다.	
	낮고 좁을 초	낮고 좁다, 저습(低濕)하다.	
渢	물소리 풍	물소리 또는 큰 목소리	渢渢(풍풍)
	알맞은 목소리 범	알맞은 목소리	渢渢(범범)
港	항구 항	항구, 무역항(貿易港)	
	통할 홍	통하다, 서로 통하는 모양	港洞(홍통)
	물 갈라질 항	물이 갈라지다.	
湯	끓인 물 탕	끓인 물, 목욕탕	湯液(탕액)
	물 흐르는 모양 상	물이 흐르는 모양	湯湯(상상)
溺	빠질 닉	빠지다, 물에 빠지다.	溺志(익지)
	오줌 뇨	오줌, 오줌누다. ≒ 尿	溺器(요기)
濂	지적지적할 렴	물이 지적지적하다, 물이 잔잔하다.	濂濂(염렴)
	달라붙을 점	달라붙다. = 黏	
溟	어두울 명	어둡다. = 冥, 가랑비가 와서 하늘이 어둡다.	溟溟(명명)
	가랑비 오는 모양 멱	가랑비가 오는 모양	溟溟(멱멱)
溥	넓을 보	넓다, 광대하다.	溥大(보대)
	펼 부	펴다. ≒ 敷	
溹	강이름 삭	강이름	
	비 내릴 색	비가 내리다, 비오는 모양	溹溹(색색)

한자	훈과 음	자 해	예
滎	실개천 형	실개천	滎濘(형녕)
	물결일 영	물결이 이는 모양	滎濴(영영)
滈	장마 호	장마, 물이 희게 빛나는 모양	滈汗(호한)
	끓을 학	끓다, 물이 끓는 모양, 물이 끓는 소리	滈瀑(학폭)
滑	미끄러울 활	미끄럽다, 부드럽게 하다.	滑甘(활감)
	어지러울 골	어지럽다, 어지럽게 하다.	滑湣(골혼)
溉	물댈 개	물대다, 씻다, 헹구다.	溉浸(개침)
	이미 기	이미 = 旣	
漻	맑고 깊을 료	맑고 깊다.	漻乎(요호)
	맑고 깊은 모양 류	물이 맑고 깊은 모양 = 瀏	
	변화하는 모양 력	변화하는 모양	漻然(역연)
	큰 모양 효	큰 모양	漻然(효연)
滲	스밀 삼	스미다, 배다.	滲鹿(삼록)
	흐를 림	흐르다, 흐르는 모양	滲灕(임리)
漦	흐를 시	흐르다, 줄줄 흐르다.	
	흐를 리	침, 용(龍)의 입에서 나오는 침	
	지명 태	지명(地名)	
漸	점점 점	점점, 차차, 차츰 나아가다.	漸民(점민)
	험할 참	험하다, 바위가 높고 험하다.	漸漸(참참)
	적실 점	적시다, 번지다.	漸隊(점추)
漎	합류할 총	합류(合流)하다.	
	빠른 모양 송	빠른 모양	漎漎(송송)
	물소리 종	물소리	漎漎(종종)
漆	옻 칠	옻, 옻나무, 옻나무 진	漆車(칠거)
	전심할 철	전심(專心)하다, 삼가다.	漆漆(철철)
滜	못 고	못, 소	
	울 호	울다. = 嘷	
	윤 택	윤, 광택 ≒ 澤	

한자	훈과 음	자 해	예
潬	주 단	주(洲) ※흘러내려온 모래가 쌓여서 된 섬	
	돌아흐를 선	돌아흐르다, 물이 빙돌다.	
潭	깊을 담	깊다. ≒ 深, 못, 소 등 물이 깊게 괸 곳	潭潭(담담)
	잠길 심	잠기다, 차츰 배어들다.	
潼	강이름 동	강이름	潼潼(동동)
	무너뜨릴 충	무너뜨리다, 물이 길을 무너뜨리다.	
潘	뜨물 반	뜨물, 소용돌이, 소용돌이치다.	潘郎(반랑)
	넘칠 번	넘치다, 넘쳐흐르다.	
	고을이름 판	고을이름 ≒ 番	
潑	뿌릴 발	뿌리다, 물을 뿌리다.	潑剌(발랄)
	난폭할 파	난폭하다, 마음이 거칠고 악하다.	潑賴(파뢰)
潎	빨리 흐를 별	빨리 흐르다, 흐름이 가볍고 빠른 모양	潎洌(별렬)
	빨래할 폐	빨래하다, 물고기가 노는 모양	潎潎(폐폐)
澌	다할 시	망하다, 다하다, 없어지다.	澌澌(시시)
	목쉰소리 서	쉰 목소리, 흐린 소리	
潏	샘솟을 휼	샘솟다, 물이 빨리 흐르는 모양	潏湟(휼황)
	사주 율	사주(沙洲)	
漡	편할 탕	물이 넓은 모양	
	흐름이 세찰 상	흐름이 세차다, 흐름이 세찬 모양	
	수면이 넓을 양	수면(水面)이 넓은 모양 = 瀁·漾	
澹	담박할 담	담박하다. ≒ 淡, 조용하다, 안존하다.	澹澹(담담)
	넉넉할 섬	넉넉하다. = 贍	
澳	깊을 오	깊다.	澳溟(오명)
	후미 욱	물가의 굽어서 휘어진 곳	
潗	화목할 즙	화목하다, 온화한 모양, 쉬는 모양	潗然(즙연)
	여울 삽	물의 흐름이 급한 곳	
澶	물 고요할 전	물이 고요히 흐르는 모양	澶湉(전첨)
	멋대로 할 단	멋대로 하다.	澶漫(단만)

한자	훈과 음	자 해	예
澤	못 택	못, 늪	澤雨(택우)
	풀 석	풀다, 풀리다. ≒ 釋	澤澤(석석)
	전국술 역	전내기의 술 = 醳	
㶟	잦은 샘 학	잦은 샘 ※여름에는 물이 있고, 겨울에는 물이 없는 샘	
	엇갈릴 효	엇갈리다.	
濊	물 많은 모양 회	물이 많은 모양	
	깊고 넓을 회	깊고 넓다.	
	흐릴 예	흐리다, 흐려지다.	
	그물치는 소리 활	그물치는 소리	濊濊(활활)
濫 (滥)	퍼질 람	퍼지다, 물이 퍼져 흐르다.	濫巾(남건)
	샘 함	샘, 샘물	濫泉(함천)
	목욕통 함	목욕통, 욕기(浴器)	
濕	축축할 습	축축하다, 습기가 있다.	濕泄(습설)
	강이름 답	강이름	
	나라이름 압	나라이름	
	사람이름 섭	사람이름	
瀰	치렁치렁할 미	치렁치렁하다.	瀰迆(미이)
	넘칠 니	물이 가득 차 넘치다.	瀰迆(이이)
濡	젖을 유	젖다, 물이 묻다.	濡忍(유인)
	머리감을 난	머리를 감다.	濡濯(난탁)
濯	씻을 탁	씻다, 때를 씻다.	濯漑(탁개)
	상앗대 도	삿대, 상앗대로 배를 젓다.	
濩	낙수물 떨어질 확	낙수물이 떨어지다, 낙수물이 떨어지는 모양	
	퍼질 호	퍼지다.	
瀆	도랑 독	도랑, 밭도랑	瀆汚(독오)
	구멍 두	구멍	

한자	훈과 음	자　해	예
瀎	닦아 없앨 말	닦아 없애다.	瀎布(말포)
	물의 형용 멸	물의 형용	瀎潎(멸휼)
瀑	폭포 폭	폭포	瀑潭(폭담)
	소나기 포	소나기	瀑沫(포말)
	용솟음칠 팍	물이 끓는 소리	
瀧	비올 롱	비가 오다, 비가 오는 모양	瀧瀧(농롱)
	여울 랑	여울, 급류(急流)	
	젖을 롱	젖다, 축축해지다.	
瀢	물고기 떼지어 놀 유	물고기가 떼지어 놀다, 물이 흐르는 모양	
	물에 모래 밀릴 대	물에 모래가 밀린다.	瀢沱(대타)
瀁	이슬 많은 모양 양	이슬이 많이 내린 모양	瀁瀁(양양)
	물빛 일렁거닐 상	물빛이 일렁거리다.	瀁瀁(상상)
	물 흐르는 모양 낭	물이 흐르는 모양	
濿	옻칠할 조	옻칠하다, 수레의 채에 옻칠하다.	
	물소리 착	물소리	
孿	새어흐를 란	새어흐르다, 물이 새어흐르다.	
	새어흐를 련	적시다. = 灡(새어흐를 란)	
瀹	파도칠 약	파도가 치다, 파도가 치는 모양	
	더울 삭	더운 모양, 덥다.	

火 (불 화) 部

발로 쓰일 때는 灬로 쓰인다.

한자	훈과 음	자　해	예
灯	열화 정	열화(烈火)	
	등불 등	등불	
灺	불똥 사	불똥	
	불똥 타	불이 타고 난 뒤 찌꺼기가 엉기어 덩어리가 된 부분	

한자	훈과 음	자 해	예
炎	불탈 염	불타다, 불이 타오르다, 덥다, 뜨겁다.	炎氣(염기)
	아름다울 담	아름답다, 아름답고 성(盛)한 모양	炎炎(담담)
	불꽃 염	불꽃 = 焰	
炙	고기 구울 적	고기를 굽다.	炙藏(적자)
	고기 구울 자	구운 고기	炙手(자수)
炤	밝을 소	밝다, 환히 보이다. = 昭	炤炤(소소)
	비출 조	비추다, 비치다.	炤燿(조요)
烕	멸망할 혈	멸하다, 없애다.	
	불꺼질 멸	불이 꺼지다.	
烋	거들거릴 효	뽐내며 기세가 당당하다.	
	경사로울 휴	경사롭다. ≒ 休	
烜	마를 훤	마르다, 말리다.	
	불 훼	제사에 쓰는 불, 불	
焉	어찌 언	어찌 ※반어나 의문을 뜻한다. 어찌하여	焉烏(언오)
	발어사 이	발성(發聲)하는 말 ≒ 夷	
焌	태울 준	태우다, 또는 그 불	
	불꺼질 출	불이 꺼지다, 태우다.	
焞	밝을 돈(순)	밝다, 거북의 등딱지를 지지는 불	焞焞(돈돈), 焞焞(순순)
	성할 퇴	어스레하다, 성하다, 성한 모양	焞焞(퇴퇴)
	어스레할 돈	어스레하다.	
焦	그을릴 초	그을리다, 그을다.	焦渴(초갈)
	가마솥 추	가마솥	
焜	빛날 혼	빛나다, 밝다, 밝히다.	焜黃(혼황)
	빛날 곤	빛나다, 밝다, 밝히다.	
煖	따뜻할 난	따뜻하다, 따뜻하게 하다.	煖閣(난각)
	따뜻할 훤	따뜻하다.	
煞	죽일 살	죽이다, 총괄하다, 결속(結束)하다.	
	빠를 쇄	빠르다.	

한자	훈과 음	자 해	예
煙	연기 연	연기 ※무엇이 탈 때 나오는 흐릿한 기운	煙客(연객)
	제사 지낼 인	제사 지내다, 청결히 하여 제사를 지내다.	
煔	불타오를 첨	불이 타오르다.	
	데칠 점	데치다.	
	삼나무 삼	삼나무 = 杉	
煒	빨갈 위	빨갛다, 빨갛게 빛나다, 붉은빛	煒如(위여)
	빛날 휘	빛나다, 빛	煒煌(휘황)
煇	빛날 휘	빛나다, 빛	煇光(휘광)
	구울 훈	굽다, 지지다.	煇煇(훈훈)
熙	빛날 희	빛나다.	熙朝(희조)
	성 이	성(姓)	
熊	곰 웅	곰, 빛나는 모양	熊羆(웅비)
	세발자라 내	세발자라	
熒	등불 형	등불, 등불의 불빛	熒光(형광)
	의혹할 영	의혹하다, 꾀다.	熒惑(영혹)
熇	뜨거울 혹	뜨겁다, 불이 뜨겁다.	熇暑(혹서)
	불꽃 일 학	불꽃이 일다, 불이 세차게 타는 모양	熇熇(학학)
	엄할 효	엄하다, 엄혹(嚴酷)하다. = 嗃	熇熇(효효)
	불에 쬘 고	불에 쬐다.	熇焚(고분)
熀	불빛 이글거릴 황	불빛이 이글거리다.	
	불빛 이글거릴 엽	밝은 모양	
熯	공경할 연	공경하다, 공경하고 섬기다.	
	말릴 한	말리다. = 焊·暵	
	불기 한	불기, 불기운 = 暵	
熨	눌러 덥게 할 위	눌러서 덥게 하다, 고약을 붙이다. = 尉	
	다릴 울	다리다.	熨衣(울의)
燖	삶을 심	삶다. = 燂·燅, 따뜻하게 하다.	
	데칠 점	데치다. = 爛	

한자	훈과 음	자 해	예
燅	데칠 섬	데치다, 고기나 채소를 데치다.	
	삶을 심	끓는 물에 튀기다, 삶다. = 燖	
燖	삶을 심	삶다, 따뜻하게 하다.	
	데칠 점	데치다.	
燀	밥지을 천	밥짓다, 밥지을 불을 때다.	燀赫(천혁)
	따뜻할 단	따뜻하다.	燀熱(단열)
燂	무를 첨	무르다, 흐물흐물하다.	燂爍(첨삭)
	삶을 심	삶다.	
	사를 담	사르다.	
燋	홰 초	갈대 따위를 묶어서 불을 붙여 밝히는 물건	燋夭(초요)
	불 붙지 않은 홰 착	불을 붙이지 않은 홰	
營 (営)	경영할 영	경영하다, 만들다, 짓다.	
	변해할 형	변명하다, 변해(辯解)하다.	
燠	따뜻할 욱	따뜻하다, 덥다.	燠館(욱관)
	입김 몰아불 오	입김을 몰아불다.	燠休(오휴)
燹	야화 선	야화(野火), 들을 태우는 불	
	야화 희	난리로 일어난 불	
燿	빛날 요	빛나다.	燿德(요덕)
	뾰족할 초	뾰족하다.	
	녹일 삭	녹이다. = 鑠	
爍	빛날 삭	빛나다, 덥다, 뜨겁다.	爍金(삭금)
	벗겨질 락	벗겨지다, 벗겨져 떨어지다.	
爆	터질 폭	터지다, 폭발하다.	爆死(폭사)
	사를 폭	태우다, 사르다.	
	말릴 박	불로 지지다, 말리다.	
爓	불꽃 염	불꽃, 불빛 = 炎·燄	
	데칠 섬	고기를 데치다, 데치다. = 燅	

한자	훈과 음	자 해	예
	父	(아비 부) 部	
父	아비 부	아버지	父道(부도)
	남자 미칭 보	남자의 미칭	
	片	(조각 편) 部	
片	조각 편	한쪽, 통나무를 쪼갠 한 쪽	片刻(편각)
	절반 반	절반 = 牉	
牏	담틀 투	변기, 담틀, 땀받이	
	담틀 유	변기, 담틀, 땀받이	
	牛	(소 우) 部	
牟	소 우는 소리 모	소가 우는 소리	牟然(모연)
	어두울 무	어둡다, 어두운 = 務	
	우리 뢰	말, 소 등을 기르는 곳	牢堅(뇌견)
牢	깎을 루	깎다.	牢籠(누롱)
	에워쌀 루	에워싸다.	
	약탈할 로	약탈하다.	
	쟁기 려	쟁기, 농기구	犁然(여연)
犁	얼룩소 리	얼룩소	犁老(이로)
	떨 류	전율하다, 떨다.	犁然(유연)
犆	홀로 특	홀로	
	가 직	가장자리	
犧	희생 희	희생	犧猳(희가)
	술그릇 사	술그릇, 제사에 쓸 술그릇	犧象(사상)
	犬	(개 견) 部	

변으로 사용할 때는 '犭'으로 쓰고, 개사슴록 변이라 한다.

狂	미칠 광	미치다, 정신이상이 되다.	狂狂(광광)
	개 달릴 곽	개가 달리다, 개가 달리는 모양	狂狂(곽곽)
狃	친압할 뉴	친압하다, 개가 길들다.	狃習(유습)
	짐승이름 뉵	짐승의 이름	

한자	훈과 음	자 해	예
犿	이리 환	이리, 또는 오소리	
	빙빙 돌 변	빙빙 도는 모양	
狋	으르렁거릴 의	으르렁거리다.	狋吽牙(의우아)
	뿔의 모양 시	험준한 모양, 뿔의 모양	
狧	탐낼 탑	탐내다, 대식(大食)하는 모양	
	핥을 시	핥다. ≒ 舐	
狠	개 싸우는 소리 한	개가 싸우는 소리	狠戾(한려)
	물 간	물다. = 豤	
狟	개 다닐 환	개가 다니다, 사나운 모양	
	오소리 훤	오소리 = 貆	
猒	물릴 염	물리다, 싫증이 나다, 족하다. = 厭	
	막을 압	막다, 통하지 못하게 하다, 합치다. = 厭	
猗	아름다울 의	아름답다.	猗猗(의의)
	더할 의	더하다.	猗蔚(의울)
	다리걷고 건널 기	다리를 걷고 건너다.	
	부드러울 의	부드럽다, 온순하다.	猗移(의이)
	붙을 의	치우치다, 붙다.	
猰	짐승이름 알	짐승이름, 너구리 비슷하게 생긴 짐승	猰犬(알견)
	불인할 설	불인(不仁)하다, 무자비하다.	猰㺄(설강)
猶	오히려 유	오히려, 마치 …와 같다.	猶子(유자)
	노래 요	노래, 노래하다. = 謠	
猪	돼지 저	돼지	猪勇(저용)
	암돼지 차	암돼지, 암내 낸 돼지	
猈	짐승이름 휘	짐승이름 ※ 개 비슷한 몸에 사람 얼굴을 하였으며, 사람을 보면 웃는다 한다.	
	흉노 훈	흉노족(匈奴族)	
猼	짐승이름 박	짐승이름 ※ 사람과 비슷한 날개가 달린 짐승	
	파초 폭	파초(芭蕉)	猼且(폭저)

한자	훈과 음	자　해	예
獟	요란할 교	요란하다, 어지럽다.	
	개 어지러이 짖을 료	개가 시끄럽게 짖다, 개가 짖다. =獷	
獚	해칠 삼	해치다.	
	산사람 소	산사람 ※깊은 산속에 살고 있다는 남자 괴물	
獟	미친개 교	미친개	
	날랠 효	날래다. ≒趬	
	사나운 개 효	사나운 개	獟悍(효한)
獠	밤사냥 료	밤에 하는 사냥 = 獠	
	사냥 료	사냥하다, 사냥	
獝	미칠 휼	미치다, 놀라서 허둥거리다.	
	짐승 달리는 모양 율	짐승이 달리는 모양	
獧	급할 환	급하다. ≒懁, 빠르게 뛰다.	
	견개할 견	견개(狷介)하다.	獧者(견자)
獲(获)	얻을 획	얻다, 사냥하여 짐승을 잡다.	獲我心 (획아심)
	실심할 확	실심하다, 실심한 모양	
獻(献)	바칠 헌	바치다, 받들다, 임금에게 바치다.	獻可(헌가)
	술두루미 사	비취로 꾸민 술두루미의 이름	獻尊(사준)
	위의 있을 의	위의가 있다.	威獻(위의)
玃	개짖을 뇨	개가 짖다.	
	원숭이 노	원숭이	
	미장이 뇌	벽을 바르는 노동자	
玃	원숭이 확	원숭이, 큰 원숭이 = 貜	玃猱(확노)
	칠 격	치다, 움키다. = 攫	
玄		**(검을 현) 部**	
率	거느릴 솔	거느리다.	率兵(솔병)
	장수 수	장수, 우두머리	

한자	훈과 음	자 해	예
率	거느릴 솔	거느리다, 이끌다.	率性(솔성)
	비율 률	비율, 규칙, 법도	
	무게단위 솰	무게의 단위	
玉		**(구슬 옥) 部**	
玉이 한자의 구성에서 변으로 쓰일 때는 王으로 쓴다.			
玟	옥돌 민	옥돌	
	옥무늬 문	옥무늬	
玧	귀막이 옥 윤	귀막이 옥	
	붉은 옥 문	붉은 옥	
珏	쌍옥 각	쌍옥	
	쌍옥 곡	쌍옥	
玼	옥빛 깨끗할 체	옥빛이 깨끗하다.	玼玼(체체)
	훌륭할 차	훌륭하다, 훌륭하고 분명하다.	
	옥티 자	흠, 옥티	
琁	옥 선	옥, 아름다운 옥 = 璿	
	붉은 옥 경	붉은 옥 = 瓊	
琯	옥피리 관	옥피리 ※6개의 구멍이 있는 것	
	금옥빛 곤	금옥빛, 금옥을 갈아 빛을 내다.	
	옥돌 관	옥돌	
	옥을 꿴 장식 관	옥을 꿰어 만든 장식	
琅	옥이름 랑	옥이름, 구슬 비슷한 아름다운 돌	琅玕(낭간)
	방자할 랑	방자하다, 맹랑하다.	琅湯(낭탕)
瑟	옥무늬 고운 모양 슬	옥무늬 고운 모양	
	옥빛 쵀	옥빛	
	주옥빛 신	주옥(珠玉)빛	
瑌	문채날 빈	옥무늬가 얼룩얼룩한 모양	
	문채날 편	옥의 무늬	
瑗	도리옥 원	도리옥	
	옥고리 환	옥고리	

한자	훈과 음	자　해	예
瑩 (莹)	밝을 영	밝다, 밝은 빛	瑩鏡(영경)
	의혹할 형	의혹하다. = 熒	
瑒	옥잔 창	옥잔(종묘의 제기)	
	옥이름 탕	옥이름	
瑣	옥돌 소	옥돌	
	옥 울리는 소 리 쇄	옥 울리는 소리 = 琑	瑣瑣(쇄쇄)
璚	옥이름 경	옥이름	
	패옥 결	패옥(佩玉)	
瓊 (琼)	옥 경	옥, 아름다운 옥	瓊樹(경수)
	아름다운 옥 선	아름다운 옥 = 琁	
璹	옥그릇 숙	옥그릇	
	옥그릇 도	옥이름	
瓛	옥홀 환	옥홀(玉笏) ≒ 桓	
	재갈 얼	재갈 ※말의 입에 가로 물리는 물건	
瓜		**(오이 과) 部**	
瓟	오이 박	오이, 작은 오이	
	호리병박 포	조롱박, 표주박 = 匏, 바가지	
瓠	표주박 호	표주박, 바가지	
	흘러떨어질 확	흘러 떨어지는 모양	瓠落(확락)
瓦		**(기와 와) 部**	
甄	질그릇 견	질그릇	甄陶(견도)
	질그릇 진	질그릇	
	살필 견	살피다.	
	밝힐 계	밝히다.	
甘		**(달 감) 部**	
甚	심할 심	심하다, 정도에 지나치다.	甚都(심도)
	무엇 심	무엇 ※의문사로 쓰인다.	

한자	훈과 음	자 해	예
	用	**(쓸 용) 部**	
甫	클 보	크다.	
	남새밭 포	남새밭 ≒ 圃	
甬	길 용	길, 양쪽 담을 쌓은 길	
	대롱 동	대롱	
	田	**(밭 전) 部**	
由	말미암을 유	인연하다, 지내다.	由由(유유)
	여자가 웃는 모양 요	여자가 웃는 모양	
甸	경기 전	경기, 왕성 주위 5백리 이내의 지역	
	사냥할 전	사냥하다. ≒ 畋	
	육십사정 승	64정(井), 옛 제도	
畎	밭도랑 견	밭도랑	畎畝(견묘)
	밭이랑 경	밭이랑	
甾	재앙 재	재앙, 불행	
	묵힌 밭 치	묵힌 밭, 농사짓지 않는 밭	
畜	쌓을 축	쌓다, 모으다.	
	가축 축	집에서 기르는 가축	畜生(축생)
	기를 휵	기르다. ≒ 育	畜字(휵자)
㽝	빠질 례	빠지다, 빠져들다.	
	논배미 렬	논배미, 논과 논 사이 구획	
畤	제터 치	제터, 천지(天地) 신령에게 제사 지내는 곳	
	심을 시	심다, 모종하다. = 蒔	
畦	밭두둑 휴	밭두둑, 밭의 경계를 이룬 두둑	畦畎(휴견)
	밭두둑 규	밭두둑	
番	갈마들 번	차례로 임무를 맡는 일	番代(번대)
	날랠 파	날랜 모양	番番(파파)
畬	새밭 여	새밭	畬田(여전)
	따비밭 사	잡초를 불살라 만든 밭	畬煙(사연)

한자	훈과 음	자 해	예
畫	그림 화	그림, 사물의 형상을 평면상에 묘사하는 것	畫力(화력)
	그을 획	긋다, 구분하다.	畫地(획지)
疃	염우없을 톤	행실이 바르지 못하다.	
	마당 탄	마당, 빈 터	
畯	고를 순	고르다, 땅의 지면이 고르다.	
	개간할 균	밭을 일구다, 개간하다. = 畇	
嗟	묵은 밭뙈기 좌	묵은 밭뙈기, 농사짓지 않는 밭(땅)	
	묵은 밭뙈기 차	앓다, 괴로워하다. ≒ 瘥	
䎱	가를 벽	가르다.	
	쪼갤 복	쪼개다, 나누다.	

疋	(짝 필) 部

'疋'을 변으로 쓸 때는 '疋'로 한다.

한자	훈과 음	자 해	예
疋	발 소	발 = 足	
	바를 아	바르다. = 雅	
	짝 필	짝, 홀수가 아니다.	疋練(필련)
疑	의심할 의	의심하다, 의혹하다.	疑忌(의기)
	정해질 응	정해지다.	疑滯(응체)
	설 을	엄숙하게 서있는 모양	疑立(을립)
疐	발끝 차일 치	발끝 차이다, 발끝이 차여 넘어지다.	
	꼭지 체	꼭지 ≒ 蔕	

疒	(병질 엄) 部

한자	훈과 음	자 해	예
疒	병들어 기댈 녁	병들어 기대다.	
	병들어 기댈 상	앓다, 병	
疞	배 심히 아플 교	배가 심하게 아프다.	
	배 갑자기 아플 규	배가 갑자기 아프다.	
疧	앓을 기	앓다.	
	앓을 저	병이 많다.	
疪	헌데 쑤실 날	상처가 아프다.	
	가려울 닐	가렵다.	

한자	훈과 음	자 해	예
痸	이질 설	이질, 설사	
	이질 예	병, 앓다.	
疴	병 아	병, 앓다.	
	경기 가	경풍	
疷	미칠 술	미치다, 미쳐 날뛰다.	
	미칠 골	미쳐 달아나다.	
疵	흠 자	흠, 결점	
	노려볼 제	노려보다. ≒ 眦	
	앓을 새	앓다.	
	비방할 자	비방하다. ≒ 訾	
痄	병 중할 자	병이 중하다.	
	상처 아물지 아니할 차	상처가 아물지 아니하다.	
疲	지칠 피	지치다, 지치게 하다.	疲竭(피갈)
	앓을 지	앓다, 병 = 疷	
疺	파리할 핍	파리하다, 고달프다.	
	앓을 폄	앓다, 병	
痋	아플 동	아프다, 몸이 쑤시고 아프다.	
	병들 충	병들다, 앓다.	
痑	부을 방	붓다, 종기	
	느른할 류	느른하다, 느른한 병	
痏	멍 유	멍, 타박상	
	떨 유	떨다, 오한(惡寒)	
	앓을 욱	앓다, 병	
痌	마음 아파할 통	마음 아파하다, 상심하다.	痌傷(통상)
	종기 터질 동	종기가 터지다.	
痛	앓을 부	앓다.	
	결릴 포	결리다, 체증	
痞	배 속 결릴 비	체한 증세	
	앓을 부	앓다, 병	
	약할 배	약하다.	

한자	훈과 음	자 해	예
瘯	굳은살 나올 은	굳은살이 나오다.	
	아플 희	아프다, 아픔	
瘝	앓을 민	앓다, 병	
	앓을 혼	병이름 = 瘝	
瘑	더위먹을 갈	더위먹다. = 喝, 속이 답답하다.	
	앓을 해	앓다.	
瘵	여월 시	여위다.	
	앓을 시	앓다, 병	
	유행병 차	유행병	
瘍	종기 양	종기가 생기다.	
	가축의 설사병 탕	가축의 설사병	
瘟	염병 온	염병, 유행병	瘟疫(온역)
	괴로워할 올	괴로워하다.	
	좀 아플 온	조금 아픈 모양	
瘨	앓을 전	앓다, 병들다, 괴로워하다.	
	배 부을 진	배가 붓다, 배가 붓는 병	
瘥	앓을 차	앓다, 병	
	병 나을 채	병이 낫다.	
瘱	앓는 소리 애	앓는 소리, 병이 심하여 앓는 소리	
	앓는 소리 의	고달프다.	
瘵	앓을 채	앓다, 병	
	사귈 제	사귀다.	
瘈	두창 체	두창(頭瘡), 이질	
	대하증 대	대하증	
癉	앓을 단	앓다, 괴로워하다.	癉熱(단열)
	피로할 다	피로하다.	
癀	음부의 병 퇴	음부(陰部)의 병	
	대하증 대	대하증	

한자	훈과 음	자　해	예
瘣	위독할 괴	위독하다.	
	함성 지를 위	함성을 지르다.	
癘	창질 려	창질(瘡疾)	癘疫(여역)
	문둥병 라	문둥병 = 癩	
瘳	병 고칠 료	병을 고치다. = 療	
	병 약	병이 낫다, 병이 나아지다.	
癩	약물중독 랄	약물중독	
	문둥병 라	문둥병	癩病(나병)
	癶	**(필발 머리) 部**	
登	오를 등	오르다.	登科(등과)
	밟을 등	밟다.	
	얻을 득	얻다.	
	白	**(흰 백) 部**	
白	흰 백	흰빛	白骨(백골)
	서방빛 파	서방의 빛	
	작위 백	작위의 이름 = 伯	
	말할 자	말하다.	
百	일백 백	일백, 모든, 다수	百家(백가)
	힘쓸 맥	힘쓰다, 애써 노력하다.	
皇	임금 황	임금	皇京(황경)
	갈 왕	가다, 가고자 하다.	
皋 (皐)	못 고	못, 늪	皋皋(고고)
	명령할 호	명령하다.	
皓	흴 호	희다, 희게 빛나다.	
	머리 세어 빠질 회	머리가 세어 빠지다.	
皛	나타날 효	나타나다.	皛皛(효효)
	칠 박	치다, 두드리다.	
皤	머리 센 모양 파	머리가 센 모양	皤然(파연)
	말 옆걸음 칠 반	말이 옆걸음을 치다.	

한자	훈과 음	자 해	예
	皮	(가죽 피) 部	
尃皮	꺽두기 봉	꺽두기	
	갖신 방	갖신, 가죽신	
皺皮	소름 추	소름치다.	
	애벌 찧은쌀 조	쌀을 애벌 찧다. = 糙 ※뉘가 많이 섞인 쌀	
皻皮	여드름 사	여드름, 얼굴에 나는 여드름	
	살이 틀 조	살이 트다.	
	皿	(그릇 명) 部	
盍	덮을 합	덮다, 합하다.	盍各(합각)
	새이름 갈	새이름	盍旦(갈단)
盒	합 합	합, 음식물을 담는 공기	
	그릇 아가리 빨 암	그릇의 아가리가 가늘다.	
盠	바리 돈	바리	
	피 마시는 데 쓰는 그릇 퇴	희생의 피를 마실 때 사용하는 그릇으로 맹세할 때 사용	
	目	(눈 목) 部	
旬目	눈짓할 현	눈짓하다.	
	현기증날 순	현기증이 나다.	
盲	소경 맹	소경, 장님	盲目(맹목)
	바라볼 망	바라보다. = 望	
直	곧을 직	곧다, 굽지 아니하다.	直諫(직간)
	값 치	값, 물가	直錢(치전)
映	눈 아름다울 결	눈이 아름답다, 눈병	
	눈 아름다울 혈	움펑눈, 두리번거리다.	
眛	볼 매	보다, 눈감아도 멀리 보이다.	
	훔쳐볼 말	훔쳐보다.	
	어두울 물	어둡다.	

한자	훈과 음	자 해	예
盼	눈 예쁠 반	눈이 예쁘다.	
	예쁜 눈 반	예쁜 눈	盼望(반망)
	날 새려 할 분	날이 새려 하는 모양	
相	서로 상	서로	相距(상거)
	볼 상	보다.	相知(상지)
	빌 양	빌다.	
省	살필 성	살피다, 살펴보다.	省視(성시)
	덜 생	덜다.	
	마을 성	마을, 관아	
	가을사냥 선	가을사냥	
盾	방패 순	방패	盾戈(순과)
	벼슬이름 윤	벼슬이름	
	별이름 돈	별이름	
眃	시력 좋지 못할 운	시력이 좋지 못한 모양	
	빠를 혼	빠른 모양	
昀	눈알 굴릴 전	눈알을 굴리다.	
	큰 눈 현	큰 눈	
	볼 민	보는 모양	
眈	노려볼 탐	노려보다.	眈眈(탐탐)
	범이 보는 모양 탐	범이 보는 모양	
	머리 내밀고 볼 침	머리를 내밀고 보다.	
盻	흘겨볼 혜	흘겨보다, 원한을 품고 보다.	盻盻(혜혜)
	흘겨볼 예	흘겨보다, 원한을 품고 보다.	
眜	어두울 말	어둡다, 눈이 흐리다.	
	땅이름 멸	땅이름	
眠	잠잘 면	잠자다, 눈을 감고 자다.	
	누워 쉴 면	누워서 쉬다, 약물에 중독되다.	
	볼 민	보다.	

한자	훈과 음	자 해	예
眦	자세히 볼 비	자세히 보다.	
	자세히 볼 밀	자세히 보다.	
	노려볼 말	노려보다, 밉게 보다.	
眹	눈 깜작일 순	눈을 깜작이다.	
	볼 심	보다.	
	과녁 시	과녁	
眂	비길 시	비기다, 비교하다, 견주다.	
	보는 모양 저	보는 모양	
眏	눈 어두울 앙	어둡다, 눈이 어둡다.	
	볼 영	보다.	
眑	깊을 유	깊다, 심원(深遠)하다.	
	움펑눈 요	움펑눈 = 窅	
眥	눈초리 제	눈초리, 눈가	
	눈초리 지	눈초리	
	흘길 자	흘기다, 눈흘겨 거스르다.	眥裂(자열)
眣	사팔눈 질	사팔눈, 눈이 불거진 모양	
	눈 불거질 찰	눈이 불거지다.	
眙	눈여겨볼 치	눈여겨보다, 응시하다.	
	눈여겨보는 모양 증	눈여겨보는 모양	
	눈 치뜰 이	눈을 치뜨는 모양	
眩	아찔할 현	아찔하다, 현기증이 나다.	眩眞(현진)
	팔 견	팔다, 행상하다.	
	요술 환	요술, 속여 미혹하게 하다.	
眽	훔쳐볼 맥	훔쳐보다, 서로 보다.	眽眽(맥맥)
	곁눈 멱	곁눈, 곁눈질하다.	眽蜴(멱석)
眼	눈 안	눈	眼角(안각)
	눈 불거질 은	눈이 불거진 모양	
眤	업신여길 액	업신여기다.	
	업신여길 이	업신여기다.	
	업신여길 척	업신여기다.	

한자	훈과 음	자 해	예
眣	눈동자 진	눈동자, 조짐, 점괘(占卦)	
	눈동자 접	눈동자	
眴	깜작일 현	깜작이다, 눈을 깜작이다, 현기증 나다.	眴轉(현전)
	깜작일 순	깜작이다, 눈을 깜작이다, 눈짓하다.	眴目(순목)
聒	볼 활	보다, 눈을 부릅뜨다.	
	눈 어두울 괄	눈이 어둡다.	
眭	움펑눈 휴	움펑눈, 건강한 모양	眭盱(휴우)
	볼 계	보다, 보는 모양	眭然(계연)
	노려볼 에	노려보다.	
睞	속눈썹 첩	속눈썹 = 睫, 깜작이다.	
	애꾸눈 협	애꾸눈, 또 눈을 깜작이다.	
睆	가득 차는 모양 환	가득 차있는 모양	
	추파 던질 완	추파를 던지다. = 睕	
睅	퉁방울눈 환	큰 눈, 눈을 크게 뜨고 보다.	
	퉁방울눈 한	큰 눈, 눈을 크게 뜨고 보다.	
睪	엿볼 역	엿보다, 주살의 줄을 끌어당기다.	
	못 택	못 = 澤	
	패할 투	패(敗)하다, 썩다. ≒ 斁	
晻	눈감을 읍	눈을 감다.	
	눈감을 암	눈을 감다.	
瞰	눈 깊을 겹	눈이 깊다, 눈이 움푹하다.	
	볼 감	보다.	
睾	못 고	못, 늪, 높은 모양	
	광대할 호	광대한 모양	
睽	사팔눈 규	사팔눈, 노려보다.	睽孤(규고)
	부릅뜰 계	부릅뜨는 모양	睽睽(규규)
瞀	눈 내리뜨고 볼 모	눈을 내리뜨고 보다, 고개를 숙이고 자세히 보다.	
	눈 내리뜨고 볼 휵	눈을 내리뜨고 보다, 고개를 숙이고 자세히 보다.	

한자	훈과 음	자 해	예
瞀	어두울 무	어둡다. ≒ 眊, 눈이 흐리다.	瞀亂(무란)
	눈 흐릴 막	눈이 흐리다, 번민하다.	
	현기증 모	현기증	
	야맹증 목	야맹증, 밤눈이 어둡다.	
睲	볼 성	보다, 비추어 보는 모양	
	눈동자 빛날 성	눈동자가 빛나다.	
睼	볼 천	보다.	
	볼 제	맞이하여 보다, 바라보다, 보다.	
睆	큰 눈 훤	큰 눈	
	큰 눈초리 환	큰 눈초리	
睘	놀라서 볼 경	놀란 눈으로 보다.	
	돌아올 선	돌아오다. ≒ 還	
瞉	어리석을 구	어리석다, 도리를 깨닫지 못하다.	
	응시할 계	응시하다.	
瞑	눈 감을 명	눈을 감다, 눈이 어둡다.	瞑瞑(명명)
	잘 면	자다. ≒ 眠, 어둡다.	
	중독될 면	중독되다, 약에 중독되다.	瞑眩(면현)
瞍	소경 수	소경, 봉사, 여위다, 총명하다.	
	소경 소	소경, 봉사, 여위다, 총명하다.	
睍	눈으로 희롱할 언	눈으로 희롱하다, 보다, 우러러보다.	
	눈으로 희롱할 안(알)	눈으로 희롱하다, 보다, 우러러보다.	
瞗	실망하여 볼 척	실망하다.	
	실망하여 볼 추	실망하다.	
瞞	속일 만	속이다. ≒ 謾, 평평한 눈	
	부끄러워할 문	부끄러워하는 모양	瞞然(문연)
瞢	어두울 몽	어둡다, 눈이 어둡다, 부끄러워하다.	瞢容(몽용)
	소경 맹	소경 = 盲	

한자	훈과 음	자 해	예
瞵	눈빛 린	눈빛, 눈동자의 빛	瞵盼(인분)
	노려볼 련	노려보는 모양	
瞥	언뜻 볼 별	언뜻 보다, 잠깐 보다.	瞥見(별견)
	침침할 폐	침침하다, 눈이 흐려 보이지 아니하다.	
瞤	쥐날 윤	쥐가 나다, 눈꺼풀이 떨리다.	
	깜작일 순	깜작이다, 눈꺼풀이 경련이 나는 일	
瞯	지릅뜰 한	지릅뜨다, 눈을 치뜨다, 곁눈질	
	엿볼 간	엿보다, 보다. = 覵	
瞲	눈 움푹할 훌	눈이 움푹한 모양	
	휘둥그레질 혈	휘둥그레지다.	瞲然(혈연)
矌	눈동자 없을 광	눈동자가 없다, 눈에 광채가 없다.	
	볼 곽	보다, 눈을 크게 뜨고 보다.	
瞔	곁눈질 매	곁눈질	
	노려볼 애	노려보다.	
	보는 모양 수	보는 모양	
矆	겹눈동자 학	겹눈동자, 빛, 광명, 눈을 멀게 하다.	
	눈뜰 확	눈을 뜨다, 놀라서 보다. = 䁝	
瞼	현기증 요	현기증, 현기증나다. = 䁃	
	보는 모양 약	보는 모양	
矕	볼 만	보다, 눈매가 고운 모양	
	눈 어두울 만	눈이 어둡다.	
矖	눈으로 찾을 시	눈으로 찾다.	矖木(시목)
	볼 쇄	보다.	
	사람이름 리	사람 이름	矖瞜(이루)
矛		**(창 모) 部**	
矜	불쌍히 여길 긍	불쌍히 여기다.	矜競(긍경)
	창자루 근	창자루	
	홀아비 환	홀아비 ≒ 鰥	
矞	송곳질할 율	송곳질하다, 송곳으로 구멍을 뚫다.	矞矞(율율)
	속일 휼	속이다.	

한자	훈과 음	자　해	예
猎	창 색	창	
	작살질할 착	작살질하다.	
	石	**(돌 석) 部**	
矼	징검다리 강	징검다리 ≒ 杠, 굳은 모양	
	성실할 공	성실하다, 온순하고 진실한 모양	
矻	돌 골	돌, 부지런한 모양	矻矻(골골)
	돌 단단한 모양 갈	돌이 단단한 모양	
砎	단단할 개	단단하다.	
	조약돌 길	조약돌, 갈다, 천둥소리	
砅	징검다리 례	징검다리, 옷을 추어올리고 물을 건너다.	
	징검다리 리	징검다리, 옷을 추어올리고 물을 건너다.	
砏	큰 소리 빈	큰 소리, 우렛소리	
	돌 구르는 소리 반	큰 소리, 우렛소리	
	큰 소리 분	큰 소리, 우렛소리, 거센 물결소리	
硫	돌소리 항	돌소리, 돌이 떨어지는 소리	硫硍(항랑)
	우렛소리 강	우렛소리	硫磕(강개)
砉	뼈 바르는 소리 획	뼈를 바를 때 나는 소리	
	뼈 바르는 소리 혁	가죽을 벗겨낼 때 나는 소리	
砢	돌 쌓일 라	돌이 쌓인 모양	
	아름다운 돌 가	옥 버금가는 돌, 아름다운 돌	
砟	빗돌 사	빗돌, 비석	
	돌 작	돌	砟硌(작락)
破	깨뜨릴 파	깨다, 돌을 부수다.	破卻(파각)
	무너질 피	무너지다.	
硗	자갈밭 교	자갈밭, 산전(山田)	
	돌이름 조	돌이름	

한자	훈과 음	자 해	예
硅	규소 규	규소(硅素)	硅酸(규산)
	깨뜨릴 곡	깨뜨리다.	
硌	산바위 락	산 위의 큰 바위	
	자갈 력	자갈	
硻	돌소리 경	돌소리	
	경쇠 경	경쇠 = 磬	
硨	조개이름 차	조개이름, 조가비	
	조개이름 거	조개이름, 조가비	
硳	던질 척	던지다, 팔매질하여 부수다.	
	던질 철	돌에서 나는 불	
硲	쓿을 답	쓿다. ※애벌 찧은 낟알을 다시 찧다.	
	쓿을 답	디딜방아로 찧다.	
碌	돌모양 록	돌모양, 돌이 많은 모양	碌碌(녹록)
	자갈땅 락	자갈땅	
	돌 푸를 록	돌의 푸른빛	碌青(녹청)
硼	돌이름 평	돌이름 = 硑	硼磕(평개)
	붕사 붕	붕사(硼砂), 약석 이름	
碣	선 돌 게	선 돌	
	비 갈	비, 둥근 비석	
	우뚝 선 돌 갈	우뚝 선 돌	
	크게 노할 알	크게 노하다.	碣磍(알할)
硎	숫돌 형	숫돌	硎刀(형도)
	구덩이 갱	구덩이 = 阬	硎岸(갱안)
碟	가죽 다룰 설	가죽을 다루다.	
	접시 접	접시	碟子(접자)
碪	다듬잇돌 침	다듬잇돌	
	산모양 암	산이 우뚝한 모양	
磕	돌 부딪는 소리 개	두 개 이상의 돌이 부딪치는 소리 ≒ 礚	磕損(개손)
	부술 갈	부수다, 깨뜨리다, 깨지는 소리	

한자	훈과 음	자 해	예
礐	돌 서로 부딪치는 소리 락	돌이 서로 부딪치는 소리, 물이 돌에 부딪쳐 어지러운 모양	
	석기 로	석기(石器)	
硔	돌 떨어지는 소리 궁	돌이 떨어지는 소리	
	돌 떨어지는 소리 홍	돌이 떨어지는 소리	
磅	돌 떨어지는 소리 방	돌이 떨어지는 소리	磅硠(방랑)
	돌 떨어지는 소리 팽	가득 차서 막히는 모양	
磑 (碨)	맷돌 애	맷돌	
	쌓을 외	높이 쌓다.	磑磑(외외)
磌	돌 떨어지는 소리 전	돌이 떨어지는 소리	
	돌 떨어지는 소리 진	울림, 소리	
磓	돌무더기 퇴	돌무더기, 쌓여 있는 돌, 돌을 던지다.	
	부딪칠 추	부딪치다. = 硾	
磍	성 불끈 낼 할	성을 불끈 내다, 벗기다, 가죽을 벗기다.	
	땅 가파를 알	땅이 가파르다.	
磽	굳을 확	굳다, 굳세다.	
	땅이름 교	땅이름	磽磝(교오)
磆	활석 활	활석(磆石), 약이름 ≒ 滑	
	그릇 만드는 돌 갈	그릇을 만드는 돌	
磟	농구이름 륙	농구의 이름 ※밭을 고르는 데 쓰는 돌 롤러	磟碡(육독)
	농구이름 록	농기구 중 하나	
磝	단단할 교	단단한 돌	
	돌 많은 산 오	돌 많은 산	磝磝(오오)

한자	훈과 음	자 해	예
磧	자갈땅 족	자갈땅, 자갈땅이 고르지 아니한 모양	
	자갈땅 삭	자갈땅, 자갈땅이 고르지 아니한 모양	
磣 (碜)	모래 섞일 참	모래가 섞이다, 음식 따위에 모래가 섞이다.	
	모래 섞일 참	모래가 섞이다, 음식 따위에 모래가 섞이다.	
礋	옥돌 척	옥돌	
	주춧돌 축	주춧돌	
硼	돌 칠 팽	돌을 치다.	
	돌 칠 평	물건의 소리, 큰 소리	
磷	돌틈으로 물 흐를 린	돌틈으로 물이 흐르는 소리	
	험할 령	험하다.	
	엷은 돌 린	엷은 돌, 돌이 닳아서 엷어지다.	磷堅(인견)
礏	산 높을 잡	산이 높다, 산이 우뚝 솟은 모양	
	물건 깨뜨리는 소리 섭	물건을 깨뜨리는 소리	
磹	돌쐐기 점	돌쐐기, 번개	
	돌쐐기 담	돌쐐기, 번개	
磺	유황 황	유황(硫黃)	
	쇳돌 광	쇳돌, 광석 = 鑛	
磈	산모양 괴	산의 모양	
	산모양 외	돌이 많은 모양	
	산모양 뢰	산에 돌이 많이 쌓인 모양	
礛	숫돌 감	숫돌, 고운 숫돌, 옥을 가는 숫돌	礛䃴(감저)
	숫돌 람	숫돌, 고운 숫돌, 옥을 가는 숫돌	
礉	핵실할 핵	사실을 조사하여 밝히다.	
	돌 평평하지 않을 교	돌이 평평하지 아니하다.	
	단단한 돌 교	단단한 돌	
礐	돌소리 확	돌소리, 산에 큰 돌이 많다.	礐堅(확견)
	돌 부딪치는 소리 력	돌 부딪치는 소리	

한자	훈과 음	자 해	예
礙	거리낄 애	거리끼다, 방해하다, 가로막다.	礙眼(애안)
	푸른 돌 의	푸른 돌	
礫	조약돌 력	조약돌, 밝은 모양	礫石(역석)
	뛰어날 락	뛰어나다.	
礧	바위 뢰	바위의 모양	礧礧(뇌뢰)
	부딪칠 루	부딪치다, 돌이 서로 부딪치다.	
	돌 굴려 떨어뜨릴 뢰	돌을 굴려 떨어뜨리다, 돌이 굴러 떨어지다, 쪼개어지다.	
礩	주춧돌 질	주춧돌, 맷돌	
	주춧돌 지	주춧돌, 맷돌	
礥	어려울 흔	어렵다.	
	굳셀 현	굳세다, 강건하다.	
礹	번개 섬	번개, 전광(電光)	
	쐐기 침	쐐기	
礸	돌산 암	돌산	
	돌산 엄	산에 돌이 많은 모양	
	示	**(보일 시) 部**	
示	보일 시	보이다, 가르치다, 알리다.	示敎(시교)
	지신 기	지신(地神)	
祁	성할 기	성(盛)하게, 크게, 많다.	祁祁(기기)
	땅이름 지	땅이름, 성(姓)	
祈	빌 기	빌다, 신에게 빌다.	祈穀(기곡)
	산제사 궤	산(山)제사	
祇	토지의 신 기	토지의 신 = 示, 크다, 편안하다.	
	조사 지	조사(助詞), 앓다, 병	
祋	창 대	창(槍), 꾸짖어 세우는 소리, 순라군이 지르는 소리	
	창 탈	창(槍), 꾸짖어 세우는 소리, 순라군이 지르는 소리	

한자	훈과 음	자 해	예
神	신의 이름 중	신(神)의 이름	
	화할 충	화하다, 부드럽게 하다. ≒ 冲	
祆	하늘 천	하늘 ※관중(關中) 지방의 말, 신(神)	
	하늘 현	호인의 신(神) 이름	祆敎(현교)
祕	숨길 비	숨기다, 알리지 아니하다.	祕密(비밀)
	깊어 알기 어려울 필	심오(深奧)하여 알기가 어렵다.	
祝	빌 축	빌다, 기원하다, 신을 섬기는 일을 업으로 하는 사람	
	저주할 주	저주하다. = 呪	
	약 바를 주	약을 바르다.	
祪	조상 궤	조상, 헐다. = 毁	
	조상 귀	조상, 헐다. = 毁	
祭	제사 제	제사, 제사 지내다.	祭官(제관)
	나라이름 채	나라이름, 성(姓)	
福	복 복	복, 행복, 복내리다, 제사에 쓴 고기와 술	福堂(복당)
	간직할 부	간직하다, 모으다.	
禓	길제사 양	길제사[道上祭], 길귀신[道神]	
	구나 상	구나(驅儺)	
禋	제사 지낼 인	제사 지내다, 청결히 제사 지내다.	禋潔(인결)
	제사 지낼 연	제사 지내다, 청결히 제사 지내다.	禋祀(연사)
	천제께 제사 지낼 연	천제(天帝)에게 제사 지내다.	
禔	복 지	복, 행복, 즐거움, 편안하다.	禔福(지복)
	복 제	복, 행복, 즐거움, 편안하다.	
	禾	**(벼 화) 部**	
禾	벼 화	벼, 곡물	禾稼(화가)
	말이의 수효 수	말[馬]의 이[齒]의 수효	
秏	벼 모	벼, 벼의 한가지	
	덜 호	덜다.	
	어두울 모	어둡다. ※정치가 밝지 못하다.	

한자	훈과 음	자 해	예
秜	돌벼 니	돌벼 ※자생(自生)한 벼	
	올벼 닐	밀, 소맥	
秠	검은 기장 비	검은 기장	
	검은 기장 부	검은 기장	
秘	숨길 비	숨기다, 비밀	
	향기로울 별	향기롭다.	
租	구실 조	세금	租賦(조부)
	쌀 저	싸다, 포장하다, 꾸러미로 싸다.	
移	옮길 이	옮기다, 딴 데로 가다.	移住(이주)
	여유있을 이	여유가 있다, 느슨하다.	
	클 치	크다, 옷이 넓다.	
秺	볏단 투	볏단	
	땅이름 차	땅이름 ※지금의 산동성(山東省) 성무현	
稌	찰벼 도	찰벼, 메벼	
	마 서	마 ※맛과의 다년생 만초	
稅	구실 세	징수하다.	稅駕(세가)
	추복입을 태	추복을 입다.	
	검은 옷 단	검은 옷	
	벗을 탈	벗다. ≒ 脫	稅衣(탈의)
	기뻐할 열	기뻐하다. ≒ 悅	
	검은 상복 수	검은 상복 ≒ 邃	
稍	벼줄기 끝 초	벼의 줄기 끝	稍食(초식)
	구실 소	구실	
稇	묶을 곤	다발로 묶다. ≒ 稛	
	찰 균	차다, 가득 차다, 묶다.	稇載(균재)
稞	보리 과	보리	
	알곡식 과(라)	보리알	
稜	모 릉	모서리, 위광(威光)	稜層(능층)
	논두렁 릉	논두렁, 밭이랑	

한자	훈과 음	자　해	예
稌	향기로울 암	향기, 향내	
	모 아름다울 엄	벼싹이 아름답다.	
	씨뿌릴 암	밭에 씨를 뿌리다.	
	벼 쭉정이 엄	벼 쭉정이	
	벼 썩어 자라 지 아니할 업	벼가 썩어서 자라지 못하다.	
稡	벼이삭 꼿꼿 이 설 졸	벼이삭이 꼿꼿이 서다, 강아지풀	
	모을 췌	벼이삭이 여물지 아니하다, 쭉정이 이삭	
種	낟가리 타	낟가리, 벼를 쌓은 작은 더미	
	벼이삭 숙일 수	벼이삭이 숙이다.	
稟	줄 품	주다, 내려주다.	稟告(품고)
	곳집 름	곳집	
稭	짚고갱이 갈	짚고갱이 = 秸 ※겉잎을 추려 버린 짚	
	짚고갱이 개	짚고갱이	稭稈(개간)
稧	벤 벼 계	벤 벼, 볏단	
	볏짚 설	볏짚	
稌	고갱이 알	고갱이 ※벼줄기 한가운데에 있는 연한 심	
	긴 이삭 갈	벼의 긴 이삭	
	이삭팰 걸	겨, 낟알의 껍질	
種 (种)	씨 종	씨, 곡식의 씨	種子(종자)
	심을 종	심다. = 種	種樹(종수)
	만생종 종	만생종(晩生種)	
稸	펴지 아니할 지	뜻이 펴이지 못하다.	
	펴지 아니할 기	나뭇가지가 굽다.	
稬	벼 고개 숙일 타	벼가 고개를 숙이다.	
	벼 고개 숙일 단	벼가 익어서 고개를 숙이다.	
糜	붉은 기장 문	붉은 기장	
	검은 기장 미	검은 기장	

한자	훈과 음	자 해	예
積 (积)	쌓을 적	쌓다, 모으다.	積居(적거)
	저축 자	저축, 벌어놓은 것	
穮	길게 자란 모 표	길게 자란 모	
	까끄라기 묘	까끄라기	
穧	볏단 제	볏단	
	볏단 자	볏단, 벼를 쌓다.	
穛	올벼 착	올벼, 일찍 익는 벼	
	기장 작	기장	
	穴 (구멍 혈) 部		
穴	구멍 혈	구멍	穴見(혈견)
	굴 휼	굴, 짐승이 숨어사는 굴	
窌	깊숙할 교	깊숙하다.	
	그윽할 요	그윽하다. = 窈	
窊	우묵할 와	우묵하다, 낮다.	
	우묵한 땅 와	우묵하다, 낮은 땅	窊隆(와륭)
窐	구멍 규(와)	구멍, 떡시루의 구멍	窐孔(규공)
	그윽할 요	그윽한 모양	窐寥(요료)
窕	정숙할 조	정숙하다, 한가하고 고요하다.	窕言(조언)
	가벼울 조	가볍다.	窕窕(조조)
	예쁠 요	예쁘다.	窕冶(요야)
窗	창 창	창	窗架(창가)
	굴뚝 총	굴뚝	
窋	합당할 합	합당하다.	
	땅 낮을 합	땅이 낮다.	
窖	움 교	움, 움집	窖中(교중)
	부엌 조	부엌 = 竈	
窞	광바닥의 작은 구덩이 담	광(壙) 바닥의 작은 구멍	窞穽(담정)
	광바닥의 작은 구덩이 람	광(壙) 바닥의 작은 구멍	

한자	훈과 음	자 해	예
窬	협문 유	작은 문, 속이 비다, 협문, 넘다, 뚫다.	窬牆穿穴 (유장천혈)
	협문 두	작은 문, 속이 비다, 협문, 넘다, 뚫다.	
窯	기와 굽는 가마 요	기와를 굽는 가마	窯戶(요호)
	쓸쓸할 교	쓸쓸하다.	
窊	비뚤 유	비뚤다, 그릇이 비뚤어지다.	窊民(유민)
	우묵할 와	우묵하다. = 窊	
窴	메일 전	가득 차다, 메우다.	
	비좁을 안	비좁다.	窴板(안란)
	피리소리 느릴 천	피리부는 소리가 느리다.	窴板(천란)
窷	아득할 료	아득하다, 깊고 멀다.	
	간직할 력	간직하다.	
窶	높고 좁은 곳 루	높고 좁은 곳, 언덕 = 廔	
	가난할 구	가난하다, 가난하여 예의를 차리지 못하다.	
竁	팔 취	파다, 구멍을 파다, 광(壙)	
	팔 천	동굴	
窺	똑바로 볼 탱	똑바로 보다, 보다, 깊은 마음	
	살필 정	살피다, 염탐하여 보다.	
竇	구멍 두	구멍, 둥근 구멍	
	도랑 독	도랑, 개천 ≒ 瀆	
立	(설 립) 部		
竝	아우를 병	나란히하다, 견주다.	竝肩(병견)
	곁 방	곁	
	짝할 반	짝하다, 상반하다. = 伴	
竝	키 작을 파	키가 작다.	
	비틀거릴 비	비틀거리다.	
嶢	높고 험할 요	높고 험하다.	
	발돋움할 교	발돋움하다.	

한자	훈과 음	자　해	예
	竹	(대 죽) 部	
筋	대뿌리 륵	대나무 뿌리	筋竹(늑죽)
	힘줄 근	힘줄, 근육	
竺	대나무 축	대나무	竺學(축학)
	두터울 독	두텁다. = 篤	
筻	대 나란할 강	대가 나란하다.	
	횃대 항	옷걸이, 횃대	
	장대 항	장대, 대나무 장대	
笓	새우 잡는 기구 비	바다에서 새우를 잡는 기구	
	참빗 비	머리 빗는 참빗	笓箟(비희)
	버금 필	다음, 버금	
笒	대이름 잠	대이름	
	첨대 금	대나무 조각으로 만든 점대	
	속 찬 대 함	속이 찬 대	
笏	홀 홀	홀 ※신하가 임금을 뵐 때 조복에 갖추어 손에 쥐는 물건	笏記(홀기)
	피리가락 맞출 문	손가락으로 피리 구멍을 막아 가락을 맞추는 모양	
笪	칠 단	치다, 매를 때리다.	笪箈(단태)
	고리짝 단	고리짝	
	뜸 달	뜸, 배를 덮는 대자리	笪日(달일)
笲	폐백상자 번	폐백상자	笲菜(번채)
	폐백상자 만	폐백상자	
笫	평상 자	평상, 대자리	
	대자리 진	대자리	
笘	회초리 점	회초리, 대 회초리	
	대쪽 첩	대쪽	

한자	훈과 음	자 해	예
笧	죽순 삐죽삐죽 날 줄	죽순이 삐죽삐죽 나다.	
	죽순 삐죽삐죽 날 돌	죽순이 삐죽삐죽 나다.	
笮	좁을 책	좁다, 빠르다.	
	밧줄 작	밧줄	
	짤 자	눌러 짜다, 술을 담는 그릇	
筊	대새끼 교	대새끼, 대오리로 꼰 새끼, 단소(短簫)	
	대새끼 효	대새끼, 대오리로 꼰 새끼, 단소(短簫)	
筍	죽순 순	죽순	筍席(순석)
	여린 대 윤	여린 대	
	가마 순	가마, 대나무를 엮어 만든 가마	
笿	대 서까래 각	대 서까래	
	대이름 악	대이름	
筲	대그릇 소	대그릇, 둥구미	筲斗(소두)
	대그릇 삭	밥통, 부엌 솥, 수저통	
筴	점대 책	점대, 꾀, 계책	
	집을 협	집다, 끼다.	
	젓가락 협	젓가락	
筩	대통 통	대통	
	전동 용	전동(箭筒)	
箈	죽순 껍데기 부	죽순 껍데기	
	댓잎 부	댓잎, 대의 잎사귀	
	대그물 포	대그물	
篦	덧바퀴 비	덧바퀴, 수레의 덧바퀴, 시루 밑에 까는 발	
	덧바퀴 폐	덧바퀴, 수레의 덧바퀴, 시루 밑에 까는 발	
箈	죽순 지	죽순, 이대의 순, 물이끼, 말, 어의(魚衣)	
	죽순 대(태)	죽순, 이대의 순, 물이끼, 말, 어의(魚衣)	
篟	작은 바구니 정	작은 바구니	
	대활 청	대활	
	대이름 창	대이름	

한자	훈과 음	자　　해	예
箠	채찍 추	채찍, 말채찍, 채찍질하다.	箠令(추령)
	대이름 수	대이름, 대의 마디	
箾	음악 소	순(舜)임금의 음악 = 簫	
	칠 삭	치다, 장대로 두드리다.	
箷	책상 이	책상 = 桋	
	횃대 시	횃대, 대나무이름	
箹	대마디 요	대의 마디, 작은 관악기	
	작은 피리 약	작은 피리 ※큰 피리를 '簧', 중간 피리를 '仲', 작은 피리를 '箹'이라 한다.	
箸	젓가락 저	젓가락 = 筯, 대통[竹筒], 통	匙箸(시저)
	붙을 착	붙다, 입다, 옷을 입다.	
篅	대바구니 천	둥구미, 대로 만든 둥구미, 대그릇	
	대이름 단	대나무이름, 꽃대	
箈	죽순 태	죽순, 이대의 순 ≒ 箈	
	말 지	말, 수조(水藻)	
篠	조릿대 소	조릿대 ※화살대를 만들기에 알맞은 대	篠屋(소옥)
	조릿대 조	조릿대 ※화살대를 만들기에 알맞은 대	
篿	대 퍼질 치	대가 퍼지다, 퉁소	
	바구니 차	바구니, 쌀둥구미	
	숯둥구미 차	숯둥구미	
	큰 피리 산	큰 피리 ≒ 簧	
簂	머리꾸미개 궤	부인의 머리꾸미개, 대광주리	
	머리꾸미개 괵	부인의 머리꾸미개, 대광주리	
簁	체 사	체, 종다래끼	篍簁(사비)
	체 시	체, 종다래끼	
籑	대제기 산	대제기, 목기	
	대제기 찬(전)	반찬, 서술하다.	
篲	비 수	비, 쓰레기를 쓰는 비	
	살별 세	살별, 혜성(彗星)	篲星(세성)

한자	훈과 음	자 해	예
簃	누각 곁채 이	누각 옆에 있는 곁채	
	누각 곁채 지	누각 옆에 있는 곁채	
篴	피리 적	피리	
	대이름 축	대이름	
簇	조릿대 족	조릿대	
	모일 족(주)	모이다.	簇生(족생)
	화살촉 착	화살촉	
簪	퉁소 참	퉁소, 참치(參差)한 모양	篸差(참치)
	비녀 잠	비녀	
	꿰맬 잠	꿰매다.	
簀	살평상 책	살평상, 대자리	簀子(책자)
	술짜는 기구 채	술을 짜는 기구 = 醡	
艄	키 초	키 ※배의 방향을 조종하는 장치	
	부엌 솔 삭	부엌 솔 = 箑	
簨	악기 다는 틀 순	악기를 다는 틀	
	대그릇 찬	대그릇	
簿	장부 부	장부, 다스리다, 조사하다.	簿領(부령)
	섶 박	섶	
	잠박 박	잠박(蠶簿)	
	중깃 벽	중깃	
籋	대껍질 미	대껍질	
	족집게 섭	족집게	
	참대 미	참대	
籍	서적 적	서적, 책	籍貫(적관)
	온화할 자	온화하다, 너그럽다.	
籌 (筹)	투호살 주	산가지, 세다.	
	일 도	머리에 얹다, 이다.	
籈	채 진	채, 대나무 끝을 부챗살처럼 쪼갠 것	
	대기구 견	대나무로 만든 기구	

한자	훈과 음	자　해	예
籆	얼레 확	얼레, 실을 감는 데 쓰이는 기구	
	대 떨기로 날 역	대[竹]가 왕성하다.	
米		**(쌀 미) 部**	
籴	쌀 사들일 적	쌀을 사들이다.	
	섞일 잡	섞다, 섞이다.	
籸	사탕 사	사탕 ≒ 沙	
	건량 자루 초	건량(乾糧)을 넣는 자루	
粢	기장 자	기장	粢盛(자성)
	술 제	술[酒]	粢醍(제제)
粥	죽 죽	죽[食 : 밥통이라는 뜻]	粥粥(죽죽)
	팔 육	팔다.	粥粥(육육)
	된죽 미	된죽 ≒ 糜	
粹	순수할 수	순수하다.	粹器(수기)
	부서질 쇄	부서지다. ≒ 碎	粹折(쇄절)
糏	싸라기 설	싸라기	
	쌀가루 솔	쌀가루	
糦	술과 안주 치	술과 안주, 찌다, 찐밥	
	술과 안주 희	술과 안주, 찌다, 찐밥	
糪	밥 벽	밥, 죽	
	선 떡 팔	설 익은 떡, 선 띡	
糲	현미 려(랄)	현미, 매조미쌀	糲米(여미)
	현미 뢰	현미, 매조미쌀	
糴	쌀 사들일 적	쌀을 사들이다, 구두쇠, 노랑이	
	성 조	성(姓)	
糸		**(실 사) 部**	
糾	꼴 규	꼬다, 드리다.	糾結(규결)
	맺힐 교	깊이 맺힌 시름, 훤칠하고 날씬한 모양	
約	묶을 약	묶다, 다발 짓다.	約儉(약검)
	부절 요	부절(符節)	
	기러기발 저	기러기발	

한자	훈과 음	자 해	예
紉	새끼 인	새끼	紉佩(인패)
	꼴 근	꼬다, 새끼를 꼬다.	
紅	붉을 홍	붉다.	紅裾(홍거)
	베짤 공	베를 짜다.	
	짙붉을 강	짙붉다.	
紇	질 낮은 명주실 흘	질이 낮은 명주실	
	뵐 혈	뵙다, 알현하다.	
給	옷고름 금	옷고름, 안고름	
	홑이불 금	홑이불	
	포백 이름 겸	포백(布帛) 이름	
紗	깁 사	깁 ※얇고 가는 견직물	紗袴(사고)
	미미할 묘	미미(微微)하다, 적다.	
索	동아줄 삭	동아줄	
	찾을 색	찾다.	索求(색구)
	구할 소	구(求)하다.	
純	생사 순	생사(生絲), 실	純氣(순기)
	가선 준	가선, 가장자리 ≒ 緣	
	묶을 돈	묶다, 싸다. ≒ 稛·纏	純束(돈속)
	검은 비단 치	검은 비단 = 緇	純帛(치백)
紖	고삐 진	고삐, 소의 고삐	
	고삐 인	수레를 끄는 줄	
絮	삼거웃 녀	삼북더기	
	달라붙을 나	달라붙는 모양	
累	묶을 루	묶다, 동여매다.	
	늘 루	늘다, 늘리다.	累家(누가)
	번거롭힐 루	번거롭히다.	
	벌거벗길 라	벌거벗기다. = 裸	
絥	얽힌 삼 불	얽힌 삼	
	난마로 짠 베 비	난마(亂麻)로 짠 베	

한자	훈과 음	자 해	예
紹	이을 소	잇다.	紹復(소복)
	느슨할 초	느슨하다, 헐겁다. ≒ 弨	
紬	명주 주	명주, 굵은 명주	
	업 주	업(業), 일	紬次(주차)
	실마리 수	실마리	紬繹(주역)
紾	비틀 진	비틀다.	
	결 거칠 진	결이 거칠다.	
	실 팽팽히 감을 긴	실을 팽팽히 감다. = 緊	
結	맺을 결	맺다, 매듭짓다.	結實(결실)
	맬 계	매다, 연결하다.	
絞	목맬 교	목매다.	絞死(교사)
	염습 효	염습(斂襲), 염포(斂布)	絞衾(효금)
絣	명주 붕	무늬없는 명주	
	켕긴 줄 팽	켕기게 친 줄	
	고깔 변	고깔 = 弁	
絮	솜 서	솜, 헌 풀솜	絮花(서화)
	간맞출 처	간을 맞추다. ≒ 挐	絮羹(처갱)
絜	헤아릴 혈	헤아리다.	
	깨끗할 결	깨끗하다, 결백하다.	絜楹(결영)
	홀로 갈	홀로, 혼자 = 挈	
綆	두레박줄 경	두레박줄	綆縻(경미)
	수레바퀴 치우칠 병	수레바퀴가 한쪽으로 치우치다.	
統	상복 문	상복, 발상(發喪)할 때 입는 상복	
	관 면	관 ≒ 冕	
綍	상엿줄 발	상엿줄 = 紼	
	바 발	바, 밧줄	
綏	편안할 수	편안하다. ≒ 妥, 수레 손잡이 줄	綏撫(수무)
	기 드림 유	기 드림, 기 장식	

한자	훈과 음	자 해	예
綏	편안할 수	편안하다. ≒ 妥. 수레 손잡이 줄	綏撫(수무)
	기 드림 유	기 장식 ≒ 緌	
	드리울 타	드리우다.	綏視(타시)
綉	수놓을 수	수놓다.	綉帶(수대)
	솜조각 투	솜 한조각	
綖	면류관 싸개 연	면류관 싸개 ※관을 만들고 검은 베나 비단으로 싼다.	
	실 선	실, 선(線)	
綃	생사 초	생사(生絲), 생명주실, 무늬비단	綃頭(초두)
	끌어올릴 소	끌어올리다, 머리카락을 끌어올리다.	
綅	실 침	실	
	흑백 교직 비단 섬	흑백 교직 비단, 실, 선(線)	
綄	바람개비 환	바람개비, 풍향계(風向計)	
	비끄러맬 완	비끄러매다. ≒ 綰	
綮	발 고운 비단 계	발이 고운 비단	
	힘줄 얽힌 곳 경	힘줄이 얽힌 곳, 가장 중요한 곳	
褊	부인 제의 굴	부인의 제의(祭衣), 맺다.	
	부인 제의 궐	부인의 제의(祭衣), 맺다.	
綣	정다울 권	정답다, 곡진하다, 털가죽 목도리	
	다발로 묶을 균	다발로 묶다, 모아서 다발을 짓다.	
綢	쌀 도	싸다, 숨기다.	
	얽을 주	얽다, 얽히다.	綢直(주직)
	용머리 움직이는 모양 조	용머리 움직이는 모양	
綟	연둣빛 려	연둣빛	綟綬(여수)
	연둣빛 렬	연둣빛	
綸	낚싯줄 륜	낚싯줄	綸綿(윤면)
	푸른 실 허리끈 관	푸른 실로 드린 허리끈	綸巾(관건)

한자	훈과 음	자 해	예
緆	고운 베 석	고운 베	
	치맛단 장식 이	치맛단 장식	
綪	붉은 비단 천	붉은 비단, 꼭두서니로 물들인 비단	
	연한 옥색 청	연한 옥색	
	새끼 쟁	밧줄을 드릴 새끼, 맺다, 잡아매다.	
綷	오색 비단 쵀	오색 비단, 오색, 섞다.	
	옷 스치는 소리 최	옷 스치는 소리, 비단옷이 스쳐서 나는 소리	
	두루 미칠 졸	두루 미치다.	
綝	말릴 침	말리다, 금지하다.	
	성할 림	성한 모양	綝纚(임리)
	늘어질 삼	늘어지다, 옷의 깃털이 늘어진 모양	綝纚(삼사)
緄	깃 다발 곤	깃 다발, 다발	
	깃 다발 혼	깃 다발	
	씨실 운	씨실	
緞(緞)	비단 단	비단	
	신 뒤축 헝겊 하	신 뒤축에 붙인 헝겊	
緡	낚싯줄 민	낚싯줄, 돈꿰미	
	성할 민	성하다, 어둡다.	
	새 우는 소리 면	새 우는 소리	
緣	가선 연	가선, 가장자리, 옷의 가선	
	연줄 연	연줄, 연유하다, 말미암다.	
	부인 옷이름 단	부인의 옷이름	
編	엮을 편	엮다, 대쪽을 엮다, 문서를 모아 엮다.	編柳(편류)
	땋을 변	땋다. 늑 辮	
緶	꿰맬 편	꿰매다, 삼[麻]을 꼬다.	
	옷 걷을 변	옷을 걷다, 옷자락을 추어올리다.	
縭	비끄러맬 리	비끄러매다, 줄, 벼리	
	비끄러맬 려	풀솜실, 헌솜	

한자	훈과 음	자　해	예
絹	맺힐 골	맺히다.	
	비단 홀	비단의 한 가지	
縛	묶을 박	묶다, 동여매다, 비끄러매다, 감다.	縛格(박격)
	줄 부	줄	
	얽을 박	얽다, 얼굴에 마맛자국이 생기다.	
縊	목맬 액	목매다, 목을 졸라 죽이다.	縊殺(액살)
	목맬 예	목매다, 목을 졸라 죽이다.	
	목맬 의	목매다, 목을 졸라 죽이다.	
縗	상복이름 최	상복이름 ※3년상을 입을 때 가슴에 대는 길이 6치, 폭 4치의 헝겊, 깃옷	縗素(최소)
	깃옷 사	깃옷, 해오라기의 깃털을 엮어 만든 옷	
	해오라기의 관모 최	해오라기의 관모(冠毛), 해오라기의 도가머리	
縐 (绉)	주름질 추	주름지다, 주름진 피륙	
	주름질 축	주름지다.	
	거친 명주 초	거친 명주, 질이 낮은 명주	
縒	가지런하지 않을 치	가지런하지 않은 모양, 실이 엉클어진 모양	
	빛 고울 차	빛이 고운 모양, 색채가 선명한 모양	
	어지러울 착	어지럽다, 착종(錯綜)하다. ≒ 錯	
縴 (纤)	헌솜 견	헌솜	
	밧줄 넘	밧줄 = 縴, 주선하다.	
縲	포승 루	포승, 죄인을 묶는 검은 줄	縲絏(누설)
	밧줄 라	밧줄, 큰 줄	
縸	헌솜 모	헌솜	
	그물칠 막	그물을 치는 모양 ≒ 幕	
繆	삼 열단 무	삼[麻] 열단, 묶다.	
	졸라맬 규	졸라매다.	繆死(규사)
	잘못할 류	잘못하다. ≒ 謬	繆戾(유려)
	두를 료	두르다, 감기다.	繆繆(요료)

한자	훈과 음	자　해	예
繆	사당 차례 목	사당·차례	
	실모양 료	실의 모양	
	꿈틀거릴 료	꿈틀거리다.	
繁	많을 번	많다.	繁苛(번가)
	뱃대끈 반	뱃대끈 ※말과 소의 배에 매는 끈	
縿	기의 정폭 삼	기(旗)의 정폭(正幅)	
	깃발 섬	깃발	
	생명주 소	생명주, 생명주실 ≒ 綃	
	실 켤 소	실을 켜다, 고치를 켜다. = 繰	
	반물명주 참	반물명주, 엷은 반물빛 명주	
繅	고치켤 소	고치에서 실을 뽑다. = 繰	繅車(소거)
	문채 조	문채 ≒ 繰, 옥 받침	繅藉(조자)
縯	길 연	길다.	
	당길 인	당기다, 잡아당기다.	
繇	역사 요	역사, 부역	繇戍(요수)
	말미암을 유	말미암아 = 由, …부터, …로, …에 의하여	繇繇(유유)
縳	흴 전	희다, 흰 명주	
	명주 견	명주 = 絹	
縱	늘어질 종	늘어지다, 느슨해지다.	縱歌(종가)
	바쁠 총	바쁜 모양, 많은 모양	縱縱(총총)
總 (总)	거느릴 총	거느리다, 모아서 묶다, 통괄하다.	總括(총괄)
	꿰맬 총	꿰매다, 솔기	
	그물 종	그물 = 緵	
繹	그칠 필	그치다.	
	홀 맬 별	홀을 매다, 홀의 가운데를 매다.	
繑	바지끈 교	바지끈	
	신 각	신 = 屩	
繟	느슨할 단	느슨하다, 완만하다, 띠가 헐렁하다.	
	계속될 선	계속되다, 계속하여 끊어지지 않는 모양	

한자	훈과 음	자 해	예
繚	감길 료	감기다, 얽히다, 두르다.	繚糾(요규)
	다스릴 료	다스리다.	
	사람이름 요	사람이름	
繘	두레박줄 율	두레박줄	
	실오리 결	실낱	
縛	두렁이 존	두렁이 ※아래를 가리는 헝겊	
	누를 준	누르다. ≒ 撙	
織	짤 직	짜다, 베를 짜다.	織耕(직경)
	무늬비단 치	무늬비단	織文(치문)
繣	밧줄 홰	세가닥으로 드린 밧줄, 끈	
	밧줄 획	깨어지는 소리	
繢	토끝 회	토끝 ※베를 짠 끄트머리, 붉은 끈	繢綏(회유)
	채색 고울 회	채색이 곱다, 채색이 선명하다.	
	토끝 궤	토끝	
繳	주살의 줄 격	주살의 줄, 생사(生絲)	繳網(격망)
	얽힐 교	얽히다.	繳繞(교요)
	깃의 심 핵	깃의 심	
	다툴 규	다투다.	
繰	고치 켤 소	실을 잣다, 고치를 켜다.	繰車(소거)
	야청 통견 조	야청빛, 야청 통견(通絹), 반물	
繩	줄 승	줄, 새끼, 먹줄, 헤아리다.	繩愆(승건)
	알이 들 잉	알이 들다, 알을 배다.	
	끝없을 민	끝이 없다, 그침없이 운동하다.	
	노끈 승	노끈, 세가닥으로 꼰 오랏줄	
繹	풀어낼 역	풀어내다, 실마리를 뽑아내다, 다스리다.	繹如(역여)
	풀 석	풀다. ≒ 釋	
繵	홑옷 전	홑옷, 옷을 입다.	
	새끼 단	새끼, 밧줄, 보랏빛	
	큰 띠 단	허리를 동이는 큰 띠	

한자	훈과 음	자 해	예
繯	얽을 현	얽다, 얽히다, 두르다, 매다.	繯首(현수)
	잠가 기둥 환	잠가(蠶架)의 기둥	
繪	그림 회	그림, 그리다, 그림 그리다.	繪事(회사)
	색실로 머리 묶을 쾌	색실로 머리를 묶다.	
繧	초록빛 도	초록빛, 연둣빛	
	초록빛 적	초록빛, 연둣빛	
	초록빛 고	초록빛, 연둣빛	
繻	고운 명주 수	고운 명주, 올이 곱고 톡톡한 명주, 코가 촘촘한 그물	
	고운 명주 유	고운 명주, 올이 곱고 톡톡한 명주, 코가 촘촘한 그물	
纍	맬 루	매다, 바르게 매다, 철(綴)하다.	纍絏(누설)
	산이름 루	산이름	
	연루시킬 루	연루시키다. = 累	
縼	오글오글한 명주 살	오글오글한 명주, 얇은 명주	
	얇은 명주소리 채	얇은 명주가 스치는 소리	
繲	새끼 선	새끼	
	잠박 매다는 끈 유	잠박(蠶箔)을 매다는 끈	
纕	팔 걷어붙일 양	팔을 걷어붙이다.	
	연한 노랑 상	연한 노랑	
	실 얽힐 양	실이 얽히다.	
纔 (才)	겨우 재	겨우≒才, 한번 물들인 명주, 비로소	纔方(재방)
	밤색 삼	밤색, 흙빛	
繸	맬 수	매다, 끈, 그물, 띠	
	맬 휴	매다	
	줄 끊어질 유	줄이 끊어지다, 현(弦)이 끊어지다.	

한자	훈과 음	자　해	예
纛	둑 독	둑, 쇠꼬리나 꿩의 꽁지로 장식한 큰 기	纛旗(독기)
	둑 도	둑, 쇠꼬리나 꿩의 꽁지로 장식한 큰 기	
纚	머리싸개 사	머리싸개 = 縰, 이어지다, 잇달다.	纚迤(사이)
	맬 리	매다.	
	떨어질 쇄	떨어지다, 떨어지는 모양	
	수레장식 시	수레장식의 모양	
	이어질 리	이어지다.	
缶		**(장군 부) 部**	
缺	이지러질 결	그릇이 깨뜨려지다, 일부분이 망가지다.	缺刻(결각)
	머리띠 규	머리띠의 한가지	缺項(규항)
䍃	질그릇 함	질그릇, 물독	
	얼음단지 감	얼음단지, 얼음을 담는 아가리 좁은 항아리	
	큰 독 함	큰 독 = 甔	
网		**(그물 망) 部**	

罒, 冈, 冖 이것들은 网이 부수로 쓰일 때의 자형이다.
'目'이 부수로 쓰일 때의 자형과 같으므로 주의한다.

한자	훈과 음	자　해	예
罝	짐승그물 저	짐승그물, 토끼그물, 그물	罝羅(저라)
	짐승그물 차	짐승그물, 토끼그물, 그물	
罞	꿩그물 매	꿩그물	
	꿩그물 무	꿩그물	
罭	토끼그물 제	토끼그물	
	형 곤	형 = 昆	
罫	줄 괘	줄 ※바둑판처럼 가로세로 엇갈리게 친 줄	罫中(괘중)
	거리낄 홰	거리끼다.	
罩	보쌈 조	보쌈 ※대나무나 가시나무로 결어서 만든 고기를 잡는 그릇. 끼다, 연기 따위가 끼다.	
	보쌈 탁	보쌈 ※대나무나 가시나무로 결어서 만든 고기를 잡는 그릇. 끼다, 연기 따위가 끼다.	
罬	새그물 철	새그물, 덮치다.	
	새그물 결	새그물, 덮치다.	

한자	훈과 음	자 해	예
罳	면장 시	면장(面牆) ※집의 정면에 쌓은 담	罳頂(시정)
	면장 새	면장(面牆) ※집의 정면에 쌓은 담	
罷	방면할 파	방면(放免)하다, 놓아주다, 그치다.	罷業(파업)
	고달플 피	고달프다, 느른하다.	罷業(피업)
	가를 벽	가르다, 두쪽으로 가르다.	
	그만둘 파	그만두다.	
	羊	**(양 양) 部**	
牂	숫양 장	숫양, 양의 수컷	
	양 양	양, 소의 밥통	
羜	새끼양 저	새끼양, 태어나서 다섯 달 되는 양	
	새끼양 서	새끼양, 태어나서 다섯 달 되는 양	
羡	부러워할 선	부러워하다, 탐내다.	羡望(선망)
	묘도 연	묘도(墓道) ≒ 延	羡門(연문)
羷	뿔 굽은 양 검	뿔이 세돌림 굽은 양	
	뿔 굽은 양 렴	뿔이 세돌림 굽은 양	
羶	누린내 전	누린내, 양(羊)의 냄새 = 羴	羶行(전행)
	향기 형	향기 = 馨	
	羽	**(깃 우) 部**	
羽	깃 우	깃, 날개	羽客(우객)
	느슨할 호	느슨하다, 느슨해지다.	
翏	높이 날 류	높이 날다, 나는 모양	
	높이 날 료	바람소리, 멀리서 불어오는 바람소리	翏翏(요료)
	높이 날 륙	바람소리, 멀리서 불어오는 바람소리	
翟	새꼬리 길게 뻗친 깃 초	새의 꼬리 가운데 길게 뻗친 깃	
	깃 나쁜 모양 조	깃이 나쁜 모양	
翛	날개 찢어질 소	날개가 찢어지는 모양	翛翛(소소)
	빠른 모양 유	빠른 모양	翛然(유연)
	빨리 나는 모양 숙	빨리 나는 모양	

한자	훈과 음	자 해	예
翟	꿩 적	꿩, 꽁지가 긴 꿩	翟車(적거)
	산새 탁	산새, 멧새	
翨	칼깃 시	칼깃, 사나운 새, 맹조(猛鳥)	
	칼깃 기	거칠다, 사납다.	
翯	함치르르할 학	새가 함치르르한 모양, 깃이 깨끗하고 흰 모양	翯翯(학학)
	흰 깃 호	흰 깃	
翮	깃촉 핵	깃촉	
	세발솥 력	세발솥	
翽	날개치는 소리 홰	날개치는 소리	翽翽(홰홰)
	날개치는 소리 쾌	날개치는 소리	
老 (늙을 로) 部			
耂는 '老'자가 한자의 구성에서 머리로 쓰일 때의 자형			
耆	늙은이 기	늙은이	耆老(기로)
	이를 지	이르다, 다다르다.	
	즐길 기	즐기다. ≒ 嗜	
而 (말 이을 이) 部			
而	말 이을 이	말 이음, 순접(順接), 그리하여, …에서, 그러나, 그런데	而公(이공)
	편안할 능	편안하다, 평온하다.	
耐	견딜 내	견디다, 참다.	耐忍(내인)
	능할 능	능하다, 능히 하다.	
耑	시초 단	실마리, 시초	耑倪(단예)
	구멍 천	구멍, 구멍을 뚫다.	
耏	구레나룻 이	구레나룻	
	구레나룻 깎는 형벌 내	구레나룻 깎는 형벌 ≒ 耐	
耒 (쟁기 뢰) 部			
耚	고무래 규	고무래, 농기구의 한가지	
	고무래 와	갈다, 논밭을 갈다.	

한자	훈과 음	자　해	예
耪	보습 방	보습, 쟁기의 날	
	갈 부	갈다, 논밭을 갈다.	
耤	적전 적	적전(耤田), 친경(親耕)하다.	
	깔개 자	깔개 = 藉	
耳		**（귀 이) 部**	
耳	귀 이	귀, 청각기관	耳力(이력)
	팔대째 손자 잉	8대가 되는 손자, 현손	
耶	어조사 야	어조사 = 邪, 어세를 돕는 조사, 의문조사	松耶(송야)
	간사할 사	간사하다.	
耺	귓속 울 운	귓속이 울다.	
	소리 잉	소리	耺耾(잉횡)
聊	귀 울 료	귀가 울다, 멋대로	聊浪(요랑)
	나무이름 류	나무이름	
聏	부끄러워할 뉵	부끄러워하다. = 恧	
	화할 이	화(和)하다, 빛깔이 짙은 모양	
聉	귀 쫑긋거릴 구	귀를 쫑긋거리다.	
	귀 쫑긋거릴 우	놀라다.	
聐	들을 면	듣다, 들리다.	
	사뢸 명	여쭈다, 사뢰다.	
聶 (聂)	소곤거릴 섭	소곤거리다, 잡다.	
	합할 섭	합하다. ≒ 翕	聶聶(섭섭)
	움직일 엽	움직이는 모양	
	저밀 접	저미다.	
聜	심한 귀머거리 얼	심한 귀머거리	
	심한 귀머거리 외	귀가 없는 사람	

한자	훈과 음	자　해	예
聿		(오직 율) 部	
肆	방자할 사	멋대로 하다, 방자하다.	肆目(사목)
	방자할 실	멋대로 하다, 방자하다.	
	나머지 이	나머지 ≒ 肄	
	악장이름 해	옛 악장(樂章)	
	희생 적	쪼개어 제기에 차린 희생	
肅	엄숙할 숙	엄숙하다, 공경하다, 정중하다.	肅敬(숙경)
	공경할 소	공경하다.	肅肅(소소)
肉		(고기 육) 部	

月은 '肉'의 한자의 구성에서 변으로 쓰일 때의 자형. 이를 月과 구분하기 위하여 '육달월'이라 부른다.　자형이 육달월은 'ㄷ'가 양쪽에 다 붙고, 月은 'ㄷ'가 왼쪽만 붙는다. 고기 육의 'ㅅ'은 고기의 힘줄을 나타낸다.

한자	훈과 음	자　해	예
肉	고기 육	고기, 베어낸 고기	肉林(육림)
	옥둘레 유	옥둘레 ※구멍이 뚫린 돈이나 옥의 몸부분	
	살 유	살, 근육	
肋	갈비 륵	갈비, 갈빗대	
	힘줄 근	힘줄 ≒ 筋	
肜	융제사 융	융제사, 제사 다음날에 또 지내던 제사	肜日(융일)
	배 가는 모양 침	배가 가는 모양, 배가 나아가는 모양	
肖	닮을 초	닮다, 골상(骨相)	肖像(초상)
	꺼질 소	꺼지다, 없어지다.	
肩	어깨 견	어깨, 견디다, 무거운 짐에 견디다.	肩隨(견수)
	여위고 약할 흔	여위고 약하다.	肩肩(흔흔)
肳	입술 문	입술 = 吻	
	먼데 볼 매	먼데를 보다, 눈을 가늘게 뜨고 먼데를 보다.	
肦	머리 클 분	머리가 큰 모양, 많은 모양	
	나눌 반	나누다, 배분하다. = 頒, 높다, 높고 크다.	

한자	훈과 음	자 해	예
肫	광대뼈 순	광대뼈, 새의 밥통, 정성스러운 모양	肫肫(순순)
	말린 고기 순	통째 말린 고기, 정강이뼈	
	광대뼈 졸	광대뼈	
	떡 둔	떡, 만두	
	아래턱 준	아래턱	
育	기를 육	기르다, 자라다, 낳다.	育英(육영)
	맏아들 주	맏아들, 상속자	
肢	사지 지	팔다리, 사지	肢解(지해)
	찌뿌드드할 시	찌뿌드드하다, 몸이 거북하다.	
胗	혀 함	혀, 쇠고기 포	
	소 배 함	소의 배	
	거둘 금	거두다, 움츠러들다.	
胠	열 거	열다, 옆으로 열다, 겨드랑이	胠篋(거협)
	우익 겁	우익(右翼), 오른편 군대	
	갈비 협	갈비	
胍	큰 배 고	큰 배〔腹〕	
	클 호	크다, 큰 모양	
肸	소리 울릴 힐(흘)	소리가 울려퍼지다, 떨쳐 일어나다.	肸肸(힐힐)
	땅이름 비	땅이름	
朐	굽은 포 구	굽은 포(脯), 굽다, 멀다.	
	지렁이 준	지렁이, 땅이름	
	손가락 마디 울 박	손가락 마디가 울다.	
胉	고깃국 급	고깃국	
	고기 섞일 랍	고기가 섞이다.	
胆	어깨 벗을 단	어깨 벗다, 웃통을 벗다, 메다.	
	살진 모양 달	살진 모양	
	침 단	침, 타액(唾液)	
胉	어깨뼈 박	어깨뼈, 무릎뼈	
	옆구리 백	옆구리	

한자	훈과 음	자　해	예
胈	정강이털 발	정강이털, 솜털, 흰 살, 흰 피부	
	정강이털 패	정강이털, 솜털, 흰 살, 흰 피부	
胥	서로 서	서로, 함께 ≒ 與	胥失(서실)
	깨어날 소	깨어나다. ≒ 蘇	
胂	기지개 켤 신	기지개 켜다.	
	등심 신	등심	
	등심 이	등심	
胙	제사 지낸 고기 조	제사 지낸 고기, 음복 고기	胙俎(조조)
	제사 지낸 고기 작	복(福)되게 하다.	
胝	굳은살 지	굳은살	
	멀떠구니 치	멀떠구니, 오장(五臟)	
胣	창자 가를 치	창자를 가르다.	
	창자 가를 이	창자를 가르다.	
胇	클 필	크다, 큰 모양	
	허파 폐	허파 = 肺	
	마를 비	마르다.	
胳	겨드랑이 각	겨드랑이	
	희생 후경골 격	희생의 후경골	
能	능할 능	능하다, 잘하다.	能吏(능리)
	세발자라 내	세발자라	
胯	사타구니 과	사타구니, 팔에 걸다, 허리에 차다.	
	사타구니 고	사타구니, 팔에 걸다, 허리에 차다.	
	부드럽게 살찔 과	부드럽게 살찐 모양	
脅	미련할 증	미련하다.	
	어리석을 승	어리석다.	
胵	멀떠구니 치	멀떠구니	
	살찔 치	살찌다.	
胲	엄지발가락 해	엄지발가락	
	뺨 개	뺨, 뺨의 살	

한자	훈과 음	자 해	예
胻	배 행	배〔肚〕	
	정강이 항(행)	정강이	
脅	옆구리 협	옆구리, 갈빗대	脅迫(협박)
	으쓱거릴 흡	으쓱거리다.	脅肩(흡견)
脟	갈비 살 렬	갈비 살	
	저민 고기 련	저민 고기	脟割(연할)
	갈빗대 랄	갈빗대	
	오줌통 표	오줌통	
脕	싹틀 문	싹트다.	
	흠치르르할 만	윤이 나다, 예쁘다.	
脩	포 수	고기를 저미어 만든 반찬	脩脯(수포)
	날개 찢어질 소	날개가 찢어지다.	脩脩(소소)
脣	입술 순	입술, 가, 언저리	脣舌(순설)
	꼭 맞을 민	꼭 맞다, 위아래 입술이 맞듯이 맞다.	
脘	밥통 완	밥통, 위, 밥통을 말린 것.	
	살 한	살, 고기	
	뼈 기름 환	뼈의 기름	
朘	갓난아이 음부 최	갓난아이의 음부	
	줄 선	줄다, 오그라지다.	
脫	벗을 탈	벗다, 옷을 벗다, 살이 빠지다.	脫却(탈각)
	허물 벗을 열	벌레가 허물을 벗어 아름다운 모양	
	느릿느릿할 태	느릿느릿하다, 느릿느릿 가는 모양	脫脫(태태)
脯	포 포	포, 저미어 말린 고기	脯脩(포수)
	회식할 보	회식(會食)하다.	
腔	빈 속 강	속이 비다, 몸안의 빈 곳	腔子(강자)
	양 포 공	양의 포	
脾	지라 비	지라 ※오장의 하나, 소의 양, 소의 밥통	
	허벅다리 비	허벅다리	脾析(비석)
	양 패	양, 소의 밥통	
	많이 살찔 비	많이 살찌다, 성하게 살찌다.	

한자	훈과 음	자 해	예
腊	포 석	포, 건어(乾魚), 오래다.	腊肉(석육)
	납향 랍	납향 ≒ 臘	
脣	입술 순	입술 = 脣	
	꼭맞을 문	꼭맞다, 입의 끝 = 吻	
腌	절인 고기 업	절인 고기, 절인 생선, 더럽다.	
	절인 고기 엄	절인 고기, 절인 생선, 더럽다.	
脧	맛좋을 임	맛이 좋다, 물리다, 싫증나다, 익히다.	
	아름다울 점	아름답다.	
腦	살 통통할 자	살이 통통하다.	
	포 치	포, 말린 고기 포	
脺	약할 졸	약하다.	
	얼굴 윤택할 수	얼굴이 윤택하다.	
脹	배부를 창	배가 부르다, 부풀다.	脹滿(창만)
	창자 장	창자, 대장(大腸), 소장(小腸)	
腏	살바를 철	살을 바르다, 뼈 사이의 살을 바르다.	
	강신 잔 체	강신(降神) 잔	腏食(체식)
腄	발꿈치 못 추	발꿈치 못, 발꿈치의 굳은살, 부스럼자국	
	볼기 수	볼기	
	모양 흉할 최	모양이 흉하다.	
腱	힘줄 밑동 건	힘줄 밑동, 큰 힘줄	
	힘줄 근	힘줄 = 筋	
腝	뼈 섞어 담은 젓 니	뼈 섞어 담은 젓	
	발병 연	발이 아프다.	
	어깻죽지 노	팔이 어깨에 접한 곳	
	연할 눈	연하다.	
	삶을 이	삶다.	
腞	살찔 돌	살찌다, 돼지 · 짐승 따위가 살찌다.	腞肥(돌비)
	발을 끌 돈	발을 끌며 가다.	

한자	훈과 음	자 해	예
腧	경혈 이름 수	경혈(經穴) 이름	
	아첨할 유	아첨하는 모양	
腞	새길 전	새기다.	腞楯(전순)
	살찔 돌	살찌다.	
	발 끌며 갈 돈	발을 끌며 가다.	
膁	허구리 겸	허구리, 말의 옆구리	
	마소허리 잘룩한 곳 감	마소의 허리 잘룩한 곳	
	소 함	소 ※떡이나 만두의 속	
	맛좋을 엄	맛좋다.	
膊	포 박	포, 고기를 말린 것	
	경계 부	경계(境界)	
膕	오금 괵	오금, 발을 나란히 하다.	
	오금 국	오금, 발을 나란히 하다.	
膠	아교 교	아교, 갖풀, 아교로 붙이다, 끈끈하다.	膠加(교가)
	화할 교	화(和)하다.	膠膠(교교)
	어지러울 뇨	어지러운 모양	
	어긋날 호	어긋나다, 거스르다.	
膜	막 막	막(膜), 얇은 꺼풀, 사막 ≒ 漠	膜外(막외)
	오랑캐 절 모	오랑캐의 절 이름 ※땅에 무릎을 꿇고 절을 한다.	膜拜(모배)
膞	저민 고기 전	저민 고기, 조각, 장딴지	
	넓적다리뼈 순	넓적다리뼈	
	녹로대 천	녹로대 ※도자기를 만드는 용구	
膘	소 허구리살 표	소 허구리살	
	갈비뼈 조	갈비뼈	
	종기 터지려 할 표	종기가 터지려 하다.	
膭	뚱뚱하고 클 괴	뚱뚱하고 큰 모양	
	밑동 큰 모양 대	밑동이 큰 모양	

한자	훈과 음	자 해	예
膫	발기름 료	발기름, 소의 창자 기름	
	구울 료	굽다, 불에 굽다.	
	창자 기름 로	창자 기름, 장지(腸脂)	
膶	뺨 검	뺨 ※눈의 아래, 턱의 위	臉波(검파)
	국 첨	국, 국물	
	국 렴	국, 국물	
膰	제사 고기 번	제사 고기	膰肉(번육)
	큰 배 반(파)	큰 배〔腹〕	
膷	건어 수	건어(乾魚)	
	고기 저미어 섞을 조	고기를 저미어 섞다, 국물	
臄	순대 갹	순대 ※창자 속에 고기붙이, 두부 따위를 넣어서 찌거나 삶은 음식	
	새 포 거	새의 포 = 腒	
膻	어깨 벗을 단	어깨를 드러내다. = 袒, 심장 아래에 있는 격막(膈膜)	
	누릴 전	누리다, 누린 냄새가 나다.	
臈	제사 이름 랍	제사 이름, 납향	
	살진 모양 갈	살진 모양	
臆	가슴 억	가슴, 가슴뼈	臆見(억견)
	마실 것 의	마실 것, 단술 = 醫	
臑	팔꿈치 노	팔꿈치, 어깨부터 팔꿈치까지	
	삶을 이	삶다. = 胹	
	몸 더울 완	몸이 덥다.	
朦	풍부할 몽	풍부하다, 큰 모양	
	풍만한 살 망	풍만한 살 = 朧	
膞	성할 비	성하다, 왕성하다.	
	군살 이	군살, 혹	
臡	뼈 섞어 담은 젓 니	뼈 섞어 담은 젓	
	뼈 섞어 담은 젓 나	뼈 섞어 담은 젓	

한자	훈과 음	자　해	예
臠	저민 고기 련	저민 고기	臠殺(연살)
	여윈 모양 란	여위다, 여윈 모양	臠臠(난란)
自		**(스스로 자) 部**	
臭	냄새 취	냄새	臭氣(취기)
	냄새 맡을 후	냄새 맡다.	
齃	개 비린내 할	개 비린내	
	구릴 애	구리다, 냄새나다.	
	썩은 냄새 알	썩은 냄새	
至		**(이를 지) 部**	
至	이를 지	이르다, 새가 땅에 내려앉다.	至道(지도)
	가벼이 발할 질	가벼이 발(發)하는 모양	
臺 (台)	돈대 대	돈대, 물건을 얹는 대	臺木(대목)
	땅이름 호	땅이름	
臼		**(절구 구) 部**	
臼	깍지 낄 국	깍지 끼다, 두 손으로 물건을 받들다.	
	들 거	들다.	
臾	잠깐 유	잠깐, 만류하다.	
	권할 용	권하다. = 慂	
	삼태기 궤	삼태기 = 蕢	
	약한 활 유	약한 활	
舃	까치 작	까치	
	신 석	신 ※바닥을 여러겹으로 붙인 신발	舃鹵(석로)
	아름찰 탁	아름차다, 큰 모양	
興	일 홍	일다, 일어나다, 일으키다.	興化(홍화)
	본뜰 흥	본뜨다, 비유하다.	
	피 바를 흔	피를 바르다.	
舌		**(혀 설) 部**	
舍	집 사	집, 머무는 곳	舍車(사거)
	둘 사	놓아두다.	
	풀 석	풀다, 두다. ≒ 釋	舍采(석채)

한자	훈과 음	자 해	예
諜	많이 먹을 탑	많이 먹다.	
	할짝거릴 첩	개가 할짝거리다.	
舟	**(배 주) 部**		
舡	오나라 배 강	오(吳)나라 배	舡人(강인)
	배 선	선박, 배 = 船	
舳	고물 축	배의 뒤쪽, 고물	
	이물 주	이물, 배의 앞쪽	
艞	배 도	배	
	큰 배 요	큰 배	
艄	고물 소	고물, 배의 뒷부분	艄公(소공)
	배이름 소	정탐하는 배	
艐	배 모래에 박힐 종	배가 모래에 박히다.	
	이를 계	이르다, 미치다.	艐路(계로)
艟	배 동	배〔船〕	
	싸움배 충	싸움배	
	짧은 배 당	짧은 배	
艮	**(괘이름 간) 部**		
艮	어긋날 간	어긋나다, 그치다.	艮礙(간애)
	끌 흔	끌다.	
色	**(빛 색) 部**		
艵	마음 어지러울 승	마음이 어지럽다, 마음이 개운하지 아니한 모양	
	빛 흥할 층	빛이 흥하다.	
艸	**(풀 초) 部**		

‘艹’는 한자 구성에서 머리로 쓰는 자체로 초두머리라 부른다.

한자	훈과 음	자 해	예
芁	나라 끝 구	나라의 끝	芁野(구야)
	오독도기 교	오독도기	
芀	향기풀이름 륵	향기풀이름, 약초 이름	
	대추 극	대추〔棗〕	

한자	훈과 음	자 해	예
芿	풀이름 잉	풀이름, 묵은 풀 속에 새로 난 풀	
	묵은 뿌리에 돋은 움 잉	묵은 뿌리에 돋은 움	
	토란 내	토란, 큰 토란, 토란의 어미줄기	
芒	까끄라기 망	까끄라기, 벼·보리 따위의 수염, 털, 털끝	芒角(망각)
	미숙할 황	미숙하다, 서투르다.	
	어두울 황	어둡다. = 慌	
	형체 없을 망	형체가 없는 모양	
芍	함박꽃 작	함박꽃, 작약꽃, 언덕이름	
	검은 쇠귀나물 효	검은 쇠귀나물	
	연밥 적	연밥	
芐	지황 호	지황(地黃) ※약초의 한가지, 부들	
	지황 하	지황(地黃) ※약초의 한가지, 부들	
芔	풀 훼	풀 = 卉	
	성할 휘	성(盛)하다, 움직이다, 일다.	芔然(휘연)
芥	겨자 개	겨자, 갓 ※씨는 겨자와 비슷하나 매운맛이 적다.	
	작은 풀 갈	작은 풀	
芩	풀이름 금	풀이름	
	수초이름 음	수초(水草)의 하나	
芚	채소이름 둔	채소이름, 초목이 싹트는 모양	
	어리석을 춘	어리석은 모양, 두터운 모양, 묶다.	
芴	순무 물	순무	
	희미할 흘	희미하다, 밝지 아니하다.	
芾	작은 모양 비	작은 모양 = 茀	
	초목 우거질 불	초목이 우거지다.	
芮	풀 뾰족뾰족 날 예	풀이 뾰족뾰족 나다, 작은 모양	芮戈(예과)
	옛 나라이름 열	옛 나라이름	

한자	훈과 음	자　해	예
芸	향초이름 운	향초(香草)의 이름	芸閣(운각)
	단풍들 운	단풍들다, 잎이 누레지다.	
	재주 예	재주가 있다.	
芧	방동사니 저	방동사니 ※습한 곳에서 나는 사초의 한 가지	
	도토리 서(여)	도토리, 상수리나무	芧栗(여율)
苓	도꼬마리 령	도꼬마리, 권이(卷耳)	
	풀이름 련	풀이름, 연(蓮)	
苙	우리 립	우리	
	구릿대 급	구릿대 ※뿌리는 백지(白芷)라 하여 약재로 쓰인다.	
茅	띠 모	띠, 띠를 베다, 새를 베다.	茅堂(모당)
	꼭두서니 매	꼭두서니	
茆	순채 묘	순채, 우거진 모양	茆茨(묘자)
	풀숲 모	풀숲	
茇	풀뿌리 발	풀뿌리, 흰꽃이 피는 풀	茇舍(발사)
	능소화나무 패	능소화나무	
	뱃줄 불	뱃줄, 대나무줄	
茀	우거질 불	우거지다, 초목이 많은 모양	茀祿(불록)
	주살이름 불	주살의 이름	
	작은 모양 비	작은 모양 = 茀	
	살별 패	혜성(彗星)	
	도울 필	돕다. = 佛	
若	같을 약	같다.	若父(약부)
	건초 야	건초(乾草)	若若(야야)
英	꽃부리 영	꽃부리	英果(영과)
	못자리의 모 양	못자리의 모	
	창 장식 깃털 영	창 장식 깃털	
	장식 영	장식(裝飾)	

한자	훈과 음	자　해	예
苑	나라 동산 원	울타리를 쳐놓고 짐승을 기르는 임야(林野), 동산, 나무가 무성한 모양	
	굽을 울	굽다, 울적하다.	
茈	지치 자	지치, 패랭이꽃, 능소화풀	茈草(자초)
	올방개 자	올방개	
	돌미나리 시	돌미나리	
苴	신바닥 창 저	신바닥 창, 삼	苴麻(저마)
	거친 거적 조	거친 거적	
	개구리밥 차	개구리밥	
	두엄 자	두엄, 티끌, 찌끼	
	업신여길 사	업신여기다.	
	나라이름 파	나라이름 = 巴	
苫	이엉 점	이엉, 거적, 덮다.	苫席(점석)
	약초이름 첨	약초이름	
	뜸집 섬	뜸집 ※뜸으로 인 움집	
	섬 섬	섬 ※곡식을 담기 위해 짚으로 엮은 멱서리	
茁	풀 처음 나는 모양 줄	풀이 처음 나는 모양	
	싹틀 촬	싹이 트다.	茁壯(촬장)
	풀이름 절	풀이름	
苹	개구리밥 평	개구리밥	
	부릴 병	부리다, 사역(使役)하다.	
莕	꽃 과	꽃, 엉겅퀴 열매	
	꽃 후	꽃, 엉겅퀴 열매	
	꽃 부	꽃, 엉겅퀴 열매	
苦	하눌타리 괄	하눌타리	
	풀이름 설	풀이름	
茭	꼴 교	꼴, 건초	茭牧(교목)
	뿌리먹는 풀 효	뿌리를 먹는 풀	
	속임말 교	속이는 말, 사기꾼의 말	
	도지개 격	도지개	

한자	훈과 음	자 해	예
茢	갈대이삭 렬	갈대이삭	
	풀이름 례	풀이름	
茯	복령 복	복령(茯苓) ※한약재로 쓰인다.	茯苓(복령)
	수레장식 비	수레의 장식	
荃	겨자 무침 전	겨자 무침	荃宰(전재)
	붓꽃 손	붓꽃 = 蓀	
	고운 베 철	고운 베, 가는 베	
茝	구릿대 채	구릿대, 향초이름	茝若(채약)
	구릿대 치	구릿대, 향초이름	
茷	무성할 패	무성하다, 우거지다.	茷茷(패패)
	나무 우거져 얽힐 발	나무가 우거져 얽힌 모양	
蒚	꼭두서니 혈	꼭두서니, 꼭두서니풀, 풀의 모양	
	꼭두서니 혁	꼭두서니, 꼭두서니풀, 풀의 모양	
茠	김맬 호	김매다.	
	쉴 휴	쉬다. = 休	
	콩 후	콩 = 蔲	
荒	거칠 황	거칠다.	荒田(황전)
	묵은 농경지 황	묵은 농경지	
	빌 강	공허하다, 삭막하다.	
	어두울 황	어둡다.	
菵	버들말즘 군	버들말즘, 말, 물풀	菵凝(군응)
	버들말즘 균	버들말즘, 말, 물풀	
茶	씀바귀 도	씀바귀, 산과 들에 나는 다년생 풀	茶蓼(도료)
	차 다	차(茶)	茶毗(다비)
	띠꽃 사(여, 호)	띠꽃	
	옥이름 서	옥의 이름	
	두 머리 사슴 이름 채	두 머리 사슴이름	

한자	훈과 음	자 해	예
茵	패모 맹	패모(貝母), 맹근(茵根)	
	어저귀 경	어저귀	
莫	저물 모	저물다, 해질 무렵 ≒ 暮	莫夜(모야)
	없을 막	없다, 부정(否定)의 조사	莫非(막비)
	덕이 있고 온화할 맥	덕있고 온화하다.	
	공허할 멱	공허하다, 허무하다.	
莩	풀이름 부	풀이름	莩甲(부갑)
	개피 부	개피 ※볏과에 딸린 두해살이풀	
	굶어죽을 표	굶어죽다. = 殍, 떨어지다.	
莏	문지를 사	문지르다, 손으로 비비다. ≒ 莎	
	문지를 수	문지르다, 손으로 비비다. ≒ 莎	
莎	향부자 사	향부자	莎草(사초)
	베짱이 사	베짱이	莎鷄(사계)
	비빌 사	비비다, 손을 비비다.	
葰	향초이름 수	향초이름	
	약초이름 위	약초이름 ≒ 萎	
	풀이름 뉘	둥굴레	
酋	술 거를 숙	술을 거르다, 액체를 뚝뚝 떨어뜨리다.	
	누린내풀 유	누린내풀	
莞	왕골 완	왕골, 골풀	莞席(완석)
	웃을 완	웃다, 방긋 웃다.	莞留(완류)
	웃는 모양 완	웃는 모양	
莠	강아지풀 유	강아지풀	
	고들빼기 수	고들빼기, 고채(苦荬)	
莇	구기자 저	구기자(枸杞子), 구기자나무	
	호미 서	호미 = 耡·鉏	
莜	김매는 연장 조	김매는 연장, 제초(除草)하는 기구	
	씨앗을 그릇에 담을 적	씨앗을 그릇에 담다.	

한자	훈과 음	자 해	예
莧	자리공 현	자리공, 상륙(商陸)	莧陸(현륙)
	방긋 웃는 모양 완	방긋이 웃는 모양 ≒ 莞	莧爾(완이)
	비름 한	비름, 뱀도랏	
蔪	개사철쑥 견	개사철쑥	
	개사철쑥 긴	개사철쑥	
菅	골풀 관	골풀, 왕골, 띠	菅蒯(관괴)
	골풀 간	골풀	
	땅이름 관	땅이름	
菌	버섯 균	버섯, 버섯푸성귀, 무궁화나무	菌蕈(균심)
	육계 균	육계(肉桂), 균계(菌桂)	
	버섯 훤(권)	버섯, 버섯푸성귀	
萁	콩깍지 기	콩깍지, 콩대, 채소이름	
	나무이름 개	나무이름	
萊	명아주 래	명아주풀	萊蒸(내증)
	향부자 리	향부자	
藟	참죽나무 론	참죽나무	
	풀이름 륜	풀이름	
莽	우거질 망	우거지다, 풀이 우거진 모양	
	우거질 무	우거지다, 풀이 우거진 모양	
	들경치 망	들의 경치, 시골 경관(景觀)	
萌	싹 맹	새싹, 새로 나는 싹, 싹	萌動(맹동)
	활량나물 명	활량나물	
	있을 몽	있다, 존재하다.	
菩	모사풀 배	모사(茅沙)풀 ≒ 蓓	
	풀이름 발	풀이름	
	보살 보	보살(菩薩)	菩提心(보리심)
萆	비해 비	비해(萆薢), 쓴마	萆麻(비마)
	골풀 비	골풀	
	덮을 폐	덮다, 가리다.	萆山(폐산)

한자	훈과 음	자 해	예
萆	청미래덩굴 발	청미래덩굴	
	도롱이 벽	도롱이, 우의(雨衣)	
蓖	개사철쑥 비	개사철쑥	
	개사철쑥 피	아주까리, 피마자	
菽	콩 숙	콩, 콩류의 총칭 = 尗	菽麥(숙맥)
	사람이름 초	사람이름 = 萩	
菸	향초 어	향초(香草), 시들다.	菸邑(어읍)
	향초 연	향초	
	악취나는 풀 어	악취가 나는 풀, 썩다.	
菀	자완 완	엉거싯과에 딸린 여러해살이풀	菀菀(완완)
	무성할 울	무성하다, 울창하다.	菀結(울결)
	쌓을 운	쌓다. = 蘊	
菹	채소절임 저	채소절임, 젓갈, 고기젓	菹醢(저해)
	풀이 돋은 늪 제	풀이 돋은 늪 = 葅	
菨	개연꽃 접	개연꽃, 접여(菨餘)	
	운삽 삽	운삽(雲翣), 깃으로 꾸민 운삽 ≒ 翣	
菁	부추꽃 정	부추꽃	菁華(정화)
	꽃 성한 모양 청	꽃이 성한 모양	菁菁(청청)
萋	풀 성하게 우거진 모양 처	풀이 성하게 우거진 모양	萋斐(처비)
	풀 성하게 우거진 모양 체	풀이 성하게 우거진 모양	
	풀 성하게 우거진 모양 차	풀이 성하게 우거진 모양	
萑	풀 많을 추	풀이 많은 모양	
	물억새 환	물억새, 눈물이 떨어지는 모양	萑蘭(환란)
菆	겨릅대 추	껍질을 벗겨낸 삼대, 마골(麻骨)	菆井(추정)
	초빈할 찬	초빈(草殯)하는 일	
	풀떨기 돋는 모양 총	풀이 떨기로 돋는 모양 = 叢	

한자	훈과 음	자 해	예
萃	모일 췌	모이다, 모임	萃然(췌연)
	풀이 성한 모양 죄	풀이 많이 나있는 모양	
	모일 줄	모이다.	
	곁들일 채	버금, 곁들임	
菑	재앙 재	재앙 = 災·烖	菑祥(재상)
	나무 말라 죽을 치	나무가 말라 죽다.	菑畲(치여)
菭	물이끼 태	물이끼	
	느릅나무 열매 꼬투리 지	느릅나무 열매 꼬투리	
	국화 치	국화	菭牆(치장)
菟	새삼 토	새삼, 토사(菟絲)	
	호랑이 도	호랑이 = 檡	
華	꽃 화	꽃, 꽃이 피다.	華景(화경)
	옳지 않을 과	옳지 않다.	
葭	갈대 가	갈대, 어린 갈대	葭灰(가회)
	멀 하	멀다. ≒ 遐	葭萌(하맹)
董	동독할 동	감독하다.	董督(동독)
	바로잡을 독	고치다, 바로잡다.	董正(독정)
葑	순무 봉	순무	葑菲(봉비)
	순무 빙	순무	
	줄뿌리 봉	줄뿌리	
葠	인삼 삼	인삼 = 蔘	
	자리 섬	자리, 거적자리 = 苫	
葸	순박할 새	순박하다, 정직하다.	
	삼갈 시	삼가다, 순진한 모양	
葉 (엽)	잎 엽	잎, 초목의 잎	葉散(엽산)
	책 접	책 = 箑	
葦	갈대 위	갈대	葦笮(위작)
	짤 위	짜다, 결여내다.	

한자	훈과 음	자 해	예
葇	향유 유	향유(香薷), 풀이름	
	향유 우	향유(香薷), 풀이름	
葰	생강 유	생강 ≒ 莠	
	꽃술 준	꽃술 ≒ 蕁	
著	분명할 저	분명함, 뚜렷함	著明(저명)
	둘 저	두다, 비축하다. = 貯	
	붙일 착	붙다, 붙이다.	著力(착력)
	뜰 저	뜰, 대문과 정문(正門) 사이	
葴	쪽풀 짐	쪽풀, 산쪽풀	
	쪽풀 함	쪽풀, 산쪽풀	
萩	사철쑥 추	사철쑥	
	사람이름 초	사람이름	
葩	꽃 파	꽃 = 皅	
	꽃 아	꽃 = 皅	
萹	마디풀 편	마디풀	
	마디풀 변	초목이 흔들리는 모양	
葡	포도 포	포도 ≒ 蒲	
	갖출 비	갖추다. ≒ 備	
蓋	덮을 개	덮다, 덮어씌우다.	蓋代(개대)
	어찌 아니할 합	어찌 아니하리오. ※하불(何不)의 뜻	
蓂	명협 명	명협풀, 달력풀	蓂莢(명협)
	굵은 냉이 멱	굵은 냉이	
蒙	입을 몽	입다, 입히다.	蒙固(몽고)
	어두울 몽	어둡다.	蒙昧(몽매)
	날릴 몽	날리다, 바람에 날려 오르는 모양	
	두꺼울 방	두껍다, 크다.	
蓴	양하 박	양하(蘘荷) ※새앙과에 딸린 숙근초(宿根草)	
	양하 포	양하(蘘荷) ※새앙과에 딸린 숙근초(宿根草)	

한자	훈과 음	자 해	예
蓑	도롱이 사	도롱이 ※띠풀을 엮어 만든 우장	
	잎 우거질 최	초목의 잎이 우거진 모양	
	잎 시들 최	초목의 잎이 시든 모양	
蒐	꼭두서니 수	꼭두서니 ※꼭두서닛과에 속하는 다년생 풀	
	모을 수	모으다, 수집하다, 사냥하다, 모아들이다.	蒐狩(수수)
	향풀 후	향풀	
蒻	부들 약	부들의 싹, 뿌리에서 돋아난 부들	蒻席(약석)
	콩 냑	콩	
蓉	연꽃 용	연꽃, 목련(木蓮)	
	연꽃 왕	목련	
葅	띠거적 조	거칠게 짠 거적, 띠거적	
	제사 때 까는 거적 저	제사 때 까는 거적	
	풀이 우거진 늪 저	풀이 우거진 늪	
	제사의 깔개 자	제사 때 펴는 깔개	
菹	술찌끼 주	술의 찌끼	
	술찌기 조	술의 찌끼, 전국	
蓄	쌓을 축	쌓다, 포개다.	蓄思(축사)
	겨울푸성귀 휵	겨울에 쓰려고 저장한 채소	
蒲	부들 포	부들, 향포, 왕골, 냇버들	蒲柳(포류)
	땅이름 박	땅이름	
蒵	풀이름 혜	풀이름, 머위, 토혜(菟蒵)	
	신 혜	신, 신발	
	들메끈 계	들메끈	
蒿	쑥 호	쑥, 파랑쑥	蒿里(호리)
	짚 고	짚, 볏짚	
蓲	물억새 구	물억새	
	따뜻이할 구	따뜻하게 하다.	蓲煦(구후)
	꽃필 부	꽃피다, 꽃이 피는 모양	
	시무나무 우	시무나무	

한자	훈과 음	자　해	예
蓮	연밥 련	연밥, 연실(蓮實)	蓮炬(연거)
	범부채뿌리 섭	범부채의 뿌리, 사간(射干)	
蓼	여뀌 료	여뀌	蓼蟲(요충)
	찾을 로	찾다, 수색(搜索)하다.	
	장성할 륙	장성한 모양	
	서로 끌 류	서로 끄는 모양	
蔞	쑥 루	쑥	蔞蒿(누호)
	상여 장식 류	상여의 장식	
虆	삼태기 루	삼태기 ※흙 따위를 나르는 소쿠리=虆	
	덩굴 뢰	덩굴, 덩굴지다.	
蔎	향풀 설	향풀, 향초이름	
	향풀 살	차(茶)의 딴이름	
蓴	순채 순	순채 ※수련과의 여러해살이풀 = 蒓	蓴羹(순갱)
	풀 더부룩할 단	풀이 더부룩하게 나는 모양	
蔫	시들 언	시들다, 풀·꽃이 시들다.	蔫緜(언면)
	풀이름 연	풀이름, 나쁜 냄새가 나는 풀	
蔚	풀이름 울	풀이름, 고을이름, 초목이 우거진 모양	蔚然(울연)
	제비쑥 위	제비쑥 = 蔵	蔚氣(위기)
	병들 위	병들다, 앓다. ≒ 殘	蔚氣(위기)
黃	쥐참외 인	쥐참외, 하눌타리, 토과(土瓜)	
	쥐참외 연	쥐참외, 하눌타리, 토과(土瓜)	
	쥐참외 이	쥐참외, 하눌타리, 토과(土瓜)	
蔗	사탕수수 자	사탕수수, 감자(甘蔗) = 柘	
	사탕수수 저	사탕수수, 감자(甘蔗) = 柘	
蔪	쌀 점	풀이 서로 둘러싸다. ≒ 漸	
	벨 삼	베다, 베어 버리다.	蔪去(삼거)
	우거질 첨	우거지다, 보리가 패어 우거진 모양	蔪蔪(첨첨)
蔟	누에섶 족	누에섶, 모이다, 떼지어 모이다.	
	모일 주	모이다.	
	작살 작	작살, 물고기를 잡는 기구 = 簎	

한자	훈과 음	자 해	예
蓯 (苁)	육종용 종	육종용(肉蓯蓉) ※버섯의 한 가지	
	순무 총	순무, 만청(蔓菁), 풀이 우거진 모양	
	서로 뒤섞일 송	서로 뒤섞이는 모양	
蓾	풀이름 차	풀이름, 사초(莎草)의 한 가지, 신발의 깔개를 만드는 데 쓰인다.	
	풀 죽을 추	풀이 죽다.	
	미나리 사	미나리 = 蒩	
蔡	거북 채	거북, 점치는 데 쓰는 큰 거북	
	내칠 살	내치다, 추방하다.	
蔕	가시 체	가시, 사소한 장애물	蔕芥(체개)
	꼭지 체	꼭지, 배꼽, 꽃받침	
	초목 뿌리 대	초목의 뿌리	
蔥	파 총	파, 푸성귀의 하나 = 葱	蔥根(총근)
	창문 창	창문 ≒ 窗	
蔢	상할 괴	상하다, 썩다.	蔢桴(괴부)
	흙덩이 괴	흙덩이	
	삼태기 궤	삼태기 ※흙을 나르는 물건	
蕁	지모 담	지모(知母), 풀가사리, 찌다.	
	쐐기풀 심	쐐기풀	蕁麻疹(심마진)
藜	남가새 리	남가새 ※남가샛과에 딸린 여러해살이풀	
	남가새 려	남가새 ※남가샛과에 딸린 여러해살이풀	
蕃	우거질 번	우거지다, 풀이 무성하다, 붇다, 늘다.	蕃境(번경)
	고을이름 피	고을이름	
蕡	들깨 분	들깨, 임자	蕡香(분향)
	열매 많이 열릴 번	열매가 많이 열리다.	
	나무 우거질 분	나무가 우거진 모양	
	삼 빈	삼, 대마(大麻)	
	삼씨 비	삼씨	

한자	훈과 음	자 해	예
薞	별꽃 소	별꽃	
	닭의장풀 수	닭의장풀	
蕈	버섯 심	버섯	
	풀이름 담	풀이름	
蕊	꽃술 예	꽃술, 꽃수염	蕊宮(예궁)
	꽃 더부룩할 전	꽃이 더부룩한 모양	
蕘	풋나무 요	풋나무 ※땔감으로서의 풀	蕘童(요동)
	순무 뇨	순무, 약초의 이름	
蔿	애기풀 위	애기풀 ≒ 蒬	蔿子(위자)
	떠들 화	떠들다, 시끄럽게 지껄이다.	
	교활할 규	교활하다, 간교하다.	
蕤	드리워질 유	드리워지다, 늘어지다.	蕤蕤(유유)
	땅이름 생	땅이름	
薅	쪽이삭 의	쪽[藍]의 이삭, 잎이 처음으로 나오는 모양	
	꼭지 수	꼭지	
	사초 수	사초(莎草), 향부자	
蕝	띠 묶어 표할 절	띠를 묶어 표하다.	
	썰매 체	썰매	
蕞	작을 최	작은 모양, 모이는 모양, 띠를 묶어 표하다.	蕞殘(최잔)
	풀 더부룩할 절	풀이 더부룩한 모양	
	작을 촬	작은 모양	
蔽	덮을 폐	덮다, 싸다, 씌우다.	蔽日(폐일)
	나눌 별	나누다, 시들다, 이울다.	
	수레장식 불	수레장식	
薊	삽주 계	삽주	
	굳은 가시 개	굳은 가시	
	풀이름 결	풀이름	
蒿	마를 고	마르다, 마른 것	
	묘지 호	묘지(墓地)	
	시들 고	시들다, 마르다.	

한자	훈과 음	자 해	예
蘭	달래뿌리 란	달래뿌리	
	물억새 환	물억새	
薟	가회톱 렴	가회톱, 백렴(白薟)	
	털진득찰 험	털진득찰, 매운맛	
	부추 엄	부추, 물속에서 나는 부추	
	너무 달 감	너무 달다. = 餡	
薄	엷을 박	엷다, 두껍지 않다.	薄命(박명)
	쪼구미 벽	쪼구미, 동자기둥 ≒ 欂	
	풀이름 보	풀이름	
薛	승검초 벽	승검초, 당귀(當歸), 돌삼, 산에 나는 삼	薜荔(벽려)
	줄사철나무 폐	줄사철나무, 담쟁이	
	깨질 박	깨지다, 찢어지다, 그릇이 금이 가다.	
	수초이름 배	수초(水草)의 이름	
薔	물여뀌 색	물여뀌	
	장미 장	장미	
薆	숨길 애	숨기다, 덮다, 초목이 우거진 모양	薆薱(애대)
	어두울 희	어둡다.	
薏	율무 의	율무, 연밥, 연실(蓮實)	薏苡(의이)
	율무 억	율무, 연밥, 연실(蓮實)	
薁	까마귀머루 욱	까마귀머루, 산앵두나무	薁棣(욱체)
	까마귀머루 오	까마귀머루, 산앵두나무	
薦(荐)	천거할 천	천거하다, 바치다, 받들다.	薦可(천가)
	꽂을 진	꽂다, 끼우다. ≒ 晉·搢	薦紳(진신)
薙	풀 벨 체	풀을 옆으로 후려쳐 베다, 깎다.	薙髮(체발)
	풀 벨 치	풀을 베다, 백목련	
蕸	연잎 하	연잎, 하엽(荷葉)	
	갈대 가	갈대, 이삭이 아직 나지 않은 갈대 ≒ 葭	
薢	마름 해	마름, 며래뿌리	
	초결명 개	초결명	

한자	훈과 음	자 해	예
薨	죽을 훙	죽다, 제후(諸侯)가 죽다.	薨落(훙락)
	무리 횡	무리, 많다, 날다.	
薑	메 경	메, 선복(旋葍)	
	메 선	영초의 이름	
藐	아득할 막	아득하다, 넓다, 멀다.	藐焉(막언)
	멀 묘	멀다.	
	지치 모	지치, 자초(紫草)	
薁	아름다울 서(여)	아름답다. ≒醨, 우거지다.	
	향초이름 여	향초이름	
	참마 여	참마, 산약(山藥)	
	성 서	성(姓)	
藎	조개풀 신	조개풀, 나아가다, 나머지	藎臣(신신)
	풀이름 진	풀이름	
薶	메울 매	메우다, 감추다, 묻다, 덮다.	
	막을 리	막다.	
	묻을 매	묻다.	
	더러울 왜	더럽다, 더럽히다.	
薾	번성할 이	번성하다, 꽃이 번성하게 피는 모양, 지치다.	
	번성할 녜	번성하다, 꽃이 번성하게 피는 모양, 지치다.	
薺	냉이 제	냉이, 제채	
	남가새 자	남가새	
藉	깔개 자	깔개, 제사 지낼 때의 깔개, 옥의 받침	藉口(자구)
	깔개 적	깔개, 낭자하다, 흐트러지다.	
藋	청명아주 조	청명아주, 명아주의 일종	
	넓은잎딱총나무 탁	넓은잎딱총나무	
	수수 적	수수, 고량(高粱) ※볏과에 딸린 한해살이 재배 식물	
蔡	고기잡는 독초 찰	고기잡는 독초(毒草), 지푸라기, 초개(草芥)	
	땅 더럽힐 최	땅을 더럽히다.	

한자	훈과 음	자 해	예
藃	풀모양 효	풀의 모양, 벼가 주저앉다, 벼가 웃자라서 상하다.	
	나무 마를 학	나무가 마르다.	
	급히 일어날 호	급히 일어나는 모양, 줄다, 오그라들다.	
藫	이끼고사리 담	이끼고사리, 석의(石衣) ※녹조류에 속하는 담수조	
	물 출렁이는 모양 임	물이 출렁이는 모양	
藪	늪 수	늪, 큰 늪, 못, 호수	藪澤(수택)
	또아리 수	또아리, 분량(分量)의 단위	
	바퀴살구멍 추	바퀴살구멍, 수레바퀴통에 살이 박히는 구멍	
藥	약 약	약 ※질병을 고치는 데 효과가 있는 것의 총칭	藥酒(약주)
	더울 삭	더운 모양	
	간맞출 략	간맞추다, 조미하다, 양념한 젓갈	
藨	쥐눈이콩 표	쥐눈이콩, 서목태	
	딸기 표	딸기	
	물고랭이 보	물고랭이	
藿	콩잎 곽	콩잎, 콩의 어린 잎, 쥐눈이콩	
	낙화 깔릴 수	낙화가 깔리다, 낙화가 흩어져 깔리는 모양	
	미역 곽	미역	
蘄	풀이름 기	풀이름, 승검초, 당귀(當歸)	
	고을이름 기	고을의 이름	
	승검초 근	승검초	
蘆	갈대 로	갈대, 이삭이 아직 패지 않은 것	蘆管(노관)
	절굿대 뿌리 려	절굿대의 뿌리	
藹	열매 많이 열릴 애	열매가 많이 열리다.	藹然(애연)
	우거질 애	초목이 우거진 모양, 우거지다.	
	우거질 알	우거지다.	
蘁	거스를 오	거스르다, 거역하다.	
	놀랄 악	놀라다. ≒ 噩·愕, 꽃받침 = 萼	

한자	훈과 음	자 해	예
藷	사탕수수 저	사탕수수	藷芋(저우)
	참마 제(서)	참마, 산약(山藥)	
擇 (蘀)	낙엽 탁	낙엽, 말라 떨어진 잎	蘀兮(탁혜)
	벗풀 택	벗풀	
蘧	풀이름 거	풀이름	
	술패랭이꽃 구	술패랭이꽃, 연, 연꽃	
	형태 있는 모양 거	형태가 있는 모양 ≒ 據	蘧然(거연)
虆	냉이씨 규	냉이씨, 개여뀌, 마료	
	해바라기 귀	해바라기	
蘞	거지덩굴 렴	거지덩굴 = 蘝	
	풀맛 매울 험	풀맛이 맵다.	
蘘	양하 양	양하 ※생강과에 딸린 여러해살이풀	
	개맨드라미 상	개맨드라미	
	풀이름 낭	풀이름	
蘗	그루터기 얼	그루터기 ※나무를 베어낸 뒤에 남은 밑동	
	황경나무 벽	황경나무, 황벽나무	
蘖	승검초 폐	승검초, 당귀(當歸)	
	황경나무 벽	황벽나무, 황경나무	
蘤	꽃 화	꽃, 꽃이 피다. = 花·華	
	꽃 위	꽃, 꽃이 피다.	
藸	참마 저(서)	참마 = 稌	藸糧(저량)
	풀이름 저	풀이름	
薲	순무 풍	순무 = 葑	
	배추 숭	배추 = 菘	
虆	덩굴 루	덩굴 ≒ 藟, 蔂	
	짚그릇 라	짚그릇, 새끼로 결은 삼태기	
蘺	짚신 초	짚신 ※물고랭이·왕골·짚 따위로 삼은 짚신	
	짚신 조	짚신 ※물고랭이·왕골·짚 따위로 삼은 짚신	

한자	훈과 음	자 해	예
	虍	(범호 엄) 部	
虒	뿔범 사	뿔범	
	가지런하지 않을 치	가지런하지 아니하다.	
處	살 처	살다, 머물러 있다.	處決(처결)
	곳 처	곳, 위치	
	사람이름 거	사람이름	
虖	울부짖을 호	울부짖다, 맹수가 울부짖다.	
	사람이름 호	사람이름	
	울부짖을 후	범이 울부짖다, 울부짖다.	
	의문조사 호	의문조사 ≒ 乎	
	내이름 형	내이름, 강이름	
虩	두려워하는 모양 혁	두려워하는 모양	虩虩(혁혁)
	범 놀랄 색	범이 놀라는 모양, 놀라서 두려워하다.	
虦	범 놀라는 모양 색	범이 놀라는 모양, 범이 우는 소리	
	범 우는 소리 혈	범이 우는 소리	
虪	범 싸우는 소리 은	범이 싸우는 소리	
	범 싸우는 소리 출	두 마리 범이 싸우는 소리	
	虫	(벌레 훼) 部	
虫	벌레 훼	벌레, 살무사	
	벌레 충	벌레	
虹	무지개 홍	무지개, 채색(彩色)한 기(旗)	虹洞(홍동)
	어지러울 항	어지럽다, 어지럽히다. = 訌	
虺	살무사 훼	살무사, 독사의 일종	虺虺(훼훼)
	고달플 회	고달프다.	虺隤(회퇴)

한자	훈과 음	자 해	예
蚘	치우 우	치우	
	거위 회	거위, 회충	
蚣	지네 공	지네 ※지넷과에 속하는 절족동물	
	여치 송	여치 = 蜙	蚣蝑(송서)
蚕	지렁이 전	지렁이	
	누에 잠	누에	
蚷	두꺼비 거	두꺼비	
	거북손 겁	거북손	
蛇	뱀 사	뱀 = 它 ※파충류의 하나	蛇毒(사독)
	구불구불 갈 이	구불구불 가다. ※용・뱀 따위가 구불구불 가는 모양	
蜿	꿈틀거릴 원	꿈틀거리는 모양, 용이 꿈틀거리며 가는 모양	蜿蟺(원선)
	꿈틀거릴 완	지렁이	
蛙	개구리 와	개구리, 음란하다.	蛙市(와시)
	개구리 왜	개구리, 음란하다.	
蛾	나방 아	나방	蛾眉(아미)
	개미 의	개미	蛾賊(의적)
蜓	수궁 전	수궁(守宮) ※도마뱀 비슷한 동물	
	잠자리 정	잠자리, 씽씽매미	蜻蛉(정목)
蝳	대모 대	대모(瑇瑁)	
	거미 독	거미	
蜦	신령스러운 뱀 려	신령스러운 뱀	
	신령스러운 뱀 륜	신령스러운 뱀	
蜦	굼틀굼틀 갈 륜	굼틀굼틀 가다.	
	큰 두꺼비 륜	큰 두꺼비	
	뱀 려	뱀, 신령스러운 뱀	
蜡	납향 사	납향(臘享)	蜡月(사월)
	구더기 저	구더기 = 蛆	
	벌레이름 축	벌레이름	

한자	훈과 음	자 해	예
蜿	굼틀거릴 완	굼틀거리다.	
	굼틀거릴 원	굼틀거리는 모양	蜿只(원지)
	지렁이 원	지렁이	
蜴	도마뱀 척	도마뱀	
	속일 석	속이다, 기만하다.	
蝃	무지개 체	무지개	蝃蝀(체동)
	거미 철	거미	
蝸	좋은 모양 구	좋은 모양	
	곱사등이 우	곱사등이	
蝥	해충 모	해충	蝥蠈(모역)
	가뢰 모	가뢰	
	집게벌레 무	집게벌레	
	거미 무	거미, 지주	
蝝	누리새끼 연	누리새끼	蝝災(연재)
	장구벌레 현	장구벌레	
蝚	거머리 유	거머리, 땅강아지	
	원숭이 노	원숭이 = 猱	
蜺	쓰르라미 제	쓰르라미, 씽씽매미	蜺蟧(제로)
	소쩍새 시	소쩍새, 두견이	蜺蛙(시와)
蝸	달팽이 와	달팽이	
	고둥 라	고둥 ※권패류(卷貝類)의 총칭	
蝩	여름누에 중	여름누에	
	메뚜기 종	메뚜기	
蝤	나무굼벵이 추	나무굼벵이	
	하루살이 유	하루살이	
蝎	나무좀 할	나무좀, 나무굼벵이	
	무지개 홍	무지개 = 虹	
蝹	굼틀거릴 윤	굼틀거리다.	蝹蝹(윤윤)
	굼틀거릴 운	용이나 뱀이 굼틀거리며 가는 모양	蝹蜦(운륜)

한자	훈과 음	자 해	예
螣	등사 등	등사(螣蛇) ※신사(神蛇)의 이름. 운무(雲霧)를 일으켜 몸을 감춘다는 상상의 동물	
	박각시나방 애벌레 특	박각시나방의 애벌레	
蜬	달팽이 이	달팽이, 와우(蝸牛)	蜬蝓(이유)
	수궁 사	수궁(守宮)	
蚘	번데기 회	번데기	
	살무사 훼	살무사 ≒ 虺	
蟉	머리 흔들 료	용이 머리를 흔들며 가는 모양	蟉虯(요규)
	꿈틀거릴 류(규)	꿈틀거리다.	
螫	쏠 석	쏘다, 벌레가 쏘다, 독, 해독(害毒)	螫毒(석독)
	성낼 학	성내다, 노하다.	
蟧	쓰르라미 로	쓰르라미	
	말매미 료	방게새끼, 말매미 = 蟟	
蟒	이무기 망	이무기, 왕뱀, 대망(大蟒)	蟒蛇(망사)
	누리 맹	누리, 황충(蝗蟲) = 蜢	
蟬	매미 선	매미	蟬冠(선관)
	날 선	날다.	
蟭	사마귀알 초	사마귀알, 사마귀의 알집	蟭螟(초명)
	사마귀알 추	사마귀알, 사마귀의 알집	
蟲 (虫)	벌레 충	벌레, 곤충의 총칭	蟲蝕(충식)
	좀먹을 충	좀먹다.	
	찔 동	찌다, 찌는 듯이 더운 모양	
蜑	남방 오랑캐 단	남방 오랑캐의 이름	
	벌레 꿈틀거릴 연	벌레가 꿈틀거리는 모양	
蠡	좀먹을 려	좀먹다, 좀먹어서 말라드는 모양	蠡測(여측)
	표주박 라	표주박	
	달팽이 려	달팽이	

한자	훈과 음	자 해	예
厲	전갈 뢰	전갈	
	숫돌 려	숫돌	
蠰	사마귀 낭	사마귀	
	뽕나무하늘 소 상	뽕나무하늘소	蠰谿(상계)
行 (갈 행) 部			
行	갈 행	가다, 걷다.	行德(행덕)
	순서 항	순서, 차례	行第(항제)
	행실 행	행실, 행위	
	늘어설 항	늘어서다, 열위(列位)	
衡	저울대 형	저울대, 저울	衡鈞(형균)
	가로 횡	가로, 가로눕다. ≒ 橫	衡縮(횡축)
衙	마을 아	마을, 관청	衙客(아객)
	갈 어	가다, 가는 모양	衙衙(어어)
衝 (沖)	찌를 충	찌르다, 치다.	衝車(충거)
	뒤얽힐 종	뒤얽히다.	
	사북 충	사북, 요처(要處)	
衣 (옷 의) 部			
祇	가사 기	가사, 승려의 법복(法服)	
	마침 지	마침, 때마침, 공교롭게 ≒ 祇	
衰	쇠할 쇠	쇠하다. ≒ 癏, 약해지다, 기운이 없어지다.	衰困(쇠곤)
	줄 최	줄다, 줄이다.	
	도롱이 사	도롱이 = 蓑	
袒	웃통 벗을 단	웃통을 벗다.	袒肩(단견)
	옷솔 타질 탄	옷이 해지다.	
袢	속옷 번	속옷, 땀받이로 속에 입는 옷	袢暑(번서)
	옷 차려입을 반	속옷, 나들이옷을 차려 입은 모양	
帕	휘장 파	휘장, 둘러치는 넓은 천	帕腹(파복)
	머리띠 말	머리띠	帕頭(말두)

한자	훈과 음	자　　해	예
袘	긴 옷 예	긴 옷, 옷이 긴 모양	
	소매 이	소매	
袘	길 이	길, 옷옷의 섶과 무 사이의 넓고 큰 폭	
	소매 이	소매 = 袘·褫	
	가선 이	가선, 옷의 가장자리 선(線)	
	옷자락 타	옷자락 = 袘	
裴	띠 매지 않을 피	띠를 매지 아니하다.	
	옷주름 비	옷의 주름, 옷이 펴지지 아니하다.	
	핫바지 자	핫바지, 솜을 넣은 바지	
	옷깃 제	옷깃, 옷깃을 여미다.	
袼	소매 각	소매, 소매의 밑 겨드랑이의 솔기	
	턱받이 락	턱받이	
袷	겹옷 겹	겹옷, 두 겹으로 지은 옷	袷衣(겹의)
	옷깃 겹	옷깃	
袴	바지 고	바지, 가랑이가 있는 아랫도리 옷	袴褶(고습)
	샅 과	샅, 사타구니, 두 다리의 사이 = 胯	袴下(과하)
裂	찢을 렬	찢다, 찢어지다, 해지다, 무너지다.	裂開(열개)
	가선 두른 주머니 례	가선을 두른 주머니	
袹	머리띠 말	머리띠 ※초상 때 머리에 쓰는 것 = 帕·貊	
	배띠 맥	배띠, 배를 감는 헝겊	
袲	땅이름 이	땅이름	
	옷 치렁거릴 치(나)	옷이 치렁거리다, 옷이 길다. = 袳	
袳	옷 펄쳐질 치	옷이 펄쳐지다, 옷이 긴 모양 = 袲	
	옷 헤칠 게	옷을 헤치다.	
	옷 부드러울 타	옷이 부드럽다, 덮다, 가리다.	
裒	모을 부	모으다, 모이다, 많다.	裒斂(부렴)
	큰 자락 보	큰 자락, 큰 옷자락	

한자	훈과 음	자　　해	예
褑	버선 권	버선	
	두건 원	두건	
	천자의 법복 곤	천자의 법복(法服) = 袞	
褡	등솔기 독	등솔기, 등솔 ※옷의 뒷길을 맞붙여 꿰맨 솔기	
	등솔기 속	등솔기, 등솔	
裴	옷 치렁치렁 할 배	옷이 길어서 치렁치렁한 모양	裴裴(배배)
	나라이름 비	나라이름	
裼	웃통 벗을 석	웃통을 벗다, 웃통을 벗어 어깨를 드러내다.	裼衣(석의)
	포대기 체	포대기, 강보(襁褓)	裼衣(체의)
裺	여물주머니 암	여물주머니 = 㑊	
	옷 헐렁할 엄	옷이 헐렁한 모양, 턱받이, 가, 가장자리	
裯	홑이불 주	홑이불, 홑겹의 이불, 휘장	裯衽(주임)
	속옷 도	속옷, 땀받이로 입는 속옷, 남루한 옷	
襜	휘장 첨	휘장, 수레의 휘장	
	옷자락 헤칠 첨	옷자락을 헤치다.	
	털옷 담	털옷, 모피옷	
複	겹옷 복	겹옷, 솜옷, 겹치다, 거듭되다.	複閣(복각)
	겹칠 부	겹치다, 거듭되다.	
褎	소매 수	소매	
	나아갈 유	나아가다. ≒迪, 옷이 화려한 모양	
禔	옷 고울 시	옷이 곱다, 의복이 아름다운 모양	
	옷 두툼할 제	옷이 두툼한 모양	
褕	고울 유	곱다, 옷이 아름답다.	褕袂(유예)
	황후 옷 요	황후의 옷	褕衣(요의)
褊	좁을 편	좁다, 땅이 좁다, 옷의 품이 좁다.	褊急(편급)
	옷 날릴 변	옷이 날리다.	
褘	폐슬 휘	폐슬 ※조복이나 제복을 입을 때 가슴에서 늘여 무릎을 가리는 천	褘衣(휘의)
	향낭 위	향낭(香囊)	
	아름다울 위	아름답다. ≒禕	

한자	훈과 음	자 해	예
縕	무명 핫옷 온	변변하지 않은 옷, 허술한 옷	縕袍(온포)
	옷 운	옷, 옷 위에 걸치는 옷	
褥	요 욕	요, 까는 침구	褥席(욕석)
	어린애 옷 녹	어린애 옷	
褶	주름 습	주름, 말을 탈 때 입는 바지	褶曲(습곡)
	겹옷 첩	겹옷, 옷 위에 덧입는 옷	褶衣(첩의)
襃	기릴 포	기리다, 칭찬하다.	襃美(포미)
	모을 부	모으다, 모이다. = 裒 ≒ 抔	
襑	옷품 넉넉할 심	옷품이 넉넉하다, 옷이 크다.	
	옷품 넉넉할 탐	옷이 크다, 옷품이 넉넉하다.	
襘	띠매듭 괴	띠매듭, 띠 매는 자리	
	띠매듭 회	옷고름 매는 자리, 옷고름	
襢	웃통 벗을 단	웃통을 벗다. = 袒	襢裼(단석)
	흰 베 전	흰 베, 무늬없는 흰 베	
襜	행주치마 첨	행주치마, 폐슬(蔽膝)	襜如(첨여)
	오랑캐 담	오랑캐 나라의 이름	
襡	긴 속옷 촉	긴 속옷	
	자루 독	자루, 자루에 넣다.	
襱	바짓가랑이 롱	바짓가랑이	
	옷 헐렁할 율	옷이 헐렁하다.	
襂	짧은 속옷 섬	짧은 속옷	
	우의 모양 삼	우의(羽衣)의 모양	
	깃발 삼	깃발	襂襹(삼시)
襵	주름 접	주름, 옷의 주름, 주름잡다, 깁다, 장막	
	깃 끝 첩	깃의 끝	
襾		**(덮을 아) 部**	
覃	미칠 담	미치다, 한정된 곳에 이르다.	覃及(담급)
	날카로울 염	예리하다, 날카롭다.	覃耜(염사)
覆	뒤집힐 복	뒤집히다, 반전(反轉)하다.	覆勘(복감)
	덮을 부	덮다, 덮는 물건	覆水(부수)

한자	훈과 음	자 해	예
覈	핵실할 핵	핵실하다, 실상을 조사하다.	覈論(핵론)
	보리싸라기 흘	보리싸라기 ≒ 麧	
見 (볼 견) 部			
見	볼 견	보다, 눈으로 보다.	見侮(견모)
	나타날 현	나타나다, 드러나다.	
	관 덮는 보 간	관(棺)을 덮는 보 ≒ 荒	
覭	볼 명	보다, 슬쩍 보다, 어두운 데서 보다.	
	더부룩이 날 맥	더부룩이 나다, 초목이 총생(叢生)한 모양	覭髳(맥무)
覸	엿볼 간	엿보다, 섞다.	
	엿볼 한	엿보다, 섞다.	
覼	자세할 라	자세하다, 즐겁게 보다, 기쁜 표정으로 보다.	
	자세할 란	말이 곡진(曲盡)하다.	
覺	깨달을 각	깨닫다, 터득하다.	
	깰 교	깨다, 꿈을 깨다, 깨우다, 일으키다.	
角 (뿔 각) 部			
角	뿔 각	뿔, 짐승의 뿔	角力(각력)
	꿩 우는소리 곡	꿩 우는 소리	角角(곡곡)
觖	서운해할 결	서운하다, 불만스레 여기다.	觖如(결여)
	바랄 기	바라다, 원하다. = 冀	觖望(기망)
觜	털뿔 자	털뿔 ※부엉이 머리 위에 뿔처럼 난 털	觜觿(자휴)
	부리 취	부리, 새의 주둥이	
	바다거북 주	바다거북	
觝	닥뜨릴 저	닥뜨리다. = 牴, 이르다, 도달하다.	觝排(저배)
	칠 지	치다. = 抵	
觺	쇠뿔 솟을 서	쇠뿔이 솟아있는 모양	
	꼿꼿할 체	꼿꼿하다.	
觟	화살이름 화	화살의 이름, 뿔이 있는 암양	
	해태 해	해태(獬豸)	
觳	뿔잔 곡	뿔잔, 뿔로 만든 큰 술잔	
	견줄 각	겨루다, 견주다. ≒ 角	觳力(각력)

한자	훈과 음	자　해	예
	言　(말씀 언) 部		
言	말씀 언	말, 언어	言及(언급)
	온화하고 삼갈 은	온화하고 삼가다.	
	소송할 언	소송하다, 고소하다.	
計	꾀 계	계략, 꾀	計巧(계교)
	꾀할 결	꾀하다.	
訇	큰 소리 굉	큰 소리, 폭포가 내리쏟는 소리	訇訇(굉굉)
	속일 균	속이다. ＝ 訽	
訅	두드릴 구	두드리다, 집을 찾아 문을 두드리다.	
	웃음 하	웃음소리	
訐	들추어낼 알	폭로하다, 들추어내다.	訐揚(알양)
	기탄없이 말할 계	기탄없이 말하다, 직언(直言)하다.	
訏	떠들 호	떠들다, 큰 소리로 떠들다.	
	클 우	크다.	訏謨(우모)
訑	으쓱거릴 이	으쓱거리다.	訑訑(이이)
	속일 타	속이다. ＝ 訛	訑謾(타만)
	수다할 시	말이 많다.	
	방자할 탄	제멋대로 하다. ＝ 誕	
訓	가르칠 훈	가르치다, 인도하다, 훈계하다.	訓告(훈고)
	길 순	길〔道〕	
訖	이를 흘	이르다, 이르기까지 ＝ 迄	訖今(흘금)
	마칠 글	마침내, 필경	訖糴(글적)
訬	재빠를 초	재빠르다, 민첩하다.	訬輕(초경)
	높을 묘	높다.	
	가벼울 초	가볍다.	
訣	이별할 결	이별하다, 작별하다.	訣別(결별)
	결정할 계	결정하다.	

한자	훈과 음	자 해	예
詢	속일 균	속이다. = 訇	
	화할 운	화하다. = 韻	
許	허락할 허	허락하다, 받아들이다.	許交(허교)
	이영차 호	물건을 들 때나 일을 할 때 지르는 소리	許許(호호)
訢	기뻐할 흔	기뻐하다.	訢然(흔연)
	공손할 은	온화하며 공손하다.	訢訢(은은)
	화기 서릴 희	화기가 서리다.	訢合(희합)
詘	굽힐 굴	굽다, 굽히다. ≒ 屈	詘服(굴복)
	내칠 출	내치다, 물리치다. ≒ 黜	
	말 더듬을 눌	말을 더듬다. = 訥	
訛	시끄러울 뇨	시끄럽다, 소란하다. = 呶	
	말 불명할 나	말을 이해할 수가 없다.	
	나쁘게 말할 노	나쁘게 말하다, 남을 헐뜯다.	
訴	하소연할 소	하소연하다, 알리다, 고하다.	訴人(소인)
	헐뜯을 척	헐뜯다.	
詍	수다스러울 예	수다스럽다, 말이 많은 모양	
	수다스러울 세	수다스럽다, 말이 많은 모양	
訑	자랑할 이	자랑하다, 자득(自得)하는 모양	
	속일 타	속이다, 가벼이 보다.	
詒	보낼 이	보내다, 주다, 증여하다. ≒ 貽	詒謀(이모)
	속일 태	속이다, 기만하다.	詒欺(태기)
詀	수다스러울 점	수다스럽다.	詀詀(점잠)
	희학질할 잠	실없는 말로 농하다.	詀喃(잠남)
	속삭일 첩	속삭이다.	詀讘(첩섭)
証	간할 정	간(諫)하다.	
	증거 증	증거 = 證	
詔	고할 조	고하다 ≒ 告, 알리다.	詔告(조고)
	소개할 소	소개하다. ≒ 紹	
誇	자랑할 과	자랑하다, 자만하다.	誇多(과다)
	노래할 구	노래하다.	

한자	훈과 음	자 해	예
詳	자세할 상	자세하다, 자세히 헤아리다.	詳記(상기)
	속일 양	속이다, 거짓 ≒ 佯	詳狂(양광)
詵	많을 선	많다, 수가 많은 모양	
	많을 신	많다, 수가 많은 모양	
詹	이를 첨	이르다, 도달하다. ≒ 至	詹諸(첨저)
	족할 담	족하다, 충족하다. ≒ 淡·憺	
誃	헤어질 치(지)	헤어지다, 이별하다.	
	속일 타	속이다. ≒ 詫	
詫	자랑할 타	자랑하다, 풍을 치다. = 咤·姹	詫絶(타절)
	고할 하	고하다, 알리다.	
詬	꾸짖을 후	꾸짖다, 욕을 하며 책망하다. ≒ 听	詬怒(후노)
	꾸짖을 구	욕보이다, 망신시키다.	
誩	다투어 말할 경	다투어 말하다.	
	다투어 말할 탐	다투어 말하다.	
誜	부끄러워하며 말할 사	부끄러워하며 말하다.	
	부끄러워하며 말할 작	부끄러워하며 말하다.	
說	말씀 설	말씀, 말	說鈴(설령)
	기쁠 열	기쁘다, 기뻐하다. ≒ 悅	說諭(열유)
	벗을 탈	벗다, 빼앗기다. ≒ 脫·奪	說甲(탈갑)
誖	어지러울 패	어지럽다, 거스르다.	
	어지러울 발	어지럽다, 거스르다.	
認	알 인	알다, 인식하다.	認得(인득)
	적을 잉	적다, 쓰다.	
論	말할 론	말하다, 서술하다.	論說(논설)
	조리 륜	조리있게 말하다.	
誶	욕할 수	욕하다, 꾸짖다, 묻다.	
	말 더듬을 쇄	말을 더듬는 모양	
	물을 신	묻다. ≒ 訊	

한자	훈과 음	자 해	예
諔	속일 숙	속이다, 기만하다.	諔詭(숙궤)
	고요할 적	고요하다, 편안하다.	
諄	타이를 순	타이르다, 알뜰하다, 돕다.	諄諄(순순)
	죄 순	죄, 죄악, 둔하다.	
	미워할 준	미워하다.	
調	고를 조	고르다, 적당하도록 조절하다.	
	뽑을 조	뽑히다, 선임(選任)하다.	
	아침 주	아침 ≒ 朝	
諎	큰 소리 책	큰 소리	
	대답 작	대답	
	꾈 차	꾀다, 꾀어 말하다.	
	탄식할 차	탄식하다, 탄식하는 소리	
請	청할 청	청하다, 빌다.	請婚(청혼)
	받아들일 정	받아들이다, 인정하다, 진실 ≒ 情	
諕	부르짖을 효	부르짖다. = 諤 ≒ 號	
	속일 하	속이다.	
	재빠를 획	재빠르다, 신속하다, 또는 그 모양 = 謋	
諫	간할 간	간하다, 직언(直言)하여 바로잡다.	諫言(간언)
	헐뜯을 란	헐뜯다, 서로 비방하다.	
諽	고칠 격	고치다, 개혁하다.	
	고칠 혁	고치다, 개혁하다.	
諑	적을 소	적다, 작다.	
	험담 수	험담, 뒤에서 하는 험구	
諟	이 시	이 ≒ 是, 바루다, 바로잡다, 시정하다.	
	자세히 살필 체	자세히 알다.	
諺	상말 언	상말, 속된 말	諺簡(언간)
	자랑할 안	자랑하다, 자기 자랑을 하다.	
諭	깨우칠 유	깨우치다.	諭告(유고)
	꾈 투	꾀다, 유혹하다.	

한자	훈과 음	자　해	예
諸	모든 제	모든, 여러 ≒ 庶, 어조사, 어세를 강하게 하는 발어사	諸妄(제망)
	성 차	성(姓)	
	두꺼비 저	두꺼비	
諿	화할 집	화하다, 말하다.	
	슬기 서	슬기, 재지(才智)	
諜	염탐할 첩	염탐하다, 염탐꾼	諜記(첩기)
	주장할 섭	주장하다, 의견을 굳게 내세우다.	
講	익힐 강	익히다, 학습하다.	講師(강사)
	화해할 구	화해하다. ≒ 媾	
謙	겸손할 겸	겸손하다, 제 몸을 낮추어 양보하다.	
	족할 협	족하다, 만족하다.	
	혐의 혐	혐의 = 嫌	
	속을 참	속다. = 詀	
謏	적을 소	적다, 작다.	謏聞(소문)
	꾸짖을 수	꾸짖다, 성내어 말하다.	
營	작은 소리 영	작은 소리, 가느다란 소리	營嗃(영효)
	큰 소리 횡	큰 소리, 소리가 큰 모양	
謚	웃을 익	웃는 모양	
	시호 시	시호 = 諡	
譸	농담할 초	농담하다, 농지거리를 하다.	
	속삭일 추	속삭이다, 속삭이는 말	
謔	간특할 학	간특하다, 헐뜯기를 좋아하고 잔혹하다.	
	부르짖을 효	부르짖다, 큰 소리로 부르짖다.	
謳	노래할 구	노래하다, 노래를 부르다.	謳歌(구가)
	따뜻해질 후	따뜻해지다. = 煦	
謾	속일 만	속이다, 기만하다.	謾語(만어)
	업신여길 만	업신여기다.	
	교활할 면	교활하다.	

한자	훈과 음	자 해	예
諿	익힐 습	익히다, 학습하다.	
	속삭일 첩	속삭이다, 소곤거리다.	
	말 바르지 않을 첩	말이 바르지 않다.	
譇	망령되이 말할 우	망령되이 말하다.	
	이영차 후	이영차, 예, 대답하는 말 ≒ 許	譇歟(후여)
謻	문이름 이	문(門)의 이름	謻門(이문)
	헤어질 치	헤어지다, 이별하다.	
譹	부를 호	부르다, 부르짖다.	
	울 효	울다, 큰 소리로 울다.	
譊	떠들 뇨	떠들다, 시끄럽게 소리를 내다.	
	두려워할 효	두려워하다.	
譕	꾀할 모	꾀하다, 계략	譕臣(모신)
	꾀는 말 무	꾀는 말, 유인하는 말	
嘶言	슬퍼하는 소리 서	슬퍼하는 소리, 소리가 떨리다.	
	목쉰 소리 사	목쉰 소리	
譔	가르칠 선	가르치다, 교육에 전념하다.	
	기릴 찬	기리다, 칭송하다, 아름답다.	
識	알 식	알다, 분별하다, 판별하다.	識命(식명)
	적을 지	적다, 기록하다. ≒ 志	識文(지문)
	기 치	기(旗)	
諰	미워할 오	미워하다, 부끄러워하다.	
	헐뜯을 악	헐뜯다. = 啞·諤	
譌	거짓말 와	거짓말 = 訛, 바뀌다, 변화하다.	譌言(와언)
	속일 궤	속이다, 꾸짖다. = 詭	
譙	꾸짖을 초	꾸짖다, 책망하다.	譙呵(초가)
	망루 초	망루, 높은 누각, 해지다, 상하다.	
	누구 수	누구	譙呵(수하)

한자	훈과 음	자 해	예
譁	시끄러울 화	시끄럽다, 떠들썩하다.	譁沸(화비)
	바뀔 와	바뀌다, 잘못 전해지다.	
諗	따져 물을 섬	따져 묻다, 추궁하다.	
	교활할 험	교활하다. ≒ 憸	
譮	말할 화	말하다.	
	기세 높을 회	기세(氣勢)가 높은 모양, 깨닫다.	
讋	재재거릴 답	재재거리다, 말을 빨리 하다.	
	줄곧 지껄일 칩	줄곧 지껄이다.	
譺	희롱할 의	희롱하다, 놀리다, 속이다, 기만하다.	
	삼갈 억	삼가다, 삼가는 모양	譺然(억연)
讀	읽을 독	읽다, 소리를 내어 글을 읽다.	讀禮(독례)
	구두 두	구두 ※구절과 구절 사이에 찍어 읽기에 편리하게 한 점	
	이두 두	이두(吏讀) ※삼국시대부터 한자의 음이나 뜻을 빌려서 우리말을 표기하는 데 쓰던 문자	
讘	두려워할 섭	두려워하다, 두려워서 정신없이 말하다.	
	자꾸 지껄일 답	자꾸 지껄이다.	
諂	아첨할 첨	아첨하다, 알랑거리다. = 諂	
	지나치게 공경할 염	지나치게 공경하다.	
	잠꼬대 섬	잠꼬대	
讙	시끄러울 환	시끄럽다, 시끄럽게 떠들다.	
	부를 환	부르다. = 喚·嚾, 기뻐하다.	讙然(환연)
	놀라 소리지를 훤	놀라 소리지르다.	
讞	죄 의논할 언	죄를 의논하다, 죄의 경중을 의논하여 정하다.	
	죄 의논할 얼	죄를 의논하다, 죄의 경중을 의논하여 정하다.	
谷	**谷** **(골 곡) 部**		
谷	골 곡	골짜기, 골, 계곡 = 峪	谷間(곡간)
	흉노왕 록	흉노족의 왕	

한자	훈과 음	자 해	예
谻	절 갹	절다, 발을 절다, 절뚝절뚝하는 모양	
	곤할 극	곤하다, 피곤하다.	
睿	쳐낼 준	쳐내다, 준설(浚渫)하다. ※개울물이 잘 흐르도록 막힌 곳을 쳐내다.	
	총명할 예	총명하다.	
谾	골 휑할 홍	골이 휑하다.	谾𧮫(홍학)
	골 깊을 롱	골이 깊다, 골짜기가 깊고 긴 모양	
谿	덤빌 혜	서로 덤벼들어 말다툼하다.	
	시내 계	시내 = 谿	
	豆	**(콩 두) 部**	
豈	어찌 기	어찌, 어째서	豈唯(기유)
	즐길 개	즐기다. ≒ 愷	豈樂(개락)
豊	굽 높은 그릇 례	굽이 높은 그릇	
	풍년 풍	풍년	
	豕	**(돼지 시) 部**	
豩	돼지 빈	돼지, 두 마리의 돼지	
	완강할 환	완강(頑强)하다.	
𧱏	별이름 투(탁)	별이름, 용투(龍𧱏)	
豫	미리 예	미리, 사전에, 미리 하다.	豫知(예지)
	펼 서	펴다.	
豬	돼지 저	돼지, 한 털구멍에서 세 털이 난 돼지	
	암돼지 차	암돼지, 암내 나는 암돼지	
豳	나라이름 빈	나라이름	
	얼룩질 반	얼룩지다, 여러 가지 빛이 섞여 아롱지다. = 斒	豳文(반문)
豰	흰 여우새끼 혹	흰 여우의 새끼, 수돼지	
	작은 돼지 박	작은 돼지	
豲	멧돼지 환(원)	멧돼지의 일종 = 獂, 멧돼지가 달아나다.	

한자	훈과 음	자 해	예
	豸	(갖은 돼지 시) 部	
豸	발없는벌레 치	발 없는 벌레의 총칭, 지렁이 따위 = 蚳	
	해태 태	해태(獬豸) ≒ 廌 ※시비선악을 판단할 줄 안다는 신수(神獸)	豸冠(태관)
貉	담비 학	담비 = 貂	
	오랑캐 맥	북방 오랑캐, 오랑캐	
貆	담비새끼 환	담비새끼	
	담비새끼 훤	짐승이름, 담비의 종류	
貌	얼굴 모	얼굴, 형상	貌敬(모경)
	본뜰 막	본뜨다, 초상을 그리다.	
貒	오소리 단	오소리	
	너구리 환	너구리	
	貝	(조개 패) 部	
貫	꿸 관	꿰다, 꿰뚫다.	貫首(관수)
	당길 만	당기다, 잡아당기다. = 彎	貫弓(만궁)
責	꾸짖을 책	꾸짖다, 요구하다, 강요하다.	責罰(책벌)
	빚 채	빚, 부채	責主(채주)
貸	빌릴 대	빌리다, 베풀다, 금품을 대여하다.	貸假(대가)
	틀릴 특	틀리다, 어긋나다.	行貸而食 (행특이식)
賈	장사 고	장사, 상업	賈客(고객)
	값 가	값, 가격 = 價	
賁	꾸밀 비	꾸미다, 장식하다.	賁來(비래)
	노할 분	노하다, 성내다. ≒ 憤·忿	賁軍(분군)
賚	줄 뢰	주다, 하사하다, 위로하다.	賚賜(뇌사)
	줄 래	주다, 하사하다, 위로하다.	
賵	줄 정	주다, 하사하다.	
	받을 청	받다.	

한자	훈과 음	자 해	예
質	바탕 질	바탕, 꾸미지 아니한 본연 그대로의 성질	質古(질고)
	볼모 질	볼모, 인질(人質)	
	폐백 지	폐백, 예물	
贄	폐백 지	폐백	
	움직이지 아니할 얼	움직이지 아니하다, 움직이지 아니하는 모습	贄然(얼연)
赤		**(붉을 적) 部**	
赦	용서할 사	용서하다.	赦令(사령)
	채찍질할 책	채찍질하다, 말[馬]을 채찍질하다.	
赫	붉을 혁	붉다, 붉은빛, 붉은 모양	赫怒(혁노)
	꾸짖을 하	꾸짖다.	
走		**(달릴 주) 部**	
越	넘을 월	넘다, 건너다, 앞지르다.	越江(월강)
	구멍 활	구멍, 큰 거문고의 아래쪽에 있는 구멍	
趍	느릴 치	느리다, 걸음걸이가 느린 모양	
	달릴 추	달리다.	
趟	뛸 정	뛰다, 기뻐서 뛰다, 가는 모양	
	뛸 쟁	뛰다, 기뻐서 뛰다, 가는 모양	
趠	멀 탁	멀다, 끊다, 자르다.	
	뛸 초	뛰다, 넘다. = 踔	
趯	뛸 약	뛰다. = 躍	
	뛸 적	뛰는 모양	趯趯(적적)
足		**(발 족) 部**	
足	발 족	발. 사람이나 동물의 하지(下肢), 복사뼈 아래의 부분	足衣(족의)
	지나칠 주	지나치다, 과도하다.	
跨	가랑이 고	가랑이, 다리가랑이 ≒ 胯	
	웅크릴 어	웅크리다, 웅크리고 앉다, 쪼그리고 앉다.	

한자	훈과 음	자　해	예
趵	차는 소리 박	발로 차는 소리, 발에 부딪치는 소리	
	뛸 표	뛰다, 도약하다.	
	발 가지런할 작	발이 가지런한 모양	
趹	달릴 결	달리다, 말이 땅을 걷어차며 빨리 달리는 모양	
	밟을 계	밟다.	
跂	육발이 기	육발이, 발가락이 여섯 개 있는 사람 = 枝·岐	
	발돋움할 기	발돋움하다. ≒ 企	跂足(기족)
	힘쓸 지	힘쓰다, 노력하다.	
跘	비틀거릴 반	비틀거리다, 비틀거리며 가는 모양	
	책상다리할 반	책상다리하고 앉다.	
跇	넘을 예	넘다, 뛰어넘다.	
	넘을 세	건너다.	
跙	머뭇거릴 저	머뭇거리다. =且·趄	跙跙(저저)
	절뚝거릴 조	절뚝거리다.	
跐	밟을 차	밟다, 밟아가다.	
	갈 자	가는 모양, 걸어가는 모양	
跛.	절뚝발이 파	절뚝발이, 절뚝거리며 걷는 사람	跛行(파행)
	기대설 피	기대서다, 기우뚱하게 서다.	
跨	타넘을 과	타넘다, 사타구니를 벌려 타넘어가다.	跨下(과하)
	걸터앉을 고	걸터앉다, 말·소 같은 것을 타다.	跨有(고유)
跬	반걸음 규	반걸음, 한발 내디딘 걸음	跬步(규보)
	지칠 설	지치다, 피곤하다.	
路	길 로	길, 통행로, 도로	路頭(노두)
	울짱 락	울짱, 바자울 ≒ 落	
踞	머뭇거릴 치	머뭇거리다, 웅크리다, 두다, 놓아두다.	
	머뭇거릴 질	머뭇거리다, 웅크리다, 두다, 놓아두다.	
踉	뛸 량	뛰다, 뛰는 모양	踉蹡(양방)
	천천히 걸을 량	천천히 걷는 모양	
	허둥허둥 갈 량	허둥지둥 가는 모양	踉蹌(낭창)

한자	훈과 음	자　해	예
踦	절뚝발이 기	절뚝발이, 짝짝이	踦跂(기기)
	의지할 의	의지하다, 기대다.	踦閭(의려)
跰	내달릴 병	내달리다, 마구 달리다.	
	못 변	못, 발바닥에 생긴 굳은살	跰踵(변종)
踣	넘어질 복	넘어지다, 넘어뜨리다, 망하다.	
	넘어질 부	넘어지다. = 仆, 패하다, 깨뜨려지다.	
踒	헛디딜 와	헛디디다, 헛디디거나 걸려서 비틀거리거나 넘어지다.	
	발 삘 위	발을 삐다, 다리가 부러지다.	
踠	구부릴 원	구부리다, 발을 구부리다, 굽다.	
	헛디딜 와	헛디디다.	
踧	평평할 적	평평하다, 길이 평탄하여 걷기 쉽다.	踧踧(적적)
	삼갈 축	삼가다, 조심하는 모양, 나아가지 못하는 모양	踧踧(축축)
踤	찰 졸	차다, 밟다, 밟아서 밀어넣다.	
	모일 취	모이다, 모여들다. ≒ 萃	
踢	찰 척	차다, 발로 차다.	
	당황할 삭	당황하는 모양, 놀라 허둥지둥하는 모양	
踔	달릴 초	달리다, 빨리 가다.	
	멀 탁	멀다, 아득하다.	踔遠(탁원)
踰	넘을 유	넘다, 지나가다, 거쳐가다, 건너다.	踰檢(유검)
	멀 요	멀다, 아득하다.	踰言(요언)
踶	찰 제	차다, 발로 차다, 밟다.	踶馬(제마)
	굽 제	굽, 짐승의 발굽	
	힘쓸 치	힘쓰다, 심력(心力)을 기울이는 모양	
踼	넘어질 탕	넘어지다, 걸리거나 미끄러져 넘어지다.	
	넘어질 당	넘어지다, 걸리거나 미끄러져 넘어지다.	
踹	밟을 대	발로 밟다.	
	쌓을 체	쌓다, 저축하다. = 滯	
蹝	짚신 사	짚신, 초리(草履)	蹝履(사리)
	밟을 사	밟다, 신다.	

한자	훈과 음	자 해	예
蹢	머뭇거릴 척	머뭇거리다, 서성거리다.	蹢躅(척촉)
	굽 적	굽, 동물의 발굽	
蹠	밟을 척	밟다, 뛰다.	蹠骨(척골)
	뛸 저	뛰다.	
蹙	대지를 축	대지르다, 가까이 대들다.	蹙迫(축박)
	쭈그러질 척	쭈그러지다, 또는 그 모양	
蹻	발돋움할 교	발돋움하다.	蹻蹻(교교)
	교만할 교	교만하다.	
	짚신 갹	짚신	蹻蹻(갹갹)
	썰매 곡	썰매	
蹶	넘어질 궐	넘어지다.	蹶起(궐기)
	움직일 궤	움직이다, 움직이게 하다.	
躇	머뭇거릴 저	머뭇거리다, 밟다, 발로 밟다.	
	건너뛸 착	건너뛰다.	躇階(착계)
躅	머뭇거릴 촉	머뭇거리다, 밟다.	
	자취 탁	자취, 밟은 자국	
躍	뛸 약	뛰다, 뛰어오르다.	躍起(약기)
	빠를 적	빠르다, 신속(迅速)한 모양	
躒	움직일 력	움직이다.	
	빼어날 락	빼어나다, 탁월(卓越)하다. = 礫	
躓	넘어질 지	넘어지다, 부딪치다.	躓踣(지복)
	넘어질 질	넘어지다.	躓踣(질복)
	못 지	못, 발바닥에 생긴 굳은살	
躝	넘을 란	넘다.	
	넘을 단	넘다.	
躠	둘러갈 설	둘러가다, 에도는 모양, 걸음걸이가 바르지 아니하다.	
	둘러갈 살	둘러가다, 걸음걸이가 바르지 아니하다.	

한자	훈과 음	자 해	예
	身	**(몸 신) 部**	
身	몸 신	몸, 몸뚱이, 신체	身計(신계)
	나라이름 연	인도의 옛이름	身毒(연독)
	車	**(수레 거) 部**	
車	수레 거	수레	車士(거사)
	수레 차	수레의 바퀴	
	성 차	성(姓)	
較	수레귀 각	수레의 귀 = 較	
	곧을 교	곧다, 똑바르다, 같지 아니하다. = 較	
軬	수레덮개 반	수레덮개 ※비를 피하기 위하여 수레 위를 덮는 물건	
	수레뜸집 분	수레뜸집	
軮	수레소리 앙	수레소리, 넓고 크다.	軮軋(앙알)
	고을이름 복	고을이름, 현(縣)의 이름	
軵	수레 용	수레, 가벼운 수레	
	밀 부	밀다, 수레를 밀다.	
軼	앞지를 일	앞지르다, 따라잡아 앞서다, 찌르다.	
	갈마들 질	갈마들다, 번갈아들다.	
	수레바퀴 철	수레바퀴 = 轍	
較	견줄 교	견주다, 비교하다.	較言(교언)
	수레귀 각	수레의 귀, 곧다, 똑바르다.	
輅	수레 로	수레, 임금의 수레	輅馬(노마)
	끌채마구리 학	끌채마구리	
	임금수레 락	임금의 수레	
	맞이할 아	맞이하다.	
載	실을 재	싣다, 수레에 실어서 운반하다.	載記(재기)
	일 대	이다, 머리 위에 얹다. = 戴	
輠	기름통 과	기름통	
	굴릴 회	굴리다, 수레바퀴를 돌리다. = 轛	

한자	훈과 음	자 해	예
輧	거마소리 병	거마(車馬)소리, 거마의 요란한 소리	輧車(병거)
	부인용 수레 변	부인용 수레	
輄	병거 운	병거(兵車), 전차(戰車)	
	수레 뒷굄목 원	수레 뒷굄목	
輵	수레소리 갈	수레소리, 수레들이 지나가는 요란한 소리	
	구를 알	구르다, 굴러 흔들리는 모양	
輻	바퀴살 복	바퀴살, 모여들다.	輻射(복사)
	바퀴살 부	바퀴살, 모여들다.	
輠	수레기름통 화	수레기름통, 수레에 치는 기름을 담는 통	
	수레기름통 과	수레기름통, 수레에 치는 기름을 담는 통	
輾	구를 전	구르다, 반전(半轉)하다.	
	연자매 년	연자매 = 碾	
轤	바퀴살 로	바퀴살	
	긁을 로	긁다, 솥 밑바닥 같은 것을 긁다.	
	불태울 료	불태우다.	
轚	부딪칠 격	부딪치다.	
	거리낄 계	거리끼다, 방해가 되다.	
辛		**(매울 신) 部**	
辟	임금 벽	임금, 하늘, 상제(上帝)	辟禁(벽금)
	견줄 비	견주다, 비유하다.	
	피할 피	피하다.	辟車(피거)
	썰 백	썰다, 잘게 끊다.	
	그칠 미	그치다, 그만두다. ≒ 弭·彌	
辨	분별할 변	분별하다, 판별하다.	辨或(변혹)
	두루 편	두루, 널리	
	폄할 폄	폄하하다. ≒ 貶	
	갖출 판	갖추다.	
辯	말 잘할 변	말 잘하다, 말을 교묘히 하다. ≒ 諞	辯告(변고)
	편녕할 변	편녕(便佞)하다. ≒ 便	
	두루 편	두루, 두루 미치다. ≒ 徧	

한자	훈과 음	자　　해	예
	辰 (별 신) 部		
辰	지지 진	지지, 12지(支)의 총칭	辰宿(진수)
	때 신	때, 시각, 시대	辰刻(신각)
	辵 (갖은책받침, 책받침) 部		
'辶'은 '辵'이 한자의 구성에서 부수로 쓰일 때의 자체(字體). 일상적인 필기체로는 '辶'으로 쓰이는데, 이는 '辶'의 변형이다.			
迂	멀 우	멀다, 길이 멀다.	迂折(우절)
	굽을 오	굽다, 길이 굽어돌다.	
近	가까울 근	가깝다, 거리가 멀지 아니하다.	近可(근가)
	가까이할 근	가까이하다, 친하게 지내다.	
	어조사 기	어조사 ※어세(語勢)를 고르는 조사	
迬	갈 왕	가다. ≒ 往	
	속일 광	속이다, 어루꾀다.	迬女(광여)
泥	가까울 니	가깝다.	
	늦을 지	늦다. = 遲	
迤	비스듬할 이	비스듬하다, 비스듬히 가다.	迤衍(이연)
	굽을 이	굽다.	
	가는 모양 타	가는 모양	
迱	가는 모양 타	가는 모양	
	느긋한 모양 이	느긋한 모양, 여유있는 모양	
追	쫓을 추	쫓다, 뒤쫓아가다.	追感(추감)
	갈 퇴	갈다, 탁마하다.	
	따를 수	따르다.	
逗	머무를 두	머무르다.	逗落(두락)
	성 주	성(姓)	
	돌아갈 기	돌아가다.	
連	잇닿을 련	잇닿다, 이어지다, 계속되다.	連然(연연)
	거만할 련	거만하다, 교만을 부리다.	
	손숫물 련	손숫물	
	산이름 란	산이름	

한자	훈과 음	자 해	예
逞	굳셀 령	굳세다, 용감하다, 쾌하다, 즐겁다.	逞弄(영롱)
	사람이름 영	사람이름	
這	이 저	이 ※차(此)와 같은 뜻으로 쓰인다.	這般(저반)
	맞을 언	맞다, 맞이하다.	
	각각 갓	각각, 낱낱	
逐	쫓을 축	쫓다, 뒤쫓아가다.	逐步(축보)
	돼지 돈	돼지 ≒ 豚	
	빠를 적	빠르다, 빠른 모양	
透	통할 투	통하다, 통하게 하다.	透水(투수)
	놀랄 숙	놀라다.	
逫	멀 결	멀다.	
	느릴 줄	느리다, 입김이 느리게 나오는 모양	逫律(줄률)
逮	미칠 체	미치다, 이르다.	逮坐(체좌)
	편안할 체	편안한 모양	
	미칠 태	미치다. = 迨	逮夜(태야)
遁	달아날 둔	달아나다, 도망치다.	遁北(둔배)
	뒷걸음질칠 준	뒷걸음질치다.	遁巡(준순)
遇	만날 우	만나다.	遇待(우대)
	맞을 우	맞다, 갖추어지다.	
	땅이름 옹	지명(地名)	
遏	넘어질 탕	넘어지다, 쓰러지다.	
	찌를 당	찌르다.	
遮	막을 차	막다, 못하게 하다.	遮泣(차읍)
	이 자	이, 이것 ≒ 這	遮回(자회)
遷	떠날 체	떠나다, 다른 곳으로 옮겨가다.	
	칼집 서	칼집	
選	가릴 선	가리다, 가려 뽑다.	選間(선간)
	뽑을 선	뽑다, 인재(人材)를 뽑아서 벼슬자리에 앉히다.	

한자	훈과 음	자 해	예
選	셀 산	세다, 셈하다.	
	무게 솰	무게, 금(金)의 무게	
遌	만날 악	만나다, 뜻하지 아니하게 만나서 놀라다.	
	저촉될 오	저촉되다.	
遺	끼칠 유	끼치다, 후세에 전하다.	遺戒(유계)
	보낼 유	보내다, 음식을 대접하다.	
	따를 수	따르다, 좇다.	
還	돌아올 환	돌아오다, 되돌아오다.	還去(환거)
	돌 선	돌다, 돌리다.	
	영위할 영	영위하다. ≒ 營	
遲	천천히 갈 려	천천히 가다, 서행(徐行)하는 모양	
	늦을 지	늦다, 느리다.	
邋	나부낄 렵	나부끼는 모양, 깃발이 펄럭이는 모양	
	가는 모양 랍	가는 모양	

| **邑** | **(고을 읍) 部** |

阝은 '邑'이 한자의 구성에서 방으로 쓰일 때의 자형으로, 이를 '우부방'이라 부른다.

한자	훈과 음	자 해	예
邑	고을 읍	고을, 마을	邑笑(읍소)
	흐느낄 압	목메어 울다, 흐느끼다.	
那	어찌 나	어찌, 어떻게	那箇(나개)
	무엇 나	무엇 ※의문을 나타내는 말	
	어조사 내	어조사 ※어세(語勢)를 고르기 위하여 덧붙이는 조자	
邪	간사할 사	간사하다, 옳지 아니하다.	邪見(사견)
	고을이름 야	고을이름, 어조사	邪許(야호)
	나머지 여	나머지	
	느릿할 서	느릿하다.	
邸	집 저	집, 저택	邸閣(저각)
	무게의 단위 지	무게의 단위	

한자	훈과 음	자 해	예
	酉	(닭 유) 部	
薟	술맛 쓸 염	술맛이 쓰다, 산뽕나무	薟絲(염사)
	술맛 쓸 함	술맛이 쓰다.	
	술이 양에 찰 염	술이 양(量)에 차다.	
	홀짝홀짝 마실 음	홀짝홀짝 마시다.	
酖	탐닉할 탐	탐닉하다, 술을 즐기다.	酖酖(탐탐)
	독조이름 짐	독조(毒鳥)의 이름, 독주(毒酒)	酖毒(짐독)
酢	초 초	초, 신맛이 나는 조미료, 시다, 맛이 시다.	酢敗(초패)
	잔 돌릴 작	잔을 돌리다.	酢爵(작작)
酮	말젖 동	말의 젖, 초, 식초	
	술 실 중	술이 시어지다, 상한 술	
	초 동	초, 식초	
酬	갚을 수	갚다, 다시 술잔을 돌리다.	酬答(수답)
	보답할 주	보답하다, 갚다.	
酹	부을 뢰	붓다, 술을 땅에 붓고 제사를 지내다.	酹酒(뇌주)
	제주 랄	제주(祭酒), 제사에 쓰는 술	
醃	절인 남새 엄	절인 남새, 절인 채소	醃肉(엄육)
	절인 남새 암	절인 남새, 절인 채소	
醋	술 권할 작	술을 권하다.	
	초 초	초, 식초	醋酸(초산)
醡	주자틀 자	주자틀, 술을 짜는 틀	
	주자틀 채	주자틀, 술을 짜는 틀	
醵	술잔치 갹	술잔치, 술추렴	醵金(갹금)
	술잔치 거	술잔치, 술추렴	醵金(거금)
醷	매장 억	매장(梅漿), 매실초, 매실주	
	단술 의	단술	
	기운 모을 애	기운을 모으는 모양	
醳	진한 술 역	진한 술, 전국술, 좋은 술, 쓴 술, 오래 묵은 술	醳兵(역병)
	풀 석	풀다, 용서하다.	

한자	훈과 음	자 해	예
醑	맛좋을 서	맛이 좋다, 맛있다. = 㬉	
	맛좋을 여	술이 맛있다.	
醻	갚을 수	갚다, 잔을 주고받다, 주인이 손[客]에게서 받은 술잔을 손에게 돌리어 술을 권하다.	
	미주이름 도	미주(美酒)의 이름	
醾	거를 시	거르다, 술을 거르다, 나누다.	醾渠(시거)
	거를 소	거르다.	
	싱거운 술 리	싱거운 술, 지게미나 재강에 물을 타서 짜낸 술	
	釆	**(분별할 변) 部**	
釋	풀 석	풀다, 풀어내다.	釋迦(석가)
	기뻐할 역	기뻐하다, 즐거워하다.	
	里	**(마을 리) 部**	
重	무거울 중	무겁다, 두텁다.	重甲(중갑)
	거듭할 중	거듭하다, 겹치다.	
	아이 동	어린아이, 아이	
	젖 중	젖, 유즙(乳汁)	
野	들 야	들, 도시의 외곽지대	野客(야객)
	변두리 여	변두리, 교외	
	농막 서	농막 = 墅	
	金	**(쇠 금) 部**	
金	쇠 금	쇠, 금속	金甲(금갑)
	입다물 금	입을 다물다. = 噤	
	성 김	성(姓)	
釗	힘쓸 소	힘쓰다, 밟다, 드러나다. ≒ 昭	
	쇠 쇠	쇠[金]	
釭	등잔 강	등잔, 또는 등잔의 기름접시	
	살촉 공	살촉, 화살촉	
釬	팔찌 한	팔찌, 갑옷의 토시	
	급할 간	급하다, 촉급하다.	

한자	훈과 음	자　해	예
鈋	양날 가래 화	양날 가래, 양쪽에 날이 있는 가래	
	흙손 어	흙손 ※벽 같은 것을 바를 때 쓰는 도구=杇	
釿	큰 자귀 근	큰 자귀, 끊다, 도끼로 쇠붙이를 끊다.	釿鋸(근거)
	대패 은	대패, 그릇의 가장자리	
鈕	인꼭지 뉴	인(印)꼭지 ※도장을 손으로 잡는 부분	印鈕(인뉴)
	칼 추	칼, 차꼬 = 杻	
鈗	병기 윤	병기이름 ※주로 시신(侍臣)이 가지는 병기, 창(槍)의 일종	
	병기 예	병기이름 ※주로 시신(侍臣)이 가지는 병기, 창(槍)의 일종	
鈷	다리미 고	다리미, 끊다.	
	제기이름 호	제기(祭器)이름, 서직(黍稷)을 담는 제기	
鉏	호미 서	호미, 괭이 = 鋤, 김매다.	鉏鉤(서구)
	어긋날 서	어긋나다.	
	제석 조	제석(祭席), 제사 지낼 때 펴는 자리=苴·葅	
鉮	창 시	창	
	쟁기 날 이	쟁기의 날	
	자루 사	자루	
鈌	방울소리 앙	방울소리 = 鍈	鈌鈌(앙앙)
	방울소리 영	방울소리 = 鍈	
鉄	기울 질	깁다, 꿰매다.	
	쇠 철	쇠, 쇠붙이의 총칭	
	곱살스러울 석	곱살스럽다.	
鉆	족집게 첨	족집게	
	경첩 겸	경첩, 가지다, 집다.	
	침 침	침, 바늘 = 鍼	
鈲	쟁기날 궤	쟁기의 날	
	줄 의	줄 ※톱니를 쓸어 세우는 도구	
銛	가래 섬	가래 ※농기구의 하나	銛戈(섬과)
	도끼 첨	도끼, 빼앗다, 탈취하다.	

한자	훈과 음	자 해	예
銚	냄비 요	냄비, 사물의 상태	
	가래 조	가래, 또는 쟁기	銚鏄(조박)
鉕	젖을 임	젖다, 수분이 배어들다.	
	소리 미치지 못할 님	소리가 미치지 못하는 모양	
銕	쇠 철	쇠	
	땅이름 이	땅이름	
鈃	술그릇 형	술그릇, 목이 긴 술병	
	사람이름 견	사람이름	
鋋	작은 창 연	작은 창, 짐승이름, 날카로운 칼	
	작은 창 선	작은 창, 짐승이름, 날카로운 칼	
銳	날카로울 예	날카롭다, 쇠붙이 등이 예리하다.	銳氣(예기)
	창 태	창(槍)	
鉆	집게 첩	집게, 불에 달군 쇠를 잡는 긴 집게	
	족집게 섭	족집게, 비뚠 것을 바로잡는 기구	
銷	노구솥 현	노구솥, 냄비	銷鍋(현과)
	쓸 견	쓸다, 청소하다, 또는 그 사람	銷人(견인)
鋘	가래 화	가래, 쌍날의 가래 = 鏵	
	산이름 오	산이름, 칼이름 = 鋙	
錡	솥 기	솥, 세발솥 = 鬲	錡釜(기부)
	톱 의	톱, 나무를 자르거나 켜는 모양	
錟	창 담	창[矛], 긴 창	錟鏦(담종)
	날카로울 섬	날카롭다, 찌르다.	錟戈(섬과)
錄	기록할 록	기록하다, 적다. ≒ 彔, 베끼다.	錄問(녹문)
	사실할 려	사실(査實)하다, 조사하다.	
錫	주석 석	주석 ※금속 원소의 하나, 녹슬지 않는다.	錫奴(석노)
	줄 사	주다, 하사하다.	
	다리 체	다리, 덧드리는 딴머리	
錞	악기이름 순	악기이름	錞于(순우)
	물미 대	물미, 창의 물미	

한자	훈과 음	자 해	예
錯	섞일 착	섞이다, 섞다, 어지러워지다.	錯連(착련)
	둘 조	두다, 간직하다, 갈무리하다.	錯事(조사)
錘	저울 추	저울추, 분동(分銅) ≒ 垂	錘鐘(추종)
	드리울 수	드리우다, 현수(懸垂)하다.	
銘	쇠사슬 함	쇠사슬, 철쇄(鐵鎖), 빠지다.	
	화로 감	화로(火鑪)	
鍥	새길 계	새기다, 조각하다, 끊다.	鍥而不舍 (계이불사)
	낫 결	낫, 풀을 베는 낫	
鍊	불릴 련	불리다, 쇠붙이를 달구어 두드리다.	鍊鋼(연강)
	바퀴통 끝 휘갑쇠 간	바퀴통 끝 휘갑쇠	
鍱	쇳조각 섭	쇳조각, 편철, 쇠고리	
	쇳조각 엽	쇳조각, 편철, 쇠고리	
鍉	피그릇 저	피그릇 ※혈맹(血盟)을 할 때 희생의 피를 담아 마시는 그릇	
	숟가락 시	숟가락	
	살촉 적	살촉 = 鏑	
鎒	괭이 누	괭이, 또는 호미 = 檽·耨	
	풀 벨 호	풀을 베다, 김매다.	
鎍	철삭 삭	철삭(鐵索), 쇠바, 쇠로 만든 밧줄	
	석쇠 책	석쇠	
鎗	종소리 쟁	종소리, 금석(金石)의 소리	
	창 장	창(槍), 총, 화총	鎗金(장금)
鎭	진압할 진	진압하다, 적을 억눌러서 조용하게 하다.	鎭日(진일)
	지킬 진	지키다.	
	메울 전	메우다.	
鎚	쇠망치 추	쇠망치, 치다, 망치질하다.	鎚鍛(추단)
	갈 퇴	갈다, 옥(玉)을 갈고 닦다.	
鎣	줄 형	줄 ※갈아 광택을 내는 연장	
	그릇 영	그릇, 반짝이는 쇠	

한자	훈과 음	자　해	예
鎩	창 쇄	창, 양날 창, 긴 창	
	창 살	창, 양날 창, 긴 창	鎩羽(살우)
鏦	창 총	창(槍), 찌르다.	鏦殺(총살)
	칠 창	치다, 종이나 북을 치다.	
鐓	창고달 대	창고달, 창의 물미	
	철퇴 퇴	철퇴(鐵槌)	
鐐	은 료	은(銀), 천은(天銀)	鐐靠(요고)
	은 로	은(銀), 천은(天銀)	
鐔	날밑 심	날밑, 칼	
	날밑 담	날밑, 칼	
鏸	날카로울 혜	날카롭다, 세모창	
	병기 예	병기(兵器)	
鐺	쇠사슬 당	쇠사슬, 철쇄	鐺鐺(당당)
	솥 쟁	솥, 노구솥	鐺脚(쟁각)
鑼	쟁기 피	쟁기, 밭을 가는 연장	
	쇠막대 패	쇠막대, 큰 쇠막대	
	밭갈 파	밭갈다, 논밭을 갈다.	
鑿	뚫을 착	뚫다, 파다, 구멍을 파다.	
	쌀 쓿을 착	쌀을 쓿다.	
	새길 족	새기다, 아로새기다.	
	구멍 조	구멍	
	門	**(문 문) 部**	
閉	닫을 폐	닫다, 닫히다.	閉口(폐구)
	막을 별	막다, 막히다.	
閒	틈 간	틈, 중간	
	사이 간	사이, 간격	
	한가할 한	한가하다, 편안하다.	閒日(한일)
開	열 개	열다, 열리다, 닫힌 것	開眉(개미)
	산이름 견	산이름	

한자	훈과 음	자 해	예
閍	대궐문 팽	대궐문, 항간(巷間)의 문	
	대궐문 방	대궐문, 항간(巷間)의 문	
閕	문 닫힐 하	문이 닫히다.	
	찢어질 아	찢어지다.	
閘	물문 갑	물문, 수문(水門), 문을 닫다.	閘官(갑관)
	문 여닫을 압	문을 여닫다, 문 여닫을 때의 삐걱거리는 소리	
閞	문기둥 소루 변	문기둥의 소루, 문기둥의 접시받침	
	문기둥 소루 반	문기둥의 소루, 문기둥의 접시받침	
覘	엿볼 점	엿보다, 문을 조금 열고 엿보다.	
	기다릴 참	기다리다, 서서 기다리다.	
閛	문소리 평	문소리, 문 닫는 소리	
	문 여닫을 팽	문을 여닫다.	
閜	크게 열릴 하	크게 열리다, 크게 찢어지다.	閜寪(하위)
	서로 도울 가	서로 돕다, 문이 기울다.	閜閜(가가)
閡	문 잠글 애	문을 잠그다, 밖에서 문을 잠그다.	
	간직할 해	간직하다.	
	밀릴 핵	밀리다, 막히다.	
	열 개	열다.	
閬	솟을대문 랑	솟을대문, 문이 높다.	閬宮(낭궁)
	넓고 밝을 랑	넓고 밝다.	
	괴물 냥	괴물	
	불알 랑	불알 ※웅성(雄性) 생식기의 한 부분	
閼	가로막을 알	가로막다, 그치다.	閼密(알밀)
	완만한 모양 어	완만한 모양	閼輿(어여)
	선우 왕비 연	선우(單于)의 왕비	閼氏(연지)
閾	문지방 역	문지방	
	문지방 혁	한정하다, 안팎을 구별짓다.	
閶	천문 창	천문(天門), 문	閶風(창풍)
	북소리 탕	북소리	

한자	훈과 음	자　해	예
闍	망루 도	망루(望樓)	
	화장할 사	화장(火葬)하다, 성곽의 문	闍梨(사리)
糦	감할 쇄	감하다, 깎아내다.	
	죽일 살	죽이다, 살해하다.	
闇	닫힌 문 암	닫힌 문, 잠긴 문	闇過(암과)
	어두운 모양 암	어두운 모양	
	큰물 질 음	큰물이 지다.	
	말 아니할 음	말을 아니하다.	
	여막 암	여막(廬幕)	
闐	성할 전	가득하다, 성하다, 차다.	闐門(전문)
	호수이름 기	호수이름	
闒	다락문 탑	다락문, 마을, 촌락	
	용렬할 랍	용렬하다.	
關	빗장 관	빗장, 기관, 자동 장치	關牡(관모)
	시위당길 완	시위를 당기다.	
闛	성한 모양 당	성한 모양, 문 안에 가득찬 모양	闛鞈(당협)
	하늘문 창	하늘의 문, 천문(天門)	
闚	문 열 위	문을 열다.	
	문 반쯤 열릴 쾌	문이 반쯤 열려 있다.	
闞	범소리 함	범의 소리	闞然(함연)
	바랄 감	바라다.	
	개소리 함	개의 소리, 짐승의 성내는 소리	
闟	창 흡	창[戟], 수레 경호용의 가지 달린 창	闟然(흡연)
	골짜기이름 탑	골짜기이름	闟然(탑연)
闤	문 달	문, 문의 총칭	
	돌출한 네모진 나무 건	돌출한 네모진 나무	
閻	사당문 염	사당의 문	
	대문지붕 엄	대문의 지붕	
	볼 첨	보다, 보는 모양	
	문 약간 열 검	문을 약간 열다.	

한자	훈과 음	자 해	예
	阜	(언덕 부) 部	
ß는 '阜'가 한자의 구성에서 변으로 쓰일 때의 자형. '좌부방변'이라 부른다.			
阤	비탈 치	비탈, 고개마루	阤崩(치붕)
	허물어질 타	허물어지다.	阤靡(타미)
阬	문 높은 모양 갱	문이 높은 모양	阬穽(갱정)
	큰 언덕 갱	큰 언덕	
	문 항	문, 출입문	
阨	좁을 애	좁다, 좁고 험하다.	阨塞(애새)
	막힐 액	막히다, 험하다.	阨塞(액색)
阮	벼랑 국	벼랑, 곡안(曲岸)의 바깥쪽	
	모퉁이 외	모퉁이, 구석 = 隈	
阿	언덕 아	언덕, 큰 언덕, 산비탈	阿丘(아구)
	호칭 옥	호칭. 성, 이름 등에 붙이는 호칭	
阸	막힐 액	막히다, 메다.	
	험할 애	험하다, 막히다, 가로막다.	阸困(애곤)
阽	벽 무너지려 할 염	위태롭다.	阽危(염위)
	떨어지려 할 점	내려가다, 빠지다.	
阺	비탈 저	비탈, 언덕 ≒ 坁	
	비탈 지	비탈, 내려가다.	
陁	무너질 치	무너지다.	陁堵(치도)
	비탈질 타	비탈, 고개 = 陀	
	기운 모양 이	기운 모양 ≒ 陀	
陂	비탈 피	비탈, 고개	陂曲(피곡)
	비탈 파	비탈, 고개	陂陀(파타)
陏	오이 라	오이, 박과 식물 열매의 총칭	
	나라이름 수	나라이름	
陊	떨어질 타	떨어지다, 무너지다.	
	무너질 치	무너지다, 벼랑	

한자	훈과 음	자 해	예
限	한계 한	한계, 지경, 경계	限內(한내)
	심할 은	심하다, 절급(切急)하다.	
降	항복할 항	항복하다.	降伏(항복)
	내릴 강	높은 곳에서 낮은 곳으로 내리다.	降格(강격)
陒	허물어진 담 해	허물어진 담	
	무너질 희	무너지다.	
除	섬돌 제	섬돌, 계단	除官(제관)
	사월 여	4월의 일컬음 ≒ 余	除月(여월)
陟	오를 척	오르다, 올리다.	陟屺(척기)
	얻을 득	얻다, 받다. = 得	
陘	지레목 형	지레목, 비탈	陘阻(형조)
	지레목 경	지레목, 비탈	
陭	고개이름 기	고개이름 = 猗·崎	
	고개이름 의	고개이름 = 猗·崎	
陶	질그릇 도	질그릇, 도자기	陶家(도가)
	화락하게 즐길 요	화락하게 즐기다.	陶陶(요요)
陫	산이름 배	산이름	
	좁을 비	좁다, 시골	陫側(비측)
	숨을 비	숨다, 마음이 아프다.	
陰	응달 음	응달, 산의 북쪽 땅	陰德(음덕)
	말 않을 암	말을 아니하다. ≒ 噤·喑	
	가릴 음	가리다, 가리개	
隊	대 대	대(隊), 동아리를 이룬 무리	隊帥(대수)
	떨어질 추	높은 곳에서 떨어지다.	
	대 수	대(隊), 부류 구분	
陽	볕 양	볕, 양지(陽地)	陽氣(양기)
	나 장	나[我]	
隃	넘을 유	넘다, 넘어가다.	
	멀 요	멀다, 거리가 멀다.	

한자	훈과 음	자 해	예
陼	삼각주 저	삼각주, 물 가운데 작은 섬	陼丘(저구)
	담 도	담[垣] = 堵	陼隄(도제)
隄	둑 제	둑, 제방, 방죽	隄溝(제구)
	대개 시	대개, 대강	
隋	제사고기 나머지 타	제사 지내고 남은 고기	
	나라이름 수	나라이름	
	중앙 높을 타	중앙(中央)이 높다.	
隍	해자 황	해자(垓字), 성(城)밖으로 둘러 판 마른 못	隍壍(황참)
	해자 영	해자(垓字), 성(城)밖으로 둘러 판 마른 못	
隘	좁을 애	좁다, 땅이 좁다.	隘路(애로)
	막을 액	막다, 가로막다. ≒ 阨	
隒	낭떠러지 엄	낭떠러지, 벼랑	
	낭떠러지 렴	낭떠러지, 벼랑	
隕	떨어질 운	떨어지다, 떨어뜨리다. = 殞・霣	隕命(운명)
	둘레 원	둘레, 원주(圓周)	
隑	길 해	길다, 서다, 사닥다리	
	후미 기	후미, 언덕이 굽이진 곳 = 埼	隑州(기주)
	언덕 굽어질 기	언덕이 굽이진 모양	
隹	무너질 최	무너지다.	
	높고 클 추	높고 크다.	
	높을 퇴	높다.	
隤	무너뜨릴 퇴	무너뜨리다, 무너지다.	
	무너질 타	무너지다.	
隖	고개이름 휘	고개이름	
	고개이름 위	고개이름	
隧	길 수	길, 통로, 도로	隧路(수로)
	떨어질 추	떨어지다, 떨어뜨리다. = 墜	
隩	굽이 오	굽이, 물이 흐르는 굽이	
	굽이 욱	굽이, 굽어든 안쪽	

한자	훈과 음	자 해	예
險	험할 험	험하다, 직행하기에 위태롭다.	險固(험고)
	낭떠러지 암	낭떠러지, 험하다.	
隶		**(미칠 이) 部**	
隶	미칠 이	미치다, 이르다.	
	미칠 대	미치다.	
	나머지 시	나머지	
	여우새끼 제	여우새끼	
	미칠 태	미치다, 이르다. = 迨	
隹		**(새 추) 部**	
隺	오를 혹	오르다, 높이 오르다.	
	뜻 높을 각	뜻이 높다.	
	새 높이 날 각	새가 높이 날다.	
雂	두견새 규	두견새, 새이름	
	뻐꾸기 부	뻐꾸기	
雇	새이름 호	새이름	
	품살 고	품을 사다, 고용하다.	雇兵(고병)
雋	새 살질 전	새가 살지다, 살진 고기	雋永(전영)
	우수할 준	우수하다, 뛰어나다. ≒ 俊	雋茂(준무)
雉	꿩 치	꿩	雉腒(치거)
	키 작을 개	키가 작다.	
雅	할미새 견	할미새	
	해오라기 역	해오라기	
雖	비록 수	비록, 그러나 ※확정(確定)의 말	
	짐승이름 유	짐승이름 ※원숭이 비슷하다.	
雛	병아리 추	병아리	雛孫(추손)
	사람이름 취	사람이름	
雘	진사 확	진사(辰砂) ※질이 좋은 적황색(赤黃色)의 찰흙	
	진사 호	진사(辰砂) ※질이 좋은 적황색(赤黃色)의 찰흙	

한자	훈과 음	자 해	예
難	어려울 난	어렵다, 곤란하다.	難戰(난전)
	잎 무성해지는 모양 나	잎이 무성해지는 모양	
	나무 우거질 나	나무가 우거지다.	
	근심 난	근심	
離	떼놓을 리	떼어놓다, 떨어지다, 가르다.	離苦(이고)
	교룡 치	교룡(蛟龍)	
	이어지는 모양 리	이어지는 모양	
	떠날 리	떠나가다.	
	나란히 할 려	나란히 하다, 짝하다.	
	雨	**(비 우) 部**	
零	조용히 오는 비 령	조용히 오는 비	零雨(영우)
	종족이름 련	종족이름	
	떨어질 령	떨어지다.	
雷	우레 뢰	우레, 천둥	雷車(뇌거)
	돌 내리굴릴 뢰	돌을 내리굴리다.	
需	구할 수	구하다, 바라다.	需要(수요)
	부드러울 연	부드럽다.	需弱(연약)
	부드러울 유	부드럽다, 다룸가죽이 부드러운 모양	
霈	어두울 조	어둡다.	
	높고 험한 모양 책	높고 험한 모양	
霄	하늘 소	하늘	霄明(소명)
	닮을 초	닮다. = 肖	
霅	번개칠 잡	번개치다.	霅曄(잡엽)
	빛날 합	빛나다.	霅煜(합욱)
	흩어질 삽	흩어지다.	霅然(삽연)
震	벼락 진	벼락, 천둥	震怒(진노)
	아이 밸 신	아이를 배다. ≒ 娠	

한자	훈과 음	자　해	예
霓	무지개 예	무지개, 암무지개 ≒ 蜺	霓裳(예상)
	무지개 역	무지개, 암무지개 ≒ 蜺	
霙	진눈깨비 영	진눈깨비, 눈, 눈꽃	
	흰구름 앙	흰구름, 백운(白雲)의 모양	
霢	가랑비 맥	가랑비, 땀이 흐르는 모양	
	가랑비 멱	가랑비, 땀이 흐르는 모양	
霣	떨어질 운	떨어지다, 떨어뜨리다. ≒ 隕	霣霝(운령)
	우레 곤	우레, 천둥	
霸	으뜸 패	으뜸, 우두머리	霸心(패심)
	달넋 백	달의 넋, 달이 비로소 빛을 얻는 일 = 魄	
虁	토끼새끼 누	토끼새끼	
	성 만	성(姓)	
霿	하늘에 안개 자욱할 몽	하늘에 안개가 자욱하다.	
	인색할 무	인색하다, 어둡다, 어리석다.	
	안개 무	안개, 지상(地上)에서 생기는 안개	
靁	우레 뢰	우레, 천둥	
	거북이름 류	거북의 이름	
靄	아지랑이 애	아지랑이, 연무(煙霧)	
	아지랑이 알	아지랑이, 연무(煙霧)	
霽	비 뚝뚝 들을 사	비가 뚝뚝 듣다.	
	싸라기눈 선	싸라기눈 = 霰	
霮	보슬비 삼	보슬비, 비가 오는 모양	
	적실 첨	적시다, 보슬비	
靉	구름낄 애	구름이 끼다, 구름이 많이 끼는 모양	靉靉(애애)
	구름낄 의	구름이 성한 모양	
	非	**(아닐 비) 部**	
靡	쓰러질 미	쓰러지다, 쓸리다, 기울다.	靡樂(미락)
	갈 마	갈다, 쓸다, 비비다.	

한자	훈과 음	자 해	예
	革	**(가죽 혁) 部**	
革	가죽 혁	가죽	
	엄할 극	엄하다, 지독하다. ≒ 亟	
靸	신 삽	신, 가볍게 오르는 모양, 빨리 달리는 모양	靸習(삽습)
	제사신 급	제사 때 신는 신	
⿰革氐	밀치끈 지	밀치끈, 밀치끈의 늘어뜨린 가죽	
	바퀴통머리 기	바퀴통의 머리	
靼	다룸가죽 단	다룸가죽, 부드럽다.	
	다룸가죽 달	오랑캐이름, 달단	
靾	조위 안장 예	조위 안장 ※장례에 보내는 말의 안장	
	고삐 설	고삐	
靻	말굴레 조	말의 굴레	
	다룸가죽 단	다룸가죽	
⿰革占	안장 장식 첩	안장의 장식	
	말다래 점	말다래	
⿰革伏	수레덮개 복	수레의 덮개	
	수레덮개 피	수레의 덮개	
鞈	굳을 협	굳다, 굳은 모양	鞈匝(협잡)
	아이 신 삽	아이 신 = 靸	
	북소리 탑	북소리	
鞙	멍에끈 현	멍에를 매는 끈, 밀치끈	鞙鞙(현현)
	말꼬리 견	말꼬리, 재갈	
鞠	공 국	공, 궁(窮)하다.	鞠躬(국궁)
	궁궁이 궁	궁궁이 ≒ 芎	
鞞	칼집 병	칼집, 칼집 두겁의 장식 ≒ 琕	鞞琫(병봉)
	마상북 비	말 위에서 치는 북	鞞鼓(비고)
⿰革匋	북 요	북〔鼓〕	
	북통 도	북통	
鞨	말갈 갈	말갈(靺鞨) ※중국 북방 종족의 이름	
	두건 말	두건, 갈건(鞨巾)	

한자	훈과 음	자 해	예
鍪	투구 무	투구 ≒ 鍪, 끌채를 동인 가죽	
	끌채 동인 가죽 목	끌채를 동인 가죽	
轐	앞턱 가로나무싸개 복	수레 앞턱 가로나무를 싼 가죽 = 䩚	轐馬(복마)
	전동 보	전동 ※ 화살을 넣는 통	
䩸	신 기울 액	신을 깁다, 신의 머리	
	기울 핵	깁다, 보충하다.	
韠	슬갑 필	슬갑(膝甲), 수레 밧줄	
	칼집 병	칼집 = 鞞	
韄	칼끈 호	칼집에 달린 끈, 묶다, 가죽으로 동여매다.	
	칼끈 획	칼집에 달린 끈, 묶다, 가죽으로 동여매다.	
鞴薄	수레에 까는 자리 박	수레에 까는 자리, 짚신	
	멍에 싸는 가죽 부	멍에를 싸는 가죽	
韂	언치 참	언치, 짧은 언치	
	깃발 섬	깃발	
韋		**(다룸가죽 위) 部**	
韎	가죽 매	가죽, 붉은 가죽	韎樂(매악)
	양말 말	버선	
韐	슬갑 겹	슬갑(膝甲) ※꼭두서니 뿌리로 연하게 물들인 다룸가죽의 슬갑	
	띠 갑	띠, 가죽띠	
韛	허풍선 비	허풍선, 풀무 ※숯불을 피우는 기구	
	전동 복	전동(箭筒)	
韣	활집 독	활집 ※부린 활을 넣어두는 자루	
	활집 촉	자루 ※주머니, 전대 등 물건을 넣어 간직하는 것의 총칭	

한자	훈과 음	자 해	예
	頁	(머리 혈) 部	
頁	머리 혈	머리, 목, 목덜미 ※수(首)의 古字	
	책면 엽	책면(冊面)	
頃	밭넓이 단위 경	밭넓이의 단위	
	기울 경	기울다.	
	반걸음 규	반걸음	
頜	대머리 갈	대머리	
	볼 높을 곤	볼이 높다, 볼이 도도록한 모양, 볼의 뒤쪽	
頇	얼굴 클 한	얼굴이 큰 모양, 대머리진 모양	
	관 젖혀 쓸 안	관을 뒤로 젖혀 쓰다, 대머리지다.	
頎	헌걸찰 기	헌걸차다, 키가 크고 풍채가 장한 모양	頎大(기대)
	작을 간	작다, 적다. ≒少	頎典(간전)
頓	조아릴 돈	조아리다.	頓病(돈병)
	둔할 둔	둔하다, 무디다. ≒ 鈍	
頒	나눌 반	나누다, 구분하다.	頒給(반급)
	큰머리 분	큰머리의 모양	
頌	기릴 송	기리다, 칭송하다.	頌德(송덕)
	얼굴 용	얼굴, 용모 ≒ 容	
頊	삼갈 욱	삼가다, 자실(自失)한 모양	頊頊(욱욱)
	뒤통수 옥	뒤통수, 사람의 후두부(後頭部)	
頯	고깔 변	고깔, 관(冠)이 큰 모양, 낯, 얼굴	
	머리털 없을 반	머리털이 없다.	
頫	머리숙일 부	머리를 숙이다. ≒ 俛·俯	頫領(부령)
	볼 조	보다, 뵙다. ≒ 覜	頫眄(조혜)
頡	곧은목 힐	곧은목, 날아오르다.	頡滑(힐골)
	줄일 알	줄이다, 약취(掠取)하다.	
頯	광대뼈 규	광대뼈, 관골(顴骨)	
	드러날 괴	드러나다, 높이 드러나 아름다운 모양	頯然(괴연)
頷	턱 함	턱, 아래턱 = 頜	頷聯(함련)
	끄덕일 암	끄덕이다.	頷首(암수)

한자	훈과 음	자 해	예
頷	끄덕일 암	끄덕이다, 머리를 숙이다. ＝頷 ≒頷	
	굽은턱 금	굽은턱, 주걱턱, 하관이 빨다.	
類	무리 류	무리, 일족(一族), 동족(同族)	類同(유동)
	치우칠 뢰	치우치다, 편파(偏頗)	
顚	꼭대기 전	꼭대기, 정수리, 떨어지다.	顚委(전위)
	우듬지 진	우듬지, 나뭇가지의 끝	
顩	하관 빨 엄	하관이 빨다, 치열(齒列)이 가지런하지 못한 모양	
	추한 모양 검	추한 모양	
顫	떨릴 전	떨리다, 놀라다.	顫恐(전공)
	냄새 잘 맡을 선	냄새를 잘 맡다.	
風		**(바람 풍) 部**	
飈	회오리바람 표	회오리바람, 선풍(旋風)	
	많을 박	많다, 많은 모양	飈飈(박박)
颼	바람소리 수	바람소리, 바람	
	바람소리 소	바람소리, 바람	
飀	높이 부는 바람 류	높이 부는 바람, 서풍(西風)	飀風(유풍)
	바람소리 료	바람소리	飀戾(요려)
食		**(밥 식) 部**	
飠은 '食'이 변으로 쓰일 때의 자형, 飡은 필기체에서의 자형			
食	밥 식	밥, 쌀밥	食氣(식기)
	밥 사	밥, 곡식을 익힌 음식	食氣(사기)
	사람이름 이	사람이름	
飴	엿 이	엿, 단맛, 감미(甘味)	飴糖(이당)
	먹일 사	먹이다, 기르다.	
餐	먹을 찬	먹다, 마시다.	餐飯(찬반)
	밥 말 손	밥을 말다, 밥에 물을 부어 말다.	
餤	배부를 임	배부르다, 배불리 먹다.	
	떡 녑	떡	餤頭(엽두)

한자	훈과 음	자　해	예
餟	군신제 체	군신제(群神祭), 제사	餟食(체식)
	군신제 철	군신제(群神祭), 제사	
餳	엿 당	엿, 굳힌 엿	
	엿 성	쌀강정, 쌀로 만든 강정	
餫	보낼 운	보내다, 양식을 보내다.	餫夫(운부)
	만두 혼	만두, 빵 ≒ 餛·餫	餫飩(혼돈)
餻	호궤할 호	호궤하다, 군사를 위로하여 음식을 베풀어주다. = 犒	
	떡 고	떡, 경단(瓊團)	
餲	배부를 어	배부르다. = 飫	
	배부를 우	편안히 먹다. = 飫	
饐	쉴 의	쉬다, 음식이 썩다, 음식이 상하다.	
	목멜 열	목이 메다, 음식이 목에 걸려 넘어가지 않다. = 噎	
	쉴 애	음식이 쉬다, 음식에서 냄새가 나다.	
饎	주식 치	주식(酒食)	
	주식 희	술과 음식	
饖	쉴 예	쉬다, 밥이 상하여 변하다. = 饐	
	쉴 의	쉬다, 밥이 상하여 변하다. = 饐	
饟	건량 양	건량(乾糧), 익혀서 말린 음식	饟道(양도)
	건량 상	군량(軍糧), 군대의 양식 = 餉	
首	**(머리 수) 部**		
馘	벨 괵	베다, 전쟁에서 적의 왼쪽 귀나 머리를 베다.	馘耳(괵이)
	낯 혁	낯, 얼굴	
馬	**(말 마) 部**		
馮	탈 빙	타다, 오르다. ≒ 憑, 넘보다, 업신여기다.	馮怒(빙노)
	성 풍	성(姓)	馮夷(풍이)
駱	낙타 락	낙타, 약대	
	노새 책	노새 ※수나귀와 암말과의 튀기	

한자	훈과 음	자 해	예
馴	길들 순	길들다, 짐승이 사람이 시키는 대로 하다.	馴德(순덕)
	가르칠 훈	가르치다. ≒ 訓, 따르다, 좇다.	
駃	버새 결	버새, 준마(駿馬)의 이름	駃騠(결제)
	빠를 쾌	빠르다. ≒ 快, 말이 빨리 달리다.	駃流(쾌류)
駔	준마 장	준마(駿馬), 기세가 좋은 말	駔工(장공)
	꼰 끈 조	꼰 끈, 실을 여러 올로 짠 끈, 끈목≒組	駔琮(조종)
騃	어리석을 애	어리석다.	騃女(애녀)
	말 달릴 사	말이 달리다.	
駸	말 달릴 침	말이 달리는 모양	駸駸(침침)
	말 모일 참	말이 모이는 모양	
駢	나란히 할 변	나란히 하다, 말 두 필을 나란히 하여 수레에 매다.	駢死(변사)
	나란히 할 병	나란히 하다.	
騧	공골말 과	공골말, 주둥이가 검은 공골말	
	공골말 와	공골말, 주둥이가 검은 공골말	
駊	말 살찔 필	말이 살찌다.	
	얼룩말 박	얼룩말	
驕	교만할 교	교만하다, 남을 깔보다, 업신여기다.	驕倨(교거)
	사냥개 효	사냥개, 주둥이가 짧은 사냥개	
驔	정강이 흰 말 담	정강이털이 길고 흰 말	
	정강이 흰 말 점	검은 말, 등이 누른 검은 말	
驪	가라말 려	온몸의 털빛이 검은 말	驪歌(여가)
	가라말 리	나란히 하다, 두 필의 말을 나란히 매다.	
骨		**(뼈 골) 部**	
骭	정강이뼈 간	정강이뼈, 경골(脛骨)	
	정강이뼈 한	정강이, 무릎의 밑, 갈빗대	
骰	주사위 투	주사위	骰子(투자)
	허벅다리 고	허벅다리 = 股	

한자	훈과 음	자　해	예
髟		**(긴털 드리울 표) 部**	
髦	다팔머리 모	다팔머리, 긴 털, 머리털 가운데 굵고 긴 털	髦老(모로)
	오랑캐 무	오랑캐의 이름	
髴	비슷할 불	비슷하다.	
	머리 흐트러질 비	머리가 흐트러진 모양	
髻	상투 계	상투 ※머리털을 끌어올려서 정수리 위에 감아맨 것	髻根(계근)
	부엌귀신 길	부엌귀신, 조왕신	
髢	다리 체	다리, 월자(月子), 깎다, 머리를 깎다.	髢剔(체척)
	다리 척	다리, 월자(月子), 깎다, 머리를 깎다.	
鬃	갈기 종	갈기, 말갈기 = 鬤	
	묶은 머리 총	묶은 머리, 총각(鬃角)	
鬥		**(싸울 투) 部**	
鬥	싸울 투	싸우다, 두 병사가 손에 병기를 들고 싸우다.	
	다툴 각	다투다, 두 사람이 손에 물건을 들고 다투다.	
鬨	싸울 홍	싸우다, 투쟁하다, 함성을 지르다.	
	싸울 항	싸우다, 투쟁하다, 함성을 지르다.	
鬮	제비 구	제비, 추첨, 쟁취(爭取)하다.	
	제비 규	손에 잡다, 손으로 잡다.	
鬲		**(다리 굽은 솥 력) 部**	
鬲	솥 력	발이 세 개 달린 속이 비어 있는 그릇	
	손잡이 격	손잡이 = 搹, 막다, 사이를 막다.	鬲絶(격절)
鬼		**(귀신 귀) 部**	
魄	넋 백	넋, 사람의 생장을 돕는 음(陰)의 기운	魄吏(백리)
	찌꺼기 박	찌꺼기, 재강 ≒ 粕	魄然(박연)
	영락할 탁	영락(零落)하다.	
魏	나라이름 위	나라이름	
	빼어날 위	빼어나다.	魏魏(위위)
	빼어날 외	빼어나다.	魏魏(외외)

한자	훈과 음	자 해	예
魋	북상투 추	북상투 ≒ 椎	
	곰 퇴	곰[熊], 털빛이 붉은 곰	
魖	추악할 차	추악하다, 보기 흉하다.	
	산귀신 도	산귀신, 산에 사는 귀신	
魘	가위눌릴 염	가위눌리다, 악몽(惡夢)에 시달리다.	魘死(염사)
	가위눌릴 압	가위눌리다, 악몽(惡夢)에 시달리다.	
魚		**(물고기 어) 部**	
釣	낚을 조	낚시질하다, 낚시	
	고기 그물에 걸릴 적	물고기를 잡다.	
黿	큰 자라 원	큰 자라	
	모나지 않을 완	모나지 아니하다, 규각(圭角)이 없는 모양	黿斷(완단)
鮏	비릴 성	비리다.	
	고기이름 쟁	고기이름	
鮴	가시망둑 유	가시망둑	
	납자루 요	납자루 ※잉엇과에 딸린 민물고기	
鮐	복 태	복, 하돈(河豚), 늙다, 늙은이	鮐背(태배)
	복 이	복, 하돈(河豚), 늙다, 늙은이	
鮭	복 규	복, 복어	
	어채 해	어채(魚菜), 조리(調理)한 어채의 총칭	
鮬	납자루 보	납자루	
	알젓 고	알젓, 어란(魚卵)	
鮧	복 이	복, 하돈(河豚)	
	메기 제	메기, 큰 메기	
鮨	젓갈 지	젓갈, 물고기의 젓갈	
	다랑어 예	다랑어	
鯈	피라미 조	피라미	鯈魚(조어)
	곤이 주	곤이(鯤鮞)	
鯇	산천어 혼	산천어(山川魚), 초어(草魚)	鯇魚(혼어)
	산천어 완	산천어(山川魚), 초어(草魚)	

한자	훈과 음	자 해	예
鯖	청어 청	청어	
	오후정 정	오후정 ※열구자탕 비슷한 어육(魚肉) 등을 섞어 조리한 요리이름	
鰓	아가미 새	아가미, 어류의 호흡기	鰓骨(새골)
	두려워할 시	두려워하는 모양	鰓鰓(시시)
鯽	붕어 즉(적)	붕어, 부어(鮒魚)	
	오징어 적	오징어	
鰈	가자미 탑(첩)	가자미 = 鰨·魼	
	납자루 첩	납자루	
	비늘 나란할 삽	비늘이 나란한 모양	
鰨	가자미 탑	가자미 = 鰈	
	도롱뇽 납	도롱뇽, 산초어(山椒魚)	
鰥	환어 환	환어(鰥魚)	
	곤이 곤	곤이(鯤鮞), 물고기의 알 = 鯤	
鱄	물고기이름 전	물고기이름, 전어(鱄魚)	
	물고기이름 단	물고기이름	
鱖	쏘가리 궐	쏘가리, 궐어(鱖魚)	鱖豚(궐돈)
	쏘가리 궤	쏘가리, 궐어(鱖魚)	
鱐	건어 숙	건어(乾魚), 말린 물고기	
	건어 수	건어(乾魚), 말린 물고기	
鱣	철갑상어 전	철갑상어, 황어(鰉魚)	
	드렁허리 선	드렁허리, 선어 ≒ 鱓	
鱺	뱀장어 리	뱀장어	
	가물치 례	가물치 = 鱧	
	鳥	**(새 조) 部**	
鳥	새 조	새, 두 날개와 두 발을 가진 동물의 총칭	鳥道(조도)
	땅이름 작	땅이름	
	섬 도	섬, 해곡(海曲)	鳥夷(도이)

한자	훈과 음	자 해	예
鳱	까치 간	까치 = 鳱	
	기러기 안	기러기 = 雁	
	산박쥐 한	산박쥐, 한호충(寒號蟲)	
鳲	뱁새 결	뱁새, 초료(鷦鷯)	
	접동새 계	접동새, 두견이	
鴌	성 궉	성(姓)	
	봉새 봉	봉새	
鳺	오디새 부	오디새, 후투티	
	두견이 규	두견이, 접동새	
鳻	파랑새 분	파랑새, 청조(靑鳥)	
	뻐꾸기 만	뻐꾸기	
鳪	꿩 치	꿩	
	새매 골	새매 ※맷과에 속하는 작은 매	
鴹	외발새 양	외발새	
	날 상	날다, 비상(飛翔)하다.	
鳶	소리개 연	소리개	
	물수리 악	물수리, 징경이	
鷈	사다새 제	사다새 = 鵜	
	날다람쥐 이	날다람쥐	
鵠	고니 곡	고니, 백조(白鳥)	鵠立(곡립)
	과녁 곡	과녁, 정곡(正鵠)	
	클 호	크다, 넓다. ≒ 浩	
鷅	꾀꼬리 리	꾀꼬리, 황조(黃鳥)	
	사다새 례	사다새	
鵯	떼까마귀 비	떼까마귀, 당까마귀	鵯鶋(비겹)
	떼까마귀 필	떼까마귀, 당까마귀	鵯鶋(필거)
鶉	메추라기 순	메추라기, 아름답다.	鶉居(순거)
	수리 단	수리 ※수릿과의 맹조(猛鳥)	
鷁	새이름 역	물새의 하나, 새이름	
	새이름 예	새의 새끼, 거위가 우는 소리	

한자	훈과 음	자 해	예
鶤	댓닭 운	댓닭, 큰 닭	
	봉황새 곤	봉황(鳳凰)의 딴이름	
鶡	새이름 할	새이름 ※꿩과의 꿩 비슷한 새	
	파랑새 분	파랑새, 청조(靑鳥)	
鶼	비익조 겸	비익조(比翼鳥)	
	쫄 감	쪼다, 새가 모이 같은 것을 쪼다.	
鶻	송골매 골	송골매, 골매	鶻突(골돌)
	나라이름 흘	나라이름	
鷇	새 새끼 구	새 새끼	
	깰 각	깨다, 알에서 부화(孵化)하려고 하는 새끼	
鵠	땅이름 혹	땅이름	
	학 학	학 = 鶴	
鷗	갈매기 구	갈매기 ※갈매깃과에 딸린 물새 ≒ 漚	
	갈매기 우	갈매기 ※갈매깃과에 딸린 물새 ≒ 漚	
鷙	맹금 지	맹금(猛禽), 매·수리 따위	鷙鳥(지조)
	순종 아니할 치	순종하지 아니하다, 반발하다.	
鶗	접동새 제	접동새, 두견이	
	새이름 단	새이름, 꿩 새끼	
鷸	노요새 휼	도요새	
	새매 술	새매	
鷴	선회하여 날 환	선회(旋回)하여 날다. ≒ 旋	
	물새이름 선	물새이름, 해오라기, 교청(鵁鶄)	
鸛	황새 관	황새	鸛鵲(관작)
	구관조 권	구관조	
鹿	**(사슴 록) 部**		
麃	큰사슴 포	큰사슴	
	풀 벨 표	풀을 베다.	
	변할 표	변하다, 동물이 털빛을 바꾸다.	麃搖(표요)
麇	노루 균	노루 = 麕	
	떼지어 모일 군	묶다, 결박하다, 떼지어 모이다.	麇至(군지)

한자	훈과 음	자 해	예
麕	고라니 균	고라니	
	떼 지을 군	떼지어 모이다, 군집(羣集)하다.	
麗	고울 려	곱다, 우아하다.	麗曲(여곡)
	꾀꼬리 리	꾀꼬리	
	나라이름 려	나라이름	
麥	**(보리 맥) 部**		
麳	보릿겨 굉	보릿겨, 겉보리	
	누룩곰팡이 황	누룩의 곰팡이	
黑	**(검을 흑) 部**		
黔	검을 검	검다, 그을다, 검어지다, 검은빛	黔突(검돌)
	귀신이름 금	귀신이름, 조화(造化)의 신	
黮	검을 담	검다, 오디가 검다, 새까맣다.	黮黮(담담)
	오디 심	오디, 뽕나무의 열매 = 葚	
	어두울 탐	어둡다, 밝지 못한 모양	黮闇(탐암)
黴	곰팡이 미	곰팡이, 곰팡이가 피다.	黴菌(미균)
	곰팡이 매	곰팡이, 곰팡이가 피다.	
黶	검정사마귀 염	검정사마귀, 속이 검다.	黶然(염연)
	검은 반점 암	검은 반점(斑點)	
黽	**(맹꽁이 맹) 部**		
黽	힘쓸 민	힘쓰다, 노력하다.	黽勉(민면)
	맹꽁이 맹	맹꽁이	
	고을이름 면	고을이름	
齊	**(가지런할 제) 部**		
齊	가지런할 제	가지런하다, 가지런하게 하다.	齊敬(제경)
	조화할 제	조화하다, 음식의 간을 맞추다.	
	옷자락 자	옷자락, 옷의 아랫자락	
	재최 재	재최(齊衰)	
	자를 전	자르다, 베어 끊다. 늑 剪	

한자	훈과 음	자 해	예
齋	재계할 재	재계(齋戒)하다.	齋潔(재결)
	상복 재	상복(喪服)	
齎	가져올 재	가져오다, 가져가다.	齎金(재금)
	탄식할 자	탄식하는 소리	齎送(자송)
	휴대하는 물건 자	휴대하는 물건	
齒		(이 치) 部	
齗	잇몸 은	잇몸, 치은(齒齦)	齗骨(은골)
	웃을 언	웃다. ≒ 齴	
齟	어긋날 저	어긋나다. ※위아랫니가 서로 어긋나 맞지 않는 일	齟齬(저어)
	어긋날 서	어긋나다.	
齦	잇몸 은	잇몸, 치은	齦齦(은은)
	물 간	물다, 깨물다.	齦齶(간악)
齳	이 없을 운	이가 없다, 이가 빠지고 없다.	
	이 솟아날 곤	이가 솟아나는 모양, 물다, 깨물다.	
齺	이 바르지 못할 추	이가 바르지 못한 모양, 이가 한쪽으로 쏠리다.	
	악착할 착	악착하다. = 齱	
齴	이 부러질 추	이가 부러지다, 말 입에 물린 재갈	
	물 삭	물다.	齴然(삭연)
齾	웃을 은	웃다, 이가 가지런하다.	
	이 날 은	이가 나는 모양 ≒ 齗	
龍		(용 룡) 部	
龍	용 룡	용	龍袍(용포)
	잡색 방	흑백의 잡색	
	언덕 롱	언덕	龍斷(농단)
	사랑할 총	사랑, 은총	
龎	클 방	크다, 두텁고 크다.	龎龎(방방)
	충실할 롱	충실하다, 강성(彊盛)하다.	龎龎(농롱)

한자	훈과 음	자　　해	예
	龜 (거북 귀) 部		
龜	거북 귀	거북	龜鑑(귀감)
	나라이름 구	나라이름	
	틀 균	트다, 터지다, 손이 트다.	龜裂(균열)
	龠 (피리 약) 部		
龡	불 취	불다, 바람 따위가 불다. = 吹	龡籥(취약)
	피리 불 취	피리를 불다.	

제17장

자의字義의 차이점

한 문장을 작성하는 데 있어서 '길을 가다'라고 할 때에 '가다'는 뜻이 한자어에는 여러 가지가 있는데 이때 어떤 한자어를 쓸 것인가를 정리한 부분이다.

뜻	한자	훈과 음	해 석
가	邊	가 **변**	모든 가, 언저리
	涯	물가 **애**	물가, 끝
가다	行	갈 **행**	걸어가다, 다니다. 飯止
	去	갈 **거**	떠나가다
	適	갈 **적**	목표를 향하다, 가다
	之	갈 **지**	그저 가다, 보어 동반
가득하다	充	가득할 **충**	유형물(有形物)이 가득함
	滿	찰 **만**	유(有)·무형물(無形物)에 두루 쓰임
가르치다	敎	가르칠 **교**	글·이치를 가르치다
	訓	가르칠 **훈**	훈계하다, 인도(경계)하다
가운데	中	가운데 **중**	가운데, 속
	央	가운데 **앙**	복판
감탄사	嗚	탄식 소리 **오**	오호(嗚呼) 등 두 자로 쓰임
	噫	탄식할 **희**	대개 한 자로 쓰임

뜻	한자	훈과 음	해 석
강	江	강 **강**	큰 강
	河	강 이름 **하**	강보다 작은 강
갖추다	供	이바지할 **공**	바치다
	具	갖출 **구**	결함없이 갖추다
	備	갖출 **비**	미리 마련하여 두다
같다	如	같을 **여**	같다, 널리 쓰임
	若	같을 **약**	여(如)와 같음. 강한 음감(音感)
	猶	오히려 **유**	마치 ~와 같다
	似	같을 **사**	사물이 비슷하다
	肖	닮을 **초**	얼굴·인상·마음이 같다
	同	한가지 **동**	똑같다 ㉕異
갚다	報	갚을 **보**	원수·은혜를 갚다
	償	갚을 **상**	빚·대가(代價)를 치르다
값	價	값 **가**	물건의 값
	値	값 **치**	가치. 해당하는 수
개	犬	개 **견**	큰 개
	狗	개 **구**	강아지
거느리다	統	큰줄기 **통**	하나로 묶어 거느림
	領	다스릴 **령**	차지하여 다스리다
	率	거느릴 **솔**	거느려 인도하다
거두다	收	거둘 **수**	들이는 곳에 넣다
	穫	거둘 **확**	곡식을 거두다
거듭	重	거듭할 **중**	있는 위에 겹치다
	申	거듭할 **신**	말을 거듭하다
거만하다	傲	거만할 **오**	자기 멋대로 하다
	慢	거만할 **만**	자기 잘난 척하다

뜻	한자	훈과 음	해석
거울	鏡	거울 경	거울, 반사하는 면
	鑑	거울 감	거울삼다
거짓	僞	거짓 위	물건·행위의 거짓
	詐	속일 사	말의 거짓. 속임
건너다	涉	건널 섭	물을 걸어서 건너다
	濟	건널 제	물을 배로 건너다
	渡	건널 도	물·세월 등 널리 쓰임
	越	넘을 월	저편으로 건너가다
검다	黑	검을 흑	새까맣다 ⑪白
	玄	검을 현	적흑색(赤黑色), 심원하여 빛이 못 미침
게으르다	怠	게으를 태	마음이 풀려 게으름
	慢	게으를 만	거만하여 허술히 여김
겨레	族	겨레 족	모든 친척
	親	겨레 친	성이 같은 친척, 일가
	戚	겨레 척	성이 다른 친척
경계하다	警	경계할 경	알려 주의시키다
	戒	경계할 계	사전에 강력히 타이르다
경치	景	경치 경	볕이나 태양빛을 의미
	光	빛 광	빛과 광채의 의미
	風	바람 풍	경치, 경관
	觀	볼 관	바라보는 것, 관찰하는 것
	致	운치 치	멋, 운치
계통	系	이을 계	좁은 의미의 줄기
	統	큰줄기 통	넓은 의미의 줄기
계획	計	계획 계	선(善)·악(惡) 두루 쓰임
	算	셈할 산	선(善)에만 쓰임
고요하다	靜	고요할 정	떠들지 않음
	寂	고요할 적	소리나지 않음

뜻	한자	훈과 음	해 석
고치다	更	고칠 경	다른 것으로 바꿈
	改	고칠 개	기본을 뜯어고침
곧다	直	곧을 직	마음·사물의 곧음
	貞	곧을 정	마음이 곧고 바르다
곳	處	곳 처	곳. 널리 쓰임
	所	바 소	땅의 곳
	場	마당 장	넓은 곳
구멍	穴	구멍 혈	밑이 막힌 구멍
	孔	구멍 공	밑이 뚫린 구멍
구제하다	救	건질 구	난(難)·위(危)·악(惡)에서 구제
	濟	건질 제	큰 의미에 쓰임
군인	軍	군사 군	군대
	卒	군사 졸	병사
	兵	군사 병	군인. 널리 쓰임
굳다	硬	굳을 경	쇠·돌·촉감이 딱딱함
	堅	굳을 견	물질이 굳음
	固	굳을 고	지킴이 굳음
굽다	屈	굽을 굴	구부정하다 ㉫伸
	曲	굽을 곡	꺾어져 굽다 ㉫直
궁리하다	究	궁구할 구	밑바닥까지 알아내다
	窮	궁구할 궁	갈 수 있는 데까지 감
권하다	勸	권할 권	힘을 내게 하다
	獎	권면할 장	도와서 하게 하다
귀 신	鬼	귀신 귀	나쁜 귀신. 영혼
	神	귀신 신	천(天)·산(山)·수(水)의 신
그	其	그 기	사람·사물(事物)에 널리 쓰임
	厥	그 궐	고서(古書 : 三經)에 쓰임

뜻	한자	훈과 음	해 석
그리다	圖	그림 도	모양과 상태를 그리다
	畵	그림 화	모양과 색채를 그리다
그만두다	罷	그칠 파(파할 파)	연회 따위를 끝내다
	已	이미 이	그것뿐으로 끝나다
	休	그칠 휴	마지막으로 하다
근심	憂	근심할 우	마음이 상하여 신경 씀
	患	근심 환	재난 따위의 걱정
글	經	경서 경	성인의 글
	書	글 서	글. 편지
	文	글월 문	시(詩) 외의 모든 글
기계	機	틀 기	베틀. 틀. 덫
	械	기구 계	모든 장치. 무기
기다리다	待	기다릴 대	오기를 기다림
	候	기다릴 후	어른·관직을 기다림
	須	기다릴 수	조건·사물을 기다림
기러기	鴻	큰 기러기 홍	큰 기러기
	雁	기러기 안	작은 기러기
기록	記	기록할 기	외우려고 적다
	錄	기록할 록	훗날 보려고 적다
	述	기록 술	서술하여 적다
기르다	養	기를 양	기르다. 널리 쓰임
	育	기를 육	키우다
	牧	기를 목	소·말을 기르다
	畜	기를 휵	사랑하여 기르다
기쁘다	喜	기쁠 희	기분이 좋다
	悅	기쁠 열	만족하여 기쁘다
	歡	기뻐할 환	소리·행동으로 기뻐함

뜻	한자	훈과 음	해 석
길	道	길 도	큰 길
	路	길 로	작은 길
	程	길 정	길의 거리
	途	길 도	길의 코스
길다	長	길 장	시간·물건 두루 쓰임
	永	길 영	시간적으로 길다
	修	길 수	키가 길다
깨닫다	覺	깨달을 각	모르던 것을 훤히 알다
	悟	깨달을 오	마음의 미혹이 풀리다
	曉	깨달을 효	각(覺)·오(悟)보다 가볍고 얕은 뜻
	了	깨달을 료	확실히 알다
	解	풀 해	뜻·이치를 알다
꺾다	抑	억누를 억	억누르다
	折	꺾을 절	굽혀 꺾다
꾸짖다	責	꾸짖을 책	남의 나쁨을 공격함
	讓	꾸짖을 양	이유를 물어 꾸짖음
끌다	提	끌 제	손에 들다. 가지다
	携	끌 휴	몸에 지니다. 이끌다
끝	端	끝 단	처음·마지막 양쪽 끝
	末	끝 말	끝 ⑭本
	終	끝날 종	사물의 끝 ⑭始
	極	극 극	절정. 한계. 지구·음양의 끝
끊다	絶	끊을 절	끝나고 말다
	斷	끊을 단	둘로 나누다
나	吾	나 오	나
	我	나 아	우리. 나
	己	자기 기	자기

뜻	한자	훈과 음	해 석
	余	나 **여**	옛글 문두(文頭)에 많이 쓰임
	予	나 **여**	옛글에서 높은 사람 자칭(自稱)
나그네	賓	손 **빈**	귀한 손님
	客	손 **객**	나그네 ⊕主
	旅	나그네 **려**	집 떠난 사람
나라	國	나라 **국**	널리 쓰임
	邦	나라 **방**	우방(友邦). 연방(聯邦)
나무	樹	나무 **수**	살아 서 있는 나무
	木	나무 **목**	모든 나무
나물	菜	나물 **채**	나물의 총칭
	蔬	나물·푸성귀 **소**	신선한 야채
나아가다	就	나아갈 **취**	나아가 몸담다
	卽	나아갈 **즉**	위치에 나아가다
	進	나아갈 **진**	앞으로 나아가다
나타내다	表	겉 **표**	나타내어 알리다
	現	나타날 **현**	나타내어 보이다
	著	나타날 **저**	뚜렷이 나타내다
날카롭다	銳	날카로울 **예**	끝이 뾰죽하다
	利	날카로울 **리**	칼이 잘 들다
낫다	勝	나을 **승**	뛰어나게 낫다
	愈	나을 **유**	비교적 낫다
	優	넉넉할 **우**	훌륭하다
낮다	低	낮을 **저**	높이가 낮다 ⊕高
	卑	낮을 **비**	신분이 낮다 ⊕尊
내	川	내 **천**	큰 내
	溪	시내 **계**	작은 내(시내)
내리다	降	내릴 **강**	떨어지듯 내려오다
	下	아래 **하**	차츰 낮은 데로 내려오다

뜻	한자	훈과 음	해 석
넉넉하다	給	넉넉할 급	갖추어 충분하다
	足	넉넉할 족	욕구가 차다
넓다	廣	넓을 광	물건이 넓음
	博	넓을 박	견문(見聞)이 넓음
	弘	넓을 홍	철학적인 것이 넓음
	汎	넓을 범	막연하게 넓음
	普	넓을 보	널리 퍼지다
	洪	넓을 홍	물이 불어 냇물이 넓어짐
노래	歌	노래 가	노래. 널리 쓰임
	謠	노래 요	수준이 낮은 노래
높다	高	높을 고	높다. 널리 쓰임
	尊	높을 존	지위·인격이 높다
	崇	높을 숭	산이 높음. 고귀(高貴)함
	隆	클 륭	크다·풍성하고 크다·높다·높이다
놓다	釋	놓을 석	죄인(罪人)을 풀어놓다
	放	놓을 방	밖에 내놓다. 내버리다
누구	孰	누구 숙	누구. 어느 것
	誰	누구 수	누구냐(疑問·反語)
눈	眼	눈 안	눈구멍과 눈알
	目	눈 목	눈 전체
늘	恒	항상 항	변하지 않음
	常	항상 상	늘
	每	마다 매	~마다(每事)
다	皆	다 개	다. 널리 쓰임
	盡	다할 진	다시 없게 다
	咸	다 함	여러 사람 모두 다
다다르다	赴	나아갈 부	한 곳을 향하여 가다
	臨	임할 림	내려다보다. 높은 사람이 낮은 데 가다

뜻	한자	훈과 음	해 석
다르다	異	다를 이	같지 않다 ㉣同
	殊	다를 수	개별(個別)로 갈라지다
	他	다를 타	딴. 다름(관형사·명사)
다리	橋	다리 교	내·골짜기의 큰 다리
	梁	대들보 량	물에 걸치는 작은 다리
다만	但	다만 단	앞의 말에 대하여 보충조건을 붙임
	只	다만 지	이것뿐(한정의 뜻)
다스리다	治	다스릴 치	잘 처리하다
	理	다스릴 리	조리(條理)를 세우다. 조리
다음	次	다음 차	순서를 말함 ㉣長
	副	다음 부	예비·보조 ㉣正
	亞	버금 아	사람에게 쓰임
다투다	競	다툴 경	겨루어 다투다
	爭	다툴 쟁	싸워 다투다
달리다	奔	달릴 분	힘차게 달아나다
	走	달릴 주	뛰어가다
	驅	몰 구	말이 달리다
	馳	달릴 치	말·수레를 가게 하다
대답	對	대답할 대	윗사람에게 대답함
	答	대답할 답	물음에 대답함
더하다	增	더할 증	늘리다 ㉣減
	加	더할 가	더하다 ㉣減
	益	더할 익	불리다 ㉣損
덥다	溫	따뜻할 온	따뜻함. 널리 쓰임
	暖	더울 난	따뜻함. 주로 날씨
	暑	더울 서	기후의 온도가 높음
	熱	뜨거울 열	물체의 온도가 높음
	炎	불탈 염	서(暑)보다 높은 온도

뜻	한자	훈과 음	해 석
도둑	盜	도둑 도	물건을 훔치다
	賊	도둑 적	나라·사람을 해치다
도망하다	逃	달아날 도	피하여 빠지다
	亡	도망 망	국외(國外)로 도망하다
돌다	回	돌아올 회	방향을 바꿈. 회전(回轉)
	旋	돌 선	빙빙 돌다. 순환(循環)
돌아오다	歸	돌아올 귀	출발한 곳에 다시 오다
	還	돌아올 환	갔던 사람이 오다
	返	돌아올 반	되돌아오다 ㉦往
	復	돌아올 복	갔던 길로 오다
	反	되돌릴 반	돌이키다
돕다	扶	도울 부	어려움을 돕다
	助	도울 조	일을 돕다
	援	도울 원	도와 구제하다
	相	서로 상	임금을 돕다
	佐	도울 좌	윗사람을 돕다
	贊	도울 찬	힘을 보태다
두렵다	恐	두려울 공	~할까봐 무섭다
	懼	두려울 구	일에 당하여 무서워함
	畏	두려울 외	무서워 존경함
두텁다	敦	두터울 돈	생각이 두텁다
	厚	두터울 후	마음·두께가 두텁다 ㉦薄. 널리 쓰임
	篤	두터울 독	알차고 순수하다
둘	二	두 이	수량·순서
	兩	두 량	두 번. 짝
	再	두 재	두 번. 다시
둥글다	圓	둥글 원	평면의 둥근 모양
	丸	둥글 환	알처럼 둥근 물체
	圍	둘레 위	주로 둥글게 모임에 쓰임

뜻	한자	훈과 음	해 석
드러내다	暴	드러낼 폭	남이 보이게 하다
	露	드러낼 로	덮개가 없다. 밖에 내놓다
듣다	聽	들을 청	의식하고 잘 듣다
	聞	들을 문	귀에 들려오다
들	野	들 야	들판
	郊	성밖 교	도시에 접한 들
들다	擧	들 거	들어올리다
	矯	들 교	머리·날개를 쳐들다
등급	等	등급 등	비교의 뜻
	級	등급 급	단계의 뜻
따르다	循	따를 순	차츰차츰 따라가다
	遵	좇을 준	도리를 지킴
	順	따를 순	모든 일을 거스리지 않고 따름
	從	좇을 종	상대편 뜻대로 따름
	隨	따를 수	앞사람에게 맡겨 따름
땅	地	땅 지	땅
	坤	땅 곤	철학적 의미의 땅
떨어지다	墮	떨어질 타	무너져 떨어지다
	落	떨어질 락	위에서 아래로 떨어짐
	零	떨어질 영	쇠하여 떨어지다
뛰다	跳	뛸 도	뛰어오르다
	超	넘을 초	뛰어넘다
뛰어나다	英	꽃부리 영	사람에게 쓰임. 영재(英才)
	秀	빼어날 수	두루 쓰임. 수봉(秀峰) 수재(秀才)
또	又	또 우	또다시. 그리고 또
	且	또 차	또한. 동시에
	亦	또 역	역시

뜻	한자	훈과 음	해 석
뜻	志	뜻 지	희망
	情	뜻 정	속마음
	意	뜻 의	하려는 마음
마땅하다	宜	마땅할 의	이치에 맞다. 좋다
	當	당할 당	들어맞다. 바르다
마을	村	마을 촌	시골 마을
	鄕	시골 향	고향 마을
	里	마을 리	마을. 행정구역
	部	마을 부	모여 사는 동네
	落	떨어질 락, 마을 락	부락(部落)으로 쓰임
마르다	枯	마를 고	나무·풀이 마르다
	渴	목마를 갈	물이 마르다. 목마르다
	乾	마를 건	물기가 빠지다
	燥	마를 조	윤기가 없다
마치다	卒	군사 졸, 마칠 졸	일을 끝마치다. 졸업
	了	마칠 료	확실히 끝맺다. 완료
	畢	마칠 필	완전히 끝내다
	竟	다할 경	끝까지 다. 가다
막다	障	가로막을 장	칸막다
	塞	막을 색	흙을 쌓아 막다
	防	둑 방	미리 막다
	關	빗장 관	문을 잠가 막다
	拒	막을 거	접근 못하게 막다
만나다	遇	만날 우	우연히 만나다. 때를 만나다
	逢	만날 봉	만나다. 널리 쓰임
만들다	製	지을 제	생각하여 만들다
	造	지을 조	오래 걸려 만들다
	作	지을 작	처음으로 만들다

뜻	한자	훈과 음	해 석
말	言	말씀 언	말. 자기가 말하다
	語	말씀 어	말. 어려운 대화
	談	말씀 담	쉬운 대화
	辭	말 사	단어. 수식된 말
	說	말씀 설	풀이말
	話	말할 화	이야기
	辯	말잘할 변	이치를 밝히는 말
말하다	曰	가로되 왈	말한다(현재, 직접 인용)
	言	말씀 언	말했다(과거)
	云	이를 운	인용하는 말
	謂	이를 위	평론하는 말
	道	말할 도	동사로만 쓰임
맡기다	委	맡길 위	내맡기다
	任	맡길 임	책임지워 맡기다
많다	多	많을 다	수(數)가 많다
	衆	무리 중	많은 사람 ㉕寡
	庶	뭇 서	여러 가지로 많음
맑다	淸	맑을 청	사물이 맑다 ㉕濁
	淨	깨끗할 정	물건·마음이 깨끗하다
	潔	깨끗할 결	몸·마음이 깨끗하다
	淑	맑을 숙	인품·기후가 맑다
	雅	우아할 아	우아하여 맑다
머리	頭	머리 두	머리. 널리 쓰임
	首	머리 수	머리. 첫째의 뜻
머무르다	停	머무를 정	잠깐 머무르다
	住	살 주	머물러 살다
	留	머무를 류	머물러 있다 ㉕去
	止	그칠 지	멈추다 ㉕動

뜻	한자	훈과 음	해석
멀다	遙	멀 요	아득히 멀다
	遠	멀 원	멀다. 널리 쓰임 ㉞近
명령	命	명령 명	말[口]로 시킴
	令	명령 령	주로 관청의 명령
모범	模	본뜰 모	모범. 본뜨다
	範	모범 범	모범. 널리 쓰임
모시다	待	기다릴 대	모시다. 널리 쓰임
	御	어거할 어	임금을 모시다
모양	樣	모양 양	모양(貌樣)
	相	서로 상	모습. 진상(眞相)
	狀	형상 상	형상. 상황. 죄상(罪狀)
	況	하물며 황	형편. 근황(近況)
	像	형상 상	형체. 상상(想像)
	姿	맵시 자	사람의 모습. 자세(姿勢)
모으다	募	모을 모	널리 불러 모으다
	集	모을 집	한 곳에 모으다 ㉞散
모이다	集	모일 집	흩어진 것이 모이다
	合	합할 합	합치다 ㉞離
	會	모일 회	모여 만나다
목욕	沐	머리감을 목	머리감다
	浴	목욕할 욕	몸을 씻다
	洗	씻을 세	발·물건을 씻다
몸	身	몸 신	머리 이외의 몸
	體	몸 체	몸 전체
못	池	못 지	못. 연못
	澤	못 택	냇물이 막힌 곳
	潭	깊을 담	깊은 못. 소

뜻	한자	훈과 음	해 석
무너지다	崩	무너질 붕	산이 무너짐
	壞	무너질 괴	벽 따위가 무너짐
무덤	墳	무덤 분	묘보다 큰 무덤
	墓	무덤 묘	무덤. 널리 쓰임
무리	衆	무리 중	많은 사람. 청중(聽衆)
	徒	무리 도	한 패. 학도(學徒)
	隊	대 대	군인의 집단. 군대(軍隊)
	輩	무리 배	같은 부류. 연배(年輩)
	群	무리 군	많은 것. 모인 것
	類	무리 류	같은 종류. 조류(鳥類)
	黨	무리 당	패거리. 정당(政黨), 악당(惡黨)
	等	가지런할 등	~들. 오등(吾等)
문	門	문 문	두짝의 큰 문
	戶	지게 호	외짝의 방문
문득	忽	소홀히 할 홀	'갑자기'의 뜻 포함
	便	편안 편	'곧'의 뜻 포함
문서	券	문서 권	증서(證書). 어음
	契	맺을 계	약속한 글
	簿	장부 부	책으로 된 문서
물결	波	물결 파	물결. 널리 쓰임
	浪	물결 랑	파(波)보다 큰 물결
물리치다	却	물리칠 각	받아들이지 않음
	斥	물리칠 척	강하게 물리침
	退	물러날 퇴	뒤로 가게 함
	排	밀칠 배	밀어내다
미워하다	憎	미워할 증	미워하다 ⑪愛
	惡	미워할 오	싫어하다 ⑪好
	疾	병 질	강하게 미워하다

뜻	한자	훈과 음	해 석
바꾸다	貿	바꿀 무	돈과 물건을 바꾸다
	易	바꿀 역	바꾸다. 다르게 하다
	變	변할 변	딴 것이 되게 하다
	革	가죽 혁	완전히 바꾸다(고치다)
	替	바꿀 체	갈다(딴 것으로 바꿈)
바다	海	바다 해	바다
	洋	바다 양	큰 바다
바라다	企	꾀할 기	발돋음하여 바라다
	希	바랄 희	간절히 바라다
	望	바랄 망	기다려 바라다
	願	원할 원	얻으려 바라다
바치다	獻	바칠 헌	신(神)·윗사람에게 바치다
	納	바칠 납	받아들임. 관청 등에 바침
	貢	바칠 공	정부에 물건을 바침
밥	食	밥 식	먹이
	飯	밥 반	밥
방	房	방 방	방
	室	집 실	안방. 방
	閨	계집 규	부인(婦人)의 방
밝다	昭	밝을 소	해가 비쳐 밝다
	明	밝을 명	빛이 나서 환하다
	朗	밝을 랑	달이 밝음. 기분좋게 밝음
	聰	귀밝을 총	귀가 밝음. 재지(才知)가 밝음
밟다	踐	밟을 천	꽉 밟다. 밟아 누르다
	踏	밟을 답	발을 땅에 붙이다
	履	신 리	밟고 걸어가다
배	舟	배 주	작은 배
	船	배 선	배. 널리 쓰임

뜻	한자	훈과 음	해석
배반하다	背	등 배	등을 돌리다
	叛	배반할 반	말을 안 듣고 떠남
버들	楊	버들 양	갯버들
	柳	버들 류	버들 종류의 총칭
버릇	習	익힐 습	후천적으로 익혀진 것
	慣	버릇 관	일관성(一貫性) 있는 습관
버리다	委	맡길 위	맡겨 관계하지 않음
	遺	남을 유	뒤에 남긴 채 가다
	棄	버릴 기	쓸데없는 것을 버림
	捨	버릴 사	쓰지 않음
번성하다	昌	창성 창	점차로 영광이 있음
	盛	성할 성	정상(頂上)의 상태 ⑪衰
	茂	무성할 무	초목이 무성함
	繁	많을 번	무성하고 많음
벌	刑	형벌 형	벌의 총칭
	罰	죄 벌	돈·매의 벌
법	法	법 법	국가의 규정
	則	법 칙	단체의 규정
	律	법 률	엄하게 바로잡는 규정
	憲	법 헌	근본이 되는 규정
벗	朋	벗 붕	무리
	友	벗 우	친구. 널리 쓰임
베풀다	張	베풀 장	펴 늘리다
	宣	베풀 선	널리 말하여 퍼뜨리다
	施	은혜 시	은혜 따위를 베풀다
	設	베풀 설	마련하다. 진열(陳列)하다
벼	稻	벼 도	벼. 널리 쓰임
	禾	벼 화	벼. 곡식의 총칭

뜻	한자	훈과 음	해석
벼리	紀	벼리 기	법도. 질서를 잡음
	綱	벼리 강	지켜야 할 근본적인 길
벼슬	官	벼슬 관	벼슬
	仕	벼슬할 사	벼슬하다
	爵	잔 작	벼슬의 계급
	職	벼슬 직	벼슬의 직책
	位	자리 위	벼슬의 지위
	公	존칭 공	최고의 벼슬자리
	卿	벼슬 경	대신급(大臣級)의 벼슬
별	星	별 성	별
	辰	지지 진(신)	별자리 이름
	宿	성수 수	별자리(28개가 있음)
병	疾	병 질	가벼운 병
	病	병 병	무거운 병
보내다	送	보낼 송	보내다. 널리 쓰임
	遣	보낼 견	심부름을 가게 함
보다	見	볼 견	보아 알다
	看	볼 간	구경하다
	視	볼 시	자세히 보다
	觀	볼 관	넓고 깊게 보다
	覽	볼 람	전체를 한눈에 보다
보배	寶	보배 보	금(金)·은(銀)·보석(寶石) 따위
	貨	재화 화	돈·재물
보호하다	保	지킬 보	보전하다. 유지하다
	護	보호할 호	보호하다
	衛	지킬 위	적을 막아 지키다
본래	本	근본 본	근본 ⑮末. 본전(本錢)
	原	근원 원	근원. 기초. 원가(原價)

뜻	한자	훈과 음	해석
본래	元	으뜸 원	처음, 으뜸. 원금(元金)
	固	굳을 고	본래부터. 고유(固有)
	素	흴 소	본래부터. 근본이 되는 것
뵈다	謁	아뢸 알	윗사람을 찾아보다
	見	볼 견(현)	'보게 하게'의 뜻이 있음
부끄럽다	愧	부끄러워할 괴	가벼운 부끄러움
	慙	부끄러워할 참	체면을 잃어 부끄러움
	恥	부끄러워할 치	심한 부끄러움
부르다	召	부를 소	윗사람이 부르다
	招	부를 초	부르다. 널리 쓰임
	徵	부를 징	임금(나라)이 부르다
부르짖다	叫	탄식할 규	사람이 부르짖다
	號	부르짖을 호	사람·동물 두루 쓰임
불붙다	燃	사를 연	불피우다. 불때다
	燒	사를 소	불붙다
불쌍하다	憐	불쌍히 여길 련	불쌍히 여기다
	憫	근심할 민	불쌍히 여겨 걱정하다
붉다	赤	붉을 적	붉다
	朱	붉을 주	적(赤)보다 짙음
	丹	붉을 단	적(赤)보다 옅음. 주(朱)+백(白)
	紅	붉을 홍	분홍
	紫	자줏빛 자	자주색
비다	空	빌 공	텅 비어 잡힘이 없음
	虛	빌 허	속이 비다
비단	錦	비단 금	무늬 놓은 고급 비단
	絹	비단 견	비단
	羅	새그물 라	얇은 비단

뜻	한자	훈과 음	해 석
비치다	照	비칠 조	빛이 밝게 비치다
	映	비칠 영	형상이 비치다
빌다	假	거짓 가	진짜처럼 빌어 씀
	借	빌릴 차	힘·물품을 빌다
빌다	祝	빌 축	복을 빌다
	祈	빌 기	신불(神佛)에게 구하여 빌다
빛	色	빛 색	빛깔
	光	빛 광	해·달·별·불의 빛
	景	볕 경	햇빛
	彩	무늬 채	광택(廣澤)
	輝	빛날 휘	광원(光源)에서 퍼지는 빛
빠르다	速	빠를 속	빠르다 ㊛遲
	疾	빠를 질	매우 빠르다
사납다	暴	사나울 포	손이 거칠다
	惡	악할 악	나쁘다
	猛	사나울 맹	굳세고 사납다
사내	男	사내 남	남자. 널리 쓰임
	郎	사나이 랑	젊은 남자. 남편
사람	人	사람 인	사람
	員	수효 원	일을 맡은 사람. 사람수
사랑	愛	사랑 애	큰 사랑. 널리 쓰임
	慈	사랑 자	부모의 사랑
산	山	뫼 산	산
	岳	큰 산 악	큰 산
살피다	省	살필 성	음미(吟味)하여 살피다
	察	살필 찰	밝혀 살피다
	審	살필 심	자세히 살피다

뜻	한자	훈과 음	해 석
삼가다	謹	삼갈 **근**	오로지 마음을 쏟음
	愼	삼갈 **신**	실수없이 조심함
새	鳥	새 **조**	새. 널리 쓰임
	禽	날짐승 **금**	수(獸)와 대립시켜 쓰이는 일이 많음
새벽	曉	새벽 **효**	어둑새벽
	晨	새벽 **신**	이른 아침. 효(曉) 뒤
생각	思	생각 **사**	생각해내다
	想	생각할 **상**	깊은 생각을 떠올림
	念	생각할 **념**	잊지 않는 생각
	憶	생각할 **억**	잊지 않다
	慮	생각할 **려**	깊이 생각함
	懷	품을 **회**	사람·곳을 그리워 생각함
	考	상고할 **고**	생각하여 바로잡음
서로	相	서로 **상**	함께. 마주
	互	서로 **호**	교대로. 피차(彼此)
섞다	混	섞을 **혼**	다른 것을 섞어 하나로 만들다
	錯	섞을 **착**	잘못 넣어 뒤섞임
	雜	섞을 **잡**	여러 가지가 섞임 ㊛純
성	城	성 **성**	성. 널리 쓰임
	郭	성곽 **곽**	바깥 성
세금	租	부세 **조**	주로 농지세(農地稅)
	稅	부세 **세**	모든 세금
세우다	建	세울 **건**	처음으로 세우다
	立	설 **립**	넘어지지 않게 세우다
	樹	나무 **수**	큰 것(功)을 세우다
소리	音	소리 **음**	수식(修飾)한 소리(말·음악)
	聲	소리 **성**	단순한 소리

뜻	한자	훈과 음	해 석
속이다	欺	속일 **기**	거짓말하다
	罔	그물 **망**	이치에 맞지 않게 속임
숨쉬다	呼	부를 **호**	내쉬는 숨
	吸	숨 들이쉴 **흡**	들이쉬는 숨
숲	森	나무 빽빽할 **삼**	나무가 빽빽이 우거짐
	林	수풀 **림**	숲. 널리 쓰임
쉬다	休	쉴 **휴**	일을 그만두고 편히 쉼
	憩	쉴 **게**	잠시 발을 멈추고 쉼
	息	숨쉴 **식**	일하다. 한숨 돌림
슬프다	悲	슬플 **비**	매우 슬퍼함
	哀	슬플 **애**	애처롭다. 가엾어하다
	悽	슬퍼할 **처**	처량하다
	慘	참혹할 **참**	참혹하다
	傷	상처 **상**	마음 아파하다
	痛	아플 **통**	매우 마음이 아프다
	戚	슬픔 **척**	슬퍼 근심하다
	慨	분개할 **개**	한탄하다
시험	試	시험할 **시**	써서 시험보다
	驗	증험할 **험**	증거로 시험하다
	考	상고할 **고**	조사하다
심다	植	심을 **식**	나무를 심다
	種	씨 **종**	씨를 심다
	栽	심을 **재**	싹나무를 심다
	樹	심을 **수**	큰 나무를 심다
싸우다	戰	싸울 **전**	큰 의미의 싸움
	鬪	싸울 **투**	작은 의미의 싸움
싹	苗	모 **묘**	싹(어린 초목)
	芽	싹 **아**	초목의 눈

뜻	한자	훈과 음	해석
쌓다	積	쌓을 적	모아 쌓다
	蓄	쌓을 축	흙·돌을 쌓아 굳힘
아끼다	愛	사랑 애	중요하게 여겨 버리지 못함
	惜	아낄 석	마음에 아깝게 생각함
아니하다	不	아니 불(부)	아니하다. 못하다
	弗	아니 불	불(不)보다 뜻이 강함
	未	아닐 미	아직 아니하다(못하다)
	非	아닐 비	아니다
	莫	없을 막	아니하다. 못하다(强制)
아득하다	漠	사막 막	넓어 끝이 없음
	茫	아득할 망	물이 넓은 모양
아름답다	佳	아름다울 가	예쁘고 좋다
	美	아름다울 미	깨끗하고 화려하다 ㊉醜
	令	좋을 령	사물이 빛나게 고움
	麗	꾀꼬리 려	곱다
아우	弟	아우 제	아우
	季	끝 계	막내. 끝
아이	兒	아이 아	아기
	童	아이 동	어린이
아침	旦	아침 단	밝을녘. 조(朝)보다 이름
	朝	아침 조	아침
알다	知	알 지	깊이 알다
	識	알 식	대강 알아 분별하다
알리다	報	갚을 보	소식을 알리다
	告	알릴 고	알리다
어둡다	暗	어두울 암	어둡다. 널리 쓰임
	昏	어두울 혼	막 해가 져서 어두움
	冥	어두울 명	어두워 잘 모름

뜻	한자	훈과 음	해석
어리다	蒙	어두울 몽	아이. 도리에 어둡다
	幼	어릴 유	어리다
	稚	어릴 치	유(幼)보다 자란 아이
어지럽다	紛	어지러울 분	물건이 섞여 어지럽다
	亂	어지러울 란	질서가 어지럽다 ⑪治
어질다	仁	어질 인	큰 사랑
	賢	어질 현	슬기롭다. 훌륭하다
	良	좋을 량	좋다. 마음씨가 좋다
어찌	何	어찌 하	어떤, 왜, 어느, 어떻게, 얼마, 어디. 널리 쓰임
	豈	어찌 기	어떻게
	奚	어찌 해	왜, 무엇, 어떻게
	那	어찌 나(내)	어떻게
	安	편안할 안	어디
	焉	어찌 언	어디
	奈	어찌 내	어찌할까
언덕	丘	언덕 구	언덕
	陸	뭍 륙	큰 언덕
얻다	得	얻을 득	이익을 얻다 ⑪失
	獲	얻을 획	짐승을 사냥하여 얻다
얼굴	顏	얼굴 안	얼굴. 널리 쓰임
	面	낯 면	얼굴 앞쪽
	容	얼굴 용	얼굴 모습
역시	亦	또 역	강한 표현
	也	또 야(잇달을 이)	약한 표현
연꽃	蓮	연밥 련	연자(蓮子), 연지(蓮池), 연근(蓮根) 등 널리 쓰임
	荷	연 하	하향(荷香)

뜻	한자	훈과 음	해 석
열다	開	열 개	처소(處所)·문(門)을 열다
	啓	열 계	모르는 것을 열어 밝힘
	拓	넓힐 척(타)	황무지를 열어 젖힘
옆	傍	곁 방	곁. 방관(傍觀), 방청(傍聽)
	側	곁 측	옆. 측근(側近), 측면(側面)
옛	舊	옛 구	그전. 낡다 ⓑ新
	昔	옛 석	옛적
	古	옛 고	오래된 시대. 석(昔)보다 오램
오동	梧	벽오동나무 오	벽오동
	桐	오동나무 동	오동류의 총칭
오랑캐	蠻	오랑캐 만	남방 민족
	夷	오랑캐 이	동방 민족
오르다	登	오를 등	차츰 높은 데를 오름
	上	위 상	수직으로 높은 데를 오름
	昇	오를 승	높은 지위에 오름 ⓑ降
오히려	尚	일찍 상	게다가, 조차, 까지도
	猶	오히려 유	그래도, 마저
옷	衣	옷 의	웃옷. 의상(衣裳), 의관(衣冠)
	服	옷 복	옷. 복장(服裝), 복색(服色)
옮기다	移	옮길 이	이식(利殖), 이동(移動), 널리 쓰임
	遷	옮길 천	천선(遷善), 천도(遷都), 좌천(左遷)
완전하다	完	완성할 완	결함이 없다
	全	온전할 전	물건이 갖추어지다
용감하다	勇	날쌜 용	용감하다. 날래다
	敢	감히 감	진취적(進取的)이다
	果	실과 과	결단력이 있다
용서하다	容	얼굴 용	받아들이다
	恕	용서할 서	너그럽게 생각하여 주다

뜻	한자	훈과 음	해 석
울다	哭	울 곡	큰 소리로 울다
	泣	울 읍	눈물 흘려 울다
	鳴	울 명	새·물건이 소리를 내다
움직이다	運	돌 운	움직일 곳을 옮김
	動	움직일 동	움직이다
원망하다	怨	원망할 원	원한을 품다
	尤	더욱 우	비난 책망함. 탓하다
위험하다	危	위태할 위	넘어질까 조마조마함
	殆	위태할 태	안심되지 않음
은혜	恩	은혜 은	큰 은혜
	惠	은혜 혜	물질적인 혜택
	德	큰 덕	고마움
읊다	吟	읊을 음	작은 소리로 읊조림
	詠	읊을 영	큰 소리로 노래함
음악	音	소리 음	노래→음악
	樂	풍류 악	악기→음악
의논	議	의논할 의	물어 계획함. 의견을 모음
	論	말할 론	풀이하여 의견을 말함
이것	此	이 차	이, 이것 ㉫彼
	是	이 시	이, 이것, 여기
	玆	이것 자	이, 이것, 여기, 이에
	斯	이 사	이, 이것, 이에, 감탄의 뜻
이기다	克	이길 극	어려움을 이기다
	勝	이길 승	상대자를 이기다
이르다	至	이를 지	사물·처소·시간에 오다
	到	이를 도	처소에 와 닿다
이름	名	이름 명	실명(實名)
	字	자 자	성인(成人) 친구 이상 존칭(尊稱)
	號	이름 호	자기철학(自己哲學)의 표현

뜻	한자	훈과 음	해 석
이미	旣	이미 기	'끝나다'의 뜻
	已	이미 이	벌써(얼마 되지 않음)
익히다	練	익힐 련	단련하여 익히다
	習	익힐 습	반복하여 몸에 배게 함
일다	起	일어날 기	시작하여 일다
	興	일 흥	깔렸던 것이 불쑥 나옴
잃다	喪	잃을 상	잃어 없어지다
	失	잃을 실	놓쳐 잃다 ⑪得
임금	皇	임금 황	하느님, 천자(天子)
	帝	임금 제	하느님, 천자(天子)
	王	임금 왕	제후(諸侯)의 임금
	君	임금 군	천자, 제후, 신하 등 두루 쓰임
	主	주인 주	임금, 임, 우두머리
잇다	繼	이을 계	뒤를 잇다
	續	이을 속	끊어짐을 잇다
	承	이을 승	이어받다
있다	有	있을 유	형용사 ⑪無
	在	있을 재	동사
	存	있을 존	살아 있다 ⑪亡
자다	寢	잠잘 침	잠자리에 들다
	睡	잘 수	자다, 졸다
	眠	잠잘 면	자다
자랑하다	誇	자랑할 과	늘려 말하다
	伐	뽐낼 벌	공로를 자랑하다
	慢	오만할 만	교만하여 자기를 높임
자세하다	詳	자세할 상	하나하나 명백(明白)함
	精	자세할 정	음미하여 자세히 함
	細	가늘 세	자디잔 것까지 세밀함
	審	살필 심	신경을 써서 확실히 함

뜻	한자	훈과 음	해 석
자주	頻	자주 빈	계속 여러번
	數	자주 삭	자주(동안이 잦음)
잔	杯	잔 배	액체로 된 먹을 것을 담는 그릇
	酌	따를 작	술잔, 잔치다
잘못	過	지날 과	부주의로 잘못함
	誤	그릇할 오	틀리다 ⑪正
	失	잃을 실	실수, 과(過)보다 가벼움
	罪	허물 죄	죄(법에 걸림)
잠기다	沈	가라앉을 침	모든 사물에 깊이 빠짐
	潛	자맥질할 잠	물속에 잠겨 가다
잡다	執	잡을 집	붙잡아 놓지 않다
	捕	사로잡을 포	도망가는 것을 쫓아가 붙들다
	捉	잡을 착	잡아쥐다
장사	商	헤아릴 상	장사
	販	팔 판	팔고 사다
재앙	災	재앙 재	본래 하늘의 재앙
	殃	재앙 앙	신(神)의 꾸짖음·벌
	禍	재화 화	뜻대로 안되는 손해 ⑪福
재주	才	재주 재	지능(智能)
	技	재주 기	손재주. 기능(技能)
	術	꾀 술	큰 재주. 학술(學術)
	藝	재주 예	학문(學問), 재능(才能)
재촉하다	催	재촉할 최	최고(催告), 최면(催眠)
	促	재촉할 촉(착)	촉박(促迫), 촉진(促進), 독촉(督促)
재판	訴	하소연할 소	억울함을 호소하다
	訟	송사할 송	재판(曲直을 다툼)
저축하다	貯	쌓을 저	저축하다. 널리 쓰임
	蓄	쌓을 축	모아 쌓아두다

뜻	한자	훈과 음	해 석
적다	寡	적을 **과**	충분하지 못하다
	少	적을 **소**	조금밖에 없다
	鮮	고울 **선**	거의 없다
	微	적을 **미**	매우 적다. 보잘것없다
점치다	卜	점 **복**	점치다. 점술(占術)
	占	차지할 **점**	점치다. 널리 쓰임
제사	祭	제사 **제**	제사, 널리 쓰임
	祀	제사 **사**	정해진 제사
조사하다	調	고를 **조**	안건(案件)·문제를 조사함
	查	사실할 **사**	조사하여 밝히다
종	奴	종 **노**	남자 종
	婢	여자 종 **비**	여자 종
종지조사	也	또 **야**, 어조사 **야**	강세
	矣	어조사 **의**	야(也)보다 강한 뜻
	焉	발어사 **언**	의(矣)보다 강한 뜻
주다	授	줄 **수**	윗사람이 손수 주다
	與	줄 **여**	주다
	給	넉넉할 **급**	윗사람이 금품을 주다
	支	가를 **지**	내주다
	贈	보낼 **증**	선물을 주다
	賜	줄 **사**	임금이 주다(내리다)
주리다	飢	주릴 **기**	배고프다
	餓	주릴 **아**	굶주리다. 기(飢)보다 심함
줄이다	省	덜 **생**	덜다. 적게 하다
	略	다스릴 **략**	간단히 하다
	縮	다스릴 **축(슉)**	짧게 하다 ⑪ 伸
	約	묶을 **약**	줄이다. 절약(節約), 요약(要約)
지경	境	지경 **경**	널리 쓰임
	域	지경 **역**	땅의 경계

뜻	한자	훈과 음	해 석
지경	界	지경 **계**	사물의 경계 안
	區	지경 **구**	작게 나눈 지역
지극하다	至	이를 **지**	주로 좋은 뜻에 쓰임
	極	다할 **극**	선(善)·악(惡) 널리 쓰임
지나다	歷	지낼 **력**	하나하나 거쳐 지나감
	過	지날 **과**	지점(地點)을 지나감
	經	날 **경**	곧장 지나감
지다	負	질 **부**	경쟁에서 지다
	敗	깨뜨릴 **패**	져서 깨지다
지혜	智	슬기 **지**	이치에 밝음
	慧	슬기로울 **혜**	작은 지혜(잔꾀)
진실	眞	참 **진**	가짜가 아님 ㊤假
	實	열매 **실**	실속있다 ㊤虛
	誠	정성 **성**	거짓말이 아님
짐지다	負	질 **부**	등에 지다
	擔	멜 **담**	부(負)·하(荷)의 뜻을 겸함
	荷	짊어질 **하**	어깨에 메다
집	家	집 **가**	크고 좋은 집
	屋	집 **옥**	작고 초라한 집
	室	집 **실**	딸린 집. 임금의 집
	堂	집 **당**	훌륭한 높은 집. 대청
	舍	집 **사**	건물. 임시 집
	宅	집 **택(댁)**	편히. 집
	館	객사 **관**	여러 사람이 모이는 건물
	院	담 **원**	관청·학교·절 따위
	廳	관청 **청**	넓은 집
	宮	집 **궁**	임금이 있는 집

뜻	한자	훈과 음	해 석
집	戶	지게 호	옥(屋)보다 작은 집. 집을 세는 형식명사
	第	차례 제	저택. 자기 집을 낮추어 본제(本第)로 씀
짝	配	아내 배	부부(夫婦)
	匹	필 필	한패, 동류(同類), 맞먹음
쫓다	追	쫓을 추	멀리 쫓아내다
	放	놓을 방	밖으로 내쫓다
	逐	쫓을 축	쫓아버리다
차다	寒	찰 한	춥다
	冷	찰 랭	차다. 싸늘하다
차례	秩	차례 질	위아래의 순서
	序	차례 서	앞뒤의 순서
	次	버금 차	늘어놓은 순서
	第	차례 제	순서, 순서 수사의 접두사(第一)
	番	갈마들 번	순서 수사의 형식명사
창	戈	창 과	외날 창
	矛	창 모	두날 창
창고	倉	곳집 창	쌀·잡물(雜物)을 넣는 창고
	庫	곳집 고	무기·책·귀중품을 넣는 창고
찾다	尋	찾을 심	사람·글뜻을 찾다
	訪	찾을 방	찾아보다
	探	찾을 탐	뒤지다. 찾아보다
	求	구할 구	없는 것을 있게 함
	索	찾을 색	찾아 구하다
	干	방패 간	억지로 요구하다
책	冊	책 책	책
	券	문서 권	책의 수량
	篇	책 편	책의 부분
	書	쓸 서	글을 쓴 것

뜻	한자	훈과 음	해 석
처음	始	처음 시	시작 ⑮終. 시발(始發), 개시(開始)
	初	처음 초	처음 첫, 초도(初度), 당초(當初)
치다	攻	칠 공	적(敵)을 치다
	擊	칠 격	손·물건으로 세게 치다
	征	칠 정	악(惡)을 전쟁하여 치다
	伐	칠 벌	군대를 거느리고 치다
	討	칠 토	죄를 말하여 치다
	拍	칠 박	손뼉·물건을 모아 치다
	打	칠 타	치다. 널리 쓰임
친하다	親	친할 친	사이가 좋다. 친애(親愛)
	密	빽빽할 밀	관계가 가깝다
침략	侵	침노할 침	차츰 빼앗아 들어가다
	略	다스릴 략	전쟁하여 빼앗다
	掠	노략질할 략	빼앗다
칭찬하다	擧	들 거	좋은 점을 말함 ⑮毁
	頌	기릴 송	노래·말로 덕(德)을 칭찬
	賞	상줄 상	칭찬하여 도움을 줌
	稱	일컬을 칭	칭찬하다
	讚	기릴 찬	칭찬하여 말하다
칼	刀	칼 도	작은 칼(연장)
	劍	칼 검	큰 칼(무기)
크다	巨	클 거	크다 ⑮細
	大	큰 대	크다. 널리 쓰임 ⑮小
털	毛	털 모	모든 털
	毫	가는털 호	작은 털
통하다	通	통할 통	막힘 없음 ⑮塞
	達	통할 달	끝까지 두루 미침

뜻	한자	훈과 음	해 석
통하다	透	통할 투	빠져 새어나감
	要	구할 요	꿰뚫어 통함
펴다	布	베 포	널리 퍼지게 하다
	展	펼 전	넓게 펴다
	伸	펼 신	길게 함. 뜻을 펴다
편안하다	安	편안할 안	걱정·위험이 없다 ㉯危
	逸	달아날 일	수고롭지 않다 ㉯勞
	康	편안할 강	몸이 편함
	寧	편안할 녕	안정되어 편함
	泰	클 태	여유있게 태평함
푸르다	靑	푸를 청	푸른빛 계통의 총칭
	蒼	푸를 창	짙은 청색
	綠	초록빛 록	초록빛
	碧	푸를 벽	청록색(靑綠色)
풀다	解	풀 해	해설(解說), 독해(讀解)
	釋	풀 석	석의(釋義), 어석(語釋), 주석(註釋)
하늘	天	하늘 천	하늘
	乾	하늘 건	철학적 의미의 하늘
함께	共	함께 공	함께, 같이
	俱	함께 구	다. 함께
	與	참여할 여	~과(와) 함께
항복하다	降	항복할 항	적에게 져서 따르다
	服	복종할 복	항복하여 굴복하다
해	年	해 년	해, 나이, 시대
	歲	해 세	연(年)의 뜻. 세월. 일생(一生)
해롭다	損	덜 손	많은 것에서 덜다
	害	해칠 해	재(災)의 뜻. 방해(妨害)

뜻	한자	훈과 음	해 석
허락	許	허락할 **허**	인정하여 들어주다
	諾	대답할 **낙**	좋다고 대답하다
헤아리다	科	과정 **과**	헤아려 짐작함
	量	헤아릴 **량**	정도·한계를 헤아림
	度	헤아릴 **탁**	이렇게 저렇게 생각함
	測	잴 **측**	깊이를 재다
호걸	豪	호걸 **호**	훌륭한 사람
	傑	뛰어날 **걸**	뛰어난 큰 인물
	俊	준걸 **준**	재지(才知)가 뛰어난 사람
혼인	婚	혼인할 **혼**	부부가 됨
	姻	혼인 **인**	시집가다
휘장	帳	휘장 **장**	옆에 늘어드린 휘장
	幕	막 **막**	덮는 장막
희다	白	흰 **백**	모든 흰 것
	素	흴 **소**	꾸밈없이 바탕이 희다
희롱하다	戱	놀 **희**	재미나게 놀다
	弄	희롱할 **롱**	가지고 놀다. 장난감 삼다
힘쓰다	努	힘쓸 **노**	힘들여 일함
	勉	힘쓸 **면**	억지로 버티어 힘씀
	務	일 **무**	정력(精力)을 쏟음
	力	힘 **력**	힘을 들이다
	勵	힘쓸 **려**	힘쓰다. 분발하다

漢文學의 原理
한 문 학   원 리

초판 발행-2009년 9월 20일
2쇄 발행-2012년 10월 20일

편저자 – 李 沃 俊
발행인 – 金 東 求
발행처 – 명 문 당(창립 1923년 10월 1일)
　　　　서울특별시 종로구 안국동 17-8
　　　　우체국 010579-01-000682
　　　　전 화 (02) 733-3039, 734-4798
　　　　FAX (02) 734-9209
　　　　Homepage www.myunmundang.net
　　　　E-mail mmdbook1@kornet.net
　　　　등록 1977.11.19. 제1-148호

■

* 낙장 및 파본은 교환해 드립니다.
* 불허 복제
* 정가 25,000원
ISBN 978-89-7270-927-5   93720